नामवर संचयिता

महात्मा गांधी अन्तरराष्ट्रीय हिन्दी विश्वविद्यालय
के लिए प्रकाशित

ज्ञान शांति मैत्री

महात्मा गांधी अन्तरराष्ट्रीय हिन्दी विश्वविद्यालय

नामवर संचयिता

संपादक

नन्दकिशोर नवल

राजकमल प्रकाशन

ISBN : 978-81-267-0670-9

मूल्य : ₹850

पहला संस्करण : 2003
आवृत्ति : 2017

प्रकाशक : राजकमल प्रकाशन प्रा. लि.
1-बी, नेताजी सुभाष मार्ग, दरियागंज
नई दिल्ली-110 002

शाखाएँ : अशोक राजपथ, साइंस कॉलेज के सामने, पटना-800 006
पहली मंजिल, दरबारी बिल्डिंग, महात्मा गांधी मार्ग, इलाहाबाद-211 001
36 ए, शेक्सपियर सरणी, कोलकाता-700 017

वेबसाइट : www.rajkamalprakashan.com
ई-मेल : info@rajkamalprakashan.com

आवरण : पार्थिव शाह

मुद्रक : बी.के. ऑफसेट
नवीन शाहदरा, दिल्ली-110 032

NAMVAR SANCHAYITA
Edited by Nand Kishore Naval

विश्वविद्यालय का वक्तव्य

आमतौर पर यह धारणा है कि विश्वविद्यालय स्तर पर हिन्दी साहित्य, भाषा और संस्कृति का जो अध्ययन-अध्यापन होता है वह अधिकतर रूढ़िग्रस्त और उबाऊ हो गया है। महात्मा गांधी अन्तरराष्ट्रीय हिन्दी विश्वविद्यालय के प्राथमिक सरोकारों में से एक यह है कि पाठ्यक्रम, पाठ्यचर्या और पाठ्यसामग्री को एक नई शताब्दी की नई चुनौतियों और प्रश्नाकुलता के अनुरूप ताजातरीन करते हुए इस क्षेत्र में नए विकल्पों को खोजा, विकसित और विन्यस्त किया जाए। तभी यह विश्वविद्यालय हिन्दी अध्ययन-अध्यापन और अनुसन्धान के क्षेत्रों में कुछ ठोस, प्रासंगिक और कारगर विकल्प प्रस्तुत कर सकता है।

हमारे विश्वविद्यालय ने देश और विदेश के श्रेष्ठ विशेषज्ञों से विचार-विनिमय कर इस दिशा में कुछ प्रयत्न करना शुरू किया है। हमारा लक्ष्य हिन्दी साहित्य, भाषा और संस्कृति को उसकी समग्रता, जटिलता और बहुलता में आलोकित करते हुए उनकी नए प्रश्नों, चिन्ताओं और उत्सुकताओं से दो-चार होने की अपार क्षमता और उसकी वर्तमान अनेक दिशाओं को इंगित करना भी है।

चूँकि नए किस्म के पाठ्यक्रम और पाठ्यचर्या के लिए नए किस्म की पाठ्य-सामग्री अनिवार्य है, इस विश्वविद्यालय ने एक अपेक्षाकृत महत्त्वाकांक्षी प्रकाशन-योजना हाथ में ली है। यह पुस्तक उसी योजना का एक हिस्सा है।

इस प्रकाशन योजना में हिन्दी के प्रमुख लेखकों के प्रतिनिधि संचयनों, विविध विषयों पर आधारित संकलनों, यथा—प्रेम, प्रकृति, अध्यात्म, मृत्यु और अनुपस्थिति, समाज, नदी, ऋतु-विषयक कविताओं के संकलनों के साथ-साथ ऐसे लेखकों के चयन भी प्रकाशित करने की योजना है जो साहित्य की तथाकथित मुख्यधारा में कतिपय कारणों से विशेष उल्लेख न पा सके किन्तु जिनकी रचनात्मकता से परिचित होने पर हिन्दी साहित्य की समझ समृद्ध ही होगी।

इनके साथ ही अनेक विशिष्ट प्रकाशनों की योजना है। बीसवीं सदी के उत्तरार्ध की हिन्दी-कुल की भाषाओं (भोजपुरी, अवधी, बुन्देलखंडी, मालवी आदि) की कविताओं का संचयन, हिन्दी के आरम्भिक गद्य का संचयन,

मध्यकालीन काव्य का संचयन, सूफी-काव्य का संचयन, बीसवीं सदी के उत्तरार्ध की हिन्दी कथा, कविता, आलोचना आदि के चयन, महत्त्वपूर्ण लेखकों और कृतियों के द्विभाषी संस्करण (हिन्दी-उर्दू, हिन्दी-अंग्रेजी, हिन्दी-पोलिश आदि) तैयार किए जा रहे हैं।

इस प्रकाशन योजना की एक विशेषता यह है कि इसके निर्माण में लोकतान्त्रिक और पारदर्शी प्रक्रिया अपनाई गई है। अपने-अपने क्षेत्र के विशेषज्ञों की समितियों ने प्रकाशन योग्य सामग्री के साथ-साथ सम्पादकों का चुनाव भी किया है। निश्चय ही पुस्तकों में उनकी अपनी दृष्टि तो झलकती है, उसके साथ ही वे एक सामूहिक विवेकसम्मत प्रक्रिया का परिणाम भी हैं। इन्हें तैयार करते समय इस बात का ध्यान तो रखा ही गया है कि इस सामग्री का उपयोग भारत के बाहर उन केन्द्रों में भी किया जाना है जहाँ हिन्दी पढ़ाई जा रही है। यदि ये पुस्तकें सामान्य पाठकों के अतिरिक्त हिन्दी के छात्रों और शिक्षकों के लिए उपयोगी सिद्ध हुईं तो हमें सन्तोष होगा।

लोकवादी आलोचक

यह है हिन्दी के ख्यातिप्राप्त आलोचक डॉ. नामवर सिंह के आलोचनात्मक लेखन का उत्तमांश।

'उत्तमांश' शब्द पर किसी को आपत्ति हो सकती है, क्योंकि लेखों का चयन करते समय उसमें निश्चय ही किसी-न-किसी मात्रा में सम्पादकीय रुचि का हस्तक्षेप हुआ होगा। वैसे अपने जानते मैंने भरसक प्रयास किया है कि चयन अधिकाधिक निर्वैयक्तिक हो और यथासम्भव नामवरजी के आलोचक-रूप को पूर्णता में उपस्थित करनेवाला।

इस बार उनकी आलोचना से गुजरते हुए मैं इस निष्कर्ष पर पहुँचा हूँ कि वे लोकधर्मी या लोकवादी आलोचक हैं। हिन्दी आलोचना में 'लोक' को कविता का प्रतिमान बनाने का श्रेय आचार्य रामचन्द्र शुक्ल को है, लेकिन उसका आकर्षण हिन्दी के मार्क्सवादी आलोचकों के मन में भी कम नहीं रहा है। उदाहरण के लिए डॉ. रामविलास शर्मा की एक पुस्तक का नाम है 'लोकजीवन और साहित्य', तो प्रो. चन्द्रबली सिंह की एकमात्र पुस्तक का नाम है 'लोकदृष्टि और हिन्दी साहित्य'। नामवरजी के क्रमशः 1952 और 1953 के लिखे हुए दो लेख हैं—'नई कविता में लोकभाषा' और 'इतिहास में लोकसाहित्य'। ये दोनों ही लेख इस बात की सूचना देते हैं कि 'लोक' से उनका रिश्ता बुनियादी है और वह आचार्य शुक्ल से फरक भी है। आचार्य शुक्ल ने सिर्फ इतना कहा था कि जब पंडितों की काव्यभाषा निर्जीव हो जाती है, तो वह लोकभाषा से पुनर्जीवन प्राप्त करती है। नामवरजी उसके साथ एक नई बात कहते हैं कि 'लोक-जीवन ऐसी शक्ति है जो सामाजिक गतिरोध को तोड़ने के साथ ही साहित्यिक गतिरोध को भी समाप्त करती है।' इस तरह वे समाज और साहित्य के बीच एक अन्तस्सम्बन्ध की कल्पना करते हैं। दूसरे लेख में उन्होंने पुनः आचार्य शुक्ल का हवाला दिया है, पर इस बात पर जोर दिया है कि सम्पूर्ण हिन्दी साहित्य के इतिहास की प्रवहमान धारा में पाए जानेवाले लोक-साहित्य के तत्त्वों की खोज की जानी चाहिए। उनकी तरफ स्वयं संकेत करते हुए उन्होंने लोक-साहित्य की परिवर्तनशीलता को रेखांकित किया है और 'आदिम-साहित्य' तथा 'जन-साहित्य' से उसकी भिन्नता बतलाई है। खास बात यह कि नई सामाजिक चेतना के प्रति सहानुभूति रखनेवाले मध्यवर्गीय कवियों की सीमा का उल्लेख करते हुए भी उन्होंने इस बात पर सन्तोष प्रकट किया है कि उनमें 'लोक-साहित्य से प्रेरणा ग्रहण करने की ललक है।' स्मरणीय है कि

नामवरजी ने एम.ए. के लघु शोध-प्रबन्ध के लिए जो विषय चुना, वह था–'हिन्दी के विकास में अपभ्रंश का योग'। यह अपभ्रंश उनके अनुसार भी अभीरों की भाषा थी।

आज तो 'लोक' नामवरजी के लिए साहित्य-मात्र का सबसे सुसंगत और विकसित प्रतिमान है। उनका एक लेख है 'चन्द्रधर शर्मा गुलेरी और हिन्दी नवजागरण' (1983)। उसमें वे कहते हैं, 'ऐतिहासिक दृष्टि के कारण ही गुलेरीजी शास्त्र से चलकर लोक की ओर उन्मुख हुए और शास्त्र को भी लोक की कसौटी पर कसते रहे' तथा 'जैन आचार्य हेमचन्द्र के महत्त्व का स्वीकार इस लोकदृष्टि का ठोस प्रमाण है।' इतना ही नहीं, 'गुलेरीजी का 'पुरानी हिन्दी' शीर्षक दीर्घ निबन्ध हेमचन्द्र की इस लोकवादी परम्परा का अगला चरण है' और ' 'पुरानी हिन्दी' में अपभ्रंश पदों का विश्लेषण करते हुए तुलना के लिए जिस सहजता से राजस्थानी, पंजाबी, गुजराती आदि के लोकप्रचलित शब्दों के उदाहरण प्रस्तुत किए गए हैं उससे गुलेरीजी के सुदृढ़ लोक-आधार का एहसास होता है।' 'इतिहास की 'शव-साधना' ' (2001) नामवरजी के हाल के लेखों में सबसे महत्त्वपूर्ण है। इसमें उन्होंने प्रसंगवश प्रेमचन्द के आर्यसमाज से सहानुभूति रखने की बात कही है, तो उसके पहले उनके साथ 'लोक-हृदय साहित्यकार' का विशेषण लगाया है और डॉ. शर्मा के अन्तिम दौर के लेखन में मार्क्सवाद को धकियाकर ऋग्वेद ने जो उसकी जगह ले ली थी, उस पर उनकी टिप्पणी है : 'वेदों से शुरू करने का यही खतरा है। 'लोक' अक्सर छूट जाता है। वहाँ तक पहुँचने की नौबत नहीं आती।'

नामवरजी शिष्ट साहित्य की परम्परा के बरअक्स साहित्य की लोकवादी परम्परा को रखते हैं और उसे साहित्य की दूसरी परम्परा कहते हैं। उसकी खोज करते हुए वे संस्कृत साहित्य तक गए हैं, जिसका प्रमाण है उनका लेख 'कविता की दूसरी परम्परा' (1987)। इसके आरम्भ में ही उनका कथन है : "कविता की दूसरी परम्परा वह है जो लोकधर्मी है। यह लोकधर्मी काव्य-परम्परा जितनी ऊर्जस्वी है उतनी ही सुदीर्घ भी। वेदों की 'आदिम अग्नि' में इसकी चिनगारियाँ मिल जाएँगी। किन्तु पुष्कल रूप में यह विद्याकर के ग्यारहवीं सदी के 'सुभाषितरत्नकोश' और श्रीधरदास के बारहवीं सदी के 'सदुक्तिकर्णामृत' में सुरक्षित है। इस कविता का अपना काव्यशास्त्र भी है। प्रभुत्वशाली काव्यशास्त्र ने उस कविता का भी तिरस्कार किया है और काव्यशास्त्र का भी।" आगे उन्होंने स्पष्ट किया है कि संस्कृत कविता की यह दूसरी परम्परा संस्कृत कविता की प्रमुख अभिजात धारा से अलग है। वह न दरबारी है और न आदर्शवादी, बल्कि उसमें एक नया यथार्थवाद उदय होता दिखलाई पड़ता है। एक महत्त्वपूर्ण तथ्य यह है कि शिष्ट काव्य-परम्परा जहाँ स्वभावोक्ति-विरोधी थी, वहाँ इस परम्परा में स्वभावोक्ति को कविता का सबसे बड़ा गुण माना जाता था। नामवरजी ने भरतमुनि के साक्ष्य–'स्वभावो लोकधर्मी तु'–से स्वभाव का अर्थ ही लोकधर्म बतलाया है। यह वह सूत्र है, जिसमें सम्पूर्ण लोकधर्मी काव्य-परम्परा पर प्रकाश पड़ता है, वह परम्परा संस्कृत की हो, या हिन्दी की। लोकजीवन, लोकभाषा और लोकधर्मी काव्य–यह सीधा समीकरण है ! ऐसी

स्थिति में कविता में रस, ध्वनि या कविता की नई कला की बारीकियाँ ढूँढ़नेवाले उससे निराश हों और उसकी उपेक्षा करें, तो वह सर्वथा सम्भावित है।

ऊपर आचार्य शुक्ल का जिक्र किया गया है। नामवरजी ने अपने आरम्भिक लेखों में 'लोक' के प्रति उनके आग्रह को अपेक्षित महत्त्व भी दिया है, लेकिन सच्चाई यह है कि उनकी 'लोक'-चेतना का स्रोत वस्तुतः आचार्य हजारीप्रसाद द्विवेदी हैं। इसका खुलासा सबसे अच्छी तरह आचार्य द्विवेदी पर लिखी गई उनकी पुस्तक 'दूसरी परम्परा की खोज' (1982) के 'भारतीय साहित्य की प्राणधारा और 'लोकधर्म' ', शीर्षक लेख से होता है। इसमें आचार्य शुक्ल के सम्बन्ध में उन्होंने कहा है : ''वैसे तो 'लोकधर्म' शब्द का प्रयोग द्विवेदीजी से पहले शुक्लजी ने भी किया है किन्तु जैसा कि 'तुलसीदास' नामक पुस्तक के 'लोकधर्म' शीर्षक अध्याय से स्पष्ट है, शुक्लजी का 'लोकधर्म' बहुत कुछ वर्णाश्रम धर्म ही है। 'भक्ति के नाम पर वेद-शास्त्रों की निन्दा करनेवाले' और 'आर्यधर्म के सामाजिक तत्त्व को न समझकर लोगों में वर्णाश्रम धर्म के प्रति अश्रद्धा उत्पन्न करनेवाले' नीच जातियों के निगुर्णपन्थी भक्तों की जैसी भर्त्सना शुक्लजी ने की है, उससे स्पष्ट है कि शुक्लजी का 'लोकधर्म' वस्तुतः 'आर्यशास्त्रानुमोदित' सनातन धर्म ही है।'' फिर उसके विरोध में वे आचार्य द्विवेदी का यह कथन उद्धृत करते हैं, जिसमें उनके अनुसार 'लोकधर्म' की शक्ति का स्वीकार है : ''मतों, आचार्यों, सम्प्रदायों और दार्शनिक चिन्ताओं के मानदंड से लोकचिन्ता को नहीं मापना चाहता बल्कि लोकचिन्ता की अपेक्षा में उन्हें देखने की सिफारिश कर रहा हूँ।'' इस पर नामवरजी की अपनी टिप्पणी है : ''जन-साधारण के जीवन में नाना विश्वासों के रूप में जीवित इस तथाकथित 'लोकधर्म' का महत्त्व इस बात में है कि जनता के असन्तोष को विद्रोह का रूप देने के लिए वैचारिक और भावात्मक शक्ति की भूमिका यही अदा करता है। द्विवेदीजी के साहित्य में भक्ति-आन्दोलन की पूर्वपीठिका के रूप में लोकधर्म की विस्तृत चर्चा का यही कारण है कि वे लोकधर्म को ही भक्ति-आन्दोलन की जन्मभूमि मानते हैं। जब वे यह कहते हैं कि 'कबीर की वाणी वह लता है जो योग के क्षेत्र में भक्ति का बीज पड़ने से अंकुरित हुई थी' तो संकेत यही है कि योग के रूप में लोकधर्म 'क्षेत्र' की भूमिका अदा करता है।'' और भी, '' 'लोकधर्म' साधारण जनों के विद्रोह की विचारधारा है। इसे 'लोकधर्म' कहने का एक कारण तो यह है कि यह उच्च वर्गों के 'शास्त्र' के समान सूक्ष्मातिसूक्ष्म तर्क-पद्धति से सम्पन्न तथा व्यापक विश्वदृष्टि के रूप में विकसित कोई सुसंगत और सुव्यवस्थित 'विचारप्रणाली' नहीं है। दूसरा कारण यह है कि यह पूँजीवादी समाज के बीच निर्मित किसी एक सुनिश्चित वर्गचेतन वर्ग की विचारप्रणाली नहीं, बल्कि सामन्ती युग के असंगठित किसानों और दस्तकारों के विविध वर्गों, उपवर्गों की मिली-जुली भावनाओं का पुंज है। शास्त्रवंचित विविध दलित जातियों और जनसमूह की मानसिक अभिव्यक्ति होने के कारण इस 'लोकधर्म' का अव्यवस्थित और अनिश्चित होना अनिवार्य है, और इसलिए उच्च वर्गों के शास्त्र की तुलना में वह हीनतर भी प्रतीत हो सकता है किन्तु सिर्फ इसीलिए वह महत्त्वहीन नहीं हो जाता।''

नामवरजी हिन्दी में मार्क्सवादी आलोचक माने जाते हैं और इस मान्यता पर उन्हें भी कोई एतराज नहीं है, इसलिए उक्त लोकधर्म की उनकी 'पक्षधरता' को लेकर सवाल खड़े किए जा सकते हैं। जैसे इसी बात की कल्पना करके उन्होंने मार्क्सोत्तर मार्क्सवादी विचारक ग्राम्शी का हवाला दिया है, जिन्होंने इतिहास के खास दौर में किसानों और कारीगरों-जैसे 'परम्परित' वर्गों की वैचारिक आवश्यकताओं की ओर ध्यान देने का आग्रह किया। इस दृष्टि से उन्होंने बतलाया कि सामान्य जनों के प्रचलित विचार अपेक्षाकृत सरल और अल्प-संघटित होते हैं, अक्सर वे परस्पर-विरोधी और उलझे हुए भी होते हैं और उनमें लोकवार्ताओं, मिथकों और रोजमर्रा के लोकप्रचलित अनुभवों का पँचमेल होता है; फिर भी उन विचारों का बहुत महत्त्व है क्योंकि व्यापक जन-आन्दोलन के लिए यही कारगर होते हैं। "इस सन्दर्भ में ग्राम्शी ने यह भी कहने का साहस दिखलाया कि मार्क्स द्वारा निरूपित 'आइडियालोजी' की क्लासिकी अवधारणा इन जन-आन्दोलनों की लोकप्रिय विचारधारा को समझने में बहुत काम की साबित नहीं हो सकती। वस्तुतः किसी जन-विद्रोह की लोकप्रिय विचारधारा का मूल्यांकन 'ऐतिहासिक' दृष्टि से ही उचित है, 'तात्त्विक' दृष्टि से नहीं।" 1983 के अगस्त में पटना विश्वविद्यालय के हिन्दी विभाग द्वारा एक सप्तदिवसीय संगोष्ठी आयोजित हुई थी, जिसका विषय था–'आधुनिक हिन्दी साहित्य और लोकचेतना'। उसमें समापन-भाषण नामवरजी ने दिया था। उस अवसर पर उन्होंने जो कहा, वह उनके लोकवाद पर अच्छा प्रकाश डालता है। पहले उन्होंने आधुनिक हिन्दी साहित्य में लोकचेतना के दो दौरों का जिक्र किया, जिनमें से पहला दौर वह था, जब शिष्ट साहित्य में समग्र सामूहिक जीवन आता था, जैसा हम भारतेन्दु से निराला तक में देखते हैं। फिर व्यक्ति-केन्द्रित साहित्य-रचना के बाद दूसरा दौर आया, जब नागार्जुन, रेणु, राही मासूम रजा, रघुवीर सहाय, केदारनाथ सिंह ने अपना लोकचेतन साहित्य रचा। "लोकचेतना का तीसरा दौर जन-चेतन और वर्ग-चेतन साहित्य की रचनावाला है। यह लोकचेतना की परम्परा का विकास है, स्वराज्य को पूर्ण स्वराज्य तक ले जानेवाला।" उनके अन्तिम शब्द थे : "लोकचेतना तो लोहा है। इसमें धार तब आती है, जब शास्त्र से इसका संगम होता है। लोकचेतना स्वयं क्रान्ति नहीं करती; यह वह समाजवाद की विचारधारा से संयुक्त होकर कर सकती है।" ('आलोचना', जनवरी-मार्च, 1984) मैं समझता हूँ, यहाँ तक पहुँचते-पहुँचते नामवरजी के लोकवाद का स्वरूप काफी कुछ स्पष्ट हो जाता है।

यह लोकवाद उनके सम्पूर्ण आलोचना-कर्म का, बल्कि उनके सम्पूर्ण जीवन का संचालक है। इसी के कारण आलोचना में उन्होंने एक योद्धा की भूमिका निभाई है और अपने लेखन तथा जीवन को राजनीति से घनिष्ठ रूप से जोड़कर चलते रहे हैं। इस संघर्ष में उन्होंने अपनी कलम से ही नहीं, अपनी वाणी से भी काम लिया है और पूरे देश में विभिन्न अवसरों पर साहित्यिक और साहित्येतर विभिन्न विषयों पर हजारों व्याख्यान दिए हैं। आज भी वे हिन्दी के सबसे बेचैन लेखक हैं, जो वर्तमान देश-दशा और शासन-व्यवस्था से विचलित ही नहीं हैं, उसके प्रतिरोध में अपने ढंग से सक्रिय भी हैं। प्रमाण

के तौर पर यहाँ उनके दो लेख देखे जा सकते हैं, जो आज की उनकी मूल चिन्ता से हमें परिचित कराते हैं। पहला लेख 'आलोचना' के सहस्राब्दी अंक एक (अप्रैल-जून, 2000) का सम्पादकीय है, जिसे उन्होंने 'फासीवाद और संस्कृति का संकट' पर केन्द्रित किया है। उसमें वे कहते हैं : ''हिन्दू-फासीवाद की ताकत को कम करके आँकना ठीक न होगा। पुलिस, प्रशासन, न्यायपालिका आदि राजतन्त्र के विविध अंगों के अलावा इस बीच सेना के अन्दर भी इस चेतना ने सेंध लगा ली है। इन सबके अलावा स्वयं संघ-परिवार की अपनी विशाल वाहिनी अपनी जगह है, जैसे विश्व हिन्दू परिषद्, बजरंग दल, हिन्दू जागरण मंच आदि दर्जनों छापामार टुकड़ियाँ। अक्सर शिवसेना भी मौके पर साथ खड़ी हो जाती है। एक ओर अनेकानेक स्वयंसेवी संस्थाओं का जाल है तो मध्यवर्ग के अन्दर मन ही मन सहानुभूति रखनेवालों की तादाद दिन दूनी, रात चौगुनी बढ़ती जा रही है। पैसों की कमी का तो सवाल ही क्या ! पूँजीवाले थैली का मुँह खोले खड़े हैं। किन्तु इन सबके ऊपर है विश्व की सबसे बड़ी शक्ति अमेरिका का वरदहस्त !'' दूसरा लेख पूर्वोक्त 'शव-साधना' वाला लेख है, जिसमें उन्होंने डॉ. रामविलास शर्मा के 'प्राच्यवाद' से लोगों को आगाह करते हुए कहा है कि ''रामविलासजी का यह आक्रामक प्राच्यवाद दयानन्द के आर्यवाद से ज्यादा खतरनाक है क्योंकि यह आज संघ-परिवार के फासिस्ट इरादों को एक हथियार प्रदान कर रहा है—बन्दर के हाथ उस्तरा देने से भी खतरनाक।'' लेकिन यहाँ प्रसंग साहित्य का है, इसलिए हम लोकवाद-प्रेरित नामवरजी के साहित्य-सम्बन्धी विचार देखें।

सर्वप्रथम आचार्य शुक्ल बनाम आचार्य द्विवेदी और उसमें आचार्य द्विवेदी के प्रति उनका झुकाव। आचार्य शुक्ल साहित्य की आलोचना लिख रहे हों या इतिहास, उनका यह विवेक हमेशा जाग्रत् रहता था कि क्या शुद्ध साहित्य की कोटि में आता है और क्या नहीं। इसी आधार पर उन्होंने सिद्धों और नाथों की रचनाओं को 'साम्प्रदायिक शिक्षा-मात्र' कहा और निर्गुण सन्तों की रचनाओं को भी यह कहते हुए खारिज किया कि 'इस शाखा की रचनाएँ साहित्यिक नहीं हैं, फुटकर दोहों या पदों में हैं जिनकी भाषा और शैली अधिकतर अव्यवस्थित और ऊट-पटांग है' तथा 'संस्कृत बुद्धि, संस्कृत हृदय और संस्कृत वाणी का वह विकास इस शाखा में नहीं पाया जाता है जो शिक्षित समाज को अपनी ओर आकर्षित करता।' दूसरा कथन इस दृष्टि से महत्त्वपूर्ण है कि वह आचार्य शुक्ल की साहित्य-सम्बन्धी मान्यता के सामाजिक आधार को स्पष्ट कर देता है—'शिक्षित समाज' अर्थात् सवर्णों का समाज। आचार्य द्विवेदी की क्रान्तिकारी मान्यता इसके विरोध में आती है : ''इस अन्धकार युग को प्रकाशित करने योग्य जो भी चिनगारी मिल जाए उसे सावधानी से जिलाए रखना कर्तव्य है; क्योंकि वह बहुत बड़े आलोक की सम्भावना लेकर आई होती है। उसके पेट में केवल उस युग के रसिक हृदय की धड़कन की ही नहीं, केवल सुशिक्षित चित्त के संयत और सुचिन्तित वाक्पाटव की ही नहीं, बल्कि उस युग के सम्पूर्ण मनुष्य को उद्भासित करने की क्षमता छिपी होती है।'' 'दूसरी परम्परा की खोज' के लेख 'त्वं खलु कृती' में नामवरजी आचार्य द्विवेदी के इस कथन

पर जो टिप्पणी करते हैं, वह भी देखने योग्य है : ''यह कथन केवल साहित्य की एक संकीर्ण समझ के विपरीत व्यापक दृष्टि का ही परिचायक नहीं है; बल्कि यहाँ स्पष्टतः साहित्य की उस कसौटी का प्रत्याख्यान किया गया है जो किसी कृति में केवल 'रसिक हृदय की धड़कन' देखना चाहती है और 'सुशिक्षित चित्त के संयत और सुचिन्तित वाक्पाटव' के आधार पर साहित्यिक कृतियों को 'साहित्यिकता' का प्रमाणपत्र देती है। इस स्थिर सुशिक्षित रुचि के विरुद्ध द्विवेदीजी एक सर्जक और इतिहासकार के नाते 'सम्भावना' की तलाश करते हैं और यह देखने का आग्रह करते हैं कि किसी कृति में 'उस युग के सम्पूर्ण मनुष्य को उद्भासित करने की क्षमता' किस हद तक है ? कहने की आवश्यकता नहीं कि द्विवेदीजी का यह 'सम्पूर्ण मनुष्य' साहित्यशास्त्र के 'रसिक' से अधिक बड़ा, अधिक सार्थक और कहीं अधिक प्रासंगिक है।'' यह टिप्पणी बिजली की कौंध की तरह है, जो नामवरजी के अध्येता के सम्मुख उनकी साहित्य-सम्बन्धी मान्यता के स्रोत को ही स्पष्ट नहीं कर देती है, उनके आलोचनात्मक व्यवहारों को लेकर बीच-बीच में उठनेवाले सवालों का भी सटीक जवाब देती है। क्यों वे कभी-कभी कला की दृष्टि से कमजोर रचनाओं को भी महत्त्व दे बैठते हैं और क्यों वे दलित विमर्श से लेकर नारी विमर्श तक के ऐसे साहित्य को भी, जो स्तरीय नहीं होता, विचारणीय बतलाते हैं, यह सब स्पष्ट हो जाता है। यही स्थिति फासीवाद और साम्प्रदायिकता-विरोधवाले लेखन की भी है। वे उनकी दृष्टि में उपेक्षणीय नहीं, बल्कि अपेक्षणीय हैं, क्योंकि इस साहित्य में 'बहुत बड़े आलोक की सम्भावना' है और है 'युग के सम्पूर्ण मनुष्य को उद्भासित करने की क्षमता'। यही वह बिन्दु है, जहाँ से साहित्य की शुद्धता और स्वायत्तता के विरुद्ध नामवरजी का संघर्ष शुरू होता है, यानी साहित्यशास्त्र के 'रसिक' के विरुद्ध, जो भद्र है, सुरुचिपूर्ण है और अभिजात है। शमशेर ने तो झल्लाकर अज्ञेय से सिर्फ इतना कहा था कि 'जो नहीं है/जैसे कि सुरुचि/उसका गम क्या ?/वह नहीं है,' लेकिन नामवर जी ने अपनी आलोचना में इस संघर्ष को स्पृहणीय परिणति तक पहुँचाया है।

संघर्षशील आलोचक के लिए यह सर्वथा स्वाभाविक है कि उसे अपनी आलोचना में कभी वाद-विवाद या खंडन-मंडन का सहारा लेना पड़े। ताज्जुब नहीं कि नामवरजी की एक आलोचना-पुस्तक का नाम ही है 'वाद विवाद संवाद' (1989)। उनकी यह खूबी जरूर है कि वे बहस विरोधी खेमे के लेखकों से ही नहीं, अपने खेमे के लेखकों से भी करते हैं, जैसे डॉ. रामविलास शर्मा से, बल्कि धीरे-धीरे यह स्थिति भी आई है कि आवश्यक होने पर वे अपने विरुद्ध भी तनकर खड़े हो गए हैं। 'वाद विवाद' के दो लेखों—'जनतन्त्र और समालोचना' (1988) और 'आलोचना की स्वायत्तता' (1988)—में उन्होंने अत्यधिक आक्रामक शैली में क्रमशः अशोक वाजपेयी-प्रस्तावित आलोचनात्मक बहुलतावाद और स्वायत्तता का खंडन किया है। इसमें उनकी विद्वत्ता और दृष्टि की तीक्ष्णता का साफ पता चलता है, पर स्वर कभी-कभी राजनीतिक कार्यकर्ता के स्तर पर उतर आया है, यथा पहले लेख में यह कहने के बाद कि 'बहुलतावाद विकल्प की जगह

'विकल्पों' की हिमायत इसलिए करता है कि सीधे द्वन्द्व से बचना चाहता है। विकल्प अनेक हों तो द्वन्द्व अनेक शक्तियों में बँटता है और इस प्रकार सत्ता सुरक्षित रहती है। इसीलिए बहुलतावाद व्यक्तिवाद की इतनी वकालत करता है,' अन्त में वे यह कहते हैं : "यह है 'पूर्वग्रह' (अ.वा.-सम्पादित पत्रिका) के जनतन्त्र का असली चेहरा ! कम्युनिज्म के भूत से भयभीत। रक्तहीन पीत। इस चेहरे पर हँसी सम्भव नहीं है, क्योंकि वह सुरक्षित नहीं है। सुरक्षित होने का एहसास ही नहीं है। रघुवीर सहाय के शब्दों में 'फिर से आप हँसे' तो तब जब मुझे सहसा अकेला पाएँ ! मार्क्सवादी आलोचक आपस में चाहे जितना लड़ें, उनके लिए काफी संगठित हैं।" शायद ऐसे ही स्थलों के लिए 'वाद विवाद' की भूमिका में नामवरजी ने लिखा है कि 'कुछ निबन्ध अतिवाद के भी शिकार हुए हैं।' दूसरे लेख में वे कहते हैं : "सवाल दरअसल आलोचना की स्वायत्तता का उतना नहीं, जितना आलोचना की 'सांस्कृतिक केन्द्रीयता' का है। वैसे अपनी स्वायत्तता की रक्षा करते हुए भी आलोचना 'सांस्कृतिक केन्द्रीयता' प्राप्त कर सकती है, यदि परिप्रेक्ष्य का बोध स्पष्ट हो। इसी प्रकार आलोचना के स्वधर्म के प्रति गहरी निष्ठा हो तो 'सांस्कृतिक केन्द्रीयता' प्राप्त कर लेने पर भी आलोचक आलोचना की स्वायत्तता बनाए रख सकता है। उदाहरण के लिए अंग्रेजी के प्रसिद्ध आलोचक डॉ. एफ.आर. लीविस के ही आलोचना-कर्म को लें।...उन्होंने साहित्यिक आलोचना के विशिष्ट अनुशासन का आग्रह करते हुए भी स्पष्ट किया कि साहित्य में गम्भीर दिलचस्पी व्यावहारिक आलोचना के नाम से प्रचलित 'पृष्ठांकित शब्दों' और बिम्बों के सूक्ष्म परीक्षण-कार्य तक ही अपने आपको सीमित नहीं रख सकती; सच्ची साहित्यिक दिलचस्पी का मतलब है मनुष्य में, समाज में और सभ्यता में दिलचस्पी—यहाँ तक कि इसकी कोई चौहद्दी नहीं बाँधी जा सकती।" निश्चय ही यह मत अत्यन्त सुचिन्तित है, लेकिन इस विषय पर उनके बाद के दो लेख 'आलोचना की संस्कृति और संस्कृति की आलोचना' (1988) और 'साहित्य की मुक्ति या कछुआ धर्म ?' (1992) विशेष महत्त्वपूर्ण हैं।

'संस्कृति' वाले लेख में नामवरजी ने शिष्टजनों के सौन्दर्यशास्त्र और संस्कृतिवाद दोनों के जन-विरोधी रूप को उजागर किया है। अट्ठारहवीं सदी के यूरोप में जिस सौन्दर्यशास्त्र की रचना की गई, उसमें "सौन्दर्यानुभूति की उपलब्धि संस्कृति के लिए आवश्यक अर्हता घोषित की गई। एक ओर 'सौन्दर्यानुभूति' का स्वरूप-निरूपण सौन्दर्यशास्त्र का केन्द्रीय प्रश्न बना तो दूसरी ओर सौन्दर्यानुभूति की सारी विशेषताएँ संस्कृति के आदर्श तत्त्वों के रूप में समाहित कर ली गईं। 'सामंजस्य' और 'सन्तुलन' जैसी अवधारणाएँ इसी स्थानान्तरण के उदाहरण हैं। अन्तर इतना ही आया कि जो 'सामंजस्य' और 'सन्तुलन' सौन्दर्यशास्त्र में शुद्ध मानसिक क्षेत्र तक सीमित थे, संस्कृति ने उन्हें अपनाकर सामाजिक बना लिया और इस प्रकार उनसे व्यक्ति के मन को सन्तुलित और समरस करने के साथ-साथ समाज में संघर्षशील विभिन्न वर्गों के बीच भी सन्तुलन और सामंजस्य स्थापित करने का काम लिया जाने लगा।" इसका आलोचना पर यह असर पड़ा कि उससे 'आलोचना' के तत्त्व गायब होने लगे, जो साहित्य तक ही

सीमित नहीं थे, बल्कि जिनका विस्तार समाज और राजनीति तक था, और एक दरबारी की तरह सिर्फ रचना को सराहनेवाली 'रचनात्मक आलोचना' का जन्म हुआ। 'कछुआ धर्म' वाले लेख में उत्तर-आधुनिकतावाद पर प्रहार है, जिसका आयात प्रत्यक्ष और परोक्ष दोनों ही रूपों में हिन्दी में होने लगा है। उत्तर-आधुनिकतावाद के मूल में फ्रांस में घटित वह 'भाषावैज्ञानिक क्रान्ति' है, जिसके अनुसार भाषा और संसार के बीच किसी प्रकार की अनुरूपता का सम्बन्ध नहीं है, बल्कि यह सम्बन्ध एक प्रकार की रूढ़ि-मात्र है। इसने शब्द-निबद्ध सभी शास्त्रों को 'गल्प' बना दिया। कथा-साहित्य को तो पहले से ही 'गल्प' कहा जा रहा था, अब इतिहास और समाज-विज्ञान की दूसरी विद्याएँ भी, जो तथ्यों का आग्रह रखती हैं, इस श्रेणी में आ गईं। सबकुछ 'लेखन'-मात्र हो गया, साहित्य भी, जिसकी कलात्मक बारीकियाँ दिखलाने पर पंडितों ने बहुत श्रम किया था। फिर यह स्थिति पहुँची कि जो साहित्य जीवन-यथार्थ से मुक्त होकर सिर्फ 'गल्प' रह गया था, उसका शास्त्र भी उससे मुक्त हो गया। नामवरजी के शब्दों में : " 'साहित्यिक आलोचना' तो क्या 'आलोचना' मात्र जैसे शब्द का चलन उठ चला है। जरूरी नहीं कि व्याख्या का सम्बन्ध प्रस्तुत पाठ से ही हो। पाठ स्वायत्त है तो व्याख्या स्वायत्त क्यों न हो ?" अन्त में उन्होंने हिन्दी के भक्ति-काव्य के साक्ष्य से 'मुक्ति' की जगह 'भक्ति' का महत्त्व प्रतिपादित किया है और कहा है : "निःसन्देह यह शुद्ध साहित्य न था, स्वायत्त साहित्य भी नहीं। मुक्ति न जीवन में, न काव्य में। धुन न साहित्य को मुक्त करने की, न मनुष्य को। सफाई की ऐसी सनक भी नहीं कि कविता के घर से गर्द-गुबार के साथ-साथ घर के प्राणी भी बाहर फेंक दिए जाएँ।" इससे यह भी स्पष्ट है कि नामवरजी अतीत के लोकवादी साहित्य से ही आज के साहित्य के लिए दृष्टि प्राप्त करते हैं।

'लोक', 'समाज', 'वर्ग' और 'जन' का उनमें जो आग्रह है, उससे यह आशंका हो सकती है कि उन्होंने अपनी आलोचना में साहित्य के 'स्वधर्म' की उपेक्षा की होगी। लेकिन ऐसा है नहीं, वरना वे 'प्रगतिशील साहित्यधारा में अन्ध लोकवादी रुझान' (1974), 'मार्क्सवादी सौन्दर्यशास्त्र के विकास की दिशा' (1983) और 'प्रासंगिकता का प्रमाद' (1983-84)-जैसे अपने लेखों में साहित्य के 'स्वधर्म' की रक्षा के लिए उद्यत न दिखलाई पड़ते। यह जरूर है कि यह 'स्वधर्म' उनके लिए कोई सरल और सपाट चीज नहीं है, जिस कारण उन्होंने उस पर उसकी पूरी जटिलता और गहराई में जाकर विचार किया है। पहले लेख में उन्होंने साफ शब्दों में कहा है कि "एक निष्ठावान लेखक से उसकी राजनीति की साहित्यिक अन्तर्वस्तु की माँग तो की ही जा सकती है क्योंकि एक लेखक के नाते उसका अपना कर्म-क्षेत्र तो साहित्य ही है" और "साहित्य को राजनीतिक चेतना से सम्पन्न बनाने का अर्थ साहित्य-सृजन और चिन्तन में राजनीतिक संघर्ष की रणनीति और कार्यनीति का अमल नहीं है।" यहाँ भी उन्होंने ग्राम्शी को उद्धृत करना आवश्यक समझा है, जिन्होंने कहा था कि "कलाकार के सम्मुख एक परिदृश्य अवश्य होना चाहिए, किन्तु राजनीतिज्ञ की अपेक्षा उसका परिदृश्य अनिवार्यतः कम नपा-तुला और कम निर्दिष्ट होता है और इस तरह वह कम कट्टर होता है। कलाकार अनिवार्यतः

एक विशेष क्षण में 'जो है उसका' प्रतिफलन यथार्थता के साथ करता है, इसलिए उसकी कृति वैयक्तिक और असहमतिपरक होती है।'' लेख में आगे नामवरजी ने यह कहा है कि चूँकि मार्क्सवाद केवल एक राजनीतिक सिद्धान्त नहीं, बल्कि एक विश्वदृष्टि है, जो अपने समय की वास्तविकता को उसकी समग्र जटिलता के साथ समझने में सहायक होती है, इसलिए वामपन्थी लेखकों के बीच बहस उसी पर होनी चाहिए, न कि राजनीतिक लाइन पर। ''किन्तु विश्वदृष्टि सम्बन्धी बहस का भी चरम लक्ष्य वास्तविकता का चित्रण या उद्‌घाटन है, क्योंकि यह वास्तविकता ही किसी रचना को विश्वसनीय बनाती है। लेखक के लिए चुनौती का मैदान यही है।'' मैं उन्हें समझने के लिए अन्तिम वाक्य को रेखांकित करना चाहूँगा।

नामवरजी को समझने के लिए पहले लेख से भी अधिक महत्त्वपूर्ण कदाचित् दूसरा लेख है, क्योंकि इसमें उन्होंने मार्क्सवादी सौन्दर्यशास्त्र के निर्माण के प्रयास को एक सिरे से खारिज किया है और कहा है कि जब मार्क्सवाद ही विकास की प्रक्रिया में है, तो उसके सौन्दर्यशास्त्र का टेक्स्टबुक तैयार करना कहाँ तक उचित है ? छिटपुट रूप में इस दिशा में जो प्रयास किए गए, उनके दुष्परिणामों का उन्होंने जिक्र किया है और इस बात पर बल दिया है कि 'नए कला-सृजन से ही सौन्दर्यशास्त्र का विकास सम्भव है।' जो आलोचक लोक-भूमि से उठा है और जिसके लिए 'लोकचेतना परस्पर विरोधी वस्तुओं का पुंज हुआ करती है', वह एक सरलीकृत, रूढ़िबद्ध और संकीर्णता को जन्म देनेवाले सौन्दर्य-दर्शन को कभी स्वीकार नहीं कर सकता। इस बात से जरूर आश्चर्य होता है कि एक तरफ यह मानने के साथ कि '' 'लोक के अन्तर्गत सम्पूर्ण जातीय जीवन आ जाता है। इसमें वह मानव-प्रेम है, जिसका विस्तार भरत से लेकर निषाद तक है। इसमें आध्यात्मिक और पारलौकिक भी समाविष्ट है, पुराण, मिथक, नितान्त अतिमानवीय कल्पनाएँ भी। लोकचेतना धर्मनिरपेक्ष नहीं'' ('आलोचना', जनवरी-मार्च, 1984), वे यह कैसे कह सकते हैं कि ''हम जैसे भूलते जा रहे हैं कि सौन्दर्य में भी वर्ग-भेद होता है और सौन्दर्यबोध के निर्माण में वर्गदृष्टि की भी भूमिका होती है। प्रेमचन्द ने इस सचाई को जीवन के अनुभव से समझा था और मार्क्सवाद पढ़कर भी बहुत से लोग इस सत्य को पकड़ने में अक्षम दिखाई पड़ रहे हैं। इधर के सौन्दर्यशास्त्रीय चिन्तन से कुछ ऐसा आभास होने लगा है कि सौन्दर्य और सौन्दर्यबोध वर्गों से ऊपर कोई अतीन्द्रिय अनुभूति है !'' यह बात उन्होंने इसी लेख में कही है। सौन्दर्यबोध निश्चय ही वर्गों से भी प्रभावित होता है, लेकिन यह भी सही है कि वह वर्गों का अतिक्रमण भी करता है। स्वभावतः यह लेख अन्त में नए सौन्दर्यशास्त्र के लिए मार्क्सवाद की अपेक्षा 'लोक' की तरफ देखता है और कहता है : ''असल सवाल उस सौन्दर्यशास्त्र का है जो हमारे सौन्दर्यबोध को बदलने में कारगर अस्त्र हो। मेरी जानकारी में इस बीच इस दिशा में एक ही कोने से संगठित स्वर उठा है। मराठी के दलित लेखकों ने एक अलग वैकल्पिक सौन्दर्यशास्त्र बनाने का नारा दिया है। अभी तक वह शास्त्र बना भले ही न हो, लेकिन सौन्दर्यबोध का एक विकल्प तो सामने आया ही, इसमें कोई सन्देह नहीं।''

तीसरे लेख वा टिप्पणी में नामवरजी ने एक जरूरी साहित्यिक सवाल उठाया है कि हम अतीत की कृतियों की प्रासंगिकता कैसे सिद्ध करें—उससे तदात्म होकर या उससे ब्रेख्तीय अलगाव बनाए रखकर ? भारतीय काव्यशास्त्र में तादात्म्य अभेद-रूप प्रतीति है, या अभेद-प्रतीति, यह खोज-ढूँढ़ का विषय हो सकता है, लेकिन इस टिप्पणी में नामवरजी का 'अलगाव-प्रभाव' को महत्त्व देना इस दृष्टि से महत्त्वपूर्ण है कि यह उनकी लोकवादी साहित्य-दृष्टि के मेल में है। वे अलगाव बनाए रखकर कृति-विशेष के प्रति पाठकों के आलोचनात्मक विवेक को जाग्रत् रखना चाहते हैं, जिससे वे उसके अन्तर्विरोधों के प्रति सजग रहें। कहने की आवश्यकता नहीं कि उन्हें जिस आलोचनात्मक विवेक की चिन्ता है, वह लोकवादी आलोचनात्मक विवेक है।

मूलतः नामवरजी कविता के आलोचक हैं, भले उन्हें व्यापक ख्याति सर्वप्रथम उन टिप्पणियों के कारण मिली हो, जो उन्होंने 1960-62 में 'नई कहानियाँ' नामक मासिक के 'हाशिए पर' नामक स्तम्भ के अन्तर्गत लिखी थीं। यह स्वाभाविक ही है कि किसी विषय पर योजनाबद्ध रूप से लिखी गई उनकी पहली मुकम्मल पुस्तक 'छायावाद' (1955) है। पुस्तक की भूमिका के शुरू में ही उन्होंने बतला दिया है कि वह छायावादी कविता के 'छाया-चित्रों में निहित सामाजिक सत्य' का उद्घाटन करने के लिए लिखी गई है। यह उद्देश्य पूरी तरह से साहित्यालोचन के उपयुक्त था, जिससे स्पष्ट होता है कि उन्होंने शुरू से ही अपने लिए आलोचना का कठिन रास्ता चुना है। 'सामाजिक सत्य' इसलिए कि छायावाद वस्तुतः 'व्यक्ति के माध्यम से सम्पूर्ण समाज की स्वाधीनता की अभिव्यक्ति' था। यह कार्य नामवरजी ने इस पूर्णता के साथ किया कि छायावाद के सम्बन्ध में सारा जाल-जंजाल साफ हो गया और यह पुस्तक छायावाद के अध्येताओं की प्रिय पाठ्य-पुस्तक बन गई। इस संचयिता में मैंने इससे सिर्फ एक छोटा-सा लेख 'केवल मैं केवल मैं' संकलित किया है, जो यह सिद्ध करने के लिए काफी है कि व्यक्तिगत स्वाधीनता की जिस भावना से बहुरंगी छायावादी कविता स्फुटित हुई थी, उसकी आलोचक को कितनी गहरी समझ थी। इस पुस्तक के पीछे कॉडवेल की प्रसिद्ध पुस्तक 'इल्यूजन एंड रियलिटी' की प्रेरणा बतलाई गई है, लेकिन इस दृष्टि से यह स्वतन्त्र है कि उसमें जहाँ आलोचक ने अंग्रेजी की रोमांटिक कविता के प्रति सर्वथा निषेधात्मक रुख अपनाया है, नामवरजी का छायावाद के प्रति रुख कुल मिलाकर बहुत सकारात्मक है।

कविता को—छायावादोत्तर कविता को—केन्द्र में रखकर लिखी गई उनकी सर्वाधिक प्रौढ़ कृति है—'कविता के नए प्रतिमान' (1968)। यह उनकी सर्वाधिक विवादास्पद कृति भी है, क्योंकि एक तरफ जहाँ इसे साहित्य अकादेमी द्वारा पुरस्कृत किया गया और इसने हिन्दी के विद्वत्समाज में उनकी आलोचनात्मक क्षमता का सिक्का जमा दिया, वहाँ दूसरी तरफ हिन्दी के मार्क्सवादी लेखकों ने इसका यह कहकर विरोध शुरू किया कि यह अमरीकी नई आलोचना से प्रभावित एक रूपवादी कृति है। इस विरोध ने अनेक बार उग्र रूप धारण कर लिया, जिसके परिणामस्वरूप रूपवादी कहकर नामवरजी पर प्रहार

ही नहीं किए गए, उनकी भर्त्सना भी की गई। स्थिति सामाजिक बहिष्कार-जैसी थी। इसका संकेत 'प्रतिमान' के दूसरे संस्करण की भूमिका (1974) से भी मिलता है, जिसमें उन्होंने अपने बचाव में कई बातें कही हैं, कारणवश जिन्हें देखना जरूरी है। कुछ उद्धरण : 1. "इस पुस्तक में मैंने एक से अधिक जगहों पर स्पष्ट शब्दों में कहा है कि कविता के स्वतः सम्पूर्ण संसार की सत्ता भ्रामक है। काव्य-संसार की स्वायत्तता या स्वतन्त्रता का जब भी प्रसंग आया है, मैंने बराबर 'सापेक्ष स्वतन्त्रता' का पक्ष लिया है। इस प्रसंग में यह भी उल्लेखनीय है कि 'कविता के नए प्रतिमान' का अन्त 'परिवेश और मूल्य' शीर्षक अध्याय से होता है। इस सन्दर्भ में मुक्तिबोध के काव्य-संसार को अन्य समकालीन कवियों के काव्य-संसार से अधिक जीवन्त और सार्थक मानने के लिए यही युक्ति दी गई है कि उसमें समकालीन परिवेश का अधिक यथार्थ चित्र है।" 2. "इस प्रसंग में जेरेमी हॉथॉर्न ने तथाकथित 'रूपवादी' समीक्षा की चुनौती का जिक्र करते हुए यह आशा व्यक्त की है कि रूपवादी आलोचना के तत्त्वों का उपयोग मार्क्सवादी आलोचना को विस्तृत और समृद्ध करने के लिए हो सकता है।...ऐसा लगता है कि हिन्दी के नए मार्क्सवादी आलोचक अंग्रेजी की 'नई समीक्षा' के प्रति जरूरत से ज्यादा शंकालु हैं।...लेकिन जो मार्क्सवादी आलोचना के विकास के लिए प्रयत्नशील हैं, वे जानते हैं कि अंग्रेजी 'नई समीक्षा' को 'साम्राज्यवादी साजिश' या 'पतनशील' पाश्चात्य प्रवृत्ति कहकर टाला नहीं जा सकता।" 3. "मार्क्सवादी आलोचना के...रूप-तिरस्कार की क्षतिपूर्ति के लिए ही 'कविता के नए प्रतिमान' में काव्य के रूप-पक्ष पर अतिरिक्त बल दिया गया है। रूपवाद का उत्तर स्थूल समाजशास्त्रीयता नहीं, बल्कि विषय-वस्तु और रूपविधान के द्वन्द्वात्मक सम्बन्धों की सही जानकारी पर आधारित सच्ची मार्क्सवादी आलोचना ही हो सकती है।" आत्मरक्षा में कही गई ये बातें सही हैं और आज भी किसी मार्क्सवादी आलोचक को अस्वीकार्य नहीं हो सकतीं।

मैंने आठवें दशक के उत्तरार्ध में 'हिन्दी आलोचना का विकास' नाम की पुस्तक लिखी थी और उसके अन्तिम लेख में नामवरजी की आलोचना पर विस्तार से विचार करते हुए यह दिखलाने का प्रयास किया था कि वे कैसे मार्क्सवादी आलोचना को जड़सूत्रता से मुक्त कर विकसित करने के लिए प्रयत्नशील हैं। यहाँ क्षमा-याचनापूर्वक उसका एक अंश उद्धृत है : "नामवरजी ने कविता के नए प्रतिमानों का जो विवेचन किया है वह पूरी तरह से मार्क्सवादी आलोचना के मेल में है। रूपगत और वस्तुगत प्रतिमानों का अत्यन्त सफल विवेचन वे इसीलिए कर सके हैं कि उन्होंने इन दोनों के द्वन्द्वात्मक सम्बन्ध को समझा है। यह द्वन्द्व-दृष्टि मार्क्सवाद की ही देन है। दूसरे, उन्होंने कविता के वस्तुगत रूप (text) को जो महत्त्व दिया है और शब्दार्थ-मीमांसा को ही जो आलोचना का बुनियादी कार्य बतलाया है, वह कविता की सापेक्ष स्वतन्त्रता की स्थापना है। मार्क्सवादी आलोचना पर यह सामान्य आरोप लगाया जाता रहा है कि उसमें कविता के अपने संसार की उपेक्षा की जाती है। नामवरजी ने कविता के अपने संसार के विश्लेषण के आधार पर ही उसके मूल्यांकन का आग्रह किया है। यह रूपवादी भटकाव

नहीं, बल्कि मार्क्सवादी आलोचना को अभिप्रायपरक और प्रभावपरक हेत्वाभासों से बचाकर सही लीक पर रखने का प्रयास है। रूपवादी भटकाव तब होता, जबकि वे आलोचना को कविता के अपने संसार की व्याख्या तक ही सीमित रखते, उसके मूल्यांकन की बात नहीं करते।" मैंने एक सोवियत आलोचक ए. एनिस्त का भी हवाला दिया था, जिन्होंने साहित्य के सम्बन्ध में अमरीकी 'नई आलोचना' की बुनियादी मान्यताओं को अस्वीकार करते हुए भी एलेन टेट, क्लींथ ब्रुक्स, ब्लैकमर, विमसाट और रेंसम के बारे में लिखा है कि उन्होंने "हमें अवधानतापूर्वक पढ़ना और द्वैधवृत्ति को पहचानना सिखलाते हुए साहित्यिक कृतियों में उन चीजों को अनावृत किया है जो पहले के पाठकों से अनदेखी रह गई थीं।"

लेकिन 'प्रतिमान' का विरोध शमित हो जाने के बाद नामवरजी ने किंचित् भिन्न रूप में स्वयं अपने ऊपर लगाए गए आरोपों को स्वीकार कर लिया है। पहले उन्होंने 'आलोचना की स्वायत्तता' नामक लेख में यह कहा कि "अंग्रेजी-अमेरिकी 'नई आलोचना' भी जो अपने आपको शुद्ध साहित्यिक आलोचना समझने का भ्रम पाले रही, अनेक ऐसे पारिभाषिक शब्दों का सहारा लेने के लिए विवश थी जिनके गैर-साहित्यिक अनुषंग हैं। 'टेंशन', 'जेश्चर', 'कांप्लेक्सिटी' आदि शब्द इसी प्रकार के हैं। खास बात तो यह है कि 'नई आलोचना' के ये पारिभाषिक शब्द स्वयं साहित्यिक आलोचना की प्रोक्ति के अन्तर्गत भी गैर-साहित्यिक प्रयोजनों की सिद्धि करते रहे हैं। विडम्बना (आइरनी), बहुलार्थकता (एंबिग्युटी) जैसे शब्द कोरे काव्य-वैशिष्ट्य बोधक न थे; शीतयुद्ध से ग्रस्त अमेरिकी समाज में इन शब्दों ने राजनीतिक भूमिका भी निभाई थी। यह बात उस समय भले ही प्रकाश में न आई हो, आज स्वयं अमेरिकी आलोचना में खुलकर कही जा रही है।" फिर उन्होंने निराला व्याख्यान माला के अन्तर्गत 1989 में इलाहाबाद विश्वविद्यालय के हिन्दी विभाग में दिए गए व्याख्यान को इसी विषय पर केन्द्रित किया—'कविता के नए प्रतिमान : पुनर्विचार'। यह व्याख्यान इलाहाबाद से निकलनेवाली लघु पत्रिका 'कथ्य-रूप' के 27वें अंक में प्रकाशित है। इसमें उन्होंने अपने उपर्युक्त कथन को तो विस्तार से रखा ही है, छायावादोत्तर हिन्दी कविता की दूसरी परम्परा की भी बात कही है।

अपने व्याख्यान में नामवरजी ने कहा : "हमने 'कविता के नए प्रतिमान' में 'अनुभूति की प्रामाणिकता', 'जटिलता', 'तनाव', 'विसंगति', 'विडम्बना', 'ईमानदारी' आदि संकल्पनाओं का जो परीक्षण किया था और अनेक की अपर्याप्तता और विसंगतियों की ओर जो संकेत किया था, वह केवल तार्किक था। ये सभी अमेरिकी 'नई समीक्षा' की संकल्पनाएँ थीं। 'नई समीक्षा' की ये संकल्पनाएँ रूपवादी हैं, यह बार-बार कहा गया है। लेकिन 'नई समीक्षा' की तमाम अवधारणाओं को रूपवादी कहना भी एक तरह का रूपवाद है। कोई आदमी विशिष्टाद्वैत की आलोचना शुद्ध अद्वैतवाद के आधार पर करे, इस बात पर विचार किए बिना कि विशिष्टाद्वैत एक दूसरी ऐतिहासिक-सामाजिक परिस्थिति की उपज है, तो यह आलोचना शुद्ध तार्किक होगी। क्योंकि दोनों दो

ऐतिहासिक सन्दर्भों और चुनौतियों की उपज हैं। अतः एक के तर्क के आधार पर दूसरे का खंडन शुद्ध 'फार्मलिस्ट' होगा। 'नई समीक्षा' में सूत्रबद्ध अवधारणाएँ मात्र रूपवादी नहीं हैं बल्कि उनका एक निश्चित ऐतिहासिक सन्दर्भ है। साथ ही ये अवधारणाएँ केवल अपनी साहित्यिक भूमिका ही नहीं निभा रही थीं बल्कि स्पष्ट कहा जाए तो इनकी एक निश्चित राजनीतिक भूमिका भी थी। 'कविता के नए प्रतिमान' में यह नहीं कहा गया है। 'कविता के नए प्रतिमान' का रूपवाद यह है कि उसमें रूपवाद की आलोचना भी रूपवादी ढंग से की गई है अर्थात् तार्किक आधार पर उसका खंडन किया गया है, ऐतिहासिक आधार पर नहीं। 'जटिलता', 'विसंगति', 'अनुभूति की प्रामाणिकता' आदि के मूल में जो राजनीति काम कर रही है उसका खंडन नहीं किया गया है। वह खंडन कविता की दूसरी परम्परा की खोज और स्थापना के लिए जरूरी है।''

कविता की दूसरी परम्परा की बात को हम कुछ क्षणों के लिए स्थगित रखें, तो उन्होंने अपने कथन का खुलासा इस रूप में किया : ''दूसरे महायुद्ध के बाद 'नई आलोचना' या 'न्यू क्रिटिसिज्म' अमेरिकी विश्वविद्यालयों की सरकारी (ऑफिशियल) विचारधारा बन गई थी। यह वह काल है जब जॉन डेनियल बेल ने 'विचारधारा का अन्त' ('एंड ऑफ आइडियोलॉजी') नामक अपनी पुस्तक लिखी। यह शीतयुद्ध का युग है। महायुद्ध के बाद यह माना जाने लगा कि विचारधारा का युग समाप्त हो गया। लड़ाई खत्म हुई—हिटलर गया, मुसोलिनी गया तो यह माना गया कि यह 'नात्सीज्म' के अन्त का युग है। लेकिन नहीं, यह कहा जाने लगा कि 'नात्सीज्म' के साथ ही यह कम्युनिस्ट विचारधारा का भी अन्तकाल है। यह दूसरी बात है कि युद्ध के बाद दुनिया का एक तिहाई हिस्सा कम्युनिस्ट विचारधारा के अन्तर्गत आ गया। विचारधारा का अन्त... इसलिए कि शीतयुद्ध के उस खास जमाने में अमेरिका को खास तरह की विचारधारा, 'अमेरिकन लिबरलिज्म' एवं 'प्लूरलिज्म' की विचारधारा, 'सूट' करती थी। मित्रो, यह युग है जिसमें 'मैकार्थिज्म' का उदय हुआ, जिसमें कितने लोगों को नौकरियों से निकाला गया, कितनों को जेल हुई, फाँसी की सजा हुई। भला हो ब्रेख्त का कि वे बच गए, क्योंकि वे अमेरिकी कम्युनिस्ट पार्टी के सदस्य नहीं थे। इस काल में समीक्षा का जो प्रतिमान सबसे अधिक फूला-फला, वह था 'न्यू क्रिटिसिज्म'। इस समीक्षा-सिद्धान्त में यह कहा गया कि बड़ी कविता वह है जिसमें विचारधारा न हो, जिसमें 'पैराडॉक्स' हो, द्वन्द्व हो, तनाव हो, कवि 'कमिट' न करे। तो यह है शीतयुद्ध का काव्यशास्त्र—'कोल्डवार पोयटिक्स'। अमेरिकी 'नई समीक्षा' की सारी शब्दावली विचारधारा के इस अन्त की शब्दावली है, यानी जहाँ एक तरह का धुँधलका हो, 'एंबिग्युटी' हो। एक जमाने में रघुवीर सहाय ने इसके लिए एक बड़ा ही अच्छा शब्द दिया था—'उभय सम्भव', यानी यह भी सम्भव, वह भी सम्भव। कविता में एक खास तरह की जटिल अनिश्चयता। इस अनिश्चयता की सुविधा और दर्द में अनेक कविताएँ लिखी गईं। तो यह जटिलता, विसंगति, विडम्बना, तनाव...ये सभी अमेरिकी प्रचारतन्त्र का अंग थे। यह शीतयुद्ध की 'स्ट्रेटेजी' थी...और मित्रो, यह हमारी भारतीय परिस्थितियों के अनुकूल पड़ती थी।''

यहाँ सवाल यह उठता है कि राजनीति और साहित्य के बीच क्या इतना सीधा सम्बन्ध जोड़ा जा सकता है, जिसका स्वयं नामवरजी निषेध करते रहे हैं ? क्या अमरीकी नई आलोचना, जिसमें उक्त अवधारणाओं का इस्तेमाल किया गया, सीधे-सीधे ऐसा करने की इजाजत देती है ? आलोचना को उसकी देन को देखते हुए यह अति-सरलीकरण प्रतीत होता है, साथ ही नामवरजी का दूसरे अतिवाद पर पहुँच जाना। दूसरे (और यह सवाल ज्यादा गम्भीर है), 'कविता के नए प्रतिमान' के उन लेखों में, जो अपने विलक्षण परम्परा-बोध, गहन विश्लेषण-क्षमता और पारदर्शी अभिव्यक्ति के कारण इस संचयिता में संकलित किए गए हैं, क्या काव्य-बिम्ब से लेकर प्रामाणिक अनुभूति तक की अवधारणाओं का उपयोग अत्यन्त सकारात्मक रूप में नहीं हुआ ? 'सकारात्मक' इस अर्थ में कि वह हिन्दी काव्यालोचन को, वह मार्क्सवादी हो या गैर-मार्क्सवादी, अतिशय समृद्ध और विकसित करनेवाला है। रही बात उक्त अवधारणाओं की सीमाओं की, तो दुहराने की जरूरत नहीं कि 'प्रतिमान' में आलोचक ने उनका उपयोग उनकी ओर पर्याप्त संकेत करते हुए पूरे सचेत रूप में किया है। ऐसा बिलकुल नहीं है कि उनका ऐतिहासिक संदर्भ सामने न रहने के कारण वे अमरीकी नई आलोचना के रूपवादी फन्दे में पड़ गए हों। कम-से-कम मुझे ऐसा नहीं लगता और यह बात मैं इसका खतरा उठाकर भी कह रहा हूँ कि मुझ पर नामवरजी से अधिक नामवरवादी होने का आरोप लग सकता है।

जहाँ तक कविता की दूसरी परम्परा की बात है, उनका यह कहना सही है कि 'प्रतिमान' के प्रतिमानों पर बल देने से छायावादोत्तर हिन्दी कविता की दूसरी लोकवादी परम्परा की उपेक्षा हुई और कुछ देर के लिए ऐसा लगा कि हिन्दी कविता की मुख्यधारा कथित प्रगति-विरोधी धारा है, जिसके निर्माता रघुवीर सहाय, विजयदेव नारायण साही और श्रीकान्त वर्मा हैं, वह प्रगतिशील धारा नहीं, जिसके नियन्ता नागार्जुन, त्रिलोचन और केदारनाथ अग्रवाल हैं। मुझे याद है, 'कविता के नए प्रतिमान' नामक पुस्तक का जिक्र चलने पर केदार बाबू ने स्वयं बहुत तकलीफ के साथ मुझसे कहा था कि 'उसमें तो नामवरजी ने प्रगति-विरोधी कविताओं को ही उभारकर रखा है।' मैं 'प्रगति-विरोधी' और 'प्रगतिशील' को अधिक तूल देने के पक्ष में नहीं, न ही मैं 'विरलता का सौन्दर्यशास्त्र' और 'सरलता का सौन्दर्यशास्त्र' में से एक को चुनता हूँ, 'लोक' भी मेरे लिए एकमात्र और अन्तिम कसौटी नहीं, फिर भी मैं इस बात से सहमत हूँ कि 'प्रतिमान' में हिन्दी की कथित प्रगतिशील वा लोकवादी काव्य-धारा की उपेक्षा हुई, बावजूद इसके कि उसमें संकट के प्रत्येक बिन्दु पर प्रगतिशील कवियों के साक्ष्य ने ही नामवरजी का मार्ग-निर्देश किया है, या उनकी मान्यता को बल पहुँचाया है।

करीब डेढ़ दशक पूर्व पूर्वोल्लिखित अपने 'अन्ध लोकवादी रुझान' वाले लेख में उन्होंने कहा था : "अन्ध लोकवाद का ही एक और रूप है, सुगम और लोकप्रिय साहित्य-रूप के लिए आग्रह। इस आग्रह का परिणाम है परम्परागत चिर परिचित रूपों और भाषा की स्वीकृति। दुरूहता और जटिलता इस दृष्टि के लिए दुश्मन हैं और प्रयोग की दिशा में उठाया जानेवाला एक भी कदम सन्दिग्ध है। धारणा यह है कि जनता के

लिए लिखे जानेवाले साहित्य को सुगम और सपाट ही होना चाहिए। स्पष्टतः यह जनता को नीची नजर से देखने का फल है। जनता को मूर्ख समझनेवाले 'ज्ञानी' जनवादी ही इस तरह सोचते हैं। इन लोगों की नजर में साहित्य का नाम सिर्फ भावोत्तेजना है। ये लोग साहित्य को अपनी गूढ़ राजनीति का लोकप्रिय साधन समझते हैं। उनके खयाल से साहित्य वास्तविकता के किसी नए पहलू को उजागर करने के लिए नहीं होता।" उपर्युक्त व्याख्यान में नामवरजी ने इस ठाट को एकदम उलट दिया है। प्रभुत्वशाली वर्ग द्वारा 'कैनन' बनाकर कालिदास को अश्वघोष से श्रेष्ठ कवि घोषित करने का जिक्र करने के बाद वे कहते हैं : "प्रतिमानों की इस स्थिति को देखते हुए एक प्रतिक्रिया यह है कि मूल्यवान वह काव्य है जिसमें बौद्धिक व्यायाम का मौका मिले, जिसकी व्याख्या की आवश्यकता पड़े; मूल्यवान वह है जो दुर्लभ हो, जिसके लिए सहृदय की जरूरत हो। जो हवा की तरह, पानी की तरह सर्वजनसुलभ हो, जैसे वाल्मीकि की कविता, वह बड़ी कविता नहीं है। लेकिन जिसमें लक्षणा हो, व्यंजना हो, अलंकरण हो, चमत्कार हो, जो सहृदय-सापेक्ष हो, वह महान कविता है। सुलभ मूल्यवान नहीं होता। जिस आनन्दवर्धन ने यह लिखा कि मैं आदि कवियों की वाणी सुरक्षित रखने के लिए ध्वनि की खोज कर रहा हूँ, उस आनन्दवर्धन ने वाल्मीकि का कोई श्लोक क्यों नहीं चुना, ध्वनि का उदाहरण देने के लिए ? इसलिए कि वे सरल हैं।...यह सरलता और सादगी हमारे प्रतिमानों से लगातार खारिज रही।" फिर वे असली विषय पर आते हैं : "मैं कहना चाहता हूँ कि कविता की इस दूसरी परम्परा का जो निरूपण मैं अपने इधर के अध्ययन और अपनी इधर की रचनाओं के माध्यम से करना चाहता हूँ वह यह है कि नई कविता के अन्तर्गत जो दूसरी परम्परा थी उसके वाहक मुक्तिबोध थे और नई कविता के बाहर जो दूसरी परम्परा है, जो समूची नई कविता को चुनौती देती है और जो नई कविता का अपना काव्यशास्त्र है उसकी उपेक्षा करके ठेठ हिन्दी की अपनी परम्परा में नए ढंग की कविता लिखती रही है, उसका भी मूल्यांकन होना चाहिए और जैसा कि मैंने संकेत किया था, नागार्जुन और त्रिलोचन इन दो कवियों के माध्यम से मैंने कविता की उस दूसरी परम्परा का निरूपण करने का प्रयत्न किया है।" यहाँ भी सवाल उठता है कि जब शुद्ध दूसरी परम्परा के कवि नागार्जुन और त्रिलोचन हैं, तो मिश्रित यानी नई कविता के भीतर की दूसरी परम्परा के कवि मुक्तिबोध उन दोनों से बड़े प्रगतिशील कवि कैसे हैं ? यही सवाल बहुत कुछ शमशेर को लेकर भी उठता है, जिन्हें भी नामवरजी ने नई कविता के भीतर की दूसरी परम्परा का ही कवि कहा है। मायकोव्स्की, ब्रेख्त और नेरुदा की महानता का कारण भी उनकी रचनाशीलता का क्रमशः रूसी भविष्यवाद, जर्मन अभिव्यक्तिवाद और फ्रांसीसी अतियथार्थवाद के सम्पर्क से उत्कर्ष को प्राप्त करना बतलाया जाता है। ये तीनों ही महान् क्रान्तिकारी रचनाकार थे। जब साहित्य की प्रभुत्वशाली या अभिजात परम्परा में उसकी दूसरी परम्परा को परवान चढ़ाने की क्षमता है, तो उसका श्रेय क्यों न स्वीकार किया जाए ?

मुझे एक घटना याद आती है। 1966-67 का साल रहा होगा। दिनकरजी ने

हमलोगों के बीच 'शुद्ध कविता' पर एक व्याख्यान दिया और कहा कि बिहारी सतसई जहाँ शुद्ध कविता का उदाहरण है, वहाँ रामचरितमानस मिश्र कविता का। इस पर श्रोताओं में से एक सज्जन ने पूछा कि जब ऐसा है, तब मानस सतसई से श्रेष्ठ काव्य कैसे है ? इस पर दिनकरजी ने उत्तर दिया कि सभी नियमों से परे एक नियम है, उसी से। मेरा खयाल है कि उस तरह के नियमों की खोज होनी चाहिए और आलोचक उससे भाग नहीं सकता, लोकवादी आलोचक तो और नहीं।

व्याख्यान के अन्त में नामवरजी ने लोकवादी काव्य-परम्परा की सरलता को ध्यान में रखकर अपने गुरु आचार्य द्विवेदी के हवाले से कहा है कि 'सीधी रेखा भी खींचना टेढ़ा काम है।' यह सही है, लेकिन जरूरी नहीं कि श्रेष्ठ काव्य भी, वह प्रगतिशील और जन-पक्षी यानी लोकवादी ही क्यों न हो, सरल रेखा में ही चले।

कविता के सम्बन्ध में नामवरजी ने और भी लेख लिखे हैं, लेकिन उनमें से सिर्फ एक लेख का मैं यहाँ जिक्र करना चाहता हूँ। वह है—' 'प्रगीत' और समाज' शीर्षक लेख (1983)। वह इसलिए कि प्रगीत और समाज के बीच के सूक्ष्म सम्बन्ध का निरूपण आलोचना के लिए एक चुनौती है और इसमें कही गई कुछ बातों से नामवरजी के लोकवाद का समर्थन होता है। पहले आप उनके ये शब्द देखें : "ये आत्मपरक प्रगीत भी, नाट्यधर्मी लम्बी कविताओं के सदृश ही यथार्थ को प्रतिध्वनित करते हैं। अन्तर सिर्फ इतना है कि यहाँ वस्तुगत यथार्थ को अन्तर्जगत उस मात्रा में घुला लेता है जितनी उस यथार्थ की ऐन्द्रिय उद्बुद्धता के लिए आवश्यक है। इस प्रकार एक प्रगीतधर्मी कविता में वस्तुगत यथार्थ अपनी चरम आत्मपरकता के रूप में व्यक्त होता है।" तत्पश्चात् हमारा ध्यान इस बात पर जाना चाहिए कि प्रगीत-रचना तो हिन्दी में कई युगों के कवियों ने की है, लेकिन नामवरजी ने उनमें सर्वाधिक महत्त्व भक्तिकाल के कवियों को और प्रगतिशील कवियों को दिया है। भक्ति-काव्य की प्रगीतात्मकता के सम्बन्ध में वे कहते हैं : "लोकभाषा की परिष्कृत प्रगीतात्मकता का यह उन्मेष भारतीय साहित्य की अभूतपूर्व घटना है," फिर प्रगतिशील कवियों के बारे में : "प्रगीत काव्य के प्रसंग में मुक्तिबोध, त्रिलोचन और नागार्जुन के उल्लेख से यदि कुछ लोगों की भौंहें उठें या तनें तो इसका कारण सिर्फ यह होगा कि यह एक नया प्रगीतधर्मी कवि-व्यक्तित्व है : चिर-परिचित प्रतिमा से नितान्त भिन्न। अपनी वैयक्तिकता में विशिष्ट और सामाजिकता में सामान्य। व्यक्तिवादी न होते हुए भी व्यक्ति-विशिष्ट। अपने समाज से लड़ते हुए भी सामाजिक। दुनियादार न होते हुए भी इसी दुनिया का। ये नए प्रगीत इसी नए व्यक्तित्व से सम्भव हो सके हैं।" लक्ष्य करने योग्य यह है कि लेख के अन्त में जब वे नई पीढ़ी के कवियों में पुनः एक प्रगीतात्मकता के उभार से आश्वस्ति का अनुभव करते हैं, तो यह कहना आवश्यक समझते हैं कि "आज कवि को न तो अपने अन्दर झाँककर देखने में संकोच है, न बाहर के यथार्थ का सामना करने में कोई हिचक। अन्दर न तो किसी असन्दिग्ध विश्वदृष्टि का मजबूत खूँटा गाड़ने की जिद है और न बाहर व्यवस्था को एक विराट पहाड़ के रूप में आँकने की हवस।" स्मरणीय है कि विश्वदृष्टि का सर्वाधिक

आग्रह मुक्तिबोध का था और व्यवस्था को 'सूखे कठोर नंगे पहाड़' से उन्होंने ही प्रतीकित किया है। बात साफ है कि आलोचक का आग्रह जितना लोक-चेतना और यथार्थ-बोध पर है, उतना मार्क्सवाद और राजनीति पर नहीं। इस लेख में नामवरजी ने हिन्दी प्रगीत में अभिव्यक्त आत्मपरकता के विभिन्न रूपों की जो पहचान की है, वह उनकी असाधारण आलोचना-दृष्टि का सूचक है।

शुरू में ही कहा गया है कि उन्हें कहानी-सम्बन्धी टिप्पणियों से व्यापक ख्याति प्राप्त हुई थी। निर्मल वर्मा के कहानी-संग्रह 'परिन्दे' की दो समीक्षाओं को छोड़ दें, तो उन टिप्पणियों में से यहाँ तीन संकलित हैं। तीनों ही 1961 में लिखित। इसे संयोग ही कहेंगे कि उनमें प्रसंगवश हिन्दी के चारों महान् कहानीकारों—प्रेमचन्द, प्रसाद, जैनेन्द्र और अज्ञेय—की कहानियों का हवाला आया है, जिससे नई कहानी के पहले की हिन्दी कहानी का परिचय तो मिलता ही है, नई कहानी के लिए भी उससे महत्त्वपूर्ण सूत्र प्राप्त होते हैं। खास बात यह कि नामवरजी ने इन टिप्पणियों के माध्यम से इसके लिए कोशिश की है कि लोक-कथा की विशेषताओं को सुरक्षित रखते हुए हिन्दी कहानी को विकसित किया जाए। जैनेन्द्र की कहानी 'नीलम देश की राजकन्या' में राजकुमार कभी नहीं आता, जिसकी राजकुमारी अधीरता से प्रतीक्षा करती है और अन्त में पता चलता है कि वह उसी के भीतर है। इस पर नामवरजी का कहना है कि परियों की पुरानी कहानी से नीलम देश की कहानी इसी दृष्टि से भिन्न है कि उसमें राजकुमार मूर्तिमान होता है, जबकि इसमें वह 'वहम' ही रह जाता है। "इसका कारण सम्भवतः जैनेन्द्र की आत्मवादी दृष्टि है। 'नीलम देश की राजकन्या' कहानी की कमजोरी भी शायद यही है। कमजोरी यह नहीं है कि वह 'फैंटेसी' है बल्कि यह कि वह 'वास्तविक फैंटेसी' नहीं है।" प्रसाद की कहानी 'स्वर्ग के खंडहर में' का भी यही हाल है। इसमें भी प्रसादजी ने कल्पना के स्वर्ग की रचना करते-करते 'कहानी के बीच में चुपके से एक वाक्य डाल दिया है कि एक दिन पता चला कि स्वर्ग कैकय पहाड़ी के दुर्ग के समीप कहीं है।' यह एक वाक्य कहानी के ऐन्द्रजालिक लोक को नष्ट कर उसे धरती पर उतार देता है। अन्त में नामवरजी ने यह कहा है कि " 'फैंटेसी' केवल एक ऐतिहासिक तथ्य नहीं बल्कि जीवित सत्य है। इसका महत्त्व केवल कथा-साहित्य के उद्भव की चर्चा तक ही सीमित नहीं है, बल्कि नवीनतम कथा-सृष्टि में भी है।" उन्होंने काफ्का का नाम लिया है, जिन्होंने 'निःशब्द विस्फोट' की प्रक्रिया से साधारण घटना को ही एक 'फैंटेसी' का रूप दे दिया। "उसने प्रमाणित कर दिया कि विस्मित करने के लिए किसी दूसरी दुनिया की सृष्टि करने की आवश्यकता नहीं है, बल्कि किसी दूसरी दुनिया के वासी की तरह इस दुनिया में आना ही काफी है।...हो सकता है 'वास्तविकता' का पता इसी तरह चले।"

इसी तरह दूसरी टिप्पणी में उन्होंने कहानी के कुतूहल-तत्त्व के नवीन सर्जनात्मक उपयोग पर बल दिया है और प्रेमचन्द की कहानी 'मुक्तिमार्ग' के साक्ष्य से बतलाया है कि उसके अन्त में कैसे 'फिर क्या हुआ ?' 'ऐसा क्यों हुआ ?' में तब्दील हो जाता है। इसके साथ इस टिप्पणी में उन्होंने अनेक बातें कही हैं, जो आधुनिक कहानी-कला की

दृष्टि से महत्त्वपूर्ण हैं। संक्षेप में यह कि किस्सागोई को वे पिछड़ी हुई चीज नहीं मानते और कहानी के आदिम रस को बचाते हुए उसे आधुनिक विधा बनाने के पक्ष में हैं। तीसरी टिप्पणी, जिसमें अज्ञेय की कहानी 'पठार का धीरज' कहानी की संश्लिष्टता के रूप में उदाहृत हुई है, वाकई एक अनेक स्तरों पर चलनेवाली कहानी है। इस टिप्पणी से यह स्पष्ट हो जाता है कि नामवरजी 'फैंटेसी' और 'कुतूहल-तत्त्व' के सहारे सरल और सपाट नहीं, बल्कि आधुनिक यथार्थबोध की जटिल कहानी रचे जाने के पक्षधर हैं। इस कहानी के रचना-विधान और अन्तर्वस्तु दोनों में जो जटिलता सम्भव हुई है, उसका एक बड़ा कारण इसमें एक लोककथा का भी समावेश है। शायद इसलिए भी नामवरजी को यह कहानी पसन्द आई है। लोककथा ने इस कहानी को काफी कुछ 'फैंटेसी' भी बना दिया है। इस टिप्पणी की एक बड़ी विशेषता यह है कि इसके अन्त में उन्होंने सिर्फ कुछ प्रश्न किए हैं और उन्हीं के माध्यम से उनका उत्तर भी दिया है। प्रेम में महत्त्व उस धीरज का है, जो प्रेमी-प्रेमिका में से एक को दूसरे की छाया नहीं बनने देता और दोनों के समानान्तर अस्तित्व या व्यक्तित्व को स्वीकार करता है। लोककथा में वह पठार का धीरज नहीं था, लेकिन कहानी के पात्रों में वह है। नामवरजी पूछते हैं : "क्या इस कहानी का केन्द्र-बिन्दु यही है ? किन्तु यह अनुभव-सत्य कहानी के लिए किन-किन स्तरों पर व्यक्त हुआ है ? क्या कहानी के भी कई स्तर हैं और क्या वे सभी स्तर भी परस्पर समानान्तर, सहजीवी और संयुक्त हैं ? क्या वे स्तर एक-दूसरे को काटते या छूते नहीं ? लेखक की जीवन-दृष्टि ने स्वयं कहानी के संघटन को कितना प्रभावित किया है ?" इतने गम्भीर प्रश्नों को अनुत्तरित छोड़ देना आलोचक के अखंड विश्वास से ही सम्भव हो सकता है। विश्वास पाठकों पर और अपने पर। यह विश्वास निश्चय ही हिन्दी आलोचना में एक नया स्वर है।

परवर्ती काल में कथा-साहित्य पर लिखे गए नामवरजी के दो लेख महत्त्वपूर्ण हैं—'प्रेमचन्द और भारतीय कथा-साहित्य में भारतीयता की समस्या' (1981) और ' 'अंग्रेजी ढंग का नावेल' और भारतीय उपन्यास' (1992)। पहले लेख में उनके ये शब्द ध्यातव्य हैं : "औपनिवेशिक प्रश्न तत्त्वतः किसान प्रश्न है और औपनिवेशिक दासता के सभी रूपों से किसान की मुक्ति में ही भारत की मुक्ति है, यह बोध राष्ट्रीय चेतना में एक गुणात्मक छलाँग का संकेत है। प्रेमचन्द का सम्पूर्ण प्रौढ़ लेखन इसी बोध का सर्जनात्मक विकास है, जिसकी मुख्य उपलब्धियाँ 'रंगभूमि' (1925) और 'गोदान' (1936) हैं। प्रेमचन्द की इसी चेतना और सर्जना में उनकी भारतीयता की परिकल्पना विकसित हुई है।" यह भारतीयता भाग्यवादी और निष्क्रिय नहीं है, जैसी कि पश्चिमी धारणा है, बल्कि विद्रोह से भरी हुई है। नामवरजी प्रेमचन्द की 'रंगभूमि' के नायक सूरदास का सम्बन्ध जिस तरह सन्त कवियों से जोड़ते हैं, उनकी अपनी आलोचनात्मक परम्परा स्पष्ट हो जाती है : "यदि भिखारी सूर में हिन्दी के मध्ययुगीन सन्तों का अक्खड़पन और फक्कड़पन दिखाई पड़ता है तो इसका अर्थ यह है कि प्रेमचन्द की रचना में हमारे साहित्य की परम्परा झंकृत हुई है, जिसे उन्होंने साधारण जनता के जीवन में

गूँजते हुए पकड़ा था।'' इस लेख में उन्होंने उपन्यास-मात्र के सम्बन्ध में यूरोपीय मार्क्सवादी आलोचकों की जो मान्यता रही है, उसके विपरीत यह निष्कर्ष प्रतिपादित किया है : ''पश्चिम में उपन्यास का उदय भले ही एक बूर्ज्वा रूप के रूप में हुआ हो किन्तु भारतीय उपन्यास का विकास मुख्यतः औपनिवेशिक दासता में छटपटाते हुए किसान की जीवनगाथा से हुआ है।'' उन्होंने 1897 में प्रकाशित उड़िया उपन्यासकार फकीरमोहन सेनापति के उपन्यास 'छमाण आठ गुंठ' (छः बीघा जमीन) की याद दिलाई है और अन्त में कहा है : ''यदि बीस वर्ष बाद भारतीय उपन्यास की यह लोकधर्मी परम्परा हिन्दी के पिछड़े इलाके में प्रेमचन्द के हाथों और अधिक व्यापक फलक पर विकसित हुई तो अकारण नहीं।'' इस कथन में 'लोकधर्मी परम्परा' ध्यान देने योग्य है।

दूसरे लेख का विषय भी पहले लेख के ही आसपास है, पर नवीनता के साथ। इसमें नामवरजी ने उपन्यास की तरह ही राष्ट्र को भी 'गल्प' बतलाया है और उसके निर्माण में उपन्यास की भूमिका पर प्रकाश डाला है। इसमें जिस उपन्यासकार के उपन्यासों ने सर्वाधिक योग दिया, वे थे बंगला के उपन्यासकार बंकिमचन्द्र, 'जिन्हें प्रथम भारतीय उपन्यासकार होने का गौरव प्राप्त है।' नामवरजी का निश्चित मत है कि ''उन्नीसवीं शताब्दी के अन्त से पहले ही भारतीय उपन्यास अपनी अस्मिता प्राप्त कर चुका था। उसने इस अस्मिता का निर्माण किया था। इस अस्मिता का निर्माण अंग्रेजी उपनिवेशवाद के विरोध की प्रक्रिया में हुआ था, अंग्रेजी ढंग के 'नावेल' की नकल से नहीं। अंग्रेजी 'नावेल' ने तो भारतीय उपन्यास के विकासक्रम में उल्टे बाधा डाली।'' उनके अनुसार विरोधाभास प्रतीत होते हुए भी यह तथ्य है कि भारतीय उपन्यास में सच्चे यथार्थवाद का विकास अंग्रेजी ढंग के 'नावेल' के अनुकरण पर लिखे गए कल्पनाहीन आपाततः यथार्थवादी प्रतीत होनेवाले उपन्यासों से नहीं, बल्कि बंकिमचन्द्र-जैसे 'रोमांसकारों' के उपन्यासों से हुआ। बंकिम के रोमांसधर्मी उपन्यासों में भी यथार्थ के चित्र कम नहीं हैं। इसी यथार्थ का विकास फकीरमोहन सेनापति के उपन्यास में और फिर बाद में प्रेमचन्द के उपन्यासों में हुआ। मुझे सिर्फ इतना कहना है कि 'रोमांस' का तो लोक से सम्बन्ध है ही, उक्त यथार्थ का भी लोक-जीवन अर्थात् ग्रामीण जीवन से गहरा सम्बन्ध है। इस तरह नामवरजी का लोकवाद उनके आलोचना-कर्म की धुरी बना हुआ है।

गद्य-विधाओं—आलोचना, विचार, उपन्यास और व्यक्तिगत निबन्ध—को आधार बनाकर लिखी हुई उनकी मुकम्मल आलोचना-पुस्तक है—'दूसरी परम्परा की खोज' (1982), जो आचार्य हजारीप्रसाद द्विवेदी के लेखन पर केन्द्रित है। 'कविता के नए प्रतिमान' के बाद यह नामवरजी की दूसरी शानदार आलोचना-कृति है, जो अपनी सर्जनात्मकता में लासानी है। यथास्थान इसमें आचार्य द्विवेदी की मृदु आलोचना भी है, उनकी सीमाओं की ओर संकेत, पर मूलतः जैसा कि उन्होंने कहा है, इसमें 'अगर कुछ है तो बदल देनेवाली उस दृष्टि के उन्मेष की खोज, जिसमें एक तेजस्वी परम्परा बिजली की तरह कौंध गई थी।' उनके इस कथन से यह भी पता चल जाता है कि उन्होंने आचार्य द्विवेदी के साहित्य को आलोचना का विषय क्यों बनाया। वह इसलिए कि उनकी

दृष्टि 'बदल देनेवाली' है और वे एक तेजस्वी परम्परा के वाहक हैं, मतलब लोकधर्मी परम्परा के !

इस पुस्तक से पाँच लेख इस संचयिता में संकलित किए गए हैं, जिनमें नामवरजी ने आचार्य द्विवेदी की भक्तिकाल-सम्बन्धी धारणा, सूर और कबीर-सम्बन्धी आलोचना तथा संस्कृति, सौन्दर्य और साहित्य आदि से सम्बन्धित उनके विचारों पर प्रकाश डाला है। आचार्य द्विवेदी के सम्बन्ध में यह तथ्य प्रायः सुपरिचित हो चुका है कि 'वे लोकधर्म को ही भक्ति आन्दोलन की जन्मभूमि मानते हैं।' इस 'लोकधर्म' की विशेषता यह है कि शासक वर्ग की विचारधारा के प्रभाव से बहुत कुछ मुक्त रहने के कारण वह शास्त्र से हीन प्रतीत होते हुए भी उसका 'विकल्प' बनकर उपस्थित होता है और यही उसकी शक्ति है। 'लोकधर्म का प्राण उसका विद्रोह है।' उसकी एक विशेषता यह भी है कि उसकी विचारधारा में असंगतियों का होना अनिवार्य है, इसलिए इस आधार पर उसकी आलोचना करना अनुचित है। आचार्य शुक्ल ने तुलसी के अद्वैतवादी और विशिष्टाद्वैतवादी विचारों में एक संगति ढूँढ़ ली है और आचार्य द्विवेदी ने भी कबीर के परस्पर-विरोधी विचारों में एक संगति बिठाने का प्रयास किया है ! नामवरजी इसे ठीक नहीं मानते, लेकिन आचार्य द्विवेदी ने योगियों और सन्तों के रहस्यवाद के मूल्यांकन में जिस 'ऐतिहासिक' दृष्टि का परिचय दिया है, उसे ठीक मानते हैं। इसी तरह उन्होंने स्पष्ट किया है कि शास्त्र का सहारा लोकधर्म के लिए घातक नहीं होता, इसका प्रमाण नहीं है। यह भी आचार्य द्विवेदी की आलोचना में ही कही गई बात है, जो इस कथन से और स्पष्ट होती है : "निर्गुण सन्तों की चर्चा के प्रसंग में द्विवेदीजी जिस प्रकार उनका शास्त्र-वंचित होना शुभ समझते हैं, उससे स्पष्ट है कि वे शास्त्रों के घातक प्रभाव से भली-भाँति परिचित हैं, फिर भी...अन्य प्रसंगों में उस बात को भूल जाते हैं...। शायद यही वजह है कि जितने विश्वसनीय ढंग से वे हिन्दी साहित्य की प्राणधारा का दिग्दर्शन कराते हैं, अन्तर्धाराओं के अन्तर्विरोध का निरूपण उतनी स्पष्टता से करते प्रतीत नहीं होते।" इससे ऐसा संकेत मिलता है कि शास्त्र के प्रति नामवरजी का दृष्टिकोण पूर्णतः निषेधवादी है। यह दृष्टिकोण कैसी कठिनाइयाँ उत्पन्न करता है, इसका पता तुरत उनके इस कथन से चल जाता है : "यह भी एक विरोधाभास ही है कि शास्त्र-संवलित होकर साहित्य जिस मात्रा में सामाजिक दृष्टि से लोक-विमुख तथा लोक-विरोधी विचारों की ओर विचलित होता गया, काव्य-भाषा तथा काव्य-कला की दृष्टि से उसी मात्रा में समृद्धतर होता गया। कबीर से चलकर क्रमशः जायसी, सूर और तुलसी तक के विकास का मूल्यांकन इस दृष्टि से रोचक हो सकता है।" यदि कबीर से तुलसी तक का क्रम वाकई विकास का क्रम है, ह्रास का नहीं, तो यह मूल्यांकन कदाचित् आचार्य द्विवेदी के लोक-शास्त्रसम्बन्धी चिन्तन को भी बेहतर ढंग से समझने में मदद देगा और नामवरजी के लोकवाद को भी स्पृहणीय रूप में सन्तुलित करेगा।

आचार्य द्विवेदी की पहली पुस्तक है 'सूर-साहित्य' (1936), लेकिन उनकी वह पुस्तक, जो हिन्दी साहित्येतिहास-चिन्तन में क्रान्तिकारी साबित हुई, वह है 'हिन्दी

साहित्य की भूमिका' (1940)। नामवरजी का कहना है कि 'हिन्दी साहित्य की भूमिका' 'सूर-साहित्य' की ही स्थापनाओं का 'व्यापक पटभूमि पर विकास' है। इसी तरह उनका 'कबीर' (1942) 'भूमिका' के ही एक अंग का 'विस्तृत विवेचन और विकास' है। यह दुहराने की आवश्यकता नहीं होनी चाहिए कि इन पुस्तकों के माध्यम से हिन्दी साहित्य के इतिहास का एक भिन्न चित्र ही सामने नहीं आता है, उसके साथ आलोचना का एक नया मान भी दृष्टिगोचर होता है। निस्सन्देह वह मान लोकवादी है।

'प्रेमा पुमर्थो महान्' शीर्षक लेख को नामवरजी ने 'सूर-साहित्य' पर केन्द्रित किया है, जिससे आचार्य द्विवेदी की एक मान्यता सामने आती है कि 'प्रेम सबसे बड़ा पुरुषार्थ है'। यह मन्त्र उन्हें कृष्णभक्ति में प्राप्त हुआ था। "इस मन्त्र का प्रभाव था एक नया जन्म। इस मन्त्र को पाकर स्वयं सूरदास एक अन्धे भिखारी से ऊपर उठकर सूरदास हो गए—सूर शूर हो गए थे।" यह प्रेम वस्तुतः सम्पूर्ण भक्ति-काव्य का 'प्राण' था, लेकिन यह विडम्बनापूर्ण है कि आचार्य शुक्ल ने इसे अभारतीय कहा। इसी कारण उनकी दृष्टि में एक तुलसीदास को छोड़कर प्रायः सभी भक्तकवियों का प्रेम 'ऐकान्तिक' और 'लोकबाह्य' है। आचार्य द्विवेदी के अनुसार इस ऐकान्तिक प्रेम में लोकमर्यादा का अतिक्रमण दोष नहीं, बल्कि गुण समझा जाता है। इस पर नामवरजी की टिप्पणी है: "जिस प्रेम को शुक्लजी लोक-बाह्य कहते हैं वह दरअसल एक निश्चित सीमा में जकड़े हुए लोक से बाहर है—निष्प्राण नियमों और रीति-रिवाजों में बँधे हुए समाज से बाहर निकलने का प्रयास है। उस प्रेम की ऐकान्तिकता ही उसकी लोकोन्मुखता है और वैयक्तिकता ही सामाजिकता; जैसा कि हर रोमैंटिक विद्रोह में होता है। इसीलिए शुक्लजी की दृष्टि में जो 'दोष' है, वह वस्तुतः गुण है !" किस्साकोताह यह कि आचार्य द्विवेदी के मतानुसार 'असल में 'सूरसागर' शास्त्रीय वैष्णव भक्तिशास्त्र से प्रेरणा अवश्य लेता है; पर शास्त्रीय की अपेक्षा लोकधर्म के अधिक निकट है।' इस तरह आचार्य द्विवेदी ही नहीं, नामवरजी की दृष्टि में भी सूर और उनके प्रेम-काव्य का महत्त्व स्पष्ट है।

कहा जा चुका है कि आचार्य द्विवेदी ने सूर के बाद अध्ययन के लिए जिस दूसरे कवि को चुना, वे कबीर हैं। क्यों ? यह नामवरजी के शब्दों में सुनिए : "जिनके मानस में हजारीप्रसाद द्विवेदी की प्रतिगा कबीर के साथ एकाकार है वे शायद इन बातों से कुछ विचलित हों, किन्तु इसमें आश्चर्य के लिए जगह नहीं है। 'सूर-साहित्य' से चलकर ही द्विवेदीजी 'कबीर' तक पहुँचे थे, यह तय है। और सच पूछिए तो इस विचार-यात्रा में कोई विरोध भी नहीं है। सूर से कबीर तक की यात्रा प्रेम के पन्थ की ही भाव-यात्रा है। सामाजिक विद्रोह का एक रूप वह भी है जो प्रेम की भाषा में अभिव्यक्ति पाता है। आकस्मिक नहीं है कि द्विवेदीजी के कबीर पर सूर की प्रेमभक्ति का गहरा रंग है।" आचार्य द्विवेदी की पुस्तक 'कबीर' पर उन्होंने 'अस्वीकार का साहस' शीर्षक लेख में विचार किया है। आचार्य शुक्ल ने पश्चिमी विद्वानों द्वारा कबीर आदि सन्त कवियों को 'धर्मसुधारक' की उपाधि दी जाने को उचित ठहराया है। इस पर आचार्य द्विवेदी का कहना है कि "जो लोग कबीरदास को हिन्दू-मुस्लिम धर्मों का सर्वधर्म समन्वयकारी

सुधारक मानते हैं वे क्या चाहते हैं, ठीक समझ में नहीं आता। कबीर का रास्ता बहुत साफ था। वे दोनों को शिरसा स्वीकार कर समन्वय करनेवाले नहीं थे। समस्त बाह्याचारों के जंजालों और संस्कारों को विध्वंस करनेवाले क्रान्तिकारी थे। समझौता उनका रास्ता नहीं था। इतने बड़े जंजाल को नाहीं कर सकने की क्षमता मामूली आदमी में नहीं हो सकती।'' इसी का भाष्य जैसे उनका अगला कथन है : ''सबकी विशेषताओं को रखकर मानव-मिलन की साधारण भूमिका नहीं तैयार की जा सकती। जातिगत, कुलगत, धर्मगत, संस्थागत, विश्वासगत, शास्त्रगत, सम्प्रदायगत बहुतेरी विशेषताओं के जाल को छिन्न करके ही वह आसन तैयार किया जा सकता है जहाँ एक मनुष्य दूसरे से मनुष्य की हैसियत से ही मिले।'' इन उद्धरणों के बाद नामवरजी का यह निर्णयात्मक स्वर कई जिज्ञासाओं का एक साथ समाधान कर देता है, जिनका सम्बन्ध कबीर, कबीर के साथ आचार्य द्विवेदी के सम्बन्ध, इन दोनों के साथ स्वयं नामवरजी के सम्बन्ध, साहित्य की दूसरी परम्परा आदि से है : ''स्पष्टतः यह क्रान्तिकारी दृष्टिकोण है, जिसमें गांधीवादी 'सार-संग्रह' और 'समन्वय' के सुधारवादी कार्यक्रम का विरोध निहित है। भारतीय साहित्य की यह दूसरी परम्परा है, जो कालप्रवाह में भले ही गौण हो गई हो किन्तु क्रान्तिकारी परम्परा यही है; और द्विवेदीजी ने 'कबीर' के माध्यम से उस क्रान्तिकारी परम्परा को पुनः उद्भासित करके ऐतिहासिक कार्य किया है।'' लेख के अन्त में उन्होंने यह भी कहा है कि कबीर की क्रान्तिकारिता इस बात में है कि उन्होंने अपने समय के सामन्ती-पुरोहिती दमन-चक्र के विरोध में आवाज उठाई थी, जो राजनीतिक अत्याचार से अधिक कठोर और अमानुषिक था और जिसमें हिन्दू-मुसलमान दोनों पिस रहे थे।

भक्ति-काल, सूर और कबीर-सम्बन्धी चिन्तन की तरह ही आचार्य द्विवेदी का संस्कृति, सौन्दर्य और साहित्य-सम्बन्धी चिन्तन भी है, जिसे बाकी दो लेखों में प्रस्तुत किया गया है। उसे जान लेने के बाद उनकी दृष्टि का उन्मेष पूरी तरह से पकड़ में आ जाता है। कहने की आवश्यकता नहीं कि यह 'उन्मेष' ही वह मौलिक वस्तु है, जो आचार्य द्विवेदी के इतिहास-चिन्तन और आलोचना से लेकर उनकी रचना और विचार तक में विभिन्न रूपों में अभिव्यक्त हुआ है। यह अखंड दृष्टि है, जिसमें जहाँ-तहाँ असंगतियाँ या अन्तराल हो सकते हैं, पर जो अपने आपमें मुकम्मल है। उनकी भारतीय संस्कृति-सम्बन्धी अवधारणा का परिचय नामवरजी इन शब्दों में देते हैं : ''पंडितों की समझ का...इकहरापन द्विवेदीजी की दृष्टि में एक बड़ी बाधा है। इस संकीर्ण इकहरेपन के खिलाफ संघर्ष करते हुए उन्होंने भारतीय संस्कृति की विविधता, ज़टिलता, परस्पर विरोधी जीवन्तता और समृद्धि का पुनःसृजन किया। भारतीय संस्कृति के अन्तर्गत आर्येतर जातियों के अवदान की उल्लसित चर्चा का कारण यही है। यदि इस प्रयास में कहीं आर्य-श्रेष्ठता के अहंकार को ठेस लगती है तो द्विवेदीजी इस बात से चिन्तित नहीं दिखते।'' पुनः, ''वस्तुतः यह दूसरी परम्परा की खोज का प्रयास है जिसका प्रयोजन मुख्यतः पंडितों की इकहरी परम्परा की संकीर्णता का निदर्शन है।'' आचार्य द्विवेदी के अपने शब्दों में : ''सबसे अधिक आर्येतर-संश्रव साहित्य और ललित कलाओं के क्षेत्र में

हुआ है। अजन्ता में चित्रित, साँची, भरहुत आदि में उत्कीर्ण चित्र और मूर्तियाँ आर्येतर सभ्यता की समृद्धि के परिचायक हैं। महाभारत और कालिदास के काव्यों की तुलना करने से जान पड़ेगा कि दोनों दो चीजें हैं। एक में तेज है, दृप्तता है और अभिव्यक्ति का वेग है, तो दूसरे में लालित्य है, माधुर्य है और व्यंजना की छटा है। महाभारत में आर्य उपादान अधिक है, कालिदास के काव्यों में आर्येतर।'' इतना ही नहीं, वे भरत मुनि के नाट्यशास्त्र को भी आर्येतर विद्या माननेवालों का समर्थन करते हैं। इस पर नामवरजी कहते हैं, ''आर्येतर अवदान की सूची में यदि 'भक्ती द्राविड़ ऊपजी' और आभीरों के आराध्य देव बालकृष्ण तथा देवी राधा को जोड़ लें तो हमारी परम्परा में सुन्दर माना जानेवाला ऐसा कुछ भी नहीं बचता जो आर्येतर न हो !'' यह कथन उनकी उस छटपटाहट का मतलब और स्पष्ट करता है, जो उनके भीतर शुद्धतावादी हिन्दुत्व का जोर बढ़ने और आर्य-संस्कृति का नारा बुलन्द करने से पैदा हुई है। वे यह सोच-सोचकर बेचैन हैं कि व्यापक स्तर पर भारतीय संस्कृति के अविशुद्ध, समृद्ध और सुन्दर रूप को नष्ट करने की तैयारियाँ चल रही हैं।

इस 'सुन्दर' की विशेषता यह है कि यह थोथे नैतिकतावाद के विरुद्ध है। आकस्मिक नहीं कि आचार्य शुक्ल ने आनन्द और माधुर्य को आनन्द की सिद्धावस्था की वस्तुएँ बतलाकर साधनावस्था के मार्ग को अधिक महत्त्व दिया। उसमें माधुर्य बाधक भी था। इसके विपरीत 'प्राचीन भारत के कलात्मक विनोद' नामक अपनी पुस्तक में आचार्य द्विवेदी ने कलात्मक विलासिता को विलासिता से अलग बतलाते हुए सुन्दर की रक्षा और सम्मान को जाति की श्रेष्ठता का लक्षण निरूपित किया। नामवरजी ने लक्षित किया है कि ''उनके अपने सौन्दर्यप्रेम का एक बहुत बड़ा स्रोत अपना लोक-संस्कार था। यही वजह है कि जीवन के सन्दर्भ में जब भी सौन्दर्य-सृष्टि की बात उठती थी तो वे उसे सामान्य जन-जीवन में उतारने की कल्पना करते थे।'' आचार्य द्विवेदी के लिए सौन्दर्य रूप से अलग होते हुए भी उससे परे न था, इसलिए उन्होंने उसका दर्शन क्रियाशील जीवन में किया और उसे सृजन-व्यापार मानते हुए बन्धनों से विद्रोह के रूप में परिभाषित किया, जैसे नृत्य 'जड़ के गुरुत्वाकर्षण पर चैतन्य की विजयेच्छा' है।

अन्तिम लेख 'त्वं खलु कृती' में आचार्य द्विवेदी के साहित्य-सम्बन्धी विचारों का जिक्र है। इस लेख का हवाला मैं ऊपर भी दे चुका हूँ। यहाँ बाकी एक दो-बातें ही कहनी हैं, जो आलोच्य और आलोचक दोनों को समझने की दृष्टि से उपयोगी हैं। नामवरजी लिखते हैं कि ''साहित्य की चर्चा करते समय द्विवेदीजी के सम्मुख सदैव हमारे घरों के निकट के चमार, धीवर, कोरी, कुम्हार आदि होते हैं, जिन्हें वे 'गणदेवता' कहते हैं और साहित्य के लक्ष्य के रूप में 'जाति-धर्म-निर्विशेष मनुष्य का हित' होता है। साहित्य को द्विवेदीजी इसी मनुष्य से मापते हैं। मनुष्य के इसी मानदंड को ध्यान में रखकर वे घोषणा करते हैं : ''मैं साहित्य को मनुष्य की दृष्टि से देखने का पक्षपाती हूँ। जो वाग्जाल मनुष्य को दुर्गति, हीनता और परमुखापेक्षिता से बचा न सके, जो उसकी आत्मा को तेजोद्दीप्त न बना सके, उसे साहित्य कहने में मुझे संकोच होता है।'' यह कथन कोरा 'वाग्जाल'

है या ठोस प्रतिमान–इसका निश्चय करने के लिए द्विवेदीजी के 'कबीर' का स्मरण कर लेना काफी है।'' 'सामान्य मनुष्य' ही आचार्य शुक्ल का भी लक्ष्य था, फिर भी दोनों आचार्यों की तत्सम्बन्धी धारणा में फर्क है। वह यह कि ''द्विवेदीजी का मानव जिस हद तक 'जाति-धर्म-निर्विशेष' और समाजवादी समाज के मानव के निकट था, शुक्लजी का मानव कदाचित् न था।'' इस प्रसंग में नामवरजी ने जो अत्यधिक महत्त्वपूर्ण बात कही है, वह यह कि आचार्य शुक्ल की तुलना में प्रगतिशील साहित्य की धारा के अधिक निकट प्रतीत होते हुए भी आचार्य द्विवेदी साहित्य में कल्पनाशीलता को उनसे अधिक महत्त्व देते हैं। ''इसीलिए शुक्लजी का बुद्धिवाद जहाँ रहस्य का आभास देनेवाली रचनाओं को एक सिरे से नकार देता है, द्विवेदीजी उस अतर्क्य रहस्य को भी सामाजिक सन्दर्भ में परखते हुए सार्थक मानने लगते हैं।'' कहा जा चुका है कि रहस्यवाद को वे तात्त्विक दृष्टि से नहीं, ऐतिहासिक दृष्टि से महत्त्व देते हैं। ऐसा करना इसलिए भी जरूरी था कि यह रहस्यवाद योगियों और सन्तों का रहस्यवाद था, जो लोक से उठे थे। इतिहासकारों ने बतलाया है कि तन्त्र निम्नवर्ग की पैदावार था, जिसमें विद्रोह-भाव निहित था।

यह दिलचस्प है कि हिन्दी के आधुनिक कवियों में से नामवरजी ने विस्तार से दो कवियों पर लिखा है–मैथिलीशरण गुप्त और त्रिलोचन पर। ये दोनों दो युगों के कवि हैं। गुप्तजी खड़ीबोली के आरम्भिक कवि, तो त्रिलोचन प्रगतिशील कवि, जो प्रगतिवादी दौर से लेकर नई कविता के दौर तक क्या, हाल-हाल तक सक्रिय रहे हैं। इसके अलावा गुप्तजी जहाँ अधिक-से-अधिक आधुनिक काल में हिन्दी की उस परम्परा के कवि हैं, जिसमें शिष्ट साहित्य में समग्र सामूहिक जीवन आता था', वहाँ त्रिलोचन नामवरजी द्वारा घोषित दूसरी परम्परा के कवि हैं, यानी लोकवादी परम्परा के। कई दृष्टियों से इन दोनों श्रेष्ठ कवियों में ऐसा फर्क भी है, जो नामवरजी की दृष्टि में काफी महत्त्वपूर्ण है। ज्ञातव्य है कि इन दोनों कवियों पर उन्होंने एक-एक नहीं, दो-दो लेख लिखे हैं, जिनमें से तीन इस संचयिता में संकलित हैं।

गुप्तजी पर लिखा गया पहला लेख है–'मैथिलीशरण गुप्त और आधुनिक हिन्दी काव्य भाषा का विकास' (1986)। जैसा कि इसके शीर्षक से ही सूचित है, नामवरजी ने इसमें अपना ध्यान गुप्तजी द्वारा प्रयुक्त खड़ीबोली के स्वरूप पर केन्द्रित किया है और गद्य को बोलचाल की भाषा से अलगाते हुए, क्योंकि वह व्यवस्थित होता है और उसकी इकाई वाक्य होता है, उसे 'गद्यात्मक' कहा है। इस गद्यात्मकता का आधार गद्य-मात्र नहीं, बल्कि आचार्य महावीरप्रसाद द्विवेदी का गद्य है। यहाँ उनका यह कथन देखा जा सकता है : ''कविता की भाषा तत्त्वतः गद्य की भाषा नहीं है। इसलिए कविता अपनी जीवन्तता के लिए बोलचाल के लहजे और लय का आधार लेती है, गद्य के वाक्य-विन्यास की शरण नहीं जाती।'' स्वभावतः उन्होंने श्रीधर पाठक द्वारा प्रयुक्त खड़ीबोली की तारीफ की है, क्योंकि उन्होंने ''आरम्भ में खड़ीबोली में काव्य रचना के लिए लोक प्रचलित 'लावनी' के छन्द को आधार बनाया और आगे भी छन्दों के क्षेत्र

में वे तरह-तरह के नए प्रयोग करने में सबसे आगे रहे।...मैथिलीशरण गुप्त ने खड़ीबोली काव्य रचना की दिशा में श्रीधर पाठक की जीवन्त परम्परा को प्रकृत दिशा में आगे बढ़ाने के स्थान पर ऐसी दिशा में मोड़ दिया जहाँ खड़ीबोली अपनी लोच खोकर गद्यपथ पर बढ़ चली।" लेख का अन्त इस कथन के साथ हुआ है : "जन-जीवन और भाषा की जड़ों में जाकर कविता में खड़ीबोली हिन्दी की सम्भावनाओं की पहचान जिन नए कवियों ने कराई उनमें नागार्जुन, केदारनाथ अग्रवाल, त्रिलोचन, रघुवीर सहाय और धूमिल के नाम विशेष रूप से उल्लेखनीय हैं।" ध्यातव्य है कि इस नामावली में त्रिलोचन 'मध्यस्थ' हैं।

दूसरा लेख गुप्तजी की सर्वाधिक लोकप्रिय कृति 'भारत-भारती' पर है—' 'भारत भारती' और राष्ट्रीय जागरण' (1987), जो पर्याप्त शोधपूर्ण है और कई दृष्टियों से महत्त्वपूर्ण। इसमें नामवरजी ने 'भारत-भारती' की राष्ट्रीयता में निहित पुनरुत्थानवाद को चिह्नित किया है और देश में वह जो फिर सिर उठा रहा है, उस पर चिन्ता प्रकट की है। इसके पीछे उनके 'अविशुद्ध' लोक की ही धारणा है, जिससे प्रेरित होकर वे कहते हैं : " 'भारत भारती' में भारत का जो चित्र है वह वास्तविक इतिहास नहीं, एक मिथक है—ऐसा मिथक जिसे यूरोप के उन्नीसवीं सदी के प्राच्य विद्याविदों ने गढ़ा था। बुद्ध के शब्दों में कहें तो यह 'दिट्ठि' है। इस 'दिट्ठि' में धर्म और संस्कृति गड्डमड्ड हो गए। भारतीय संस्कृति सिर्फ हिन्दू संस्कृति नहीं है और हिन्दू संस्कृति भी हिन्दू धर्म का पर्याय नहीं।" उसके बाद : "आज देश में फिर पुनरुत्थान के लक्षण प्रकट हो रहे हैं। सिक्के का एक पहलू है हिन्दू पुनरुत्थानवाद तो दूसरा पहलू इस्लामी पुनरुत्थानवाद। अतीत की खुदाई जोरों पर है। कहीं सारी मस्जिदों को खोदकर मन्दिर निकाल लेने के हौसले हैं तो कहीं टूटी-फूटी और जमाने से उपेक्षित पड़ी मस्जिद को भी फिर से खड़ी करने की कोशिश। खोज का एकमात्र लक्ष्य है पूजा की वस्तु। वही मिथक।" इस मिथक या मिथ्या चेतना से पाठकों को छुटकारा दिलाना नामवरजी की आलोचना के प्रमुख लक्ष्यों में से रहा है।

त्रिलोचन पर उनका जो लेख मुझे अधिक 'सर्जनात्मक' लगा है, वह है—' 'साधारण' का असाधारण कवि : त्रिलोचन' (1987)। इसमें मलयज के इन आरोपों का जवाब देते हुए कि त्रिलोचन 'औसत भारतीयता' के कवि हैं, उनकी भारतीयता में बौद्धिक ऊर्जा नहीं है और वह एक ही जगह टिकी रहनेवाली है, वे कहते हैं : "त्रिलोचन निरे लोककवि नहीं हैं, न गाँवों की प्रकृति और समाज के स्थिर रूप के चितेरे मात्र। न त्रिलोचन की प्रकृति वैदिक युग की है, न उनका समाज मध्ययुगीन गाँव। उनकी कविता का भारत रामचन्द्र शुक्ल, प्रेमचन्द और गांधी के बाद का भारत है और इस भारतीयता में उन पूर्व पुरुषों से कम बौद्धिक ऊर्जा नहीं है। यदि किसी का खयाल है कि वास्तविक बौद्धिक ऊर्जा आधुनिकतावाद के रंग में रँगी नई कविता की छद्म भारतीयता में है, तो यह शुद्ध भ्रम है।" इससे त्रिलोचन की कविता की और विशेषताओं पर भी प्रकाश पड़ता है, लेकिन मेरी दृष्टि में ध्यातव्य यह बात है कि वे 'निरे लोककवि' नहीं हैं। उन पर लिखे

गए दूसरे लेख 'एक नया काव्यशास्त्र त्रिलोचन के लिए' (1987) में नामवरजी ने इसका खुलासा किया है। वह इस रूप में : "त्रिलोचन अवध के चिरानी पट्टी गाँव के लोककवि नहीं, बल्कि काशी के जनकवि हैं—और उनकी कविता हिन्दी की जातीय कविता है।" 'काशी के जनकवि' !—इसमें 'काशी' और 'जनकवि' दोनों महत्त्वपूर्ण हैं। 'काशी' अन्ततः 'नगरी' है और 'जनकवि' पढ़ा-लिखा संस्कारी कवि होता है। स्वभावतः नामवरजी नागार्जुन से अपना मतभेद प्रकट करते हुए कहते हैं : "त्रिलोचन जायसी के उत्तराधिकारी नहीं हैं। नागार्जुन के कथन में सिर्फ आधी सचाई है। त्रिलोचन लोक-बोली का संस्कार करते हैं और इस मामले में वे तुलसी के अनुयायी हैं।" यही बात उनकी कविता में पाई जानेवाली उस गद्यात्मकता का भी जवाब है, जिस पर गुप्तजीवाले लेख में नामवरजी अपना एतराज दर्ज करा चुके हैं : "इस गद्यात्मकता की शिकायत त्रिलोचन के बारे में अक्सर की गई है। लेकिन सर्वत्र यह गद्यात्मकता नहीं है। कविता के अन्दर लोगों की बोली ठोली में, वस्तुओं के यथातथ्य ब्यौरे में और कहानी कहने में यह जीवन का गद्य अपनी पूर्ण सामर्थ्य के साथ प्रकट होता है।" लेकिन वे जानते हैं कि यह पूरी बात नहीं है, इसलिए वे आगे यह जोड़ते हैं : "लेकिन कभी-कभी इस गद्य से जीवन खिसक भी जाता है। इसके बाद रह जाता है द्विवेदी-युगीन सीधा सरल पूरा सही वाक्य। व्याकरण और इतिवृत्त। सॉनेट के अन्दर अरुद्धान्त वाक्य-रचना-निर्वाह के कारण ऐसी दुर्घटना अक्सर घटित होती है। तुक मिलाने की दयनीय कोशिश में फालतू वाक्य भी काफी आते हैं। कारण वही पूरा वाक्य लिखने का हठ।" कहना व्यर्थ है कि बिना इस टिप्पणी के त्रिलोचन-काव्य का वस्तुपरक मूल्यांकन नहीं हो सकता था। नामवरजी अपनी दूसरी परम्परा के कवियों के प्रति भी ऐसी निर्मम दृष्टि रखते हैं, यह बात उनके आलोचक के प्रति आस्था को दृढ़ करती है। लेकिन यहाँ यह कह देना भी जरूरी है कि काव्य-भाषा के किसी विशेष प्रतिमान का अतिरिक्त आग्रह उचित नहीं है, क्योंकि लोक-चेतनावाले कवि के लिए भी हमेशा उस पर खरा उतरना सम्भव नहीं हो सकता, अपनी सफल कविताओं में भी।

विशिष्ट कवियों पर लिखे लेखों में इस संचयिता में संकलित अन्तिम लेख है 'कबीर का दुख' (1999); निश्चय ही इस लेख के बिना न यह संचयिता पूरी हो सकती थी, न नामवरजी का आलोचना-कर्म ही। इसमें उन्होंने कबीर की कविता के मर्म में प्रवेश कर उनके 'आध्यात्मिक दुख' के सामाजिक आधार का उद्घाटन किया है। लेख का अन्तिम अंश, जो मैं यहाँ उद्धृत कर रहा हूँ, उनकी आलोचना-दृष्टि और आलोचना-भाषा दोनों के तीखे तेवर से परिचित कराता है : "कबीर का सर भले ही आकाश पर रहा हो, उनके पाँव मजबूती से जमीन पर जमे हुए थे। उनका विश्वास भी निराधार न था। कल के ही नहीं, आज के भी करोड़ों घीसू-माधव कबीर के 'निरगुन' के ठोस आधार हैं और वे निरगुन को अपना भरोसेमन्द आधार समझते हैं। इस सुनिश्चित सामाजिक आधार के बावजूद कबीर इससे सन्तुष्ट प्रतीत नहीं होते। वे अपने आधार का विस्तार करने के लिए व्याकुल दिखते हैं। इसीलिए एक ओर अगर वे 'सुनो भाई साधो' कहकर

अपने समानधर्मा लोगों को गुहार लगाते हैं तो दूसरी ओर मुल्ला और पांड़े को भी बीच-बीच में आवाज देते रहते हैं। अकेली राह चलने के कायल वे नहीं मालूम होते। इस दौड़-भाग में कबीर कभी अकेले पड़ जाएँ तो यह और बात है। फिर भी यह स्वीकार करना पड़ेगा कि कबीर अक्सर उदास दिखते हैं। शायद इसीलिए वे एक कवि हैं, सिर्फ सन्त नहीं। खंजड़ी लेकर घूमनेवाले सन्त तो और भी हैं। ढेरों। किन्तु यह नहीं भूलना चाहिए कि उदास फिरनेवाले कबीर का यह दुख बहुत विस्फोटक और विध्वंसक है। वस्तुतः यह आत्मा की धधकती हुई आग है जिसमें इस भ्रष्ट संसार को खाक कर देने की अकूत ताकत है। कबीर का 'सबद' आग है और दुख विद्रोह।'' निस्सन्देह कबीर के निर्गुण की यह व्याख्या यथार्थ है, क्योंकि वह भी इसी लोक से पैदा हुआ था, कोई आकाश से नहीं टपका था, और उसमें गहरे लौकिक या सामाजिक आशय छिपे हुए थे। नामवरजी ने उन्हें उद्घाटित किया, यह उनकी असाधारण आलोचना-क्षमता का प्रमाण है। यह आचार्य द्विवेदी से आगे की व्याख्या है, क्योंकि उन्होंने तो तमाम क्रान्तिकारिता के बावजूद अन्ततः कबीर को 'व्यक्तिगत साधना का प्रचारक' कहा है, साथ ही यह कि 'समष्टि-वृत्ति उनके चित्त का स्वाभाविक धर्म नहीं था।' उनकी व्यक्तिगत साधना में कैसे समष्टि-वृत्ति अन्तर्निहित थी, इसकी ओर नामवरजी ने संकेत किया है।

'आलोचना' से नामवरजी ने शुद्ध साहित्यालोचन का अर्थ कभी नहीं लिया है और उसका विस्तार समाज तथा विचारों तक माना है। इस कारण प्रस्तुत संचयिता में उनके तीन ऐसे लेख संकलित किए गए हैं, जो हिन्दी साहित्येतिहास, हिन्दी नवजागरण और डॉ. रामविलास शर्मा के इतिहास-बोध से सम्बन्धित हैं, यथा 'हिन्दी-साहित्य के इतिहास पर पुनर्विचार' (1961), 'हिन्दी नवजागरण की समस्याएँ' (1986) और 'इतिहास की 'शव-साधना' ' (2001)। यदि इन लेखों का उनके साहित्यालोचन से गहरा सम्बन्ध न होता तो उन्हें समेटने की कोई अनिवार्यता न थी, क्योंकि इस संचयिता को साहित्यालोचन तक ही सीमित रखने की योजना रही है। नामवरजी ने शुरू में कविताएँ भी लिखी थीं और व्यक्तिगत निबन्ध भी। उनके दो शोध-प्रबन्ध भी हैं। फिर उनके साक्षात्कारों का भी संकलन है। इनके अलावा उन्होंने अनेक पुस्तकों का सम्पादन किया है, जिनके साथ महत्त्वपूर्ण भूमिकाएँ हैं। सबसे ऊपर अनेक विषयों पर दिए गए उनके हजारों व्याख्यान हैं, जिनका बहुत थोड़ा हिस्सा अभी तक लिपिबद्ध हो सका है। जैसा कि निवेदन किया गया है, मैंने संचयिता में सिर्फ उनके चुने हुए आलोचनात्मक लेखों को रखा है। यदि उनमें एक-दो व्याख्यान भी आ गए हैं, तो वे ऐसे व्याख्यान हैं, जिन्हें नामवरजी ने बाद में स्वयं लिखित रूप दे दिया है। उन्होंने 'आलोचना' में छोटी-बड़ी अनेक सम्पादकीय टिप्पणियाँ भी लिखी हैं। उनमें से भी वही टिप्पणियाँ ली गई हैं, जो लेख के रूप में हैं। 'प्रासंगिकता का प्रमाद' एक संक्षिप्त टिप्पणी थी, लेकिन बाद में उससे सम्बन्धित एक अंश जोड़कर उन्होंने उसे भी लेख बना दिया है।

संचयिता के लेखों को क्रम-संयोजन प्रदान करना एक समस्या थी। अन्ततः मैंने तय किया कि शुरू में सैद्धान्तिक लेख दिए जाएँ, फिर कविता और कथा-साहित्य से

सम्बन्धित लेख। उसके बाद विशिष्ट साहित्यकार अर्थात् आचार्य हजारीप्रसाद द्विवेदी पर लिखे हुए लेख और अन्त में विशिष्ट कवियों से सम्बन्धित लेख। साहित्यालोचन से हटकर लिखे गए लेखों को उसके भी बाद देना तय हुआ। प्रत्येक खंड के लेखों को काल-क्रम से संयोजित किया गया है और विषय को देखकर कृति-विशेष या साहित्यकार-विशेष पर लिखा गया लेख भी उसी खंड में डाल दिया गया है, मसलन मुक्तिबोध की पुस्तक 'एक साहित्यिक की डायरी' पर लिखी गई 'एकालाप और संलाप' शीर्षक समीक्षा और आचार्य रामचन्द्र शुक्ल पर लिखा गया लेख 'महाजनो येन गतः...'। 'डायरी' चूँकि मूलतः साहित्य की सामान्य समस्याओं से सम्बन्धित पुस्तक है, इसलिए उसकी समीक्षा सैद्धान्तिक लेखों के साथ है और आचार्य शुक्ल चूँकि आलोचक थे, इसलिए उन पर लिखा गया लेख आचार्य द्विवेदी पर लिखे गए लेखों के साथ। इसी तरह निर्मल वर्मा के कहानी-संग्रह 'परिन्दे' की विवादास्पद समीक्षा कहानीवाले लेखों के खंड में रखी गई है और मुक्तिबोध की कविता 'अँधेरे में' पर लिखा गया ऐतिहासिक महत्त्ववाला लेख विशिष्ट कवियोंवाले खंड में। इस खंड-विभाजन को पक्का नहीं समझना चाहिए, क्योंकि जिन लेखों को सैद्धान्तिक कहा गया है, वे भी व्यावहारिक रूप लेकर ही चलते हैं और जो लेख व्यावहारिक आलोचना के नमूने माने गए हैं, उनसे भी साहित्य के सामान्य सूत्र प्राप्त होते हैं। इसका सबसे बढ़िया उदाहरण 'प्रतिमान' के लेख हैं, जो मुख्यतः नई कविता पर केन्द्रित हैं, लेकिन जिनसे सामान्य कविता के मूल्यवान् सिद्धान्त निकलते हैं। यही बात कहानी से सम्बन्धित लेखों के सम्बन्ध में भी है। वे लेख 'नीलम देश की राजकन्या', 'स्वर्ग के खंडहर में', 'मुक्तिमार्ग' और 'पठार का धीरज'-जैसी कहानियों का हवाला देते हैं, लेकिन उनके विवेचन और विश्लेषण से निष्कर्ष कहानी-मात्र के बारे में हाथ लगते हैं। नामवरजी शून्य में सिद्धान्त-चर्चा नहीं करते, न कृति-विशेष पर अपनी दृष्टि इस तरह केन्द्रित करते हैं कि सिर्फ वही दिखलाई पड़े और वह कृति जिस विधा की है, वह पूरी की पूरी छूट जाए।

इस संचयिता के सम्पादन के क्रम में मेरे लिए तो नामवरजी की आलोचना का एक नया पाठ सामने आया ही, मेरा खयाल है, इसके पाठकों को भी इससे बहुत कुछ नया प्राप्त होगा। जहाँ तक साहित्यिकों की नई पीढ़ी की बात है, उसके लिए तो यह संचयिता आलोचना का एक नया पाठ्यक्रम साबित होगी। स्वातन्त्र्योत्तर भारत में निस्सन्देह हिन्दी में नामवरजी-जैसा कोई आलोचक नहीं हुआ, न उनकी-जैसी पैनी दृष्टिवाला, न उनके-जैसा ज्ञानवाला और न उनके-जैसा लोक का पक्षधर। जहाँ तक उनकी आलोचना-शैली की बात है, 'कहानी : नई कहानी' में वह व्यक्तिगत निबन्ध की तरह है, जिसमें बात से बात निकलती चलती है और प्रत्येक बात सार्थक, 'प्रतिमान' में वह शुद्ध आलोचनात्मक है, जिसे एक तरफ उनकी सहृदयता सरस बनाती है और दूसरी तरफ उनका 'विट' रोचक, और 'दूसरी परम्परा की खोज' में वह अतिशय सर्जनात्मक है, जैसे आलोचना स्वधर्म भूलकर कृति का अनुसरण करने लगी हो, लेकिन सच्चाई यह है कि वह कृति को तो आलोकित करती ही है, उस आलोक में बड़ी शालीनता से उसकी

सीमाएँ भी उद्घाटित कर देती है। जहाँ तक नामवरजी की आलोचना की भाषा की बात है, वह ठेठ हिन्दी है, जो संस्कृत से संस्कारित होती गई है, लेकिन साथ-साथ वेधक और पारदर्शी भी। मजे की बात यह कि एक तरफ वह हिन्दी का जातीय गद्य है और दूसरी तरफ उसमें आधुनिकता की भरपूर चमक है। उसमें नई बात है बोलचाल के लहजे का समावेश, जिससे गजब की खूबसूरती पैदा हुई है। जीवन्तता के साथ।

इस वर्ष नामवरजी ने अपने जीवन के पचहत्तर वर्ष पूरे कर छिहत्तरवें वर्ष में प्रवेश किया है। इस अवसर पर प्रस्तुत संचयिता हिन्दी जगत् को दिया गया एक उपहार है, जिसका श्रेय महात्मा गांधी अन्तरराष्ट्रीय हिन्दी विश्वविद्यालय के यशस्वी कुलपति श्री अशोक वाजपेयी को है, जो श्रेष्ठ प्रशासक तो हैं ही, स्वयं मान्य रचनाकार और आलोचक हैं। उन्होंने मुझे इस संचयिता के सम्पादन के योग्य समझा इसके लिए मैं उनका हृदय से आभारी हूँ।

इसे तैयार करने में मेरी धर्मपत्नी श्रीमती रागिनी शर्मा ने नामवरजी के प्रति अतिरिक्त आदर-भाव रखने के कारण अपने गृह-कार्य को बाधित कर मेरी यत्किंचित् सहायता की है। इसके लिए उन्हें मैं धन्यवाद क्या दूँ ? डॉ. राजेन्द्र कुमार ने इलाहाबाद से मुझे नामवरजी के एक महत्त्वपूर्ण व्याख्यान की छाया-प्रति भेजकर सम्पादन-कार्य में मेरा सहयोग किया। ये अवश्य मेरे धन्यवाद के पात्र हैं।

नन्दकिशोर नवल

घाघा घाट रोड, महेन्द्रू,
पटना–800 006
6 सितम्बर, 2002

अनुक्रम

व्यापकता और गहराई

अक्सर देखते हैं कि पानी के सोते की तरह लेखक भी साफ होता है तो उथला कहा जाता है और गँदला होता है तो गहरा। इसका ताजा नमूना यह है कि 'आलोचना' के सम्पादक अपने को गहरा बता रहे हैं और प्रेमचन्द को सतही। प्रेमचन्द का दोष यह है कि उन्होंने समस्याओं का 'सरल समाधान' दिया है। परन्तु इसी 'सरल समाधान' पर गहरे समझे जानेवाले उपन्यासकार जैनेन्द्र कुमार मुग्ध हैं। 'ग़बन' की आलोचना करते हुए 'प्रेमचन्द की कला' शीर्षक निबन्ध में वे कहते हैं : "बात को ऐसा सुलझाकर कहने की आदत मैं नहीं जानता, मैंने और कहीं देखी है। बड़ी-से-बड़ी बात को बहुत उलझन के अवसर पर ऐसे सुलझाकर थोड़े से शब्दों में भरकर, कुछ इस तरह कह जाते हैं, जैसे यह गूढ़, गहरी, अप्रत्यक्ष बात उनके लिए नित्य-प्रति घरेलू व्यवहार की जानी-पहचानी चीज हो।...उनकी कलम सब जगह पहुँचती है; लेकिन अँधेरे से अँधेरे में भी वह कभी धोखा नहीं देती। वह वहाँ भी सरलता से अपना मार्ग बनाती चली जाती है। स्पष्टता के मैदान में प्रेमचन्द अविजेय हैं। उनकी बात निर्णीत, खुली, निश्चित होती है।"

आलोचना-सम्पादक जिस समाधान को 'सरल' कहते हैं वह जैनेन्द्र कुमार के अनुसार 'बड़ी-से-बड़ी बात को बहुत उलझन के अवसर पर सुलझाना' है। वह 'सरल' इसलिए मालूम होता है कि स्पष्ट है, निर्णीत है, खुला है और निश्चित है। ऐसी सरलता तक पहुँचने में कितनी कठिनाइयों को पार करना पड़ता है, इसे जो नहीं जानते उनके लिए यह 'शॉर्टकट' है। जंगल में भटकनेवालों की यह पुरानी शिकायत है। कदम-कदम पर संघर्ष करते हुए जिस 'होरी' ने जिन्दगी का लम्बा रास्ता तय किया, उसने तो अपनायाशॉर्टकट' और जिसने बैठे-बिठाए आसमान में 'सूरज का सातवाँ घोड़ा' दौड़ाया उसका रास्ता हुआ लम्बा। क्यों न हो ? आसमान से धरती तक की लम्बी दूरी, सपनों का भारी बोझ और टाँगें बेकार ! नौ दिन चले अढ़ाई कोस !

'शॉर्टकट' की शिकायत केवल सातवें घोड़े के सवार को ही हो, ऐसी बात नहीं। शिकायत करनेवाले और भी हैं। इनका विरोध 'सीधी रेखा' से है। 'सीधी रेखा' से उनका मतलब है सोद्‌देश्यता। साहित्य में जहाँ सोद्‌देश्यता होती है, उसे वे समाज की 'सीधी छाया' या सत्य की 'सीधी रेखा' कहते हैं। यह 'सीधी रेखा' वही 'शॉर्टकट' है, जिसका निषेध करके 'वर्तुल अथवा वक्र रेखा' पर चलने की सलाह दी जाती है। 'चलइ जोंक जल वक्र गति जद्यपि सलिल समान।'

मतलब यह कि सोद्‌देश्यता 'शॉर्टकट' है, इसलिए सतही साहित्य-रचना से बचने के लिए लम्बे अर्थात् अनन्त रास्ते पर निरुद्‌देश्य यात्रा करनी चाहिए। लेकिन ये निरुद्‌देश्य पथिक इतने सरल नहीं हैं कि अपने को स्पष्ट शब्दों में निरुद्‌देश्य कह दें। इनका भी उद्‌देश्य है और वह उद्‌देश्य है अन्वेषण—आत्मान्वेषण। यह आत्मान्वेषण वैसा ही है जैसे बच्चे कभी-कभी अपनी ही आँखें मूँदकर माँ से पूछते हैं कि बताओ मैं कहाँ हूँ। फर्क इतना ही है कि ये बच्चे नहीं हैं। इस प्रकार निरुद्‌देश्यता को ही इन्होंने अपना उद्‌देश्य बना लिया है और भरसक इसी का प्रचार करते रहते हैं।

निरुद्‌देश्यता के कार्यक्रम का पहला सूत्र यह है कि साहित्य का सम्बन्ध समाज से काट दिया जाए क्योंकि समाज के साथ बँधे रहने पर कुछ-न-कुछ सामाजिक कर्तव्य का बन्धन रहेगा ही। फलतः 'वक्र रेखा' के अन्वेषक ने स्थापित किया कि "जिन कारणों से साहित्यिक प्रतिच्छाया में विकृति उत्पन्न होती है, उनके पीछे साहित्य और सौन्दर्य के अपने नियम हैं जो सामाजिक आवश्यकता के बावजूद काम करते हैं। इन नियमों की क्रियाशीलता के कारण ही साहित्य ऊँची उड़ानें भरता है और उसमें सार्वभौमिकता एवं श्रेष्ठता उत्पन्न होती है।" (आलोचना 9, पृ. 147)

साहित्य को श्रेष्ठ और सार्वभौम बनानेवाले वे 'अपने' नियम कौन से हैं, इसे बताने की क्या जरूरत ? यह तो सभी जानते हैं। बताने की बात तो वह है जो सबको न मालूम हो। इसीलिए लोगों का भ्रम दूर करने के लिए जोर देकर कहा गया कि साहित्य के सौन्दर्य का कारण समाज नहीं है। इस विषय में फिर कोई भ्रम न रह जाए, इसलिए आगे यह भी कह दिया है कि आलोचना के सामने असली सवाल सामाजिक यथार्थ का नहीं, बल्कि उस यथार्थ की विकृतियों के अध्ययन का है।

इतना कहने के बाद भ्रम के लिए कहाँ गुंजाइश है ! बेशक 'आलोचना' 'यथार्थ की विकृतियों' का ही अध्ययन प्रस्तुत कर रही है। और ऐसे अध्ययन के लिए सामाजिक यथार्थ से जितना ही दूर रहा जाए उतना ही अच्छा है। साहित्य-सौन्दर्य के 'अपने' नियम समाज से दूर रहकर ही गढ़े जा सकते हैं और वे गढ़े हुए नियम कैसे होते हैं उसका प्रत्यक्ष उदाहरण उपर्युक्त उद्धरण है।

आश्चर्य की बात नहीं है। यह 'वक्र रेखा' लेखक को इसी तरह अपने समाज से दूर ले जाती है और इसके बाद तो वह 'सार्वभौम' हो जाता है; अपने देश-काल से जड़ कट जाने पर वह स्वभावतः सारी दुनिया का हो जाता है। ऊँचाई पर पहुँचकर वह व्यापक दृष्टिकोण से सभी देशों के लिए समान भाव से साहित्य रचने लगता है। इस 'सार्वभौमिकता' की झलक इन लेखकों के उपन्यासों के सार्वभौम चरित्रों और विविध भाषाओं के उद्धरणों में मिल सकती है। पतनोन्मुख पश्चिमी लेखकों के विचारों से अपनी सम्पादकीय टिप्पणियों को अलंकृत करके 'आलोचना' में इसी सार्वभौमिकता का ऊँचा आदर्श उपस्थित किया जाता है। इस सार्वभौमिकता का आदर्श यह है कि साहित्य में समाज की छाया को किस प्रकार अधिक-से-अधिक बिगाड़कर प्रस्तुत किया जाए। साहित्यिक छाया में जितना ही बिगाड़ होगा, रचना में उतनी ही गहराई होगी। इस प्रकार वक्र रेखा से चलकर सार्वभौमिकता तक और सार्वभौमिकता से चलकर 'गहराई' तक की यात्रा पूरी होती है।

गहराई सार्वभौमिकता का ही दूसरा 'आयाम' है जो 'आलोचना' के सम्पादकों का तकियाकलाम बन गया है। कभी ऊँचाई की ओर तो कभी गहराई की ओर। दोनों आयामों के इस व्यायाम में यदि कोई चीज नहीं आने पाती तो वह है सतह। शायद ऊभ-चूभ करनेवालों के लिए सतहवाले आयाम का अस्तित्व नहीं होता। विचारों की गहराई का नमूना है व्यक्ति-स्वातन्त्र्य का घोषणा-पत्र, तो अनुभूतियों की गहराई के नमूने दर्जनों व्यक्तिवादी कविताएँ और उपन्यास। इस प्रकार हम देखते हैं कि सतह के खिलाफ गहराई की आवाज उठानेवाले दरअसल समाज के खिलाफ व्यक्ति-स्वातन्त्र्य की ही बात कहते हैं। यही उनकी गहराई भी है और सतह भी। और जिस तरह उनकी गहराई और सतह में कोई विरोध नहीं है, उसी तरह सभी लेखकों की गहराई और सतह में अविरोध है।

लेकिन जिन लोगों का 'दिल उनसे अलग जा पड़ा है और दिमाग के छिलके उतर गए हैं,' उनके लिए एक-दूसरे से जुड़ी हुई चीजें भी अलग-अलग और विरोधी दिखाई पड़ती हैं। जहाँ उन्हें व्यापकता दिखाई पड़ती है, वहाँ गहराई नहीं मिलती; और गहराई मिलती है तो व्यापकता नहीं मिलती। प्रेमचन्द में व्यापकता है तो गहराई नहीं है; जैनेन्द्र में गहराई है तो व्यापकता नहीं है। इसी तरह तुलसीदास में व्यापकता है तो गहराई गायब है और सूरदास में गहराई है तो व्यापकता नदारद। व्यापकता और गहराई के विरोध में कुछ लोग तो 'अपने आप में' दोनों को महान कहकर जान छुड़ाते हैं। लेकिन जिन्होंने आलोचना के मूल्य-मान-मर्यादा का दायित्व लिया है वे व्यापकता के ऊपर गहराई को

तरजीह देते हैं। इस कसौटी पर सूर श्रेष्ठ हो जाते हैं तुलसी से और शरच्चन्द्र श्रेष्ठ हो जाते हैं प्रेमचन्द से (क्योंकि जैनेन्द्र या अज्ञेय को खुलकर प्रेमचन्द से श्रेष्ठ कहने का साहस अभी लोगों में नहीं आया।)।

देखना यह है कि किसी लेखक में व्यापकता के होते हुए भी जब हम गहराई की कमी पाते हैं तो वस्तुतः वह गहराई की कमी व्यापकता की ही कमी तो नहीं है ? इसी तरह यदि कोई लेखक संकीर्ण होते हुए भी गहरा मालूम हो तो विचारने की जरूरत है कि कहीं उसकी उस गहराई में ही तो कमी नहीं है ?

सबका कहना है कि जैनेन्द्र और अज्ञेय प्रेमचन्द की अपेक्षा बहुत कम व्यापक जीवन का केनवस लेते हैं; फिर भी कुछ लोगों को उनमें प्रेमचन्द से अधिक गहराई मिलती है। यह गहराई क्या है ? कहते हैं यह अनुभूति की गहराई है। अनुभूति किसकी ? दर्द की। दर्द किसका ? प्रेम का। 'पेन ऑफ लविंग' और 'पेनफुल ट्रुथ'। प्रेम का दर्द और दर्द की अनुभूति, क्योंकि कोई भी अनुभूति दर्द से रहित नहीं होती। प्रेमानुभूति का यही दर्द शेखर और भुवन को है तथा शशि और रेखा को है—शशि और रेखा को शायद अधिक। दर्द की परिसमाप्ति है मृत्यु या निराशा। यह अनुभूति हमारे जीवन को कितनी गहराई तक जाकर आन्दोलित करती है ? यह दर्द हमें दबोचता है, अवसन्न करता है, निष्क्रिय बनाता है या हमें अपने सम्पूर्ण जीवन पर फिर से विचार करके नए सिरे से जीने के लिए प्रेरित करता है।

इस प्रकार इस अनुभूति की गहराई की परीक्षा करते हुए हम अनिवार्य रूप से इसकी व्याप्ति में जा पड़ेंगे। किसी को गहराई तक प्रभावित करने का अर्थ है उसके सम्पूर्ण अस्तित्व, व्यक्तित्व और भाव-सत्ता को प्रभावित करना और बहुत देर तक प्रभावित किए रहना। अनुभूति की गहराई का निर्णय एक व्यक्ति और एक क्षण से नहीं किया जा सकता है। गहराई का निर्णय दिक् और काल-सापेक्ष है। इस तरह अनुभूति की गहराई पर विचार करते समय हमें साधारणीकरण के प्रश्न का सामना करना पड़ेगा। तब सवाल उठेगा कि उस विशेष चरित्र तथा अनुभूति में अधिक-से-अधिक लोगों और युगों तक पहुँचने की क्षमता है या नहीं ? अनुभूति की गहराई को इस तरह तीव्रता के साथ सामान्यता का निर्वाह करना होगा। अनुभूति की शक्ति केवल तीव्रता में नहीं, बल्कि स्थायित्व में होती है और स्थायित्व का आधार वस्तुतः व्यापक मानवीयता ही है। जब किसी अनुभूति को हम गहरी कहते हैं तो उसे मानवीय कहते हैं। और मानवीयता से व्यापकता खारिज नहीं है। मतलब यह कि मानवीयता की व्यापक भूमि पर ही कोई अनुभूति गहरी हो सकती है।

इस दृष्टि से देखने पर तथाकथित गहरी अनुभूतिवाले सुनीता, त्यागपत्र, शेखर, नदी के द्वीप जैसे उपन्यासों की गहराई की सीमाएँ प्रकट होने लगती हैं। व्यापकता की कमी से उनमें गहराई की भी कमी आ गई। उनमें व्यापकता की कमी इस बात में नहीं है कि राजनीतिक, सामाजिक या आर्थिक जीवन के चित्रण की उपेक्षा की गई है। केवल नारी-पुरुष के प्रणय पर लिखने से ही कोई उपन्यास संकुचित नहीं हो जाता; संकुचित

वह तब होता है जब प्रणय को सम्पूर्ण जीवन से काटकर चित्रित किया जाता है; और वे उपन्यास इसी अर्थ में संकुचित हैं। समस्या चाहे जितनी छोटी हो परन्तु व्यापक रूप से उपस्थित की जाने पर बड़ी हो जाती है। किसी उपन्यास की व्यापकता इस बात में है कि वह जीवन की छोटी-से-छोटी समस्या को कितने बड़े परिवेश में और किस स्तर पर उपस्थित करता है।

व्यापक परिवेश में और ऊँचे स्तर पर किसी समस्या को रखने का कार्य वही लेखक कर सकता है जिसका सम्बन्ध अधिक-से-अधिक व्यापक सामाजिक परिवेश से हो और इस सम्बन्ध के विषय में जिसकी समझ का स्तर भी काफी ऊँचा हो। बड़ी मोटी बात है कि अपने बारे में ठीक से जानने के लिए अपने से सम्बन्धित दूसरे लोगों के बारे में भी जानना जरूरी है। लेकिन जो लेखक अपने को उस ग्रन्थि की तरह समझता है जिसके सभी सूत्र खो गए हैं, वह इन सम्बन्ध सूत्रों को न तो जान सकता है और न पा सकता है। 'जीवन की बढ़ती हुई जटिलता के परिणामस्वरूप' जिनकी 'व्यापकता का घेरा क्रमशः अधिकाधिक सीमित होना चाहता है' उनकी हीनता-ग्रन्थि ने अपनी संकीर्णता को ही गहराई का गौरव दे डाला है।

वैज्ञानिक आविष्कारों के कारण जीवन की जटिलता बढ़ रही है तो इसका मतलब है कि हमारे सामाजिक सम्बन्धों के सूत्र और भी व्यापक और घने हो रहे हैं। जरूरत इससे घबराने की नहीं, बल्कि इसे समझने की है। इन जटिल सम्बन्ध-सूत्रों को समझने और सुलझाने से ही हमारे व्यक्तित्व में समृद्धि आ सकती है और फिर ऐसे ही व्यक्तित्व की अभिव्यक्ति साहित्य में श्रेष्ठता ला सकती है। मतलब यह है कि किसी अनुभूति की गहराई व्यापक परिवेश पर निर्भर है।

तोल्सतोय के 'पियरे' की नितान्त निजी चिन्ताओं में अनुभूति की इतनी गहराई इसलिए है कि उसके पीछे सारे रूस की राष्ट्रीय स्वाधीनता का संघर्ष है। अन्ना का अन्तर्द्वन्द्व इसीलिए इतना मार्मिक है कि उसके पीछे रूस के कुलीन घरानों के व्यापक नैतिक ह्रास की छाया है। प्रेम के साथ यहाँ सम्पूर्ण सामाजिक जीवन लिपटा चला आया है। इस तरह सम्बन्ध-सूत्र जोड़ने के लिए लेखक को व्यक्ति-व्यक्ति और क्षण-क्षण की अनुभूतियों का सम्बन्ध मिलाना पड़ता है। लेकिन गहराई का दम भरनेवाले लेखक अलग-अलग क्षणों में जीते हैं। उनका हर क्षण अपने में पूर्ण और एक-दूसरे से अलग है। इसलिए वे क्षण-सुख और क्षण की अनुभूति का चित्रण करते हैं। क्षण की अनुभूति अर्थात् इन्द्रिय-बोध और क्षण-सुख अर्थात् इन्द्रिय-सुख। निःसन्देह इन ऐन्द्रिय बोधों के चित्रण में अत्यन्त तीव्रता होती है और इसीलिए कुछ पाठक इन्हीं को अनुभूति की गहराई मान बैठते हैं। शशि की सप्तपर्णी छाँह में सोते की तरह सोनेवाले शेखर के ऐन्द्रिय बोध, तुलियन में रेखा के हिम-पिंडों पर जमते और पिघलते भुवन का ऐन्द्रिय सुख और सुनीता द्वारा सम्पूर्ण इन्द्रियों को खुली दावत प्रायः अनुभूति की गहराई के रूप में स्मरण किए जाते हैं। कुछ आलोचकों ने इन स्थलों को अश्लील बताकर इनकी निन्दा भी की है। लेकिन जो साहित्य के मूल्यांकन का नैतिक मानदंड स्वीकार ही नहीं करते उनकी

'गहराई' तो इस अश्लीलता से खंडित नहीं होती। इसलिए इनसे अनुभूति के उसी अखाड़े में मिलना होगा।

उन ऐन्द्रिय वर्णनों की दुर्बलता इस बात में है कि वे अनुभूति के प्रथम चरण तक ही रुक गए हैं। ऐन्द्रिय बोध अनुभूति की केवल पहली अवस्था है; इसके बाद उनकी मानसिक प्रतिक्रिया भावानुभूति की सृष्टि करती है जो अन्त में चिन्तन के आलोक से आलोकित हो उठती है। परन्तु ऐन्द्रिय बोध को भाव और चिन्तन की अवस्थाओं तक ले जाने के लिए क्षणों के प्रवाह से गुजरना होता है। और क्षणजीवी लेखक ऐन्द्रिय सुख के क्षण से आगे बढ़ते ही नहीं और बढ़ते भी हैं तो मन-ही-मन उसी क्षण को जीते रहते हैं। इसी तरह काल-प्रवाह में बहने से इनकार करके ये लेखक अपनी अनुभूति का सहज आवेग और विकास-क्रम भी खत्म कर देते हैं। बँधे हुए क्षणों की बँधी हुई उन अनुभूतियों में इसलिए स्वास्थ्य और उल्लास का अभाव मिलता है। चिन्तन की प्रौढ़ता और भाव की तरलता में व्यक्त हुए सशक्त ऐन्द्रिय बोधों का वर्णन देखना हो तो गेटे का 'फ़ाउस्ट' और तोल्सतोय का 'युद्ध और शान्ति' अथवा 'अन्ना करेनिना' देखें।

भाव और चिन्तन के कारण ऐन्द्रिय बोध में गहराई इसीलिए आती है कि इनमें क्रमशः साधारणीकरण की शक्ति अधिक होती है। विशेष ऐन्द्रिय बोध भाव और चिन्तन की सामान्यता के सहारे व्यापकता प्राप्त करता है; उपन्यास के किसी विशेष चरित्र के निजी कार्य-कलाप ऐसे ही सामान्य तत्त्वों के सहारे बहुतों की दिलचस्पी के हेतु बन जाते हैं। इस तरह वह चरित्र किसी विचार का प्रतिनिधि बन जाता है। लेखक अपने चरित्र के व्यक्तित्व को भावों और विचारों की जितनी भूमियों पर उद्‌घाटित करता है, उसमें उतनी ही शक्ति आती है।

मतलब यह कि अनुभूति की गहराई हर हालत में अनुभूति की व्यापकता से निर्धारित होती है। व्यापकता का तिरस्कार करके जो लेखक गहराई लाने का दम भरता है, वह दरअसल संकीर्णता के अन्धकूप में पड़ता है। उसकी अनुभूति का अर्थ संकुचित होता है और गहराई उथली होती है। 'तुलसीदास की भावुकता' पर विचार करते हुए आचार्य शुक्ल ने काफी पहले लिखा था कि "जो केवल दाम्पत्य रति ही में अपनी भावुकता प्रकट कर सकें या वीरोत्साह का ही चित्रण कर सकें, वे पूर्ण भावुक नहीं कहे जा सकते। पूर्ण भावुक वे ही हैं जो जीवन की प्रत्येक स्थिति के मर्मस्पर्शी अंश का साक्षात्कार कर सकें और उसे श्रोता या पाठक के सम्मुख अपनी शब्द-शक्ति द्वारा प्रत्यक्ष कर सकें।" इसके बाद विस्तार और गहराई का प्रश्न उठाते हुए शुक्लजी फिर कहते हैं कि "गोस्वामीजी की भावात्मक सत्ता का अधिक विस्तार स्वीकार करते हुए भी यह पूछा जा सकता है कि क्या उनके भावों में पूरी गहराई या तीव्रता भी है ? यदि तीव्रता न होती, भावों का पूर्ण उद्रेक उनके वचनों में न होता, तो वे इतने सर्वप्रिय कैसे होते ?" इससे गहराई और व्यापकता का सम्बन्ध स्पष्ट होता है।

साहित्यकार की गहराई इस बात में है कि वह सतह को तोड़ता है और इस तरह वह भ्रमों को हटाकर वास्तविकता का सही रूप उद्‌घाटित करता है। उद्‌घाटन-कार्य ही

साहित्यकार का रचना-कार्य है—वास्तविकता का निर्माण वह उद्घाटन से ही करता है; भौतिक कारीगरों की तरह वह सचमुच कोई चीज नहीं बनाता। इसीलिए सार्त्र लेखक के पेशे को 'गौण कार्य' कहता है। उनके अनुसार : "लेखक वह आदमी है जिसने गौण कार्य करने का एक निश्चित तरीका चुन रखा है जिसे हम उद्घाटन के द्वारा कार्य कह सकते हैं।" भाषा, जो कि लेखक का सबसे बड़ा साधन है, जिह्वा का गौण कार्य ही है।

सवाल यह है कि लेखक क्या उद्घाटित करता है ? सबसे पहले वह अपना हृदय उद्घाटित करता है। लेकिन हृदय के माध्यम से क्या उद्घाटित होता है ? कुछ साहित्यकार ऐसे हैं जो अपने मन की गाँठें खोलते हैं, मन की एक-एक पर्त खोलकर रख देते हैं। चेतन की सतह के नीचे अवचेतन में पड़ी हुई बहुत सी बातों को खोलना ही उनके लिए सबसे बड़ा उद्घाटन-कार्य है। इस तरह के साहित्यकारों ने अब तक अधिकांशतः सेक्स और अहं-सम्बन्धी रहस्य का ही उद्घाटन किया है। साहित्य में गहराई का यह भी एक रूप है।

दूसरी ओर ऐसे भी लेखक हैं जो अपने मन के माध्यम से उस मन के साथ जुड़े हुए सैकड़ों दूसरे मनों का उद्घाटन करते हैं; इस तरह वे अपने मन के द्वन्द्व का उद्घाटन करते-करते उस युग के पूरे समाज के संघर्ष को खोलकर रख देते हैं। तोल्सतोय ने 'युद्ध और शान्ति' में पियरे के माध्यम से अपने मन में जीवन और मृत्यु को लेकर चलनेवाले संघर्ष का उद्घाटन करते-करते सारे रूस के विभिन्न वर्गों में विभिन्न स्तरों पर चलते समस्त संघर्षों को खोलकर रख दिया। जैसाकि सभी लोग जानते हैं, 'संसार की हर-एक बात और सब बातों से सम्बद्ध है।' इसलिए यदि एक तथ्य का उद्घाटन किया जाए तो उसके साथ जुड़े हुए सैकड़ों तथ्य उघड़ते चले जाएँगे। जैसाकि अकबर इलाहाबादी ने कहा है :

मैं चाहता हूँ कि बस एक ही ख़याल रहे,
मगर ख़याल से पैदा ख़याल होता है।

कोई लाख कोशिश करे कि मन एक ही खयाल पर टिका रहे, लेकिन मन का स्वभाव है कि वह उस खयाल से जुड़े दूसरे खयालों पर दौड़ जाए। अगर आप कोई नैतिक समस्या लें तो उसका विश्लेषण करते ही अनेक धार्मिक, सामाजिक, राजनीतिक और आर्थिक समस्याएँ उठ खड़ी होंगी। इस प्रकार साहित्यकार अपने व्यक्ति से शुरू करके अनेक अन्तर्वैयक्तिक सामाजिक सम्बन्धों में चला जाता है और उसके साहित्य में इन सम्बन्धों की जटिलता गहरे-से-गहरे स्तरों पर व्यक्त होती चली जाती है। साहित्य में गहराई का यह दूसरा रूप है।

सवाल यह है कि गहराई किसमें ज्यादा है ? उस रचना में जो केवल एक मन के विभिन्न स्तरों का उद्घाटन करती है अथवा उस रचना में जो एक मन के, अनेक मनों से विभिन्न स्तरों पर मिलनेवाले, सम्बन्धों का चित्रण करती है ? फ्लोबेयर का 'मादाम बोवारी' और तोल्सतोय का 'अन्ना करेनिना' दोनों ही महान उपन्यास हैं। दोनों की नायिकाएँ अपने पति को छोड़कर दूसरे पुरुष की ओर आकृष्ट होती हैं। फिर भी अन्ना

के चरित्र में जो गहराई है वह मादाम बोवारी में नहीं है। अपने पुत्र शेरेज़ा के प्रति अन्ना का जो प्रेम है, वह उसे मादाम बोवारी से बहुत ऊँचा उठा देता है। यही नहीं, अपने प्रेमी ब्रोंस्की में कभी-कभी उसे शेरेज़ा की झलक मिलने लगती है। इसके अतिरिक्त अन्ना में जो अन्तर्द्वन्द्व है उसका शतांश भी मादाम बोवारी में नहीं है। अन्ना के अन्तर्द्वन्द्व में इतनी गहराई क्यों है ? यह अन्तर्द्वन्द्व क्या उसके मन में अपने-आप पैदा होता है ? जब भी वह अपने परिचितों, मित्रों अथवा समाज के अन्य लोगों के सम्पर्क में आती है, उसके मन में एक नया तूफान खड़ा होता जाता है। गहराई से विचार करने पर पता चलेगा कि अन्ना के अन्तर्द्वन्द्व की गहराई अन्ना के सामाजिक-अन्तर्वैयक्तिक सम्बन्धों की जटिलता और विविधता से जुड़ी हुई है। इसलिए अन्ना का नैतिक स्तर भी मादाम बोवारी से बहुत ऊँचा है। अन्ना की प्रेम-कहानी और नैतिक समस्या के बीच तोल्सतोय ने लेविन के कृषि-सम्बन्धी कार्यों का टाट-पटोरा बुना है। अप्रासंगिक प्रतीत होती हुई भी ये घटनाएँ अन्ना की भावात्मक गहराई को दूर तक प्रभावित करती हैं। अन्ना की दुखान्त कहानी की पीठिका में लेविन की आत्म-चिन्ता सम्पूर्ण उपन्यास के स्वर को और भी मार्मिक बना देती है। यद्यपि लेविन की मृत्यु-भावना का प्रत्यक्ष सम्बन्ध अन्ना की आत्मपीड़ा से कहीं भी नहीं दिखता, लेकिन लगता है कि दोनों के मूल में एक ही-सा सामाजिक कारण है। लगता है कि अन्ना की जो व्यथा भावनाओं के रूप में व्यक्त होती है, वही लेविन के यहाँ चिन्तन के स्तर पर उठती है। और 'वेंजिएंस इज माइन, आइ विल रिपे'—बाइबिल का यह उद्धरण सम्पूर्ण सामाजिक पीड़ा का समवेत स्वर है। मादाम बोवारी की अपेक्षा अन्ना की गहराई का यही वस्तुगत कारण है।

इससे साबित होता है कि व्यापक सम्बन्ध-सूत्रों का उद्घाटन करने से ही भावों में भी गहराई आती है।

दरअसल जिसे हम भावों की गहराई कहते हैं वह भी भावों का ब्यौरा ही है और भावों के ब्यौरे का ही दूसरा नाम सम्बन्ध-सूत्र है। विभिन्न प्रकार की मानसिक प्रतिक्रियाओं से ही एक भाव के अन्तर्गत कई छोटे-छोटे भाव उठते जाते हैं। इन भावों के पुंज से उपन्यास में किसी चरित्र का व्यक्तित्व समृद्ध होता है, किन्तु उस चरित्र के मन में वे भाव अन्य व्यक्तियों और स्थितियों की प्रतिक्रिया से ही उत्पन्न होते हैं।

एक ही भाव पर लिखी हुई दो कविताओं में से उसे हम अधिक गहरी कहते हैं जिसमें उस भाव के अन्तर्गत अनेक छोटी-छोटी अन्तर्दशाओं का चित्रण रहता है। सामान्य विलाप और दुख की कविता में यही अन्तर होता है। निराला की 'सरोज-स्मृति' में जो व्यथा की गहराई है वह व्यथा के विभिन्न सम्बन्ध-सूत्रों के कारण है। पुत्री की मृत्यु की दुखद स्मृति के बीच जीवन के अन्य दुखों की भी स्मृतियाँ जागती जाती हैं और उनके साथ-साथ सुख की मधुर स्मृतियाँ भी आती हैं, और इन निजी स्मृति-चित्रों के बीच समाज के व्यापक संघर्ष की भी झलक मिल जाती है। यही वजह है कि 'सरोज-स्मृति' अपने क्षेत्र में अद्वितीय कृति है। नए दर्दवादी कवियों के विलाप से निराला

के दुख में जो अधिक गहराई है उसका कारण उस दुख की व्यापकता ही है। विरोधाभास तो यह है कि निराला की कविता अत्यधिक वैयक्तिक होते हुए भी इतनी सामाजिक है जबकि आज की बहुत सी निर्वैयक्तिकतावादी कविताएँ वैयक्तिक सीमा में ही बन्दी रह जाती हैं।

प्रेमचन्द की गहराई का भी यही रहस्य है कि वे चाहे नारी-समस्या लें अथवा किसान-समस्या, उसके विविध सूत्रों को वे उकेल के रख देते हैं। 'सेवा-सदन' मुख्यतः एक पराधीन नारी की मुक्ति-भावना को लेकर लिखा गया है। सुमन अपने पति के घर में नित्य अपमानित और उपेक्षित होती रहती है और एक दिन अपने पड़ोस में एक वेश्या को सम्मानित होते देखकर स्वयं भी कोठे पर जा बैठती है। वहाँ जाने पर उसे पता चलता है कि इस अवस्था में भी उसका नारीत्व अपमानित होगा। फलतः वह उस कीचड़ से अपना उद्धार करती है। प्रेमचन्द ने नारी की पराधीनता का चित्रण करते समय समाज के उन सभी वर्गों को उभारकर सामने ला दिया है जिनके कारण नारी पराधीन है। प्रेमचन्द के सभी उपन्यासों में किसानों की मुक्ति का आन्दोलन नारी-स्वाधीनता के भाव से जुड़ा हुआ है। समाज की सर्वाधिक शोषित ये दोनों शक्तियाँ उनके उपन्यासों में एक साथ एक तरह से चित्रित होती हैं।

वास्तविकता के स्तर-स्तर उद्‌घाटित करने में प्रेमचन्द का जवाब नहीं। 'गोदान' में होरी का साक्षात् शोषण कोई नहीं करता, फिर भी होरी तबाह रहता है; तबाह वह इसलिए है कि अपने शरीर में लगी हुई जोंकों को नहीं देख पाता। लेकिन प्रेमचन्द ने उन सबका उद्‌घाटन इस तरह किया है कि होरी के बाद आनेवाली पीढ़ी इन्हें पहचान ले। प्रेमचन्द ने इस उपन्यास में भारतीय समाज का 'एक्सरे' करके रख दिया है और इसी को कहते हैं साहित्यकार का उद्‌घाटन-कार्य। सतह को इसी तरह तोड़ने का नाम गहराई है।

लेकिन आज के बहुत से लेखक हैं जो वास्तविकता पर परदा डालने को ही गहराई समझते हैं। ये आज के शोषण और सामाजिक प्रगति पर रहस्य और दर्द के कुहासे का परदा डालते हैं। जो सत्य का उद्‌घाटन करने की ओर कदम ही नहीं बढ़ाता उसकी गहराई कैसी ?

सचाई यह है कि 'गहराई' के हिमायती अधिकांशतः अन्तर्मुखी हैं और अपने अन्दर निरन्तर सिमटते जाने को ही वे गहराई कहते हैं। परिस्थिति पर प्रहार करना तो दूर, वे उल्टे या पीछे भागते हैं, 'यदा संहरते चायं कूर्मोऽङ्गानीव सर्वशः।' इसी को गुलेरीजी ने 'कछुवा धर्म' कहा है। इस तरह ये लेखक जैसे-जैसे अपने भीतर सिमटते जाते हैं, उसी क्रम से समाज से दूर होते जाते हैं। रत्नाकरजी की गोपियों की तरह उन्हें भी कहना चाहिए कि :

ज्यों ज्यों बसे जात दूरि दूरि प्रिय प्रान मूरि
त्यों त्यों धँसे जात मन-मुकुर हमारे मैं।

फिर भी ये रणछोड़-बहादुर अपने को पलायनवादी नहीं मानते, गोया समाज से

आसमान में भागना ही एक पलायनवाद है।

इस आन्तरिक पलायन को ये लेखक 'आन्तरिक सामाजिकता' कहते हैं। इसका मतलब यह हुआ कि समाज विभिन्न व्यक्तियों के अन्दर रहता है। यदि ऐसी बात है तो व्यक्ति की सीमा से बाहर जो पारस्परिक सम्बन्ध हैं उनका नाम क्या होगा ?

अगर यह कहें कि 'आन्तरिक सामाजिकता' का अर्थ है समाज को अपने अन्दर ले आना तो भी यह समस्या नहीं सुलझती। समाज के अन्दर रहे बिना समाज व्यक्ति के अन्तर में कैसे आएगा ? कमंडल को नदी में डाले बिना कमंडल में पानी कैसे आएगा ? दरअसल यह सामाजिकता को चोर दरवाजे से अन्तर में घुसाने की तरकीब है—सामने से समाज को लेने का साहस नहीं है और उस पर यह हाल !

कोई उनसे पूछे तो कि अधिक गहराई कहाँ सम्भव है—समाज के अन्तर में या अन्तर के समाज में ? अन्तर की सामाजिकता कैसी होती है, इसका नमूना उनके दर्द-भरे क्षीण विलाप में है। विलाप के स्वर में भी गहराई नदारद ! इसकी वजह यह है कि ताल के सूखने से उसकी व्यापकता के साथ गहराई भी कम होती है। अपने भीतर सिमटने से गहराई नहीं आती; गहराई आती है वास्तविकता के भीतर प्रवेश करने से।

सच पूछिए तो सामाजिक वास्तविकता में प्रवेश करने पर ही हम अपने भी मन में प्रवेश करते हैं। जिन्होंने समाज की वर्तमान विषमता से आँखें मूँद ली हैं, उन्हें अपने जीवन के बारे में भी सोचने-विचारने से छुट्टी है और यदि वे सोचते-विचारते भी हैं तो केवल निजी जरूरत की बातें। उनके सोचने में गहराई नहीं होती; इसीलिए उनमें मानवता नहीं होती। इस प्रकार गहराई की व्यापकता मानवता तक जाती है।

[1956]

एकालाप और संलाप

कुछ लोग दुनिया से बहस करते हैं तो कुछ सिर्फ अपने से, किन्तु कुछ थोड़े से लोग ऐसे भी होते हैं जो दुनिया से बहस करने की प्रक्रिया में अपने-आप से भी बहस चालू रखते हैं। मुक्तिबोध ऐसे ही थोड़े से लोगों में थे और उनकी **एक साहित्यिक की डायरी** ऐसी ही जीवन्त बहस का सर्जनात्मक दस्तावेज है जिसमें भाग लेने का लोभ संवरण करना कठिन है। अपने-आप से या किसी दूसरे से बात करते हुए मुक्तिबोध पाठक को कुछ इस प्रकार उस वार्तालाप का साझीदार बना लेते हैं कि निःसंग रहना कठिन हो जाता है। यह अपनापा संक्रामक है : 'स्वयं से अस्वयं होना है।' प्लेटो के 'डायलाग्स' को छोड़कर, मुझे याद नहीं कि मैंने इस तरह कहीं हिस्सा लेने की विवशता का सुखद अनुभव किया हो। लगातार प्रहार करते हुए भी आत्मीयता का वैसा ही सम्मोहन और वैसा ही दुर्निवार निमन्त्रण विचार-प्रक्रिया में स्वतः भाग लेने का। दूसरे से प्रश्न करने के साथ-साथ अपने-आप पर भी उस प्रश्न का वैसा ही वार। और इस प्रकार विचार की गति के साथ अपने-आप को स्तर-स्तर खोलते जाना। न कहीं कोई छिपाव, न कोई दुराव। सतत आत्म-सजगता के बीच आत्म-विडम्बना का निरन्तर निर्मम बोध। यह पारदर्शी ईमानदारी ही है जो मुक्तिबोध की 'एक साहित्यिक की डायरी' को अनूठा आकर्षण प्रदान करती है, जिसे लेखक ने 'सुकुमार ज्वालाग्राही जादुई शक्ति' कहा है। मस्तिष्क की हर हरकत हम साफ देखते हैं, जैसे शीशे के अन्दर पारे की लकीर हो। ईमानदारी इस हद तक कि युक्तियों में स्वयं पकड़ लिए जाने को भी सहर्ष प्रस्तुत और फिर निरस्त्र कर देनेवाला खुलापन। ऐसा खुलापन जिसमें खोने के लिए कुछ भी न हो, सिवा किसी कमी के और पाने के लिए सबकुछ हो, जैसे आत्म-प्रत्यय।

और फिर ईमानदारी ही जैसे काफी न हो, इसलिए उसके साथ-साथ मस्तिष्क की वस्तुनिष्ठता और तथ्यपरकता, जिसे अक्सर सच्चाई कहा जाता है। साथ ही एक प्रकार की प्रतिश्रुति-धर्मी 'गम्भीरता' भी, जो साहित्य में दिलचस्पी-भर लेने से कहीं गहरी हो। जैसाकि एक स्थान पर मुक्तिबोध अपने सहचर के बारे में कहते हैं : "दरअसल, उसके लिए न वे विचार थे, न अनुभूति। वे उसके मानसिक भूगोल के पहाड़, चट्टान, खाइयाँ, जमीन, नदियाँ, झरने, जंगल और रेगिस्तान थे। मुझे यह भान होता रहता है कि वह व्यक्ति अपने को प्रकट करते समय, स्वयं की सभी इन्द्रिय शक्तियों से काम लेते हुए एक आन्तरिक यात्रा कर रहा है, वह अपने विचारों या भावों को केवल प्रकट ही नहीं

करता था, वह उन्हें स्पर्श करता था, सूँघता था, उनका आकार-प्रकार, रंग-रूप और गति बना सकता था, मानो उसके सामने वे प्रकट, साक्षात और जीवन्त हों। उसका दिमाग लोहे का एक शिकंजा था या सुनार की एक छोटी सी चिमटी, जो बारीक-से-बारीक और बड़ी-से-बड़ी बात को सूक्ष्म रूप से और मजबूती से पकड़कर सामने रख देती है।''

कहने की आवश्यकता नहीं कि यह मानसिक क्षमता स्वयं मुक्तिबोध का आत्म-प्रक्षेपण है और 'एक साहित्यिक की डायरी' इसका जीवन्त उदाहरण है। यही अथवा इस प्रकार की बातें कुछ दूसरे लेखकों ने भी कही हैं, लेकिन इस अन्दाज में जैसे एक शिक्षक अपने शिष्यों को अथवा सारे संसार को विद्यार्थी समझकर कहता है। किन्तु 'एक साहित्यिक की डायरी' में लगता है जैसे मुक्तिबोध अपने किसी समानधर्मा से विचार-विनिमय कर रहे हैं—एक सत्यान्वेषी की तरह हर सम्भव तथ्य को परखने के लिए रुकते हुए और प्रत्येक मान्यता को प्रस्तुत करने के साथ ही उसे जाँचते हुए। यह स्वर ही और है; और मुक्तिबोध के गद्य में उस विशिष्ट स्वर को स्पष्ट सुना जा सकता है। 'एक साहित्यिक की डायरी' के मुख्य आकर्षणों में से एक यह 'स्वर' भी है। बहुत कम लेखकों का गद्य ऐसा सस्वर या स्वर-संवलित होता है।

वार्तालाप-शैली में लिखे जाने मात्र से ही 'एक साहित्यिक की डायरी' में यह विशेषता नहीं आ गई है। लिखने को तो कई लोगों ने वार्तालाप-शैली में आलोचनाएँ लिखी हैं, लेकिन एक नजर में ही साफ हो जाता है कि वे मूलतः निबन्ध हैं। दरअसल, इसके पीछे एक पूरी जीवन-प्रक्रिया है। जो सदैव निरी आत्माभिव्यक्ति के लिए बेचैन रहते हैं, उनके लिए यह कदापि सम्भव नहीं है। जो व्यक्ति एक साधारण आदमी की तरह अपने आसपास के सामाजिक परिवेश में हिस्सा लेता है और हर परिचित-अपरिचित को सहचर की तरह स्वीकार करते हुए हमेशा उन्मुक्त विचार-विनिमय के लिए प्रस्तुत रहता है उसी के लेखन में भी सम्प्रेषण और सम्भाषण का यह गुण आता है। और साफ दिखाई पड़ता है कि 'एक साहित्यिक की डायरी' ऐसी ही सामाजिक जीवन-प्रक्रिया की उपज है। यह संवादी डायरी एक 'सहयोगी प्रयास' का आभास ही नहीं देती, बल्कि सहयोगी प्रयास का एहसास कराती है और ऐसे प्रयास के लिए सीधा आमन्त्रण भी देती है।

यह आकस्मिक नहीं है कि मुक्तिबोध की कविताओं में भी प्रायः यही नाटकीय विन्यास है। डायरी में यदि केशव, वीरकर या कोई और मित्र है तो कविताओं में भी कहीं 'आत्मा का मित्र' है तो कहीं 'सहचर मित्र' और कहीं एक 'ब्रह्मराक्षस' तो कहीं मन के अन्दर छिपा बैठा 'ओरांग उटांग !'

नवलेखन के अन्तर्गत इस प्रकार की नाटकीयता मुक्तिबोध की अपनी विशेषता है—वह विशेषता जिसे टी.एस. इलियट ने 'कविता के तीन स्वरों' में से 'तीसरा स्वर' कहा है—तीसरा और सम्भवतः सबसे समर्थ।

एक तरह से मुक्तिबोध का सम्पूर्ण कृतित्व एक विशाल नाटक के समान प्रतीत होता है जिसके बीच यदि कविताएँ गीतात्मक सन्दर्भों को व्यक्त करती हैं तो 'डायरी'

गद्यात्मक संवादों की पूर्ति करती है। इस प्रकार 'एक साहित्यिक की डायरी' अपने-आप में पूर्ण एक रचनात्मक गद्यकृति है। इसे कवि की कविताओं को समझने का साधन मात्र मानना, इसके साथ अन्याय होगा। यों भी किसी रचनाकार की रचना-प्रक्रिया प्रायः अविच्छिन्न और शृंखलाबद्ध होती है, किन्तु मुक्तिबोध-जैसे रचनाकार के यहाँ तो यह और भी अपरिहार्य है, क्योंकि उनके रचनात्मक मस्तिष्क में समग्र वास्तविकता एक साथ ही शतशः जटिलतम सम्बन्ध-सूत्रों से जुड़ी रहती है—यहाँ तक कि किसी एक सम्बन्ध-सूत्र को काटकर सफाई ले आने का प्रयास उन्हें सर्जनात्मक ईमानदारी से स्खलन प्रतीत होता है। इस दृष्टि से 'एक साहित्यिक की डायरी' को मुक्तिबोध के सम्पूर्ण काव्य-कृतित्व के अन्तर्गत माना जा सकता है। जो मुक्तिबोध की कविताओं को भी गद्य ही समझते हैं, उन्हें शायद इस कथन से एतराज न हो, बल्कि उन्हें तो इस बात से सन्तोष-लाभ ही करना चाहिए।

'डायरी' में एक स्थान पर मुक्तिबोध ने लिखा है : "तो फिर ऐसी स्थिति में यह असम्भव नहीं है कि कविता को अनेक क्रमबद्ध गद्य-चित्रों में प्रस्तुत किया जाए। अथवा अनेक क्रमबद्ध गद्यचित्र कुछ इस तरह आलोकित और दीप्तमान हो उठें कि छन्द बन जाएँ, गतिमान हो जाएँ और एक विशेष दिशा की ओर प्रवाहित हो सकें।" यहाँ जिस गतिमयता पर मुक्तिबोध ने जोर दिया है वह वस्तुतः नाटकीयता का ही दूसरा पहलू है और कहने की आवश्यकता नहीं कि एक अनूठी नाटकीय गतिमयता 'डायरी' को रचनात्मक कृति की भंगिमा प्रदान कर देती है।

यद्यपि प्रस्तुत रूप में प्रकाशित करते समय डायरी के खंडों में यादृच्छिक ढंग से क्रम-विपर्यय कर दिया गया है और कुछ अंश छूट भी गए हैं तथापि इस विपर्यस्त और खंडित रूप में भी 'डायरी' को ध्यान से देखें तो इसका विन्यास भी मुक्तिबोध की कविताओं की संघटना-जैसा ही पाएँगे। हर 'डायरी' कविता की ही भाँति एक 'फैंटेसी' के रूप में परिकल्पित की गई है जिसमें भाव और विचार मूर्त स्थितियों-वस्तुओं-व्यक्तियों आदि के समूचे जीवन्त सन्दर्भ के साथ उभरते चले जाते हैं। वही परिप्रेक्ष्य और वही संरचना। दोनों विधाओं के पीछे एक ही प्रकार की रूप-कल्पी सर्जना काम करती दिखाई पड़ती है। कहीं-कहीं तो पात्रों, परिस्थितियों और मनःस्थितियों का चित्रण करते-करते 'डायरी' के अन्तर्गत कवि मुक्तिबोध गद्य में ही 'फैंटेसी' की सृष्टि कर जाते हैं। मित्र केशव के आने का समाचार मिलते ही लगता है कि "किसी तालाब से भाप निकलती हो, भाप की ऊँची उठती हिलकोरती लहरें एक मनुष्याकार धारण कर, ऊँची-ऊँची होती हुई पास-पास आती जा रही हों" और सारा दृश्य भयावह हो उठता है। इसी प्रकार कभी मन के अन्दर झाँकने पर उन्हें लगता है कि "मन एक रहस्यमय लोक है। उसमें अँधेरा है। अँधेरे में सीढ़ियाँ हैं। सीढ़ियाँ गीली हैं। सबसे निचली सीढ़ी पानी में डूबी हुई है। वहाँ अथाह काला जल है। उस अथाह काले जल से स्वयं को ही डर लगता है। उस अथाह काले जल में कोई बैठा है। वह शायद मैं ही हूँ।"

मुक्तिबोध की रचनाओं में इस प्रकार की भयावनी 'फैंटेसी' प्रायः मिलती है : कभी

'ब्रह्मराक्षस' तो कभी 'ओरांग उटांग' और कभी विचित्र वेश-विन्यासवाली सैन्य टुकड़ी का नैश आक्रमण। अँधेरे की एक हल्की सी चादर पड़ते ही सारा दृश्य क्षण-भर में भयंकर दुःस्वप्न के रूप में बदल जाता हैं। रोज की देखी-सुनी, जानी-पहचानी चीजें भी मुक्तिबोध के हाथों इन्द्रजाल में बदल जाती है। मुक्तिबोध के अनुसार ये छायाकृतियाँ 'अर्थ-स्वप्न' हैं। मुक्तिबोध की इस कीमियागरी (ऐलकेमी) की ओर अभी लोगों का बहुत कम ध्यान गया है। जैसा कि उन्होंने स्वयं लिखा है : ''कुछ पागल लोग, कीमियागर (ऐलकेमिस्ट), लोहे को सोना बनाने की फ़िक्र में लगातार काम करते हुए नष्ट हो गए। कुछ दूसरे ढंग से पागल, जमीन में गड़े खजाने को खोजने और कभी भी न पा सकने में इतने मशगूल रहे कि उनकी फेमिली ने, समाज ने, जमाने ने उन्हें बेवकूफ करार दिया। कई तरह के पागल हुआ करते हैं, और मुझे अब समझ में आने लगा है कि हो न हो, मैं भी उसी श्रेणी में गिने जाने योग्य हूँ।''

उनकी अन्तिम पूर्ण कविता 'अँधेरे में' इसी विशाल भयावनी फैंटेसी का रचनात्मक रूप है। यह 'विजन' मुक्तिबोध का नितान्त निजी है जो उनके कृतित्व को एक अनूठा तेजोवलय प्रदान कर देता है। चूँकि यह प्रवृत्ति हिन्दी के समकालीन लेखन के बीच एकदम अलग है, इसलिए काव्य-चर्चा के बीच प्रायः उपेक्षित रह गई, किन्तु 'काफ्का' के पाठक मुक्तिबोध में निश्चय ही आधुनिक भावबोध के इस महत्त्वपूर्ण 'अर्थ-स्वप्न' का अनुभव किए बिना न रहेंगे। यहाँ तक कि डायरी भी इस जादुई असर से बच नहीं सकी है, अवश्य यहाँ उसका रूप कुछ और है—किसी को भी दहला देनेवाला निर्मम आत्म-संघर्ष तथा आत्म-साक्षात्कार ! इस तेज रोशनी के सामने कुछ भी छिपा सकना असम्भव प्रतीत होने लगता है, क्योंकि यहाँ ''आत्म-शान्ति को भंग करके ही कोई लेखक बना रह सकता है—लेखक यानी सच्चा लेखक।'' मुक्तिबोध का आत्म-विश्लेषण नशे की हद तक पहुँचा हुआ है और दूसरों पर भी सम्भवतः नशीली धुन्ध का-सा असर डालता है।

इस प्रकार डायरी की सबसे बड़ी उपलब्धि एक विलक्षण व्यक्तित्व है जो अन्ततः पूरी डायरी से उभरकर सामने आता है। जिस तरह प्लेटो के 'डॉयलॉग्स' की सबसे बड़ी उपलब्धि 'सुकरात' जैसा व्यक्तित्व है, उसी तरह एक दूसरे स्तर पर मुक्तिबोध की डायरी की सबसे बड़ी उपलब्धि एक कवि-व्यक्तित्व है जिसके साथ आगे चलकर अनेक प्रकार की किंवदन्तियों के जुड़ जाने की सारी सम्भावनाएँ मौजूद हैं। अनिवार्यतः यह व्यक्तित्व स्वयं मुक्तिबोध का ही हो, कोई आवश्यक नहीं; किन्तु है यह निश्चय ही इस आत्मसजग युग का सबसे आत्मसजग व्यक्तित्व। एक गहरे अर्थ में राजनीतिक, जिसके बिना आज के युग में कोई भी लेखक सार्थक साहित्यकार नहीं हो सकता।

इस व्यक्तित्व की सबसे बड़ी सार्थकता यह है कि इसके माध्यम से मुक्तिबोध ने आज के साहित्य में एक शलाका-पुरुष की स्थापना की है—ऐसा शलाका-पुरुष जो आज की स्थिति के योग्य कवि की भूमिका अदा कर सके। 'डायरी' बड़ी स्पष्टता के साथ उस काव्य-पुरुष की परिकल्पना को मूर्तिमान करती है जो सम्भवतः मुक्तिबोध के खयाल

से आज की स्थिति की चुनौती को स्वीकार करने में समर्थ हो। इस कवि-व्यक्तित्व के सही रूप को समझने के लिए, इसी समय की एक दूसरी महत्त्वपूर्ण कृति 'आत्मनेपद' (अज्ञेय) से उभरनेवाले कवि-व्यक्तित्व को बगल में रख लेना अप्रासंगिक न होगा। अज्ञेय के 'आत्मनेपद' से बहुत कुछ एक शब्द-साधक 'एस्थीट' अथवा सौन्दर्यजीवी का रूप सामने आता है जो एक दायरे में जीवन से पूरी तरह संसक्त होते हुए भी अपने रचना-जगत में सर्वथा निःसंग है—अमानुषिकता की हद को छूनेवाली कलात्मक निःसंगता। इसके विपरीत मुक्तिबोध की डायरी से उभरनेवाला कवि-व्यक्तित्व सामाजिक स्तर पर एक नितान्त सामान्य निम्न-मध्यवर्गीय पारिवारिक प्रणाली है, जिसके लिए कविता अलग से किसी साधना की चीज नहीं, बल्कि जीने की जटिल क्रिया का ही एक सहज अंग है, जो समाज से लड़ते हुए भी उसकी सहकारिता को सम्बल के रूप में स्वीकार करता है। जितना कष्टप्रद इसका अस्तित्व-संघर्ष है उतना ही कष्टप्रद सर्जन-संघर्ष, और जो अपनी निजी पीड़ा को व्यापक मानवीय पीड़ा से अर्थपूर्ण बनाता चलता है। कुल मिलाकर मानवीय—नितान्त मानवीय। मुक्तिबोध ने 'डायरी' में जिस प्रकार समकालीन साहित्य में प्रचलित 'एस्थीट' के 'विशिष्ट' और 'अद्वितीय' व्यक्तित्व पर प्रहार किया है, उससे साफ मालूम हो जाता है कि वे एक स्थापित कवि-प्रतिभा के स्थान पर साहित्य में एक नए कवि-व्यक्तित्व की प्रतिष्ठा करने के लिए कितने व्याकुल हैं। शायद यही वजह है जिससे मुक्तिबोध सहसा नई पीढ़ी के लेखकों के आत्मीय बन्धु हो उठे हैं। यह आकस्मिक नहीं है कि जिस समय अज्ञेय ने 'नए कवि के प्रति' जैसी कविता लिखी, प्रायः उसी के आसपास मुक्तिबोध ने नई पीढ़ी को सम्बोधित करते हुए 'ओ काव्यात्मन फणिधर' जैसी कविता लिखने की आवश्यकता समझी।

'डायरी' में कविता पर विचार करने से अधिक कवि-व्यक्तित्व के स्वरूप पर विचार किया गया है—इसी से स्पष्ट है कि मुक्तिबोध आज की स्थिति में कविता की परिभाषा करने से अधिक आवश्यक समझते हैं कवि-व्यक्तित्व का निर्माण। दरअसल जहाँ वे काव्य-क्रिया का विश्लेषण करते हैं, उसकी पृष्ठभूमि में भी उनकी अपनी कवि-सम्बन्धी परिकल्पना ही कार्यरत दिखाई पड़ती है। यह महत्त्वपूर्ण है कि मुक्तिबोध ने कवि-सम्बन्धी परिकल्पना के द्वारा ही काव्य-सम्बन्धी परिकल्पना को भी परिभाषित किया है। यह आकस्मिक नहीं है कि डायरी के संलाप में भाग लेनेवाला चाहे वह वीरकर हो या कोई और, है वह प्रायः निम्न-मध्यवर्ग का कोई कवि-यशःप्रार्थी नवयुवक ही। प्रसंगवश यहाँ यह भी उल्लेखनीय है कि 'एक साहित्यिक की डायरी' मूलतः हरिशंकर परसाई की 'वसुधा' जैसी निम्न-मध्यवर्गीय लघु पत्रिका में शुरू हुई थी और 'वसुधा' के बन्द होने पर फिर काफी दिनों बाद ऐसी ही पत्रिका 'नवलेखन' में निकली और एकाध शायद 'कृति' में भी।

मुक्तिबोध की "आँखों के सामने कई ऐसे साहित्यिकों के दृश्य खिले जो स्वयं बहुत गरीब घराने में पैदा हुए थे, किन्तु अब वे अपनी जन्म-धात्री धरती से पराए होकर न उपरली श्रेणी की उपलब्धियों के वास्तविक निष्कर्षों में रम सके, न अपने बन्धु-बान्धवों

की पीड़ा-भरी विवेक-दृष्टि ही अपना सके।'' इसलिए उन्होंने नए लेखकों को उनकी अपनी वास्तविक स्थिति के प्रति सचेत करना आवश्यक समझा। डायरी निश्चित रूप से नए लेखकों को वर्ग-चेतन बनाती है—कभी-कभी तो बड़े ही धक्केमार ढंग से। उन्होंने चुनौती के-से स्वर में कहा है कि ''हम नहीं कह सकते कि हमारे द्वारा निर्मित साहित्य, समाज तो जाने दीजिए, हमारे व्यक्तित्व का भी सच्चा प्रतिनिधित्व करता है या नहीं। यदि केवल साहित्य से, कोई हमारे व्यक्तित्व का अनुमान करने बैठे तो वह धोखा खा जाएगा। हमने संस्कारवश या प्रवृत्तिवश, एक खास ढंग का 'कंडीशंड साहित्यिक रिफ्लेक्स', साहित्यिक भाव तथा उसकी अभिव्यक्ति की यान्त्रिक उत्तेजना बना रखी है। यह कहाँ तक उचित है ?'' जिन लोगों का दावा है कि नई कविता ने 'नए मानव की प्रतिष्ठा' की है और जिनका खयाल है कि नए कवि एक अरसे से 'व्यक्तित्व की खोज' में संलग्न हैं, उन्हें इस चुनौती के सामने आकर ईमानदारी से बतलाना चाहिए कि वह 'मानव' कहाँ है तथा उस व्यक्तित्व का रूप क्या है ?

इसी सिलसिले में मुक्तिबोध के इस पर्यवेक्षण से भी इनकार करना मुश्किल होगा कि ''हमारे बहुत से कवि और कथाकार, मारे डर के, उस वास्तव को नहीं लिखते हैं जिसे ये भोग रहे हैं, क्योंकि ये उस वास्तव से उड़ जाना और उड़ते रहना चाहते हैं। अनुभूत वास्तव का आज जितना अनादर है उतना पहले कभी नहीं था।''

इस प्रकार निम्न-मध्यवर्गीय हीनता-भाव को निर्ममता के साथ उद्घाटित करके मुक्तिबोध ने साहित्य को सचाई की प्राण-शक्ति और वास्तविकता का दृढ़ आधार प्रदान किया। इस प्रवृत्ति के चलते, यही नहीं कि कविता गौण और सिकुड़ी हुई सी साहित्यिक विधा बन चली थी, बल्कि अनजाने ही झूठ का विराट नकली साहित्य खड़ा होने लगा था। निष्प्राण सौन्दर्यवादी रचनाओं के स्थान पर 'डबरे में सूरज' का आदर्श मुक्तिबोध की महत्त्वपूर्ण देन है और निश्चय ही यह बोलता हुआ बिम्ब 'डायरी' का अनमोल चिन्तामणि है।

मुक्तिबोध ने एक सही बात सही वक्त पर कही। और जैसा कि राल्फ़ फ़ाक्स ने एक जगह कहा है : ''अच्छा गद्य लिखने की कला चीजों को उनके सही नाम से पुकारने की विलुप्त कला है, एक शक्ति है जिसने कठघरे में खड़े दिमित्रोव की वाणी को इतना बलशाली बना दिया था।'' वह दिमित्रोव जिसने फ़ासिस्ट जज के मुँह पर कहा था कि ''मैं मानता हूँ कि मेरा स्वर कड़ा है और पैना है। मेरे जीवन का संघर्ष भी कड़ा और पैना रहा है। मेरा स्वर निर्द्वन्द्व और उन्मुक्त है। मैं चीजों को उनके सही नाम से पुकारता हूँ।'' 'एक साहित्यिक की डायरी' के गद्य में चीजों को सही नाम से पुकारने का नैतिक साहस है। इसलिए उसमें एक तेज है—ऐसा तेज जो समकालीन लेखन में लगभग दुर्लभ है।

इसी साहस के बल पर मुक्तिबोध ने आगे बढ़कर 'आधुनिक भावबोध' के नाम से प्रचलित कुछ विशेष प्रकार के भाव-समुदाय, कुछ विशेष प्रकार की सौन्दर्य-परिकल्पनाओं, एक खास काट और एक खास किस्म की अभिरुचि को ही सर्वस्व मानकर चलनेवाले

साहित्य की सीमाएँ स्पष्ट कीं और साथ ही उसका वर्ग-आधार भी खोल दिया। इस दृष्टि से 'एक साहित्यिक की डायरी' हिन्दी में 'आधुनिक भावबोध' के अधूरे मानचित्र को पूरा करने की दिशा में महत्त्वपूर्ण प्रयास है। जिस समय केवल 'भावबोध' का ही मन्त्र-जाप चल रहा है, मुक्तिबोध का यह संशोधन ध्यान देने योग्य है कि "क्या आधुनिक भावबोध ही काफी है ? सामन्ती विचारधारा का स्थान लेने के लिए क्या हम उस भावबोध को मूल्य-बोध तक बढ़ाकर उसे एक दर्शन का रूप नहीं दे सकते—ऐसा दर्शन जो नई सामाजिक परम्परा बनकर व्यक्ति और समाज के जीवन के सभी पक्षों को अनुशासित कर सके ? यदि ऐसा न हुआ तो 'नया' बिल्कुल प्रवृत्तिमूलक होगा और लोग नई परम्परा के अभाव में अनेक अन्तःप्रवृत्तियों के दास हो जाएँगे, यही नहीं, बल्कि खंडनकर्ता खंडित हो जाएगा। मूर्ति-भंजकों की स्वमूर्ति का सिर काट लिया जाएगा और उसकी छाती फोड़ दी जाएगी।"

इस प्रसंग में मुक्तिबोध का खयाल है कि अभी तक नए और पुराने के संघर्ष में प्रायः अवसरवादी रुख अपनाया गया है। यहाँ तक कि जीवन से साहित्य को अलग करके एकदेशीय ढंग से नए मूल्यों की प्रतिष्ठा के असफल प्रयत्न हुए हैं। "वस्तुतः इन्हें विकसित करने के लिए केवल साहस ही नहीं स्पष्ट दृष्टि, स्पष्ट लक्ष्य और स्पष्ट विचारधारा के लिए कोशिश आवश्यक है।" क्योंकि "आत्म-साक्षात्कार बहुत आसान है, स्वयं चरित्र-साक्षात्कार अत्यन्त कठिन है।"

चूँकि कुछ लोगों ने मुक्तिबोध के आत्मसंघर्ष को इस प्रकार उछाला है कि उनकी अपनी आस्था पर परदा पड़ जाए, इसलिए उल्लेखनीय है कि उनके अनुसार : "उत्तर के सिंहासन पर शंका को बैठाने का मतलब है अपनी समस्या में प्रश्न ही का आदर्शीकरण करना, समस्या में फँसे रहने का उदात्तीकरण," और यह अनुचित है। उन्होंने स्पष्ट लिखा है कि "मैं अपनी अनास्था से शुरू होकर आस्था में आ जाता हूँ जबकि वे आस्था से शुरू होकर अनजाने ही या जानते में भी मात्र शुद्ध अनास्था में विलीन होने लगते हैं।" क्या यह सच नहीं है कि "आजकल रंगमंच पर अनास्था नाटक करती है और आस्था नेपथ्य में बैठकर सूत्र-संचालन करती है ?"

इसी तरह कुछ लोगों को भ्रम है अथवा वे जानबूझकर यह भ्रम फैलाना चाहते हैं कि 'एक साहित्यिक की डायरी' वस्तुतः रचना-प्रक्रिया की पाठ्य-पुस्तक है। निस्सन्देह इधर कुछ दिनों से हिन्दी में रचना-प्रक्रिया का बड़ा शोर है और हर रचनाकार नामधारी व्यक्ति अपनी रचना-प्रक्रिया समझाने में हलकान हो रहा है—भय है, कहीं सारा लेखन रचना-प्रक्रिया ही न प्रतीत होने लगे। परन्तु तथ्य यह है कि अज्ञेय, मुक्तिबोध, रघुवीर सहाय-जैसे कुछ थोड़े से ही रचनाकार हैं जो सचमुच रचना-प्रक्रिया की वास्तविक अर्थवत्ता से परिचित हैं, क्योंकि इन्हें ही रचना-प्रक्रिया में निहित जोखिम का अनुभव भी है। इसलिए यहाँ यह संकेत कर देना आवश्यक है कि 'एक साहित्यिक की डायरी' एक व्यापक अर्थ में रचना-प्रक्रिया का ग्राफ-चित्र भले ही हो, वस्तुतः वह उत्तरशती की जटिल जीवन-प्रक्रिया का जीवन्त दस्तावेज है। फंकत एक सौ सोलह पृष्ठों की

छोटी सी गद्यकृति किन्तु जितने गहरे अर्थों में वह इस दशक के 'प्रामाणिक' भारतीय मानव को प्रक्षेपित करती है, कुछ ही कृतियाँ कर सकी होंगी। और इधर जिस तरह कविता, कहानी, उपन्यास, नाटक, निबन्ध आदि विधाएँ अपने रूपगत रूढ़ ढाँचे का विवश निर्वाह करने की क्रिया में व्यापक जीवन से हटती जा रही हैं, ऐसी ही गद्यकृतियाँ उत्पन्न होंगी जिन्हें किसी पूर्वप्रचलित विधा के अन्तर्गत रखना मुश्किल होगा। वैसे विधा की चिन्ता साहित्यशास्त्री करें और उन्हें रोक भी कौन सकता है, लेकिन जिनकी दिलचस्पी आज के परिवेश के बीच अपने को समझने में है, उनके लिए मुक्तिबोध की 'एक साहित्यिक की डायरी' निश्चय ही एक सार्थक वैचारिक मानचित्र का काम देगी, क्योंकि यह शुद्ध 'साहित्यिक' डायरी नहीं, बल्कि डायरी है एक 'साहित्यिक की'—सम्पूर्ण साहित्यिक की।

मुक्तिबोध ने कुछ यों ही नहीं कहा है कि "जो व्यक्ति साहित्यिक दुनिया से जितना दूर रहेगा, उसमें अच्छा साहित्यिक बनने की सम्भावना उतनी ही ज़्यादा बढ़ जाएगी। साहित्य के लिए साहित्य से निर्वासन आवश्यक है।" स्पष्ट ही साहित्यिक दुनिया से दूर रहने का अर्थ दुनिया के निकट रहना है और ऐसी बात वही आदमी कह सकता है जो कि सचमुच साहित्य के दमघोंट, तंग और दूषित दायरे से स्वयं बाहर रहता आया हो और जो कि, हम सभी जानते हैं, मुक्तिबोध स्वयं थे। साहित्य से निर्वासन लेकिन साहित्य के लिए—साहित्य को जीवन्त रखने के लिए, उसे जीवन के ताज़ा अनुभवों से निरन्तर समृद्ध करने के लिए और दूर से एक व्यापक तथा सही परिदृश्य में समकालीन साहित्य को देख पाने के लिए। इसी परिदृश्य-बोध के कारण मुक्तिबोध आज की साहित्यिक स्थिति के बारे में ऐसी बहुत सी बेलाग बातें कह सके जिन्हें भीतर-ही-भीतर अनुभव तो हममें शायद हर-एक करता है, किन्तु कहने में पहल कर सके तो मुक्तिबोध ही। इस दृष्टि से एक 'बाहरी' आदमी के रूप में, आज की कहानी के सम्बन्ध में उनके विचार बेहद ताजा हैं।

आज के इतिहास के अभूतपूर्व दबाव का एहसास उनमें इतना गहरा था कि उन्हें अन्ततः साहित्य की सीमा का भी बोध हो गया था। इसीलिए स्वयं एक साहित्यकार होते हुए भी मुक्तिबोध यह कहने का साहस कर सके कि "साहित्य पर आवश्यकता से अधिक भरोसा करना मूर्खता है।" क्योंकि "साहित्य मनुष्य के आंशिक साक्षात्कारों की बिम्ब-मालिका भर तैयार करता है।" इस कथन से, सम्भव है, हमारे साहित्यिक अहं को कुछ चोट लगे, किन्तु वस्तुस्थिति से इनकार करना कठिन है; और यह भी एक विडम्बना ही है कि साहित्य के अवमूल्यन का आभास देते हुए भी लगे हाथों मुक्तिबोध साहित्य की एक वैज्ञानिक परिभाषा भी दे गए। डायरी में यत्र-तत्र इसी प्रकार के अनेक विचार-स्फुलिंग बिखरे हुए हैं—कुछ केवल प्रश्न के रूप में तो कुछ 'साधारण प्रतिज्ञा' के रूप में ही, जिन पर अलग से विस्तृत चर्चा चलाकर हम अपनी साहित्य-समीक्षा को समृद्ध कर सकते हैं; किन्तु एक बात बराबर याद रखनी होगी कि प्रत्येक विचार-विनिमय आत्म-साक्षात्कार के साथ ही आत्म-चरित्र का भी साक्षात्कार होगा और वह भी अन्ततः

मानव-साक्षात्कार की परिणति के साथ।

साहित्य की व्याख्या करनेवाली पुस्तकें तो बहुत हैं, किन्तु साहित्य की धारा को बदलनेवाली विचारोत्तेजक पुस्तकें एकाधिक दशक बाद आती हैं और मुझे लगता है कि मुक्तिबोध की यह 'डायरी' एक ऐसी ही क्रान्तिकारी कृति है—विशेषतः नवलेखन के लिए।

[1964]

प्रगतिशील साहित्य धारा में अन्ध लोकवादी रुझान

मुद्दत बाद बाँदा में हिन्दी के प्रगतिशील लेखकों का एक सम्मेलन हुआ तो श्री मुरली मनोहर प्रसाद सिंह को मार्क्स की ऐतिहासिक कृति 'लुई बोनापार्त की अठारहवीं ब्रूमेर' की याद हो आई और उन्हें लगा कि कुछ प्रतिक्रान्तिकारी अतीत का प्रेत जगा रहे हैं। किन्तु इस 'प्रतिक्रान्तिकारी' घटना के कुछ ही महीनों बाद अज्ञेय ने वर्षों से बन्द 'प्रतीक' को 'नया प्रतीक' नाम से फिर निकालना शुरू किया तो उन्हें इसमें कोई प्रेत जागता न दिखा। विडम्बना तो यह है कि वे स्वयं भी अपने हिसाब से प्रगतिशील आन्दोलन के इस तीसरे दौर में सन् '46 से '51 के बीच के दौर की कृषिक्रान्ति एवं उसकी परिपूरक शक्तियों के रूप में उभर रहे जनवादी संघर्षोंवाली साहित्यिक प्रवृत्ति के पुनरुद्धार का नारा दे रहे हैं और उन्हें अतीत के प्रेतों को बुलावा देने का गुमान भी नहीं है। स्वचेतना के इस लोप के कारण से मुरली बाबू अनजान नहीं हैं, वरना वे यह न लिखते कि "ऐसे साथी जनता के क्रान्तिकारी व्यवहारों की एक अस्पष्ट-सी आत्मगत तस्वीर बना लेते हैं और इसी आधार पर अपने वर्ग-संस्कारों की सीमाओं में कुछ करने की बेचैनी का अनुभव करते हैं।" कहना न होगा कि यह आत्मगत तस्वीर "सन् '67 के बाद कृषिक्रान्ति की परिपक्व होती हुई शक्तियों और विशाल जनवादी संग्राम" की है जिसकी चकाचौंध ने उन्हें 'लुई बोनापार्त की अठारहवीं ब्रूमेर' के प्रथम पृष्ठ से आगे देखने ही नहीं दिया, वरना उस ऐतिहासिक आईने में उन्हें आज के भारत की राजनीति का दुःस्वप्न-भरा पूर्वाभास भी जरूर दिखाई पड़ता जो प्रगतिशील लेखकों के इस सम्मेलन का जीता-जागता भयावना सन्दर्भ है।

फ्रांस में 1848 की क्रान्ति के सर्वहारा नेतृत्व का निर्मम दमन करने के बाद नेपोलियन तृतीय ने कुछ वर्षों तक गणतन्त्र का नाटक करके अन्ततः 1851 में जो तानाशाही कायम की, उसका विश्लेषण मार्क्स ने एक 'प्रहसन' के रूप में किया है। उल्लेखनीय है कि इस राजनीतिक घटना के आकलन के लिए मार्क्स को एक साहित्यिक अवधारणा ही सबसे उपयुक्त प्रतीत हुई। 1789 की महान् फ्रांसीसी क्रान्ति के बाद नेपोलियन का सत्ता-ग्रहण 'त्रासदी' लगी तो 1848 की क्रान्ति के बाद लुई बोनापार्त यानी नेपोलियन तृतीय का सत्ता-ग्रहण 'प्रहसन'। मार्क्स के अनुसार एक बार जब मेहनतकश वर्ग का आन्दोलन कुचल दिया गया तो समाज राजनीतिक दृष्टि से निर्जीव हो गया—उसके संघर्ष की कोई दिशा न रही और वह एक-से तनावों तथा शिथिलताओं

की अनवरत आवृत्ति से क्लान्त हो गया। सर्वहारा वर्ग क्रान्तिकारी रंगमंच की पृष्ठभूमि में खिसक गया। मजदूरों के अन्तर्धान होते ही मध्यवर्ग आपस में लड़ने लगा और एक के बाद एक हिस्सा ज़ोर-जबर्दस्ती, धमकी, संसदीय तिकड़म या राजनीतिक अनाड़ीपन के ज़रिए निहत्था होता गया। यह क्रम तब तक चलता रहा जब तक सभी वर्ग भूलुंठित होकर सर्वहारा की बगल में जा नहीं पड़े। वर्ग-संघर्ष का खात्मा होते ही इतिहास अपनी अन्तर्वस्तु खो बैठा। वह रंगमंच का अभिनय-मात्र होकर रह गया—ऐसा अभिनय जिसमें एक ओर अतीत-गौरव के नट भूमिका में उतर रहे थे तो दूसरी ओर निरर्थक हिंसा के विस्फोट हो रहे थे। संक्षेप में यह एक स्वाँग या प्रहसन था। फ्रांस को नेपोलियन तृतीय के रूप में बड़े नेपोलियन का व्यंग्यचित्र प्राप्त हुआ। समय के फेर से नायक विदूषक में बदल गया। क्रान्तिकारी बूर्ज्वा वर्ग के अभाव में नेपोलियन द्वारा निर्मित 'भ्रम की राजनीति' अब 'राजनीति का भ्रम' बन गई। वस्तुतः यह वह दौर था जब सर्वत्र सभी वर्गों के 'उच्छिष्ट' टुटपुँजिया वर्ग का बोलबाला था। स्वयं नेपोलियन तृतीय भी मार्क्स के शब्दों में 'शाही टुटपुँजिया सर्वहारा था।' ऊपर से नीचे तक सभी स्तरों के बोहेमियन अतिवादी आचरण की दिशा में समान रूप से प्रवृत्त थे। सर्वत्र गुंडागर्दी और भ्रष्टाचार का राज था और इन सभी समाज-विरोधी तत्त्वों का सरताज नेपोलियन तृतीय शासन और व्यवस्था के नाम पर राजनीति का भ्रम फैलाए हुए था। मार्क्स के शब्दों में, इतिहास एकबारगी 'घटना-शून्य' हो गया।

ज़ाहिर है कि यह 1851 का फ्रांस है, आज का भारत नहीं। किन्तु जिस संकट की ओर तेज़ी से अपना देश जा रहा है उसमें मार्क्स का यह कालजयी विश्लेषण खतरे की घंटा-ध्वनि की तरह गूँजता प्रतीत होता है। निःसन्देह यहाँ सादृश्य-दर्शन का दुर्निवार प्रलोभन भी है, जैसे तेलंगाना की किसान-क्रान्ति के दमन के बाद जवाहरलाल नेहरू और नक्सली क्रान्ति के दमन के बाद इन्दिरा गांधी, और इस प्रकार त्रासदी तथा प्रहसन के रूप में इतिहास की पुनरावृत्ति ! कहना न होगा कि हर सादृश्य के समान यह सादृश्य भी भ्रामक है क्योंकि सादृश्य अन्ततः सादृश्य ही है, जिसे एक सीमा के बाद खींचना रोचक चाहे जितना हो, वैज्ञानिक कतई नहीं है। फिर भी इस नाटक का परिवेश बहुत कुछ वैसा ही है, घटनाएँ और व्यक्ति चाहे जितने भिन्न हों। इस भारतीय प्रहसन की अठारहवीं 'ब्रूमेर' लिखनेवाला कोई मार्क्स आज हमारे बीच भले न हो, नागार्जुन जैसे कवि की इधर की कविताएँ एहसास करा रही हैं कि अब भी 'गर्जित-प्रलयाब्धि-क्षुब्ध हनुमत केवल प्रबोध !'

निस्सन्देह इस संकट को खुली आँखों देखने और महसूस करनेवाले जागरूक लेखक आज हिन्दी में काफी हैं। सच तो यह है कि इधर तीन-चार वर्षों के अन्दर हिन्दी-लेखकों में एक स्पष्ट वामपन्थी रुझान उभरा है—विशेषतः युवा लेखकों में। पिछले दिनों जो लेखक हर्बर्ट मार्कूस प्रभृति पश्चिमी विचारकों के प्रभाव में आकर 'नव वाम' के फैशन के अधीन हवाई ढंग के 'व्यवस्था-विरोध' का प्रदर्शन कर रहे थे वे अपनी ठोस वास्तविकता की राजनीतिक अन्तर्वस्तु को पहचानने लगे हैं। इस रुझान के बारे में जैसा

कि एक युवा-लेखक ने लिखा है : "लेखकों ने आत्मपरक सीमित संसार को ही देखनेवाली संकुचित दृष्टि त्यागकर व्यापक सामाजिक दृष्टि से अपने यथार्थ को देखना और समझना शुरू कर दिया है। साहित्य को सामाजिक परिवर्तन के लिए लड़ी जानेवाली लड़ाई से जोड़कर देखा जाने लगा है और साहित्यकार अब समाज से कटा, स्वकेन्द्रित, अहंवादी और कुंठित प्राणी न रहकर एक संघर्षशील सामाजिक मनुष्य की भूमिका अपना रहा है।" इस जागरूकता का संकेत 'आमुख', 'अर्थात्', 'उत्तरार्ध', 'ओर', 'कथा', 'क्यों', 'पहल', 'परिवेश', 'बातचीत', 'भंगिमा', 'वाम', 'सामयिक'-जैसी एक दर्जन लघु पत्रिकाओं से मिलता है, जो अपने तेवर में पिछले दशक की लघु पत्रिकाओं की अराजकतापूर्ण बाढ़ से नितान्त भिन्न हैं। इन पत्रिकाओं से सम्बद्ध लगभग तीस-चालीस ऐसे युवा लेखक हैं जो कम-से-कम अपने विचारों में सामाजिक ज़िम्मेदारी का आभास देते हैं। इधर के लेखक-सम्मेलनों और साहित्यिक गोष्ठियों में वैचारिक हस्तक्षेप और पहल करके इन लेखकों ने संगठन की भी आकांक्षा व्यक्त की है। बाँदा का प्रगतिशील लेखक सम्मेलन (1973) इसी आकांक्षा का सूचक है।

फिर भी यह कटु सत्य है कि अभी तक वामपन्थी लेखकों का कोई व्यापक संगठन नहीं बन सका; यही नहीं बल्कि संगठित होने की प्रक्रिया में विघटन की प्रवृत्तियाँ ज़्यादा तेज़ हो रही हैं। निस्सन्देह इस प्रक्रिया में टुटपुँजिया मध्यवर्गीय व्यक्तिवादी संस्कारों का बहुत बड़ा योग है, जिसके व्यक्त रूपों का विश्लेषण आवश्यक है।

बाँदा सम्मेलन के दौरान सर्वसम्मत वक्तव्य की तैयारी से लेकर बाद में उक्त वक्तव्य की व्याख्याओं की खींचतान तक जो स्थिति रही, उससे एक बात स्पष्ट है कि आज की राजनीतिक स्थिति का मूल्यांकन ही वह असली मुद्दा है जिस पर ये लेखक एकमत नहीं हैं। स्पष्टतः भारत में इस समय तीन या कि चार कम्युनिस्ट पार्टियाँ हैं और इनके अलावा भी अपने-आपको मार्क्सवादी कहनेवाले कुछ समुदाय तथा व्यक्ति हैं, जिनमें से हर-एक के साथ कुछ-न-कुछ लेखक या तो सम्बद्ध हैं या सहानुभूति रखते हैं। इसलिए अपनी-अपनी पार्टियों तथा समुदायों की राजनीतिक 'लाइन' के अनुसार लेखकों की राजनीतिक दृष्टि में भिन्नता स्वाभाविक है। जब तक राजनीतिक पार्टियों और समुदायों के बीच का अन्तर नहीं मिटता अथवा उनके बीच किसी न्यूनतम कार्यक्रम पर व्यवहार में संयुक्त मोर्चा नहीं बनता, तब तक इन लेखकों के बीच राजनीतिक एकता कायम होना कठिन है। इस सवाल पर लेखकों से दलगत निष्ठा, प्रतिबद्धता या राजनीति से ऊपर उठने की बात कहना ज़्यादती है। लेकिन एक निष्ठावान लेखक से उसकी राजनीति की साहित्यिक अन्तर्वस्तु की माँग तो की ही जा सकती है क्योंकि एक लेखक के नाते उसका अपना कर्म-क्षेत्र तो साहित्य ही है। विचित्र विडम्बना है कि अधिकांश लेखक अपनी राजनीति के अभीष्ट साहित्यिक रूपान्तर में या तो असमर्थ हैं या फिर अनजान हैं। दरअसल इस समस्या के समाधान की उम्मीद अनेक निष्ठावान लेखकों को अपनी पार्टी के राजनीतिक नेताओं से ही है। इस सन्दर्भ में कुछ राजनीतिक नेताओं के सद्यःप्रकाशित इंटरव्यू तथा लेख काफ़ी रोचक हैं। किसी समानधर्मा राजनीतिकर्मी

तथा बुद्धिजीवी के अनुभव-ज्ञान से लाभ उठाना एक बात है, किन्तु साहित्य के जिस क्षेत्र से उसका अन्तरंग परिचय नहीं उसके बारे में उससे समाधान की उम्मीद करना उसके साथ सरासर ज्यादती है। इससे किसी लेखक की निष्ठा और पार्टी-भक्ति भले ही प्रमाणित हो, उसकी अपनी सृजनशीलता और साहित्यधर्मिता सन्दिग्ध हो जाती है। प्रायः राजनीति के पराश्रयी और राजनीतिक नेताओं के पिछलग्गू लेखक ही इस दिशा में प्रवृत्त होते हैं। कोई स्वाभिमानी और सुबुद्ध साहित्यकार यह पराश्रयी वृत्ति स्वीकार नहीं कर सकता। प्रेमचन्द ने इसी स्वाभिमान को व्यक्त करते हुए प्र.ले. संघ के अपने अध्यक्षीय भाषण में कहा था कि साहित्य राजनीति के पीछे चलनेवाली सचाई नहीं, बल्कि उसके आगे मशाल दिखाती हुई चलनेवाली सचाई है। निष्ठावान पराश्रयी लेखक वस्तुतः अपनी राजनीतिक पार्टी को भी क्षति पहुँचाते हैं, और साहित्य को भी। ऐसे ही अधकचरे और पराश्रयी लेखक "राजनीतिक पार्टियों के अन्तरंग मतभेद को प्रगतिशील साहित्य के आन्दोलन में निबटाना चाहते हैं।" प्रगतिशील लेखक संघ को तोड़ने का श्रेय ऐसे ही लेखकों को है और आज प्रगतिशील साहित्य के नए उभार के समय भी सबसे बड़ी बाधा ऐसे ही लेखक हैं।

साहित्य को राजनीतिक चेतना से सम्पन्न बनाने का अर्थ साहित्य-सृजन और चिन्तन में राजनीतिक संघर्ष की रणनीति और कार्यनीति का अमल नहीं है। साहित्य के क्षेत्र में राजनीति के ऐसे ही अनाड़ी अनुवादक अनेक संवेदनशील सर्जक साहित्यकारों को राजनीति मात्र से दूर धकेलकर अराजनीतिक बना देते हैं। राजनीतिक क्षेत्र के असफल नेता तो साहित्य में घुसकर प्रायः इस प्रकार की धाँधली फैलाते ही हैं, राजनीति के सम्पर्क में आनेवाले नए-नए रंगरूट लेखक भी प्रायः अतिरिक्त उत्साहवश साहित्य पर राजनीतिक बलात्कार कर बैठते हैं। इस प्रकार साहित्यगत राजनीतिक रणनीति अक्सर राजनीतिक अकर्मण्यता की क्षतिपूर्ति होती है। कहना न होगा कि यह टुटपुँजिया मध्यवर्गीय मनोवृत्ति का ही एक रूप है।

साहित्य में इस प्रकार के राजनीतिक हस्तक्षेप की आलोचना करते हुए अन्तोनियो ग्राम्शी ने लिखा है : "राजनीतिज्ञ कला में अपने समय की एक निश्चित सांस्कृतिक दुनिया के निर्माण के लिए दबाव डालते हैं। यह कलात्मक आलोचना नहीं, बल्कि एक राजनीतिक कार्य है। जिस सांस्कृतिक दुनिया के लिए हम संघर्ष कर रहे हैं, वह यदि जीवन्त और बाध्य करनेवाली वास्तविकता होगी तो उसका कलात्मक प्रतिफलन दुर्निवार होगा; वह अपने कलाकार स्वयं ही ढूँढ़ लेगी। किन्तु यदि राजनीतिक दबाव के बावजूद वह अपने कलाकार नहीं ढूँढ़ पाती तो इसका साफ मतलब है कि हम एक कल्पित और कागज़ी सांस्कृतिक दुनिया के लिए आग्रह कर रहे हैं।" साहित्य के प्रति एक ज़िम्मेदार मार्क्सवादी राजनीतिकर्मी का रुख ऐसा ही रचनात्मक होता है, क्योंकि सच्चा राजनीतिकर्मी अपने ही समान साहित्यकर्मी की भी अपनी सर्जनात्मक समस्याओं को समझने में समर्थ होता है। इसी क्रम में ग्राम्शी ने यह भी कहा है : "कलाकार के सम्मुख एक परिदृश्य अवश्य होना चाहिए, किन्तु राजनीतिज्ञ की अपेक्षा उसका परिदृश्य

अनिवार्यतः कम नपा-तुला और कम निर्दिष्ट होता है और इस तरह वह कम 'कट्टर' होता है। कलाकार अनिवार्यतः एक विशेष क्षण में 'जो है उसका' प्रतिफलन यथार्थता के साथ करता है, इसलिए उसकी कृति वैयक्तिक और असहमतिपरक होती है।" अलग-अलग पार्टियों की राजनीतिक 'लाइनों' के बारीक अन्तर के आधार पर साहित्य में बहस चलानेवाले मार्क्सवादी लेखकों का वितंडा क्या इस कथन के आगे निस्सार नहीं हो जाता ?

वस्तुतः साहित्य में राजनीतिक मतभेदों को अनावश्यक तूल देनेवाले वामपन्थी लेखक यह मोटी सी बात भूल जाते हैं कि मार्क्सवाद केवल एक राजनीतिक सिद्धान्त नहीं, बल्कि एक विश्वदृष्टि है—राजनीति जिसका एक पक्ष है, निस्सन्देह अत्यन्त महत्त्वपूर्ण पक्ष ! यह विश्वदृष्टि लेखक को अपने समय की वास्तविकता को उसकी समग्र जटिलता के साथ समझने में सहायक होती है।

इसलिए लेखकों के बीच कायदे से विश्वदृष्टि पर बहस होनी चाहिए, राजनीतिक लाइन पर नहीं। विश्वदृष्टि एक वामपन्थी लेखक के लिए भी ज़्यादा बुनियादी है। किन्तु विश्वदृष्टि सम्बन्धी बहस का भी चरम लक्ष्य वास्तविकता का चित्रण या उद्घाटन है, क्योंकि यह वास्तविकता ही किसी रचना को विश्वसनीय बनाती है। लेखक के लिए चुनौती का असली मैदान यही है। वास्तविकता के विषय में अभूतपूर्व अन्तर्दृष्टि देकर ही अनेक मनोगत विश्वदृष्टिवाले लेखक भी हमें अभिभूत कर लेते हैं और अपनी रचना पढ़ने के लिए बाध्य करते हैं। इसलिए वामपन्थी लेख का भी प्रयास यही होना चाहिए कि उसके दुश्मन और विरोधी भी वास्तविकता में अन्तर्दृष्टि प्राप्त करने के लिए उसकी रचना पढ़ने को विवश हों। यह तभी सम्भव है जब रचना इतनी वास्तविक और कलात्मक हो कि पढ़नेवाला यह कहने के लिए बाध्य हो कि उसकी विचारधारा तो नापसन्द है पर कमबख्त लिखता खूब है। वामपन्थी लेखक के आतंकवादी तेवर से यह विश्वसनीयता सम्भव नहीं है। निश्चय ही इसके लिए अपनी पार्टी की राजनीतिक 'लाइन' के निष्ठापूर्ण पारायण और अनुवाद की अपेक्षा अपने आसपास की ज़िन्दगी और वास्तविकता के प्रति 'आलोचनात्मक स्वचेतना' को जागृत और विकसित करना कहीं अधिक आवश्यक है। ऐसा प्रतीत होता है कि इस विषय में अपनी कमज़ोरी को छिपाने के लिए ही ज़्यादातर युवा वामपन्थी लेखक सारी बहस को राजनीतिक मुद्दों की ओर ले जाते हैं और उन्हें हर जगह एक 'साजिश' नज़र आती है। इस वहम की आड़ में वे अपनी सारी कमज़ोरियाँ छिपा लेने की कोशिश करते हैं। इतिहास की यह 'षड्यन्त्रवादी व्याख्या' निश्चित रूप से मार्क्सवाद नहीं है, सी.आई.ए. का दर्शन हो तो हो ! वामपन्थी लेखक इस 'साजिश' के भूत से जितनी जल्दी मुक्त हों उतना ही अच्छा ! यह अकर्मण्यता का दर्शन है।

राजनीतिक परिवर्तन को लक्ष्य में रखते हुए भी लेखक एक लेखक के नाते अपनी रचनाओं के द्वारा सांस्कृतिक परिवर्तन की दिशा में सक्रिय होता है, क्योंकि सांस्कृतिक परिवर्तन के बिना राजनीतिक परिवर्तन कठिन है। आज इस मोटी सी बात को भी

दुहराना इसलिए आवश्यक है कि व्यवस्था के विरुद्ध क्रोध में स्वगत-भाषण करनेवाले अनेक युवा लेखकों की दृष्टि में राजसत्ता केवल दमन का अस्त्र है। उनकी दृष्टि में वही लेखक क्रान्तिकारी है जो पुलिस-जुल्म, गोलीकांड वगैरह के खिलाफ आवाज़ बुलन्द करता है। शासक वर्गों की यह व्यवस्था उसके द्वारा आम जनता में फैलाए हुए वैचारिक भ्रमों के सहारे पर कहीं ज़्यादा निर्भर है, इस तथ्य को ये विद्रोही लेखक या तो नज़रअन्दाज़ करते हैं या उसे कम करके आँकते हैं। इसलिए व्यवस्था के इस सामाजिक-सांस्कृतिक पक्ष पर प्रहार करनेवाली गहरी रचनाएँ अपनी आपाततः अराजनीतिक भंगिमा के कारण प्रायः उपेक्षित रह जाती हैं। स्पष्टतः व्यवस्था-विरोध की यह उथली और सतही समझ वामपन्थी लेखन को बेअसर, क्षणजीवी और सतही बनाती है। इस राजनीतिक लेखन की कमजोरी यह नहीं है कि यह राजनीतिक है, बल्कि यह कि उसकी राजनीति स्थूल है।

इस स्थूल राजनीतिक समझ के अनेक दिलचस्प उदाहरण मिलते हैं। मसलन ऐसे लेखकों की रचनाओं को प्रतिक्रियावादी कहकर तिरस्कृत करना जो किसी सरकारी या गैर-सरकारी संस्थान से मोटी तनख्वाह पाते हैं अथवा किसी ऐसे ही संस्थान से पुरस्कृत या सम्मानित हैं। धारणा यह है कि ये बिके हुए लोग स्वभावतः व्यवस्था के पक्षधर होंगे और उनकी इस स्थिति से उनकी रचनाएँ भी अनिवार्यतः प्रभावित होंगी। इनके विपरीत स्वभावतः वे लेखक क्रान्तिकारी समझे जाते हैं जो बेकार, फटेहाल तथा मसिजीवी हैं क्योंकि उनकी विपन्न सामाजिक स्थिति उनके लेखन को स्वतः क्रान्तिकारी बना देती है। मार्क्स की रचनाओं से अवगत लोगों को यह बतलाने की ज़रूरत न होगी कि इस समझ के मूल में वस्तुतः टुटपुँजिया मध्यवर्गीय जलन है। वर्गीय पक्षधरता की यह बड़ी ही भोंड़ी अर्थवादी व्याख्या है। व्यवस्था निस्सन्देह लेखकों और बुद्धिजीवियों को धन और सम्मान से खरीदती है, लेकिन इसके बिना भी कुछ लोग व्यवस्था के पक्षधर होते हैं और कुछ इसके बावजूद व्यवस्था के विरोधी हो सकते हैं। वर्गीय प्रतिनिधित्व के इस पेचीदा प्रश्न पर 'लुई बोनापार्त की अठारहवीं ब्रूमेर' द्रष्टव्य है। प्रगतिशील लेखकों के संगठन में फूट का एक बड़ा कारण यह ग़लतफ़हमी है। टुटपुँजिया मध्यवर्गीय जलन अक्सर आपसी वैमनस्य को भड़काती रहती है जिसके कारण लेखकों के बीच न कोई संयुक्त मोर्चा बन पाता है और न संगठन ही चल पाता है।

इसी समझ का दूसरा पहलू है आम जनता तथा सर्वहारा को गौरवमंडित करने की भावुकता। यह वस्तुतः रोमांटिक और अन्ध-लोकवादी रुझान है। सर्वहारा जन्मना वर्गचेतन नहीं होता, वह वर्ग-चेतना अर्जित करता है—जन-संघर्षों और राजनीतिक शिक्षा के द्वारा। सर्वहारा के आचार-विचार और जीवन-पद्धति स्वभावतः निष्कलुष और अनुकरणीय नहीं होते। ताज़गी और जीवन्तता लोक-संस्कृति तथा लोक-साहित्य के प्राकृतिक गुण नहीं हैं—उन्हें साहित्यिक आदर्श के रूप में रखना मार्क्सवाद नहीं, बल्कि रोमांटिक भाववाद. है। जनता का प्रशस्ति-गान इसी रोमांटिक रुझान का अनर्गल उच्छ्वास है। कहने की आवश्यकता नहीं कि इन रचनाओं की जनता अक्सर अमूर्त और

वायवी होती है। गाँवों में पैदा होनेवाले वामपन्थी लेखक इस रूमानियत के शिकार इसलिए होते हैं कि शहर आ जाने पर छूटे हुए गाँव का 'नॉस्टेल्जिया' रह-रहकर दुख देता है। दूसरी ओर शहर के पैदायशी वामपन्थी लेखकों के लिए तो गाँव रूसो के शुद्ध निसर्ग हैं ही, किसान भी मूर्तिमान सादगी और सरलता है। कुल मिलाकर टुटपुँजिया मध्यवर्गीय लेखकों के मन का यह अपराध-बोध है जो उन्हें सर्वहारा के आदर्शीकरण की ओर प्रेरित करता है। व्यवहार में इस प्रवृत्ति की परिणति है अपने-आप को सच्चा वर्गचेतन मानने का मिथ्या अहंकार, जिसका सबसे आपत्तिजनक रूप है दूसरों को हीन दृष्टि से देखना ! जनता नाम के एक अमूर्त गुरु से शिक्षा प्राप्त करने का दम्भ करनेवाले लेखकों की विनम्रता वस्तुतः अन्ध-लोकवाद से ग्रस्त है। इस प्रकार यह अन्ध-लोकवादी रुझान आज के वामपन्थी लेखन का हानिकारक पक्ष है। जनता से अपने-आप को जोड़ने के नाम पर अन्ध-लोकवाद का उपयोग प्रायः वामपन्थी लेखकों के मनोबल को तोड़ने के लिए भी किया जाता है जिसके फलस्वरूप वे प्रायः अपराधबोध से ग्रस्त होकर आत्मभर्त्सना के शाश्वत शिकार हो जाते हैं।

अन्ध-लोकवाद का ही एक और रूप है, सुगम और लोकप्रिय साहित्य-रूप के लिए आग्रह। इस आग्रह का परिणाम है परम्परागत चिरपरिचित रूपों और भाषा की स्वीकृति। दुरूहता और जटिलता इस दृष्टि के लिए दुश्मन हैं और प्रयोग की दिशा में उठाया जानेवाला एक भी कदम सन्दिग्ध है। धारणा यह है कि जनता के लिए लिखे जानेवाले साहित्य को सुगम और सपाट ही होना चाहिए। स्पष्टतः यह जनता को नीची नज़र से देखने का फल है। जनता को मूर्ख समझनेवाले 'ज्ञानी' जनवादी ही इस तरह सोचते हैं। इन लोगों की नज़र में साहित्य का काम सिर्फ 'भावोत्तेजना है। ये लोग साहित्य को अपनी गूढ़ राजनीति का लोकप्रिय साधन समझते हैं। उनके खयाल से साहित्य वास्तविकता के किसी नए पहलू को उजागर करने के लिए नहीं होता। फलतः यह आग्रह ऊपर से नेक इरादेवाला दिखाई देते हुए भी व्यवहार में प्रायः ऐसे प्रचारात्मक साहित्य के निर्माण को बढ़ावा देता है जो रचना नहीं बल्कि अनुवाद होता है। वामपन्थी लेखन में यह आग्रह प्रायः सर्जनात्मक प्रतिभाओं को दूर धकेल देता है। कायदे से यह साहित्य राजनीतिक क्रान्ति के लिए भी विशेष उपयोगी नहीं होता; क्योंकि यह एक तरह का 'शॉर्टकट'—आसान रास्ता—है। इससे थोड़ी देर के लिए मजमा तो लगाया जा सकता है, किन्तु जनता को वर्गचेतना के फौलादी संकल्प में ढालना कठिन है।

अन्ततः वामपन्थी लेखन के मार्ग में सबसे बड़ी बाधा है नकारात्मक रुख की प्रधानता। व्यवस्था-विरोध पर विशेष बल देने के कारण यह लेखन वस्तुतः एक विरोधी लेखन होने की नियति को स्वीकार कर लेता है, जबकि उसका ऐतिहासिक दायित्व शासक वर्ग के साहित्य के विकल्प में एक उच्चतर साहित्य का प्रतिमान प्रस्तुत करना है। यदि सर्वहारा का अधिनायकवाद एक वर्ग के शासन के बाद दूसरे वर्ग का शासन-मात्र नहीं, बल्कि सम्पूर्ण मानवजाति की मुक्ति के लिए निर्मित एक उच्चतर समाज-व्यवस्था है तो स्पष्ट है कि उसका साहित्य भी साहित्य की अनेक प्रवृत्तियों में

से एक प्रवृत्ति-मात्र नहीं बल्कि समग्र साहित्य की परम्परा को विकास की अगली मंजिल की ओर ले जाने का व्यापक प्रयास है। ऐसा प्रतीत होता है कि आज के वामपन्थी लेखक अपने साहित्य-कर्म के व्यापक ऐतिहासिक दायित्व से बहुत कुछ बेखबर हैं। अधिक-से-अधिक प्रतिपक्ष का साहित्य-सृजन ही उनका लक्ष्य प्रतीत होता है। इसीलिए प्रगतिशील आन्दोलन की पिछली परम्परा में उन्हें जहाँ संशोधनवादी-उदारवादी भटकाव दिखाई पड़ता है, वहाँ प्रगतिशील साहित्य के उदय का वह ऐतिहासिक रूप दृष्टिगत नहीं होता जिसके कारण वह छायावाद युग के बाद का युगव्यापी साहित्यिक उत्थान समझा गया। यदि आज के वामपन्थी लेखकों के सम्मुख साहित्य का यह व्यापक ऐतिहासिक लक्ष्य नहीं है तो वे एक संकीर्ण दायरे में सिमटकर रह जाएँगे और यह संकीर्णता साहित्य-सृजन को तो सीमित करेगी ही, साहित्यिक संगठन को भी एक विघटनशील गुट या गिरोह बनाकर छोड़ देगी। प्रगतिशील साहित्य आन्दोलन के पूर्ववर्ती दौर की आलोचना करते समय यह न भूलना चाहिए कि उस आन्दोलन ने स्वयं जनता के बीच से अनेक जन-साहित्यकार पैदा किए थे। ग्राम्शी जिस 'आर्गेनिक बौद्धिक' के निर्माण पर बल दिया करते थे, उस दिशा में यदि हमारे यहाँ कभी कोई प्रगति हुई तो प्रगतिशील आन्दोलन के उदयकालीन दिनों में। कहने की आवश्यकता नहीं कि आज का वामपन्थी आन्दोलन जनता के बीच से उभरनेवाले उसके अपने लेखकों के निर्माण के बिना न तो सार्थक साहित्य-सृजन कर सकता है और न कोई प्रभावशाली लेखक संगठन या मोर्चा ही बना सकता है। ऐसे जन-लेखकों का निर्माण, निश्चय ही, जन-संघर्षों और आत्म-शिक्षा की दीर्घ प्रक्रिया है, किन्तु राजनीतिक लाइनों पर की जानेवाली दिमागी कसरत से कहीं अधिक सर्जनात्मक है। क्या आज के अग्निवर्षी लेखक इस कठोर अग्निदीक्षा के लिए तैयार हैं?

[1974]

मार्क्सवादी सौन्दर्यशास्त्र के विकास की दिशा

मार्क्सवादी सौन्दर्यशास्त्र पर डॉ. रमेश कुन्तल मेघ का पांडित्यपूर्ण लेख सुनने के बाद सोचना पड़ रहा है कि सौन्दर्य की चर्चा इतनी असुन्दर क्यों होती है। एक तो सौन्दर्यशास्त्र जैसा गम्भीर विषय, फिर उस पर कुन्तल मेघजी की गुरु-गम्भीर भाषा। "ज़िक्र उस परीवश का और फिर बयाँ अपना।" राजदाँ भी रक़ीब होने के लिए लाचार है, बेशक किसी और अन्दाज़ में। कुन्तल मेघजी की यही भाषा सुनकर अज्ञेय ने कभी कहा था कि कुन्तल तो कभी-कभी छँट भी जाते हैं, मेघ कभी नहीं छँटते।

सौन्दर्यशास्त्र कुछ शास्त्र ही ऐसा है कि इसके आसमान में बारहों महीने मेघ छाए रहते हैं। सौन्दर्यशास्त्र की जन्मकुंडली को ध्यान में रखें तो मार्क्सवाद की ज़मीन पर कोई सौन्दर्यशास्त्र रचने में ख़तरे ही ख़तरे हैं। कविताएँ पहले भी लिखी जाती थीं, नाटक भी खेले जाते थे और चित्र भी बनाए जाते थे। सबके कुछ-न-कुछ प्रयोजन थे। लोग इन्हें पढ़ते भी थे और देखते भी थे। तरह-तरह से। लेकिन एक समय ऐसा आया कि विविध प्रकार की इन सभी क्रियाओं को एक ही रहस्यमय शक्ति के अन्दर अन्तर्भुक्त करके उसे 'सौन्दर्य' और 'कला' का नाम दे दिया गया और फिर उसका एक शास्त्र भी तैयार हो गया जो 'सौन्दर्यशास्त्र' कहलाया। यह सब अठारहवीं सदी में घटित हुआ। जर्मनी में। 'जर्मन विचारप्रणाली' के रूप में मार्क्स ने जिस मानसिकता का विवेचन किया है, यह सौन्दर्यशास्त्र उसी का एक अंग है। इस प्रकार सौन्दर्यशास्त्र कोई निष्पक्ष और निरामिष शास्त्र-मात्र नहीं, बल्कि एक 'विचारप्रणाली' के रूप में उदित हुआ। 'सौन्दर्यानुभूति' अथवा 'कलानुभूति' इस विचारप्रणाली का ब्रह्मास्त्र है जिसके द्वारा जीवन की समस्त समस्याओं से सहज ही त्राण सम्भव है। आकस्मिक नहीं कि सौन्दर्यशास्त्र में सबसे अधिक चिन्तन-मनन इस सौन्दर्यानुभूति के स्वरूप को लेकर ही हुआ है; इसके बाद अगर किसी चीज़ पर विचार हुआ है तो वह 'सौन्दर्य' है और यह सौन्दर्य भी सौन्दर्यशास्त्रीय ऊहापोह की प्रक्रिया में इतना 'निर्गुण' बन गया कि अन्ततः आई.ए. रिचड्र्स को 'दैट पैरलाइज़िड् ऐपरिशन ब्यूटी' के रूप में इसे याद करना पड़ा। अकबर इलाहाबादी के शब्दों में :

बाहम शबेविसाल ग़लतफ़हमियाँ हुईं
था उनको वहम भूत का, मुझको था परी का।

सौन्दर्य जब भूत या चुड़ैल की दशा को प्राप्त हो जाए तो उस दिशा में कदम रखते समय

विशेष सावधानी की आवश्यकता है—खासतौर से एक मार्क्सवादी को। यह शास्त्र आसमान में इतनी ऊँचाई तक पहुँच गया है कि कोई उससे अपनी यात्रा शुरू करे तो धरती तक पहुँच पाना मुश्किल ही है। और कुन्तल मेघ के मार्क्सवादी सौन्दर्यशास्त्र की पहली मुश्किल यही है।

दूसरी मुश्किल मुश्किल नहीं, बल्कि प्रलोभन है। प्रलोभन 'शास्त्र' रचने का। एक अरसे से अपने लोग 'मार्क्सवादी सौन्दर्यशास्त्र' की माँग कर रहे हैं—ऐसा शास्त्र जिसमें कला और साहित्य के बारे में मार्क्सवादी दृष्टि से सभी आवश्यक बातें सूत्रबद्ध कर दी गई हों। प्रत्येक प्रश्न पर सुनिश्चित मत सुलभ हों तो जीवन-यात्रा सुगम रहती है और जीवन-संघर्ष सुरक्षित। स्तालिन ने ऐसी ही आवश्यकता की पूर्ति के लिए 'द्वन्द्वात्मक और ऐतिहासिक भौतिकवाद' शीर्षक निबन्ध को सूत्रबद्ध किया था और 'सोवियत संघ की कम्युनिस्ट पार्टी के संक्षिप्त इतिहास' में उसे समाविष्ट करके सभी पार्टी-सदस्यों के लिए सुलभ बनाया था। स्तालिन से पहले कुछ ऐसा ही प्रयास बुखारिन ने भी किया था जिसे उसने मार्क्सवादी समाजशास्त्र का सुगम गुटका अथवा 'पाप्युलर मैनुअल' की संज्ञा दी थी।

बुखारिन के इस 'गुटका' पर ग्राम्शी ने उस समय जो टिप्पणी की थी वह आज भी उपयोगी है—मार्क्सवादी सौन्दर्यशास्त्रियों के लिए भी। दुर्भाग्य से स्तालिन की पुस्तक को देखने के लिए ग्राम्शी जीवित न रहे, वरना उस पर लिखी हुई समीक्षा का प्रभाव और भी व्यापक हुआ होता और शायद विश्व-मार्क्सवादी चिन्तन कुछ भयंकर भूलों से बच भी जाता। बहरहाल, ग्राम्शी ने सबसे पहले तो यह सवाल उठाया कि जो सिद्धान्त अभी वाद-विवाद, खंडन-मंडन और विस्तार की अवस्था में है और उसके बारे में क्या एक सरल सुगम सुबोध गुटका लिखना सम्भव है ? यह सवाल उठाना इसलिए जरूरी है कि सरल गुटका रूपतः जड़सूत्रवादी, शैली की दृष्टि से संयत और वैज्ञानिक दृष्टि से किसी विषय की सन्तुलित व्याख्या के अलावा और कुछ हो ही नहीं सकता। इसलिए जब तक कोई सिद्धान्त विकास की पूर्ण परिपक्वावस्था तक नहीं पहुँच जाता, उसे गुटकाबद्ध करने का कोई भी प्रयास असफल होने के लिए बाध्य है। ग्राम्शी की दृष्टि में मार्क्सवादी दर्शन जिस अनुभव पर आधारित है उसे कुछ खाँचों में खतियाया नहीं जा सकता, क्योंकि वह अपनी विपुल विविधताओं से सम्पन्न स्वयं इतिहास है। ऐसी स्थिति में मार्क्सवाद की परिकल्पना खंडन-मंडन और एक सतत संघर्ष के रूप में ही की जा सकती है। इसलिए सही सैद्धान्तिक और ऐतिहासिक शब्दावली में प्रश्न ही क्यों न प्रस्तुत किए जाएँ ?

ग्राम्शी के ये विचार स्वयं मार्क्स के चिन्तन और लेखन की मूल धारा में हैं। मार्क्स की प्रायः सभी रचनाएँ 'क्रिटीक' अथवा 'समीक्षा' की संज्ञा से अभिहित हैं। वस्तुतः मार्क्सवाद का जन्म ही एक आलोचनात्मक दर्शन के रूप में हुआ, जिसकी प्रकृति खंडन-मंडन की है। इसे सर्वजन-सुलभ बनाने के लिए सूत्रबद्ध करने का काम एंगेल्स ने अन्तिम दिनों में शुरू किया। इससे मार्क्सवाद के प्रचार-प्रसार में मदद तो जरूर मिली,

लेकिन जैसा कि लक्षित किया गया है, कहीं-कहीं सरलीकरण का ख़तरा भी पैदा हुआ, यद्यपि यह उतना बड़ा सरलीकरण नहीं था।

मार्क्सवादी सौन्दर्यशास्त्र आज विकास की जिस अवस्था में है, उसमें तो शास्त्रनिर्माण का प्रयास और भी घातक होगा। सबक लेने के लिए दो उदाहरण पर्याप्त होंगे। पहला उदाहरण है सोवियत संघ में 'समाजवादी यथार्थवाद' का शास्त्र-निर्माण। शास्त्र बनते ही सामाजिक यथार्थ भी सूत्रबद्ध हो गया और उस यथार्थ को अभिव्यक्त करने की शैली भी। देखते-देखते एक नया रीतिवाद चल पड़ा। रचना में भी। आलोचना में भी। जिस देश ने समाजवादी क्रान्ति की, वह साहित्य और कला के क्षेत्र में कोई क्रान्ति करने से ठिठक गया। यथार्थ का ऐसा और इतना अपमान तो क्रान्ति के पहले के साहित्य में भी नहीं हुआ था और उन्नीसवीं सदी के यूरोप के साहित्य में भी नहीं जब बूर्ज्वा क्रान्ति ने यथार्थवाद को जन्म दिया था। हालत बहुत कुछ हिन्दी की रीतिवादी कही जानेवाली साहित्य-प्रवृत्ति की-सी हो गई, जब अलंकारशास्त्र के लक्षण ग्रन्थों को सामने रखकर कविताएँ लिखी जा रही थीं। वैसे न यथार्थवाद बुरा है, न समाजवाद ही। मार्क्स ने एक समय इन्हीं दोनों अवधारणाओं का साहित्य-समीक्षा में, फुटकल ही सही, कितने क्रान्तिकारी और लचीले ढंग से इस्तेमाल किया था। लेकिन शास्त्रबद्ध होते ही वही क्रान्तिकारी अवधारणाएँ जड़ सूत्रवाद में बदल गईं।

दूसरा उदाहरण जार्ज लुकाच का 'सौन्दर्यशास्त्र' नामक विशाल ग्रन्थ है। लगभग साठ वर्षों के दीर्घ साहित्य-चिन्तन को अन्ततः एक व्यवस्थित शास्त्र में बाँधने का विराट प्रयास। हजारों पृष्ठों का यह विशाल ग्रन्थ अभी तक जर्मन भाषा में ही उपलब्ध है और जो जर्मन अच्छी तरह जानते होंगे, वही इसके बारे में कुछ विश्वासपूर्वक कह सकने में सक्षम होंगे। अंग्रेजी में अभी तक उसके बारे में जो कुछ कहा गया है और उसके छिटपुट अंशों से जो आभास मिला है उसके आधार पर इतना तो कहा ही जा सकता है कि इसमें समस्त कलाओं को 'अनुकरण' में निश्शेष करने की असफल चेष्टा की गई है। इस प्रकार मार्क्सवादी लुकाच जब सभी कलाओं को एक शास्त्र में बाँधने चलते हैं तो अन्ततः अरस्तू की शरण जाने को बाध्य होते हैं। किसी अंग्रेजी साप्ताहिक ने इस ग्रन्थ की समीक्षा के साथ एक ऐसा कार्टून छापा था, जिसमें लुकाच मार्क्स की दाढ़ी के साथ अरस्तू की शक्ल-सूरत और पोशाक में पेश आते हैं। हजारों साल के वैविध्यपूर्ण कला-इतिहास को एक अनुकरण की अवधारणा में समेटने का प्रयास कितना उपहासास्पद है ! यह कैसा ऐतिहासिक भौतिकवाद है जो एक जड़ शास्त्र की वेदी पर समूचे इतिहास की बलि चढ़ाने में भी नहीं हिचकता ! आश्चर्य नहीं जो अभी तक यह ग्रन्थ बहुत कुछ अनपढ़ा ही रह गया। इससे तो कहीं अधिक जीवन्त अपेक्षाकृत वे छोटी रचनाएँ हैं जिन्हें लुकाच ने खंडन-मंडन के रूप में लिखा है।

इन दो विराट असफलताओं को देखते हुए भी आज यदि कोई विचारक हिन्दी में मार्क्सवादी सौन्दर्यशास्त्र का व्यवस्थित शास्त्रीय ग्रन्थ लिखने का प्रयास करता है तो वह धन्य है ! (और आचार्य शुक्ल जोड़ते—धिक्कार है)

जार्ज लुकाच के दृष्टान्त से मार्क्सवादी सौन्दर्यशास्त्र की इस लम्बी परम्परा का एक कमजोर पहलू सामने आता है। अक्सर वह स्वयं 'कला' नामक संस्था को चुनौती देने में चूक गया और कला की क्लासिकी परिभाषा को स्वीकार कर लेने में उसे कोई हानि नहीं दिखाई पड़ी। बुनियादी रूप में एक बार इन परिभाषाओं को स्वीकार कर लेने के बाद तो फिर थोड़े-बहुत हेर-फेर के साथ इस-उस कवि या कृति के मूल्यांकन का कार्य ही शेष रहता है; और कहने की आवश्यकता नहीं कि मार्क्सवादी सौन्दर्यशास्त्रियों ने इस क्षेत्र में अपनी प्रतिभा का जौहर बखूबी दिखाया है—ऊँची संस्कृति के बड़े-से-बड़े विचारकों से होड़ लेते हुए। व्याख्या और मूल्यांकन की भाषा निश्चय ही भौतिकवादी भी है और ऐतिहासिक भी, लेकिन कुल मिलाकर वह प्रभुत्वशाली परम्परा से बहुत अलग नहीं है। इसलिए मार्क्सवादी सौन्दर्यशास्त्र से अक्सर परम्परावाद की गन्ध आए तो आश्चर्य नहीं। जार्ज लुकाच तो 19वीं सदी के यथार्थवादी उपन्यासों की परम्परा के हिमायती हैं ही, रूस के समाजवादी यथार्थवाद के तहत लिखे उपन्यासों का यथार्थवाद भी उस परम्परा में कुछ विशेष नहीं जोड़ता।

मार्क्सवादी सौन्दर्यशास्त्र को यदि परम्परावाद के इस लकीर के फकीर से मुक्त होना है तो फिर उन लेखकों के पास जाना होगा जिन्होंने इस परम्परावाद को चुनौती देने का साहस किया। ऐसे ही लेखकों में अपने यहाँ प्रेमचन्द हैं, जिन्होंने 1936 में प्रगतिशील लेखक संघ की स्थापना के समय ही ऐलान किया था कि हमें सौन्दर्य की परिभाषा बदलनी होगी। मूल उर्दू में उनके शब्द थे—हमें हुस्न का मेयार तब्दील करना होगा क्योंकि "अभी तक उसका मेयार अमीराना, ऐशपरवराना था।" अजीब बात है कि प्रेमचन्द का यह वाक्य सौन्दर्यशास्त्र पर चिन्तन करते समय किसी मार्क्सवादी को याद नहीं आता। इस कथन की प्रासंगिकता प्रेमचन्द जयन्ती तक ही सीमित रहती है—न उसके बाद और न उसके पहले। प्रेमचन्द के इस कथन की ताकत यह है कि उन्होंने अपनी कहानियों और उपन्यासों के जरिए सौन्दर्य का एक नया 'मेयार' कायम किया था, जहाँ स्वयं उन्हीं के शब्दों में : "कशमकशे हयात में हुस्न का मेराज़" हैं। दूसरे शब्दों में : "जीवन-संग्राम में सौन्दर्य का परमोत्कर्ष" है।

सौन्दर्य की परिभाषा बदलने की इस दिशा में प्रेमचन्द के बाद भी प्रगति हुई है। नागार्जुन से धूमिल तक और यशपाल से ज्ञानरंजन तक कवियों और कथाकारों की एक अच्छी-खासी परम्परा है, जिसने सौन्दर्य सम्बन्धी पुरानी सुरुचि को तोड़कर नई अभिरुचि के लिए सर्जनात्मक आधार प्रस्तुत किया है। यदि ये सर्जनात्मक प्रयोग आज के मार्क्सवादी सौन्दर्यशास्त्र के लिए कोई अर्थ नहीं रखते तो फिर वह निर्गुण सौन्दर्यशास्त्र भी व्यर्थ है। बर्टोल्ट ब्रेष्ट ने ऐसे ही सौन्दर्यशास्त्र को 'उत्पादन का शत्रु' कहा था। 'उत्पादन' के भौतिकवाद से यदि सौन्दर्यशास्त्रीय 'सुरुचि' को ठेस पहुँचती है तो 'सृजन' कह लीजिए, फलश्रुति स्पष्ट है। नए कला-सृजन से ही सौन्दर्यशास्त्र का विकास सम्भव है। सिद्धान्त व्यवहार से ही विकसित होता है। फल में फल नहीं लगता। फल बीज से पैदा होता है और वह भी जब धरती के गर्भ में आता है। व्यवहार जगत की इस

जानी-मानी बात का जिक्र इसलिए कि मार्क्सवादी सौन्दर्यशास्त्र बनाते समय बर्टोल्ट ब्रेष्ट कभी नहीं याद आते, जब कि जार्ज लुकाच दिमाग पर हमेशा सवार रहते हैं।

प्रेमचन्द के प्रसंग से आज की एक और कमी पर नज़र पड़ती है। हम जैसे भूलते जा रहे हैं कि सौन्दर्य में भी वर्ग-भेद होता है और सौन्दर्यबोध के निर्माण में वर्गदृष्टि की भी भूमिका होती है। प्रेमचन्द ने इस सचाई को जीवन के अनुभव से समझा था और मार्क्सवाद पढ़कर भी बहुत से लोग इस सत्य को पकड़ने में अक्षम दिखाई पड़ रहे हैं। इधर के सौन्दर्यशास्त्रीय चिन्तन से कुछ ऐसा आभास होने लगा है कि सौन्दर्य और सौन्दर्यबोध वर्गों से ऊपर कोई अतीन्द्रिय अनुभूति है। यह भी एक विडम्बना ही है कि आजादी की लड़ाई के दिनों में जब भारत की सारी जनता एक साथ मिलकर लड़ रही थी तो मार्क्सवादी बुद्धिजीवियों में वर्ग भेद की चेतना जरूरत से ज़्यादा प्रबल थी और अब जब आज़ादी मिलने के बाद समाज में वर्गभेद स्पष्ट होकर उभरने लगा तो बुद्धिजीवियों की वह वर्गचेतना धीरे-धीरे कुंठित होने लगी है। वर्गभेद बढ़ने के साथ वर्गबोध का ह्रास—यह विरोधाभास है या विडम्बना ? मार्क्सवादी सौन्दर्यशास्त्र भी इस असर से अछूता नहीं है।

वर्गचेतना का ऐसा ह्रास तो आज़ादी के ठीक बाद के शीतयुद्धवाले दशक में भी नहीं हुआ था, जब मार्क्सवाद के असर को खत्म करने के लिए 'विचारप्रणाली के अन्त' का प्रचार जोरों पर था। उस समय शीतयुद्ध की इस विचारधारा से लड़ने की भावना प्रबल थी और इसलिए एक विचारप्रणाली के रूप में मार्क्सवाद के लिए आग्रह भी था। यह भी एक विडम्बना ही है कि इधर जब से विचारप्रणाली को मार्क्सवादी चिन्तन के अन्तर्गत प्रमुख ही नहीं बल्कि केन्द्रीय स्थान प्राप्त हुआ है, स्वयं मार्क्सवाद में आस्था क्षीण हुई है। देखा जाए तो 'विचारप्रणाली के युग का अन्त' अब हुआ है। यह तथाकथित नव-मार्क्सवाद की देन है।

फिर भी कुछ लोगों को शिकायत है कि हिन्दी का मार्क्सवादी साहित्य-चिन्तन पश्चिम के विकसित नव-मार्क्सवाद से अपरिचित होने के कारण ही अभी तक विकास नहीं कर पा रहा है। आयात से ही विकास सम्भव होता तो विचारों के मामले में तो सरकार से किसी लाइसेंस की भी जरूरत नहीं है। कल जो कांट, हेगेल और क्रोचे के सहारे भारत में सौन्दर्यशास्त्र का विकास कर रहे थे वे आज भी आयात में किसी तरह पीछे नहीं हैं। अडोर्नो, हर्बर्ट मारकुज़े, वाल्टर बेन्यामिन, ग्राम्शी, रेमंड विलियम्स, फ्रेडरिक जेम्सन, टेरी इगलटन ही नहीं, बल्कि रोलाँ बार्न, मिशेल फ़ुको, ज़्याक देरीदा, ज़्याक लाकाँ आदि के नाम अपने यहाँ भी समय-असमय लेखों और भाषणों-सम्भाषणों में टपकते ही रहते हैं। फिर भी यह तथ्य है कि सौन्दर्य की परिभाषा नहीं बदल रही है—कम-से-कम शास्त्र के धरातल पर। पश्चिमी देशों में इस बीच कहीं कोई बड़ी राजनीतिक क्रान्ति भले न हुई हो, विचारों की दुनिया में काफी उथल-पुथल हुई है—विशेषतः मार्क्सवादी चिन्तन में। यह परिवर्तन इक्की-दुक्की इकाइयों तक सीमित नहीं है, बल्कि विचार-जगत की पूरी संरचना में आया है, जिसे **संरचनात्मक परिवर्तन** भी कह सकते हैं। पुराने सवालों के नए

जवाब देने की जगह एकदम नए पैराए से नए सवाल उठाए जा रहे हैं। 'आधार' और 'अधिरचना' के सम्बन्धों पर ही नए सिरे से विचार नहीं हो रहा है, बल्कि स्वयं इन संकल्पनाओं की प्रकृति को लेकर नए सवाल किए जा रहे हैं। जिस भाषा को एक समय चन्द भाषावैज्ञानिकों और काव्यभाषा को लेकर चिन्तित रहनेवाले काव्यचिन्तकों के हवाले कर दिया गया था, आज वह भाषा विचारप्रणाली के केन्द्र में आ गई है। बातें और भी हैं और मार्क्सवादी सौन्दर्यशास्त्र के लिए सार्थक भी। किन्तु इनमें से प्रत्येक का एक निश्चित राजनीतिक सन्दर्भ है और अपने राजनीतिक सन्दर्भ को भूलकर उनमें से किसी की ओर कुतूहलवश लपकने से विशेष लाभ होनेवाला नहीं है।

इसलिए जैसा कि पहले कहा गया, अराल सवाल उस सौन्दर्यशास्त्र का है जो हमारे सौन्दर्यबोध को बदलने में कारगर अस्त्र हो। मेरी जानकारी में इस बीच इस दिशा में एक ही कोने से संगठित स्वर उठा है। मराठी के दलित लेखकों ने एक अलग वैकल्पिक सौन्दर्यशास्त्र बनाने का नारा दिया है। अभी तक वह शास्त्र बना भले ही न हो, लेकिन सौन्दर्यबोध का एक विकल्प तो सामने आया ही, इसमें कोई सन्देह नहीं। मार्क्सवादी सौन्दर्यशास्त्र अभी तक उसकी उपेक्षा ही करता आया है। दुविधा शायद वर्ग-वर्ण के द्वैत अथवा द्वन्द्व को लेकर है। किन्तु इसमें कोई शक नहीं कि अन्ततः इस चुनौती को स्वीकार करना ही पड़ेगा। प्रश्न प्रभुत्व का है, सत्ता का है और यह ऐसा प्रश्न है जिसकी उपेक्षा सौन्दर्यशास्त्र भी नहीं कर सकता—मार्क्सवादी सौन्दर्यशास्त्र तो और भी नहीं।

[1983]

---

4 सितम्बर, 1983 को दिल्ली में आयोजित 'जनवादी लेखक संघ' के सम्मेलन में दिए गए भाषण के रमेश उपाध्याय द्वारा सम्पादित 'कथन' (अक्टूबर-दिसम्बर '83) में प्रकाशित आलेख का संशोधित और पुनर्लिखित रूप।

प्रासंगिकता का प्रमाद

1

प्रासंगिक क्या वही है जो हमारे विचारों का अनुमोदन करता है और आज के अनुकूल है ? जो आज से भिन्न है और हमें चुनौती देता है, वह प्रासंगिक क्यों नहीं ? आज यह सवाल उठाना इसलिए जरूरी है कि प्रासंगिकता की चिन्ता प्रमाद की सीमा तक बढ़ गई है। अतीत के हर बड़े लेखक को किसी-न-किसी तरह समकालीन बनाने की ऐसी कोशिश हो रही है कि अतीत की अतीतता तो सुरक्षित रही ही नहीं, वर्तमान की अपनी विशिष्टता भी लुप्त हो रही है—यहाँ तक कि अतीत और वर्तमान का अन्तर मिटता जा रहा है और इस तरह आज की ज्वलन्त समस्याओं से बच निकलने का एक बहाना मिल रहा है।

संयोग से हर साल कोई-न-कोई जन्मशती या निधन-शती पड़ती ही है और आज जागरूकता इतनी है कि जो महापुरुष जीते-जी अलक्षित रह गए वे भी अब बच निकलने के लिए स्वतन्त्र नहीं हैं। उन्हें प्रासंगिक होना ही पड़ेगा और विडम्बना तो यह है कि जो एक-दूसरे के विरुद्ध हैं उन दोनों पक्षों के समर्थन में प्रस्तुत होने के लिए भी वे अभिशप्त होंगे। परम्परा को हथिया लेने की इस कोशिश में आश्चर्य नहीं कि अनुकूल व्याख्या द्वारा प्रासंगिक बनाने का सारा प्रयास ही सन्दिग्ध हो उठे ! आज परम्परा की प्रगतिशील धारा के लिए संघर्ष करनेवालों के सम्मुख सबसे बड़ी चुनौती यही है।

पुनर्जागरण के बाद से यह तो स्पष्ट हो गया है कि परम्परा विरासत में अपने आप सहज ही प्राप्त होनेवाली वस्तु नहीं है, बल्कि उसे आयास करके अर्जित करना पड़ता है। अर्जन के इस प्रयास में चयन अनिवार्य है। वस्तुतः यह चयन-वृत्ति स्वयं 'परम्परा' की अवधारणा में अन्तर्निहित है। परम्परा यदि एक का दूसरे को और दूसरे का तीसरे को दिया जानेवाला पीढ़ी-दर-पीढ़ी क्रम है तो हस्तान्तरण के इस क्रम में जरूरी नहीं कि अतीत की सम्पूर्ण निधि अविकल रूप में सारी की सारी सुलभ होती चली जाए। प्रायः हर मंजिल पर कुछ छूटता है, कुछ नया जुड़ता है और कुछ बदलता भी है। निश्चय ही इसमें व्याख्याओं की भूमिका महत्त्वपूर्ण होती है और ये व्याख्याएँ भी क्रमशः मूल के साथ लगकर परम्परा का अभिन्न अंग बन जाती हैं—यहाँ तक कि कभी-कभी मूल और व्याख्या को अलगाना कठिन हो जाता है।

प्रगतिशील विचारकों ने यदि आज की स्थिति में रूढ़िवादियों से अपने अतीत की

रक्षा करके परम्परा की प्रगतिशील धारा को उजागर करने का प्रयास किया है तो इसे पुनर्जागरण काल की चेतना का ही विकास कहा जाएगा। इस दृष्टि से कबीर, जायसी, तुलसी, भारतेन्दु, महावीरप्रसाद द्विवेदी, रामचन्द्र शुक्ल, प्रेमचन्द, निराला-जैसे महान साहित्यकारों की प्रगतिशील व्याख्याओं का ऐतिहासिक महत्त्व है। निश्चय ही इन साहित्यकारों के मूल्यांकन में उनके अन्तर्विरोधों और असंगतियों को भी रेखांकित किया गया है और इसके लिए एक हद तक ऐतिहासिक परिस्थितियों को जिम्मेदार भी ठहराया गया है। किन्तु ज़ोर निश्चय ही विधेयात्मक प्रगतिशील तत्त्वों पर ही है। असुविधाजनक असंगतियों को या तो एकदम क्षेपक कहकर खारिज कर दिया जाता है अथवा उन्हें गौण मानकर उपेक्षणीय। यह विवशता सम्भवतः रूढ़िवादियों की प्रतिक्रिया के कारण है। यही नहीं, अतीत के लेखकों को प्रासंगिक सिद्ध करने की चिन्ता में या तो वर्तमान से उनके पार्थक्य को कम करके बताया जाता है या फिर इस अन्तर को एकदम भुला ही दिया जाता है। इस प्रक्रिया में होता यह है कि प्रगतिशील परम्परा की एक अटूट अविच्छिन्न धारा तो बन जाती है, किन्तु कुछ समान प्रगतिशील तत्त्वों के कारण अतीत के प्रायः सभी महान लेखक एकरूप-से दिखाई पड़ते हैं—यहाँ तक कि उनके चेहरे की निजी विशिष्टता भी खो जाती है। इस प्रकार फौरी तौर पर यह प्रगतिवादी रणनीति भले ही कारगर प्रतीत हो, किन्तु अन्ततः यह आश्चर्यजनक एकरूपता ही उसे सन्दिग्ध बना देती है।

बर्टोल्ट ब्रेष्ट ने सम्भवतः इसी बात से चिन्तित होकर पुराने नाटकों की व्याख्या के लिए 'एलियनेशन इफेक्ट' नामक सुप्रसिद्ध प्रविधि को ईजाद किया था। यदि ब्रेष्ट के 'अलगाव-प्रभाव' को आलोचना के क्षेत्र में लागू करें तो अतीत की कृतियों को आज के लिए प्रासंगिक बनाने का सबसे वैज्ञानिक और वस्तुनिष्ठ ढंग यह है कि अपने और उनके बीच की दूरी को सुरक्षित रखा जाए और इस प्रकार पाठकों में उस आलोचनात्मक विवेक को जागृत रखा जाए जिससे वे अतीत की महान से महान कृति के अपने अन्तर्विरोधों के प्रति सजग रहें। दूरी अथवा अलगाव का विलोम पुराना 'तादात्म्य' सिद्धान्त है, जिसमें भ्रम का ख़तरा है। अतीत की किसी कृति के साथ पूर्णतः तादात्म्य स्थापित करने के लिए उसकी ऐतिहासिकता को तो मिटाया ही जाता है, अक्सर उसके अन्तर्विरोधों को भी ख़त्म करना पड़ता है। कहने की आवययकता नहीं कि इस प्रक्रिया में प्राचीन कृति थोड़ी देर के लिए नितान्त समकालीन भले ही हो जाए किन्तु अन्ततः उसकी अपनी अस्मिता तो नष्ट होती ही है, हम भी अपनी अस्मिता के लिए ख़तरा मोल लेते हैं। इस भ्रम से बचने का एक ही उपाय है और वह है पार्थक्य का सतत विवेक। क्या इस विवेक में प्रासंगिकता सम्भव नहीं है ?

2

मुझसे पूरी तरह सहमत न होते हुए भी डॉ. बच्चन सिंह मेरे प्रासंगिकता-सम्बन्धी सम्पादकीय को प्रासंगिक मानते हैं। यदि यह शिष्टाचार-मात्र नहीं है तो इससे मेरे इस

कथन की पुष्टि ही होती है कि प्रासंगिकता के लिए 'पूर्ण तादात्म्य' आवश्यक नहीं है।

वैसे, डॉ. बच्चन सिंह भी मानते हैं कि "कवि के साथ हर काल में पाठक का पूरा तादात्म्य जरूरी नहीं है, बल्कि यों कहिए कि होता ही नहीं।" फिर भी उनका आग्रह है कि "तादात्म्य पुराना तो है पर काफी वज़नदार है और प्रासंगिकता के सन्दर्भ में यह काफ़ी उपयोगी है।" (आलोचना, जन.-मार्च '84)

तादात्म्य-सिद्धान्त पर विस्तार से विचार करने की योजना को 'यथावसर' के लिए सुरक्षित रखकर उन्होंने सिर्फ़ इतना बतलाना जरूरी समझा कि "तादात्म्य अभेद-रूप प्रतीति है न कि अभेद।" पर सवाल तो यह है कि अभेद की यह प्रतीति कैसे हो ? अभिनवगुप्त 'प्रमेय की आत्माकारा परिणति' की धारणा प्रस्तुत करते हैं और पंडितराज जगन्नाथ 'चित्तवृत्ति की विषयाकारा परिणति' का प्रस्ताव रखते हैं। काव्य के सन्दर्भ में इसका तात्पर्य यह हुआ कि या तो पाठक काव्य के अनुरूप अपनी आत्मा को ढाल ले या फिर वह अपनी चित्तवृत्तियों के अनुरूप काव्य को बना ले। एक में पाठक की अपनी विशिष्टता के लोप का खतरा है, दूसरी में काव्यकृति की विशिष्टता के लोप का। तादात्म्य की इन दोनों स्थितियों में प्रासंगिकता के लिए कौन सी स्थिति संगत है, इसका निर्णय सरल नहीं है।

तादात्म्य-सिद्धान्त की हिमायत करते हुए डॉ. बच्चन सिंह का ध्यान इस तथ्य की ओर नहीं गया कि वह जिस मनोविज्ञान पर प्रतिष्ठित है उसका आधार 'वासना' का सिद्धान्त है, जिसे अभिनवगुप्त ने 'संस्कार' भी कहा है। धारणा यह है कि संसार अनादि है; प्रत्येक प्राणी जन्म-जन्मान्तर से होकर गुज़रता है; प्रत्येक जन्म में पूर्व जन्म की स्मृति 'वासना' रूप में सुरक्षित रहती है और यह वासना ही उन विविध चित्तवृत्तियों की जननी है, जिन्हें नौ स्थायी तथा तैंतीस संचारी भावों की संज्ञा दी गई है। इनमें से प्रधानता किसी में किसी समय किसी भाव की हो सकती है, किन्तु अभिनवगुप्त के अनुसार 'न ह्येतच्चित्तवृत्ति वासनाशून्यः प्राणी भवति' (अभिनव भारती, भाग-1, पृ. 282) अर्थात्, कोई भी प्राणी चित्तवृत्तियों की वासना से शून्य नहीं होता। यही सार्वभौम और सार्वकालिक वासना किसी काल और किसी देश की काव्यकृति के साथ तादात्म्य के लिए आधार प्रस्तुत करती है। इस प्रकार यदि एक शाश्वत और सार्वभौम मानव-प्रकृति को स्वीकार कर लें तो किसी काव्यकृति को प्रासंगिक बनाने की आवश्यकता ही नहीं रह जाती, क्योंकि इस विधि से सभी कृतियाँ अपने आप प्रासंगिक हो जाती हैं।

किन्तु संस्कृत काव्यशास्त्र 'वासना' को आधार के रूप में प्रस्तुत करते हुए भी तादात्म्य के लिए उसे पर्याप्त नहीं मानता; इसका प्रमाण है साधारणीकरण की व्यवस्था। तादात्म्य साधारणीकरण के द्वारा ही सम्भव होता है और कहने की आवश्यकता नहीं कि साधारणीकरण स्वतःस्फूर्त नहीं है—यही नहीं बल्कि उसके मार्ग में अनेक 'विघ्न' भी गिनाए गए हैं। उल्लेखनीय है कि इन विघ्नों में 'स्व-मताग्रह' की गणना नहीं है। किसी प्राचीन आचार्य ने यह नहीं कहा कि किसी कृति में मत-विशेष के आग्रह के कारण उसके साथ तादात्म्य में बाधा पड़ती है, और न यही कहा कि स्वयं पाठक भी अपने मत के

आग्रह के कारण किसी भिन्न मतबाली कृति के साथ तन्मय नहीं हो सकता। मतभेद उस युग में भी कम न थे—स्वयं काव्यशास्त्र के अन्दर के मतभेद प्रमाण हैं, फिर भी इसे काव्य के आस्वाद में विघ्न नहीं माना गया, इसका निश्चय ही कोई कारण होगा। सम्प्रति उस कारण की खोज में न भी जाएँ तो आज यह स्वीकार करना ही पड़ेगा कि स्वमताग्रह अथवा विचारधारा किसी साहित्यिक कृति के आस्वाद में एक बड़ी बाधा है और किसी कृति की प्रासंगिकता के निर्णय में इसकी भूमिका नियामक होती है। स्वयं डॉ. बच्चन सिंह भी 'आज के प्रगतिशील जीवन्त मूल्यों' को प्रासंगिकता की प्रमुख कसौटी मानते हैं और इस दृष्टि से 'रामचरितमानस' के वर्णाश्रम धर्म और उत्तरकांड तथा 'अभिज्ञान शाकुन्तलम्' की शाप-सम्बन्धी 'आधिभौतिक प्रक्रिया' और दुष्यन्त के सामन्ती चरित्र को अप्रासंगिक मानते हैं। क्या यह बोध तादात्म्य सिद्धान्त के उस पुराने रूप से सम्भव है, जिसमें इस मूल्यगत विघ्न की कोई अवगति ही नहीं है ?

वस्तुतः तादात्म्य सिद्धान्त को स्वीकार करने के लिए जन्म-जन्मान्तर की स्मृतिवाले 'वासना'-सिद्धान्त को भी स्वीकार करना होगा और यह मानना होगा कि मूलतः आज का मनुष्य-हृदय वही है जो वाल्मीकि और कालिदास के युग में था। अब हम यदि क्रमागत मानव-हृदय के सर्वथा उच्छेद के अतिवादी सिद्धान्त को न भी स्वीकार करें तो भी मूलभूत समानता कालिदास-युग के मानव-हृदय से हमारे अन्तर को नगण्य सिद्ध करने के लिए पर्याप्त नहीं है। कहने की आवश्यकता नहीं कि सूक्ष्म अर्थच्छायाओं से युक्त काव्य के ग्रहण के लिए यह ऐतिहासिक अन्तर बहुत महत्त्वपूर्ण है।

अन्तर्निहित 'वासना' का यह नैरन्तर्य किसी प्राचीन काव्यकृति के साथ तादात्म्य में सहायक नहीं होता, इसका प्रमाण है 'अभिज्ञान शाकुन्तलम्' पर स्वयं डॉ. बच्चन सिंह की आपत्ति। उनकी आपत्ति है दुर्वासा के शाप पर। आपत्ति का कारण यह है कि शाप एक आधिभौतिक घटना है, इसलिए आज की दृष्टि में अविश्वसनीय है। शाप पर आपत्ति इसलिए भी है कि उससे राजा दुष्यन्त के सामन्ती चरित्र का बचाव हो जाता है। इसलिए वे 'शाकुन्तल' में इस प्रसंग को अप्रासंगिक मानते हैं और सम्भवतः इस प्रसंग को छोड़कर 'शाकुन्तल' के साथ तादात्म्य स्थापित कर लेते हैं। किन्तु कठिनाई यह है कि शाप की यह परिकल्पना ही कालिदास के 'शाकुन्तल' का मेरुदंड है—वरना 'महाभारत' में शापविहीन शकुन्तलोपाख्यान तो पहले से था ही। यदि शाप की घटना किसी के गले से नहीं उतरती तो बेहतर है वह महाभारत का शकुन्तलोपाख्यान ही पढ़कर सन्तोष कर ले और साहस हो तो उसे कालिदास के 'अभिज्ञान शाकुन्तलम्' से श्रेष्ठ भी घोषित कर दे।

विचित्र विडम्बना है कि एक ओर डॉ. बच्चन सिंह 'संरचनावाद' के प्रभाव में किसी कृति की संरचना पर जोर देते हैं और रूपगत संरचना के साथ भी तादात्म्य स्थापित करने के लिए आग्रह करते हैं किन्तु दूसरी ओर 'अभिज्ञान शाकुन्तलम्' की संरचना को खंड-खंड करके किसी एक खंड की प्रासंगिकता से सन्तुष्ट हो जाना चाहते हैं। इस विलक्षण तादात्म्यवादी प्रासंगिकता से तो अधिक दृष्टि-सम्पन्न रवीन्द्रनाथ ठाकुर का

'शकुन्तला' शीर्षक लेख है जो आज से 82 वर्ष पूर्व लिखा गया था। रवीन्द्रनाथ ने इस नाटक में शाप के सौन्दर्यशास्त्रीय औचित्य को पुष्ट करते हुए लिखा है : ''यदि दुर्वासा के शाप की योजना न होती तो यह चीज इतनी निष्ठुर और क्षोभजनक हो जाती कि उससे पूरे नाटक की पूरी शान्ति और सामंजस्य भंग हो जाता।...दुःख-वेदना को उन्होंने बराबर ही रखा है, केवल बीभत्स कदर्यता को कवि ने ढक दिया है।''

उल्लेखनीय है कि कवि ने शाप का उपयोग राजा की भ्रमरवृत्ति को ढकने के लिए नहीं किया। यदि ऐसा होता तो पंचम अंक में जहाँ शकुन्तला का प्रत्याख्यान होता है, आरम्भ में ही हंसपदिका के गीत द्वारा राजा को उसकी भ्रमरवृत्ति के लिए उलाहना न दिया गया होता और न स्वयं राजा से ही यह स्वीकार करवाया गया होता कि 'सकृत्कृतप्रणयोऽयं जनः' अर्थात् हम केवल एक बार प्रणय करके छोड़ देते हैं।

इस प्रसंग पर रवीन्द्रनाथ की टिप्पणी है : ''पंचम अंक में राजा के चपल प्रणय का यह परिचय निरर्थक नहीं। इसके द्वारा कवि ने निपुण कौशल से दिखलाया है कि जो चीज दुर्वासा के शाप से घटित हुई थी, उसका बीज राजा के स्वभाव में था। काव्य की दृष्टि से जिसको आकस्मिक बनाकर दिखाया गया है वह प्राकृतिक है।''

शाप वस्तुतः एक ओर प्रेममग्न शकुन्तला की आत्मविस्मृति की गहराई को व्यंजित करता है तो दूसरी ओर दुष्यन्त को गहरे अनुताप के लिए अवसर प्रदान करता है। दुष्यन्त ने यदि तत्क्षण शकुन्तला को ग्रहण कर लिया होता तो शकुन्तला हंसपदिका के ही दल की एक और रमणी होकर उनके अन्तःपुर के एक कोने में स्थान पा जाती।

इस प्रकार शापवाली घटना को निकालकर 'शाकुन्तल' के साथ आंशिक तादात्म्य का कोई अर्थ नहीं है, क्योंकि वह तादात्म्य उस कालजयी कृति की अपनी विशिष्टता के साथ नहीं—वह विशिष्टता जो 'अभिज्ञान' में निहित है। इसलिए जहाँ शकुन्तला के 'अभिज्ञान' का ही अभिज्ञान न हो, वह प्रासंगिकता निरर्थक है।

यह सही है कि 'अभिज्ञान शाकुन्तलम्' पर एक युग के अपने मिथकों, अपने विश्वासों और अपनी मान्यताओं की गहरी छाप है जो उसके कथ्य में तो अनुस्यूत है ही, उसकी भाषा, उसके भावचित्रों, परिवेश-छवियों, यहाँ तक कि समूचे रचना-विन्यास का भी नियमन करते हैं। जरूरी नहीं कि यह काव्यलोक हमें पूर्णतः तादात्म्य के लिए ही निमन्त्रित करे। अपनी विलक्षणता और अलौकिकता के द्वारा यह हमें चकित करता है, मुग्ध करता है, साथ ही दुर्लंघ्य होने का भी एहसास कराता है। वह काव्यलोक अपनी ओर खींचने के साथ ही हमें हमारे अपने संसार में जैसे वापस फेंक देता है, जैसे हम थोड़ी देर के लिए किसी दूसरे देश में रहकर फिर अपने देश में लौटते हैं और इस नए अनुभव के प्रकाश में अपने परिवेश को, अपने परिवेश में अपने-आपको नए सिरे से पहचानने की कोशिश करते हैं। इस प्रकार 'अभिज्ञान शाकुन्तलम्' अनुभव के स्तर पर एक प्रत्यभिज्ञान—पुनः पहचान है जो उसके काव्यलोक के परिप्रेक्ष्य में आज के मनुष्य को देखने से सम्भव होती है। जहाँ उसके कथ्य में एक प्रकार की अतीतता का एहसास होता है, वहीं उसकी अभिव्यक्ति की सघनता हमें तात्कालिकता का भी तीव्र अनुभव

कराती है। निश्चय ही ऐसा अनुभव अन्य कालजयी कृतियों के साथ भी होता है। इस अनुभव में हमारी आलोचनात्मक क्षमता निमज्जित नहीं होती, न थोड़ी देर के लिए निलम्बित ही होती है। इसी द्वन्द्वात्मक स्थिति को मैं 'प्रासंगिकता' की संज्ञा देना चाहूँगा।

बर्टोल्ट ब्रेष्ट का तथाकथित 'एलियनेशन इफेक्ट', मेरी विनम्र दृष्टि में, कालजयी कृतियों की प्रासंगिकता का यही सिद्धान्त प्रस्तुत करता है, जो निश्चित रूप से 'रूपवादी' नहीं है, जैसा कि डॉ. बच्चन सिंह को भ्रम है। वस्तुतः यह वही 'इतिहास-बोध' है जो डॉ. बच्चन सिंह को भी काम्य है, भले ही वह 'तादात्म्य' के नाम पर हो। इतिहास-बोध किस प्रकार 'तादात्म्य' सिद्धान्त का विरोधी और 'अलगाव-प्रभाव' का अंग है, स्वयं ब्रेष्ट के शब्दों के अंग्रेजी अनुवाद में इस प्रकार है :

> "Our enjoyment of old plays becomes greater, the more we can give ourselves up to the new kind of pleasures better suited to our time. To that end we need to develop the **historical sense** (needed also for the apperciation of new plays) into a real sensual delight. When our theatres perform plays of other periods they like to annihilate distance, fill in the gap, gloss over the differences. But what comes then of our differences. But what comes then of our delight in comparisons, in distance, in dissimilarity–which is at the same time a delight in what is close and proper to ourselves."
>
> (Brecht on Theatre, P. 276)

> [जितना ही हम अपने समय के अधिक-से-अधिक उपयुक्त नए प्रकार के आस्वाद के प्रति अपने आपको अर्पित करते हैं, पुराने नाटकों का हमारा आनन्द उतना ही बढ़ता जाता है। उस लक्ष्य के लिए हमें **इतिहास-बोध** को सच्चे ऐन्द्रिय आनन्द में विकसित करने की आवश्यकता है (यह आवश्यकता नए नाटकों के आस्वाद के लिए भी है)। जब हमारे रंगमंच अन्य युगों के नाटक खेलते हैं तो दूरी को ख़त्म कर देना चाहते हैं, अन्तराल भर देते हैं और भेद मिटा देते हैं। लेकिन हमें जो आनन्द मिलता है वह तुलनाओं में, दूरी में, असमानता में–जो इसके साथ ही ऐसा आनन्द है जो हमारे निकट है और ठेठ हमारा है।]

उल्लेखनीय है कि ब्रेष्ट का यह कथन उनके जीवन के अन्तिम दिनों यानी 1948-56 के बीच लेकिन 1956 के कुछ ही पहले का है। इसे उन्होंने 1947-48 में लिखित 'ए शॉर्ट आर्गेनम फ़ार द थिएटर' के 12वें सूत्र के व्याख्यात्मक परिशिष्ट के रूप में बाद में जोड़ा था। यह सही है कि वे अन्तिम दिनों में इसे 'द्वन्द्वात्मक रंगमंच' (डायलेक्टिकल थियेटर) कहने लगे थे, किन्तु इस धारणा के बीज भी 1933 से ही उनकी

रंगमंच तथा नाटक सम्बन्धी टिप्पणियों में मिलते हैं। डॉ. बच्चन सिंह का यह कहना ग़लत है कि ब्रेष्ट ने 'एलियनेशन इफ़ेक्ट' को अनुपयुक्त समझकर बाद में 'एपिक थिएटर' का 'आविष्कार' किया। 'ब्रेष्ट ऑन थिएटर' के सम्पादक जॉन विले का प्रमाण मानें तो ब्रेष्ट ने आगे चलकर 'एपिक थिएटर' की धारणा को ही छोड़ना उचित समझा, क्योंकि उनकी दृष्टि में वह बहुत ज़्यादा 'फार्मल' अथवा 'रूपबद्ध' था। इसलिए 'एलियनेशन इफेक्ट' को 'निहायत बेमाकूल' कहना हर तरह से ग़लत है। वस्तुतः यह 'द्वन्द्वात्मक रंगमंच' का ही बीज मन्त्र है और अपने अन्दर विक्टर श्क्लोव्सकी के उस 'डि-फेमिलियराइज़ेशन' को भी समेटे हुए है जिसे गैर-रूपवादी समझकर डॉ. बच्चन सिंह सीने से लगाए हुए हैं। अपनी एक आरम्भिक टिप्पणी में तो ब्रेष्ट ने इस 'विलक्षणता' का ज़िक्र भी किया है और लिखा है, "यदि मैं रिचर्ड तृतीय को देखना चाहता हूँ तो मैं अपने आपको रिचर्ड तृतीय होने का एहसास नहीं कराना चाहता। इसके विपरीत मैं इस क्रिया-कलाप के दर्शन उसकी समूची विलक्षणता और दुर्बोधता के साथ करना चाहता हूँ।" एक तरह से देखें तो तादात्म्य की ओर ले जानेवाले पुराने 'साधारणीकरण' के विपरीत यह 'असाधारणीकरण' है (यदि व्याकरण ऐसे किसी शब्द के निर्माण की छूट देता हो)।

प्रासंगिकता यदि 'इतिहासबोध' है, जैसा कि डॉ. बच्चन सिंह भी स्वीकार करते हैं तो उसमें काल-बोध भी निहित है और कहने की आवश्यकता नहीं कि अतीत की कृति और आज के पाठक के बीच के कालगत भेद को मिटाकर काल-बोध का दावा नहीं किया जा सकता। जब हम किसी प्राचीन कृति को आज के लिए प्रासंगिक कहते हैं तो इसमें यह अर्थ निहित है कि हम उस कृति के युग की अपनी विशिष्टता को पहचानने के साथ ही अपने युग की विशिष्टता से भी परिचित हैं और इस प्रकार हमें दोनों युगों के अन्तर की भी स्पष्ट अवगति है। प्रासंगिकता का निर्णय इस इतिहास-बोध के ढाँचे में ही सम्भव है। जिसका ज्ञान सिर्फ अतीत तक सीमित है वह कोरा अतीतजीवी इतिहासविद् है। जो सिर्फ अपने ज़माने की जानकारी रखता है वह समकालीनता का असहाय बन्दी पत्रकार है और यदि उसे अतीत में 'समकालीन' रचनाएँ सहज ही मिल जाया करें तो आश्चर्य नहीं।

यह सही है कि जब किसी कृति में हमें अपना प्रतिबिम्ब दिखाई पड़ता है तभी हम उसे प्रासंगिक कहते हैं; लेकिन इसका अर्थ यह नहीं कि वह कृति हमारा प्रतिबिम्ब मात्र है; जबकि तथ्य यह है कि वह कृति हमारे लिए दर्पण का काम करती है; और यह दर्पण भी एक विशेष प्रकार का दर्पण है जो हमें अपना वह चेहरा दिखलाता है—ऐसा चेहरा, जिसकी ओर पहले ध्यान न गया था। इसके साथ ही सम्भवतः वह हमारे परिवेश का भी वह सन्दर्भ प्रस्तुत करता है जो हमारे लिए एक नए परिप्रेक्ष्य का काम करता है। नए परिप्रेक्ष्य में नया चेहरा दिखलाने का यह आघात अथवा विस्मय ही वह प्रत्यभिज्ञान है, जिसे हम प्रासंगिकता कहते हैं। यहाँ दर्पण और दर्शक का भेद मिट नहीं जाता; बल्कि रत्नाकर के शब्दों में कहें तो "ज्यों-ज्यों बसे जात दूरि-दूरि प्रिय प्राण मूरि/त्यों-त्यों धँसे

जात मन मुकुर हमारे मैं।''

इस प्रकार कोई प्राचीन कृति हमारे आज के सभी प्रश्नों का सही उत्तर देकर अथवा देने के कारण प्रासंगिक नहीं होती, बल्कि एक सर्वथा भिन्न परिप्रेक्ष्य से हमारी आज की नियति को आलोकित करने के कारण हमें नए सिरे से सोचने के लिए मजबूर करने के कारण और हमारी आत्मतुष्टि को तोड़ने के कारण प्रासंगिक होती है। इसीलिए भिन्न विचारधारा के ढाँचे में निर्मित होने के कारण भी वह जीवन्त लगती है और उसकी जीवन्तता उसकी विचारधारा की सीमाएँ भी स्पष्ट कर देती है। यह जीवन्तता उसके कालजयी रूप-विन्यास की सम्पूर्णता में होती है जो विचारधारा-वलयित अन्तर्वस्तु द्वारा निर्मित होते हुए भी अन्तर्वस्तु से अनिवार्यतः आबद्ध नहीं होती। युग-युग में पुनर्नवता की यह क्षमता ही किसी कृति को कालजयी भी बनाती है और प्रासंगिक भी।

अन्त में यह कहने की आवश्यकता नहीं रह जाती कि डॉ. बच्चन सिंह के विचारों से पूरी तरह सहमत न होते हुए भी मैं उनकी सामयिक प्रतिक्रिया का सम्मान करता हूँ, साथ ही कुछ और कहने की प्रेरणा देने के लिए आभार भी मानता हूँ। अब यदि उन्हें पूर्ण 'तादात्म्य' का अनुभव न हो तो इसे 'एलियनेशन इफ़ेक्ट' समझें और एक बार इसका भी मज़ा लेकर देखें।

[1983-84]

आलोचना की संस्कृति और संस्कृति की आलोचना

यदि "प्रच्छन्नता का उद्‌घाटन," जैसा कि आचार्य शुक्ल ने कहा है : "कवि-कर्म का प्रमुख अंग है" तो आलोचना-कर्म का वह अभिन्न अंग है। यह प्रच्छन्नता सभ्यता के आवरण निर्मित करते हैं। इसलिए "ज्यों-ज्यों हमारी वृत्तियों पर सभ्यता के नए-नए आवरण चढ़ते जाएँगे, कवि-कर्म कठिन होता जाएगा" और उसके साथ ही आलोचना-कर्म भी। इस सभ्यता के कारण "क्रोध आदि को भी अपना रूप कुछ बदलना पड़ता है, वह भी सभ्यता के साथ अच्छे कपड़े-लत्ते पहनकर समाज में आता है जिससे मार-पीट, छीन-खसोट आदि भद्दे समझे जानेवाले व्यापारों का कुछ निवारण होता है।"

जो कार्य आचार्य शुक्ल के जमाने में 'सभ्यता' द्वारा सम्पन्न होते थे, अब हिन्दी आलोचना में वही काम 'संस्कृति' से लिया जा रहा है। वैसे भी संस्कृति सभ्यता की सगोतिया है और अक्सर दोनों का प्रयोग साथ-साथ होता है। दोनों में अन्तर भी किया गया है—यहाँ तक कि सभ्यता की आलोचना के लिए संस्कृति का इस्तेमाल किया गया है। इस बीच हिन्दी साहित्य ने भी ऐसी 'संस्कृति' विकसित कर ली है जैसा कि जनवरी-अप्रैल 1987 के 'पूर्वग्रह' के सम्पादकीय में अशोक वाजपेयी के इस कथन से पता चलता है : "साहित्य अपनी विशिष्ट संस्कृति भी विकसित करता है। यह साहित्यिक संस्कृति साहित्य में सक्रिय शक्तियों और दृष्टियों के बीच संवाद का शील निरूपण करती है, सीमाएँ निर्धारित करती है, खेल के नियम बनाती है ताकि कुछ सीमाओं का अतिक्रमण न हो सके।" इस वक्तव्य में 'खेल के नियमों' का पूरा ब्यौरा तो नहीं दिया गया है किन्तु उन नियमों का कुछ आभास इस वाक्य से लग सकता है कि "वह (संस्कृति) असहमति और अन्तर्विरोधों को मुख्य प्रक्रिया में समाहित करती है।" यह है वह 'विशिष्ट संस्कृति' जिसका विकास 'असहमति को मुख्य प्रक्रिया में समाहित' करने के लिए किया गया है।

हिन्दी में संस्कृति के इस उपयोग को देखकर सहसा मैथ्यू आर्नल्ड की याद ताजा हो आती है जिन्होंने लगभग सौ साल पहले अपने जमाने की 'अराजकता' को नियन्त्रित करने के लिए 'संस्कृति' का सहारा लिया था। उनकी दृष्टि में आलोचना संस्कृति का वर्चस्व बढ़ाती है और संस्कृति समरसता एवं सन्तुलन स्थापित करने का साधन है क्योंकि वह समरसता और सन्तुलन की अभिव्यक्ति भी है। इस संस्कृति में वही सहयोग दे सकते हैं जो झगड़ा-फसाद जैसे व्यावहारिक मसलों से अलग रहते हों और जो अपने आपको

तथा अपनी भाषा को "हाट-बाजार के धुएँ से काला नहीं करते।" आशा की गई कि इस संस्कृति के द्वारा सभी वर्गों से ऐसे रंगरूट भर्ती होंगे जो एक प्रकार से किसी के न होंगे। इस प्रकार संस्कृति वर्ग-विसर्जन और सामंजस्य का अमोघ अस्त्र बनकर आई। जाहिर है कि ऐसी दुर्लभ वस्तु के हकदार चन्द गिने-चुने विशिष्ट जन ही हो सकते हैं।

संस्कृति का यह सामाजिक उपयोग स्वभावतः उन ऐतिहासिक परिस्थितियों की पड़ताल करने को प्रेरित करता है जिनमें 'संस्कृति' की यह अवधारणा पैदा हुई। हाट-बाज़ार का वह धुआँ, झगड़ा-फसाद, अभिजात वर्ग की सत्ता को चुनौती देनेवाले नए वर्गों का उदय और इन सबके कारण उत्पन्न होनेवाली तथाकथित अराजकता आदि घटनाएँ सहज ही उस औद्योगिक क्रान्ति की ओर संकेत करती हैं जिससे निपटने के लिए सन्तुलन और सामंजस्य के नारे के साथ 'संस्कृति' का विकास किया गया।

उल्लेखनीय है कि इस दौर में वह शास्त्र भी विकसित हुआ जिसे 'सौन्दर्यशास्त्र' जैसी भव्य अभिधा दी गई। रंगमंच पर नाटक का अभिनय लोग हजारों साल से करते और देखते आ रहे थे। नृत्य, संगीत, चित्र, मूर्तिकला, स्थापत्य, काव्य आदि से लोगों का काफी पुराना परिचय था। इन सबको कला नाम से पुकारने की परम्परा भी पहले से चली आ रही थी। इनके अलावा और तरह के सौन्दर्य पर भी लोगों की दृष्टि थी। इन सब पर अलग-अलग ढंग से सोच-विचार भी चल ही रहा था। किन्तु सबको मिलाकर एक दर्शन के ढाँचे में चिन्तन की प्रक्रिया लगभग अठारहवीं सदी में शुरू हुई और सबके लिए 'इस्थेटिक' यानी 'सौन्दर्यशास्त्र' जैसी दार्शनिक संज्ञा दी गई। इस सौन्दर्यशास्त्र ने 'संस्कृति' की प्रकृति पर इतना बड़ा प्रभाव डाला कि उसकी दिशा ही बदल गई।

सौन्दर्यशास्त्र से सम्पर्क होते ही सौन्दर्यबोध संस्कृति की पहली शर्त बन गया। सौन्दर्य का प्रमुख आधार कलाएँ हैं, इसलिए कलात्मक सृजन से जुड़े हुए समस्त क्रिया-व्यापार को आदर्शीकृत करके संस्कृति का अनिवार्य अंग बना दिया गया और यह आवश्यक समझा गया कि जो इन कलाओं के सौन्दर्य के आस्वाद में सक्षम है वही संस्कृति का वास्तविक अधिकारी है और उसी को 'संस्कृत' या कि 'सुसंस्कृत' माना जा सकता है। सौन्दर्यानुभूति की उपलब्धि संस्कृति के लिए आवश्यक अर्हता घोषित की गई। एक ओर 'सौन्दर्यानुभूति' का स्वरूप-निरूपण सौन्दर्यशास्त्र का केन्द्रीय प्रश्न बना तो दूसरी ओर सौन्दर्यानुभूति की सारी विशेषताएँ संस्कृति के आदर्श तत्त्वों के रूप में समाहित कर ली गईं। 'सामंजस्य' और 'सन्तुलन' जैसी अवधारणाएँ इसी स्थानान्तरण के उदाहरण हैं। अन्तर इतना ही आया कि जो 'सामंजस्य' और 'सन्तुलन' सौन्दर्यशास्त्र में शुद्ध मानसिक क्षेत्र तक सीमित थे, संस्कृति ने उन्हें अपनाकर सामाजिक बना लिया और इस प्रकार उनसे व्यक्ति के मन को सन्तुलित और समरस करने के साथ-साथ समाज में संघर्षशील विभिन्न वर्गों के बीच भी सन्तुलन और सामंजस्य स्थापित करने का काम लिया जाने लगा। संस्कृति ने सन्तुलन और सामंजस्य को गरिमा भी प्रदान की। यह स्थापना की गई कि जो व्यक्ति स्वयं सन्तुलित और समरस है वह श्रेष्ठ है। इसके विपरीत असन्तुलित असमंजस मनवाले व्यक्ति स्तर से नीचे ही नहीं, असामान्य हैं और

भले लोगों के बीच उठने-बैठने लायक नहीं हैं। इसी प्रकार समाज को सन्तुलित और समरस रखना उच्चकोटि का सामाजिक कर्म है और जो समाज के इस सन्तुलन को बिगाड़ता या तोड़ता है वह असामाजिक कार्य करता है—यहाँ तक कि इस कार्य में लगे हुए लोगों को असामाजिक और समाज-विरोधी भी कहा जा सकता है। इस प्रसंग में जान-बूझकर असुविधाजनक प्रश्नों को न तो उठाया जाता है और न उठाने ही दिया जाता है। जैसे, समाज में सन्तुलन से किसके हित विशेष रूप से सुरक्षित रहेंगे और कौन से लोग घाटे में रहेंगे ? इस सन्तुलन को बदलनेवाले क्या चाहते हैं, किन सुविधाओं की माँग करते हैं, समाज में उनकी स्थिति क्या है, आर्थिक सांस्कृतिक दृष्टि से वे कितने सम्पन्न या विपन्न हैं ? इत्यादि।

इसी प्रकार सौन्दर्यानुभूति की एक अन्य विशेषता है **निःसंगता**। कांट के शब्दों में प्रयोजनहीन प्रयोजनशीलता। संस्कृति ने इस मानसिक व्यापार का भी समाजीकरण कर डाला। सुसंस्कृत व्यक्ति के लिए केवल अपने-पराए के भेद-भाव से ऊपर उठना ही काफी नहीं है, बल्कि उसे सभी वर्गों से ऊपर उठना भी जरूरी है। सच्चा बुद्धिजीवी वह है जो यथार्थ में चाहे जिस सामाजिक वर्ग का हो, मानसिक रूप से अपने वर्ग के हितों को छोड़कर ही वह सच्ची संस्कृति का अधिकारी होगा। निःसंगता की इस शर्त का पालन करने में अन्ततः कौन सा वर्ग घाटे में रहेगा, इसे स्पष्ट करना आवश्यक नहीं है। आकस्मिक नहीं कि मैथ्यू आर्नल्ड की संस्कृति और साहित्यालोचन की प्रमुख अवधारणा यह 'निःसंगता' ही थी और इसीलिए सच्चे आलोचक की पहली शर्त भी। रही 'प्रयोजनहीन प्रयोजनशीलता' वह अपने विरोधाभास के चमत्कार के लिए ही दिलचस्प नहीं है बल्कि संस्कृति के अन्तर्गत हाथ का काम न करनेवाले और दूसरों की मेहनत पर गुलछर्रे उड़ानेवाले वर्ग के भोगवाद का उदात्त दर्शन है। कलाकृति की रचना जीवन के चाहे जितने व्यावहारिक अनुभव से हो और उसकी रचना करनेवाले चाहे जितनी भौतिक कठिनाइयों से जूझते हुए कलाकृति का निर्माण करें, आस्वाद लेनेवालों को उन सबसे क्या प्रयोजन ? यदि भोक्ता का ध्यान उन विषम व्यावहारिक परिस्थितियों की ओर गया तो कला के आनन्द में विघ्न अपरिहार्य है। कलात्मक आनन्द तो रोज़-रोज़ की उन व्यावहारिक समस्याओं से मुँह मोड़कर ही प्राप्त किया जा सकता है। यह तो हुई कला और संस्कृति की प्रयोजनहीनता। प्रयोजनशीलता यह हुई कि इससे भोक्ता को तो मानसिक सन्तुलन और सामंजस्य की उपलब्धि हुई और दूसरी ओर कला के उत्पादकों का मुँह भी व्यवहार की दुनिया से मोड़ लिया गया। दो प्रयोजन एक साथ सिद्ध। एक ही ढेले से दो शिकार। यह है सौन्दर्यशास्त्र की सांस्कृतिक उपलब्धि।

सौन्दर्यशास्त्र ने संस्कृति को कई तरह से सीमित और संकुचित किया। संस्कृति जीवन-जगत की वास्तविकता से कटकर अलग हुई; उत्पादन-प्रक्रिया से विच्छिन्न हुई; जीवन्त क्रिया व्यापार से रहित होकर अमूर्त प्रेम बनी; और अन्ततः व्यापक जनसमुदाय से कटकर एक छोटे से परजीवी वर्ग की भोग्या बन गई, इस प्रक्रिया में 'संस्कृति' 'सभ्यता' से भी अलग हो गई। सभ्यता और संस्कृति में अन्तर किया गया। दोनों की

अलग-अलग कोटियाँ भी निर्धारित कर दी गईं। सभ्यता स्थूल, संस्कृति सूक्ष्म। सभ्यता भौतिक वैभव, संस्कृति आध्यात्मिक गरिमा। विडम्बना यह कि सभ्यता का अवमूल्यन स्वयं 'सभ्य' लोगों ने किया। अवमूल्यन सभ्यता का हुआ, लेकिन सभ्य लोगों का मूल्य बढ़ गया। जो सभ्य थे वे 'संस्कृत' हो गए। लेकिन ध्यान दें तो लड्डू दोनों हाथ। एक हाथ में सभ्यता, दूसरे हाथ में संस्कृति। आदमी वही।

वैसे, कहने के लिए सौन्दर्यशास्त्र ने संस्कृति को संकुचित किया, किन्तु हकीकत में वह शिष्ट वर्ग है जिसने आगे-पीछे सौन्दर्यशास्त्र और संस्कृति दोनों को संकुचित किया।

इस प्रक्रिया में संस्कृति अपने सही अर्थ में एक **विचारधारा** बन गई। विचारधारा की पूरी ताकत के साथ। संस्कृति का एक अलग बाद खड़ा हो गया। नाम पड़ा **संस्कृतिवाद।**

इस **संस्कृतिवाद** ने साहित्य की **आलोचना** को भी प्रभावित किया। संस्कृतिवाद ने जिस तरह संस्कृति को संकुचित किया, उसी तरह उसने साहित्य की आलोचना को भी संकुचित किया। संस्कृतिवाद की शब्दावली में कहें तो संस्कृति ने साहित्य की आलोचना को संस्कृत—सुसंस्कृत किया।

आलोचना अपनी कोख से ही **आलोचनात्मक** रही है। हिन्दी में 'आलोचना' शब्द की व्युत्पत्ति भले ही 'लुच्' धातु से बताकर चारों ओर अच्छी तरह देखने के अर्थ में इसका प्रयोग किया जाए, इसे देखने के **तेवर** कई तरह के रहे हैं। आलोचना के देखने का एक तेवर वह भी रहा है जो चीज़ों के आर-पार देखता है। देखने की वह भी एक दृष्टि होती है जो सारे छद्म को तार-तार करके रख देती है। यह वह दृष्टि है जिससे बने हुए सभ्य और संस्कृत जन घबराते हैं, डरते हैं, थर्राते हैं। अंग्रेजी का 'क्रिटिसिज्म' शब्द अपने उस आलोचनात्मक अर्थ को आज भी सुरक्षित रखे हुए है। दोष-दर्शन और छिद्रान्वेषण के अर्थ में आज भी आलोचना का व्यवहार देखा और सुना जाता है। अंग्रेजी में मैथ्यू आर्नल्ड से पहले साहित्यिक आलोचना का दोष-दर्शनवाला रूप प्रचलित था और शायद प्रबल भी। साहित्य के आलोचक सामाजिक आलोचना के लिए भी इस अस्त्र का उपयोग करते थे। रूस में बेलिंस्की जैसे तेजस्वी आलोचक ने साहित्यिक आलोचना को जिस तरह सामाजिक और राजनीतिक आलोचना के प्रखर अस्त्र के रूप में इस्तेमाल किया वह उन्नीसवीं सदी के पूर्वार्ध के इतिहास का सम्भवतः सबसे शानदार अध्याय है। हिन्दी में भी उन्नीसवीं सदी के उत्तरार्ध से चलकर बीसवीं सदी में महावीरप्रसाद द्विवेदी, रामचन्द्र शुक्ल, हजारीप्रसाद द्विवेदी, रामविलास शर्मा से आती हुई साहित्यिक आलोचना का वह सामाजिक-राजनीतिक तेवर अब भी बरकरार है।

किन्तु सौन्दर्यशास्त्र के सम्पर्क से संस्कृति की तरह और लगभग संस्कृति के साथ ही **साहित्यिक** आलोचना का **सौन्दर्यीकरण** हुआ। सौन्दर्यीकरण शब्द सुन्दर नहीं है। 'सुन्दरीकरण' कहें तो भी बात बनने की जगह बिगड़ती-सी लगती है। ठेठ हिन्दी में हिन्दी **के अपने** देसी लहजे में कहें तो सौन्दर्यशास्त्र ने आलोचना को 'सुन्दर' बनाया। 'सुन्नर'

बनाया। मैथ्यू आर्नल्ड की कृपा से वह भी 'निःसंगता' की साधना करने लगी। अंग्रेजी आलोचना में सौन्दर्यशास्त्र से एक शब्द आया 'टेस्ट'। हिन्दी ने अपने ढंग से उसे 'रुचि' में बदला। पूरा अर्थ न खुला तो उसे 'सुरुचि' कहा। फिर 'अभिरुचि'। अपनी संस्कृत की पुरानी परम्परा में 'रस' शब्द पहले से मौजूद है। अंग्रेजी के 'टेस्ट' से हल्का भी नहीं। बल्कि कहीं अधिक अर्थगर्भ। जब आलोचना के कर्म में 'अभिरुचि' दाखिल हुई तो फिर 'टेस्ट' के साथ 'एप्रिसिएशन' का महत्त्व बढ़ा। हिन्दी में इसके लिए उचित शब्द की तलाश शुरू हुई। हारकर इस बार संस्कृत के उसी रस-सिद्धान्त की ओर जाना पड़ा और 'आस्वाद' से सन्तुष्ट होने के अलावा कोई चारा न रहा। 'आस्वाद' की उपलब्धि के साथ साहित्यिक आलोचना मूल आलोचना कर्म से हटकर कलाकृतियों के आस्वाद में रुचि लेने लगी। आम आदमी की भाषा में वह साहित्यिक कृतियों की जुगाली करने लगी।

सौन्दर्यशास्त्र से साहित्यिक आलोचना में 'टेस्ट' के साथ एक और शब्द आया 'डिस्क्रिमिनेशन'। हिन्दी में फिर प्रतिशब्द की तलाश शुरू हुई। संस्कृत का काव्यशास्त्र फिर मदद के लिए पहुँचा। वहाँ पहले से 'व्यक्ति-विवेक', 'काव्य-विवेक' जैसे शब्द काव्यशास्त्र के प्रसिद्ध ग्रन्थों के रूप में मौजूद थे। अन्ततः 'विवेक' शब्द अपनाया गया। लेकिन सौन्दर्यशास्त्र के साहचर्य से यह विवेक सौन्दर्य और कला की वस्तुओं में ही विवेक करने तक सीमित रहा। सौन्दर्य, कला और साहित्य के सामाजिक और राजनीतिक पहलुओं में भी विवेक करना जरूरी है, इस ओर से ध्यान हट गया। इस विवेक का प्रयोग मुख्यतः कलाकृति के रूप में सूक्ष्म से सूक्ष्म भेद करने के लिए होने लगा। संस्कृत काव्यशास्त्र में पहले भी यह किया जा चुका था। अलंकार, रीति, गुण, वक्रोक्ति, ध्वनि और रस के जितने भेदोपभेद यहाँ किए गए, दुनिया के किसी साहित्य में शायद ही ऐसी कोई मिसाल मिले। बहरहाल आधुनिक हिन्दी में वर्गीकरण-समर्थ वैसी मनीषा तो मिलने से रही पर **रूपवाद** की प्रवृत्ति निश्चय ही बढ़ने लगी। यह रूपवाद मूलतः सौन्दर्यशास्त्र की देन है। आचार्य शुक्ल ने क्रोचे की आलोचना करते हुए बहुत पहले इस कलावादी प्रवृत्ति के प्रति सावधान किया था। इसीलिए उन्होंने साहित्य को कला के अन्तर्गत मानने का विरोध किया था। साहित्य को कला के छूत से बचाना जो था। यह कला कलावाद की है। कला मात्र नहीं।

आज भी साहित्य में जहाँ रूपवाद और कलावाद है, कलाओं के संसर्ग के कारण। भोपाल की मध्य प्रदेश कला परिषद भी साहित्य की कलाओं के साथ और कलाओं के बीच रखने का गर्व करती रही है। यह सबकुछ संस्कृति विभाग के शामियाने के नीचे हुआ है। इस सहअस्तित्व से कलाओं का क्या बना, यह तो नहीं पता, साहित्य की आलोचना जरूर कलात्मक और कलामय हो गई है। **जहाँ बहुत कला होगी, परिवर्तन नहीं होगा**–यह लिखते समय रघुवीर सहाय के ध्यान में यह स्थिति भी थी ?

सच तो यह है कि साहित्य के लिए न तो कलाओं का सम्पर्क हानिकर है, न सौन्दर्यशास्त्र का। हानिकर है कलावाद की कला और कलावाद का सौन्दर्यशास्त्र; और इस सौन्दर्यशास्त्र पर कलावाद की छाप इतनी गहरी है कि वह सौन्दर्यशास्त्र की

अधिकांश अवधारणाओं तक में घर किए बैठी है—यहाँ तक कि सौन्दर्यशास्त्र की समूची भाषा कलावादी अभिरुचि से ओतप्रोत है। इस भाषा में सोचनेवाला व्यक्ति साहित्य को तो रूपाकारों में देखने का अभ्यस्त हो ही जाता है, जीवन-जगत और समाज को भी उन्हीं रंग-रूपों की तरह देखने लगता है। ''देखहिं चराचर नारिमय जे ब्रह्ममय देखत रहे।'' आकस्मिक नहीं कि इस सौन्दर्यशास्त्रीय प्रभाव में सारा साहित्य सिमटकर 'काव्य' बन जाता है, अभिरुचि कविता तक सिमट रहती है। आगे बढ़ी तो नाटक तक और वह भी इसलिए कि उसमें विविध कलाओं का योग रहता है। उपन्यास और कहानी इस अभिरुचि के दरवाज़े के बाहर होते हैं। इनमें से एकाध को प्रवेश भी मिल पाया तो इसलिए कि उनमें 'कवित्व' है। यहाँ 'कवित्व' का अर्थ विशेष है। एक खास काट का कवित्व। नख-दन्त-विहीन। गर्द-गुबार रहित। जिन बातों के कारण कहानी-उपन्यास वर्जित रहते हैं।

वैसे, रूपाकार का मज़ा लेना अपने आप में बुरा नहीं है। शुद्ध रूप का भी अपना रस है। रूप को केवल रूप की तरह बहैसियत रूप देखना भी अच्छा लगता है और यह कोई गुनाह नहीं है। लेकिन ऊपर-ऊपर से जो रूप मात्र प्रतीत होता है, वह भी आखिर मानव की कृति है—मानवीय कृति। उसकी प्रतिक्रिया ही मानवीय नहीं होती, उसकी अपनी प्रकृति भी मानवीय है। कला-समीक्षक और स्वयं कलाकार कहते रहे कि उसका कोई अर्थ नहीं है, वह सिर्फ 'है', फिर भी वह मानवीय होने के नाते अपने सृजन और अधिग्रहण दोनों में सामाजिक क्रिया है और इस नाते एक निश्चित सामाजिक प्रक्रिया का अभिन्न अंग है। देश-काल का अतिक्रमण करने और कराने की क्षमता रखने के बावजूद उसका अस्तित्व असन्दिग्ध रूप से सामाजिक है। इसलिए सामाजिक विश्लेषण के द्वारा ही उसका ठीक-ठीक महत्त्व आँका जा सकता है। समाज के सन्दर्भ को छोड़ देने पर तो वह समझ से भी परे चला जाता है। सौन्दर्यशास्त्र ने आलोचना से उसका यह समाज छीन लिया, समाज का आधार हटा दिया। निराधार आलोचना अपनी आलोचनात्मक क्षमता खो बैठी। आलोचना नितान्त 'रचनात्मक' हो गई। शुद्ध रचनात्मक आलोचना। रचना के अनुकरण पर एक दूसरी रचना। स्वधर्म छोड़ उसने परधर्म स्वीकार कर लिया। और 'स्वधर्मे निधन श्रयो परधर्मो भयावहः'। निःसन्देह इस धर्म परिवर्तन के लिए वह सराही भी जाती है। अपने सराहनेवालों की वह स्वयं भी सराहना करती है। उसमें सिर्फ सराहने की क्षमता बच रहती है। एक दरबारी की तरह। इस सराहने को ही वह आलोचना का धर्म-कर्म समझने लगती है। अन्ततः आलोचना का एक नया शास्त्र तैयार हो जाता है, सम्प्रदाय खड़ा हो जाता है। मंगलाचरण में आलोचनात्मक आलोचना का प्रत्याख्यान और उपसंहार में आशंसा का बखान। नामकरण 'आस्वादवादी आलोचना'। वैसे संक्षेप में अपने आपको वह आलोचना ही कहती है, गोया आलोचना अगर कोई है तो वह सिर्फ वही। 'रचनात्मक आलोचना' का यह ख़िताब रचनाकारों का दिया हुआ है।

सौन्दर्यशास्त्र ने राजनीति को भी सुन्दर बनाया है। राजनीति सुन्दर होकर

'फासिज़्म' की शक्ल में आई। सन् पचहत्तर की इमरजेंसी भूली न होगी। हर शहर को सुन्दर बनाने का अभियान चलाया गया था। दिल्ली के तुर्कमान गेट को सुन्दर बनाने के लिए गोलियाँ चलानी पड़ीं। राजनीति की सुन्दरता का वह पहला स्वाद था। घूँट खून की थी। सुन्दर राजनीति की अद्वितीय सौन्दर्यानुभूति ! अफसोस उस राजनीति के सौन्दर्यशास्त्र का कोई शास्त्र नहीं रचा गया। इस सौन्दर्यशास्त्र में भी ज़ोर रूप पर था। इस रूपवाद का सूत्र वाक्य था अनुशासन। ठीक कलानुशासन की तरह। शुद्ध रूप को ही देखने की शर्त हो तो रूप का यह अनुशासन बुरा न था। कुछ कलापारखी उसे अच्छा कहनेवाले भी थे। फासिज्म उन्हें कहीं और दिखाई पड़ता था। वहाँ नहीं जहाँ सचमुच था। ऐसे कलापारखियों में कुछ मार्क्सवादी भी थे। स्तालिनकाल के रूपवाद से भली-भाँति परिचित। अनुशासन के प्रशंसक ! इस प्रकार सौन्दर्यशास्त्र कभी-कभी राजनीति को भी इतना 'सुन्दर' बना देता है कि राजनीतिक आलोचना की दृष्टि धुँधली हो जाती है, धार कुन्द पड़ जाती है। जब राजनीति का यह हाल है तो साहित्यिक आलोचना के अंजाम का अन्दाजा लगाया जा सकता है।

इसलिए 'आलोचना की संस्कृति' को ठीक से समझने के लिए संस्कृति की आलोचना जरूरी है और संस्कृति की आलोचना का पहला चरण है **संस्कृतिवाद की आलोचना।**

संस्कृतिवाद एक ऐसी विचारधारा है जो जीवन की सारी समस्याओं को समेटकर संस्कृति की समस्या बना देती है क्योंकि उसके अनुसार जीवन की तमाम समस्याएँ सिर्फ संस्कृति की समस्याएँ हैं। किन्तु **संस्कृतिवाद** की विचारधारा यहीं नहीं रुकती। इसके बाद वह संस्कृति की अवधारणा को भी संकुचित करती है। इस विचारधारा में अमूर्तन की विशेष भूमिका होती है। संस्कृति एक जीते-जागते क्रिया-व्यापार की जगह कुछ अमूर्त मूल्यों की तालिका बनकर रह जाती है, देश-काल से परे कुछ ऐसी विशेषताएँ जो सार्वभौम और शाश्वत हैं। संस्कृतिवाद की संस्कृति ऐसी अनूठी वस्तु है जिसे किसी मानव-समाज ने नहीं बनाया, बल्कि जो मानव-समाज को बनाती है। "मोहि तौ मेरो कवित्त बनावत" की तरह। संस्कृतिवाद की विचारधारा के प्रभाव को नष्ट करने के लिए संस्कृति के इस रहस्यवाद और अमूर्तन का विरोध आवश्यक है।

किन्तु संस्कृतिवाद का विरोध करते समय कुछ गलतियों के प्रति सतर्क रहना जरूरी है। आवेश में कभी-कभी संस्कृति मात्र का विरोध होने लगता है। संस्कृति के अमूर्तन का विरोध जरूरी है किन्तु उसकी सापेक्ष स्वायत्तता को नकारना गलत है। मार्क्सवादी आलोचक संस्कृति के सामाजिक आधार पर जोर देने के लिए संस्कृति को आर्थिक आधार मात्र बनाकर रख देते हैं; यह मार्क्सवाद नहीं, मार्क्सवाद का मज़ाक है। किसी देश की आर्थिक स्थिति के सुधर जाने से अपने आप सांस्कृतिक उत्थान नहीं हो जाता। आर्थिक स्थिति पर अंशतः निर्भर रहने के बावजूद संस्कृति की सत्ता अंशतः स्वायत्त भी होती है और इस स्वायत्त क्षेत्र के विकास के लिए अलग से भी प्रयास करने की आवश्यकता है। यहाँ तक कि कभी-कभी सांस्कृतिक पिछड़ापन स्वयं आर्थिक विकास

में बाधक बन जाता है।

यहीं प्राथमिकता का प्रश्न उठता है। पहले संस्कृति या पहले आर्थिक और राजनीतिक उत्थान ? सच पूछिए तो यह प्रश्न ही गलत ढंग से उठाया गया है। एक निश्चित ऐतिहासिक स्थिति की विशिष्टता के अनुरूप यह सामान्य प्रश्न भी विशिष्ट रूप में सामने आता है। इतिहास की संश्लिष्ट प्रक्रिया में प्राथमिकता का प्रश्न इतने सामान्य रूप में प्रस्तुत नहीं होता और न आगे-पीछे के ढंग से वह हल ही किया जाता है। मिसाल के लिए उपनिवेशवादी दौर में जब राजनीतिक स्वाधीनता भारत का प्रथम लक्ष्य था, सारे सांस्कृतिक प्रयास इस बिना पर मुल्तवी नहीं रखे गए कि आजादी मिल जाने के बाद ही संस्कृति की ओर ध्यान दिया जाएगा। आजादी के इन्तजार में यदि डेढ़-दो सौ वर्षों तक सारे सांस्कृतिक कार्य ठप्प रखे गए होते, स्वाधीन भारत कितनी मूल्यवान सांस्कृतिक विरासत से वंचित रह जाता। यही नहीं बल्कि आजादी के बाद क्षतिपूर्ति असम्भव होती। यह कहना कि संस्कृति एक दिन में नहीं बनती—संस्कृतिवाद नहीं है।

इसी प्रकार का एक भ्रम यह भी है कि संस्कृति का बुद्धि-विलास विकसित और समृद्ध यूरोप, अमेरिका तथा जापान को मुबारक, एशिया, अफ्रीका, लैटिन अमेरिका के देश फिलहाल संस्कृति की ऐयाशी में अपने सीमित साधनों का अपव्यय नहीं कर सकते। एक तो इस कथन के पीछे स्पष्टतः संस्कृति की अत्यन्त सीमित धारणा निहित है। दूसरे, विकास में संस्कृति की सक्रिय भूमिका की कोई पहचान नहीं है। हमें यह नहीं भूलना चाहिए कि तथाकथित तीसरी दुनिया के देशों ने सांस्कृतिक चेतना का विकास करके ही साम्राज्यवादी शिकंजे से अपनी राजनीतिक स्वाधीनता प्राप्त की। राष्ट्रीय चेतना के विकास के बिना स्वाधीनता की प्राप्ति असम्भव थी, और कहने की आवश्यकता नहीं कि राष्ट्रीय चेतना वस्तुतः एक सांस्कृतिक चेतना है। स्वाधीनता-प्राप्ति के बाद इस सांस्कृतिक चेतना की आवश्यकता कम हुई नहीं है। आर्थिक विकास और जनतान्त्रिक राजनीति का विस्तार करने के साथ ही अपनी स्वाधीनता की रक्षा निश्चय ही प्रधान आवश्यकताएँ प्रतीत होती हैं, किन्तु इन सभी कार्यों को सम्पन्न करने के लिए देश की जनता को सांस्कृतिक चेतना से लैस करना भी उतना ही आवश्यक है। यदि इस बात पर जोर न दिया गया तो संस्कृति का समूचा मैदान ऐसे तत्त्वों के हाथ पड़ जाएगा जो किसी-न-किसी तरह संस्कृतिवाद की विचारधारा का ही प्रचार करते हैं। संस्कृतिवाद का जवाब अर्थवाद नहीं है; जवाब है संस्कृति की ऐसी मूलगामी आलोचना जो आलोचना की संस्कृति के मूल अभिप्राय का मायाजाल छिन्न-भिन्न करने में समर्थ हो।

[1988]

साहित्य की मुक्ति या कछुआ धर्म ?

फ्रांस में एक और क्रान्ति हुई जिसका धमाका विद्या के क्षेत्र तक ही सीमित है। इसे 'भाषावैज्ञानिक क्रान्ति' कहते हैं। यह घटना बीसवीं शती के उत्तरार्द्ध की है। इसके मूल प्रेरणा स्रोत हैं—फर्दिनान्द दि सोस्यूर, जो 1916 में गुमनाम ही दुनिया से चल बसे। उनकी मृत्यु के कई दशक बाद शिष्यों ने अपने 'नोट्स' के आधार पर उनके व्याख्यान प्रकाशित किए तो यूरोप और अमेरिका में तहलका मच गया। पश्चिम के विद्वानों के सामने जैसे एक सर्वथा नया भाषालोक प्रकट हुआ। भाषा और लोक के बीच एक नए सम्बन्ध का प्रत्यभिज्ञान। बीज विचार इतना ही है कि भाषा और संसार के बीच किसी प्रकार की अनुरूपता का सम्बन्ध नहीं है, बल्कि यह सम्बन्ध एक प्रकार की रूढ़ि मात्र है। संस्कृत व्याकरण के जानकारों के लिए यह कोई नई बात नहीं है। सोस्यूर स्वयं भी संस्कृत के पंडित थे, किन्तु इस विचार-बीज में कितना बड़ा विस्फोटक छिपा है, इसका अन्दाजा उन्हें न था। उत्तरशती की यूरोपीय मनीषा के सम्मुख शब्द और संसार के सम्बन्ध इतने शिथिल हो गए कि शब्दों से रचे हुए सभी शास्त्र गल्प (फिक्शन) की हैसियत पर आ पहुँचे, कहानी-उपन्यास तो पहले ही से गल्प कहलाते हैं, अब कविता भी गल्प कही जाने लगी और इसके बाद प्रतीत हुआ कि इतिहास भी गल्प ही है और दर्शन भी गल्प का एक प्रकार। यहाँ तक कि समाजविज्ञानों के सिद्धान्त भी अपनी संरचना में इस गल्प के दायरे से बाहर नहीं है। गरज यह कि तथ्यात्मकता के दावेदार सभी शास्त्रों और विज्ञानों की तथ्यनिष्ठा के सामने प्रश्नचिह्न लग गया और इस प्रकार वे सब गल्पधर्मी होने के कारण साहित्य के घेरे में आ गए।

बोलबाला अब हर जगह 'टेक्स्ट', 'डिस्कोर्स' और 'राइटिंग' का है। जॉक देरिदा ने साबित कर दिखाया कि दर्शन चिन्तन की कोई पद्धति नहीं, बल्कि 'लेखन' का ही एक रूप है। फ्रेडरिक जेमिसन ने 'अधि-इतिहास' (मेटाहिस्टरी) नामक युगान्तकारी ग्रन्थ से यह तथ्य उद्घाटित किया कि इतिहास-लेखन भी अलंकार-शास्त्र की उन्हीं विधियों से अनुशासित होता है जो साहित्यिक आख्यानों में पहले से स्वीकृत हैं। फलश्रुति यह कि हर तरह का लेखन, चाहे वह जिस शास्त्र का हो, साहित्य-विद्या की विश्लेषण विधि के अधीन है। इसलिए अपने यहाँ जो लेखक फिलहाल साहित्य के 'उपनिवेश' बन जाने पर शोकाकुल हैं, चाहें तो गर्व कर सकते हैं कि साहित्यशास्त्र ने अन्य सभी शास्त्रों को अपना 'उपनिवेश' बना लिया है। अमेरिकी विश्वविद्यालयों में 'सिद्धान्त' (थियरी) का

मतलब ही है साहित्यिक सिद्धान्त। वर्चस्व सर्वत्र साहित्य का है और आधिपत्य साहित्यशास्त्र का। अमीर खुसरो के शब्दों में हम भी आज उनसे यह कहने का साहस कर सकते हैं :

मुल्के दिल कर दी खराबल तीरे नाज़।
व दरीं वीराना सुल्तानी हनोज़ ॥

[दिल के मुल्क को तूने अपने नाज़ के तीर से उखाड़ दिया और अब तू इस वीराने में सुल्तान बना बैठा है।]

विडम्बना तो यह है कि साहित्य को यह सुल्तानी अन्य शास्त्रों ने सौंपी है या कि कबूल की है। देरिदा साहित्य के समालोचक नहीं हैं। वे दर्शन से आए हैं। और साहित्य के सामने सिर झुकानेवाले वे अकेले ग़ैर-साहित्यिक चिन्तक नहीं हैं। देरिदा के प्रेरणास्रोत हाइडेगर पहले ही कवि होल्डरलिन का ऋण स्वीकार कर चुके हैं। और अब तो प्रत्येक ज्ञान शाखा में देरिदा के शिष्य तैयार हो गए हैं। तय करना मुश्किल है कि इन्हें किस अनुशासन के वर्ग में रखा जाए क्योंकि ये पुरानी चाल के किसी अनुशासन की सीमा में नहीं अँटते। दरअसल इनका क्षेत्र वही 'थियरी' है—साहित्यिक सिद्धान्त का संक्षिप्त रूप।

साहित्य की यह पदोन्नति अचानक एक दिन में नहीं हुई। शुरुआत, निस्सन्देह, साहित्य की स्वायत्तता की माँग से ही हुई। लेकिन पहले सौन्दर्यशास्त्र/कलाशास्त्र को अलग किया गया—एक-एक कर धर्म से, दर्शन से, राजनीति से और नीतिशास्त्र से। फिर स्वयं साहित्यशास्त्र को भी सौन्दर्यशास्त्र/कलाशास्त्र के शिकंजे से मुक्त करने की ज़रूरत महसूस हुई। ज्ञान की शाखाओं के बीच साफ-साफ हदबन्दी के सबसे बड़े माहिर कांट थे। उन्होंने अपनी 'शुद्ध बुद्धिमीमांसा' से सौन्दर्यशास्त्र को 18वीं शती में ही स्वायत्त कर दिया। इस प्रक्रिया को अन्तिम परिणति तक पहुँचाया मार्क्सवादी लुकाच ने बीसवीं शती के उत्तरार्द्ध में। 'सौन्दर्यशास्त्र की विशिष्टता' नामक विशाल ग्रन्थ इस अथक चिन्तक की दीर्घ साधना की अन्तिम पूर्ण कृति है। किन्तु इस बीच यह अनुभव किया गया कि सौन्दर्यशास्त्र भी वस्तुतः एक 'विचारधारा' ही है, कोई निरपेक्ष शास्त्र नहीं, इसलिए साहित्यशास्त्र को इस खतरनाक विचारधारा—सौन्दर्यशास्त्रीय विचारधारा—से मुक्त करना आवश्यक हो गया। यह मुक्तियज्ञ सम्पन्न किया अमेरिका में येल विश्वविद्यालय के प्रोफेसर पाल डि मान ने। बीसवीं शती के अन्तिम दशकों में 'वापस अलंकारशास्त्र को' (रिटर्न टु रेटरिक) साहित्यशास्त्र की इस मुक्ति का ऐतिहासिक घोषणा पत्र है। इस प्रयास में एक युवा मार्क्सवादी आलोचक टेरी ईगल्टन ने भी कन्धा दिया 'सौन्दर्यशास्त्र की विचारधारा' नामक पुस्तक लिखकर। इस प्रकार साहित्यशास्त्र, कम से कम सिद्धान्त के स्तर पर, अब पूर्णतः मुक्त है। इस मुक्तिप्रयास में मार्क्सवादी और ग़ैरमार्क्सवादी सभी शामिल हैं। फलतः अब साहित्य की स्वायत्तता सर्वस्वीकृत है। अब साहित्य का 'स्वराज' ही नहीं 'पूर्ण स्वराज' है। 'परम स्वतन्त्र न सिर पर कोई'। मम्मट के शब्दों में 'अनन्यपरतन्त्र' ही नहीं, 'नियतिकृत-नियमरहित' भी। भारत ने साहित्य की जिस स्वायत्तता की घोषणा ग्यारहवीं शती में ही कर दी थी उसे प्राप्त करने

के लिए यूरोप को इतना लम्बा संघर्ष करना पड़ा।

किन्तु हर मुक्ति की तरह साहित्य की यह मुक्ति भी विडम्बनापूर्ण सिद्ध हुई। जिस स्वायत्तता के लिए मुक्ति संघर्ष हुआ, वही स्वायत्तता मुक्ति मिलने पर ग़ायब हो गई। सिद्धान्त के इस नए जनतन्त्र में घोषणा हुई कि सभी शब्द-निर्मित विद्याओं का सिर्फ एक नाम है—लेखन (राइटिंग)। जैसे और 'टेक्स्ट' वैसे साहित्य। 'साहित्य' जैसे किसी विशेषाधिकार-सम्पन्न लेखन का अभिधान वर्जित। जब सभी शास्त्र 'वाग्विकल्प' हैं और सभी वाग्विकल्प 'लेखन' मात्र तो साहित्यिक लेखन में ही कौन सा सुरखाब का पर लगा है कि उसे विशेष दर्जा दिया जाय। विचार करने पर यह सत्य प्रकट हुआ कि कोई लेखन अपने कर्म से साहित्य कहलाता है, किसी आन्तरिक गुण के कारण नहीं। साहित्य की 'साहित्यिकता' के निरूपण के लिए रूसी रूपवादियों ने कितनी कवायद की थी; इस नई 'भाषावैज्ञानिक क्रान्ति' ने एक पल में सारे किए-धरे पर पानी फेर दिया। साहित्य 'लेखन' भर होकर रह गया।

एक तरह से देखें तो यह घटना भी कोई आज की नहीं। बकौल ज्याँ पाल सार्त्र, पहला कवि मालर्मे है जिसने यह सवाल उठाया था कि क्या साहित्य जैसी किसी चीज़ का कोई अस्तित्व है। यह वही कवि है जिसने कहा था कि कोई वास्तविकता बची नहीं है, वह लेखन में लुप्त हो चुकी है। इस प्रकार जहाँ देखिए वहीं लेखन। लेखन ही लेखन। यत्र-तत्र सर्वत्र। लेखन के अलावा और कुछ नहीं। कोई वास्तविकता नहीं। जॉक देरिदा के शब्दों में 'टेक्स्ट के परे कुछ भी नहीं', अन्यत्र भी नहीं। वैसे, मार्क्सवादी चिन्तक वाल्टर बेंजामिन साहित्य का सारा 'प्रभामंडल' पहले ही छीन चुके थे। बेचारे बेंजामिन भला ऐसी हिमाकत क्यों करते। वे तो साहित्य के प्रेमी और कला-मर्मज्ञ थे। प्रभामंडल (ऑरा) छीना 'मशीनी उत्पादन' के युग ने। एक कलाकृति की लाखों-करोड़ों प्रतिलिपियाँ तैयार करके मशीन ने कलाकृति की दुर्लभ अद्वितीयता ही समाप्त कर दी। बेंजामिन ने तो इस कड़वे सच की ओर ध्यान भर खींचा था। उन्हें क्या पता था कि यह प्रभामंडल आगे चलकर इस हद तक मिट जाएगा और साहित्य लेखन मात्र कहलाएगा। साहित्य की मुक्ति का यह पहला 'शापमय वर' है।

साहित्य की मुक्ति का दूसरा शापमय वर यह है कि अब साहित्य का शास्त्र स्वयं साहित्य से मुक्त होकर अपनी स्वायत्तता घोषित करने लगा है। साहित्यशास्त्र का काम अब यह बताना नहीं रहा कि क्या साहित्य है और क्या साहित्य नहीं है। जब 'साहित्य' जैसी किसी चीज़ का अस्तित्व ही नहीं तो फिर इसकी तलाश में वक़्त बर्बाद कौन करे। जब यहाँ-वहाँ सब कहीं 'टेक्स्ट', 'लेखन' है तो एक ही काम बचा रहता है—मीमांसा या व्याख्या का। इन नए मीमांसकों की बोली में 'रीडिंग'। 'साहित्यिक आलोचना' तो क्या 'आलोचना' मात्र जैसे शब्द का चलन उठ चला है। ज़रूरी नहीं कि व्याख्या का सम्बन्ध प्रस्तुत पाठ से हो ही। पाठ स्वायत्त है तो व्याख्या स्वायत्त क्यों न हो ? पाठ केवल मुद्रित शब्द तो नहीं। शब्दों के बीच की खाली जगह भी तो पाठ का ही अंग है। जो कहा नहीं गया, वह कहीं ज़्यादा अर्थगर्भी है। निर्णायक व्याख्याकार है—केवल

व्याख्याकार; सर्वोच्च न्यायालय यहाँ कोई नहीं। किसी सर्वस्वीकृत विधि-विधान के होने का तो सवाल ही नहीं उठता। गरज कि मनमानी व्याख्या की पूरी छूट है। और व्याख्या भी क्या ? शब्द पर शब्द का जाल और इस जाल का सिलसिला भी ऐसा कि कहीं खत्म होने का नाम न ले। मूल पाठ तो छूट गया। बहस उन शब्दों को लेकर हो रही है जिनसे बहस की जा रही है। पढ़कर संस्कृत के पुराने नव्य-नैयायिकों की 'अवच्छेकावच्छिन्न' वाली बहस याद आती है। इस प्रकार साहित्यशास्त्र भी पूरी तरह मुक्त है। मूल पाठ भी खुला हुआ और व्याख्या भी कहीं ज़्यादा खुली हुई। नजारा ऐसा कि ग़ालिब का यह शेर बेसाख्ता याद आता है :

वा कर दिए हैं शौक ने बन्द-ए-नकाब-ए हुस्न।
गैर-अज-निग़ाह अब कोई हाइल नहीं रहा ॥

[मेरे शौक ने हुस्न के नकाब के सारे बन्द खोल दिये हैं, अब अपनी निगाह के अलावा और कोई बाधा नहीं है।]

साहित्य पर भी कोई पाबन्दी नहीं है और न कोई बाधा ही है, सिवा साहित्य की अपनी दृष्टि के।

बौद्धदर्शन की पुरानी शब्दावली में दिट्ठि। आधुनिक पाश्चात्य चिन्तन की शब्दावली में 'आइडियोलाजी' यानी विचारधारा। इस विचारधारा को एक नाम देने की भी कोशिश हुई है—'पोस्ट-माडर्निज्म', जिसे हिन्दी में ग़लत या सही 'उत्तर-आधुनिकता' कहा जा रहा है।

यह उत्तर-आधुनिकता ही पश्चिम के चिन्तन की दुनिया में उत्तरशती की सबसे नई क्रान्ति है। इस क्रान्ति की एक हल्की सी धमक हिन्दी में भी सुनाई पड़ रही है। 'साहित्य का स्वराज' उसी क्रान्ति के नारे का भारतीय संस्करण है। साहित्य के इस स्वराज में एक 'स्वराज' शब्द को छोड़कर सारी शब्दावली पश्चिमी 'उत्तरआधुनिकतावाद' की है। साहित्य का यह कैसा 'स्वराज' है जो हर चीज़ से मुक्ति चाहता है—सिवा 'पश्चिम' के। फिर भी ये नए सुराजी कहते हैं कि ज़माना 'उत्तर-उपनिवेशवाद' का है। कहने की ज़रूरत नहीं कि यह पद भी उसी पश्चिम का है। गरज कि 'जितने चिराग़ हैं तेरी महफिल से आए हैं'। इसके बाद यह बात तो सख्त हो जाएगी कि 'सब क़त्ल होके तेरे मुकाबिल से आए हैं'।

'क्रान्ति का निर्यात नहीं हो सकता' यह बात जैसे अब ग़लत साबित हो रही है। बात ग़लत थी तो समाजवादी क्रान्ति के सन्दर्भ में। उत्तर-आधुनिकतावादी क्रान्ति और चीज़ है। इस क्रान्ति के निर्यात का दोष अमेरिका को कोई क्यों दे ? हिन्दी के कुछ उत्साही लेखक खुशी-खुशी इस क्रान्ति का आयात कर रहे हैं। यह हिन्दी साहित्य के पिछड़ेपन को दूर करने का साहसिक प्रयास है। दिक्क़त यह है कि पश्चिमी नज़र में जो साहित्य अभी पूरी तरह 'आधुनिक' ही नहीं हुआ वह इतनी जल्दी छलाँग लगाकर 'उत्तर-आधुनिक' क्योंकर होने लगा। फिर एक दिक्क़त यह भी है कि उत्तर-आधुनिकता से ऊबकर, जैसा कि अक्सर हुआ है, पश्चिम कुछ और करने लगा तो हमारे

नित-नवीनताप्रेमियों के इस 'स्वराज' का क्या होगा ?

उत्तर-आधुनिकतावाद तो इतिहास को भी नहीं मानता। लेकिन हम देखते हैं कि हमारा इतिहास हर कदम पर हमारा पैर पकड़े है। पैर तो झटका जा सकता है लेकिन उस इतिहास को नजरअन्दाज़ नहीं किया जा सकता। आगे बढ़ने से पहले पीछे मुड़कर देखना ही पड़ेगा। पीछे ही नहीं, अगल-बगल भी।

उत्तर-आधुनिकतावाद जिस भाषा-वैज्ञानिक क्रान्ति की उपज है, बहुत-कुछ वैसी ही क्रान्ति अपने यहाँ भी एक बार हो चुकी है–शताब्दियों पहले बौद्ध दर्शन के उदय के समय। यह वाक्य धर्मकीर्ति का है–"ननु नार्थं शब्दाः स्पृश्यन्ति"। शब्द अर्थ का स्पर्श तक नहीं करते। तात्पर्य यह कि किसी शब्द से वास्तविक पदार्थ का नहीं, बल्कि उस पदार्थ के भाव का बोध होता है। शब्द और अर्थ के बीच का सम्बन्ध कामचलाऊ है, इसी समझ के साथ शब्दों के सहारे दुनिया का सारा कारोबार चलता है। बौद्ध दार्शनिकों की यह स्थापना उस ज़माने के लिए भी कम विस्फोटक न थी। आज भी पश्चिम के अनेक विद्वान ज़ाक देरिदा के 'डिफरेंस' में बौद्ध 'अपोहवाद' की छाया देख रहे हैं। इस क्रान्तिकारी भाषा-दर्शन ने भारतीय साहित्य को कितना मुक्त किया, यह तो हम नहीं जानते, किन्तु इतना निश्चित है कि विशाल संस्कृत-साहित्यशास्त्र के अन्तर्गत कहने के लिए भी कोई बौद्ध साहित्यशास्त्र नहीं बचा है।

इसके बावजूद संस्कृत के साहित्यशास्त्रियों को साहित्य-विद्या की स्वायत्तता स्वीकार करने में कोई हिचक नहीं हुई। विस्तार में न जाकर यदि यायावरीय राजशेखर को ही देखें तो उन्होंने साहित्य विद्या को आन्वीक्षिकी, त्रयी, वार्ता और अर्थशास्त्र (दंडनीति) नामक चारों विद्याओं का निष्यन्द (सार) मानते हुए भी उसे पाँचवीं विद्या का स्वतन्त्र स्थान दिया। आनन्दवर्धन ने तो यहाँ तक कहा कि इस संसार के लिए भले ही कोई और प्रजापति हो, काव्य के अपार संसार का प्रजापति तो एक कवि ही है और वहाँ किसी दूसरे का दखल नहीं, बल्कि एक उसी का शासन चलता है–उसे जैसा रुचता है, विश्व को उसी रूप में बदल लेता है : "यथास्मै रोचते विश्वं तथा विपरिवर्तते"। यह साहित्य की स्वतन्त्रता नहीं तो और क्या है ? साहित्य-सृजन की भी और साहित्यशास्त्र की भी। इस स्वतन्त्र दृष्टि के बावजूद साहित्यशास्त्र के युग में संस्कृत साहित्य के अन्तर्गत **महाभारत** जैसा कोई काव्य न लिखा जा सका जो आत्मविश्वास के साथ यह कह सके : "यदिहास्ति तदन्यत्र यन्नेहास्ति न तत् क्वचित्।" (जो यहाँ है वही अन्यत्र है, जो यहाँ नहीं है वह कहीं नहीं है।)

क्या इसलिए कि इस स्वतन्त्र साहित्यशास्त्र की भी एक 'दृष्टि' थी और वह 'दृष्टि' उस स्वतन्त्रता की एक सीमा थी ? क्या इस 'दृष्टि' से भी अनवरत मुक्त होने का प्रयास आवश्यक नहीं ? साहित्य-दृष्टि से साहित्य की मुक्ति। साहित्य की यह मुक्ति भी साहित्य के अन्दर साहित्य के द्वारा ही उचित है। उचित और सम्भव भी। "पश्चिम की उक्ति नहीं, गीता है, गीता है।"–(निराला) 'उद्धरेदात्मानम्'–अपना उद्धार आप ही। आत्मा ही बन्धु है, सहायक है। लेकिन इसके साथ ही शत्रु भी आत्मा ही है–

'आत्मैवरिपुरात्मनः'।—साहित्य का शत्रु भी साहित्य ही है। जाहिर है कि इस स्थिति में साहित्य की मुक्ति का प्रयास 'क्षुरस्य धारा' है।

क्या इसीलिए हमारे प्राचीन भक्त कवियों ने मुक्ति को छोड़कर भक्ति का पथ अपनाया था ? तुलसीदासजी ने आखिर क्यों लिखा :

अस विचारि हरि भगत सयाने।
मुक्ति निरादर भगति लुभाने॥

मुक्ति नहीं, जनम-जनम रघुपति भगति। पुनर्जन्म से हमेशा-हमेशा के लिए छुटकारा पाने से बेहतर है भगवान के लिए प्रेम और उस प्रेम के लिए इसी संसार में बार-बार जन्म। खुशी-खुशी बन्धन स्वीकार करने की यह अनूठी प्रतिबद्धता। भारतीय भाषाओं का भक्ति-साहित्य इसी बन्धन को स्वीकार कर मुक्त हुआ था। इसी रास्ते चलकर भाषा-काव्य का ऐसा सर्जनात्मक उन्मोचन हुआ कि उसके सामने कालिदास के बाद सारा संस्कृत काव्य फीका लगता है। निःसन्देह यह शुद्ध साहित्य न था, स्वायत्त साहित्य भी नहीं। मुक्ति न जीवन में, न काव्य में। धुन न साहित्य को मुक्त करने की, न मनुष्य को। सफाई की ऐसी सनक भी नहीं कि कविता के घर से गर्द-गुबार के साथ-साथ घर के प्राणी भी बाहर फेंक दिए जाएँ। मुक्ति के भी अपने-अपने खतरे हैं और हमारे भक्त कवि उन खतरों से वाकिफ थे। आज यदि हममें से कुछ लोग इन खतरों से अनजान हैं तो इसलिए कि उनके लेखे इतिहास का अस्तित्व नहीं। वे उत्तर-इतिहास युग के अधिवासी हैं। उस देश के वासी जहाँ 'इतिहास का अन्त' हो चुका है।

वैसे भक्तिकाल में यदा-कदा दिलचस्पी उत्तर-आधुनिकतावादियों की भी देखी जाती है। पश्चिम के ईसाई सन्तों में ज़्यादा, भारतीय भक्त कवियों में कुछ कम। आकर्षण का कारण वह नहीं, जो जनसाधारण में है। असाधारण जनों को तलाश भी असाधारण की ही रहती है। वह असाधारण तत्त्व है रहस्यभावना। इस नए रहस्यवाद का एक रूप है शब्द-रहस्य। अनहद आदि। आकस्मिक नहीं कि हिन्दी के कुछ उत्तर-आधुनिकतावादी कवियों की ढेर सारी कविताओं का विषय 'शब्द' है—शब्द का रहस्य। जैसे अशोक वाजपेयी के नवीनतम कविता संग्रह 'कहीं नहीं वहीं' की एक कविता :

सबसे सुन्दर और भयानक बात यही थी
कि शब्द का अर्थ शब्द ही थे।
या कि हैं।

कितने बड़े रहस्य का साक्षात्कार किया है कवि ने। यह बात सबसे 'सुन्दर' और 'भयानक' हो न हो, निरर्थक निश्चित है। अपने कथन के सर्वथा अनुरूप। निःसन्देह इन शब्दों का अर्थ शब्द ही हैं। आभास किसी गूढ़ बात का ज़रूर होता है, पर वह भी छद्म-रहस्यवाद ही है। इसे 'उलटबाँसी' कहना भी कबीर का अपमान है।

अब साहित्य की मुक्ति-यात्रा का एक ही चरण और शेष है और वह सम्भवतः अन्तिम चरण है—शब्द से मुक्ति। विडम्बना यह है कि शब्द-मुक्ति का लेखन भी शब्दों में ही होने के लिए अभिशप्त है। और शब्द है कि हर शब्द पर कोई-न-कोई छाप लगी

है। छाप मिटाने की लाख कोशिश करें, निशान (देरिदा का 'ट्रेस') कुछ-न-कुछ बने ही रहते हैं। 'स्वायत्तता' और 'स्वराज' पर राजनीति की छाप है तो 'मुक्ति' पर धर्म की। राजनीतिक शब्द छोड़ें तो धार्मिक शब्द। आकस्मिक नहीं कि उत्तर-आधुनिकतावादी शब्दावली में धर्म-छाप शब्द काफी हैं।

अन्ततः साहित्य की यह मुक्तियात्रा प्रत्यावर्तन है या पलायन ? अपनी पहले ही खोह में वापसी या अपने आप से निरन्तर भागते जाना ? पं. चन्द्रधर शर्मा गुलेरी का 'कछुआ-धर्म', आत्मरक्षा में अपने ही अन्दर सिकुड़ते जाने की दयनीय कोशिश। प्रसंगवश, अश्वघोष की वह फड़कती उपमा, प्रसंग, बुद्धि का तपोवन-प्रवेश :

देशादनार्यैरभिभूयमानान्महर्षयो धर्ममिवापयान्तम्।

अनार्य लोग देश पर चढ़ाई कर रहे हैं। धर्म भागा जा रहा है। महर्षि भी पीछे-पीछे चले जा रहे हैं। यह कर लेंगे कि दक्षिण के अप्रकाश देश को कोई अत्रि या अगस्त्य यज्ञों और वेदों के योग्य बना लें—तब तक ही जब तक कि दूसरे कोई राक्षस या अनार्य उसे भी रहने के अयोग्य कर दें—पर यह नहीं कि डटकर सामने खड़े हो जावें और अनार्यों की बाढ़ को रोकें।

ये शब्द हैं एक सनातनी संस्कृत पंडित के जिन्हें हिन्दी जगत 'उसने कहा था' जैसी अमर कहानी के यशस्वी लेखक के रूप में जानता है। ये शब्द हैं बीसवीं शती के आरम्भ की उस तेजस्वी भारतीय मनीषा के जो पश्चिम की आक्रान्ता संस्कृति के सम्मुख डटकर खड़े होने और उसकी बाढ़ को रोकने के लिए सन्नद्ध थी। वैसे, कछुआधर्मी पंडित उस समय भी थे। उनके पास इतिहास के नाम पर एक अतीत था। जाना-पहचाना एकमात्र क्षेत्र। वे उस अतीत की ओर भाग रहे थे। आज के उत्तर-आधुनिकतावादी इतिहास-वंचित हैं कि इतिहास-मुक्त, भागने के लिए इनके सामने एक ही दिशा है—पश्चिम। कुछ सुनी-सुनाई, कुछ जानी-पहचानी। शायद इसीलिए आकर्षक। इनके तपोवन यही हैं।

साहित्य की मुक्ति के नाम पर क्या हम जगत को तपोवन बनाना चाहते हैं ? तपोवन न जगत बन सकता है, न साहित्य। इलियट का 'पवित्र वन' (द सेक्रेड वुड) भी नहीं। पवित्रता की प्यास अन्ततः हमें कहाँ ले जाएगी ? पहले एक तपोवन, फिर दूसरा तपोवन। तपोवनों का यह सिलसिला कहाँ खत्म होगा ? इस मुक्ति का अन्त कहाँ होगा ? अन्ततः क्या बचेगा ?

एक जवाब है विनोद कुमार शुक्ल की कविता का प्रस्तुत अंश; कविता 'पूर्वग्रह' के शतांक में प्रकाशित है :

जाते-जाते कुछ भी नहीं बचेगा जब
तब सब कुछ पीछे बचा रहेगा
और कुछ भी नहीं में
सब कुछ होना बचा रहेगा।

[1992]

केवल मैं केवल मैं

हिन्दी कविता की पूरी परम्परा का अनुशीलन करते हुए जैसे ही कोई पाठक छायावाद की सीमा में प्रवेश करता है, ये कविताएँ तुरन्त अपनी आत्मीयता से उसे आकृष्ट कर लेती हैं। यहाँ वह देखता है कि कवि निर्वैयक्तिकता का सारा आवरण उतारकर एक आत्मीय की भाँति अत्यन्त निजी ढंग से बातें कर रहा है। यहाँ हृदय के भाव किसी कल्पित कहानी अथवा पौराणिक पुरुषों के माध्यम की अपेक्षा नहीं रखते। अपने मन की बातें कवि सीधे-सीधे अपने ही मुख से उत्तम पुरुष में कह रहा है और पाठक को इस तरह उन भावों के साथ तादात्म्य अनुभव करने में बड़ी सुगमता होती है। इससे कवि और पाठक के बीच परस्पर की सुखद अनुभूति होती है।

लेकिन कवि ने यह जो 'मैं शैली' अपनाई, वह केवल शैली भर नहीं है। इस निजता और आत्मीयता के पीछे आधुनिक युवक का पूरा व्यक्तित्व है, जो अपने को सीधे-सीधे अभिव्यक्त करने की सामाजिक स्वाधीनता चाहता है। यदि कहानी के पात्रों अथवा पौराणिक व्यक्तियों के माध्मय से वह अपनी बातें कह सकता तो

अवश्य कहता क्योंकि अभिव्यक्ति की यह नाटकीय प्रणाली चिरा-चरित और अनुभवसिद्ध है। लेकिन उसे लगा कि अपनी बात निजी ढंग से ही वह अच्छी तरह कह सकता है। उसकी वैयक्तिकता पुरानी निर्वैयक्तिकता में घुट-सी रही थी। निर्वैयक्तिकता में उसे एकदम आत्म-निषेध की आशंका थी। रीतिकाल के कवियों की 'रूढ़िगत तटस्थता' उसके लिए असह्य प्रतीत हो रही थी। इसलिए यह वैयक्तिक अभिव्यक्ति कवि के लिए व्यक्ति की मुक्ति थी। पूर्ववर्ती कविता की निर्वैयक्तिकता की तुलना में यह वैयक्तिकता का आग्रह कितना बड़ा विद्रोह था, इसका अनुमान तत्कालीन पुराण-पन्थी पंडितों की आलोचनाओं से कुछ-कुछ हो सकता है।

मध्ययुग में भक्त कवियों ने केवल आत्म-निवेदन में इस आत्मीय-पद्धति का सहारा लिया है और इसीलिए कबीर और मीरा के आत्मनिवेदनों तथा सूर-तुलसी के विनय-पदों में लोगों ने अधिक तन्मयता अनुभव की है। भक्तों के उन आत्म-निवेदनों से स्पष्ट है कि अपने भगवान से जहाँ उन्हें सीधी बात करनी थी, वहाँ उन्होंने सम्पूर्ण तटस्थता का परित्याग करके एकदम आमने-सामने बातचीत की है। भावावेग की स्थिति में अभिव्यक्ति की स्वाभाविक परिणति यही है। उस युग में यह बहुत बड़ी बात थी।

लेकिन आधुनिक युग की वैयक्तिक अभिव्यक्ति भक्तों के आत्म-निवेदन से कहीं अधिक आगे की चीज है। भक्तों ने जो आत्म-निवेदन किया उस पर धर्म का आवरण था और धर्म का यह आवरण ही उसे तटस्थता प्रदान करने के लिए काफी था। लेकिन आधुनिक विज्ञान तथा उससे प्रभावित सामाजिक, राजनीतिक तथा नैतिक मान्यताओं ने तो नई पीढ़ी के मन से वह धार्मिक आवरण भी एक हद तक उतार फेंका। मध्ययुग की धार्मिकता का स्थान आधुनिक युग की ऐहिकता ने ले लिया। फलतः छायावादी कवि की वैयक्तिक अभिव्यक्ति के लिए एक ऐहिक युग में कोई आवरण नहीं रह गया। प्राचीन मर्यादा के रक्षकों के लिए यह नग्न और ऐहिक वैयक्तिकता कितनी अरुचिकर प्रतीत हुई, यह उनके तत्कालीन विरोधों से ही प्रकट है।

पुराना कवि अपने निजी प्रणय-सम्बन्ध को सीधे ढंग से व्यक्त करने में असमर्थ था। रीतिकाल के कवियों के लिए भी राधा-कन्हाई की ओट अनिवार्य थी। सामन्ती नैतिकता का बन्धन इतना कड़ा था ! लेकिन इस बन्धन को अस्वीकार करते हुए पन्त ने 'उच्छ्वास' और 'आँसू' की बालिका के प्रति सीधे शब्दों में अपना प्रणय प्रकट किया। और यह निश्चित है कि 'उच्छ्वास' की सरल बालिका कोई रहस्यात्मक शक्ति नहीं है। उसके विषय में कवि की स्पष्टोक्ति है : 'बालिका मेरी मनोरम मित्र थी !'

कवि ने समाज से यह छूट पहली बार ली। और ध्यान देने की बात है कि इसके लिए कवि कहीं भी अपने को अपराधी अथवा हीन अनुभव नहीं करता। अपनी दुर्बलताओं को वह उसी प्रकार खोलकर रखता है, जिस प्रकार अपने प्रेम की पावनता को दृढ़ता के साथ प्रमाणित करता है। उसे इस कार्य में कहीं भी अनैतिकता नहीं प्रतीत होती, क्योंकि वह जानता है कि यह तो मानवीयता अथवा मनुष्य की स्वाभाविक दुर्बलता है।

कविता में जहाँ देवताओं के प्रेम का वर्णन होता था, वह स्थान साधारण मनुष्य ले ले—यह जनतान्त्रिक भाव की विजय है; यह मध्यवर्ग की पहली सामाजिक स्वाधीनता है।

जब यह सामाजिक स्वाधीनता प्रणय के क्षेत्र में ली गई तो इसका प्रसार अन्य क्षेत्रों में भी हुआ। निराला ने अपनी पुत्री 'सरोज' की स्मृति में शोकगीत लिखा और उसमें अपने निजी जीवन की अनेक बातें साफ-साफ कह डालीं। सम्पादकों द्वारा मुक्त छन्द की रचनाओं का लौटाया जाना, विरोधियों के शाब्दिक प्रहार, मातृहीन लड़की का ननिहाल में पालन-पोषण, दूसरे विवाह के लिए निरन्तर आते हुए प्रस्ताव और उन्हें ठुकराना, सामाजिक रूढ़ियों को तोड़ते हुए एकदम नए ढंग से कन्या का विवाह करना, उचित दवा-दारू के अभाव में सरोज का देहावसान और उस पर कवि का शोकोद्गार। यह सब पन्त के 'उच्छ्वास' और 'आँसू' की वैयक्तिकता से हजार डग आगे है। कविता क्या है, कवि की पूरी आत्मकथा है; इसमें जो शेष रहा, वह 'बन-बेला' में पूरा हो गया। यहाँ केवल आत्म-कथा नहीं है, बल्कि अपनी कहानी के माध्यम से एक-एक कर पुरानी सामाजिक रूढ़ियों और आधुनिक अर्थ-पिशाचों पर प्रहार किया गया है।

यदि एक ओर कवि अपने कनौजिया बन्धुओं को इन शब्दों में याद करते हैं :

ये कान्यकुब्ज-कुल कुलांगा
खाकर पत्तल में करें छेद
इनके कर कन्या, अर्थ खेद

और फिर गँवार दामाद का यह चित्र :

वे जो जमुना के से कछार
पद फटे बिवाई के, उधार
खाये के मुख ज्यों, पिये तेल
चमरौधे जूते से, सकेल
निकले, जी लेते, घोर-गन्ध,
उन चरणों को मैं यथा-अन्ध,
कल घ्राण-प्राण से रहित व्यक्ति
हो पूजूँ, ऐसी नहीं शक्ति

तो दूसरी ओर वह निरानन्द सम्पादक के गुण सुन-सुनकर यथाभ्यास पास की घास नोंचता हुआ अज्ञात इधर-उधर फेंकता है। इसी सिलसिले में उस समाज-व्यवस्था को भी याद किया जाता है जिसमें 'उपार्जन को अक्षम' कवि अपनी कन्या को चीनांशुक पहनाकर दधिमुख करना तो दूर, कुछ भी न कर सका।

यह निराला ही हैं जो तमाम रूढ़ियों को चुनौती देते हुए अपनी सद्यःपरिणीता कन्या के रूप का खुलकर वर्णन करते हैं और यह कहना नहीं भूलते कि 'पुष्प-सेज तेरी स्वयं रची !' है किसी कवि में इतना साहस और संयम !

पन्त और निराला की तरह आत्माभिव्यक्ति प्रसाद ने भी की। 'हंस' के 'आत्मकथा'

अंक के लिए जब उसके सुहृद प्रेमचन्द ने 'आत्मकथा' लिखने का आग्रह किया तो प्रसाद ने नहीं-नहीं कहते हुए भी आत्मकथा कह ही डाली। कवि ने अपनी दुर्बलताओं की कोई फेहरिस्त पेश नहीं की, फिर भी इतना कह ही दिया कि 'तुम सुनकर सुख पाओगे, देखोगे यह गागर रीती।' जिस संयत हृदय ने 'अपनी भूलों के साथ ही औरों की प्रवंचना दिखलाने' से इनकार किया, उसी ने अपने मधुमय जीवन की झाँकी देने में संकोच नहीं दिखलाया और कहा कि :

जिसके अरुण कपोलों की मतवाली सुन्दर छाया में
अनुरागिनी उषा लेती थी निज सुहाग मधुमाया में
उसकी स्मृति पाथेय बनी है थके पथिक की पन्था की
सीवन को उधेड़कर देखोगे क्यों मेरी कन्था की।

और 'अरुण कपोलों' की इस झलक के बाद उस थके पथिक की कन्था की सीवन को उधेड़कर देखने का दुस्साहस कोई ऐसा ही निर्मम करेगा जिसकी दिलचस्पी स्थूल घटनाओं में होगी।

सामन्ती रूढ़ियोंवाले समाज के सामने जब एक पुरुष की यह स्थिति है, तो इस पुरुष-प्रधान समाज में नारी के लिए आत्माभिव्यक्ति में कितनी बड़ी कठिनाई हो सकती हैं, यह सहज अनुमेय है। फिर भी महादेवी वर्मा ने अपने गीतों में वैयक्तिक ढंग से अभिव्यंजना की और इसके लिए उन्होंने कितने प्रवाद झेले, इसे बतलाने की ज़रूरत नहीं हैं। महादेवीजी ने कहीं लिखा है कि आज का साहित्यकार अपनी प्रत्येक साँस का इतिहास लिख लेना चाहता है।

इतना होते हुए भी सामाजिक रूढ़ियों के प्रहार की आशंका से कवि को वैयक्तिक अनुभूतियों के लिए रहस्यवाद का आश्रय लेना पड़ा। स्थूल धार्मिक आवरण तो वह ले नहीं सकता था, लेकिन ऐहिक वैयक्तिकता की क्षुद्रता से उसे बचाने के लिए रहस्यात्मकता के ऊर्ध्व आसन पर प्रिय को बैठाना ही पड़ा। महादेवी ने नारी होकर ऐसा किया तो कोई बात नहीं, लेकिन पुरुष होकर भी प्रसाद ने 'आँसू' के दूसरे संस्करण को अत्यधिक रहस्यात्मक और सामाजिक लोक-मंगल-परक बना डाला; जबकि 'आँसू' का प्रथम संस्करण शुद्ध ऐहिक प्रेम की विरह-वेदना का काव्य है।

इतना होते हुए भी आलोचकों से वास्तविकता छिपी न रह सकी और शुक्लजी जैसे गम्भीर आचार्य भी खुल ही पड़े कि "इनकी रहस्यवादी रचनाओं को देखकर चाहे तो यह कहें कि इनकी मधुचर्या के मानस-प्रसार के लिए रहस्यवाद का परदा मिल गया अथवा यों कहें कि इनकी सारी प्रणयानुभूति ससीम में कूदकर असीम पर जा रही।"

इस कथन के पीछे और प्रवृत्ति चाहे जो हो, लेकिन इससे इतना तो स्पष्ट है ही कि उस युग की पुरानी पीढ़ी के लोग भी छायावादी अथवा रहस्यवादी कविताओं को मूलतः कवि की आत्मानुभूति ही मानते थे।

यह आत्माभिव्यक्ति की भावना इस युग में कितनी व्याप्त रही है, इसका पता इसी से चलता है कि 'आत्मकथा' लिखने की परम्परा सी चल पड़ी। गांधी, नेहरू, रवीन्द्रनाथ,

श्रद्धानन्द, श्यामसुन्दरदास, वियोगी हरि, राहुल सांकृत्यायन आदि न जाने कितने राजनीतिज्ञों, धर्मसुधारकों और साहित्यकारों ने अपनी आत्मकथा अथवा जीवन-स्मृति लिखी है। इतने बड़े पैमाने पर इस देश में आत्मकथाएँ पहले शायद ही कभी लिखी गईं। मध्ययुग के हिन्दी साहित्य में केवल एक आत्मकथा मिलती है, बनारसीदास जैन की 'अर्धकथा'।

ये आत्मकथाएँ इस युग में प्रचलित वैयक्तिक आत्माभिव्यक्ति की आकांक्षा की द्योतक हैं। ये बतलाती हैं कि व्यक्ति अपने को अभिव्यक्त करने के लिए कितना आकुल था ! वह अपने भावों और विचारों को प्रकट करने की स्वतन्त्रता चाहता था। उसकी इस आकांक्षा में स्वाधीनता की कामना थी और अभिव्यंजना में साहस। हर देश में 'रोमैंटिसिज़्म' का अभ्युदय प्रायः इसी आकांक्षा के साथ हुआ है। फ्रांस और फिर पूरे यूरोप में रोमैंटिक साहित्य का प्रवर्तन करनेवाले रूसो के 'कन्फ़ेशन' के आरम्भिक उद्‌गार से इस भावना के ऐतिहासिक महत्त्व का ठीक पता चलता है। रूसो लिखता है :

"आज मैं अपने हाथ में वह कार्य ले रहा हूँ, जिसे अभी तक किसी ने नहीं किया था और न भविष्य में ही कोई करेगा। मैं अपने मित्रों के सामने एक मनुष्य का सच्चा रूप रखना चाहता हूँ और वह मनुष्य स्वयं मैं हूँ। जितने भी लोग मेरे देखने में आए हैं उनमें से किसी जैसा मैं नहीं हूँ और मेरा तो विश्वास है कि इस समय जितने भी लोग मौजूद हैं उन सबमें भी किसी जैसा मैं नहीं हूँ। जैसा मैं था, वैसा अपने को दिखलाया है–नीच और घृणास्पद, भला, उच्चाशय और उदात्त–जैसा भी था वह सब। एकत्र हों मेरे चारों ओर मेरे अनगिनत साथी और सुनें मेरी आत्मस्वीकृति–मेरी अयोग्यताओं पर सिर धुनें और मेरी अपूर्णताओं पर शरमाएँ। और फिर उनमें से हर एक स्पष्टता के साथ, सिंहासन के चरणों में अपने हृदय के रहस्यों का उद्‌घाटन करे और यदि साहस हो तो कहे कि मैं इस आदमी से अच्छा हूँ।"

चुनौती का ऐसा अकुंठित स्वर हिन्दी छायावाद में नहीं सुना गया; यदि ऐसी चुनौती हिन्दी में कोई दे सकता था–और एक हद तक दी भी–तो एक निराला !

ऐसे युग में जबकि विचारों और भावों को हज़ारों-लाखों आदमियों तक पहुँचाने के साधन जुट गए हों, आत्माभिव्यक्ति की स्वाधीनता स्वभावतः व्यक्ति की स्वाधीनता का बीज-मन्त्र बन जाती है ! सार्वजनिक शिक्षा का प्रसार और छापे की मशीन की स्थापना–ये दो ऐसे साधन हैं जिन्होंने पढ़ने और लिखने की अधिक से अधिक सुविधा जुटा दी। नई शिक्षा ने अधिक-से-अधिक पाठक तैयार कर दिए और प्रेस ने उन पाठकों तक अपने विचार पहुँचाने का सुभीता जुटा दिया। बस, व्यक्ति ने अपनी अभिव्यक्ति की स्वाधीनता माँग ली। मध्ययुग में यह सुविधा न थी, इसीलिए यह स्वाधीनता भी कम थी–न तो इसकी माँग थी और न उस माँग की पूर्ति।

इसी को राजनीति, दर्शन और कविता में व्यक्तिवाद की संज्ञा दी गई। छायावादी कविता का आरम्भ इसी व्यक्तिवादी भावना से हुआ।

[1954]

काव्य-भाषा और सृजनशीलता

रघुवीर सहाय के संकलन *सीढ़ियों पर धूप में* की भूमिका में श्री सच्चिदानन्द वात्स्यायन 'अज्ञेय' ने लिखा है कि "काव्य के जो भी गुण बताए जाते या बताए जा सकते हैं, अन्ततोगत्वा भाषा ही के गुण हैं।" इस धारणा की और भी स्पष्ट अभिव्यक्ति *तार सप्तक* के द्वितीय संस्करण के कवि-वक्तव्य 'पुनश्च' में इस प्रकार हुई है : "काव्य सबसे पहला शब्द है। और सबसे अन्त में भी यही बात बच जाती है कि काव्य शब्द है। सारे कवि-धर्म इसी परिभाषा से निःसृत होते हैं। शब्द का ज्ञान—शब्द की अर्थवत्ता की सही पकड़—ही कृतिकार को कृती बनाती है। ध्वनि, लय, छन्द आदि के सभी प्रश्न इसी में से निकलते हैं और इसी में विलय होते हैं। इतना ही नहीं, सारे सामाजिक सन्दर्भ भी यहीं से निकलते हैं—इसी में युग-सम्पृक्ति का और कृतिकार के सामाजिक उत्तरदायित्व का हल मिलता है या मिल सकता है।" स्पष्टतः इस कथन के मूल में 'वागर्थ-प्रतिपत्ति' की आकांक्षा है, जिसे कालिदास से प्रेरणा ग्रहण कर अज्ञेय *तार सप्तक के* आरम्भ से ही व्यक्त करते आ रहे हैं। कवि का प्रयास यदि वाक् और अर्थ की प्रतिपत्ति की ओर रहा है तो काव्य के सहृदय और समीक्षक भी अपनी ओर से शब्द और अर्थ के सहभाव अथवा 'साहित्य' के विश्लेषण और विवरण से ही साहित्य-मीमांसा का विधान करते आ रहे हैं।

किन्तु आधुनिक युग में कुछ कारणों से वह परम्परा विच्छिन्न हो गई और काव्य-भाषा का विश्लेषण काव्य के मूल्यांकन का आधार न रहकर भाव-विवेचन के बाद कला-विवेचन के रूप में पीछे से जोड़ दिया जानेवाला एक गौण कार्य रह गया। नई कविता के उदय के साथ जब पुनः कविता की रचना में 'वागर्थ-प्रतिपत्ति' की स्थापना की गई तो स्वभावतः काव्य-समीक्षा में भी उसका प्रतिफलन दिखाई पड़ा; और पूर्ववर्ती आलोचना की त्रुटि का परिहार करते हुए काव्य-भाषा को पुनः मूल्यांकन के मूलाधार के रूप में प्रतिष्ठित करने के प्रयास शुरू हुए। इस स्थिति का विवरण प्रस्तुत करते हुए डॉ. रामस्वरूप चतुर्वेदी *भाषा और संवेदना* नामक पुस्तक में लिखते हैं कि "वस्तुतः तो काव्य-भाषा के तत्त्व का सम्यक् विश्लेषण आधुनिक काल के समीक्षकों द्वारा प्रमुख रूप से होना चाहिए था; क्योंकि काव्य-भाषा का प्रयोग उनकी व्याख्या और निर्णय के लिए एक सुनिश्चित और तटस्थ आधार हो सकता है जिसमें समीक्षक के अपने पूर्वग्रह और व्यक्तिगत रुचि के अनपेक्षित तत्त्व कम-से-कम मात्रा में रह जाते हैं। रचना की उत्कृष्टता की यह कसौटी सबसे अधिक विश्वसनीय और 'ऑब्जेक्टिव' होगी। आज की कविता

को जाँचने के लिए, जो अब सचमुच 'प्रास के रजत पाश' से मुक्त हो चुकी है, अलंकारों की उपयोगिता अस्वीकार कर चुकी है, और छन्दों की पायलें उतार चुकी है, काव्य-भाषा का प्रतिमान शेष रह गया है, क्योंकि कविता के संघटन में भाषा-प्रयोग की मूल और केन्द्रीय स्थिति है—'कविता उत्कृष्टतम शब्दों का उत्कृष्टतम क्रम है।' पर प्राचीन काव्य की समीक्षा भी इस प्रतिमान के आधार पर निश्चय ही अधिक सन्तुलित ढंग से की जा सकती है।''

डॉ. रामस्वरूप चतुर्वेदी ने, निस्सन्देह, एक सही बात सही वक्त पर उठाई है। किन्तु बात जिस ढंग से—जिस भाषा में कही गई है, उससे कई सवाल एक साथ पैदा होते हैं। काव्य-भाषा के प्रतिमान के प्रति उनका अतिरिक्त आत्मविश्वास देखकर इससे ठीक पहले के इस कथन पर स्वभावतः दृष्टि जाती है : ''नई कविता के युग में आज जब कविता के सभी परम्परागत भेदक लक्षण तुक, छन्द, अलंकरण, लय (शायद सबसे महत्त्वपूर्ण तत्त्व रस भी) धीरे-धीरे विलुप्त हो चले हैं तो काव्य-भाषा ही वह अन्तिम और सर्वाधिक महत्त्वपूर्ण आधार शेष रह जाता है जिसके सहारे कविता के आन्तरिक संघटन को समझने की चेष्टा हो सकती है।...यों तो प्रत्येक युग के काव्य-बोध को समझने के लिए कवि की भाषा-प्रयोग-विधि हमारे लिए शायद सबसे महत्त्वपूर्ण कुंजी सिद्ध हो सकती है। पर जैसा कहा गया, आधुनिक कविता का मर्म ग्रहण करने के लिए काव्य-भाषा का उपादान ही एकमात्र विश्वसनीय माध्यम रह गया है, जिससे हम इस युग-विशेष के काव्य-सर्जन की क्षमता को समझ सकते हैं।'' दिसम्बर, 1965 के *माध्यम* में काव्य-भाषा पर विचार करते हुए डॉ. देवराज ने इस वक्तव्य में आए हुए 'शायद' शब्द को देखकर लिखा है कि ''लेखक को पूरा-पूरा विश्वास नहीं है कि उसके द्वारा प्रस्तुत की जानेवाली कसौटी सार्वकालिक व सार्वभौम है। यह हिचक या संकोच संकल्पित सामान्य कथन की वस्तुपरक वैज्ञानिकता व सार्वभौमता के दावे के लिए सहायक नहीं है।'' स्पष्ट है कि इस 'शायद' का सम्बन्ध लेखक की 'काव्य-भाषा' सम्बन्धी पूरी समझ से है। डॉ. रामस्वरूप चतुर्वेदी के अनुसार—काव्य-भाषा वह है जो काव्य के परम्परागत भेदक लक्षण तुक, छन्द, अलंकरण, लय, रस आदि के विलुप्त हो जाने के बाद शेष रह जाती है। यदि थोड़ी देर के लिए आधुनिक कविता की चर्चा छोड़कर प्राचीन कविता की भाषा को ही लें, जिसे प्राचीन आलोचकों ने छन्द, अलंकार, रस आदि के द्वारा समझने-समझाने की कोशिश की थी, तो क्या उस युग की कोई 'काव्य-भाषा' न थी ? स्पष्ट है कि डॉ. रामस्वरूप चतुर्वेदी छन्द, अलंकार, रस आदि को प्राचीन 'काव्य-भाषा' को समझने का शास्त्रीय उपकरण न मानकर काव्य-भाषा का वास्तविक अंग मानते हैं, इसीलिए वे कवियों की भाषा में यह कहते हुए पाए जाते हैं कि आज की कविता सचमुच 'प्रास के रजत पाश' से मुक्त हो चुकी है, अलंकारों की उपयोगिता अस्वीकार कर चुकी है और छन्दों की पायलें उतार चुकी है। क्या नई कविता के सन्दर्भ में ये छायावादी वाक्य आकस्मिक हैं ? छायावादी कवियों ने यदि आचार्यों की अवधारणाओं को स्वयं प्राचीन कवियों की काव्य-भाषा के तत्त्व मानकर उनके विरुद्ध

इस प्रकार के 'काव्यात्मक' उद्गार व्यक्त किए तो बात समझ में आती है। किन्तु नए काव्य-बोध के आलोक में भाषा-प्रयोग-विधि के प्रतिमान लेकर मैदान में आनेवाला कोई आलोचक यदि उन्हीं बातों को दोहराए तो यह भाषा-स्खलन विचार-स्खलन का वाचक हो जाता है। गुण, अलंकार आदि काव्य-भाषा के वास्तविक अंग नहीं बल्कि विश्लेषण की सुविधा के लिए कल्पित विभाग हैं, इसे स्पष्ट करते हुए अभिनवगुप्त पहले ही कह चुके हैं कि "जिस प्रकार पुरुष के बारे में लक्षण, गुण, अलंकार आदि का व्यवहार किया जा सकता है, काव्य के बारे में उसके लक्षण, गुण, अलंकार आदि का व्यवहार नहीं किया जा सकता। पुरुष में शरीर और चैतन्य का भेद स्पष्ट है और यह भी स्पष्ट है कि कटक आदि अलंकार उन दोनों से भिन्न हैं। किन्तु काव्य की रचना के आस्वादन के समय इन लक्षण आदि की स्वतन्त्र रूप में प्रतीति नहीं होती। दंडी ने काव्यशोभाकर धर्मों को अलंकार कहा है और प्रसाद आदि शोभाकर धर्मों को गुण कहा है। इनका अर्थ यह होता है कि 'दंडी की सम्मति में गुणालंकार विभाग भी उपपन्न नहीं हो सकता।' " इस प्रकार आक्षेप उपस्थित करते हुए अभिनवगुप्त समाधान करते हैं कि "यह तो ठीक है। फिर भी कवि की काव्य-रचना-सामर्थ्य अथवा रसिक का काव्य-विवेचन-सामर्थ्य ठीक प्रकार से समझने के लिए, इस प्रकार का कुछ-न-कुछ विभाग, चाहे काल्पनिक ही क्यों न हो, स्वीकार करना आवश्यक है।"[1]

काव्य-भाषा के ये प्राचीन काल्पनिक विभाग आज अनुपयोगी और अपर्याप्त प्रतीत हो सकते हैं और इनके स्थान पर काव्य-भाषा के विवेचन के लिए नए विभाग कल्पित किए जा सकते हैं, किन्तु इसका यह अर्थ तो नहीं कि प्राचीन कवियों ने 'काव्य-भाषा' का महत्त्व समझा ही नहीं और इस प्रकार काव्य-भाषा का उपयोग नहीं किया। सन्दर्भ बदल जाने के कारण पूर्ववर्ती कवियों की 'काव्य-भाषा' आज के कवि को अपने सृजन के लिए अनुपयोगी लग सकती है, किन्तु प्राचीन काव्य के नए आलोचकों को यदि प्राचीन काव्य का मूल्यांकन करना है तो उसे प्राचीन काव्य-भाषा को तिरस्कृत करने का कोई हक नहीं, बल्कि उसे प्राचीन काव्य-भाषा को समूचे सन्दर्भ के साथ आधार बनाना होगा। नया आलोचक अधिक-से-अधिक आलोचना की प्राचीन भाषा को तिरस्कृत कर सकता है, जैसे कि नया कवि प्राचीन काव्य-भाषा को तिरस्कृत करता है। वैसे यहाँ भी, पुराने शब्दों में नए अर्थ भरने के प्रयास दोनों स्तरों पर हो सकते हैं—किन्तु यह उन सम्बन्धों की अर्थ-सम्भावना और प्रयोक्ता की सन्दर्भ-चेतना तथा सृजनात्मक क्षमता पर निर्भर है। प्राचीन कविताओं के मूल्यांकन में 'काव्य-भाषा' के प्रतिमान लागू करते हुए डॉ. रामस्वरूप

1. किं च पुरुषस्येव काव्यस्य लक्षणगुणालंकार व्यवहारः न युक्तः पुरुषस्य शरीरचैतन्यभेदात् कटकादीनां ततोऽपि भेदात्। काव्यस्य पुनः विरचनकाले प्रतिपत्तिकाले वा प्रापकसत्तायां तेषामगणितत्वाच्च। दण्डिनापि 'काव्यशोभाकरान् धर्मान् अलंकारान् प्रचक्षते' इति ब्रुवता गुणमध्य एव च तत्र प्रसादादीनभिदधता च गुणा लंकारविभागोऽप्यसम्भवी इति सूचितं भवति। सत्यमेतत् किन्तु विरचनविवेचन सामर्थ्यसमर्थनाय अवश्यं काल्पनिकोऽपि विभाग आश्रयणीयः।

अभिनव भारती 2/29 (ग.त्र्यं देशपांडे द्वारा 'भारतीय साहित्यशास्त्र', पृ. 57 पर उद्धृत)

चतुर्वेदी के मन में हिचक का भाव इसलिए है कि 'काव्य-भाषा' से उनका तात्पर्य नई कविता में प्रयुक्त एक विशेष प्रकार की काव्य-भाषा है और इस काव्य-भाषा के आदर्श को ध्यान में रखकर जब वे प्राचीन कविता की ओर दृष्टिपात करते हैं तो कठिनाइयाँ-ही-कठिनाइयाँ दिखाई पड़ती हैं। इसलिए काव्य-भाषा के रूप में वे आपाततः तो सम्पूर्ण कविता के लिए एक नया प्रतिमान प्रस्तुत करते हैं, किन्तु मूलतः उनके चित्त में 'नई कविता के प्रतिमान' है। इसी कारण नई कविता के सन्दर्भ में वे जितने आत्म-विश्वास से इस प्रतिमान की वैधता का दावा करते हैं, प्राचीन कविता के सन्दर्भ में नहीं।

डॉ. देवराज ने प्रसंगात् डॉ. रामस्वरूप चतुर्वेदी की दुर्बलता पर सही जगह अँगुली रखी है, जब उन्होंने यह कहा कि "किसी शब्दार्थ (या उपमा, उत्प्रेक्षा आदि) के चुक जाने का यह अर्थ नहीं हो सकता है कि वह शब्द (या अलंकार) **स्वयं पुरानी विशिष्ट रचनाओं के सन्दर्भ में चुके** हुए दिखाई पड़ते हैं।" इसीलिए "कालिदास, सूर आदि की रचनाओं में प्रयुक्त पदावली अपने-अपने सन्दर्भों के अन्तर्गत, **सार्थक** और **सटीक** दिखाई देती है—न कि किसी अर्थ में चुकी हुई है।" डॉ. रामस्वरूप चतुर्वेदी की 'काव्य-भाषा' सम्बन्धी मान्यताओं के संशोधन एवं परिवर्धन के लिए डॉ. देवराज ने 'सन्दर्भवाद' को प्रस्तुत किया है, जिससे स्पष्ट है कि डॉ. रामस्वरूप चतुर्वेदी की काव्य-भाषा-सम्बन्धी उक्त मान्यता में जो गड़बड़ी दिखाई पड़ती है, उसे 'सन्दर्भपरक घपला' का नाम दिया जा सकता है।

इस सन्दर्भपरक घपले के कारण डॉ. रामस्वरूप चतुर्वेदी उर्दू कविता की काव्य-भाषा पर इस प्रकार की राय देते हैं : "हिन्दी की काव्य-भाषा व्यंजना को अधिक महत्त्व देती है; पर उर्दू में सीधी-सादी, सहज-सरल भाषा (साफगोई) काव्य-विधान के अधिक अनुकूल मानी जाती है।" इस मन्तव्य की 'आश्चर्यजनक विफलता' की ओर डॉ. देवराज ने सही इशारा किया है, जिससे डॉ. रामस्वरूप चतुर्वेदी के काव्य-भाषा-विषयक 'मत-विशेष का मोहपूर्ण आग्रह' स्पष्ट हो जाता है। ये बातें इसलिए उल्लेखनीय हैं कि डॉ. रामस्वरूप चतुर्वेदी आज की स्थिति में 'काव्य-भाषा' के प्रतिमान को सबसे **सुनिश्चित, तटस्थ, पूर्वग्रह-मुक्त, व्यक्तिगत रुचि के अनपेक्षित तत्त्व से रहित** एवं **आब्जेक्टिव** मानते हैं।

काव्य-भाषा का प्रतिमान **वस्तुनिष्ठ** और **पूर्वग्रहमुक्त** हो सकता है या नहीं, इसके लिए स्वयं नई कविता के ही अन्तर्गत इसके उपयोग का एक उदाहरण लिया जा सकता है। अज्ञेय की काव्य-भाषा को सबसे समर्थ मानते हुए डॉ. रामस्वरूप चतुर्वेदी ने 'रँभाती अफराए डाँगर-सी' तथा 'डाँगर भँसाते हैं'—जैसे प्रयोगों के उदाहरण देकर बतलाया है कि उनकी कविता की भाषा का रूप अधिक उन्मुक्त और खुला हुआ है। दूसरी ओर श्री लक्ष्मीकान्त वर्मा हैं जिनके अनुसार 'डाँगर भँसाते हैं' में जो दृष्टि है वह भाषा को चमत्कृत करके एक नया प्रभाव पैदा करने की है और वह नया प्रभाव भी सामान्य नहीं, वही 'रागात्मक ऐश्वर्य' की महिमा-मंडित अनिवार्यता के रूप में।...वह न तो तर्कसंगत हो पाता है, और न भाव की जटिलता का अंग। वह जहाँ भी रहता है वहाँ अकेला

चमकता है, अपने आसपास के शब्दों से कन्धा मिलाने का साहस कौन कहे, उनसे उसकी मुहाँ-मुँही भी नहीं होती।" ('ताजी कविता : कुछ जोड़, बाकी', *क ख ग*–9 जुलाई, 1965)

मतभेद से स्पष्ट है कि काव्य-भाषा का यह प्रतिमान भी व्यक्तिगत रुचि के तत्त्वों से रहित नहीं है। विडम्बना यह है कि डॉ. रामस्वरूप चतुर्वेदी मूल्यांकन के प्रतिमान के रूप में जिस 'काव्य-भाषा' को **तटस्थ** और **वस्तुनिष्ठ** मानते हैं, उसी को कविपक्ष से नितान्त वैयक्तिक और अद्वितीय भी मानते हैं। स्वयं उन्हीं के शब्दों में, "विशिष्टीकरण से ही रचनाकार की अनुभूति की अद्वितीयता गृहीत और व्यक्त हो पाती है। प्रतीक का मूल तत्त्व यही है कि उसके माध्यम से किसी शब्द के सम्पूर्ण और चरम अर्थ के स्थान पर उसके **इच्छित आंशिक** तत्त्व को ही ग्रहण किया जाए। भावचित्र की स्थिति में इस आंशिक अर्थ को कवि एक **वैयक्तिक** संगति प्रदान करता है।" इस प्रकार 'काव्य-भाषा' यदि इतनी वैयक्तिक होती है तो उसे तटस्थ और वस्तुनिष्ठ कहने का क्या अर्थ ?

वस्तुतः वस्तुनिष्ठ है तो काव्य-कृति, जिसे अंग्रेजी आलोचक पृष्ठ पर अंकित कविता अर्थात् 'पोयम आन द पेज' कहते हैं। उसकी सत्ता वस्तुनिष्ठ इसलिए है कि रचना-कर्म सम्पन्न होने के बाद वह कवि-सहृदय-निरपेक्ष रूप में अस्तित्व ग्रहण करती है; किन्तु यह अनुभवसिद्ध सत्य है कि अपनी वस्तुनिष्ठ सत्ता के बावजूद प्रत्येक कविता ग्रहण की प्रक्रिया में कुछ-न-कुछ सहृदय-सापेक्ष हो जाती है। अनन्यपरतन्त्रता के आदर्श के बावजूद यथार्थ में उसकी स्थिति सापेक्ष-स्वतन्त्र होती है। कविता की सापेक्ष-स्वतन्त्रता अनिवार्य है। यह अनिवार्यता प्रत्येक मूल्यांकन की भी सीमा है। आलोचक की वस्तुनिष्ठता इस बात में है कि वह किसी कृति के मूल्यांकन की प्रक्रिया में उसके रूप की जो पुनः सृष्टि अपने लिए करता है, वह यथासम्भव अधिक-से-अधिक मूल कृति के निकट हो। इस प्रयास में एकमात्र अवलम्ब उस कविता की भाषा है। उस कविता से सम्बन्धित चाहे जितनी बाहरी सूचनाएँ उसे उपलब्ध हों, किन्तु 'खेल के नियम' के मुताबिक आलोचक उन सूचनाओं से सर्वथा अनभिज्ञ है और उस कृति के सम्बन्ध में अपनी प्रत्येक व्युत्प्रेक्षा (ऑब्जर्वेशन) को कृति की ठेठ भाषा से प्रतिबद्ध करते रहने के लिए बाध्य है। यही नहीं बल्कि कृति के कथ्य पर दिए गए प्रत्येक निर्णय को कथन-सम्बन्धी निर्णयों की संगति में होना पड़ेगा। उदाहरण के लिए, किसी कविता की भाषा को 'सुन्दर' कहने के बाद उसके कथ्य को 'असुन्दर' कहना असंगत होगा। कथन को कथ्य से कैसे अलग किया जा सकता है ? यदि कथ्य कथन से अलग है भी तो कथन के अतिरिक्त उसे जानने का साधन क्या है ? इस दृष्टि से संस्कृत के प्राचीन आचार्यों की एक विशेषता का उल्लेख प्रासंगिक है। किसी कविता में उन्हें यदि रस-दोष दिखाई पड़ा तो उन्होंने उस दोष का सम्बन्ध भाषा के स्तर पर भी उद्‌घाटित किया। बल्कि यह कहना अधिक संगत होगा कि भाषागत दोष की प्रकृति ही रसदोष का नियामक मानी गई।

हिन्दी आलोचना में एक अरसे से काव्य-भाषा के आधार पर सम्पूर्ण काव्यकृति के

मूल्यांकन की इस विधि की उपेक्षा होती आ रही है। इस उपेक्षा के स्रोत इस सदी के आरम्भ में हैं, जब आधुनिक हिन्दी आलोचना ने अपना रूप खड़ा किया। आचार्य शुक्ल-जैसे समर्थ आलोचक भी इस युगनिर्मित सीमा का अतिक्रमण न कर सके। उन्होंने छायावादी काव्य की भाषागत लाक्षणिक मूर्तिसत्ता की प्रशंसा की, किन्तु उसके भावपक्ष को प्रायः मूल्यहीन माना। रहस्यवाद के लिए जिन कविताओं की उन्होंने आलोचना की, उन्हीं के भाषागत सांकेतिक प्रयोगों की प्रशंसा भी की और प्रशंसित भाषा-प्रयोगों के श्लाघ्य गुणों के मूल स्रोत में जाने का प्रयास नहीं किया। इसलिए आज यदि कोई आलोचक नई कविता के भाषागत प्रयोगों को उपलब्धि मानते हुए उसके कथ्य को नगण्य ठहराता है, तो वह पुरानी परिपाटी का निर्वाह ही कर रहा है। वैसे, प्रतिलोम उदाहरण भी सुलभ हैं। किसी कविता के कथ्य को मूल्यवान मानते हुए उसकी भाषा को सदोष अथवा दुर्बल कहने का भी चलन है, जो सम्भवतः पहली प्रवृत्ति से अधिक बड़ी नासमझी का सूचक है।

पिछले दौर में जब काव्य-कथ्य की उपेक्षा करके केवल कथन-भंगिमा के आधार पर कविता की आलोचना की गई तो उसके पीछे काव्य-भाषा-सम्बन्धी रीतिकालीन धारणा थी, जिसमें शिल्प को कवि के वक्तव्य से भिन्न समझने की रूढ़ि थी; और यह मान लिया गया था कि कवि का वास्तविक कर्म-क्षेत्र है—परम्परा-प्राप्त शिल्प की अधिकाधिक सिद्धि। इस धारणा के अन्तर्गत यह मान्यता निहित है कि विषयवस्तु में नवीनता सम्भव नहीं है, इसलिए कवि की शक्ति की परीक्षा केवल शिल्प के क्षेत्र में ही की जा सकती है। छायावादी कवियों ने जब विषयवस्तु में भी नवीनता का दावा किया तो काव्य-सम्बन्धी एक परम्परागत धारणा को ठेस लगी। पुराने संस्कारों में पले आलोचकों के लिए नवीन विषयवस्तु के साथ तालमेल बैठाना स्वभावतः कठिन था; क्योंकि विषयवस्तु का सम्बन्ध सामाजिक-नैतिक मान्यताओं से था, जिन्हें मूल्यपरक भी कह सकते हैं। निस्सन्देह कुछ रूढ़िग्रस्त आलोचक ऐसे भी थे जिन्होंने इन अप्रीतिकर मूल्यों के कारण उन मूल्यों से सम्बद्ध काव्य-भाषा और शिल्प का भी तिरस्कार किया। किन्तु जो अपेक्षाकृत समझदार, संवेदनशील एवं उदार विचारों के आलोचक थे, उन्होंने भाषा-शिल्पगत नवीनता को भी स्वीकार कर लिया, किन्तु उससे सम्बद्ध मूल्यों से समझौता करना उनके लिए सम्भव न हो सका। इस मूल्यांकन-पद्धति में असंगति स्पष्ट है किन्तु इस असंगति के बावजूद इसे रूढ़िवादी आलोचना से बेहतर ही कहा जाएगा।

काव्य-भाषा की उपेक्षा करके कथ्य के आधार पर कविता के मूल्यांकन की प्रथा उक्त उदारवादी आलोचना की प्रतिक्रिया है और विडम्बना यह कि इसका स्रोत स्वयं छायावादी काव्य-भाषा के सिद्धान्त में है। छायावादी कवियों के अनुसार कविता भावों की सहज अभिव्यक्ति है। प्रसाद के शब्दों में : ''कला की आत्मानुभूति के साथ विशिष्ट भिन्न सत्ता नहीं, अनुभूति के लिए शब्द-विन्यास-कौशल तथा छन्द आदि भी अत्यन्त आवश्यक नहीं। व्यंजना वस्तुतः अनुभूतिमयी प्रतिभा का स्वतः परिणाम है, क्योंकि सुन्दर अनुभूति का विकास सौन्दर्यपूर्ण होगा ही।'' व्यवहार में स्वयं छायावादी कवियों ने इस

नियम का पालन भले न किया हो; किन्तु आलोचना पर इसका प्रभाव स्पष्ट है। छायावाद के समर्थन में जो आलोचना पैदा हुई, उसमें छायावादी कथ्य के बखान का प्रयास ही अधिक है। एक तरह से छायावादी कथ्य का यह व्याख्यान आवश्यक था क्योंकि विरोधी आलोचकों ने या तो इस कथ्य को ठीक से समझा नहीं, या फिर समझकर भी उसका तिरस्कार किया। किन्तु इस कथ्य को प्राप्त करने के लिए जो विधि अपनाई गई, वह अनजाने ही छायावादी कविता के लिए घातक सिद्ध हुई। आलोचकों ने प्रायः कविताओं की भाषागत सूक्ष्मता और घनत्व को सायास अलग कर सामान्य वक्तव्य को निकालने का प्रयास किया, जिसे अमरीकी आलोचक 'क्लीन्थ ब्रुक्स' ने 'हेरेसी ऑफ़ पैराफ्रेज़' की संज्ञा दी है। छायावाद के इन समर्थक आलोचकों का खयाल था कि कविता के अन्दर मिलनेवाले ब्यौरे सजावट भर हैं, जिनकी चर्चा अलग से भी की जा सकती है। उनके सामने मुख्य समस्या प्रत्येक कविता का बोधगम्य कथ्य ढूँढ़ने की थी क्योंकि उसे प्रायः अस्पष्ट और दुर्बोध समझा जा रहा था। इस चुनौती और दबाव की हड़बड़ी में शायद सबसे आसान तरीका यही था। छिलका-उतारू ढंग से प्रत्येक कविता की गुठली निकालकर उन्होंने 'फल खावहिं पुनि शिखर चलावहिं' का आदर्श दोहराया। जो कुछ अधिक कुशल थे उन्होंने अपनी आलोचना में उस कथ्य के साथ कवि के जीवन और समाज-सम्बन्धी तथ्यों को एकत्र करके जोड़ दिया और इस प्रकार उसे सजावट के साथ प्रभावशाली ढंग से पेश किया। जाहिर है कि इस व्यापार में कथन की उपयोगिता बहुत कम रह जाती है। जब कविता के कथ्य की पूरी जानकारी कवि के आत्मचरित और उसके परिवेश में सुलभ है तो काव्य-भाषा पर नाहक सर मारने से मतलब ? कविता से बाहर जाकर कविता की आलोचना करने का धड़का एक बार खुल गया तो फिर कविता की भाषा की ओर कौन देखता है। रघुवीर सहाय की एक भिन्न सन्दर्भ की कविता से शब्द लेकर कहें तो :

बाहर बाहर जाते जाते
अब तो यह मन खाली है
पर इसने तो जा जाकर
पगडंडी एक बना ली है।

इस प्रकार कविता से बाहर जाने की जो पगडंडी छायावादी आलोचना में बनी, वह नई कविता तक आते-आते राजमार्ग हो गई और आज कोई चाहे तो इसे 'नेशनल हाइवे' या 'ग्रैंड ट्रंक रोड' भी कह सकता है। आज भी राह-रौ सबसे ज्यादा इसी पर है। स्पष्टतः भाषा-विषयक यह दृष्टि खंडित और विभक्त है; किन्तु इस दृष्टि की विफलता भाषा तक ही सीमित नहीं है। इसका सम्बन्ध भावात्मक और बौद्धिक विभाजन से है। आलोचना की यह बौद्धिक विफलता अन्ततः उस युग की—और आज भी जो उस युग के अवशेषों को ढो रहे हैं, उनकी भी नैतिक विफलता की द्योतक है।

इस नैतिक विभाजन की दरार को पाटने के लिए प्रयोगशील कवियों ने सबसे पहले भाषा के सम्बन्ध में अपना रुख स्पष्ट किया। नए प्रयोगशील कवि की दृष्टि में भाषा

कवि के प्रयोग का साधन है और इस प्रकार कविता भाषा का प्रयोग है। *दूसरा सप्तक* की भूमिका में जब अज्ञेय ने प्रयोग को **दोहरा साधन** कहा तो एक तरह से वे भाषा को ही कविता का दोहरा साधन कह रहे थे। एक ओर तो वह सत्य के **जानने** का साधन है और दूसरी ओर उस जाने हुए सत्य को **प्रेषित करने** का भी साधन है। इस मान्यता की नवीनता यह है कि इसमें भाषा को जानने का भी साधन माना गया है। इससे पहले भाषा केवल अभिव्यक्ति का ही साधन मानी जाती थी। जानने के विषय में कवियों का—और दूसरे लोगों का भी—यह खयाल था कि सत्य को जानने का साधन भाषेतर साधन होता है; यहाँ तक कि 'प्रातिभज्ञान' या 'सहजानुभूति' की शक्ति में विश्वास करनेवाले कवि भी थे जो सत्य की आकस्मिक झलक पा जाने के कायल थे। निश्चय ही यह सहजानुभूति प्राप्त सत्य के समान ही अनिर्वचनीय थी; क्योंकि छायावादी कवियों ने इस बात का कोई संकेत नहीं दिया है कि सहजानुभूति ही गरीब हिन्दी की भाषा है। उन्होंने इस रहस्य का भी उद्‌घाटन नहीं किया कि अनिर्वच सहजानुभूति से प्राप्त सत्य कविता में भाषा—हिन्दी भाषा में कैसे रूपान्तरित हो गया। इस विषय में कवि-कथन से प्रायः 'सहज', 'अनायास', 'स्वतःस्फूर्त'—जैसे शब्दों के स्फुल्लिग छिटकते दिखाई पड़ते हैं।

प्रयोगशील कवि के लिए सत्य इतना सहज न था। उसने यह अनुभव किया कि परिवेश का बोध भाषा की क्षमता पर निर्भर है। किसी की भाषा-शक्ति उसकी बोध-शक्ति का प्रमाण है। व्यक्ति का अपना भाषा-संसार, अनुभव का संसार है; इसलिए अनुभव-संसार के विस्तार के लिए भाषा-संसार का प्रसार अनिवार्य शर्त है। सम्भव है, भाषा-विषयक यह ज्ञान अत्यन्त प्राचीन हो, किन्तु नए कवियों को इसकी अवगति पश्चिम के आधुनिक काव्य से हुई, जिसने सम्भवतः समकालीन भाषाविज्ञान, मानवविज्ञान और दर्शन के नए अनुसन्धानों से यह ज्ञान अर्जित किया। उदाहरण के लिए अमरीकी भाषा-वैज्ञानिक एडवर्ड सपीर आदिम जातियों की भाषा का अध्ययन करते हुए इस शती के दूसरे दशक के अन्त में ही इस निष्कर्ष पर पहुँच चुके थे कि भाषा एक स्वतः सम्पूर्ण सर्जनात्मक प्रतीक-प्रणाली है जो इसकी सहायता के बिना इतर साधनों से प्राप्त अधिकांश अनुभव का ही संकेत-ग्रह नहीं है बल्कि वह अपनी रूपात्मक पूर्णता के कारण हमारे लिए हमारे अनुभव को परिभाषित भी करती है। इसका एक कारण यह भी है कि हम भाषा में निहित अपेक्षाओं को अनुभव के क्षेत्र में अनजाने ही प्रक्षेपित करते हैं।[1] इस विचार की पुष्टि में अन्य दर्जनों विचारकों के मत उद्धृत किए जा सकते

1. The relation between language and experience is often misunderstood. Language is not merely a more or less systematic inventory of the various items of experience which seem relevant to the individual, as is so often naively assumed, but is also self-contained, creatives symbolic organization, which not only refers to experience largely acquired without its help but actually defines experience for us by reason of its formal completeness and because of our unconscious projection of its implicit expectation into the field of experience.

—'Conceptual Categories of Primitive Languages', Science, 1931.

हैं, किन्तु प्रस्तुत प्रसंग में उल्लेखनीय है तो केवल इसका दूरगामी प्रभाव। प्रत्यभिज्ञान का यह झटका कविता के लिए क्रान्तिकारी सिद्ध हुआ। इसकी एक चिनगारी यदि हिन्दी में भी आई तो ज्यादा गजब नहीं हुआ।

आलोचना के क्षेत्र में इससे एक निष्कर्ष यह निकला कि यदि भाषा कवि के अनुभव और ज्ञान का साधन है तो कविता की भाषा का विश्लेषण करके उसके अनुभव की शक्ति को भी मापा जा सकता है। अब इस सफाई के लिए कोई गुंजाइश नहीं रही कि कवि ने अनुभव तो बहुत किया किन्तु भाषा की असमर्थता के कारण अपनी बात पूरी तरह कह नहीं पाया। तुरन्त यह सवाल उठेगा कि उसने बहुत अनुभव किया था, इसका प्रमाण क्या है ? कथन के अतिरिक्त तथाकथित मूल अनुभव को जानने का साधन क्या है ? 'कविता ही कवि का परम वक्तव्य है'—*तार सप्तक* में अज्ञेय का यह वक्तव्य इस सन्दर्भ में ऐतिहासिक महत्त्व रखता है। नई कविता की आलोचना में इस वक्तव्य का निर्वाह दृढ़ता से हुआ होता, तो आज स्थिति कुछ और होती।

बहरहाल, इस मान्यता के द्वारा कविता में भाषा की **सृजनशीलता** अथवा **सर्जनात्मकता** की धारणा का प्रादुर्भाव हुआ। यद्यपि सृजनशीलता के इर्द-गिर्द रहस्यात्मकता का जाल भी काफी बुना गया, किन्तु एक बात स्पष्ट थी कि काव्य-भाषा के स्तर पर सृजनशीलता बहुत-कुछ अन्वेषण का पर्याय है। किसी नए शब्द को खोजने का अर्थ ही है किसी नए अनुभव-खंड अथवा वास्तविकता के किसी नए पहलू की खोज। रघुवीर सहाय की 'नया शब्द' शीर्षक कविता जैसे इस काव्य-सत्य को काव्यात्मक रूप में प्रस्तुत करती है :

कोई और कोई और कोई और—और अब भाषा नहीं—
शब्द, अब भी चाहता हूँ
पर वह कि जो जाए वहाँ वहाँ होता हुआ
तुम तक पहुँचे
चीजों के आरपार दो अर्थ मिलाकर सिर्फ एक
स्वच्छन्द अर्थ दे
मुझे दे। देता रहे जैसे छन्द केवल छन्द
घुमड़-घुमड़कर भाषा का भास देता हुआ
मुझको उठाकर निःशब्द दे देता हुआ।

स्पष्टतः इन पंक्तियों में कोई नया शब्द नहीं है, फिर भी यह एहसास अवश्य होता है कि संकेत किसी नए अनुभव की ओर है। यदि वह अनुभव किसी नए शब्द द्वारा व्यंजित नहीं किया गया है तो इसलिए कि स्वयं कवि की जिज्ञासा भी यही है कि 'आज शब्द नहीं रहा' और न 'भाषा' ही। शब्द हो तो वह जो 'चीजों के आरपार दो अर्थ मिलाकर एक स्वच्छन्द अर्थ दे' और यह सब इस तरह हो जैसे 'छन्द घुमड़-घुमड़कर भाषा का आभास' दे, जिसका प्रमाण इस कविता की आवृत्तिपरक लय स्वयं है।

भाषा-सम्बन्धी खोज की छटपटाहट का एक और पहलू है, जो रघुवीर सहाय की

दूसरी कविता 'फ़िल्म के बाद चीख' की इन पंक्तियों में व्यक्त हुआ है :

न सही यह कविता
यह मेरे हाथ की छटपटाहट सही
यह कि मैं घोर उजाले में खोजता हूँ
आग
जब कि हर अभिव्यक्ति
व्यक्ति नहीं
अभिव्यक्ति
जली हुई लकड़ी है न कोयला, न राख।

यहाँ आकर भाषा की खोज आग की खोज में बदल गई है और कविता हाथ की छटपटाहट बन गई है। सही भाषा की खोज इसलिए महत्त्वपूर्ण हो गई है कि "भाषा कोरे वादों से/वायदों से भ्रष्ट हो चुकी है सबकी।" यहाँ क्या अलग से यह बतलाने की जरूरत है कि यह भ्रष्टाचार केवल भाषागत नहीं है ?

यदि इस प्रसंग में श्री सुमित्रानन्दन पन्त की लम्बी कविता 'पुरुषोत्तम राम' की कुछ पंक्तियाँ सामने रखी जाएँ, तो बात और स्पष्ट हो सकती है :

महत् प्रयोजन सत्य खो गया हो वाणी का,
आज घुणाक्षर-सी अमूर्त संहत शैली में
बिम्ब प्रतीक उभरते खग-पग चिह्न चित्र से
क्षण की करतल रेती में बन-मिट नगण्य से !
कथ्यहीन युग-कविता कोरी अलंकरण भर
जिसमें गूढ़ अरूप वेदना करती रोदन
व्यक्ति अहन्ता की, युग-स्थितियों से पद-मर्दित !
मृगजल छाया-शोभा का प्यासा युग-कवि-मन !

कविता की भ्रष्टता के साथ ही सामाजिक भ्रष्टता का एक दूसरा चित्र :

धिक् यह पद मद, शक्ति मोह ! कांग्रेस नेता भी
मुक्त नहीं इससे,—कुत्तों-से लड़ते कुत्सित
भारत माता की हड्डी हित ! आज राज्य भी
अगर उलट दे जनता, इतर विरोधी दल के
राजा इनसे अधिक श्रेष्ठ होंगे ?—प्रश्नास्पद !
क्योंकि हमारे शोषित शोणित की यह नैतिक
जीर्ण व्याधि है !

भ्रष्टाचार के ये दोनों वर्णन एक ही कविता के अंग हैं, "और प्रभु यह तुम्हारी दया नहीं तो और क्या है कि इनमें आपस में कोई सम्बन्ध नहीं।" साहित्यिक भ्रष्टाचार के वर्णन की भाषा सामाजिक भ्रष्टाचार के वर्णन की भाषा से स्पष्टतः अधिक **साहित्यिक** है, जिसकी अन्तिम पंक्ति ताजगी के मामले में अपनी उपमा आप है : 'मृगजल छाया-शोभा

का प्यासा युग-कवि-मन।' जिस कवि के पथभ्रष्ट होने की बात पन्तजी ने यहाँ कही है वह और चाहे जिस चीज का प्यासा हो किन्तु मृगजल छाया-शोभा का प्यासा नहीं है, इस 'छाया-शोभा' का प्यासा कोई छायावादी कवि भले ही हो ! इसी प्रकार सामाजिक भ्रष्टाचार का वर्णन करते हुए पन्तजी का यह निष्कर्ष कि इस व्याधि का सम्बन्ध हमारे शोणित से है, आकस्मिक नहीं है। सारा विवेक खोकर चरम निराशा में कभी-कभी आम आदमी बोल उठता है कि सारा भ्रष्टाचार तो हमारे खून में है। यही बात पन्तजी की कविता की भाषा में है। धिक्कार की मनःस्थिति में स्वभावतः छोटे-छोटे एकाक्षर, द्वयाक्षर शब्दों का प्रयोग किया गया, किन्तु उन्हीं के बीच सहसा 'प्रश्नास्पद' ! सामान्यतः भाषा बोलचाल की ही है—यहाँ तक कि 'कुत्ते' भी हैं और 'हड्डी' भी; लेकिन 'हड्डी हित' प्रयोग कैसे ? फिर 'इतर', 'शोणित' ? भाषा की इतिवृत्तात्मकता की चर्चा छोड़ भी दें तो स्पष्ट है कि परिस्थिति के वर्णन में किसी भी प्रकार की काव्य-सुलभ सर्जनात्मकता का प्रयास नहीं है। क्या इसका सम्बन्ध कवि के कथ्य से नहीं है ? 'भ्रष्टाचार हमारे खून में है' यह कथ्य जिस स्नायविक स्खलन का सूचक है, अनायास प्रयुक्त निर्जीव भाषा भी उसी मनोदशा को सूचित करती है।

लोकायतन की समीक्षा करते हुए डॉ. देवराज ने एक स्थान पर विस्मय-विमुग्ध भाव से लिखा है कि "इतने बड़े काव्य में कहीं भी पन्त की शैली एवं भाव-योजना आयासित नहीं जान पड़ती। वे कठिन-से-कठिन विचारों एवं भावभंगियों को बड़ी सहजता से प्रकट करते जान पड़ते हैं। यह दूसरी बात है कि उनकी भाषा, तत्सम शब्दों के अबाधित समावेश के कारण, कुछ ज्यादा शिक्षित व संस्कृत स्तर की जान पड़ती है। इस ऊँचे स्तर की शालीन सुषमा का हमें पग-पग पर अनुभव होता है।" 'पुरुषोत्तम राम' की उद्धृत पंक्तियों के बारे में भी बिना हिचक यह कहा जा सकता है कि भाषा कहीं भी आयासित नहीं है और तत्सम शब्दों का अबाधित समावेश भी कम नहीं है, किन्तु क्या उनसे वही निष्कर्ष निकाला जा सकता है जो डॉ. देवराज *लोकायतन* से निकालने के लिए विवश हैं ? भाषा का यह अनायास व्यवहार तत्सम शब्दों का अबाध समावेश क्या यह सूचित नहीं करता कि कवि को भाषा और अनुभव में से किसी भी स्तर पर अब अन्वेषण की आवश्यकता अनुभव नहीं होती; इसलिए वह अपनी एक सहज-सुलभ अभ्यस्त भाषा में रचना करता चला जाता है ? स्पष्टतः यह काव्य-भाषा नहीं, बल्कि काव्यभास भाषा है। यह मूल्य-निर्णय केवल रूपगत नहीं, बल्कि कविता के कथ्य से भी सम्बद्ध है। यह भाषिक शैथिल्य बौद्धिक शैथिल्य का पर्याय है जिसकी परिणति नैतिक शैथिल्य में होती है।

इस प्रकार काव्य-भाषा की कसौटी पर 'काव्यात्मक' भाषा' और 'काव्याभास भाषा' के बीच भेद करना सम्भव है जिससे वास्तविक काव्य को छद्म काव्य से अलग करने में मदद मिलती है।

कथ्य को कथन के रूप में निःशेष कर देने में, निःसन्देह, आलोचना के अन्तर्गत रूपवादी रुझान का खतरा है, क्योंकि कुछ आलोचक कथन की भाषागत विशेषताओं

के विश्लेषण को ही समूची काव्यकृति का विश्लेषण समझने की भूल कर सकते हैं। किन्तु जो जागरूक समीक्षक शब्द के गिर्द बननेवाले समस्त अर्थ-वृत्तों तक फैलते जाने का विश्वासी है वह सन्दर्भ के अनुसार शब्द में निहित सभी अर्थापत्तियों को पकड़कर काव्य-भाषा के आधार पर ही काव्य का पूर्ण मूल्यांकन कर सकता है, जिसमें उसका नैतिक मूल्यांकन भी निहित है। उदाहरण के लिए, छायावादी कविता की भाषा में जब शब्द-मोह, चित्र-मोह आदि दुर्बलताएँ दिखलाई गईं तो उनसे अतिशय काल्पनिकता का निष्कर्ष निकालना स्वाभाविक था, जिससे अन्ततः यह निष्कर्ष निकला कि वास्तविकता पर कवि की पकड़ ढीली है और यह कवि के भावबोध की दुर्बलता है। इसी प्रकार जब छायावादी कविता के बिम्बों की केन्द्रापगामी वृत्ति की ओर संकेत किया गया तो उसका अर्थ स्पष्ट था कि कविता में विचार-गत असामंजस्य है, जिसके परिणामस्वरूप प्रौढ़ प्रतिक्रिया के स्थान पर कवि सस्ती भावुकता अथवा विशृंखल भावोच्छ्वास का प्रदर्शन करता है। यही कसौटी नई कविता पर भी लागू की जा सकती है। धर्मवीर भारती के कुछ गीतों और *कनुप्रिया* में जहाँ छायावादी ढंग की काव्य-भाषा का उपयोग किया गया है, उससे कविता के भावबोध की कच्चाई, बौद्धिक अपरिपक्वता एवं कैशोर भावुकता का पता चलता है।

नई प्रयोगशील कविता के साथ काव्य-भाषा के निर्माण की दिशा में जो यह मान्यता आई कि कविता की भाषा का आधार बोलचाल की भाषा होनी चाहिए, वह केवल भाषागत स्वाभाविकता अथवा स्थूल प्रकृतिवादी (नेचुरलिस्ट) प्रवृत्ति का ही सूचक नहीं, बल्कि उसके साथ कवि का एक गम्भीर नैतिक साहस जुड़ा हुआ है, जिसके अनुसार अपने आसपास की दुनिया में हिस्सा लेते हुए ही कविता को इस दुनिया के अन्दर एक दूसरी दुनिया की रचना करना आवश्यक हो जाता है।

जून 1964 की *कल्पना* में 'हिन्दी के सर्जनात्मक लेख में अंग्रेजी शब्दों का प्रयोग' शीर्षक निबन्ध में इस समस्या पर विचार करते हुए श्री विजयदेव नारायण साही ने लिखा है कि "हिन्दी कविता में पिछले बीस-पच्चीस वर्षों में जो विराट परिवर्तन हुआ है, उसके पीछे यह गहरा अनुभव है कि आज के विशाल जीवन-सागर के उतार-चढ़ाव को, उसके प्रामाणिक अस्तित्व को, बातचीत की लय के माध्यम से ही पकड़ा जा सकता है। उस लय की तलाश ही अभिव्यक्ति की तलाश है। उसी के लिए भाषा के गठन को, उसकी प्रतीक योजना को, शब्दावली को बदलने की जरूरत पड़ी है। गुस्सा, खीझ, व्याकुलता, उल्लास, घबराहट, भेड़ियाधसान, सन्तुलन अथवा आत्मसंयम के विधि मनोयोगों से भावनाओं और विचारों के उन अभूतपूर्व संपुंजों को भाषा की उछाल में पकड़कर, हस्तामलकवत् करने की कोशिश होती रही है।...सवाल यह है कि हम घनीभूत एकतानता, और फैलते हुए स्वर-सन्धान के द्वारा, आधुनिक जीवन की इस नई गति से हिल्लोलित अबूझ सागर को अधिकृत करें, या हताश शब्दावली और अस्फुट आह-आह के साथ किनारे छटपटाते रह जाएँ।"

इस कथन से स्पष्ट है कि कविता को बोलचाल की भाषा के निकट लाने का अर्थ

केवल बोलचाल के शब्दों को अपनाने तक ही सीमित नहीं है, बल्कि सही माने में आज के जीवन की धड़कन को व्यक्त करनेवाली लय को गहरे स्तर पर पकड़ना है। निस्सन्देह इस कथन से काव्य-भाषा के एक नए आयाम का उद्घाटन होता है। *मछलीघर* संग्रह की अधिकांश कविताओं में स्वयं साही ने बातचीत की इसी लय के सहारे जीवन की धड़कन को काव्यबद्ध करने का प्रयास किया है, जिसके प्रवाह में अलग-अलग शब्दों के अस्तित्व का बोध होने के स्थान पर एकतानता का एहसास होता है। शमशेर बहादुर सिंह के एक कथन का हवाला देते हुए साही ने उसी निबन्ध में लिखा है कि "गहरे अर्थ में आज के जीवन के स्पन्दन की तलाश भाषा के भीतर से 'निचुड़ते हुए रक्त की' तलाश है, क्योंकि आज के कवि का सत्य यथार्थ के बाहर किसी लोकोत्तर अदृश्य में नहीं, यथार्थ के भीतर अन्तर्भुक्त संचार की तरह अनुभूत होता है। छायावादी काव्य की आरोपित लय, यथार्थ पर आरोपित सत्य की ही भाषा को अनुशासित करती रही। इससे उनका काम चल गया। लेकिन आज के काव्य-शिल्प में व्यवहार में आती हुई भाषा की अन्तभुर्क्त लय को, यथार्थ में अन्तःसंचरित सत्य से जोड़ना ही मुख्य उद्देश्य है। बातचीत की घनीभूत लय अनुभूति की इसी शर्त के साथ हमारे लिए उपयोगी है।"

इस सन्दर्भ में धर्मवीर भारती की कविता 'बातचीत का एक टुकड़ा' और विजयदेव नारायण साही की कविता 'एक आत्मीय बातचीत की याद' की तुलना रोचक हो सकती है। भारती की कविता में बातचीत की लय को जहाँ प्रकृतिवादी ढंग से पकड़ा गया है, वहाँ साही की कविता बातचीत को हू-ब-हू नकलियाने की जगह उसके घनीभूत रूप को 'एकालाप' में ही व्यक्त करती है। कविता की गम्भीर अर्थवत्ता का कुछ आभास इन पंक्तियों से हो सकता है :

सचमुच जब मैं बातें कर रहा था
तब तुम भी नहीं थे—
सिर्फ वे शब्द थे
जो मुझे तराशते चले जा रहे थे
और तब मैं तुम्हें नहीं, खुद को भी नहीं
उस तीसरे को देख रहा था
जो अक्सर मेरी मृत्यु के भीतर से
अनायास उद्भूत होने लगता है।
और जब तक मैं बोलता रहा
कलाकृति की तरह वह निर्मित होता रहा
फिर जब मैं चुप हो गया
बाजीगर की गेंदों की तरह
वह लुंज-पुंज
न जाने किस खोखल में समा गया।

बातचीत की प्रक्रिया में कलाकृति की तरह निर्मित होनेवाले उस तीसरे व्यक्ति के समान

ही सम्भवतः घनीभूत लयवाली काव्यकृति का निर्माण होता है, जिसका विश्लेषण भी "भाषा के भीतर से निचुड़ते हुए रक्त की" तलाश है। सृजनशीलता की सच्ची पहचान यहीं होती है और जैसा कि साही ने कहा है, "सृजनशीलता आसान रास्ता छोड़कर नए रास्ते तैयार करती है जो शब्दों की **परिपाटीग्रस्त अभिव्यक्ति** और **बाजारू अभिव्यक्ति**, इन दोनों खतरों से बचाकर जीवित अभिव्यक्ति बनाती है। इसीलिए वह सृजनशीलता है।" कठिनाई यह है कि अनेक नए कवि ऐसे हैं जो परिपाटीग्रस्त अभिव्यक्ति के खतरे से बचने की कोशिश में 'बाजारू अभिव्यक्ति' के शिकार हो जाते हैं। उदाहरण के लिए धर्मवीर भारती की 'पुराना किला' शीर्षक कविता, जो उर्दू-फारसी शब्दों के अनसधे-भोंडे प्रयोगों के द्वारा अभीष्ट व्यंग्य की सृष्टि करने के स्थान पर स्वयं उपहासास्पद हो जाती है। लगभग ऐसी ही भाषा में लिखी हुई मुक्तिबोध की कविता 'भूल-गलती' में काव्य-भाषा की संजीदगी कथ्य की संजीदगी का गहरा एहसास कराती है—कहना न होगा कि इसका स्रोत उस नाटकीयता में है, जिसे मुक्तिबोध दुःस्वप्न के वातावरण की पृष्ठभूमि में और भी खौफनाक बना देते हैं। प्रसंगात् मुक्तिबोध की काव्य-भाषा की सामान्य विशेषता की ओर संकेत किया जा सकता है। शब्द-चयन की दृष्टि से मुक्तिबोध की काव्य-भाषा काफी ऊबड़-खाबड़ लगती है। बोल-चाल के साधारण शब्दों के बीच कुछ इतने अजनबी समासबद्ध संस्कृतनिष्ठ शब्द आ जाते हैं कि जबान लड़खड़ा जाती है। इसीलिए जैसा कि केदारनाथ सिंह ने कहा है : "मुक्तिबोध की भाषा की आधुनिकता पर अपेक्षाकृत कम ध्यान दिया गया है।" निराला की आरम्भिक कविताओं के समान मुक्तिबोध की आरम्भिक कविताओं में भी बिदकानेवाली ऊबड़-खाबड़ भाषा मिलती है, जिसकी आवृत्ति आगे चलकर निराला के *बेला, नए पत्ते* के प्रयोगकाल में भी दिखाई पड़ती है। किन्तु इस अटपटेपन के बीच ही निराला ने एक ओर *राम की शक्तिपूजा* और *तुलसीदास* की रचना की तो मुक्तिबोध ने *चम्बल की घाटी में* और *अँधेरे में* की। इसमें एक रीतिबद्ध भाषा की चमक, लालित्य, प्रसन्नता आदि गुण भले ही न हों, किन्तु वह प्राणशक्ति असन्दिग्ध है जो सृजनशीलता की अनिवार्य शर्त है। भाषा की इस प्राणशक्ति का सम्बन्ध भाषा के नाटकीय प्रयोग से है और कहना न होगा कि मुक्तिबोध की प्राणवान् काव्य-भाषा उनके प्राणवान् कथ्य की प्रतिध्वनि है।

स्पष्ट है कि काव्य-भाषा की सृजनशीलता को किसी एक नुस्खे अथवा कुछ नुस्खों में बाँधना असम्भव है। भाषा, कवि से जिस सृजनशीलता की अपेक्षा रखती है, वही सृजनशीलता आलोचक के लिए भी आवश्यक है। आलोचक जब आलोच्य कृति के सम्पूर्ण कथ्य को कथन-मात्र के रूप में स्वीकार करके आलोचना-कर्म में प्रवृत्त होता है तो उस पर कथ्य-कथन के सम्बन्ध में प्रवेश करने की कठिन जिम्मेदारी आ जाती है। तादात्म्य के रूप में प्रस्तुत कथ्य-कथन के बीच वह एक तरह से सेंध लगाता है और अन्तर्निहित तनाव की तलाश करता है। आलोचक की यह तलाश ही उसकी सृजनशीलता है। यदि कथ्य-कथन अथवा भाव-भाषा के अनायास तादात्म्य की छायावादी धारणा गलत है और नई कविता द्वारा स्थापित उसका सायास अन्वेषण-धर्मी सम्बन्ध

सही है, तो यह निःसंकोच कहा जा सकता है कि कथ्य-कथन के बीच द्वन्द्वात्मक सम्बन्ध है, जिसे **विरोधपूर्ण एकता** की संज्ञा दी जा सकती है। जाहिर है कि इस 'विरोधपूर्ण एकता' की भूमि पर कविता की स्थिति कहीं भी हो सकती है, किन्तु अन्ततः कविता की यह स्थिति ही मूल्यांकन का मूल आधार बनती है। कविता में भाषा के स्तर पर इस 'विरोधपूर्ण एकता' का तनाव चरमबिन्दु की दिशा में जिस सीमा तक व्यक्त होता है, उस सीमा तक कविता मूल्यवान होती है। निस्सन्देह इस मार्ग में समझौते की भी अनेक स्थितियाँ हैं, जिन्हें ध्यान में रखे बिना कोई भी मूल्यांकन पूर्ण नहीं हो सकता।

इस सन्दर्भ में काव्य-भाषा-विषयक 'मौन' के चरम दर्शन पर विचार करना अप्रासंगिक न होगा, जिसे अज्ञेय ने 'असाध्य वीणा'-जैसी कविता में अत्यन्त सफलता के साथ व्यक्त किया है, जिसकी पुष्टि में समय-समय पर उन्होंने अनेक व्याख्यान भी दिए हैं। 'असाध्य वीणा' के विन्यास पर दृष्टिपात करें तो वह दो स्थिर बिन्दुओं के बीच फैलाई हुई रचना प्रतीत होती है। आदि में मौन और अन्त में मौन और दोनों ही स्थिर एवं पूर्ण निर्धारित। किन्तु मौन उभयनिष्ठ है। इस प्रकार आदि अन्त का द्वैत आभास-मात्र है। आधार-बिन्दु वस्तुतः एक ही है। वह अद्वैत है। जिस प्रकार *कामायनी* का आरम्भ और अन्त दोनों ही हिमालय में होता है, उसी प्रकार *असाध्य वीणा* का भी आदि-अन्त दोनों मौन में होता है। प्रसाद का हिमालय भी 'मधुरिमा में अपनी ही मौन एक सोया सन्देश महान्' है। आकस्मिक नहीं कि *असाध्य वीणा* का मौन भी हिमालय के समान ही स्थिर, विराट् और हिम-शीतल है। वस्तुतः *'असाध्य वीणा'* जिस वज्र किरीटी तरु के दारु से बनी है उसकी जन्मभूमि हिमालय की ही उपत्यका है। मौन की इस स्थिर भूमि से ही व्यापक जीवन की हलचल की अनेक ध्वनियाँ निःसृत होती हुई दिखाई गई हैं। इन ध्वनियों का चयन, कलन और विवरण अत्यन्त सावधानी से किया गया है। जीवन की विविधता और व्यापकता का पूरा आभास दिया गया है। वीणा बजती है राज-दरबार में, किन्तु उससे दरबार के वातावरण की ही रूप-छवियाँ नहीं ध्वनित होतीं, बल्कि 'बटिया के चमरौधे की रुँधी चाप', 'कुलिया की कटी में मेंड़ से बहते जल की छुल-छुल', 'लोहे पर सधे हथौड़े की सम चोटें', आदि की भी ध्वनियाँ सुनाई पड़ती हैं। तात्पर्य यह कि जिस प्रकार निर्गुण निराकार ब्रह्म से यह सृष्टि उत्पन्न हुई है, उसी प्रकार *असाध्य वीणा* के मौन से अखिल सृष्टि की ध्वनियाँ उत्पन्न हुई हैं। किन्तु अन्त तक जाकर ये सभी ध्वनियाँ मौन में विलीन भी हो जाती हैं जैसे कि ब्रह्म में सम्पूर्ण सृष्टि का अन्ततः लय होना निश्चित माना जाता है। यह परिणति सृष्टि की सारी ध्वनियों को माया में बदल देती है और अन्ततः इसकी असारता का एहसास होने लगता है। उल्लेखनीय है कि यह कथ्य स्वयं भाषा की रचना में अन्तर्ध्वनित होता है। चाहे वह शिशु-सुलभ आह्लाद, विस्मय, कातर आत्मनिवेदन, समर्पण आदि का भावोच्छ्वास हो, चाहे वस्तुओं के ब्योरेवार बारीक विवरण की नपी-तुली सतर्कता; तुतलाहट-हकलाहट में टूटती हुई भाषा हो या स्थिर संयत सुनिश्चित शब्दों का सधा प्रयोग, सर्वत्र एक-सी तनावहीन भाषा है। *असाध्य वीणा* की भाषा में आश्चर्यजनक रूप से छायावाद और

रीतिवाद-जैसे दो विरोधी छोर एक बिन्दु पर मिलते दिखाई पड़ते हैं। एक ही निष्प्राण चेतना भाषा से लेकर भाव के स्तर तक—कथन से कथ्य तक आद्योपान्त व्याप्त है। भाषा की यह अशक्यता नैतिक अशक्यता का पर्याय है। इस प्रकार *असाध्य वीणा* का मौन अपनी सारी वर्णन-चातुरी, नाटकीयता और शब्द-प्रयोग-सम्बन्धी सतर्कता के बावजूद आधुनिक परिवेश के साथ एक समझौते का सूचक है।

एक समय था जक *त्रिशंकु*-काल में किसी नए कवि के काव्य-संग्रह की भूमिका लिखते हुए अज्ञेय ने कहा था कि " 'नए वातावरण से घबराए हुए पुराने कवि' की अपेक्षा 'पुराने वातावरण से उद्विग्न नए कवि' से अधिक अच्छी कविता की आशा की जा सकती है।" अभीष्ट उत्तर के लिए उन्होंने स्वयं ही प्रश्न उठाया था कि "लेकिन ऐसा उद्वेग क्या अनिवार्य रूप से अच्छा काव्य उत्पन्न करेगा ? नहीं। यदि वह उद्वेग कवि में युयुत्सा जगाता है, उस वातावरण को छिन्न-भिन्न करके नया और स्वच्छतर वातावरण लाने की प्रेरणा देता है, तभी वह सुकाव्य का कारण बनेगा; यदि उससे अनिश्चय, घबराहट अथवा पलायन की भावनाएँ जागती हैं, तब उससे उत्पन्न काव्य कितना भी मधुर होकर हेय ही है।" (*त्रिशंकु,* पृ. 105-06)

आज इस कथन के आलोक में *असाध्य वीणा* को देखकर 'नए वातावरण से घबराए हुए पुराने कवि' का रूप प्रत्यक्ष हो जाता है। सम्भवतः यहाँ वह 'घबराहट' भी नहीं; घबराहट एक स्थिर समर्पण में परिणत हो चुकी है, यह समर्पण काव्य-भाषा के स्तर पर भी स्पष्ट परिलक्षित होता है। अंग्रेजी के युवा आलोचक जार्ज स्टाइनर ने इसी को 'द रिट्रीट फ्रॉम द वर्ड' अर्थात् 'शब्द से प्रत्यावर्तन' कहा है, जो आधुनिक पाश्चात्य संस्कृति के संकट का वाचक है।

किन्तु कविता में मौन की सभी स्थितियाँ पराजय और समझौते की स्वीकृति नहीं होतीं। धनुष की प्रत्यंचा के तनाव की एक स्थिति वह भी होती है जब टंकार की ध्वनि अश्रव्य हो जाती है। केदारनाथ सिंह के शब्दों में उस समय भाषा "जिह्वा पर नहीं, बल्कि दाँतों के बीच की जगहों में सटी हुई" प्रतीत होती है; इस मौन को व्यक्त करनेवाली काव्य-भाषा में खौफनाक ताकत होती है।

[1968]

काव्य-बिम्ब और सपाटबयानी

आम धारणा है कि कविता मूर्त होती है। इस मूर्तिमत्ता के आधार पर कविता का मूल्यांकन भी होता आया है। यह परम्परा सम्भवतः उतनी ही पुरानी है जितनी स्वयं कविता नहीं तो काव्य-चर्चा। अभिनवगुप्त ने *अभिनव भारती* के रस-प्रकरण में *अभिज्ञानशाकुन्तल का* 'ग्रीवाभङ्गाभिरामम्' छन्द उद्धृत करते हुए लिखा है कि उससे "मानसी साक्षात्कारात्मिका प्रतीति" होती है। उस प्रतीति में मृग-शावक विषय रूप से भासता है। प्रतीति की प्रवृत्ति का सूक्ष्म विश्लेषण करते हुए अन्त में यह कहा गया है कि "साक्षात् हृदय में प्रविष्ट होता हुआ-सा आँखों के आगे घूमता हुआ-सा 'भयानक रस' होता है।" अभिनवगुप्त ने काव्य-भाषा की इस विशेषता को अपनी भाषा में 'विभावन-व्यापार' नाम दिया है, क्योंकि इस व्यापार के द्वारा एक ओर कवि-पक्ष से भाव-विभाव का मूर्त रूप धारण करता है तो दूसरी ओर सहृदय-पक्ष में वही मूर्त विभाव पुनः भाव में रूपान्तरित हो जाता है। अभिनवगुप्त के वृद्ध-समकालीन भट्टनायक का 'भावकत्व व्यापार' सम्भवतः इसी विभावन-व्यापार का पूर्व रूप है।

आधुनिक युग में संस्कृत काव्य-शास्त्र की इस विस्मृत परम्परा का पुनरुद्धार करते हुए आचार्य रामचन्द्र शुक्ल ने कविता में पुनः विभावन-व्यापार की प्रतिष्ठा की। सन्दर्भ-भेद से इसी के लिए उन्होंने 'मूर्तिमत्ता' और 'बिम्ब-ग्रहण' शब्दों का भी प्रयोग किया। इस विषय में शुक्लजी के विचार सामान्यतः इतने ज्ञात हैं कि उद्धरण अनावश्यक है। सम्भवतः इन विचारों की पृष्ठभूमि में कहीं न कहीं स्वयं छायावादी कवियों की भी मान्यताएँ थीं। पन्त ने *पल्लव* की भूमिका में लिखा है कि "कविता के लिए **चित्र-भाषा** की आवश्यकता पड़ती है।" निराला ने इस चित्र-भाषा को विराटता से मंडित करते हुए 'काव्य में रूप और अरूप' शीर्षक निबन्ध में लिखा कि "हिन्दी के नवीन पद्य-साहित्य में **विराट्-चित्रों** के खींचने की तरफ कवियों का उतना ध्यान नहीं, जितना छोटे-छोटे सुन्दर चित्रों की ओर है।...काव्य में साहित्य के हृदय को दिगन्त-व्याप्त करने के लिए विराट् रूपों की प्रतिष्ठा करना अत्यन्त आवश्यक है।" इस प्रकार छायावादी युग में कवियों ने चित्र-भाषा के द्वारा कविता में लघु-विराट् चित्रों की सृष्टि का प्रयास किया तो आलोचकों की ओर से चित्रात्मकता के आधार पर कविता का मूल्यांकन भी हुआ। किन्तु इस मूल्यांकन का रूप उस ऐतिहासिक सन्दर्भ में एक खास तरह का था। कविता में उस समय विचारों के वक्तव्य की अपेक्षा भावों के सीधे उद्गार का खतरा अधिक

था। इस भावोच्छ्वास की आलोचना करते हुए आचार्य शुक्ल ने लिखा कि "हर बात में 'अहा हा! कैसा मनोहर है !' 'कैसा आह्लादजनक है' जैसे भावोद्गार भद्देपन से खाली नहीं, और काव्य-शिष्टता के विरुद्ध हैं।" इसलिए उनकी राय में : "**वस्तु-विन्यास** प्रधान कार्य है। यदि वह अच्छी तरह बन पड़ा तो पाठक के हृदय में दृश्य के सौन्दर्य, भीषणता, विशालता इत्यादि का अनुभव थोड़ा-बहुत आपसे-आप होगा।" ध्यान देने की बात है कि शुक्लजी सीधे भावोद्गार को 'काव्य-शिष्टता' के विरुद्ध मानते थे। स्पष्टतः यह भद्दापन काव्य-दोष ही नहीं बल्कि नैतिक दोष है। काव्य में वस्तु-योजना का आग्रह एक तरह से आत्मनिष्ठता के विपरीत वस्तुनिष्ठता की प्रतिष्ठा थी। विचार-क्रम में इस 'वस्तु-योजना' को और स्पष्ट करते हुए शुक्लजी ने बतलाया कि आवश्यकता से अधिक अप्रस्तुत विधान का सहारा लेना कविता के लिए हानिकर है। उन्हीं के शब्दों में : "यों ही खिलवाड़ के लिए बार-बार प्रसंग प्राप्त वस्तुओं की ओर ले जाना, जो प्रसंगानुकूल भाव उद्दीप्त करने में भी सहायक नहीं, काव्य के गाम्भीर्य और गौरव को नष्ट करना है, उसकी मर्यादा बिगाड़ना है।" इस कथन का अर्थ पन्त की 'छाया', 'बादल', 'नक्षत्र' आदि कविताओं के सन्दर्भ में पूरी तरह स्पष्ट हो जाता है। यहाँ भी मूल्य-निर्णय में 'मर्यादा' शब्द नैतिक रंग की सूचना देता है। इस प्रकार के नैतिक निर्णयों के लिए कुछ लोगों ने शुक्लजी पर यह आरोप लगाया है कि उन्होंने काव्येतर मूल्यों का प्रयोग किया। किन्तु सन्दर्भ से स्पष्ट है कि वे तथाकथित काव्येतर मूल्य काव्य-मूल्यों के तार्किक परिणाम थे। दूसरे शब्दों में, आचार्य शुक्ल कविता के केवल रूपवादी आलोचक न थे, बल्कि उनकी रूपात्मक आलोचना तर्क-सरणियों का अनुगमन करते हुए अन्ततः मूल्यात्मक आलोचना के ठिकाने पहुँचकर ही विश्राम लेती थी। बहरहाल, शुक्लजी के समय तक हिन्दी में काव्य के मूल्यांकन के लिए मूर्तिमत्ता की कसौटी पूरी तरह प्रतिष्ठित हो चुकी थी।

फिर नई कविता के दौर में काव्य-बिम्ब को बलपूर्वक पुनः प्रतिष्ठित करने का क्या अर्थ है ? निश्चय ही इसका एक कारण ऐतिहासिक पृष्ठभूमि में निहित है। छायावाद के अन्त में प्रतिक्रियास्वरूप जब कविता भाव से विचार की ओर और कल्पना से वास्तविकता की ओर मुड़ी तो एकबारगी कविता में वक्तव्य देने की बाढ़ आ गई। छायावादी चित्र-मोह से मुक्त होकर कविता विचारों के बौद्धिक आलेख में बदल गई। पन्त की *युगवाणी* इस संक्रमण का ऐतिहासिक दस्तावेज है। यह परिवर्तन आचार्य शुक्ल की आँखों के सामने घटित हुआ। किन्तु आश्चर्य है कि इस अवसर पर उन्होंने अपनी मूर्तिमत्ता की कसौटी इस्तेमाल करने में वैसी मुस्तैदी न दिखाई। *युगवाणी* में पन्त की लोक-मंगल-भावना से आचार्य शुक्ल इतने प्रीत हुए कि औरों को खटकनेवाली बौद्धिकता को भी वे साफ अनदेखा कर गए। अपनी पसन्द के लिए उन्हें *युगवाणी* में "निर्जन टीले पर खड़े चिलबिल के दो पेड़" मिल ही गए। प्रकृति-प्रेम ने आचार्य की दृष्टि को इस हद तक धूमाकुलित किया कि उस रौ में वे 'इतिहास' के लगभग तीन पृष्ठों तक *युगवाणी* के पद्यों को गद्यार्थ के सहारे बखानते चले गए। बहरहाल, यह तथ्य है कि इस

संक्रमण-काल में वक्तव्यवादी कविताओं का व्यापक चलन था, यहाँ तक कि *तार सप्तक* की प्रयोगशीलता भी इससे मुक्त नहीं है। आगे चलकर 'नई कविता' को जब 'लघु मानव' और 'क्षण' के दर्शन के सहारे कविता में 'नए मानव' और 'नए मूल्यों' की प्रतिष्ठा का गम्भीर दायित्व निभाने की जरूरत महसूस हुई तो एक बार फिर वक्तव्यवादी कविताओं की बाढ़ आई। यही वह ऐतिहासिक पृष्ठभूमि है जिसमें *तीसरा सप्तक* के अन्तर्गत केदारनाथ सिंह को घोषणा के स्वर में कहना पड़ा कि "कविता में मैं सबसे अधिक ध्यान देता हूँ बिम्ब-विधान पर। बिम्ब-विधान का सम्बन्ध जितना काव्य की विषय-वस्तु से होता है, उतना ही उसके रूप से भी। विषय को वह मूर्त और ग्राह्य बनाता है; रूप को संक्षिप्त और दीप्त।" बिम्ब-विधान की इस घोषणा और संक्षिप्त परिभाषा के साथ ही उन्होंने काव्य-बिम्ब को मूल्यांकन के प्रतिमान के रूप में भी स्थापित किया : "एक आधुनिक कवि की श्रेष्ठता की परीक्षा उसके द्वारा आविष्कृत बिम्बों के आधार पर ही की जा सकती है। उसकी विशिष्टता और उसकी आधुनिकता सबसे अधिक उसके बिम्बों से ही व्यक्त होती है।" और फिर "मैं बिम्ब-निर्माण की प्रक्रिया पर जोर इसलिए दे रहा हूँ कि आज **काव्य के मूल्यांकन का प्रतिमान** लगभग वही मान लिया गया है। एक अंग्रेज आलोचक का तो यहाँ तक कहना है कि आधुनिक कवि नए-नए बिम्बों की योजना के द्वारा ही अपनी नागरिकता का शुल्क अदा करता है। तात्पर्य यह है कि प्राचीन काव्य में जो स्थान 'चरित्र' का था, आज की कविता में वही स्थान 'बिम्ब' अथवा 'इमेज' का है।"

काव्य के मूल्यांकन के प्रतिमान के रूप में 'बिम्ब' को प्रतिष्ठित करने का यह प्रस्ताव हिन्दी में सम्भवतः पहला है। निःसन्देह यह कोई नितान्त नई खोज नहीं, बल्कि एक स्थापित तथ्य की स्वीकृति-मात्र है। रचना के स्तर पर बिम्ब का जो महत्त्व स्वीकृत था, उसे आलोचना के स्तर पर निश्चित पदों में विवक्षित करके केदारनाथ सिंह ने ऐतिहासिक महत्त्व का कार्य किया। उनके इस कथन को स्वयं उनकी बिम्बधर्मी काव्य-रचना ने अतिरिक्त अर्थवत्ता प्रदान की। किन्तु यह घोषणा नई कविता के विकास की उस मंजिल पर हुई जब वह रचना और आलोचना दोनों के लिए दुर्भाग्यपूर्ण प्रमाणित हुई। 1959 का साल ऐतिहासिक दृष्टि से 'नई कविता' के विकास का प्रायः चरम बिन्दु था। इस बिन्दु से एक रास्ता नई कविता की रूढ़ियों की ओर जाता था, जिनमें बिम्ब आदि विज्ञापित नुस्खों के अन्धानुकरण की प्रवृत्ति थी और दूसरा रास्ता सच्चे सृजन का था, जिसमें बिम्बवादी प्रवृत्ति के बन्धन को तोड़ना आवश्यक प्रतीत हुआ। ये दोनों प्रवृत्तियाँ आलोचना में भी प्रतिफलित हुईं। केदारनाथ सिंह का वक्तव्य दुर्भाग्यपूर्ण इस अर्थ में हुआ कि आलोचना में उसकी परिणति डॉ. नगेन्द्र के 'काव्य-बिम्ब' में हुई तो रचना में लोकप्रिय गीतकार तक यथाशक्ति नए बिम्बों की उधारी पूँजी पर नए गीतों का दावा लेकर मैदान में आ निकले, इसके अलावा स्वयं नई कविता में बिम्बों की रूढ़ियाँ बनीं सो अलग।

प्रयोजन यहाँ आलोचना से है, इसलिए प्रस्तुत प्रसंग में अपेक्षित है मूल्यांकन के

प्रतिमान के रूप में काव्य-बिम्ब की प्रासंगिकता और सार्थकता। काव्य-बिम्ब की चर्चा का आरम्भ यदि एक कविता के ठोस उदाहरण से न हो तो फिर वह चर्चा क्या ? इसलिए सबसे पहले एक कविता—और वह भी स्वयं केदारनाथ सिंह की 'अनागत', जो प्रसंगात् *तीसरा सप्तक* में उनके संकलन की पहली कविता है :

इस अनागत को करें क्या ?—
जो कि अक्सर बिना सोचे, बिना जाने
सड़क पर चलते अचानक दिख जाता है !

स्पष्ट है कि अनागत अर्मूत है किन्तु कवि-दृष्टि उसकी आहट को अपने आसपास के वातावरण में देख लेती है और वातावरण के उन मूर्त सन्दर्भों के द्वारा अमूर्त अनागत को मूर्त करने का प्रयास करती है। जीवन्त सन्दर्भों के कारण अनागत एक निराकार भविष्य के स्थान पर जीवित सत्ता मालूम होता है। एक प्रेत-छाया के समान वह कभी किताबों में घूमता प्रतीत होता है तो कभी रात की वीरान गलियों-पार गाता हुआ। इसी तरह खिड़कियों के बन्द शीशों को टूटते, किवाड़ों पर लिखे नामों को मिटते और बिस्तरों पर पड़ी छाप को देखकर उसके आने का एहसास होता है। उसका आना इतना अप्रत्याशित और रहस्यमय है कि "हर नवागन्तुक उसी की तरह लगता है।" कहना न होगा कि आसपास के वातावरण से चुनी हुई ये वस्तुएँ मन में उस निराकार अनागत की हरकतों का एक मूर्त रूप प्रस्तुत करती हैं। किन्तु इन अतिपरिचित चित्रों की लड़ी को छोड़कर कविता सहसा बिम्ब-निर्माण के लिए दूसरे सोपान की ओर अग्रसर होती है :

फूल जैसे अँधेरे में दूर से ही चीखता हो;
इस तरह वह दरपनों में कौंध जाता है।

यहाँ दो बिम्बों को बिम्ब-प्रतिबिम्ब भाव से आमने-सामने रखकर एक प्रकार की सायास जटिलता उत्पन्न की गई है। एक ओर 'अँधेरे में फूल का चीखना' और दूसरी ओर 'दरपनों में उसका कौंध जाना' ! निस्सन्देह अपनी ओर से कवि ने यह सबसे जटिल और सम्भवतः ताजा बिम्ब देने का प्रयास किया है; किन्तु विश्लेषण की तेज धार के सम्मुख यही बिम्ब इस कविता की बुनियादी कमजोरी खोलनेवाला भेदिया भी साबित होता है। सायास जुटाती हुई दूर की ये दो चीजें प्रीतिकर चमत्कार उत्पन्न करने के स्थान पर बिम्ब को धुँधला ही बनाती हैं। यदि 'जैसे' और 'इस तरह' के द्वारा इन्हें जोड़ने का प्रयास न किया गया होता तो अलग-अलग दोनों बिम्ब पर्याप्त स्पष्ट हैं और स्पष्ट ही नहीं बल्कि अनागत की हरकतों के अलग-अलग पहलुओं को आलोकित भी करते हैं। सवाल यह है कि यह सायास जोड़-तोड़ क्यों ? और यह प्रश्न एक सन्दर्भ से फैलकर कविता के अन्य सन्दर्भों में भी मिलनेवाले बिम्बों के सम्मुख खड़ा हो जाता है। क्या इन बिम्बों के बीच कोई निश्चित अनुक्रम है ? स्पष्ट है कि कोई क्रम नहीं है। दरपनों में कौंधने के बाद हाथ-से-हाथ के बिछलने का चित्र है, फिर स्पर्श से धमनियों के रौंदे जाने का और इसके तुरन्त बाद वह एक फरिश्ता बन जाता है जिसके पंख सुनहली परछाइयों में खोए हुए हैं और पाँव कुहासे में छटपटाते हैं। क्या इस क्रमहीनता के द्वारा कवि यह

बताना चाहता है कि अनागत के आने में कोई क्रम नहीं है ? कभी वह प्रेत-छाया प्रतीत होता है, कभी फरिश्ता और कभी नवागन्तुक व्यक्ति। क्या ये बिम्ब उसके स्वरूप की अनिश्चितता और अस्पष्टता व्यंजित करने के लिए लाए गए हैं ? कविता का संक्षिप्त कथ्य यही है कि भविष्य हमारे आसपास ही है किन्तु उसका स्वरूप अभी अस्पष्ट और अनिश्चित है, फिर भी उसका आकर्षण इतना दुर्निवार है कि हम उसकी ओर बरबस खिंचे जाते हैं। निःसन्देह इस बात को अनेक वक्तव्यवादी कवियों ने गद्योपम कविताओं में कहा है। उन कविता नामधारी रचनाओं की तुलना में असन्दिग्ध रूप से यह सर्जनात्मक काव्य-कृति है। और इसका कारण है कवि की बिम्ब-निर्माण-क्षमता। किन्तु बिम्बों की लड़ी देखकर लगता है कि यह चरखे से निकले सूत की तरह चाहे जितनी लम्बी हो सकती थी। इसका आकस्मिक अन्त अनिवार्य नहीं, बल्कि सुविधाजन्य है। समाप्ति के पीछे कविता में अन्तर्निहित कोई तर्क नहीं, बल्कि और अधिक चमत्कारपूर्ण बिम्बों को ढूँढ़ने के प्रयास से उपराम ही प्रतीत होता है। यदि बिम्ब-विधायक वस्तुओं की प्रकृति का विश्लेषण करें तो वास्तविक और काल्पनिक, भयावह और प्रीतिकर गुण-धर्मों का अद्भुत संयोग दिखाई पड़ता है। निस्सन्देह इससे अनागत के भय-आशा-मिश्रित रूप की व्यंजना होती है। किन्तु यह मिश्रण इतना अनिश्चित और अस्पष्ट है कि अभीष्ट से अधिक अनायास लभ्य प्रतीत होता है। कहना न होगा कि ये बिम्बधर्मी असंगतियाँ कविता के मूल कथ्य की असंगतियाँ हैं, जो अन्ततः कवि-कर्म की कमजोरी को प्रकट करती हैं। केदारनाथ सिंह की परवर्ती कविताओं में बिम्ब-मोह का अभाव और काव्य-संरचना में बिम्बों की घुलावट एक तरह से 'अनागत'-जैसी आरम्भिक कविताओं की कमजोरियों की स्वीकृति ही नहीं, बल्कि अपेक्षित आलोचना भी है।

बिम्बों के आधार पर निर्मित कविता तथा कविता के विन्यास में यथास्थान सायास बिम्ब-योजना का दुष्परिणाम यह हुआ कि आलोचकों का ध्यान समूची कविता पर न जाकर कुछ चमकते हुए बिम्बों पर ही केन्द्रित हो गया। ऐसा नहीं कि यह आलोचकों का ही अपना दृष्टि-दोष हो, स्वयं कवियों की ओर से ही इस प्रवृत्ति को जैसे बढ़ावा मिला। उदाहरण के लिए सर्वेश्वर दयाल सक्सेना की 'वह खिड़की' शीर्षक कविता अपने सारे कथ्य के बावजूद मुख्य रूप से पाठक के मन पर दो बिम्ब छोड़ जाती है :

(1) जिन्दगी मरा हुआ चूहा नहीं है
जिसे मुख में दबाए
बिल्ली की तरह हर शाम गुज़र जाए
और मुँडेर पर
कुछ खून के दाग छोड़ जाए।

(2) लोकतन्त्र को जूते की तरह
लाठी में लटकाए

भागे जा रहे हैं सभी
सीना फुलाए।

स्पष्टतः ये दोनों बिम्ब अपने-आप में पूर्ण हैं और किसी सन्दर्भ की अपेक्षा नहीं रखते। यह भी उल्लेखनीय है कि ये दोनों बिम्ब पूर्णतः स्वतन्त्र हैं और यदि किसी ने इन्हें एक ही कविता के अन्तर्गत न देखा हो तो वह इनमें से प्रत्येक को स्वतन्त्र कविता के रूप में ग्रहण करके आनन्द ले सकता है। यदि ये बातें सच हैं तो स्वभावतः यह सवाल उठता है कि इन्हें एक ही कविता में स्थान देने की काव्यात्मक **अनिवार्यता** क्या है ? कविता में इसका कोई स्पष्ट और संगत उत्तर नहीं है, कवि से उत्तर की तो खैर अपेक्षा भी नहीं है। अधिकांश कविताएँ इधर इसी विधि से गढ़ी जा रही हैं जिनमें बिखरे बिम्बों की एक माला तैयार की गई है, यहाँ तक कि बिम्बों की मणियों के बीच कभी-कभी आवश्यक सूत्र का भी लोप रहता है—**'अदर्शनं लोपः'** जैसा नहीं बल्कि उसका अस्तित्व ही नहीं होता। पाठक यदि उन्हें एक सूत्र में पिरो लेता है तो इसलिए कि वह उस सन्दर्भ से परिचित है, जिसमें ये कविताएँ लिखी जा रही हैं। व्यावहारिक दृष्टि से पाठक का यह प्रयास अनुचित नहीं किन्तु सैद्धान्तिक दृष्टि से यह प्रवृत्ति निश्चिय ही काव्य-विरोधी है। यदि किसी कविता का आन्तरिक सूत्र ढूँढ़ने के लिए पाठक को उस कविता से बाहर सामयिक परिवेश का सहारा लेना पड़े तो कविता की पराजय है। ये सारी बातें इसलिए उठती हैं कि इस प्रकार लिखी जानेवाली बिम्बविधायिनी कविताओं में कुछ अच्छी भी होती हैं और उनके दो-चार बिम्ब निहायत टटके और जीवन्त भी होते हैं, जैसे सर्वेश्वर की कविता 'वह खिड़की' ही।

कविताएँ जब ऐसी हों तो क्यों न कुछ अध्यापक अपनी आधुनिकता प्रदर्शित करने के लिए कुछ काव्य-बिम्बों को यहाँ-वहाँ से लेकर नई कविता का मूल्यांकन करने का हौसला दिखाएँ ? लेकिन बन्दर की बला तबेले के सिर। नुकसान उठाना पड़ता है उन कविताओं को जिनकी काव्यानुभूति की बनावट भिन्न ढंग की होती है। इसलिए साफ अलग दीखनेवाले बिम्बों के अभाव में वे इस आलोचना-दृष्टि में हेय प्रमाणित होती हैं। अंग्रेजी साहित्य में किसी समय इस प्रवृत्ति का प्रचलन देखकर बिम्ब-सम्बन्धी भ्रम का निराकरण करते हुए डॉ. एफ.आर. लीविस ने सितम्बर, 1945 की *स्क्रूटिनी* में 'इमेजरी एण्ड मूवमेंट' (बिम्ब और गतिमयता) शीर्षक निबन्ध लिखा था, जिसकी प्रमुख स्थापना का उल्लेख यहाँ प्रासंगिक है।

ठोस काव्य-विश्लेषण के द्वारा मूल्यांकन की जटिल समस्याओं से जूझने के अभ्यस्त आलोचक डॉ. लीविस का कहना है कि कविता के अन्तर्गत जीवन्तता के चिह्नों की तलाश में जो आलोचक अपना ध्यान स्थानिक प्रभावों पर केन्द्रित करता है वह सम्पूर्ण संघटन के विश्लेषण के लिए और चाहे जिन तत्त्वों का सहारा ले, 'ब्रिम्ब' जैसे अति सुलभ शब्द से सन्तुष्ट नहीं हो सकता, क्योंकि यह शब्द सहसा एक सरलीकरण को प्रोत्साहित करता है। यही नहीं बल्कि जहाँ अपेक्षाकृत सरलतर स्थानिक प्रभाव्व अपने पूरे वातावरण से अलूचे (Plums) के समान आसानी से चुन लिए जाने की सुविधा देते हैं,

अन्ततः यह प्रमाणित होता है कि उनका अधिकांश गुण प्रथम दृष्टि में आपाततः दृष्टिगत होनेवाली विशेषताओं की अपेक्षा विस्तृत सन्दर्भ पर निर्भर होता है।[1] इस प्रकार कविता में प्रत्येक बिम्ब उसकी सम्पूर्ण संघटना का अविच्छेद्य एवं अविभाज्य अंग होता है। डॉ. लीविस उस संघटना की गतिशीलता को ध्यान में रखकर ही उसे 'मूवमेंट' अथवा 'गतिमयता' की संज्ञा देते हैं। तात्पर्य यह है कि जिसे बिम्ब और सन्दर्भ के गत्वर सम्बन्ध की जटिल सम्भावनाओं का बोध होगा, वह किसी कविता से कुछ-एक बिम्बों को चुनकर केवल उनके गुण और परिमाण के आधार पर मूल्यांकन न करेगा। इसीलिए जब डॉ. लीविस यह कहते हैं कि किसी बिम्ब के चारों ओर रेखा खींचना कठिन है तो कविता की संघटना से बिम्बों के अलगाने के खतरे की ओर ही संकेत करते हैं। इस कठिनाई को देखते हुए वे इस निष्कर्ष पर पहुँचते हैं कि चरम विश्लेषण में बिम्ब का स्थान गतिमयता (मूवमेंट) ले सकती है क्योंकि काव्य-मूल्य का अन्तिम निर्णय गतिमयता के ही आधार पर होता है। डॉ. लीविस की अपनी भाषा में यह गतिमयता अन्ततः कविता में **व्यक्त जीवन** का पर्याय हो जाती है, इसलिए इसे केवल भावावेग अथवा अनुभूति तक सीमित कर देना ठीक नहीं।

गतिमयता के साथ बिम्ब-रचना का सफल रूप प्रायः छोटी कविताओं में सुलभ होता है। आकस्मिक नहीं कि अंग्रेजी के आरम्भिक बिम्बवादी कवियों ने छोटी कविता का ही आदर्श सामने रखा और समूची कविता की परिकल्पना एक बिम्ब के रूप में की। उल्लेखनीय है कि जापानी 'हाइकू' पाउंड का आदर्श काव्य है, जिसकी ओर हिन्दी की नई कविता का ध्यान छठे दशक के अन्त में गया। इस दृष्टि से अज्ञेय का **अरी ओ करुणा प्रभामय** संकलन द्रष्टव्य है। किन्तु इस सन्दर्भ में इससे भी अधिक उल्लेखनीय तथ्य यह है कि अज्ञेय के इस प्रयास से काफी पहले चौथे दशक से ही शमशेर बहादुर सिंह इस प्रकार की छोटी बिम्बवादी कविताएँ लिखते आ रहे हैं। उदाहरण के लिए 1939 की लिखी हुई यह कविता :

सूना-सूना पथ है, उदास झरना
एक धुँधली बादल-रेखा पर टिका हुआ आसमान
जहाँ वह काली युवती
हँसी थी।

आगे चलकर इस बिम्बवादी प्रवृत्ति में और भी सघनता आई, जिसका उदाहरण है 1956-58 के बीच लिखी 'सुबह' शीर्षक कविता :

---

1. Whatever tip the analysist may propose to himself for a local focussing of attention, the signs of vitality he is looking for or matters of organization among words, and must not be thought of in the naive terms that the word 'image' too readily encourages. Even where it appears that some of the simpler local effects can be picked like plums out of their surroundings, it will usually turn out that more of the virtue depends on an extended context that was obvious at first sight.

—*Scrutiny*, Vol. XIII, No. 2, Sept. 1945.

जो कि सिकुड़ा हुआ बैठा था, वो पत्थर
सजग होकर पसरने लगा
आप से आप

इस प्रसंग में एक और उपेक्षित से कवि केदारनाथ अग्रवाल की कविता-पुस्तक *फूल नहीं रंग बोलते हैं* में संकलित 1956 से '64 के बीच की छोटी कविताएँ टटके बिम्बों की ताजगी के लिए विशेष रूप से उल्लेखनीय हैं। बानगी के लिए सिर्फ एक कविता :

जल रहा है
होकर गुलाब जवान
खोलकर होंठ
जैसे आग
गा रही है फाग।

स्पष्टतः इस प्रकार की कविताओं की एक सीमा है, किन्तु भावहीन सपाट वक्तव्य की अपेक्षा ये भावचित्र अपने संक्षिप्त रूपाकार में प्रायः एक से अधिक भावों और विचारों की जटिल स्थिति को व्यंजित कर जाते हैं।

जहाँ तक मूर्तिमत्ता का प्रश्न है, वह तथाकथित 'बिम्बवादी' काव्य-सिद्धान्त को अपनाए बिना भी सम्भव है, जैसा कि कुछ प्रगतिवादी कहे जानेवाले कवियों की सफल काव्य-कृतियों में दिखाई पड़ता है। उदाहरण के लिए नागार्जुन की 'अकाल और उसके बाद' शीर्षक कविता :

कई दिनों तक चूल्हा रोया, चक्की रही उदास
कई दिनों तक कानी कुतिया सोई उनके पास
कई दिनों तक लगी भीत पर छिपकलियों की गश्त
कई दिनों तक चूहों की भी हालत रही शिकस्त।

दाने आए घर के अन्दर कई दिनों के बाद
धुआँ उठा आँगन के ऊपर कई दिनों के बाद
चमक उठीं घर भर की आँखें कई दिनों बाद
कौए ने खुजलाई पाँखें कई दिनों के बाद।

चूल्हा, चक्की, छिपकलियों, चूहों, कौए के अलावा दाने और धुआँ-जैसी रोज की जानी-पहचानी मामूली चीजों के द्वारा दो विरोधी स्थितियों को जिस प्रकार मूर्त किया गया है, वह साधारण कवि-कौशल नहीं। यहाँ चीजों का सिर्फ वर्णन नहीं, क्रिया-व्यापार दिखाया गया है और क्रिया-व्यापार के चयन में भी एक दृष्टि है जिसे आचार्य शुक्ल ने 'व्यापार-शोधन' नाम दिया है। 'चूल्हा रोया' को यदि एक मुहावरा भी मान लें, तो चूल्हा और उदास चक्की के पास कानी कुतिया का सोना एक मर्मस्पर्शी क्रिया-व्यापार है जो मन में भावचित्र जगाता है। अनाज के लिए सिर्फ 'दाने' शब्द का प्रयोग है, और अन्तिम स्पर्श : 'कौए ने खुजलाई पाँखें'। घर भर की खुशी के हिस्सेदार भी कौन-कौन

और कहाँ-कहाँ के प्राणी हैं ! क्या यह सब केवल सूक्ष्म पर्यवेक्षण और यथार्थ चित्रण मात्र है ? वास्तविकता के मर्म की यह आन्तरिक पहचान कोई नैतिक दृष्टि नहीं ? एक मूर्तिमत्ता यह भी है, किन्तु तथाकथित बिम्बवादी मूर्तिमत्ता से कितनी अलग।

वास्तविकता को अपनी सारी जीवन्तता में व्यक्त करने का एक और तरीका इधर बड़े पैमाने पर रघुवीर सहाय ने इस्तेमाल किया है, जिसमें व्यक्तिवाचक नामों का सहारा लिया गया है; जैसे 'दिन रात साँस लेता है ट्रांजिस्टर लिये हुए खुशनसीब खुशीराम' या 'रामकुमार को मैंने अपना दिल उधार दिया' और फिर :

नाम कहाँ तक याद रक्खूँ
लोगों को उनकी तोंद से जानता हूँ
पहले मुझे वही मिली ***देवीदयाल वर्मा*** *में*
कितनी शान्ति भरी घुटनभरी
आदमी से आदमी के बचाव की ढाल।

कविता में व्यक्तिवाचक नामों का प्रयोग एक समय निराला ने भी किया था *नए पत्ते* के जमाने में मसलन 'मास्को डायलॉग्स' शीर्षक कविता में गिडवानी का, जो काफी व्यंजक है। नामों का प्रयोग राजकमल चौधरी के *मुक्तिप्रसंग* में भी है। चन्द्रमौलि उपाध्याय, मंजू हालदार आदि जो वास्तविक बतलाए जाते हैं। किन्तु रघुवीर सहाय द्वारा नामों का प्रयोग कितना विशिष्ट और कितना काव्यात्मक है ! एक बार 'देवीदयाल वर्मा' को हटाकर देखें तो स्पष्ट हो जाएगा कि इस एक नाम के होने से क्या बात पैदा हो जाती है, एक शब्द में कितनी अधिक बातें कह दी गई हैं और उस शब्द का होना कितना अनिवार्य है। कहना न होगा कि मूर्तिमत्ता का एक रूप यह भी है, लेकिन यह बिम्ब-योजना नहीं है।

यह भी एक विडम्बना ही है कि जिस समय कुछ अध्यापक अपनी आधुनिकता प्रमाणित करने की आतुरता में अपने पिछड़ेपन की झेंप मिटाने के लिए 'काव्य-बिम्ब' पर विचार करने की ओर प्रवृत्त हो रहे हैं, काव्य-सृजन बिम्ब के दायरे से निकलकर एक खास तरह की सपाटबयानी की ओर अग्रसर हो रहा है :

प्रिय पाठक
ये मेरे बच्चे हैं
कोई प्रतीक नहीं
और इस कविता में
मैं हूँ मैं
कोई रूपक नहीं

. .

यह मैं खड़ा हूँ
भरापूरा एक आदमी

एक अधेड़ भारतीय 'आत्मा' के माध्यम से रघुवीर सहाय का यह कथन उस बदली हुई

मनःस्थिति का अर्थपूर्ण संकेत है। "कविता में मैं सबसे अधिक ध्यान देता हूँ बिम्ब-विधान पर" यह एक समय कहनेवाले केदारनाथ सिंह बिम्ब-विधान का मोह छोड़कर अब सीधे-सीधे इस प्रकार के वक्तव्य देने लगे हैं :

तुमने जहाँ लिखा है 'प्यार'
वहाँ लिख दो 'सड़क'
फर्क नहीं पड़ता।
मेरे युग का मुहावरा है
फर्क नहीं पड़ता।

.

और भाषा जो मैं बोलना चाहता हूँ
मेरी जिह्वा पर नहीं
बल्कि दाँतों के बीच की जगहों में—
सटी हुई है।

इस परिवर्तित स्थिति को देखकर ही मैंने 'नई कविता पर क्षणभर' शीर्षक लेखमाला के अन्तर्गत सितम्बर '63 के *ज्ञानोदय* में लिखा था : "आज की कविता अपनी प्रकृति में अब तक की बिम्ब-प्रधान कविता से सर्वथा भिन्न है अथवा उसका झुकाव बिम्ब-भिन्न है। कवियों का सम्भवतः कुछ ऐसा विश्वास हो चला है कि बिम्ब-विधान सीधे सत्य-कथन के लिए बाधक है। इधर की अधिकांश बिम्बवादी कविताओं को देखते हुए यह आशंका एकदम असंगत नहीं लगती। इसे विरोधाभास ही कहना चाहिए कि जब से कविता में बिम्बों की प्रवृत्ति बढ़ी, सामाजिक जीवन के सजीव चित्र दुर्लभ हो चले। सुन्दर बिम्बों के चयन की ओर कवियों की ऐसी वृत्ति हुई कि प्रस्तुत गौण हो गया और अप्रस्तुत प्रधान ! इस तरह कवि की दृष्टि ही संकुचित नहीं हुई, कविता का दायरा भी सीमित हो गया—पहले जीवन से खिंचकर प्रकृति की ओर, और फिर प्रकृति में भी विशेष प्रकार के रमणीय की ओर; यहाँ तक कि वातावरण का संकेत देनेवाले बिम्ब भी सिमटकर एक कमरे की वस्तुओं के रूप में रह गए और बाहरी दुनिया एक खिड़की की तकदीर के सहारे बैठ गई। कविता को चित्र बनाने का नतीजा क्या होता है, यह बात पिछले पन्द्रह वर्षों के अनुभव से स्पष्ट हो गई। यही हाल प्रतीक-संकेत पद्धति का हुआ। सांकेतिकता भीरुता का बाना ही नहीं बनी, अज्ञान का कवच भी बन गई। जहाँ कुछ स्पष्ट न हो, वहाँ संकेत। अँधेरे में जैसे हर किसी को तीर चलाने का मौका मिल गया, और हर कवि को परम ज्ञानी की तरह पहेली बुझाने की छूट मिल गई। देखते-देखते कविता भी उसी दुनिया का आईना बन गई, जिसमें 'सब दूसरों से छिपाते हैं'। यदि इतने पर भी इस कविता के विरुद्ध प्रतिक्रिया न होती तो विनाश निश्चित था—विनाश सामाजिकता और मानवीयता का ही नहीं, बुद्धि, हृदय और सृजनशीलता का भी।"

वस्तुतः इस बिम्ब-मोह के टूटने का कारण सामाजिक और ऐतिहासिक है। छठे दशक के अन्त और सातवें दशक के आरम्भ में सामाजिक स्थिति इतनी विषम हो उठी

कि उसकी चुनौती के सामने बिम्ब-विधान कविता के लिए अनावश्यक भार प्रतीत होने लगा। जिस प्रकार सन् '36 तक आते-आते स्वयं छायावादी कवियों को भी सुन्दर शब्दों और चित्रों से लदी हुई कविता निःसार लगने लगी, उसी प्रकार सन् '60 के आसपास नई कविता की बिम्ब-धर्मिता की निरर्थकता का एहसास होने लगा। समस्या परिस्थितियों के सीधे 'साक्षात्कार' की थी; प्रश्न हर चीज को उसके सही नाम से पुकारने का था; क्योंकि जैसा कि केदारनाथ सिंह ने कहा है :

चीजें एक ऐसे दौर से गुजर रही हैं
कि सामने की मेज को सीधे मेज कहना
उसे वहाँ से उठाकर अज्ञात अपराधियों के बीच रख देना है।

और कुछ ऐसी ही मुश्किल श्रीकान्त वर्मा की इन पंक्तियों से भी झलकती है :

मेरे सामने समस्या है
किसको किस नाम से
पुकारूँ
आईने को आईना कहूँ
या
इतिहास ?

इस मुश्किल ने क्रमशः उस प्रवृत्ति को जन्म दिया है जिसे अशोक वाजपेयी ने श्रीकान्त वर्मा के दो नए काव्य-संग्रह *माया दर्पण* और *दिनारम्भ* की समीक्षा (*धर्मयुग*, 23 जून, '68) करते हुए **सपाटबयानी** कहा है। यह परिवर्तन आज इतना स्पष्ट है कि अशोक वाजपेयी भी इसे लक्षित करते हुए कहते हैं : "नई कविता बिम्ब-केन्द्रित रही है और अक्सर कवियों में बिम्ब का ऐसा घटाटोप तैयार हुआ कि सातवें दशक तक आते-आते कई कवियों को यह महसूस हुआ कि कविता को बिम्ब से मुक्त कराके ही उसे जीवन्त और प्रासंगिक रखा जा सकता है। उनके सामने बिम्ब-प्रधान कविता कुछ शक की चीज बन गई और सपाटबयानी की तरफ कई कवि झुके और उसे विश्वसनीय माना जाने लगा।" इसी क्रम में रघुवीर सहाय, केदारनाथ सिंह और श्रीकान्त वर्मा, तीन कवियों का विशेष रूप से उल्लेख करते हुए वे आगे यह भी जोड़ते हैं कि "उनमें से हर एक ने सपाटबयानी के मूल्य को पहचाना लेकिन उसे अपनी बुनियादी बिम्बधर्मिता के प्रतिकूल न रखकर उसे उसके साथ संयोजित किया और अपने मुहावरों को और उनसे उजागर होनेवाले काव्य-संसार को समृद्ध किया, चित्रमयता को खोए बिना उसे रोजमर्रा की जीवन्तता दी।"

किन्तु अशोक वाजपेयी ने, जैसा कि श्रीकान्त वर्मा की कविताओं को लक्ष्य करके कहा है, इस प्रकार वे "वक्तव्य नहीं रह जातीं और न उनमें अपने अनुभवों का निरा एकायामी बखान होता है।" क्योंकि वहाँ "बिम्ब और चित्र आलंकारिक नहीं रहते, साक्षात्कार से बचने का उपाय भी नहीं।" इस भटकाव से रोकने में कवि की सपाटबयानी का व्यंग्यपूर्ण एवं नाटकीय अन्दाज सहायक होता है।

बिम्बों की भाषा से चिढ़ इस बीच इतनी बढ़ गई कि अनेक कवि और आलोचक 'नंगी' भाषा के लिए आग्रहशील हो उठे। 'ताजी कविता' का नारा देते हुए लक्ष्मीकान्त वर्मा ने साफ शब्दों में कहा कि "बिम्बों की यह निरर्थकता ही हमें अब 'नंगे शब्दों' की ओर ले जा रही है—आवरणहीन, सज्जाहीन, संस्कारहीन, और इन सबसे अधिक ऐसा नंगापन जिसमें आभिजात्य जंगलीपन के ऊपर एक समय-बोध की छाप लगा सके।" प्रतिक्रिया का तीखापन इस बात से स्पष्ट है कि वे सातवें दशक में भी मैथिलीशरण गुप्त की भाषा का समर्थन करने के लिए तत्पर हो उठते हैं क्योंकि वह जटिल संवेदनाओं की जटिलता को निभाने की क्षमता से रहित होने के बावजूद आभिजात्य और अस्पष्टता से मुक्त है।

कविता में सपाटबयानी का यह आग्रह वस्तुतः गद्य-सुलभ जीवन्त वाक्य-विन्यास को पुनः प्रतिष्ठित करने का प्रयास है, जिसके मार्ग में बिम्बवादी रुझान निश्चित रूप से बाधक रहा है। नई कविता के उत्कर्ष-काल में भी प्रवाह-पतित होने का खतरा उठाकर एक कवि धारा के विरुद्ध वाक्य-विन्यास की रक्षा के लिए आवाज बुलन्द करता रहा, लेकिन उसकी आवाज न तब सुनी गई और न अब—वह कवि है 'धरती' और 'दिगन्त' का रचनाकार त्रिलोचन, जिसके बारे में शमशेर ने लिखा है :

तुमने 'धरती' का पद्य पढ़ा है ?
उसकी सहजता प्राण है।

त्रिलोचन की 'धरती' की सहजता का आधार है अटूट वाक्य-विन्यास, जिसके अनवरुद्ध प्रवाह को 'सॉनेट' के कसे रूप में बाँधते हुए उन्होंने ऐसी भाषा का प्रयोग किया है जिसकी "ध्वनि में क्रिया भरी है और क्रिया में बल है।" इस भाषा के आग्रह के पीछे वही दृष्टि है जिसके कारण सातवें दशक के कवि आज सपाटबयानी पर उतरने के लिए विवश हैं।

गला सत्य का कभी न घोटूँगा। मेवा से
वरंब्रूहि न कहूँगा और न चुप रहने का।
लड़ता हुआ समाज, नई आशा-अभिलाषा,
नए चित्र के साथ नई देता हूँ भाषा।

इस प्रकार जहाँ अँधेरी कोठरी को अँधेरी कहने की साहसिक सच्चाई है वहीं नए चित्र के साथ नई भाषा देने का आत्म-विश्वास भी सम्भव है।

अंग्रेजी कविता में बिम्ब-प्रतीकवाद के विरुद्ध इसी प्रकार की तीखी प्रतिक्रिया एक दशक पूर्व छठे दशक के आरम्भ में हुई, जिसे सैद्धान्तिक रूप देने का श्रेय कवि-आलोचक डोनाल्ड डेवी को है। उन्होंने *आर्टिकुलेट एनर्जी* (1955) नामक पुस्तक में टी.एस. इलियट द्वारा प्रतिष्ठित 'आब्जेक्टिव को-रिलेटिव' सिद्धान्त को चुनौती देते हुए परम्परागत वाक्य-विन्यास के उपयोग को काव्य-भाषा के समर्थ साधन के रूप में निरूपित किया। उनकी युक्तियाँ संक्षेप में इस प्रकार हैं—बिम्बवादियों और उनके अनुयायियों के लिए भाषा तभी विश्वसनीय होती है जब वह वाक्य-विन्यास के तार्किक संघटन को छोड़कर

विच्छिन्न शब्दों के रूप में बिम्ब-रचना करती है। वाक्य-विन्यास का परित्याग कवि के स्नायु-दौर्बल्य का सूचक है। तर्क-ज्ञान और बुद्धिसंगत अवधारणा से विश्वास उठ जाने पर ही कवि वाक्य-विन्यास का दामन छोड़ता है। इलियट का 'आब्जेक्टिव को-रिलेटिव' का सिद्धान्त इसी अबुद्धिवाद का परिणाम है। इसका कारण समाज से कवि का नितान्त अलगाव है; इसीलिए वह क्षणिक प्रकाश में परिस्फुट होनेवाले बिम्बों के रूप में अपने-आपको व्यक्त करके ही दूसरों से ग्रहणशीलता की सहानुभूति प्राप्त करने की आशा रखता है। इसके विपरीत सत्रहवीं सदी के कवि कविता में वाक्य-विन्यास के उपयोग पर पूरा भरोसा रखते थे क्योंकि अपने समाज के साथ वे जीवन्त सम्पर्क में थे और बुद्धिसंगत संवाद में उनका विश्वास था। कविता में वह परम्परा आज भी पुनर्जीवित की जा सकती है। इसका अर्थ है अपने पाठक के साथ कवि द्वारा साक्षात् सम्पर्क स्थापित करने का प्रयास। यह सम्पर्क एक ऐसे अनुबन्ध को जन्म देगा जिसके अनुसार कवि और पाठक एक भाषागत 'समय' के पालन के लिए प्रतिश्रुति होंगे। यह 'सभय' अनिवार्यतः कविता में पुनः वाक्य-विन्यास की प्रतिष्ठा कर देगा। इस प्रकार बिम्बों की व्यक्तिगत भाषा के स्थान पर कविता में सम्प्रेषणीय जीवन्त भाषा की सुरक्षा सम्भव होती है।

डोनाल्ड डेवी का अनुसरण करते हुए फ्रैंक कर्मोड ने *रोमांटिक इमेज* (1957) नामक पुस्तक में एक भिन्न कोण से इलियट के बिम्ब-प्रतीकवादी काव्य-सिद्धान्त का प्रतिवाद किया। कर्मोड का प्रमुख आक्रमण इलियट के 'डिस्सोसिएशन ऑफ सेंसिबिलिटी' अर्थात् 'भावबोध की विच्छिन्नता' पर है, किन्तु इस मान्यता की अनैतिहासिकता एवं कोरी काल्पनिकता का उद्‌घाटन करते हुए अन्ततः वे इसमें निहित बिम्ब-प्रतीकवादी वाक्य-सिद्धान्त की पड़ताल करने में तत्पर होते हैं। इलियट ने जब यह कहा कि पाश्चात्य मानस में 17वीं सदी के मध्य में 'भाव-बोध की विच्छिन्नता' घटित हुई तो उसका स्पष्ट अभिप्राय था कि बीसवीं सदी में 'अविच्छिन्न भावबोध' को संयोजित करके काव्य-सृजन की ओर प्रवृत्त होना चाहिए और बिम्ब-योजना इस 'अविच्छिन्न भावबोध' का अपरिहार्य माध्यम है। कर्मोड ने इस मान्यता का खंडन करते हुए स्थापित किया कि महान कविता केवल बिखरे हुए बिम्बों की शृंखला नहीं है, वह सामान्य संलाप के तन्त्र का उपयोग करती है; इसलिए उसे अपने पाठकों को सहज-सुलभ अर्थों का सम्प्रेषण करना चाहिए। बिम्बों की भाषा सदैव श्रेष्ठ नहीं होती और न वह अविच्छिन्न भावबोध का सर्वोत्कृष्ट माध्यम ही है। क्रियोन्मुख वाक्य-विन्यास सामाजिक विचार-विनिमय का परम्परागत साधन है और विवेक-सम्मत काव्य-रचना का आधार भी वही है।

अंग्रेजी काव्य-जगत् में इन विचारों की व्यापक प्रतिध्वनि हुई क्योंकि ये प्रकारान्तर से एक सृजनात्मक आकांक्षा को ही विवक्षित करने के सैद्धान्तिक प्रयास थे। 'सेवेन टाइप्स ऑफ एंबिगुइटी' के विश्रुत आलोचक और विशिष्ट कवि विलियम एंपसन ने भी कविता में जटिलता एवं अस्पष्टता का पुराना सिद्धान्त छोड़कर तर्कसंगत एवं स्पष्ट कविता का नारा बुलन्द किया, जिसका आभास बी.बी.सी. द्वारा प्रसारित उनकी

'आर्गुफ़ाइंग इन पोएट्री' शीर्षक वार्ता (*लिसनर*, 22 अगस्त, 1963) में मिलता है।

इस वार्ता में उन्होंने कहा है कि एक समय हमने डन को इसलिए पसन्द किया था कि वह 'मेटाफिज़िकल' है किन्तु अब मैं यह अनुभव करता हूँ कि हमने बहस के लिए ही उसे पसन्द किया था। अभी तक डन के इस पक्ष को इसलिए बचाया जाता रहा है कि वह प्रतीकवादी काव्य-सिद्धान्त के ढाँचे में फिट नहीं बैठता था। कविता में तर्क से बचने का कारण है प्रतीकवाद का बुद्धिविरोधी प्रभाव। प्रतीकवाद और बिम्बवाद की यह मान्यता थी कि कवि को जो कुछ सीधे-सीधे कहना है उसे नहीं कहना चाहिए, क्योंकि यह बौद्धिकीकरण होगा। इसलिए कवियों ने संकेत से कहने की ऐसी विधि अपनाई जिसे उस समय कुछ लोगों ने 'प्रतीक' कहा तो कुछ ने 'बिम्ब'। इस काव्य-सिद्धान्त का सार यह है कि कविता तर्कहीन असम्बद्ध बिम्बों का समुच्चय-मात्र है। इसलिए एंपसन का कहना है कि मैंने इस काव्य-सिद्धान्त को हमेशा गलत समझा। यह कविता के साथ ही गद्य के लिए भी हानिकर है, क्योंकि यह मिथ्या संकेतों और टालमटोल को बढ़ावा देता है। फ्रांसीसियों ने प्रतीकवाद का आविष्कार इसलिए किया कि फ्रांसीसी बोर्जुआ फ्रांसीसी बोर्जुआ से नफरत करता था। यह नफरत इस सीमा तक थी कि वह सौन्दर्य-दृष्टि से नितान्त शुद्ध हो गया। यह सिद्धान्त विज्ञान के विरुद्ध कला के महान युद्ध में शस्त्र साबित हुआ, लेकिन उसमें कभी बुद्धिमत्ता के दर्शन नहीं हुए। इतिहास जो भी हो, आज प्रतीकवाद के पक्ष में जो युक्तियाँ प्रायः सुनाई पड़ती हैं, उनके मूल में एकमात्र विश्वास यही है कि सारा चिन्तन बिम्बों में होता है। लेकिन यह विश्वास कि हम बिम्बों में सोचते हैं, आदिमयुगीन चिन्तन का ठेठ उदाहरण है।

बिम्ब से साहित्यिकों का तात्पर्य प्रायः दृश्य बिम्ब से होता है; अर्थात् मस्तिष्कगत चित्र, लेकिन मनोवैज्ञानिकों के अनुसार सभी ऐन्द्रिय-बोधों और मांसपेशियों की क्रियाओं के बिम्ब होते हैं। इसलिए आप अपने पैरों के चित्र की धारणा के बिना भी साइकिल पर सवारी करने का ख्वाब देख सकते हैं। एंपसन के अनुसार कवितापाठ के लिए मांसपेशियों की ऊर्जा सबसे महत्त्वपूर्ण है। कविता में बहस केवल मानसिक नहीं, बल्कि मांसपेशियों की गति के रूप में भी महसूस होती है। **अतः** का प्रयोग पाठक की नाक पर एक घूँसे के समान है। **बौद्धिक** कविता को कोई चाहे जितना अवास्तविक और बासी कहे, नाक पर पड़ा हुआ घूँसा अवास्तविक और बासी नहीं है। इसलिए यदि 'उषा' बासी नहीं है तो **अतः** भी बासी नहीं है और उसमें भी उतनी ही 'बिम्बमयता' है। वस्तुतः प्रतीकवादी कविता एक ऐसे पंगु व्यक्ति की कविता है जिसने अपने पाँवों की नसें काट रखी हैं। ऐसा कवि जहाँ जाना चाहता है, नहीं जा सकता; वह बैठकर प्रतीक्षा करने के लिए बाध्य है ताकि वह अपनी ओर आनेवाले अनुषंगों को पकड़ सके।

अंग्रेजी साहित्य में इधर बिम्ब-विधान के विरुद्ध इतनी गहरी प्रतिक्रिया हुई है कि अब इसे आलोचना की भाषा से निकाल देने का भी प्रस्ताव किया जा रहा है। शीत 1967 के *क्रिटिकल क्वार्टली* में पी.एन. फरबैंक ने 'डू वी नीड द टर्म्स इमेज़ एंड इमेज़री ?' (क्या हमें 'बिम्ब' और 'बिम्ब-योजना' शब्दों की आवश्यकता है ?) शीर्षक

निबन्ध में 'बिम्ब' शब्द के सभी सम्भावित प्रयोगगत अर्थों पर विचार करते हुए निष्कर्ष निकाला है कि काव्य-समीक्षा में परम्परागत 'मेटाफ़र' शब्द के रहते हुए 'बिम्ब' शब्द अनावश्यक ही नहीं, बल्कि भ्रामक भी है; क्योंकि इसका मूल स्रोत चित्रकला है, जो काव्येतर होने के कारण काव्य के सही रूप को समझने में साधक की जगह प्रायः बाधक ही होती है। ज्याँ-पाल सार्त्र और गिलबर्ट राइल के मानस-बिम्ब सम्बन्धी मतों का उल्लेख करते हुए फ़रबैंक ने यह दिखलाने का प्रयास किया है कि कोई व्यक्ति मानस-बिम्बों को अपने मन से विलगाकर उनका अनुचिन्तन कर ही नहीं सकता, क्योंकि वह निरन्तर उनकी सृष्टि में रत रहता है—बिम्ब क्रियारत चेतना का प्रतिनिधित्व करता है। लोगों का अब भी यह खयाल है कि मानस-बिम्बों की चाक्षुष वास्तविकता होती है, गोया दिमाग के अन्दर वस्तुओं को देखना उन्हें बाहरी दुनिया में देखने से मूलतः भिन्न नहीं है। किन्तु जैसा कि राइल और सार्त्र ने संकेत किया है, कोई व्यक्ति मानस-बिम्बों का अनुचिन्तन करता ही नहीं। मानस-बिम्ब वही है जो हम स्वयं मानस में प्रस्तुत करते हैं। इसलिए मानस-बिम्ब से कोई व्यक्ति नया कुछ सीख ही नहीं सकता, क्योंकि पहले से जो उसकी जानकारी में होता है, बिम्ब उसी को प्रस्तुत करने का एक ढंग भर है। यदि ये बातें सच हैं तो 'बिम्बग्रहण' के नाम पर हम कविता से उसका विशेष कथ्य न प्राप्त कर केवल अपनी जानकारी का ही प्रक्षेप करते हैं। तथ्य है कि नई कविता में केवल बिम्ब ढूँढ़नेवाले अध्यापक प्रायः यही करते हैं, जिससे उनकी अपनी जानकारी का तो पता चलता है, किन्तु कविता के बारे में कोई नई बात नहीं मालूम होती और न इस पद्धति से कविता के किसी नए पक्ष के प्रकाशित होने की सम्भावना ही है। इस वातावरण में यदि तथाकथित 'सपाटबयानी' में रचे-पचे रोजमर्रा की जिन्दगी से लिए गए जाने-माने बिम्ब अनदेखे चले जाएँ और इस प्रकार उनका विशेष कथ्य भी साधारण मान लिया जाकर उपेक्षित हो जाए तो आश्चर्य नहीं।

काव्य-बिम्ब की चर्चा में प्रसंगात् पाश्चात्य आलोचना-जगत् के ये कुछ उदाहरण इसलिए पेश किए गए कि काव्य-बिम्ब की मंजिल तक देर से आनेवाले कुछ अध्यापकों का ऐसा खयाल है कि "पश्चिम का आलोचक बिम्ब के महत्त्व से इतना आक्रान्त है कि उसकी सम्पूर्ण काव्य-चेतना ही बिम्ब से परिव्याप्त है।" इन तथ्यों के बाद भी यदि वह अपने भ्रमों की दुनिया में रहना चाहता है तो इलियट के शब्दों में यही कहना पड़ेगा कि 'आफ्टर सच नॉलेज, वाट फॅरगिवनेस !'

निष्कर्ष यह है कि कविता बिम्ब का पर्याय नहीं है, सामान्यतः जिसे 'बिम्ब' कहा जाता है उसके बिना भी कविताएँ लिखी गई हैं और वे बिम्बधर्मी कविताओं से किसी भी तरह कम नहीं कही जा सकतीं। कविता में बिम्ब-रचना सदैव वास्तविकता को मूर्त ही नहीं करती, कभी-कभी वह वास्तविकता का अमूर्तन भी करती है (वैसे, 'मूर्त' और 'अमूर्त' शब्दों का प्रयोग पर्याप्त अनिश्चित अर्थों में होता है)। कविता में बिम्ब वास्तविकता के साक्षात्कार का ही सूचक नहीं होता, प्रायः वह वास्तविकता से बचने का एक ढंग भी रहा है। काव्य-भाषा के लिए भी प्रायः बिम्ब-योजना हानिकारक सिद्ध हुई

है। बिम्बों के कारण कविता बोलचाल की भाषा से अक्सर दूर हटी है, बोलचाल की सहज लय खंडित हुई है, वाक्य-विन्यास की शक्ति को धक्का लगा है, भाषा के अन्तर्गत क्रियाएँ उपेक्षित हुई हैं, विशेषणों का अनावश्यक भार बढ़ा है और काव्य-कथ्य की ताकत कम हुई है। इन कमजोरियों को दूर करने के लिए ही कविता में तथाकथित 'सपाटबयानी' अपनाई जा रही है, जिसमें फिलहाल काफी सम्भावनाएँ दिखाई पड़ती हैं। हो सकता है कि इस 'सपाटबयानी' में नई कविता के भाषा-प्रयोगों की-सी **नवीनता** न हो, बल्कि जैसा कि कृष्ण नारायण कक्कड़ ने राजकमल चौधरी के *मुक्ति प्रसंग* की भाषा के सिलसिले में अक्टूबर '67 के *आरम्भ* में लिखा है, "पहली बार वर्तमान हिन्दी-कविता में दूसरे शब्दों में उस भाषा का प्रयोग हुआ है जो हिन्दी के पुराने कवियों में पाया जाता है।" पुराने कवियों से कक्कड़ का आशय क्या है, यह स्पष्ट नहीं, किन्तु अनुमानतः यह वही भाषा है जो कबीर-सूर-तुलसी आदि भक्त कवियों में मिलती है, जिसकी प्रकृति मूलतः बिम्ब-धर्मेतर है। नए प्रत्यभिज्ञान के साथ अर्ध-विस्मृत परम्परा के किसी प्रासंगिक तत्त्व को पुनर्जीवित करना सार्थक है तो इधर की कविता के इस भाषागत प्रत्यावर्तन की सार्थकता भी असन्दिग्ध है।

[1968]

काव्य-संरचना : प्रगीतात्मक और नाटकीय

कविता के मूल्यांकन में 'संरचना' के महत्त्व पर बल देते हुए निराला ने काफी पहले 'मेरे गीत और कला' शीर्षक लेखमाला के अन्तर्गत *जुही की कली* का हवाला देकर लिखा था : "यह ऐसी रचना नहीं कि सूक्ति-रूप इसका एक अंश उद्धृत किया जा सके। मेरी छोटी रचनाएँ (लीरिक्स) और गीत (सांग्स) प्रायः ऐसे ही हैं। इनकी कला इनके सम्पूर्ण में है, खंड में नहीं। सूक्तियाँ-उपदेश मैंने बहुत कम लिखे हैं, प्रायः नहीं; केवल चित्रण किया है। उपदेश को मैं कवि की कमजोरी मानता हूँ। ...ऐसी रचनाओं का खंडोद्धरण आलोचक का अधूरा सौन्दर्य-दर्शन और कवि पर की गई कृपा-रूपिणी अकृपा है।" आगे इसी क्रम में फूल की उपमा के द्वारा काव्य के 'आवयविक सिद्धान्त' (आर्गेनिक थियरी) को समझाते हुए वे लिखते हैं : "फूल का कलावाला रूप मिलाइए। तने से डालें भिन्न होकर भी जुड़ी हैं, इसी तरह डालों से पत्ते, पत्तों से फूल, फूलों से खुशबू। खुशबू अपने तत्त्व में सारे पेड़ को ढके हुए है। तने का रूखापन, डालों की थोड़ी-थोड़ी हरियाली, पत्तों की पूरी, फूलों का एक या अनेक रंगों—केसर-पराग आदि से विकसित रूप, सुगन्ध सारे पेड़ के उच्चतम विकास को स्पष्ट करती हुई, उसी में उसी से ढके हुए—यह कला है। यह बात **पन्तजी** की कविता में नहीं। हर बन्द अपना राग अलग अलाप रहा है। उनकी अधिकांश रचनाएँ ऐसी ही हैं। सब जगह एक-एक उपमा, रूपक या उत्प्रेक्षा काव्य को कला में परिगणित कराने के लिए है, और इसे ही आलोचकों ने अपूर्व कला समझ लिया है। इनकी दो-एक रचनाएँ सम्बद्ध हैं पर वे भी उत्तम श्रेणी की नहीं बन सकीं; उनमें विषय की विशदता वैसी नहीं जैसी अलंकारों की चमक-दमक है। केवल रस, अलंकार या ध्वनि कला नहीं। अगर है तो कला के खंडार्थ में है, पूर्णार्थ में नहीं। खंडार्थ में पन्त जी की कला बहुत ही सुन्दर बन पड़ी है। उनके प्रशंसकों की दृष्टि इन्हीं खंड-रूपों में बँध गई है। वह विस्तृत होकर बृहद् विवेचन में नहीं जा सकी। वे प्रशंसक इस प्रकार की कला देखने के आदी भी न थे। पहले से छन्द, दोहे, चौपाइयों की जो परिपाटी थी, वह इस कला के अनुरूप न थी।"

निराला के इस कथन से एक साथ अनेक बातें सामने आती हैं। सबसे पहले आती है आलोचना की वह प्रचलित परिपाटी जो एक-एक दोहे पर दाद देने की आदी रही है। इस रुचि के कारण कविता की आलोचना में खंड-दृष्टि विकसित हुई। छायावाद-युग में भी इस रुचि के पोषण के लिए कुछ कविताएँ मिल गईं। फुटकल

चमत्कारों से सजी कविताएँ आलोचक के लिए सुविधाजनक होती हैं। काव्य-सौन्दर्य को पकड़ने में ज्यादा मेहनत नहीं करनी पड़ती—न पूरी कविता के सन्दर्भ में जाना जरूरी होता है और न पूर्वापर क्रम बैठाने की जहमत उठानी पड़ती है; उद्धरण देने में आसानी होती है सो अलग। आलोचक का काम आसान करके कुशल कवि जल्द ही यश लूट लेते हैं। छायावाद-युग के कवियों में पन्तजी की लोकप्रियता का एक बड़ा कारण यह भी है। नए कवियों में गिरिजाकुमार माथुर को बहत-कुछ इसी वजह से जल्दी ख्याति मिली। दो-चार चमकते हुए बिम्बों के लिए कविता लिखनेवाले बहुत से नए कवि इसी आसान नुस्खे से मैदान मार ले गए। कहना न होगा कि यह आलोचना की कमजोरी का सूचक है।

निराला के कथन में दूसरी बात है कविता के **आवयविक सिद्धान्त** का स्पष्ट व्याख्यान। यह आकस्मिक नहीं है कि **आवयविक सिद्धान्त** को समझाने के लिए निराला ने एक प्राकृतिक उपमा का सहारा लिया है। अन्य भाषाओं के रोमांटिक कवियों ने भी प्रायः वनस्पतिशास्त्रीय उदाहरणों के सहारे आवयविक सिद्धान्त का व्याख्यान किया है। यह प्रवृत्ति रीतिवाद अथवा 'क्लासिकी' प्रवृत्ति के विपरीत है। रीतिवाद में कविता की संरचना को प्रायः किसी मानव-निर्मित कृति के आधार पर निरूपित किया गया है। किन्तु रोमांटिक कवि कविता को प्राकृतिक वस्तुओं के समान सजीव-सचेतन मानते थे; इसीलिए वे उसकी संघटना को अपने-आप अन्दर से विकसित एक अखंड सत्ता के रूप में देखते थे। कविता के सन्दर्भ में निराला की फूलवाली उपमा का यही महत्त्व है। आज उस सिद्धान्त के वनस्पतिशास्त्रीय आधार से मतभेद हो सकता है, किन्तु कविता की अन्विति और अन्तर्ग्रथन के महत्त्व को अस्वीकार करना असम्भव होगा।

उल्लेखनीय है कि निराला ने कविता के विन्यास की अखंडता का प्रश्न विशेष रूप से छोटी कविताओं के सन्दर्भ में उठाया है, जिसका स्पष्ट अर्थ है कि छोटी कविता की अखंडता अनायास और स्वयंसिद्ध नहीं है। आपत्ति का तात्कालिक कारण यही था कि बहुत से कवि छोटी कविताओं में भी विन्यास की अखंडता के स्थान पर खंड-चमत्कार को महत्त्व देते थे। इसके विपरीत निराला अपनी छोटी रचनाओं का भी अर्थ-सौन्दर्य पूरी संरचना में न्यस्त करते थे। उदाहरण के लिए 'तोड़ती पत्थर' शीर्षक कविता। 1937 की लिखी हुई यह कविता अपने विषय की प्रगतिशीलता के लिए तुरन्त प्रसिद्ध हो गई। लोकप्रियता का एक कारण शब्दों की सरलता भी थी। किन्तु यह 'सरलता' कितनी भ्रामक है, इसका पता निराला के एक पत्र से चलता है, जो उन्होंने जानकीवल्लभ शास्त्री को 12-8-37 को लिखा था। इस कविता से सम्बन्धित अंश इस प्रकार है : "सीधी चीजें अच्छी हैं। मैंने नहीं लिखीं—आप कह सकते हैं ?—यह 'तोड़ती पत्थर' कैसी है ? लेकिन कुछ कला समझकर आप इसे **सरल** कहेंगे, मुझे विश्वास नहीं। जो गहनभाव सीधी भाषा—सीधे छन्द में चाहता है, वह धोखेबाज है। उसे भाषा का भी ज्ञान नहीं, वह भाव क्या समझेगा ? कला के सम्बन्ध में पत्र में क्या लिखूँ ? उसके विकास और सौन्दर्य की बातें लाखों तरह की हैं—एक देखिए :

कोई न छायादार
पेड़, वह जिसके तले बैठी हुई स्वीकार,
श्याम तन, भर बँधा यौवन,
नत नयन, प्रिय-कर्म-रत मन,
गुरु हथौड़ा हाथ, करती-करती बार-बार प्रहार
सामने—तरुमालिका-अट्टालिका, प्राकार।

यहाँ सीधा वर्णन होने पर भी, हथौड़े की चोट पत्थर पर भी, देखिए किस तरह 'अट्टालिका' पर पड़ती है। लेखक के वर्णन-प्रकार के कारण और निर्देश से ! वह जहाँ बैठी है वहाँ पेड़ छायादार नहीं है और अट्टालिका तरुमालिका है।—अट्टालिका भी तरुमालिका है, फिर आदमी कितनी छाँह में है !' 'बँधा यौवन' छलकता नहीं : कैसी पवित्रता है ! स्वास्थ्य भी कैसा है !! "मैं तोड़ती पत्थर"—अन्त का स्वभावतः समझ में आ जाएगा—"मैं तोड़ती पत्थर-हृदय।"[1]

कवि के ये संकेत 'तोड़ती पत्थर' कविता की संरचनात्मक सूक्ष्मता को उद्घाटित करते हैं, जिसकी ओर न तो पहले किसी का ध्यान गया है और न बाद ही में; गया भी हो तो कम-से-कम कोई लिखित प्रमाण उपलब्ध नहीं है। कविता में 'वह तोड़ती पत्थर' की आवृत्ति दो बार हुई है और तीसरी बार एक परिवर्तन के साथ—'मैं तोड़ती पत्थर।' किन्तु सन्दर्भ के अनुसार तीनों जगह पत्थर का अर्थ क्रमशः बदलता गया है। पहले सड़क का पत्थर, फिर अट्टालिका का पत्थर और अन्त में अपने हृदय का पत्थर। एक ही हथौड़ा पहले सड़क पर पड़ता है, फिर अट्टालिका पर और अन्त में स्वयं तोड़नेवाली के अपने हृदय पर। कविता की सघन संरचना में ही एक वाक्य की आवृत्ति इतने अर्थ पैदा कर सकती है। संरचना पर ध्यान न हो तो कविता सपाट है, किन्तु यह अनवधानता स्पष्टतः गूढ़ अर्थ को खो देती है। आवृत्तियाँ अन्यत्र भी दिखाई पड़ती हैं : बहुत से गीतों में आरम्भिक टेक हर पाद (स्टैंजा) के बाद दोहराई जाती है किन्तु कितनी निरर्थक ! बहरहाल, प्रश्न यहाँ आवृत्ति का उतना नहीं, जितना कविता की संरचना में निहित अर्थ का है, और कहना न होगा कि निराला ने आधुनिक हिन्दी कविता में काव्य-संरचना का जो पथ प्रशस्त किया, वह आलोचना के क्षेत्र में मूल्यांकन की पद्धति के लिए भी आवश्यक औजार है।

वैसे, काव्य-रचना में संरचना के महत्त्व को अस्वीकार करनेवाला शायद ही कोई कवि या आलोचक मिले—स्वीकार नहीं करता तो संरचना-सम्बन्धी समझ और धारणा की अपनी विशिष्ट सीमा। उदाहरण के लिए कविता में 'अन्विति' का महत्त्व आचार्य शुक्ल भी समझते थे किन्तु जब वे यह कहते हैं कि "छायावाद की रचनाएँ गीतों के रूप में ही अधिकतर होती हैं। इससे उनमें अन्विति कम दिखाई पड़ती है। जहाँ यह अन्विति होती है वहाँ समूची रचना अन्योक्ति-पद्धति पर की जाती है।" तो वे

1. *साहित्य*, पटना, वर्ष 1, अंक 3, अक्टूबर, 1950 में प्रकाशित।

अन्विति-सम्बन्धी एक विशेष धारणा को प्रकट करते हैं। अन्योक्ति-पद्धति के अतिरिक्त भी कविता में अन्विति हो सकती है, इस तथ्य को स्वीकार करने में आचार्य शुक्ल को कठिनाई थी। इसी प्रकार डॉ. देवराज ने भी *छायावाद का पतन* नामक पुस्तक में छायावादी कविता पर 'केन्द्रापगामी व्यंजना-वृत्ति' का आरोप लगाया है। उनके अनुसार छायावादी कवियों में 'गौण चित्रों में बहक जाने की प्रवृत्ति' थी। पन्त की 'बादल' कविता को उदाहरण के रूप में प्रस्तुत करने के बाद उन्होंने निराला की 'प्रगल्भ प्रेम' शीर्षक कविता से एक उद्धरण देकर लिखा है कि "यह कविता-खंड केन्द्रापगामिता का उत्कृष्ट उदाहरण है।" जो निराला अपनी कविता में अखंडता के सबसे बड़े दावेदार थे, उन पर डॉ. देवराज का यह आरोप है कि "निरालाजी की रचना में यह दोष (केन्द्रापगामिता) प्रचुर परिमाण में पाया जाता है।" 'प्रगल्भ प्रेम' कविता का दोष डॉ. देवराज की दृष्टि में, यह है कि "कवि असली विषय को भूलकर 'कंटकाकीर्ण' विशेषण के मोह में पड़ जाता है और कविता की गति उसी से निर्धारित होने लगती है। कंटकाकीर्ण पथ में कविता कैसे पार होगी ? उसके अंचल के तार निकल जाएँगे। इसके आगे 'तार' शब्द की तुक मिलाने के लिए 'हार' की स्थापना आवश्यक हो जाती है, और 'हार' शब्द के प्रयोग के बाद कवि को याद आता है—जिसे उसने अभी-अभी पहनाया था, और नजर भरके देख भी न सका था कि वह गले पर कैसा सजा है।" ये सारी बातें केन्द्रापगामिता इसलिए हैं कि बन्धनमय छन्दों की छोटी संकीर्ण और कंटकाकीर्ण राह छोड़कर कविता को अर्ध-विकच हृदय-कमल में आने के लिए निमन्त्रण देना ही **असली विषय** है। गरज कि **असली विषय** पर कायम रहने के लिए निराला को या तो राह की कठिनाइयों का विस्तृत वर्णन करना चाहिए था या फिर अपने हृदय-कमल की विशेषताओं का। निराला ने इस तर्क का सहारा नहीं लिया, इसलिए आलोचक को नाहक इधर-उधर भटकना पड़ा। आलोचक के कष्ट का कारण साफ है। उसकी दृष्टि **असली विषय** पर है, जबकि कवि की दृष्टि **कविता** पर। **छोटी राह** शब्द को देखकर डॉ. देवराज को सम्भवतः यह ढाढ़स हुआ होगा कि कविता **असली विषय** से चलकर **असली विषय** पर झट से पहुँच जाएगी, लेकिन कविता है कि काँटों से उलझ गई। निस्सन्देह दो बिन्दुओं की सबसे छोटी दूरी को रेखा कहते हैं किन्तु क्या यह आवश्यक है कि उसे कविता भी कहें ? इस प्रकार के विषयान्तर में भटकना यदि दोष है और इससे कविता की अन्विति खंडित होती है तो रघुवीर सहाय की 'शराब के बाद का सवेरा' और श्रीकान्त वर्मा की 'जीवन-बीमा'-जैसी कविताओं पर नए सिरे से विचार करना पड़ेगा। किन्तु इस ब्यौरे में जाने से पूर्व प्रसंगवश यहाँ इतना कहना पर्याप्त है कि कविता में **तार्किक** अन्विति ही एकमात्र अन्विति नहीं होती। यहाँ यदि मूल्य-निर्णय देना आवश्यक ही हो तो तार्किक अन्विति कविता में अपेक्षाकृत घटिया किस्म की अन्विति है, शायद इसीलिए नए कवियों ने इसका उपयोग व्यंग्यात्मक ढंग की कविताओं के लिए किया है; उदाहरण के लिए नागार्जुन की प्रसिद्ध व्यंग्य-कविता : 'पाँच पूत भारतमाता के', जिसमें कवि क्रमशः पाँच की संख्या से उतरकर शून्य तक पहुँचता है और कविता खत्म होती है 'अंडा' पर :

पाँच पूत भारतमाता के दुश्मन था खूँखार
गोली खाकर एक मर गया बाकी रह गए 4
चार पूत भारतमाता के चारों चतुर प्रवीन
देश-निकाला मिला एक को बाकी रह गए 3
तीन पूत भारतमाता के लड़ने लग गए वो
अलग हो गया उधर एक अब बाकी रह गए 2
दो बेटे भारतमाता के छोड़ पुरानी टेक
चिपक गया है इक गद्दी से, बाकी रह गया 1
एक पूत भारतमाता का, कन्धे पर है झंडा
पुलिस पकड़ के जेल ले गई, बाकी रह गया 0

वैसे 'तार्किक अन्विति' पर उत्तर-छायावादी कविता में विशेष रूप से ध्यान दिया गया। गीत की परिभाषा करते हुए महादेवी ने 'अन्विति' को गीत का अनिवार्य गुण बतलाया है। महादेवी द्वारा इन गीतों का एक ऐसा ढाँचा प्रचलित हुआ जिसमें टेक की पहली पंक्ति में कविता का मुख्य कथ्य होता है और फिर कम-से-कम तीन या चार पादों (स्टैंजा) में उसे उदाहरणों द्वारा स्पष्ट किया जाता है। जैसे पहली पंक्ति है : "सब आँखों के आँसू उजले सबके सपनों में सत्य पला।" इसके बाद पूरी कविता उपमाओं, रूपकों और चित्रों के सहारे इस सूक्ति की व्याख्या है। ऐसा लगता है कि ज्यामिति के प्रमेय के समान आरम्भ में मुख्य प्रतिज्ञा, फिर बनावट और उपपत्ति जिसके अन्त में तुक की आवृत्ति देखकर मुँह से अपने-आप निकल पड़ता है : 'यही सिद्ध करना था' अर्थात् 'क्वाड एराट डिमांसट्रेंडम।'

लेकिन ऐसा लगता है कि कविता की अपनी रचना-प्रक्रिया के दबाव में कभी-कभी इस तार्किक ढाँचे का उल्लंघन भी हो जाता था। डॉ. देवराज-जैसे सतर्क आलोचक से भला यह स्खलन कैसे अनदेखा जा सकता है। केन्द्रापगामिता के आरोप से महादेवी भी न बच सकीं। 'मैं नीर भरी दुख की बदली' कविता का विश्लेषण करते हुए डॉ. देवराज ने बड़े विस्तार से दिखलाया है कि "शेष कविता का प्रथम पंक्ति से रागात्मक ऐक्य नहीं दीखता। प्रथम पंक्ति में जैसी तरल करुणा है, वैसी कविता में अन्यत्र नहीं है। उलटे 'मेरा पग-पग संगीत भरा', 'नवजीवन अंकुर हो निकली', 'सुख की सिहरन हो अन्त खिली' आदि पंक्तियाँ करुण वातावरण को भंग करनेवाली हैं।" व्यावहारिक आलोचना का अनूठा आदर्श उपस्थित करते हुए डॉ. देवराज ने अपनी ओर से इस कविता का एक निर्दोष रूप भी प्रस्तुत कर दिया है, जिसके बारे में विनयवश उन्होंने सिर्फ इतना कहा है कि "शायद उसमें सामंजस्य का अभाव न लगे।" यह दूसरी बात है कि लोग संशोधित रूप को मूल कविता की पैरोडी समझते हैं। कविता से तार्किक अन्विति की माँग आलोचना को किस प्रकार उपहासास्पद स्थिति तक पहुँचा देती है—इसका सर्वोत्तम उदाहरण 'छायावाद का पतन' है। किन्तु अनिवार्य नहीं कि तार्किक अन्विति का निर्वाह कविता को भी उसी स्थिति तक पहुँचाए। बच्चन ने महादेवी के ही समान अपने

अधिकांश गीतों में तार्किक अन्विति का सफल निर्वाह किया है, बल्कि कुछ अधिक सफाई के साथ; जैसे *निशा निमन्त्रण* और *एकान्त संगीत* के गीतों में। तार्किकता की कड़ाई से गीतों में सफाई तो आई, लेकिन इसके साथ ही वे बहुत सी बातें साफ हो गईं जो महादेवी के गीतों में सम्भवतः ढिलाई के कारण रह जाती थीं। इसीलिए महादेवी के गीतों में जहाँ अनुभूति की सघनता मिलती है, बच्चन में सरलता मिलती है, जिसे कुछ लोग सपाटता कहना पसन्द करेंगे और शायद कुछ लोग तीव्रता। जो हो, इतना निश्चित है कि बच्चन ने महादेवी की तुलना में अनुभूतियों का अतिसरलीकरण किया, जिसके मूल में कहीं-न-कहीं 'तार्किक अन्विति' का हाथ निश्चित है।

किन्तु 'तार्किक अन्विति' का एक और रूप है जो इस 'तार्किक अन्विति' से भिन्न है। उसका प्रयोग प्रयोगशील कवियों ने किया। उदाहरण के लिए अज्ञेय की कविता 'कलगी बाजरे की'। पूरी कविता एक तर्क-युक्ति में कसी हुई है। कविता का 'मैं' अपनी प्रेयसी को पुरानी उपमाओं से सम्बोधित न करके 'बाजरे की कलगी' कहना चाहता है और इसके लिए एक तर्क-जाल बुनता है। जिसका सार यह है कि ये उपमान मैले हो गए हैं। यह तर्क-जाल बहुत-कुछ वैसा ही है जैसा अंग्रेजी के डन, मार्वेल-जैसे 'मेटाफिजिकल' कहे जानेवाले कवियों ने अपनी प्रेम-कविताओं में बुना है। ऐसी कविताओं को प्रायः 'बौद्धिक' कहकर तिरस्कृत किया गया है। अंग्रेजी के पुराने आलोचकों की दृष्टि में 'मेटाफिजिकल' कवियों के प्रेम-निवेदन उनकी प्रेमिकाओं के लिए खीझ पैदा करनेवाले थे। हिन्दी के आलोचकों ने प्रेमिकाओं की जगह स्वयं ही अपनी खीझ का इजहार किया है। संरचना की दृष्टि से 'कलगी बाजरे की' कविता के बारे में इतना ही कहना पर्याप्त है कि इस कविता से कोई एक अंश तोड़कर उसके आधार पर कविता का मूल्यांकन करना असम्भव है। बच्चन आदि की तार्किक कविताओं से यह कविता इसी बात में भिन्न है कि एक युक्ति के लिए दिए गए उनके अनेक उदाहरणों में से किसी एक को लेकर अथवा सबको छोड़कर केवल मुख्य कथ्य के आधार पर भी कविता की आलोचना सम्भव है, क्योंकि वहाँ मुख्य कथ्य एक वाक्य में सुलभ हो जाता है। इसके विपरीत 'कलगी बाजरे की' कविता का कथ्य आद्योपान्त अनुस्यूत है। युक्ति बिम्बों के साथ गुँथी हुई एक के बाद एक इस क्रम में विकसित होती है कि बीच से किसी खंड को तोड़कर पूरे कथ्य को पकड़ना असम्भव है। यही नहीं, बल्कि यहाँ कोई तार्किक निष्कर्ष भी नहीं है। जो कथ्य है, वह भी भावमूलक किन्तु सम्पूर्ण तर्क-प्रक्रिया से अलग करके उद्धृत करने पर उसकी शक्ति क्षीण हो जाती है। उदाहरण के लिए कथ्य के रूप में 'कलगी बाजरे की' कविता की ये अन्तिम पंक्तियाँ :

यह खुला वीरान संसृति का घना हो सिमट आता है—
और मैं एकान्त होता हूँ
समर्पित
शब्द जादू हैं
मगर क्या यह समर्पण कुछ नहीं है ?

स्पष्टतः यह कथन 'बौद्धिक' नहीं है। 'समर्पण' का यह भाव यदि कुछ है तो बुद्धि के विराम की परिणति। किन्तु कथन के प्रश्नपरक रूप से भी यह पता चलता है कि यह रोमांटिक भावोच्छ्वास नहीं है। क्या इस भाव-संयम के पीछे उस तर्क-युक्ति का दबाव नहीं है जो कविता में इस कथन के पूर्व तक बुनी गई है ? ये सारे प्रश्न इस तथ्य की ओर ले जाते हैं कि कविता का कथ्य उसकी संरचना से अविच्छिन्न रूप से जुड़ा हुआ है—यहाँ तक कि 'कलगी बाजरे की' का बिम्ब भी, जिसे संरचना की बुनावट से अलग करके देखना गलत है; क्योंकि अलग करके देखने पर किया गया मूल्यांकन भी गलत होगा।

इस संरचना की विशेषता का पूरा महत्त्व समझने के लिए पन्त की 'रूपतारा' शीर्षक कविता *(गुंजन)* को समानान्तर रखना प्रासंगिक है। 'कलगी बाजरे की' कविता के समान ही 'रूपतारा' भी प्रेयसी को सम्बोधित करके लिखी गई है। यहाँ भी सम्बोधित नारी के सौन्दर्य को अनेक उपमाओं से वर्णित करने का प्रयास किया गया है :

तारिका सी तुम दिव्याकार
चन्द्रिका की झंकार
प्रेम पंखों में उड़ अनिवार
अप्सरा सी लघु भार
स्वर्ग से उतरी क्या सोद्‌गार
प्रणय-हंसिनि सुकुमार ?
हृदय-सर में करने अभिसार
रजत-रति स्वर्ण-विहार !

'तारिका', 'चन्द्रिका', 'हंसिनि', 'अप्सरा' आदि अनेक उपमाओं से रूप की विशेषताएँ बतलाने पर भी कवि को सन्तोष नहीं हुआ, इसलिए अन्त में भावात्मक प्रतिक्रिया भी व्यक्त कर दी :

कल्पना तुममें एकाकार
कल्पना में तुम आठो याम
तुम्हारी छवि में प्रेम अपार
प्रेम में छवि अभिराम;
... ...
बन गई मानसि ! तुम साकार
देह दो एक प्राण !

इतने बड़े भावोच्छ्वास की तान टूटी तो इस घिसे मुहावरे पर : 'देह दो एक प्राण !' रूप-चित्र के लिए जुटाए गए इतने सारे उपमान और फिर भावों का घनघोर घटाटोप लेकिन इन सबकी परिणति एक साधारण सी बात में। क्या यह आकस्मिक है ?

ऐसी ही रोमांटिक कविताओं को ध्यान में रखकर बिम्बवादी कविता के प्रवक्ता रिचर्ड एल्डिंगटन ने कहा था कि ''हम यह नहीं कहते 'ओ मैं उस सुन्दर, अद्‌भुत—और

25 विशेषण—स्त्री पर कितना मुग्ध हूँ' या 'ओ अद्‌भुत, ओ सुन्दर, ओ 25 विशेषणोंवाली स्त्री, आओ तुम्हारे लिए हम हमेशा चम्मच लिये तैयार हैं,' हम उस स्त्री को प्रस्तुत करते हैं, हम उसका एक बिम्ब निर्मित करते हैं। हम यह कोशिश करते हैं कि दृश्य भाव को स्वयं सम्प्रेषित करें...एक काटे-तराशे हुए पत्थर की सख्ती। न शिथिलता, न भावोच्छ्‌वास। जब लोग कहते हैं कि बिम्बवादी कविता 'बेहद सख्त' है जैसे सफेद संगमरमर की प्रतिमा, तो हम हँसते हैं, हम समझते हैं कि हमने सचमुच कुछ अच्छा रचा है।"

('माडर्न पोएट्री एंड इमेजिस्ट', इगोइस्ट, 1 अप्रैल, 1914)

एल्डिंगटन ने जिस प्रकार की 'बेहद सख्त' कविता का जिक्र किया है, उसका उदाहरण हिन्दी में शमशेर बहादुर सिंह की यह कविता अनायास प्रस्तुत करती है :

शिला का खून पीती थी
वह जड़
जो कि पत्थर थी स्वयं।
सीढ़ियाँ थीं बादलों की झूलती
टहनियों सी।
और वह पक्का चबूतरा
ढाल में चिकना :
सुतल था
आत्मा के कल्पतरु का ?

सम्भवतः ऐसी ही कविताओं के सन्दर्भ में शमशेर की ये पंक्तियाँ सही उतरती हैं :

बात बोलेगी
हम नहीं।
भेद खोलेगी
बात ही।

विजयदेव नारायण साही के ध्यान में कदाचित् ऐसी ही नई कविताएँ रही होंगी, जब उन्होंने छायावादी और उत्तर-छायावादी कविताओं की संरचना से नई कविता की संरचना को अलगाते हुए कहा था : "छायावादी कलाकृति मूलतः एक **विस्फोट** करता हुआ कला-रूप है—जैसे केन्द्रीय अर्थ फूटकर चारों ओर क्रमशः विलीन होता हुआ बिखर रहा हो। तीसरे दशक की कलाकृति उसे एक लहर की तरह निर्मित करती है, जिस प्रयास में महादेवी से लेकर बच्चन तक के गीत निर्मित होते हैं। नई कविता उस तरंग के रूप को एक 'स्ट्रक्चर' में बदल देती है। जैसे हीरे का क्रिस्टल हो।"

स्पष्ट है कि पूरी कविता की संरचना जहाँ 'स्फटिक' या 'क्रिस्टल' के रूप में होती है, वहाँ संरचना के तार्किक और अतार्किक सिद्धान्तों का विभाजन चरमराकर टूट जाता है। यहाँ बुद्धि और हृदय का विभाजन नहीं है, बल्कि वह मानसिक अन्तर्ग्रथन है जिसमें समूची कविता एक अविभाज्य ठोस बिम्ब के रूप में निर्मित होती है। इसी अर्थ में अज्ञेय

ने कहा है कि "मैं मानता हूँ कि भावना-प्रधान कविता छोटी ही हो सकती है, नहीं तो अपने भावों का 'पैराफेज' होने लगता है। **जो घनीभूत पीड़ा थी मस्तक में स्मृति-सी छाई** वह एक आँसू बनकर आए यहाँ तक तो ठीक है; किन्तु जब वह बरसात की झड़ी-सी बरसने लगती है तब वह शायद वही पीड़ा नहीं रहती, और घनीभूत तो भला रह ही कैसे सकती है।"

घनीभूत पीड़ा की भावना-प्रधान छोटी कविता की इस कसौटी पर यदि आज की कविताओं को कसकर देखें तो संरचना के स्तर पर ही अनेक कविताओं की काव्यगत कमजोरियाँ स्पष्ट हो जाएँगी। उदाहरण के लिए सर्वेश्वरदयाल सक्सेना की 'अपनी पत्नी की मृत्यु पर' शीर्षक कविता। पहली पंक्ति बाएँ हाथ में ले/अपना कटा हुआ दाहिना हाथ' कविता में थोड़े-थोड़े अवकाश के बाद तीन बार और आती है; और निस्सन्देह हर आवृत्ति, हर उठान के साथ एक नया बिम्ब प्रस्तुत करती है, जो मूल पीड़ा को और गहरा कर जाता है। किन्तु एक हद के बाद ऐसा लगता है जैसे भाव का 'पैराफ्रेज' हो रहा है। इतनी मर्मस्पर्शी कविता अनपेक्षित विस्तार के कारण प्रभावक्षीण हो गई है। वैसे, इस कविता का चरमबिन्दु इस भावचित्र में स्पष्ट देखा जा सकता है :

चारों ओर हरहराती हुई बाढ़
कमर तक पानी में
पीठ पर सन्दूक लादे खड़ा मैं
देख रहा हूँ सामने से
बहता हुआ सारा घर
हिलती हुई छत पर
कुछ सहमे, कुछ निडर बैठे
अपने दो खिलौने।
भविष्य सिकोड़ता जा रहा है मेरी पीठ
और झुकाता जा रहा है मेरे कन्धे
छाती पहाड़ बनाते-बनाते
मैं आदमी से नाव बनता जा रहा हूँ।

इस कविता के अनपेक्षित विस्तार से स्पष्ट है कि संरचनागत दोष वस्तुतः काव्यानुभूति का दोष है। संरचना में शिथिलता आती है तो अनुभूति की सघनता टूटकर सस्ती भावुकता (सेंटिमेंटलिज्म) में बदल जाती है। यह सर्वमान्य काव्य-दोष है क्योंकि उससे कवि की नैतिक दृष्टि के स्खलन का आभास होता है। इसी प्रकार जहाँ भी कविता के लम्बायमान होने का कोई तर्कसंगत कारण ढूँढ़ने पर भी न मिले, काव्यानुभूति की दुर्बलता का अनुमान किया जा सकता है।

किन्तु जैसा कि अज्ञेय ने स्वीकार किया है, "लम्बी कविताएँ भी होती हैं, हो सकती हैं; पर उनको कलात्मक एकता और गठन देनेवाली चीज फिर दूसरी हो जाती है—भाव की संहति और तीव्रता नहीं। वह ढंग दूसरा है, और कहूँ कि मेरा वह नहीं है।" वह

दूसरा ढंग अज्ञेय के समानधर्मा कवियों में मुक्तिबोध का रहा है। जिनके साथ सबसे बड़ी दिक्कत यह थी कि वे छोटी कविता लिख ही नहीं सकते थे। कविता के प्रतिमान निश्चित करते समय छोटी और लम्बी कविताओं के इस संरचनात्मक अन्तर को ध्यान में रखना अत्यन्त आवश्यक है। यह अन्तर केवल आकार का नहीं है। जैसाकि अमरीकी आलोचक आइवर विंटर्स का कहना है,[1] छोटी कविता और लम्बी कविता में दो काव्य-सिद्धान्तों का अन्तर है। छोटी कविता मूलतः प्रगीत कविता है, जबकि लम्बी कविता नाटकीय कविता है। नाटकीय कविता अरस्तू द्वारा निरूपित 'कार्य का अनुकरण' (इमिटेशन ऑफ एक्शन) सिद्धान्त पर आधारित होती है, जबकि प्रगीत कविता में सारा बल अनुचिन्तन पर होता है। छोटी कविता के लिए किसी विषय-वस्तु का होना आवश्यक नहीं; विषय-वस्तु निहायत मामूली-सी कोई चीज हो सकती है; किन्तु प्रगीत का कवि उस वस्तु का अनुकरण करने के लिए बाध्य नहीं है। प्रगीत कविता न अनुकरणात्मक है, न वर्णनात्मक और न कथात्मक। इसके मूल में अनुचिन्तन या अनुभूति की प्रधानता है। विंटर्स के अनुसार प्रगीत कविता का ढाँचा अनिवार्यतः तार्किक है—चाहे वह तार्किकता प्रच्छन्न ही क्यों न हो। प्रगीत कविता की संरचना को तार्किक मानने के पीछे विंटर्स का अपना निजी काव्य-सिद्धान्त है, जिसके अनुसार कविता में 'पैराफ्रेज' करने योग्य एक तर्कसंगत वक्तव्य का होना अनिवार्य है। तथ्य यह है कि बहुत सी आधुनिक कविताएँ विंटर्स के प्रतिमान का अनुसरण नहीं करतीं। इसके बावजूद छोटी कविता का प्रगीतपरक होना तथ्य है।

कुछ आलोचकों का तो यहाँ तक कहना है कि नई कविता अपनी संरचना में रोमांटिक काव्य-सिद्धान्त की ही अनुगामिनी है। गेब्रिएल पियर्सन ने 'रोमांटिसिज्म एंड कंटेंपोरेरी पोएट्री' शीर्षक निबन्ध[2] में लिखा है कि आधुनिक कविता में रोमांटिक कविता की अनुचिन्तनात्मक संरचना सुरक्षित है। औसत कविता की आदर्श संरचना कुछ इस प्रकार की होती है—एक केन्द्र-बिन्दु जो कविता का बीज भाव या स्थिति है; इस बिन्दु के चारों ओर निर्मित होनेवाले समकेन्द्रित वृत्तों की शृंखला; बाहरी वृत्त सम्पूर्ण अनुभव-क्षेत्र की सीमा का सूचक है; भीतरी वृत्त क्रमशः अनुचिन्तनात्मक प्रक्रिया की आन्तरिक गति को सूचित करते हैं। कविता का सामान्य रूपाकार एक सीधी रेखावाला न होकर वर्तुल होता है। पियर्सन की इस संरचनात्मक धारणा का आधार प्रगीत की रचना-प्रक्रिया का मानसिक मानचित्र है। उनके अनुसार प्रगीत कविता एक प्रयोग है। किन्तु इस प्रयोग का कोई सम्बन्ध बाह्य जगत को लेकर होनेवाले पर्यवेक्षणों से नहीं है। कवि वस्तुतः संसार का पर्यवेक्षण करते हुए अपने-आपका निरीक्षण करता है और अनुभव-क्रिया में अपने-आपको पकड़ने की कोशिश करता है। इस प्रकार प्रगीत कविता अनुभव सम्बन्धी अनुभव अथवा अनुभव को अनुभव करने की कविता है। इसीलिए इसे अहं-केन्द्रित या अनुचिन्तनात्मक कविता कहा जाता है।

---

1. *The Function of Criticism, pp. 60-61*
2. New Left Review, no. 16, July August 1962.

यदि वर्तुलाकार संरचना और अनुचिन्तनात्मक कविता पर्याय हैं जो अज्ञेय की लम्बी कविता 'असाध्य वीणा' अपने आकार की लम्बाई के बावजूद एक प्रगीत है। निस्सन्देह उसमें एक छोटी सी कथा भी है और नाटकोचित संवाद भी। किन्तु भावबोध के स्तर पर पूरी कविता अनुचिन्तनात्मक है और संरचना भी वर्तुलाकार है। दृष्टि फैलाकर देखने पर नई कविता के अन्तर्गत वर्तुलाकार संरचना की अनेक छोटी कविताएँ मिल जाएँगी। संस्मृति या 'रिवरी' की मनःस्थिति को सूचित करनेवाली अनेक छोटी कविताओं में यह विशेषता परिलक्षित की जा सकती है। श्रीकान्त वर्मा की 'घर-धाम' जैसी अनेक कविताओं में इस वर्तुलाकार संरचना का आभास मिलता है : 'मैं अब घर जाना चाहता हूँ' की आवृत्ति संरचना के साथ ही कविता की भावभूमि के भी वर्तुल होने की सूचना देती है। इसी दायरे के अन्तर्गत राजकमल चौधरी की लम्बी कविता 'मुक्ति-प्रसंग' भी आ जाती है, जिसका आवृत्तिपरक ध्रुवक है वापस लौट जाने की कामना। इस दृष्टि से इस कविता में भी निश्चित रूप से एक प्रगीतात्मकता है। किन्तु ध्यान से विश्लेषण करने पर पता चलता है कि श्रीकान्त वर्मा की छोटी कविताओं की तरह राजकमल चौधरी के 'मुक्ति प्रसंग' की संरचना भी वर्तुलाकार नहीं बल्कि सर्पिल (स्पाइरल) है। पर इसकी बारीकी में जाने से पहले वर्तुलाकार प्रगीतात्मक कविताओं की अनुचिन्तनात्मक सीमा को स्पष्ट कर लेना आवश्यक है।

अहंकेन्द्रित अनुचिन्तन के कारण कविता की संरचना में जहाँ वर्तुल विधान के कारण एक सीमा प्रकट हुई, वहीं वर्तुल संरचना ने भावबोध को भी सीमित किया। कभी-कभी कविता की संरचना स्वयं कवि की अनुभूति के लिए कितनी नियामक हो जाती है, इसका यह ज्वलन्त उदाहरण है। किन्तु इसका अधिक खतरनाक असर काव्य के मूल्यांकन के प्रतिमान पर पड़ा। प्रगीत कविता कविता का पर्याय हो गई और प्रगीत का प्रतिमान कविता का प्रतिमान हो गया। परिणामस्वरूप जो लम्बी कविताएँ इस दायरे में नहीं आती थीं, अपने-आप तिरस्कृत हो गईं। इसका दंड सबसे अधिक मुक्तिबोध को भोगना पड़ा। इसीलिए *एक साहित्यिक की डायरी में* वे लिखते हैं कि "मुझे गहरा सन्देह है कि आजकल की सौन्दर्य-परिभाषा (यदि उसे व्याख्या कहें तो) केवल कविता, और वह भी **आत्मपरक कविता** की विशेषताओं के आधार पर बनाई जा रही है। सौन्दर्य-सम्बन्धी इन व्याख्याओं का प्रकट या अप्रत्यक्ष उद्देश्य आज की काव्य-दृष्टि का 'डिफेंस' है...किन्तु ये व्याख्याएँ कुछ इस प्रकार से, कुछ इस ठाठ से और शान से बनाई जाती हैं मानो वे सार्वभौम सत्य की सार्वकालिक स्थापनाएँ हों। इस 'पोज़' और 'पोस्चर' की जरूरत नहीं। वह अवैज्ञानिक दृष्टि है। अगर साहित्य की सौन्दर्य-मीमांसा करनी है तो आपको दृष्टि केवल आत्मपरक कविता–वह भी आजकल की कविता–तक ही सीमित नहीं करनी चाहिए।"

इसलिए कविता के प्रतिमान को व्यापकता प्रदान करने की दृष्टि से 'आत्मपरक' नई कविता की दुनिया से बाहर की कविताओं को भी विचार-क्षेत्र की सीमा में ले आना आवश्यक हो उठा है। सबसे पहले वे कविताएँ जो अपनी काव्यानुभूति में आत्मपरकता

का आभास देते हुए भी वस्तुतः 'संरचना' में अप्रगीतात्मक हैं। इस दृष्टि से इधर की प्रकाशित कविताओं में श्रीकान्त वर्मा की 'समाधि-लेख', रघुवीर सहाय की 'आत्महत्या के विरुद्ध' और राजकमल चौधरी की 'मुक्तिप्रसंग'—तीन लम्बी कविताएँ विशेष रूप से विचारणीय हैं। यह आकस्मिक नहीं है कि इन तीनों कविताओं की पीठिका में कहीं-न-कहीं मृत्यु का बोध है, निस्सन्देह एक जैसा नहीं; किन्तु किसी-न-किसी रूप में वह है अवश्य जिससे प्रत्येक कविता की संरचना ही निर्धारित होती है।

'समाधि-लेख' का ध्रुवक है 'मुझसे नहीं होगा'। सारी कविता में अन्तर्ध्वनि के समान जिस भाव की आवृत्ति होती रहती है, वह यह है कि :

मुझसे नहीं होगा !
जो मुझसे नहीं हुआ
वह मेरा संसार नहीं।

एक चरम अस्वीकार, जिसके पीछे स्वीकार करने की कोशिश की पूरी ताकत है :

मगर दूसरे के दुख को
अपना मानने की बहुत
कोशिश की; नहीं हुआ।

'मुझसे नहीं हुआ' और 'मुझसे नहीं होगा' की बार-बार आवृत्ति ही उस कोशिश और कोशिश की पीड़ा को और प्रगाढ़ करती है। किन्तु कविता शुद्ध आत्मपरक विलाप का प्रलाप नहीं, बल्कि अन्दर की दुनिया के अन्दर से एक-एक कर उस बाहरी दुनिया की असंगतियों को उद्‌घाटित करती है, जिसे उस रूप में स्वीकार करना सचमुच असम्भव लगता है। वैसे, वह दुनिया निहायत मामूली, रोजमर्रा की जानी-पहचानी घटनाओंवाली ही है, जिसमें 'एक स्त्री आईने के सामने सँवारती है बाल' या फिर 'कुछ और लोग मूर्तियाँ बनाकर फिर बेचेंगे क्रान्ति की (अथवा षड्यन्त्र की); कुछ लोग सारा समय कसम खाएँगे लोकतन्त्र की।' इस प्रकार इस दुनिया को बिम्बों या प्रतीकों के सहारे मूर्त करने की कोशिश नहीं की गई है और न बिम्बों-प्रतीकों की कोई लम्बी लड़ी ही पिरोई गई है। फिर भी विचित्र विरोधाभास है कि अमूर्त कथनों के सहारे ही इस दुनिया को अपनी निरर्थकता के साथ बड़ी सफलता के साथ मूर्त कर दिया गया है। 'कितना बड़ा फासला है एक कदम के बाद दूसरा उठाने में।' और फिर 'अपने को बिछाकर हर आदमी प्रतीक्षा कर रहा है।' अस्वीकार की अन्य कविताओं में जहाँ बेमतलब चीख-पुकार, गुस्सा की मुद्राएँ मिलती हैं, उनके विपरीत इस कविता का स्वर निहायत सधा हुआ है और उसी के अनुसार पूरी कविता की लय में भी मन्द्र मन्थरता है। कुछ अन्य कविताओं में तुकों की लम्बी लड़ी के साथ श्रीकान्त वर्मा जो विच्छिन्न-प्रवाह का चमत्कार पैदा करते हैं, वह भी यहाँ बहुत कम है। 'झूल रही है एक डाल' के बाद 'पूछती हैं हाल', फिर 'सँवारती है बाल' और अन्त में 'कई साल' पर तुक खत्म हो जाती है। यह तुकान्त उस प्रवृत्ति से भिन्न है जिसमें एक पंक्ति के आखिरी शब्द की तुक से दूसरी पंक्ति शुरू होती है और तुक में आनेवाला शब्द अर्थ में इतना बेतुका होता है कि पाठक एक झटके से चौंक

उठता है। इस प्रकार नाद के स्तर पर अनवरुद्ध प्रवाह का निर्माण करते हुए श्रीकान्त वर्मा अर्थ के स्तर पर प्रभाव को सायास विच्छिन्न करते चलते हैं। जहाँ यह विधि सफलता के साथ इस्तेमाल की जाती है अर्थात् यह विच्छिन्न-प्रवाह काव्यानुभूति के मेल में होता है, कविता इन झटकों के बावजूद अन्तर्ग्रथित रहती है और पूरा प्रवाह सम्प्रेषित कर जाती है; अन्यत्र खिलवाड़ मालूम होती है। जो हो; 'समाधि-लेख' में इस कौशल का अत्यन्त संयत और सधा हुआ प्रयोग है। इस प्रकार अपने रचना-विन्यास में यह कविता 'दिन जल्दी-जल्दी ढलता है' (बच्चन), 'कितनी शान्ति, कितनी शान्ति' (अज्ञेय) और 'जी हाँ हुजूर मैं गीत बेचता हूँ' (भवानीप्रसाद मिश्र) जैसी प्रगीतात्मक कविताओं से भिन्न एक ऐसे नाटकीय एकालाप की संरचना प्रस्तुत करती है जो हिन्दी कविता के नए प्रयोगों में से है।

रघुवीर सहाय की कविता 'आत्महत्या के विरुद्ध' भी नाटकीय एकालाप ही है किन्तु अपने कथ्य के अनुरूप ही संरचना में 'समाधि-लेख' से थोड़ा भिन्न है। 'आत्महत्या के विरुद्ध' में जिस वाक्यांश की आवृत्ति बार-बार होती है, वह है 'समय आ गया है'। जैसे 'समय आ गया है जब तब कहता है सम्पादकीय', 'गरजा मुस्टंडा विचारक–समय आ गया है', 'समय आ गया है/दस बरस बाद फिर पदारूढ़ होते ही/नेतराम, पदमुक्त होते ही न्यायाधीश/कहता है', समय आ गया है–मौका अच्छा देखकर प्रधानमन्त्री/पिटा हुआ दलपति अखबारों से/सुन्दर नौजवानों से कहता है गाता-बजाता/हारा हुआ सारा देश।' इत्यादि। 'समाधि-लेख' की पद-आवृत्ति से यह आवृत्ति भिन्न है। हर सन्दर्भ में एक ही वाक्य अपनी आवृत्ति के बावजूद नया अर्थ ध्वनित करता है : कहीं विडम्बना, कही खीझ, कहीं गुस्सा और कहीं उपहासास्पदता। यह रघुवीर सहाय के भाषा-प्रयोग की विशेषता है। कविता में आवृत्ति के लिए चुने हुए वाक्य में भी गहरी सूझ है। जीवन में रोज इसकी आवृत्ति दर्जनों बार सुनाई पड़ती है–वह आवृत्ति जो इसे निरर्थक बना देती है। इसीलिए इसे जैसे सन्तुलित करते हुए अन्त में एक गहरे दर्द के साथ कहा गया है : 'समय जो गया है/मेरे तलुवे से छनकर पाताल में/वह जानता हूँ मैं'। 'आत्महत्या के विरुद्ध' की लय में मन्द्र मन्थरता नहीं बल्कि आवेश में हाँफते हुए स्वर की त्वरा है–इसीलिए एक वाक्य जैसे दूसरे वाक्य के अन्दर घुसा हुआ तीसरे वाक्य को आगे की ओर धक्का देता-सा प्रतीत होता है। आविष्ट लय का यह प्रवाह कविता की इन पंक्तियों के अर्थ में जुड़ा हुआ है :

कुछ होगा कुछ होगा अगर मैं बोलूँगा
न टूटे न टूटे तिलिस्म सत्ता का मेरे अन्दर एक कायर टूटेगा टूट
मेरे मन टूट एक बार सही तरह
अच्छी तरह टूट मत झूठमूठ अब मत रूठ
मत डूब सिर्फ टूट

टूट के साथ 'झूठमूठ', 'ऊब', 'रूठ', 'डूब' का अनुप्रास यहाँ भी है और टूट की आवृत्ति भी, किन्तु आवेश के श्वास-चाप में शब्दों के प्रयोग में अन्तर्निहित कौशल डूब जाता

है और यह कवि की सफलता है कि और उसका प्रभाव ही शेष रह जाता है। कहना न होगा कि यह लय इस कविता का सबसे समर्थ तत्त्व है जो शुद्ध वक्तृत्व गुण के द्वारा कविता के मूल अर्थ को सम्प्रेषित कर देता है। मूल अर्थ अर्थात् 'कुछ करो/उसने कहा लोहिया से लोहिया ने कहा/कुछ करो।' यह आवेश कोरा भावुकतापूर्ण प्रलाप बनकर यदि नहीं रह गया तो इसलिए कि कविता में वे स्थितियाँ अपनी नग्न तथ्यात्मकता के साक्षात् खड़ी हैं, जिनका परिणाम या तो हत्या है या आत्महत्या। 'रोज-रोज एक दर्द एक क्रोध एक बोध और नापैद।' अर्थात् 'हर दिन मनुष्य से एक दर्जा नीचे रहने का दर्द।' इस दर्द का विभावन कोई बिम्ब या प्रतीक नहीं बल्कि 'हम दफनाते हैं एक हताश लड़के की लाश बार-बार।' 'आत्महत्या के विरुद्ध' कविता के आन्तरिक एकालाप के अन्दर से एक दुनिया उठती हुई दिखाई पड़ती है जो 'समाधि-लेख' की दुनिया से ज्यादा ठोस, ज्यादा खूँखार, ज्यादा भयावह और सम्भवतः ज्यादा राजनीतिक है। इस दुनिया की सजीवता कविता की अतिरिक्त नाटकीयता का आधार है। कविता की संरचनात्मक सघनता काव्यानुभूति की शक्ति और काव्य-कथ्य की ऊर्जा का प्रतिबिम्ब है।

राजकमल चौधरी की कविता 'मुक्ति-प्रसंग' की संरचना के विषय में कृष्णनारायण कक्कड़ अक्टूबर '67 के *आरम्भ* में इतनी बारीकी से विचार कर चुके हैं कि उसमें ज्यादा कुछ जोड़ने को शेष नहीं रहता। कविता का 'मैं' अस्पताल में ऑपरेशन की मेज पर पड़ा हुआ अपनी दुनिया में वापस लौट जाने की कामना करता है, किन्तु उसे विश्वास है कि वह लौट न सकेगा। आधी बेहोशी की-सी स्थिति में असम्बद्ध रूप में उसकी आँखों के सामने पीछे छूटी हुई दुनिया के चित्र एक-एक करके आते हैं। कभी बच्चे, हरिन, फूल, चिड़िया, झरने, पहाड़ी गाँव, औरतें आदि; कभी ब्लैक आउट के आदिम अँधेरे में शहीद स्मारक के नीचे रोती हुई खून से लथपथ नंगी औरत, संसदीय अधिनायकवाद, वियतनाम आदि। इस आत्मप्रलाप की निर्वैक्तिकता इस बात में है कि इसमें अपनी निजी दुनिया के साथ एक और दुनिया भी जुड़ी हुई है, बल्कि यह दूसरी दुनिया निजी दुनिया पर बुरी तरह हावी है, जिसके साझीदार करोड़ों लोग हैं। 'मुक्तिप्रसंग' में स्पष्टतः प्रलाप है। इस प्रलाप की तार्किक संगति है ऑपरेशन टेबल। चित्र असम्बद्ध ही नहीं विपर्यस्त भी हैं। इसके पीछे का तर्क है अर्द्ध-बेहोशी। चित्रित दुनिया भी अपेक्षाकृत बड़ी है और अन्तरंग भी। किन्तु अन्तरंग दुनिया जितनी सजीव है, आत्मेतर दुनिया उतनी नहीं। स्वर में आक्रामकता विशेष है और कातरता भी जो कहीं-कहीं आत्मदया की हद छू लेती है। प्रलाप-सुलभ वाक्यों की आवृत्ति यहाँ भी है और है एक पुरअसर वक्तृत्व-गुण। कुछ निरे ऐकान्तिक प्रतीक भी हैं जैसे 'नीला रंग' और 'उग्रतारा'। इसके अतिरिक्त बीच-बीच में 'सेक्स' के खुले शब्दों से भद्र रुचि को धक्का देने की शोखी या शरारत भी। कविता मुक्ति के दो भिन्न रूपों के बीच एक अनिश्चित तनाव का अर्थ ध्वनित करती है। एक ओर "मगर भीड़ अब खाने के लिए गेहूँ/और सो जाने के लिए किसी भी गन्दे बिस्तरे के सिवा कोई बात/ नहीं कहती है/प्रजाजनों के शब्दकोश में नहीं रह गए हैं दूसरे शब्द दूसरे वाक्य/दूसरी चिन्ताएँ नहीं रह गई हैं/किन्तु भीड़ से विच्छिन्न असम्पृक्त रहकर भी

भीड़ से मुक्त मैं हो नहीं पाता हूँ / मुक्त हो जाना कविता से पहले और मृत्यु से पहले/मुक्त हो जाना सम्भव है"। दूसरी ओर अपनी उग्रतारा के प्रति कहे हुए ये वाक्य : "कविता से पहले और मृत्यु से पहले/तुम मेरी पृथ्वी हो और मैं तुम्हारा इष्ट देवता हूँ और कवि हूँ तुम मुझे/जन्म देती हो और मेरे साथ रमण करती हो/तुम मुझे मुक्त करती हो/और मैं तुम्हें मुक्त करता हूँ अपने मरण में/अपनी कविता में"। आकस्मिक नहीं है कि कविता का अन्त इस दूसरी मुक्ति के ही साथ होता है। शायद दोनों मुक्तियों का द्वन्द्व **वास्तविक** है भी नहीं। एक 'भीड़' के समान अस्पष्ट है और दूसरी उग्रतारा की प्रतिमा के समान मूर्त। कवि को सम्भवतः इसका एहसास था। इसलिए उसे बार-बार यह आशंका हुई कि "जटिल हुए किन्तु कोई प्रतिमा बनाने के योग्य नहीं हुए उसके अनुभव।" ईमानदारी का यह स्वर जहाँ इस कविता की शक्ति है वहीं प्रतिमाहीनता उसे एक लम्बे प्रगीत की आत्मनिष्ठ छाया बनाकर छोड़ देती है।

लम्बी नाटकीय कविताओं का दूसरा वर्ग वह है जिसमें विजयदेव नारायण साही की 'अलविदा' और गजानन माधव मुक्तिबोध की 'अँधेरे में' शीर्षक कविताएँ आती हैं। ये दोनों कविताएँ भी नाटकीय एकालाप ही हैं, किन्तु इनमें फैंटेसी के सहारे एक ऐसी प्रभावशाली पटभूमि तैयार की गई है जो पूर्वोक्त कविताओं से इन्हें अलग कर देती है। एकालाप के बावजूद इन दोनों कविताओं में वाचक के अतिरिक्त एक और व्यक्ति है जो छायारूप उस एकालाप का साझीदार बना रहता है। 'अलविदा' में वह अपर व्यक्ति स्पष्टतः अपने से भिन्न 'कोई दूसरा' है, जिसे यदि 'अभिन्न' कहा जा सकता है तो लाक्षणिक भाषा में। 'अँधेरे में' का अपर व्यक्ति वाचक का प्रतिरूप या 'डबल' है जो उस नाटक में छाया के समान केवल उपस्थित ही नहीं रहता, बल्कि सक्रिय रूप से हिस्सा भी लेता है। इसके अतिरिक्त दोनों कविताओं में कथानक का हल्का सा आश्रय भी लिया गया है जिसके कारण ये अरस्तू की भाषा में सच्चे अर्थों में 'कार्य का अनुकरण' हैं। इस प्रकार इनमें निहित सिद्धान्त प्रगीत कविता से सर्वथा भिन्न है। इनमें 'कहानी' नहीं, बल्कि एक हल्का सा कथानक है जिसका निश्चित आदि, मध्य और अन्त है।

'अलविदा' में एक दोस्त को रास्ते की उस मंजिल पर विदा दी जा रही है जिसके आगे वह बदनसीब इमारत है, जिसमें अक्सर एक 'हसीन चेहरे और भटके हुए मुसाफिर का साक्षात्कार होता है।' इस लोक-प्रचलित किंवदन्ती अथवा कथानक रूढ़ि को स्वीकार करके साही ने कविता में एक जादुई दुनिया की सृष्टि की है। इसे कविता में मिथक या सर्जनात्मक उपयोग भी कह सकते हैं। खूबी यह है कि कविता में शुरू से यह कहानी नहीं कही गई है। कविता की शुरुआत होती है इन पंक्तियों से :

तुम खुद हाथ में रेत लेकर
उसमें चमकते चाँदी के ज़र्रे देखते रहे
तुम्हें किसी ने नहीं भरमाया।

और कविता का अन्त भी इन्हीं पंक्तियों के साथ होता है। 'रेत में चाँदी के ज़र्रे' का भ्रम ही मित्र को उस बदनसीब इमारत की हसीना से साक्षात्कार की स्थिति तक ले जाता

है। साथ के और सभी लोग समझाकर लौट चुके हैं। विदा लेने से पहले आखिरी साथी का यह बयान है। वह आनेवाली घटना की तस्वीर खींचता है। लहजे में न चेतावनी का स्वर है, न लौटने का कोई आग्रह और न डराने के लिए तस्वीर की भयावहता को अतिरंजित करने का कोई अतिरिक्त प्रयास ही। स्वर कुछ इस प्रकार है : 'फिर क्या होगा, यह बताना मेरे लिए कठिन है।' और 'और किस तरह वह घटित होगा/इसकी कोई साफ तस्वीर/अफवाह में शामिल नहीं है।' स्वर की यह आग्रहहीनता ही कविता की शक्ति है। इस आग्रहहीनता का सीधा सम्बन्ध कविता के मूल अर्थ से है। कविता 'निर्णय के क्षण' से सम्बद्ध है, जिसमें सारे विकल्पों को खोलकर रखना ही अभीष्ट है, बलात् किसी निर्णय का लादना नहीं। निर्णय के क्षण की एक अनुभूति की काव्यात्मक अभिव्यक्ति यह है :

या शायद तनकर खड़े होने से काम चले
वह नहीं जो भविष्य के नाम पर
चुनौतियाँ देने से उपजता है
बल्कि वह जो आखिरी निर्णय के बाद सहसा
बिल्कुल अकिंचन हो जाने से
उत्पन्न होता है
तब शायद तुम्हारी आँखें
न सिर्फ शीशे के पार
बल्कि शीशे के पार दिखती हुई छवि के आर-पार
देखने लगें
तब तुम देखोगे कि यहाँ से वहाँ तक
अटूट अँधेरा है
जो माँद में मरते हुए जानवर की तरह
साँस लेता है

और दूसरा क्षण वह है जिनके बारे में यह आत्म-स्वीकृति है :

मुझे जिन शर्तों से बाँध दिया गया है
वहाँ इन्तजार और अस्तित्व दो चीजें नहीं हैं।

इस कथन के अर्थ-गाम्भीर्य का पता इस बात से चलता है कि इसके कुछ ही देर पहले यह स्वीकार किया जा चुका है :

और मेरे लिए वे सारे रास्ते बन्द कर दिए गए हैं
जिनसे होकर
चमकता हुआ जोखम प्रवेश करता है
और खून की आखिरी बूँद तक को
आत्मा में बदल डालने की माँग करता है।

उल्लेखनीय है कि इस मितकथन में निर्णय के उस क्षण के अनुभव से अपने-आपको

वंचित बतलाते हुए भी उस अनुभव की अर्थवत्ता का पूरा संकेत दे दिया गया है। कविता में उस घटना के घटित होने से पहले ही सभी सम्भावनाओं के साथ उसका जो आभास उपस्थित किया गया है, वह इन्द्रजाल के समान मालूम होता है। यह पूर्वाभ्यास ही कविता का कथ्य है और कविता की नाटकीयता का रहस्य भी। इसे 'विकल्प का इन्तजार' भी कहा जा सकता है। 'अलविदा' में बुनी हुई काव्यानुभूति की तीव्रता इसी बात में है कि यहाँ निर्णय लेने से ठीक पहले की मनःस्थिति के अनुभूतिगत चाप को शब्दों में पूरी कलात्मकता के साथ रख दिया गया है। कविता की नैतिक शक्ति इस बात में है कि निर्णय के विषय में कोई अनिश्चयात्मकता नहीं है। 'नैतिक विजन' की यह परिपक्वता ही 'अलविदा' को श्रेष्ठ कविताओं में स्थान दिलाने के लिए पर्याप्त है।

'अँधेरे में' शीर्षक कविता की पटभूमि हर तरह से विशाल है। कविता स्वप्न-चित्रों की लड़ी है। स्वप्न-चित्रों का रूपबन्ध किसी फिल्म की पटकथा के समान है। जगह-जगह 'कट' और 'क्लोज-अप' इस्तेमाल किए गए हैं। ध्वनि और रूप दोनों का अन्तर्वेशी नियोजन है। वैसे मूल कथ्य है सम्भावित आत्मरूप या अस्मिता की खोज जिसे मनोविज्ञान की भाषा में 'सर्च फार आइडेंटिटी' कहते हैं। मुक्तिबोध की इस कविता की विशेषता है कि आज के अन्य कवि जहाँ अस्मिता की खोज आत्मपरक ढंग से करते हैं, मुक्तिबोध ने उसे अन्दर और बाहर दोनों जगह खोजा है, बल्कि यह कहना अधिक संगत होगा कि मुक्तिबोध की काव्यानुभूति की बनावट ही ऐसी है कि इसमें अन्दर और बाहर के बीच कोई अन्तर नहीं रह जाता। कविता के 'मैं' का प्रतिरूप पहले तो एक प्रेत की तरह अँधेरे कमरे में अपने आने की आहट का आभास देता है डरावने रूप में। उसकी धमक से भीत के पलस्तर अकस्मात् गिर जाते हैं और उसमें से एक डरावना-सा चेहरा बन जाता है; फिर दरवाजे पर आहट सुनाई पड़ती है, किन्तु दरवाजा खोलने पर कुछ भी दिखाई नहीं देता। इस भय के वातावरण में ही कविता का 'मैं' बाहर निकलता है और उसे रात के अँधेरे में एक मशालोंवाला जुलूस दिखाई पड़ता है। जुलूस क्या है कि किसी मृत्यु-दल की शोभायात्रा। जुलूस के आगे बैंड बजता चल रहा है और पीछे "इसी नगर के कई प्रतिष्ठित पत्रकार, आलोचक, विचारक, जगमगाते कविगण, उद्योगपति, विद्वान, मन्त्री भी, यहाँ तक कि शहर का हत्यारा कुख्यात डोमाजी उस्ताद भी।" कहने की आवश्यकता नहीं कि यह किसी फासिस्ट दल का जुलूस है। कविता का 'मैं' इसका साक्षी है, जो जुलूस की नजरों से बच नहीं पाता। 'मारो गोली' की आवाज आती है और वह भागता है। उसका अपराध यह है कि उसने उन लोगों को नंगा देख लिया जो दिन में तो विभिन्न दफ्तरों-कार्यालयों, केन्द्रों में षड्यन्त्र करते हैं और रात को जुलूस निकालते हैं। दूसरे स्वप्न-चित्र में किसी जन-क्रान्ति के दमन-निमित्त मार्शल-ला का दृश्य आता है। और अन्त में एक जन-क्रान्ति के पूर्वाभास का स्वप्न-चित्र है जिसमें कविता का 'मैं' स्वयं अपने ढंग से साझीदार हो जाता है। स्वप्न-चित्रों की दुनिया में काव्यगत 'मैं' का प्रतिरूप हर घटना-चक्र के मोड़ पर कहीं न कहीं प्रकट हो जाता है। कभी उसका ओजस्वी उद्‌बोधन-गान सुनाई पड़ता है, और कभी वह पीछे से

आकर कन्धे पर हाथ रख देता है। विडम्बना यह है कि यह काव्यगत 'मैं' अपने प्रतिरूप से डरता भी है और उसे देखना और पाना भी चाहता है। किन्तु दुनिया के कार्य-कलाप में हिस्सा लेते हुए अनेक अनुभवों के बीच गुजरकर वह देख लेता है कि वह प्रतिरूप भयावना नहीं बल्कि स्पृहणीय है, उसे वह पहचान लेता है। वह वस्तुतः 'आत्मसम्भवा आत्माभिव्यक्ति' है। कुल मिलाकर 'अँधेरे में' कविता का संसार एक साथ ही दहशत भरा और उम्मीद भरा दोनों ही है। यह फैंटेसी का दोहरा प्रयोग है। कवि ने यथार्थ पर अँधेरे की एक चादर डालकर उसके अन्दर से एक जीती-जागती स्पष्ट गोचर दुनिया को उभारकर रख दिया है जो यथार्थ से भी अधिक यथार्थ मालूम होती है। इस काव्य-लोक की अस्पष्टता और स्पष्टता दोनों ही स्वप्न के मानिन्द हैं। कविता का सबसे प्रभावशाली अंश है अन्तिम दृश्य : 'कहीं आग लग गई, कहीं गोली चल गई !' इस वाक्य की आवृत्ति इतनी बार हुई है और हर बार इतने सार्थक ढंग से कि कविता समाप्त करने के बाद दिमाग में गूँजती रह जाती है। एक ओर जन-क्रान्ति की आग भड़कती है और दूसरी ओर उसे दबाने के लिए गोली चलती है, लेकिन "सब चुप, साहित्यिक चुप और कविजन चुप...(क्योंकि) उनके खयाल से यह सब गप है।" उस पर टिप्पणी है : "बौद्धिक वर्ग है क्रीतदास/किराए के विचारों का उद्भास है।" फिर भी कवि को विश्वास है कि "मेरे युवकों में होता जाता व्यक्तित्वान्तर।"

इस समाज-व्यवस्था के बारे में कविता भविष्यवाणी करती है :

कविता में कहने की आदत नहीं, पर कह दूँ
वर्तमान समाज चल नहीं सकता।
पूँजी से जुड़ा हुआ हृदय बदल नहीं सकता,
स्वातन्त्र्य व्यक्ति का वादी
छल नहीं सकता मुक्ति के मन को,
जन को।

इस विश्वास के बल पर 'अँधेरे में' कविता में कवि 'कल होनेवाली घटनाओं की कविता' का यह घोषणापत्र भी देता है :

अब अभिव्यक्ति के सारे खतरे
उठाने ही होंगे।
तोड़ने होंगे मठ और गढ़ सब
पहुँचना होगा दुर्गम पहाड़ों के उस पार
तब कहीं देखने मिलेंगी बाँहें
जिसमें कि प्रतिपल काँपता रहता
अरुण कमल एक।

सन्दर्भ से अलग इस प्रकार की जो पंक्तियाँ सीधी, सपाट और गद्यात्मक लगती हैं, उन्हें यदि सन्दर्भ से युक्त रूप में देखें तो उनकी काव्यात्मक शक्ति का पता चलता है। वस्तुतः 'अँधेरे में' कविता की अर्थवत्ता उसके स्वप्नचित्रमय वातावरण में है जो अपनी नाटकीय

संरचना के द्वारा सीधे-सादे वाक्यों को भी काव्यात्मक गूँज से अनुरणित कर देता है। चेखव की प्रसिद्ध कहानी 'वार्ड नं. 6' को पढ़ने के बाद, कहते हैं, लेनिन ने क्रान्ति से पहले कहा था कि "सारा रूस वार्ड नं. 6 है।" 'अँधेरे में' कविता को पढ़कर भी कोई यह महसूस किए बिना नहीं रह सकता कि यह आज का भारत है। स्वप्नचित्र जैसी एक अयथार्थ कला के द्वारा यथार्थ की काव्यात्मक पुनः सृष्टि करके मुक्तिबोध ने एक विरोधाभास का ही चमत्कार पैदा नहीं किया बल्कि आधुनिक हिन्दी कविता में एक कालजयी कृति की रचना की है, जिसे निःसंकोच निराला की *राम की शक्तिपूजा* के बाद की सबसे बड़ी उपलब्धि माना जा सकता है।

[1968]

विसंगति और विडम्बना

रघुवीर सहाय की कविता 'शराब के बाद का सवेरा' में आए हुए "मलबे के तले से एक हाथ छुड़ाकर उसे टोता हूँ। ढ नहीं ट" को जब नई कविता से पूरी सहानुभूति रखनेवाले श्री नेमिचन्द्र जैन कोरा क्रीड़ा-कौतुक कहकर टाल देते हैं तो कविता के प्रतिमान के अन्तर्गत इस प्रकार के क्रीड़ा-कौतुक की स्थिति पर नए सिरे से विचार करना आवश्यक हो जाता है। "टोता हूँ। ढ नहीं ट" क्या सचमुच ही शब्दों का खिलवाड़ भर है ? 'टोता हूँ' कहते ही अनुषंगवश याद आता है 'ढोता हूँ'; किन्तु कवि तत्काल ही स्पष्ट कर देना चाहता है कि मैं उसे केवल "टोता हूँ", "ढोता" नहीं हूँ। 'ढ नहीं ट' का जो 'खिलवाड़' है उसका पूरा सन्दर्भ इस प्रकार है :

जन्म के कितने दिनों बाद आई थी
वह मेरी ***मरी हुई*** *माँ*
जो ***महान*** *मकान बना है पड़ोस में*
वह मुझ पर गिर पड़ेगा
फिर मेरी गर्मियों की छुट्टियाँ हो जाएँगी
मेरे अपने स्कूल के अन्दर से निकलकर
बचपन के आखिरी दिन
आएँगे घर के कोने में
कहानियों की आलमारी की खुशबू
और ठंडा चिकना फर्श
मलबे के तले से एक हाथ छुड़ाकर
उसे टोता हूँ। ढ नहीं ट

शराब की आधी बेहोशी में जिस आदमी को अपनी 'मरी हुई' माँ की याद आ रही है और जिसे ऐसा लगता है कि पड़ोस का 'महान' मकान उस पर गिर पड़ेगा, वह क्या खिलवाड़ की मनःस्थिति में है ? 'बचपन के आखिरी दिन' से क्या स्पष्ट नहीं कि शराब ने उसे सहसा बचपन की स्थिति में पहुँचा दिया है ? उस स्थिति में यदि वह ककहरा सीखनेवाले एक बच्चे की तरह 'ढ नहीं ट' कहता है तो इसमें असंगति कहाँ है ? क्या इस मनःस्थिति में 'ठंडा चिकना स्पर्श' भुलाया जा सकता है ? कविता के पूरे सन्दर्भ से स्पष्ट है कि खिलवाड़ मालूम होनेवाली हरकत की तह में एक गहरी व्यथा की

विडम्बना है। जैसा कि एक अन्य सन्दर्भ में रघुवीर सहाय ने कहा है : "जब घने कष्ट में मन गम्भीर हो उठे, जब व्यथा में जो **व्यंग्य** है वह भी वहाँ हो—नहीं तो व्यथा ही कैसे वहाँ रहेगी—" (*सीढ़ियों पर धूप में,* पृ. 257) यह ऊपर का हल्का-फुल्कापन खिलवाड़ नहीं रह जाता। फिर भी इसे यदि खिलवाड़ समझा जाता है तो यह एक कविता की अधूरी समझ ही नहीं बल्कि इसके मूल में एक गहरा पूर्वग्रह है, जिसे 'रोमांटिक गम्भीरता' से सम्बद्ध माना जा सकता है।

इस पूर्वग्रह का इतिहास काफी लम्बा है। छायावादी कविता में इस प्रकार के हल्के-फुल्केपन के लिए कोई गुंजाइश न थी। निराला जैसे और बहुत सी बातों में छायावाद के बीच अपवाद थे, इस मामले में भी छायावादी गम्भीरता को तोड़नेवाले निकले; और वह भी किसी ऐसे-वैसे प्रसंग में नहीं बल्कि *सरोज-स्मृति-जैसे* शोक-गीत में :

वे जो यमुना के-से कछार
पद फटे बिवाई के, उधार
खाए के मुख ज्यों, पिए तेल
चमरौधे जूते से सकेल
निकले, जी लेते, घोर गन्ध
उन चरणों को मैं यथा अन्ध
कल घ्राण-प्राण से रहित व्यक्ति
हो पूजूँ, ऐसी नहीं शक्ति !
ऐसे शिव से गिरिजा-विवाह
करने की मुझको नहीं चाह।

शोक की गम्भीर भावभूमि में ऐसे अगम्भीर प्रसंग को लाने का साहस निराला ही कर सकते थे। 'पद फटे बिवाई के' तो शायद एक बार छायावादी पाठक को ग्राह्य भी हो जाएँ क्योंकि उस पर नरोत्तमदास के *सुदामा चरित* की मुहर लगी हुई है; किन्तु इस चमरौधे जूते को बर्दाश्त करना तो छायावादी सुरुचि के लिए निश्चय ही मुश्किल था। आकस्मिक नहीं कि निराला की लम्बी कविताओं में जहाँ *राम की शक्तिपूजा* और *तुलसीदास* को इतना गौरव प्राप्त है, *सरोज-स्मृति* बहुत-कुछ उपेक्षित ही रही है। 'शोक-गीत'-जैसी एक काव्य-विधा की गणना का आकर्षण न होता तो *सरोज-स्मृति* सम्भवतः गम्भीर काव्य-चर्चा के दायरे से बाहर ही रहती। कारण है वही मुद्रा जो छायावादी सुरुचि के लिए चमरौधा है। शोक की भावभूमि में गम्भीरता की एकरसता को तोड़नेवाला यह यथार्थ-चित्र आकस्मिक नहीं है। कथा-साहित्य में प्रेमचन्द ने भी दुःखान्त स्थितियों के अन्तर्गत इसी प्रकार के 'हल्के-फुल्केपन' का सहारा लिया है। उदाहरण के लिए 'पूस की रात' और 'कफन' कहानियों का आत्म-विडम्बनापूर्ण अन्त जिनकी पृष्ठभूमि में प्रेमचन्द का यह कथन है : "गम की कहानी मजा ले-लेकर कहना : Tales of misery told in joyful style."

हिन्दी कविता में यह प्रवृत्ति छायावादी मिजाज के टूटने की स्थिति में उत्पन्न हुई

जिसका ऐतिहासिक दस्तावेज है निराला का *कुकुरमुत्ता। कुकुरमुत्ता* उसी कवि की रचना है जिसने कभी *जूही की कली* लिखी थी। *जूही की कली* अब मान्य है, जबकि *कुकुरमुत्ता* एक *कुतूहल-मात्र*। वैसे, एक समय था जब *जूही की कली* भी सरस्वती के मन्दिर से लौटा दी गई थी। लेकिन *कुकुरमुत्ता* को एक दर्जा नीचे की कविता मानने का कारण दूसरा है : हास्य-व्यंग्य के प्रति एक विशेष प्रकार का पूर्वग्रह।

अकस्मात् एक हल्की बात कहकर गम्भीरता को झटके से तोड़ने की प्रवृत्ति छायावादोत्तर काव्य के सन्धिकाल की व्यापक प्रवृत्ति थी। *तार सप्तक* के अधिकांश कवियों ने इस कौशल का उपयोग किया है। अज्ञेय के 'धैर्यधन गदहा', प्रभाकर माचवे की 'मैं और चा की खाली प्याली', भारतभूषण अग्रवाल की 'मैं सुनता रहा मधुर नूपुर-ध्वनि, यद्यपि बजती थी चप्पल' की ओर तो उस समय के छायावादी आलोचकों का भी ध्यान आकृष्ट हुआ था। किन्तु इनके साथ ही रामविलास शर्मा की 'सत्यं शिवं सुन्दरं' कविता का भी उल्लेख किया जा सकता है, जिसमें 'हाथी घोड़ा पालकी/जय कन्हैयालाल की' जैसी लोक-प्रचलित धुन के सहारे 'सत्यं शिवं सुन्दरं' के छायावादी प्रभामंडल को तोड़ा गया है। निहायत गम्भीर और गरिष्ठ समझे जानेवाले मुक्तिबोध भी इस विडम्बना से अछूते नहीं रहे। *नूतन अहं* में सीधे निराला का *कुकुरमुत्ता* इन शब्दों में उठ खड़ा हुआ :

अहंभाव उत्तुंग हुआ तेरे मन में
जैसे घूरे पर उट्ठा है
धृष्ट कुकुरमुत्ता उन्मत्त।

इन पंक्तियों की 'आत्म-विडम्बना' को समझने के लिए इतना संकेत करना आवश्यक है कि 'तेरे' सम्बोधन किसी और के प्रति नहीं, बल्कि अपने प्रति है।

आलोचकों ने इस प्रवृत्ति को छायावाद की प्रतिक्रिया के रूप में स्वीकार करते हुए इसे ऐतिहासिक महत्त्व तो दिया, किन्तु ऐसा प्रतीत होता है कि काव्य के स्थायी मूल्यों में इसके लिए जगह न थी। डॉ. नगेन्द्र के 'प्रयोगवादी' शीर्षक निबन्ध के इस अंश से यह बात काफी स्पष्ट हो जाती है : "प्रयोगवादी कविता का जन्म छायावाद के विरुद्ध प्रतिक्रिया के रूप में हुआ है। अंग्रेजी साहित्य में भी प्रयोगवादी कविताओं में रोमानी प्रकृति के विरुद्ध विद्रोह का एक तीखा स्वर मिलता है, परन्तु वह व्यावहारिक की अपेक्षा सैद्धान्तिक अधिक है। हिन्दी में यह प्रतिक्रिया अधिक स्थिर और स्पष्ट है। भावक्षेत्र में छायावाद की अतीन्द्रियता और वायवी सौन्दर्य-चेतना के विरुद्ध एक वस्तुगत मूर्त और ऐन्द्रिय चेतना का विकास हुआ और सौन्दर्य की परिधि में केवल मसृण और मधुर के अतिरिक्त परुष, अनगढ़ और 'भदेस' का समावेश किया गया। वास्तव में नए कवि ने अतिशय कोमलता और मार्दव से ऊबकर अनगढ़ और भदेस को कुछ अधिक ही आग्रह के साथ ग्रहण किया।"

प्रसंगवश इस सन्दर्भ में अंग्रेजी की 'प्रयोगवादी' कविताओं में प्राप्त 'रोमानी प्रकृति के विरुद्ध विद्रोह' का जिक्र आया है तो टी.एस. इलियट की प्रसिद्ध कविता 'द लव सांग

ऑफ अल्फ्रैड जे. प्रूफ्रॉक' का नाम लेना अप्रासंगिक न होगा, ताकि स्पष्ट हो जाए कि अंग्रेजी में यह विद्रोह सैद्धान्तिक अधिक था या व्यावहारिक। साथ ही वह कविता इस बात के लिए भी ठोस प्रमाण है कि रोमानी प्रकृति की प्रतिक्रिया में लिखी गई विडम्बनापूर्ण कविता का महत्त्व केवल **ऐतिहासिक** नहीं, बल्कि **स्थायी** भी हो सकता है। अंग्रेजी की 'प्रयोगवादी' कविता की प्रकृति के बारे में डॉ. नगेन्द्र के इस बुनियादी अज्ञान का उल्लेख इसलिए आवश्यक है कि हिन्दी की प्रयोगवादी कविता सम्बन्धी उनकी समझ का इससे सीधा सम्बन्ध है। "सूर्य और मेढ़क, चाँदनी रात और मूत्र-सिंचित वृत्त में खड़े हुए गदहे, नूपुर-ध्वनि और चप्पल, कांट, फ़िक्टे और खाली चा की प्याली का साथ-साथ आना" डॉ. नगेन्द्र के लिए केवल विषय-परिवर्तन है। "साहित्यिक उपादानों के लघु-गुरु के अन्तर का झटके के साथ अस्वीकार" प्रयोगवाद के आरम्भिक विद्यार्थी के लिए "जीवन-मूल्यों की अव्यवस्था" का प्रतीक था। उल्लेखनीय है कि लघु-गुरु के आकस्मिक और अप्रत्याशित संयोजन में निहित काव्य-दृष्टि की ओर ध्यान नहीं गया—न तब और न अब। इसीलिए आगे चलकर जब इस काव्य-दृष्टि का प्रौढ़ रूप सामने आया तब भी उसका ठीक-ठीक मूल्यांकन न हो सका।

इस विषय में छायावादी आलोचकों से ही चूक हुई हो, ऐसी बात नहीं। जो नई कविता के समर्थक और प्रचारक के रूप में सामने आए उन्होंने भी किसी बेहतर समझ का परिचय नहीं दिया। उदाहरण के लिए *नई कविता* पत्रिका के एक ही अंक में रघुवीर सहाय की रचना 'अगर कहीं मैं तोता होता' तो 'किंचित् कविता' के अन्तर्गत प्रकाशित की गई और 'काँगड़े की छोरियाँ' (अज्ञेय) और 'चाँदनी चन्दन सदृश हम क्यों लिखें' (अजितकुमार) को 'ठेठ कविता' के अन्तर्गत स्थान दिया गया। सम्पादक के मन में 'कविता' और 'किंचित् कविता' के बीच निश्चय ही कोई-न-कोई विभाजक-रेखा होगी किन्तु उक्त तीनों कविताओं का विभाजन इस अन्तर को किसी भी तरह स्पष्ट नहीं करता। क्या 'कविता' के अन्तर्गत स्वीकृत कविताएँ इसलिए कविता मानी गई हैं कि उनमें से एक विषय 'चाँदनी' है और दूसरे का विषय 'छोरियाँ' ? और 'तोता' से सम्बद्ध होने के कारण ही रघुवीर सहाय की कविता 'किंचित् कविता' के खाते में डाल दी गई ? *नई कविता* के उसी अंक में स्वयं जगदीश गुप्त की एक कविता है : 'पहेली'। कविता निहायत हल्के-फुल्के ढंग से शुरू होती है। "तुम्हें जाने/अगर इस बार बतला दो/हमारी मुट्ठियों में है छिपी क्या चीज ?" लेकिन अन्त तक जाते-जाते वह मुट्ठी फौलाद बन जाती है और रहस्य खुलता है कि छिपी चीज 'दर्द' है, 'मजबूरी' है, 'आँसू' है ! देखते-देखते हँसी आँसू बन जाती है, लेकिन हँसी को आँसू बनाने में कविता को खींचकर फैलाना जरूरी हो जाता है। इस खींच-तान का एक ही परिणाम है कविता का कविता न रह जाना। गम्भीरता के आडम्बर में हँसी ही गायब नहीं होती, स्वयं कविता भी गायब हो जाती है। यह अतिरिक्त गम्भीरता ही वह पूर्वग्रह है जो हल्के-फुल्केपन का आभास देनेवाली गम्भीर कविताओं के मूल्यांकन में बाधक हुआ।

वैसे, इस विषय में अज्ञेय की दृष्टि काफी स्पष्ट रही है। भवानीप्रसाद मिश्र की

'गीत-फरोश' शीर्षक कविता की विशेषता बतलाते हुए एक कला-पारखी की सही दृष्टि का परिचय देते हुए उन्होंने कहा कि इसका कवित्व एक गम्भीर बात को निहायत अगम्भीर ढंग से कहने में है और वह अगम्भीरता कविता के 'स्वर' (टोन) में है। इसी प्रकार *तीसरा सप्तक* की भूमिका में उन्होंने साफ शब्दों में स्वीकार किया है कि "क्रीड़ा और लीला-भाव ही सत्य हो सकते हैं—जीवन की ऋजुता भी उन्हें जन्म देती है और संस्कारिता भी। देखना यह होता है कि वह सत्य के साथ खिलवाड़ या 'फ्लर्टेशन' मात्र न हो।"

इस कथन में महत्त्वपूर्ण बात है क्रीड़ा और लीला-भाव। कवि की सृजनशीलता और प्रयोगशीलता के मूल में यही क्रीड़ा-भाव और लीला-भाव है, जिसे रघुवीर सहाय की कहानी 'खेल' अत्यन्त कलात्मक ढंग से प्रस्तुत करती है और जो अन्तःसूत्र के समान उनकी काव्य-रचना में आद्यन्त विद्यमान है। यह क्रीड़ा-भाव कला-मात्र की बुनियाद है। भरतमुनि ने इसी अर्थ में नाट्य को 'क्रीड़-नीयक' कहा है। अंग्रेजी के आधुनिक कवि ऑडेन जब कविता को 'ज्ञान का खेल' और 'गहरे अर्थ में तुच्छ' (Frivolous) कहते हैं तो वे इसी बुनियादी क्रीड़ा-भाव पर बल देते हैं। हिन्दी के नए कवियों में रघुवीर सहाय ने इस क्रीड़ा-कौशल का उपयोग अनेक रूपों में अत्यन्त सफलता के साथ किया है। उदाहरण के लिए प्रेम-कविता के अन्तर्गत :

तुम उसका क्या करती हो मेरी लाड़ली
—अपनी व्यथा के संकोच से मुक्त होकर
जब मैं तुम्हें प्यार करता हूँ।

एक **'लाड़ली'** सम्बोधन पूरी कविता को और ही रंग दे देता है। छायावादी 'सखि', 'सजनि', 'प्रिये', 'प्राण', 'रानी' आदि सम्बोधनों के स्थान पर 'लाड़ली' शब्द रखकर रघुवीर सहाय ने रूमानी भावुकता को ही नहीं तोड़ा, बल्कि एक मीठी सी अगम्भीरता के द्वारा प्यार में निहित अकेलेपन की व्यथा को बिजली की कौंध के समान पूरी तीव्रता के साथ उद्भासित भी कर दिया। *सीढ़ियों पर धूप में* संकलन के अन्तर्गत ऐसी अनेक छोटी-छोटी कविताएँ हैं जिनमें यह क्रीड़ा-वृत्ति साफ व्यक्त हुई है। इसका एक रूप है असम्बद्ध और नितान्त भिन्न समझी जानेवाली वस्तुओं को अप्रत्याशित रूप से एकत्र संयोजित करके संयोजन से उत्पन्न होनेवाले नए अर्थ की ओर संकेत करना; जैसे :

बिल्ली रास्ता काट जाया करती है
प्यारी-प्यारी औरतें हरदम बकबक करती रहती हैं
चाँदनी रात को मैदान में खुले मवेशी
आकर चरते हैं

और प्रभु यह तुम्हारी दया नहीं तो और क्या है
कि इनमें आपस में कोई सम्बन्ध नहीं।

क्या इनमें आपस में सचमुच कोई सम्बन्ध नहीं है ? बिल्ली और औरतें, चाँदनी रात

और खुले मवेशी कविता में जो एक साथ आए हैं उनका कोई अर्थ नहीं ? एक ओर औरतें 'प्यारी-प्यारी' हैं तो दूसरी ओर वे 'बकबक' करती हैं, यह विरोध अकारण है ? और क्या इसके बाद भी औरतें 'प्यारी' रह जाती हैं। 'प्यारी-प्यारी' का व्यंग्य स्पष्ट नहीं है ? और अन्त में प्रभु की 'दया' दया ही है या और कुछ ? कविता का अर्थ उद्घाटित करने की दिशा में ये जो कुछ प्रश्न प्रस्तुत किए गए हैं, उनसे एक और बात सामने आती है कि इस कविता में कितनी अधिक बातों को बल्कि कितनी बड़ी बात को कितने संक्षेप में कहा गया है। यह संक्षेप अथवा शाब्दिक मितव्ययिता ही व्यंग्य की जान कही जाती है। इस प्रकार यह क्रीड़ा-कौतुक अर्थ-चमत्कार के साथ ही शिल्प-सिद्धि का भी सूचक है। 'आत्महत्या के विरुद्ध' में रघुवीर सहाय ने इस क्रीड़ा-कौशल का और भी सार्थक एवं प्रौढ़ प्रयोग किया है। उदाहरण के लिए 'फिल्म के बाद चीख' शीर्षक कविता ली जा सकती है। आरम्भ में कविता एक घटिया रंगीन फिल्म का आभास देती है, किन्तु अन्त में जाकर संसद-भवन में जिस प्रकार उसकी परिणति होती है, उससे एक अर्थगर्भित रूपक की सृष्टि होती है :

एक बार जान-बूझकर चीखना होगा
जिन्दा रहने के लिए
दर्शकदीर्घा में से
रंगीन फिल्म की घटिया कहानी की
सस्ती शायरी के शेर
संसद-सदस्यों से सुन
चुकने के बाद।

किन्तु इस कविता के अन्तर्गत फिल्म और संसद-जैसी दो भिन्न वस्तुओं को एकत्र करने के अतिरिक्त तनाव-भरी चीख को जैसे हल्का करने के लिए गम्भीर और हल्के-फुल्के अनेक चित्र थोड़े-थोड़े अन्तराल के साथ एकजुट किए गए हैं ! जैसे 'तुमने किस औरत पर उतारा क्रोध/वह जो दिखलाती है पेट पीठ और फिर/भी किसी वस्तु का विज्ञापन नहीं है/मूर्ख, धर्मयुग में अस्तुरा बेचती है वह/कुछ नहीं देती है बिस्तर में बीस बरस के मेरे/अपमान का जवाब।' जैसी पंक्तियाँ है, जिनमें एक साथ औरत, विज्ञापन की औरत और बीस बरस का अपमान है; और एक ही 'देती है' क्रिया बिस्तर को राजनीति तक विस्तृत करके एक ही ढेले से दो शिकार करने का चमत्कार पैदा करती है। इसी प्रकार गम्भीर और हल्की-फुल्की चीजों के गड्डमड्ड का दूसरा उदाहरण है :

सेना का नाम सुन देशप्रेम के मारे
मेजें बजाते हैं
सभासद भद भद भद कोई नहीं हो सकती
राष्ट्र की
संसद एक मन्दिर है जहाँ किसी को द्रोही कहा नहीं
जा सकता

दूध पिए मुँह पोंछे आ बैठे जीवनदानी गोंद—
दानी सदस्य तोंद सम्मुख धर
बोले कविता में देशप्रेम लाना हरियाना-प्रेम लाना
आइसक्रीम लाना है

देश-प्रेम, हरियाना-प्रेम और आइसक्रीम को एक साथ लाना तो स्पष्ट ही है, 'भद भद भद' में शब्दों का खिलवाड़ करते हुए जो श्लेष लाया गया है और फिर जीवनदानी को गोंददानी में बदलते हुए अन्त में गोंद के तुक में तोंद को रखकर सारी स्थिति के उपहासास्पद रूप को स्पष्ट कर दिया गया है, ध्यान देने की बात है कि ये सारे कौशल चीख के तनाव को कविता के अन्दर ढीला करने के लिए, किन्तु कविता के समग्र प्रभाव को और भी गहरा करने के लिए इस्तेमाल किए गए हैं। स्पष्टतः यह कविता एक ओर चालू हास्य कविताओं से अलग है तो दूसरी ओर ऐसे ही विषयों पर लिखी गई आक्रोश की आविष्ट रचनाओं से भिन्न। आक्रोश की आवेशपूर्ण रचनाओं के साथ रघुवीर सहाय की इस कविता को रखने पर यह तथ्य उभरकर सामने आता है कि जीवन के प्रति यह क्रीड़ा-भाव कविता में अनर्गल भावावेश को संयत करके कविता की संरचना में ही कसावट नहीं लाता, बल्कि उसके कथ्य में भी गहराई, प्रौढ़ता और सघनता उत्पन्न करता है।

श्रीकान्त वर्मा ने भी अन्तः अनुप्रास के खिलवाड़ से इसी प्रकार विरोधी वस्तुओं के संयोजन से अर्थ-चमत्कार एवं कविता की संरचना में कसावट का निर्माण किया है। उदाहरण के लिए 'दर्ज' और 'मर्ज' के तुक द्वारा जोड़ी गई दो भिन्न स्थितियों का निम्नलिखित संयोजन :

नहीं, एक रोजनामचा हूँ
मुझमें मेरे अपराध
हू ब हू कविताओं-से
दर्ज हैं।
मर्ज़ हैं
जितने
उनसे ज्यादा इलाज है।

किसी अर्थ-गम्भीर कथ्य के अभाव में यही तुक कोरा कौतुक बन सकता था किन्तु श्रीकान्त वर्मा के सधे हाथों इसका प्रयोग कम-से-कम शब्दों और अधिक-से-अधिक गहरे अर्थ की व्यंजना के लिए हुआ है; जैसे :

मैं हरेक नदी के साथ
सो रहा हूँ
मैं हरेक पहाड़
ढो रहा हूँ।
मैं सुखी

हो रहा हूँ
मैं दुखी
हो रहा हूँ
मैं सुखी-दुखी होकर
दुखी-सुखी
हो रहा हूँ
मैं न जाने किसी कन्दरा में
जाकर चिल्लाता हूँ : मैं
हो रहा हूँ। मैं
हो रहा हूँ ऽऽ

शुरू का शाब्दिक खिलवाड़ अन्त तक जाते-जाते 'मैं हो रहा हूँ' की जिस अर्थ-गम्भीरता में परिणत होता है, वह आज की कविता में एक उपलब्धि है। 'अरथ अमित अति आखर थोरे' के ऐसे उदाहरण आज कम ही मिलते हैं। इधर के नए कवियों में विपिनकुमार अग्रवाल और धूमिल ने इस रंग में ज्यादा रुचि दिखलाई है; किन्तु इन दोनों कवियों में—खासतौर से धूमिल में शब्दों और तुकों से खेलने की अपेक्षा सूक्तियों से खेलने की वृत्ति अधिक है। धूमिल यदि यह कहते हैं कि :

हर ईमानदारी का
एक चोर दरवाजा है
जो संडास की
बगल में खुलता है

तो विपिनकुमार अग्रवाल 'अदांत' शीर्षक कविता में एक भद्र परिवार के ड्राइंगरूम के 'ताम झाम' का ब्यौरा अन्त में सिर्फ यह कहने के लिए देते हैं कि :

...तुम यहाँ आए क्यों ?
तुमसे तुम्हारी माँ ने मरते समय
नहीं कहा था—वहाँ मत जाना
जहाँ सबको जाना अच्छा लगे !

हिन्दी कविता में यह प्रवृत्ति इधर इतनी बढ़ी है कि *तार सप्तक* काल के जो कवि सिर्फ इस प्रवृत्ति के कारण पिछले दौर में उपेक्षित रह गए थे, इन कविताओं के चलते पुनः प्रकाश में आ गए। इस दृष्टि से भारतभूषण अग्रवाल और प्रभाकर माचवे के नाम उल्लेखनीय हैं। स्पष्टतः नवतर कवियों की तुलना में इन प्रयोगशील कवियों की क्रीड़ा-सुलभ कविताओं में शिल्प का वह कसाव और सुथरापन नहीं, फिर भी व्यंग्य की तीक्ष्णता द्रष्टव्य है। उदाहरण के लिए भारतभूषण अग्रवाल की 'अनुपस्थित लोग' शीर्षक कविता, जिसका अन्तिम अंश इस प्रकार है :

*कितने **खुशकिस्मत** हैं हम*
जो एक-दूसरे की आँखों में हैं

अकेले हैं,
और यहाँ हैं–
इस क्षण में
इस टेबल पर

कविता के पूरे सन्दर्भ से स्पष्ट हो जाता है कि 'खुशकिस्मत' होने का क्या मतलब है। रेस्त्राँ की भीड़ में काव्य-नायक अपनी प्रेयसी को आश्वस्त करते हुए कहता है कि और यहाँ कौन है ? क्योंकि "आसपास बैठे ये लोग–ये सब के सब यहाँ नहीं, कहीं और हैं।" कहा तो यह गया है कि यहाँ यदि कोई है तो सिर्फ हमीं दोनों, किन्तु व्यंग्य स्पष्ट है कि औरों की तरह हम दोनों भी कहीं और हैं। ये हैं 'खुशकिस्मत' लोग। कवित्व 'अकेले हैं' की दोहरी व्यंजना में है। उल्लेखनीय यह नहीं है कि हल्के-फुल्के ढंग से अकेलेपन की गहरी व्यथा व्यक्त की गई है, बल्कि यह कि कहने का हल्का अन्दाज उस व्यथा को और गहरा कर देता है।

प्रभाकर माचवे की तुलना अंग्रेजी के आधुनिक कवि विलियम एंपसन के साथ करते हुए केदारनाथ सिंह ने जुलाई-सितम्बर '67 की *आलोचना* में लिखा है कि ये "व्यंग्य, विडम्बना तथा शाब्दिक विरोधों का भरपूर उपयोग करनेवाले कवि हैं। यह आकस्मिक नहीं है कि कुछ दिनों पूर्व नई पीढ़ी के कुछ कवियों ने माचवे की कविता के साथ अपना सम्बन्ध जोड़ने का प्रयास किया था। उनके काव्य में जो स्थितियों का एक हल्का-फुल्कापन और काव्य के बुनियादी ढाँचे के साथ रचनात्मक खिलवाड़ का-सा भाव है, वह नई पीढ़ी की काव्यात्मक मनोदशा के अधिक निकट है।" जहाँ तक माचवे का सम्बन्ध है, केदारनाथ सिंह का कथन एकदम सही है, किन्तु माचवे के साथ नाता जोड़नेवालों में तथाकथित 'अकवितावादी' कवि प्रमुख हैं, जिनके बारे में विडम्बना यह है कि 'विसंगति' के प्रति अपनी जागरूकता की घोषणा करते हुए भी वे अपनी कविता में 'विसंगति' की व्यंजना विसंगति की शैली में न करके, भावावेश का आस्फालन ही अधिक करते हैं।

माचवे की कविता के महत्त्व को रेखांकित करनेवाले लक्ष्मीकान्त वर्मा भी हैं, बल्कि लक्ष्मीकान्त वर्मा ने इस मामले में पहल की है। लक्ष्मीकान्त वर्मा को इस बात के लिए श्रेय देना होगा कि उन्होंने कविता के अन्तर्गत विसंगति, विडम्बना, विद्रूप आदि के महत्त्व को प्रतिष्ठित करने के लिए 'ताजी कविता' के नाम से एक आन्दोलन चलाने का भी संकल्प किया। अगम्भीरता की स्थापना के लिए गम्भीर मुद्रा अपनाकर लक्ष्मीकान्त वर्मा ने अपनी विसंगति प्रकट कर दी, किन्तु इसके बावजूद इस प्रवृत्ति को स्पष्ट करने के लिए उन्होंने 'शरारतपूर्ण सह-संयोजन' के रूप में जो सूत्र प्रस्तुत किया, वह निस्सन्देह पर्याप्त अर्थगर्भ है। उनके अनुसार आज की स्थिति एक बहुत बड़े 'फार्स' का प्रतीक है। इसलिए "शब्दों, बिम्बों, और उनके साथ स्थितियों के चयन और संयोजन में" शरारत को 'पिरोना' आवश्यक है। शरारत का महत्त्व बतलाते हुए वे लिखते हैं कि "जब शब्दों के प्रति पूजा का भाव हो, बिम्बों के प्रति मोह हो, स्थितियों को जानने के प्रति

'तथ्य-दृष्टि' न हो और अर्थों के प्रति व्यामोह हो तो इनसे उबरने के लिए कुछ 'शरारतें' करनी चाहिए।'' लक्ष्मीकान्त वर्मा के 'शरारतपूर्ण सह-संयोजन' को समझने में आसानी होगी यदि हम यह याद कर लें कि इससे पहले उन्होंने कविता में जीवन के प्रति 'सिनिकल एप्रोच' की हिमायत की थी।

इस बिन्दु पर पहुँचकर आज की कविता में व्यक्त होनेवाले तथाकथित क्रीड़ा-भाव के 'मूल्य' पर विचार करना आवश्यक हो जाता है। क्या जीवन के प्रति क्रीड़ा-भाव या लीला-भाव और 'सिनिसिज़्म' अथवा सनकीपना पर्याय है ? क्या श्रीकान्त वर्मा जब आज की स्थिति को *मायादर्पण* का नाम देते हैं तो वह 'सिनिसिज़्म' है ? मुक्तिबोध ने 'मेरे सहचर मित्र' शीर्षक कविता में लिखा है :

खूँखार, सिनिक, संशयवादी
शायद मैं कहीं न हो जाऊँ
इसलिए बुद्धि के हाथों-पैरों की बेड़ी
ज़ंजीरें खनकाकर तोड़ीं।

स्पष्ट है कि आज की स्थिति संशयवादी, सिनिक और खूँखार बना देनेवाली है किन्तु मुक्तिबोध के कथन से यह भी स्पष्ट है कि बुद्धि के हाथों इस स्थिति पर काबू भी पाया जा सकता है। पक्का 'सिनिक' हो जाने के बाद फिर कविता भी अनावश्यक हो जाती है। काव्य-रचना का अर्थ ही है 'सिनिसिज़्म' पर मानसिक विजय। आकस्मिक नहीं है कि श्रीकान्त वर्मा की *मायादर्पण* कविता के अन्त में 'नाटक की समाप्ति' का संकेत है। सम्पूर्ण स्थिति को एक नाटक के रूप में स्वीकार करना और फिर नाटकीय बुनावट के साथ उसे काव्यबद्ध करना तथाकथित 'सिनिसिज़्म' का रचनात्मक उपयोग है। फिर यह नाटक त्रासदी भी हो सकता है, कामदी भी, और दोनों के बीच स्थित कोई अन्य रूप तथा दोनों के मिश्रण का कोई नया प्रयोग भी। ऐसा प्रतीत होता है कि लक्ष्मीकान्त वर्मा के 'शरारतपूर्ण सह-संयोजन' में नाटकीयता के विभिन्न रूपों के लिए गुंजाइश नहीं है। इसी प्रकार यदि प्रभाकर माचवे, रघुवीर सहाय और श्रीकान्त वर्मा की क्रीड़ा-परक कविताओं की तुलना की जाए तो उनमें भी परस्पर पर्याप्त अन्तर दिखाई पड़ेगा और यह अन्तर काव्य-संरचना से लेकर भावबोध और मूल्यबोध तक में प्रतिबिम्बित मिलेगा। माचवे में जहाँ कौतुक-मात्र की प्रधानता है, रघुवीर सहाय और श्रीकान्त वर्मा में क्रीड़ायुक्त गम्भीरता है। इसे दोनों ही कवि कविता के नाटकीय विन्यास में त्रासदीय और कामदीय तत्त्वों की बुनावट द्वारा उपलब्ध करते हैं। उदाहरण के लिए *मायादर्पण* का काव्य-नायक न केवल सुखी हो रहा है, न केवल दुखी; बल्कि सुखी-दुखी होकर दुखी-सुखी हो रहा है और अन्त में एक कन्दरा के अन्दर से चिल्लाता है 'मैं हो रहा हूँ' ! *मायादर्पण* की यही नाटकीयता उसे क्रीड़ा-कौतुक के स्तर से ऊपर उठाकर गहरे अर्थ से संवलित कर देती है। किन्तु *मायादर्पण* में यह भी है कि 'किसी के न होने से कुछ भी नहीं होता'; और यह भाव अन्ततः 'होने' की सारी नाटकीयता को भोथर ही नहीं करता, बल्कि कविता की संरचनात्मक नाटकीयता की गति को मन्थर और बुनावट

को झीना कर देता है। इसके विपरीत रघुवीर सहाय की 'आत्महत्या के विरुद्ध' में सक्रियता है, गतिमयता है और है एक सघनता जो तनावपूर्ण नाटकीयता का निर्वाह अन्त तक करती है। सम्भवतः ऐसा इसलिए है कि रघुवीर सहाय के लिए आज की स्थिति केवल 'मायादर्पण' नहीं बल्कि जीती-जागती वास्तविकता है और कवि इस वास्तविकता से अन्त तक जूझने का संकल्प लेकर 'आत्महत्या के विरुद्ध' खड़े होने का निर्णय लेता है। यह 'सिनिसिज़्म' नहीं, बल्कि उससे उबरने की मानवोचित कोशिश है। इस प्रकार कविता में क्रीड़ाभाव की सबसे बड़ी उपलब्धि यही नाटकीयता है।

कुँवरनारायण ने *तीसरा सप्तक* के अन्तर्गत अपने वक्तव्य में इस नाटकीय विशेषता को रेखांकित करते हुए कहा है कि "जीवन के इस बहुत बड़े कार्निवाल में कवि उस बहुरूपिए की तरह है जो हजारों रूपों में लोगों के सामने आता है, जिसका हर मनोरंजक रूप किसी-न-किसी सतह पर जीवन की एक अद्‌भुत व्याख्या है और जिसके हर रूप से पीछे उसका अपना गम्भीर और असली व्यक्तित्व होता है जो इस विविधता के बुनियादी खेल को समझता है। "निसन्देह इस कथन में कुँवरनारायण का अभिप्राय किसी एक कविता के नाटकीय विन्यास से नहीं, बल्कि कवि-व्यक्तित्व के बहुरूपियापन से है; और हजारों रूपों से भी तात्पर्य सम्भवतः अलग-अलग कविताओं में पाए जानेवाले बहुरंगी चित्रों से है। किन्तु इसके बावजूद, जैसा कि कुँवरनारायण की कुछ क्रीड़ापरक कविताओं से स्पष्ट है, वे काव्य के अन्तर्गत 'बुनियादी खेल' को महत्त्वपूर्ण मानते हैं।

लगभग इसी तरह की बात अमरीका के आधुनिक आलोचक रिचर्ड ब्लैकमर ने 'द लोगोस एंड केटाकूम : द रोल ऑफ़ इंटेलेक्चुअल'[1] शीर्षक निबन्ध में कही है। ब्लैकमर के इस निबन्ध की पृष्ठभूमि में उनकी जापान-यात्रा का एक कडुआ अनुभव है। 'यूनाइटेड स्टेट्स इनफार्मेशन एजेंसी' के अनुरोध पर ब्लैकमर ने साहित्य-सम्बन्धी भाषण के लिए जापान जाना स्वीकार कर लिया। उनका खयाल था कि अपनी बात कहने के लिए वे पूरी तरह स्वतन्त्र रहेंगे। किन्तु उनकी आशा के विपरीत 'यूनाइटेड स्टेट्स इनफार्मेशन एजेंसी के अधिकारियों ने हस्तक्षेप किया। इस प्रत्यभिज्ञान के झटके से उन्हें ऐसा कटु अनुभव हुआ कि उन्होंने यात्रा से लौटकर तुरन्त वह निबन्ध लिखा। निबन्ध में उन्होंने अपनी खास बारीक बुनावटवाली शैली में कहा कि आज की स्थिति में लेखक एक अभिनेता की भूमिका अदा करके ही जिन्दा रह सकता है और अभिनय-सुलभ क्रीड़ावृत्ति के द्वारा ही उसकी कला का सार्थक उपयोग सम्भव है। एक बुद्धिजीवी कर्म से आलोचनात्मक और क्रीड़ाशील होता है। वह सत्य को खोजता है और उसके साथ खिलवाड़ करता रहता है और नाटक की अनेक भूमिकाओं में एक-न-एक भूमिका अदा करता है। ब्लैकमर ने साफ यह तो नहीं कहा कि लेखक को अनिवार्यतः एक विदूषक की भूमिका अदा करनी पड़ती है, किन्तु इसकी ओर एक हल्का सा संकेत अवश्य है।

स्पष्ट है कि आज की विडम्बनापूर्ण स्थिति के सम्मुख नाटकीय काव्य के लिए

1. *Kenyon Review,* Vol, XXI, No. 1, Winter, 1959.

अपार सम्भावनाएँ हैं, और नाटकीय रचनाएँ ही इस स्थिति की चुनौती को अच्छी तरह स्वीकार भी कर सकती हैं। आकस्मिक नहीं है कि इस दौर की सशक्त रचनाओं में जिस *अन्धायुग* का नाम प्रायः लिया जाता है, वह काव्य-नाटक है। त्रासदी की छाया से रंजित इस नाटक के सम्भवतः सबसे प्रभावशाली चरित्र दो प्रहरी हैं; और उनके आत्म-विडम्बना से भरे हुए संवाद का यह अंश *अन्धायुग* के मार्मिक प्रसंगों में से एक है :

हमने मर्यादा का अतिक्रमण नहीं किया
क्योंकि नहीं थी, अपनी कोई भी मर्यादा
हमको अनास्था ने कभी नहीं झकझोरा
क्योंकि नहीं थी अपनी कोई गहन आस्था
इसीलिए सूने गलियारे में
निरुद्देश्य
निरुद्देश्य
चलते हम रहे सदा
दाएँ से बाएँ
और बाएँ से दाएँ
मरने के बाद भी
यम के गलियारे में
चलते रहेंगे सदा—
दाएँ से बाएँ
और बाएँ से दाएँ

यह काव्य-खंड यदि गीत होता तो सर्वथा सपाट लगता—एक व्यक्ति के आत्म-संलाप के रूप में यही उद्गार अपनी गम्भीरता के बोझ से पूरे कथ्य को बोझिल बनाकर उसकी अर्थवत्ता नष्ट कर देता। किन्तु दो व्यक्तियों के संवाद में विभक्त होकर यह काव्य-खंड अपनी एकरसता ही भंग नहीं करता, समूचे कथ्य को विडम्बनापूर्ण बना देता है, जिसमें आत्म-विडम्बना भी अन्तर्निहित है। महाभारत के सर्वनाश की त्रासदीय पीठिका में प्रहरियों का यह आत्मतुष्ट स्वर अपनी गम्भीरता द्वारा समूचे सन्दर्भ को और भी भाव-गम्भीर बना देता है और इस कारण उस त्रासदी की छाया और गहरी हो जाती है। कवि के अनजाने ही यह काव्य-खंड कवि द्वारा अन्त में स्थापित 'मर्यादा' और 'आस्था' की निरर्थकता नहीं तो विडम्बना को उद्घाटित कर देता है।

मुक्तिबोध की 'चम्बल की घाटी में' और 'अँधेरे में'-जैसी भयावह त्रासदीय रंग की नाटकीय कविताओं के अन्तर्गत काले बादलों को चीरकर बिजली की कौंध के समान हल्के-फुल्के संक्षिप्त प्रसंग झलक जाते हैं, जिनसे विडम्बना के सर्जनात्मक उपयोग का गहरा एहसास होता है।

कविता के प्रतिमान में अब तक यदि इस क्रीड़ा-भाव से उत्पन्न होनेवाली विडम्बना को उचित स्थान नहीं मिला, तो साहित्यिक कारणों के अतिरिक्त एक साहित्येतर कारण

भी है और वह है इन कविताओं की आक्रमण-क्षमता का भय। आकस्मिक नहीं है कि अफलातून और अरस्तू दोनों ने कामदी को राजनीतिक रूप से खतरनाक घोषित किया था। शायद यही एक ऐसा बिन्दु था जिस पर अफलातून और अरस्तू दोनों एकमत थे। कामदी को एक दर्जा नीचे स्थान देने का एक कारण सम्भवतः यह भी था। हिन्दी के आधुनिक आलोचकों को ऐसी दूरदर्शिता के गौरव से मंडित करना तो शायद उनके लिए भारी पड़े, किन्तु इस आशंका के लिए पूरी गुंजाइश है कि रोमानी सुरुचि के लिए ये रचनाएँ ज्यादा तेज पड़ती हैं। किन्तु संरचना की सघनता, शब्दों की मितव्ययिता, भावों की विडम्बना-निर्मित जटिलता, भावावेश-हीनता एवं विचारों की तीक्ष्णता आदि काव्य-गुणों के कारण ही इस प्रकार की कविताएँ आज के काव्य में महत्त्वपूर्ण स्थान की अधिकारी हो जाती हैं।

[1968]

अनुभूति की जटिलता और तनाव

अनुभूति को कविता के मूल में स्थापित करते ही पहली समस्या काव्यानुभूति की माप की उठती है। माप सामान्यतः मात्रा और गुण दो स्तरों पर हो सकती है किन्तु भावाभिव्यक्तिवादी आलोचक अपने शुद्ध अनुभूतिपरक आग्रह के कारण प्रायः मात्रापरक माप के लिए विवश होते हैं। उदाहरण के लिए डॉ. नगेन्द्र का यह कथन : "रसानुभूति की कोटियों की कल्पना शास्त्र को सर्वथा अग्राह्य है; किन्तु व्यवहार में तो हम रस के मात्रा-भेद की बात करते ही हैं। यदि रस की कोटियों की कल्पना अग्राह्य है तो *शाकुन्तलम्* की अपेक्षा *उत्तररामचरितम्* अधिक सरस है अथवा एक छन्द की अपेक्षा दूसरा अधिक सरस है—इसका क्या अर्थ ? मेरे विचार से रस का मात्रा-भेद केवल विस्तार में है, गुण में नहीं है—अर्थात् सिद्धि की अवस्था में रस का स्वरूप अखंड है; किन्तु संकलित प्रभाव की अवस्था में, रागात्मक स्थितियों के **संख्या-भेद** से, मात्रा का भेद हो जाता है। *साकेत यशोधरा* की अपेक्षा अधिक सरस है, इसका अर्थ यह है कि *साकेत* में रसात्मक स्थितियाँ अपेक्षाकृत **अधिक** हैं जिनका संकलित प्रभाव अधिक स्थायी और सघन होता है। स्फुट छन्द के सन्दर्भ में यह तर्क अधिक कारगर नहीं प्रतीत होता। किन्तु नहीं; वहाँ भी जो भेद है, वह भी **विस्तार** का ही है। जो छन्द अधिक सरस है उसके द्वारा अपेक्षाकृत **अधिक चित्तवृत्तियों** की समाहिति सम्पन्न होती है और अधिक चित्तवृत्तियों का जाल जितना **विस्तृत** और **जटिल** होता है, उनकी समाहिति में उतना ही समय लगता है—और इसी समय के अनुपात से उसमें स्थायित्व भी अधिक होता है। मात्रा का भेद आस्वाद में नहीं है—आस्वाद दशा के स्थायित्व में है। रसास्वाद की आवृत्ति से उसमें स्थायित्व के साथ घनत्व का भी अनुभव होने लगता है। रस में मात्रा-भेद की प्रतीति की यही व्याख्या है।" (*आलोचक की आस्था,* पृ. 5-6)

यह कथन किसी कविता की अनुभूति से अधिक स्वयं आलोचक की अपनी मानसिक दशा को समझने के लिए उपयोगी है। रसास्वाद की 'आवृत्ति' से काव्यानुभूति में 'घनत्व' आता हो या नहीं, किन्तु यहाँ आवृत्ति के द्वारा घनत्व पैदा करने का प्रयास अवश्य है। किसी कविता में चित्तवृतियों के जटिल जाल से रसानुभूति की समाहिति में जितना समय नहीं लगता, उससे कहीं अधिक समय इस तर्क-जाल की जटिलता ले लेती है। सीधा सवाल है रसानुभूति की कोटियों का। प्राचीन काव्य-शास्त्र को मानें तो रस की कोटियाँ नहीं होतीं। किन्तु अनुभव में रस की कोटियाँ दिखाई पड़ती हैं। एक कविता

दूसरी कविता से अधिक सरल मालूम होती है। किन्तु ये कविता की कोटियाँ हैं, सहृदयगत रसानुभूति की नहीं। जब कोई एक कविता को दूसरी से अधिक सरस कहता है तो वह कोटियों का निर्धारण कविता के स्तर पर करता है, अपनी अनुभूति के स्तर पर नहीं। उसकी अपनी अनुभूति कविताओं के कोटि-निर्धारण का **करण** हो सकती है, उपकरण नहीं। सहृदयगत रसानुभूति के कोटि-निर्धारण की कठिनाई स्पष्ट है। इसका निर्धारण स्वयं उस व्यक्ति के अतिरिक्त और कौन कर सकता है ? इस स्थिति में उसकी युक्तता या वैधता की परीक्षा कैसे की जा सकती है ? आत्मनिष्ठता की इस कठिनाई को देखते हुए यदि संस्कृत आचार्यों ने सहृदयनिष्ठता रस की कोटियाँ निर्धारित नहीं कीं तो यह उनकी वस्तुनिष्ठ वैज्ञानिक काव्य-दृष्टि का सूचक है। किन्तु इसका अर्थ मूल्यांकन से पलायन नहीं है। संस्कृत काव्यशास्त्र में काव्य की कोटियाँ स्पष्टतः निर्धारित की गई हैं। उत्तम, मध्यम और अधम के रूप में काव्य की त्रिविध कोटियाँ प्रायः सर्वमान्य रही हैं। पंडितराज जगन्नाथ ने उत्तमोत्तम, उत्तम, मध्यम और अधम के रूप में चतुर्विध भेद का प्रस्ताव किया था। उत्तमोत्तम और उत्तम काव्य के बीच स्तर-भेद करते हुए पंडितराज ने लिखा है कि **'अनयोर्भेदयोरनपह्नवनीयचमत्कार योरपि प्राधान्याप्राधान्याभ्यामस्ति कश्चित् सहृदयवेद्यो विशेषः।'** इस कथन से स्पष्ट है कि पृथकता का आधार अनुभूति ही है और इसे रस-काव्य के अन्तर्गत किए गए कोटि-निर्धारण के रूप में ग्रहण किया जा सकता है।

बहरहाल अपने अनुभव के क्षेत्र में संस्कृत काव्यशास्त्र को सहायक न पाकर यदि डॉ. नगेन्द्र दूसरा सहारा ढूँढ़ने के लिए रास्ता टटोलते हैं तो कोई हर्ज नहीं। देखना यह है कि वह रास्ता क्या है। शास्त्र का सहारा छूटते ही डॉ. नगेन्द्र कोटि से हटकर **मात्रा** पर आ जाते हैं और फिर चित्तवृत्तियों की संख्या के आधार पर काव्य में रस की कोटियाँ निर्धारित करने लगते हैं। रास्ता बदलना बुरा नहीं और न स्तर-अवतरण पर ही किसी को आपत्ति हो सकती है, किन्तु जब किसी और के रास्ते पर इस तरह डग भरा जाता है जैसे वह अपना ही खोजा या बनाया हुआ रास्ता हो तो मुसीबत में फँसने का खतरा रहता है। आधुनिक अंग्रेजी आलोचना से थोड़ा सा परिचय रखनेवाला विद्यार्थी भी जानता है कि चित्तवृत्तियों की संख्या के सन्तुलन के आधार पर कविताओं का मूल्य-निर्णय करने का सिद्धान्त आई.ए. रिचर्ड्स का है। हो सकता है, इसे अतिपरिचित समझकर ही डॉ. नगेन्द्र ने इस प्रसंग में रिचर्ड्स का नाम लेना आवश्यक न समझा हो। अवसर भी **आलोचक की आस्था** की घोषणा का था और कहते हैं कि जिसके प्रति गहरी 'आस्था' होती है उसका नाम नहीं लिया जाता है। धर्म में यह कुफ्र है। खैर, नाम न सही, विचार का सही प्रतिपादन ही हो। लेकिन कहते हैं कि फरिश्ते जहाँ पाँव रखते डरते हैं, बेवकूफ सरपट दौड़ लगाते हैं। और विचित्र बात है कि इस मामले में डॉ. नगेन्द्र रिचर्ड्स से बाजी मार ले जाते हैं। चित्तवृत्तियों की संख्या के आधार पर मूल्यांकन करने के लिए पहले वे दो कथात्मक काव्य लेते हैं; एक बड़ा और एक छोटा, ताकि मात्रा-निर्णय में आसानी हो। गनीमत है कि दोनों रचनाएँ एक ही कवि की हैं। वैसे, एक ही कवि की दो कृतियाँ

चुनने के पीछे भी मसलहत साफ है। उदाहरण है *साकेत* और *यशोधरा*। इस काव्य-युग्म के स्थान पर यदि *यशोधरा* और *पंचवटी* को लें तो ? फिर *साकेत* और *कामायनी* के बीच रस की मात्रा का निर्णय क्यों न किया जाए ? इन युग्मकों से रस की मात्रावाली बात सम्भवतः ज्यादा साफ होती। यह जरूर है कि कठिनाई थोड़ी बढ़ जाती। लेकिन कठिनाई से बचाव कहाँ है ? कथा-काव्य से आगे बढ़कर एक मुक्तक में चित्तवृत्तियों की संख्या का निरूपण करना निःसन्देह अपेक्षाकृत कठिन है, और यह देखकर खुशी होती है कि झिझकते-झिझकते भी डॉ. नगेन्द्र इस कठिनाई में अपने को डाल देते हैं। लेकिन यहाँ कोई ठोस उदाहरण न देखकर साफ हो जाता है कि वे अपने-आपको पूरी तरह किसी कठिनाई में भरसक नहीं डाल सकते। इस मामले में डॉ. नगेन्द्र से कहीं ज्यादा साहस डॉ. रिचर्ड्स में है जो दो छोटी कविताओं का ठोस उदाहरण तो लेते हैं, भले ही वह विलकॉक्स-जैसे अज्ञात-से कवि और कीट्स-जैसे मान्य कवि की कविताओं की ही तुलना क्यों न हो ? किन्तु तुलना के लिए चुने गए इन नमूनों से स्पष्ट है कि चित्तवृत्तियों की संख्या की समाहिति को मूल्य-निर्णय की कसौटी बनानेवाला बड़े-से-बड़ा आलोचक भी सरलतम तुलना का सहारा लेने के लिए विवश है। किन्तु कठिनाइयों का अन्त इतने पर भी नहीं। एक ओर दो कथा-काव्यों और दूसरी ओर दो मुक्तकों के बीच चित्तवृत्तियों की संख्या के आधार पर रस के मात्रा-भेद का अलग-अलग विचार करने के बाद डॉ. नगेन्द्र स्वयं इस प्रश्न के लिए पृष्ठभूमि तैयार कर देते हैं कि एक कथा-काव्य और एक मुक्तक के बीच तुलना क्यों न की जाए ? यदि *यशोधरा* और 'मधुप गुनगुनाकर कह जाता कौन कहानी यह अपनी' पंक्ति से आरम्भ होनेवाले प्रसाद के गीत के बीच चित्तवृत्तियों की संख्या की समाहिति का निर्णय किया जाए तो कैसा रहे ? छायावादी गीतों के रसिक आलोचकों के लिए कदाचित् यह धर्मसंकट की स्थिति हो; किन्तु मात्रा के आग्रह को देखते हुए अधिक सम्भावना यही है कि निर्णय सामान्यतः एक अच्छे-से-अच्छे गीत के विरुद्ध किसी प्रबन्ध-काव्य के ही पक्ष में होगा।

इस प्रसंग में काल का उल्लेख और भी रोचक है। रस की मात्रा निर्भर बताई गई है चित्तवृत्तियों की समाहिति में लगनेवाले काल पर। स्पष्ट है कि इस काल का सम्बन्ध काव्यगत चित्तवृत्तियों की समाहिति से नहीं हो सकता। कवि ने किसी कविता में चित्तवृत्तियों की समाहिति करने में कितना समय लगाया, इसे जानने का कोई साधन आलोचक के पास नहीं। यदि हो भी तो उससे कविता का मूल्य-निर्णय करना निश्चय ही उपहासास्पद होगा। इसलिए सम्भावना यही है कि इस काल का सम्बन्ध पाठक या सहृदय से है। पाठक के चित्त में किसी कविता को पढ़कर चित्तवृत्तियों की समाहिति में कितना समय लगता है, इसके लिए किसी परिनिष्ठित काल-मान के अभाव में, यही सोचना संगत है कि किसी कविता को पढ़ने में लगनेवाला समय ही प्रस्तावित काल का प्रमाण है और इस दृष्टि से कहना न होगा कि वृहद् प्रबन्ध-काव्य हर हालत में श्रेष्ठ होगा। चित्तवृत्तियों के विस्तार में जाने की यह परिणति अवश्यम्भावी है। डॉ. नगेन्द्र ने लगे हाथों इस सन्दर्भ में जटिलता का भी उल्लेख किया है किन्तु विस्तार की सरलता

में वह उल्लेख अपने-आप में खो जाता है।

यही नहीं, बल्कि रिचर्ड्स के जिस सिद्धान्त के आधार पर उन्होंने कविता में रस के मात्रा-भेद की 'समाहिति' खोजने की कोशिश की है, वह भी उनके सपाट चिन्तन-क्रम में अपनी सारी जटिलता खोकर एकदम सपाट हो गया। रिचर्ड्स ने जिस मनोविज्ञान के आधार पर अपने मूल्य-सिद्धान्त का महल खड़ा किया है उसकी नींव बेन्थम का उपयोगितावादी दर्शन है, जिसका आदर्श था 'अधिकतम लोगों का अधिकतम सुख'। अधिकतम चित्तवृत्तियों का परितोष इसी मात्रापरक सुख-कामनावाद का मनोवैज्ञानिक रूपान्तर है। किन्तु रिचर्ड्स के लिए चित्तवृत्तियों का परितोष इतना सरल नहीं है। हर तोष के साथ क्षोभ भी जुड़ा हुआ है। तोष का मसला तय नहीं होता कि क्षोभ की नई समस्या खड़ी हो जाती है। इस उलझन का समाधान यह है कि 'क' वृत्ति के सन्तुष्ट न होने से पाँच वृत्तियों में क्षोभ उत्पन्न हुआ तो वह 'ख' वृत्ति से अधिक महत्त्वपूर्ण है, जिसके सन्तुष्ट न होने से चार ही वृत्तियों में क्षोभ उत्पन्न होता। इस पेचीदा अंकगणित के बाद भी यह सवाल पैदा होता है कि वृत्तियों का कैसा सन्तुलन श्रेष्ठ है ? इसके समाधान के लिए रिचर्ड्स 'मानवीय सम्भावनाओं' का सहारा लेते हैं; अर्थात् वह सन्तुलन श्रेष्ठ है जिसमें मानवीय सम्भावनाएँ कम-से-कम नष्ट होती हैं। लेकिन सवाल फिर उठता है कि 'मानवीय सम्भावनाएँ' क्या हैं ? इस प्रकार जटिलता की व्याख्या में तर्क-जाल क्रमशः जटिल होता जाता है। रिचर्ड्स अपनी व्याख्या को स्वयं भी अपूर्ण और अस्पष्ट मानते हैं। 'प्रिंसिपल्स ऑफ़ लिटररी क्रिटिसिज़्म' स्वयं के बनाए हुए जाल से सुलझने-उलझने का एक अन्तहीन लम्बा सिलसिला है, जिसकी ओर अनेक आलोचकों ने इशारा किया है। इसीलिए आगे चलकर *फिलॉसफी ऑफ रेटरिक* (1936) में रिचर्ड्स ने 'प्रिंसिपल्स' के मात्रापरक आग्रह को छोड़कर अर्थगत सन्दर्भवाद के सहारे अपनी मूल स्थापना को संशोधित करने का प्रयास किया है। डॉ. नगेन्द्र की विडम्बना यह है कि वे 1966 में रिचर्ड्स के उसी मत की लीक पीट रहे हैं जिसे स्वयं रिचर्ड्स तीस साल पहले छोड़ चुके हैं।

इस क्रम में सबसे उल्लेखनीय है रिचर्ड्स-कृत काव्य का द्विविध विभाजन : 'अन्तर्वेशी काव्य' (Poetry of Inclusion) और 'अपवर्जी काव्य (Poetry of Exclusion)। अपवर्जी काव्य वह है जिसमें अन्विति के लिए विसंवादी अनुभूतियों का बहिष्कार कर दिया जाता है। इसके विपरीत अन्तर्वेशी काव्य में विसंवादी अनुभूतियों के बावजूद अन्विति के लिए प्रयास रहता है। अन्तर्वेशी काव्य अपवर्जी काव्य से इसलिए श्रेष्ठ है कि एक की अन्विति अथवा सन्तुलन दूसरे से अधिक जटिल है। रिचर्ड्स द्वारा प्रस्तावित 'सन्दर्भवाद' के प्रकाश में इसी बात को इस प्रकार रखा जा सकता है कि कविता में अन्विति के लिए जिसका अपवर्जन किया जाता है, वह एक भिन्न 'सन्दर्भ' से ऐसे तमाम विषयों को सावधानीपूर्वक अलग रखती है जिनसे प्रेम की अनुभूति में बाधा पड़ती है, जैसे—डॉक्टरों के बिल, बच्चों की देखभाल, रसोईघर की गन्ध आदि। इस कविता की अन्विति इस बात पर कायम है कि पाठक भी उसे एक विशेष रोशनी में

और एक विशेष कोण से देखता है। लेकिन ज्योंही पाठक के प्रासंगिक सन्दर्भ का विस्तार हो जाता है और वह एक भिन्न कोण से उसी कविता को देखता है, कविता का छिछलापन अनायास उद्घाटित हो जाता है। परिवर्तित परिप्रेक्ष्य से स्पष्ट हो जाता है कि कविता के अनुभव के विसंवादी तत्त्वों को समाविष्ट नहीं किया, यही नहीं बल्कि सुविधा के लिए जान-बूझकर उनकी उपेक्षा की। इसके विपरीत अन्तर्वेशी काव्य सायास ऐसे विसम्वादी तत्त्वों को समेटता है और इस प्रकार निरन्तर अपने सन्दर्भ का विस्तार करता है।

रिचड्र्स द्वारा निरूपित 'अन्तर्वेशी' और 'अपवर्जी' काव्यों के आधार पर आगे चलकर 1943 में राबर्ट पेन वैरेन ने *शुद्ध और अशुद्ध कविता* (Pure and Impure Poetry) का विभाजन प्रस्तुत किया, जिसकी छाया दिनकर की *शुद्ध कविता की खोज* (1966) में देखी जा सकती है। वैरेन के अनुसार 'शुद्ध कविता' की सबसे बड़ी कमजोरी यह है कि वह सिद्धान्ततः 'अन्य सम्भावित पक्ष' के साक्षात्कार से कतराती है। इस सन्दर्भ में वैरेन ने यह सवाल उठाया है कि क्या प्रेम-कविता को अपनी संरचना में "परस्पर विरोधों, सयानप, विडम्बना, यथार्थवाद आदि ऐसी सभी वस्तुओं को जो अपूर्णता और गद्य की दुनिया की ओर वापस ले जाते हैं" समाविष्ट करना चाहिए ? उन्होंने *रोमियो एंड जूलिएट* के समानान्तर शेली की 'इंडियन सेरेनेड' और टेनिसन की 'नाउ स्लीप्स द क्रिम्सन पेटल, नाउ द वाइट' जैसी कविताएँ रखकर दिखलाया है कि 'रोमियो एवं जूलिएट' में उन तमाम विसंवादी तत्त्वों का समावेश किया गया है, जबकि अन्य दो कविताएँ जानबूझकर उनसे बचने का प्रयास करती हैं; और 'रोमियो एंड जूलिएट' की श्रेष्ठता का यही रहस्य है।

'शुद्ध' और 'अशुद्ध' कविता के इस अन्तर को स्पष्ट करने के लिए हिन्दी से हम दो उदाहरण ले सकते हैं। एक बच्चन की *मिलन यामिनी* में संकलित 'प्राण, सन्ध्या झुक गई गिरि, ग्राम, तरु पर' और दूसरी कविता अज्ञेय की 'हरी घास पर क्षण भर'। बच्चन के प्रेम-गीत में प्रेमी है, प्रेमिका है और प्रेमी की भावनाओं के अनुकूल प्रकृति का मनोरम वातावरण है; इनके अतिरिक्त बाधा देनेवाली एक भी अवांछित वस्तु नहीं है। प्रेमी अबाध भाव से कहता है कि "मेरा प्यार पहली बार लो तुम।" प्रेम के इस निभृत आदान-प्रदान की प्रक्रिया में कहीं से भी किसी की बाधक दृष्टि की आशंका नहीं है, यदि है तो भीतर का पाप-बोध, जिसे एक साँस में अलग हटाते हुए कहा गया है कि "हम किसी के हाथ के साधन बने हैं/सृष्टि की कुछ माँग पूरी कर रहे हैं/हम नहीं अपराध कोई कर रहे हैं।" इस प्रकार सन्ध्या से शुरू करके सुबह होने तक सारी रात चाँद 'प्रेम' के सिर्फ ढाई अक्षर लिखता रहता है। इसके विपरीत 'हरी घास पर क्षण भर' में प्रेमियों को बाहरी और भीतरी अनेक बाधाओं का पूरा बोध है। बाहरी बाधा के रूप में "माली-चौकीदारों का यह समय नहीं है"—और भीतरी बाधा के रूप में "और न सहसा चोर कह उठे मन में/प्रकृतिवाद है स्खलन।" प्रेम-व्यापार के नाम पर अधिक-से-अधिक 'हरी घास पर क्षण भर' पास-पास बैठने का आग्रह तथा "क्षण भर

हम न रहें रहकर भी/सुने गूँज भीतर के सूने सन्नाटे में/किसी दूर सागर की लोल लहर की।" इस अन्तस्थ भावदशा में स्मृति-रूप प्रकृति के जो चित्र उभरते हैं उनमें अधजानी बबूल की धूल मिली-सी गन्ध, नदी-किनारे की रेत पर बित्ते-भर की छाँह झाड़ की, अंगुल-अंगुल नाप-नापकर तोड़े तिनकों का समूह, लू आदि हैं और है भर्राई सीटी स्टीमर की, डाकिए के पैरों की चाप, सन्थाली झूमर का लम्बा कसक भरा आलाप आदि। "और रहे बैठे तो लोग कहेंगे धुँधले में दुबके दो प्रेमी बैठे हैं" इस विडम्बनापूर्ण बोध के साथ अन्त में 'बन्धु' से उठने के लिए कहा गया है—इस हल्के से संकेत के साथ कि "वह हम हों भी/ तो यह हरी घास ही जाने।" कविता में प्रेम-निवेदन के नाम पर न कोई भावोच्छ्वास, न प्रलाप बल्कि सिर्फ :

क्षण भर तुम्हें निहारूँ
अपनी जानी एक-एक रेखा पहचानूँ
चेहरे की, आँखों की—
अन्तर्मन की
और—हमारी साझे की अनगिनत स्मृतियों की :
... ...

धीरे-धीरे
धुँधले में चेहरे की रेखाएँ मिट जाएँ—
केवल नेत्र जगें
... ...
केवल बना रहे विस्तार—हमारा बोध
मुक्ति का
सीमाहीन खुलेपन का ही।

इस प्रकार प्रेम की इस कविता में भी 'मुक्ति के बोध' की अभिव्यक्ति है, जो कदाचित् बच्चन के प्रेम-गीत के सम्मुख कठिन बौद्धिकता का कथन प्रतीत हो। कहना न होगा कि 'हरी घास पर क्षण भर' का सन्दर्भ बच्चन के गीत से अधिक व्यापक, अधिक यथार्थ और अधिक सघन है। सन्दर्भ के अनुरूप ही इस कविता में अनुभूति की जटिलता भी है, सघनता भी और विसंवादी पक्षों की एक कुशल समाहिति भी। क्या इसे हम रिचर्ड्स की भाषा में 'अन्तर्वेशी काव्य' नहीं कह सकते ?

विश्लेषण से स्पष्ट है कि अनुभूति की तथाकथित जटिलता का सम्बन्ध अन्तर्वृत्तियों की संख्या से नहीं, बल्कि सन्दर्भ और सन्दर्भ से उत्पन्न होनेवाले भाव-बोध की प्रकृति से है। डॉ. नगेन्द्र-जैसे भावाभिव्यक्तिवादी आलोचकों की समझ में यदि यह बात नहीं आती और वे नई कविता की जटिलता की व्याख्या करने में असमर्थ साबित होते हैं तो इसलिए कि उनकी 'अनुभूति' की धारणा अत्यन्त संकुचित है। डॉ. नगेन्द्र की 'अनुभूति' आई.ए. रिचर्ड्स की 'अनुभूति' से भी सीमित है, इसका प्रमाण स्वयं यह कथन है :

"आई.ए. रिचर्ड्स ने मनोविज्ञान के प्रकाश में कविता को 'अनुभूति' रूप माना है। यह ठीक है कि उनकी अभिप्रेत अनुभूति शुद्ध भाव का पर्याय नहीं है, उसमें कल्पना और विचार-तत्त्व का भी योग है, फिर भी अनुभूति में भाव की प्रधानता असन्दिग्ध है—स्वयं 'अनुभूति' शब्द ही भाव की प्रधानता का प्रमाण है।" (*रस-सिद्धान्त,* पृ. 322) आपाततः ऐसा प्रतीत होता है कि डॉ. नगेन्द्र की 'अनुभूति' में कल्पना और विचार-तत्त्व गौण है, भाव प्रधान है। किन्तु 'शुद्ध भाव' से स्पष्ट है कि उनकी अनुभूति में कल्पना और विचार-तत्त्व के लिए गौण रूप में भी कोई जगह नहीं है। यह आकस्मिक नहीं है कि विशाल *रस-सिद्धान्त* के अन्तर्गत 'भाव-विवेचन' प्रकरण में डॉ. नगेन्द्र ने जहाँ भाव के सम्बन्ध में भारत और यूरोप के तमाम प्राचीन और आधुनिक विद्वानों के मत दिए हैं, आचार्य रामचन्द्र शुक्ल के विचारों से साफ कन्नी काट गए हैं।

दरअसल आचार्य शुक्ल का 'भाव' डॉ. नगेन्द्र की 'अनुभूति' के लिए कुछ भारी है। आचार्य शुक्ल के अनुसार "प्रत्यय-बोध, अनुभूति और वेगयुक्त प्रवृत्ति इन तीनों के गूढ़ संश्लेषण का नाम 'भाव' है।" (रस-मीमांसा, पृ. 168) इस 'गूढ़ संश्लेष' की व्याख्या करते हुए आचार्य शुक्ल ने स्पष्ट कहा है कि "विवेकात्मक बुद्धि-व्यापार भी भावों के शासन के भीतर आ जाते हैं।" (वही, पृ. 164) आचार्य शुक्ल के 'भाव' की सीमा में आलम्बन आदि का प्रत्यय-रूप से उपस्थित रहना आवश्यक है। इस बात को आचार्य शुक्ल ने अनेक स्थलों पर कहा है कि भाव के अन्तर्गत **ज्ञानात्मक अवयव** का विशिष्ट विन्यास पाया जाता है। उनके अनुसार किसी व्यक्ति का भाव-प्रसार उसके ज्ञान-प्रसार से सम्बद्ध है। सवाल यह नहीं है कि भाव की यह परिभाषा किस हद तक मनोविज्ञान-सम्मत है, क्योंकि इसका निर्णय बहुत-कुछ इस बात पर निर्भर है कि हम हिन्दी में 'भाव' शब्द का प्रयोग मनोविज्ञान में प्रयुक्त अंग्रेजी के किस शब्द के लिए करते हैं। फिलहाल, इस ब्यौरे में न जाकर यही स्वीकार करना संगत है कि भाव और अनुभूति शब्द साहित्य-समीक्षा के हैं। सवाल यह है कि कौन आलोचक इन्हें व्यवहार में क्या अर्थ देता है अथवा उसके प्रयोग से भाव और अनुभूति का अर्थ क्या निकलता है ? और कहना न होगा कि डॉ. नगेन्द्र की 'अनुभूति' आचार्य शुक्ल के भाव से अधिक 'शुद्ध', अधिक सरल और अधिक सीमित है—यहाँ तक कि वह वस्तुओं के प्रत्यय और ज्ञान से भी शून्य है। काव्यानुभूति की जटिलता की व्याख्या करने में डॉ. नगेन्द्र की सारी कठिनाई का यही रहस्य है। जिस शुद्ध, सरल, संकुचित अनुभूति के द्वारा वे कविता की जटिलता को समझना-समझाना चाहते हैं उससे प्रेम के अपवर्जी गीतों की व्याख्या तो शायद हो जाए, किसी श्रेष्ठ कविता की व्याख्या असम्भव है। इसके विपरीत आचार्य शुक्ल का भाव अपनी प्रकृति से ही इतना 'गूढ़ संश्लेष' है कि वह बेखटके तुलसीदास, निराला और मुक्तिबोध-जैसे समर्थ कवियों की जटिल-से-जटिल और भाव-गम्भीर कविता के विश्लेषण के औजार के रूप में इस्तेमाल किया जा सकता है। काव्यानुभूति की जटिलता की समस्या इसीलिए है कि भावाभिव्यक्तिवादी आलोचक अनुभूति के दायरे से 'बौद्धिकता' अथवा 'ज्ञानात्मक अवयव' को बाहर रखकर कविता का विश्लेषण करना

चाहते हैं।

विश्लेषण से स्पष्ट है कि काव्यानुभूति की जटिलता चित्तवृत्तियों की संख्या पर निर्भर नहीं, बल्कि संवादी-विसंवादी वृत्तियों के द्वन्द्व पर आधारित है। भावाभिव्यक्तिवाद विसम्वादी वृत्तियों को बुद्धिगत मानकर जटिलता के प्रश्न को हृदय-बुद्धि के द्वन्द्व के रूप में निरूपित करता है। इसीलिए संख्या के स्तर से ऊपर उठकर जब भावाभिव्यक्तिवादी कविता में द्वन्द्व को स्वीकार करता है तो वहाँ भी समस्या को वह एक विशिष्ट रूप देता है। इस स्वीकृति का अद्यतन रूप है डॉ. नगेन्द्र का यह कथन : "प्रत्येक सच्ची अनुभूति की कलात्मक अभिव्यक्ति या प्रत्येक कलात्मक अनुभूति—तीव्र से तीव्र द्वन्द्व की कलात्मक अनुभूति भी—समंजित अर्थात् अद्वन्द्वमयी ही हो सकती है, द्वन्द्व प्रक्रिया में ही हो सकता है परिणति में नहीं, अन्यथा 'सच्चाई' और 'ईमानदारी' या 'अभिव्यक्ति की सफलता' की बात करना व्यर्थ होगा।" (रस-सिद्धान्त, पृ. 347) इतने जोर-शोर से *रस-सिद्धान्त* में द्वन्द्व की स्वीकृति का कारण यह है कि इस द्वन्द्व के अभाव की बिना पर ही नई कविता के समर्थकों ने रस-सिद्धान्त को नई कविता के लिए अप्रासंगिक करार दिया था।

बहरहाल, रस-सिद्धान्त के शास्त्रीय रूप में द्वन्द्व की स्वीकृति है या नहीं, सवाल बहसतलब हो सकता है और प्रस्तुत प्रसंग में इस बात का फैसला करना जरूरी भी नहीं। विचारणीय है डॉ. नगेन्द्र के *रस-सिद्धान्त* में स्वीकृत द्वन्द्व का स्वरूप। इससे पहले रस के अन्तर्गत द्वन्द्व की स्वीकृति आचार्य शुक्ल के चिन्तन में भी मिलती है। आधुनिक नाटकों के अन्तर्द्वन्द्वपरक व्यक्ति-वैचित्र्यवाद की समस्या का समाधान करते हुए शुक्लजी ने साधारणीकरण अथवा तादात्म्य की परम अवस्था से कुछ नीचे एक अन्य अवस्था की कल्पना की जिसमें द्वन्द्व प्राप्त होता है। शुक्लजी ने उसे मध्यम कोटि की रस-दशा कहा। उसी समय प्रसादजी भी द्वन्द्वपरक रस-सिद्धान्त की एक नई व्याख्या को लेकर सामने आए। प्रसाद के साथ एक ओर नाटककार का रचनात्मक अनुभव और दूसरी ओर शैवाद्वैत का दार्शनिक आधार था। जाहिर है कि उन्हें रस के अन्तर्गत कोई मध्यम अवस्था ग्राह्य नहीं हो सकती थी। इसलिए उन्होंने अपने समरसतापरक रस-सिद्धान्त में इस द्वन्द्वमूलक अवस्था को 'साधन' के रूप में स्वीकार किया। इस प्रकार आचार्य शुक्ल के लिए जो अवस्था 'मध्यम' थी, वह प्रसादजी के यहाँ आकर 'मध्यम' हो गई। उन्होंने स्पष्ट लिखा है कि "भारतीय दृष्टिकोण रस के लिए इन चरित्र और व्यक्ति-वैचित्र्यों को रस का साधन मानता रहा, साध्य नहीं। रस में चमत्कार ले आने के लिए इनको बीच का **माध्यम-सा** ही मानता आया।" (*नाटकों में रस का प्रयोग; काव्य और कला तथा निबन्ध*, पृ. 84)

द्वन्द्व की अर्धस्वीकृति के पीछे प्रसादजी की पूरी चिन्तन-प्रणाली है। उन्हें यह पता था कि "व्यक्ति के लिए मानवीय भावनाएँ विशेष परिस्थिति उत्पन्न कर देती हैं और उन परिस्थितियों से व्यक्ति अपना सामंजस्य नहीं कर पाता।" उन्हें यह भी पता था कि यह असामंजस्य विद्रोह को जन्म देता है और उस विद्रोह की परिणति दुःखान्त होती है।

इस दुःखान्त परिणति से बचने के लिए उन्होंने सुरक्षा-कवच के रूप में आनन्द का सिद्धान्त अपनाया। स्वभावतः आनन्द के लिए सामंजस्य को स्वीकार करना पड़ता है। किन्तु प्रश्न असामंजस्य को अस्वीकार करने के लिए तर्क जुटाने का है; और अपने युग की व्यापक धारणा के अनुसार प्रसादजी ने भी असामंजस्य को पश्चिम की विशेष स्थिति की उपज मानकर छुट्टी पा ली। इस तर्क-शृंखला के अनुसार भारतीय साहित्य में असामंजस्य, द्वन्द्व, विद्रोह और दुःख की जो परम्परा दिखाई पड़ी उसे भी उन्होंने पाश्चात्य आर्यों की ही चिन्ताधारा का प्रसार मानकर अपने मन को समझा लिया। यद्यपि इस तर्क-शृंखला के कारण उन्हें कबीर और तुलसी को भी आनन्द की मुख्य धारा से अलग कर देना पड़ा, फिर भी उन्होंने अपने सिद्धान्त को ढीला नहीं किया। निश्चय ही आत्मतोष के लिए निर्मित आनन्द का सुरक्षा-कवच काफी कठोर होता होगा।

प्रसादजी के समाधान से स्पष्ट है कि डॉ. नगेन्द्र का प्रयास मौलिक नहीं है। किन्तु तीस वर्ष के बाद एक बदली हुई स्थिति में भी डॉ. नगेन्द्र द्वारा प्रसादजी की मान्यता की पुनरावृत्ति से एक और बात उभरकर सामने आती है और वह है नई कविता एवं छायावादी कविता का अन्तर; और इस अन्तर का मुख्य आधार द्वन्द्व है।

इसका यह अर्थ नहीं कि छायावादी कविता में द्वन्द्व था ही नहीं। स्वयं प्रसादजी के कथन से ही स्पष्ट है कि वे द्वन्द्व को सर्वथा अस्वीकार नहीं करते। महत्त्वपूर्ण द्वन्द्व का स्वीकार या अस्वीकार नहीं; बल्कि देखने की बात यह है कि द्वन्द्व चेतना के किस स्तर पर और किन चौहद्दियों के भीतर घटित होता है।

निर्विवाद है कि छायावादी कवि भी अपने युग के विद्रोही थे। निराला-जैसा विद्रोही कवि छायावाद की ही उपज है और प्रसाद, पन्त एवं महादेवी की रचनाओं पर उस युग में जिस प्रकार संगठित प्रहार हुए, वह छायावादी कवियों के संघर्ष का ठोस प्रमाण है। कवि और परिवेश का यह असामंजस्य छायावादी कविताओं में भी द्वन्द्व के रूप में व्यक्त हुआ है। *कामायनी* के मनु संकल्प-विकल्प के पुंज हैं; *प्रलय की छाया* की कमला के अन्तर्द्वन्द्व की परिणति दुःखान्त में हुई। द्वन्द्व निराला के *तुलसीदास* के मन में भी है और *राम की शक्तिपूजा* के राम को भी 'संशय' रह-रहकर हिला जाता है। किन्तु इन सभी कविताओं की परिणति जिस प्रकार होती है, उसे देखते हुए श्री विजयदेव नारायण साही का यह कथन युक्तिसंगत प्रतीत होता है कि उस युगभूमि को संघर्ष या द्वन्द्व न कहकर **सन्तुलन का नाटक** कहना अधिक उपयुक्त है क्योंकि वस्तुतः वह चरम द्वन्द्व था भी नहीं। वह द्वन्द्व भीतरी हो या बाहरी—एक सीमा तक उसका सामना करने के बाद छायावादी कवि सन्तुलन अथवा सामंजस्य के लिए चिन्तित हो उठते थे। सामंजस्य की यह अधीरता इतनी प्रबल थी कि अदबदाकर हर कविता के अन्त में जाते-जाते वह सन्तुलन किसी-न-किसी तरह प्राप्त कर लिया जाता है। छायावादी कवियों में द्वन्द्व को सबसे अधिक दूर तक ले जानेवाले निराला भी इस आकांक्षा से न बच सके : *राम की शक्तिपूजा* का अन्त प्रमाण है।

सामंजस्य की यह दुर्दम आकांक्षा वस्तुतः उस युग के पूरे वातावरण में भी थी। सारा

स्वाधीनता-संग्राम इसी सामंजस्य के नारे पर खड़ा था। उस लड़ाई में सारे आपसी मतभेद थोड़ी सी बहस के बाद मुल्तवी कर दिए जाते थे। फूट के दुष्परिणामों से समूचा देश इतना आतंकित था कि द्वन्द्व की दिमागी ऐयाशी गवारा नहीं कर सकता था। 'भिन्नता में अभिन्नता' अथवा 'अनेकता में एकता' उस युग का तकियाकलाम था। इसलिए द्वन्द्व को न तो राजनीतिक स्तर पर प्रश्रय मिला, न नैतिक स्तर पर। एक लक्ष्य, एक देश, एक नेता और एक संगठन का ऐसा उदात्त आदर्श था कि उसके विराट प्रभामंडल के सामने सभी प्रश्न गौण हो जाते थे और समस्त शंकाएँ चुप कर दी जाती थीं। यहाँ तक कि परिवेश के साथ भी व्यक्ति के मन में कोई तात्त्विक असामंजस्य न था। इस बात की पुष्टि छायावादी कवियों की इस बद्धमूल धारणा से होती है कि "अन्तर्जगत् का सत्य और बहिर्जगत् का सत्य एक ही है, और दोनों में कभी भी व्यवधान पैदा नहीं हो सकता।" यदि उस समय अन्तर्जगत् में कोई दुविधा पैदा होती थी तो उसे काल्पनिक स्वप्नों की स्वर्णाभा से आच्छादित कर दिया जाता था; और यदि बहिर्जगत् के यथार्थ से मन का मेल नहीं बैठता था तो उस यथार्थ को भी आदर्शोन्मुख दिशा में मोड़कर सन्तोष प्राप्त कर लिया जाता था। यदि प्रसाद के समान उस युग में किसी के मन में हृदय और बुद्धि के बीच द्वन्द्व पैदा हुआ तो अन्ततः बुद्धि को दबाकर हृदय के स्तर पर एक सामरस्य ढूँढ़ लिया जाता था।

कविताओं में इस प्रवृत्ति का परिणाम हुआ अनुभूति का सरलीकरण। छायावादी शिशु आस्था ने द्वन्द्वों का शमन तो किया, किन्तु उसके साथ ही अनुभूतियों की जटिलता भी लुप्त हो गई; और जटिल अनुभूतियों के स्थान पर अतिसरलीकृत भावावेश व्यक्त हुए। कुछ दिनों के आरम्भिक प्रतिरोध के बाद छायावादी कविता जितनी तेजी से स्वीकृत, प्रतिष्ठित और लोकप्रिय हो गई उससे इस सरलता की सफलता प्रमाणित होती है। जाहिर है कि इस वातावरण में कविता का अद्वन्द्वमूलक मानदंड ही निर्मित हो सकता था।

किन्तु हिन्दी कविता के इतिहास में एक और अद्वन्द्वमूलक मानदंड निर्मित हुआ और वह हुआ छायावाद के काव्ययुग में जिसे कुछ लोग 'उत्तर-छायावाद' कहते हैं और कुछ 'छायावाद का अवशेष'। यह अद्वन्द्व छायावाद से भी अधिक द्वन्द्वहीन और सरल साबित हुआ।

वस्तुतः छायावाद युग में जिस प्रकार बाहरी और भीतरी द्वन्द्वों को दबाने या उनसे बच निकलने की कोशिश की गई उसकी कीमत इतिहास ने आगे चलकर अच्छी तरह सूद-दर-सूद उगाही। दबाए हुए द्वन्द्वों के दबाव को चेतना अधिक देर तक न झेल सकी, फलस्वरूप सन् '36 के आसपास भारतीय मानस में एक दरार—एक फाँक पैदा हो गई, जिसे टी.एस. इलियट ने अपनी परम्परा के सन्दर्भ में 'संवेदना का पृथक्करण' (Dissociation of sensibility) की संज्ञा दी है। दूसरें शब्दों में, इस समय के आसपास भारतीय मानस खंडित हो गया। राजनीतिक स्तर पर इस खंडित मानस का ऐतिहासिक दस्तावेज पंडित जवाहरलाल नेहरू की 'आत्मकथा' है और साहित्य में दिनकर, बच्चन,

भगवतीचरण वर्मा आदि की पीढ़ी का कृतित्व इस दुर्घटना का साक्षी है। वर्षों के संघर्ष-समझौते की द्वन्द्वमयी स्थिति से गुजरते हुए इस बिन्दु पर आकर पंडित नेहरू ने सहसा अपने भीतर एक रिक्तता का अनुभव किया। गांधी-इर्विन समझौते के साथ कांग्रेस के अन्दर जो प्रवृत्ति बढ़ी उससे असन्तोष व्यक्त करते हुए पंडित नेहरू ने अपनी 'आत्मकथा' में लिखा कि "हम उनके (गांधीजी के) साथ थे, यद्यपि हम उनके जीवन-दर्शन को नहीं स्वीकार करते थे। कर्म को उसके आधारभूत चिन्तन से अलग कर देना एक वांछित प्रक्रिया नहीं थी और लाजिमी था कि बाद में उससे एक **अन्तर्द्वन्द्व और संकट** की स्थिति आ जाए।" आकस्मिक नहीं है कि पंडित नेहरू ने इस सन्दर्भ में टी. एस. इलियट की 'खोखले आदमी' शीर्षक कविता की दो पंक्तियाँ उद्धृत करके अपनी मानसिक अवस्था को व्यक्त करना आवश्यक समझा। निश्चय ही, इस अन्तर्द्वन्द्व के कारण पंडित नेहरू गांधी या कांग्रेस से अलग नहीं हुए, किन्तु 'कांग्रेस सोशलिस्ट पार्टी' के नाम से एक अलग दल बन गया और सुभाष बोस को कांग्रेस छोड़कर अलग हट जाना पड़ा।

कविता के क्षेत्र में मन के इस विभाजन का अर्थ छायावादयुगीन तन्मय एकाग्रता का खंडन और बाहर तथा भीतर के बीच गहरे व्यवधान का बोध : किन्तु इस युग के व्यक्तियों ने इस संकट का साहसपूर्वक सामना करने के स्थान पर जो सरल समाधान ढूँढ़ा उसने कविता को एक दूसरे अतिसरलीकरण में डाल दिया। हृदय और बुद्धि के द्वन्द्व को छायावादी कवियों ने तो कुछ दूर तक झेला और एक हद तक उस द्वन्द्व का अनुगमन भी किया; किन्तु छायावादोत्तर गीतकारों ने बुद्धि को सारे खुराफात की जड़ मानकर उसे एकबारगी निकाल फेंका। यही वह युग है जब जैनेन्द्र ने निरे अबुद्धिवाद का नारा बुलन्द किया; और अबुद्धिवाद शब्द का प्रयोग न करते हुए भी बच्चन, दिनकर, भगवतीचरण वर्मा आदि भी बुद्धि का विरोध करने में किसी तरह पीछे न थे। इस प्रकार हिन्दी में 'हृदयवाद' का दौर चल पड़ा। जैसा कि श्री विजयदेव नारायण साही ने लिखा है, "तीसरे दशक की कविता 'अरमान' द्वारा 'समरसता' का सोमरस बच्चन के हाथों 'हाला' हो गया और 'हाला' के रूप में उसने सोम की सांस्कृतिक गरिमा ही नहीं खोई, चेतना का सन्तुलन और उदात्तता भी खो दी। निःसन्देह इस कविता में यथार्थ का आकर्षण था; साधारणता का अपनापन था; किन्तु इसके बाद एक बेहोशी भी थी जो द्वन्द्व का साक्षात्कार करने की जगह उसे एकदम भुला देने को उकसाती थी। इस प्रवृत्ति के कारण कविता की अनुभूति और उसकी बनावट में अतिसरलीकरण आया। फलस्वरूप कविता की एक नई परिभाषा सामने आई और कविता के मूल्यांकन के लिए एक नया अद्वन्द्वमूलक मानदंड तैयार हुआ।

आरम्भ में प्रयोगवाद का मूल्यांकन करते हुए डॉ. नगेन्द्र ने जिस प्रकार बौद्धिकता का विरोध किया है, उससे स्पष्ट है कि उनके रसवाद के मूल्य में उनकी पीढ़ी का 'हृदयवाद' ही संस्कार रूप में विराजमान है। कहना न होगा कि पुराना 'हृदयवाद' ही नाम बदलकर 'रसवाद' के रूप में अवतरित हो गया है। वैसे, उन्होंने इस हृदयवादी संसर्ग

को छिपाने की बहुत कोशिश की है। पन्तजी की *युगवाणी* को सराहने के लिए उन्होंने 'बौद्धिक रस'-जैसे एक नए रस तक की कल्पना कर डाली; और आगे चलकर नई कविता के बढ़ते हुए प्रभाव को देखकर उन्होंने यह भी स्वीकार कर लिया कि "रस-सिद्धान्त का बुद्धि तत्त्व के साथ उतना विरोध नहीं है जितना कि नई कविता के समर्थक समझते हैं।" किन्तु यह अर्ध-स्वीकृति रस-सिद्धान्त के पुराने 'हृदयवादी' आधार को छिपाने में सर्वथा असमर्थ है। प्रश्न वस्तुतः बौद्धिकता की स्वीकृति और अस्वीकृति का नहीं, बल्कि हृदय और बुद्धि के द्वन्द्व के रूप में व्यक्त होनेवाले मूलभूत आन्तरिक और बाह्य द्वन्द्व का साक्षात्कार करने का है। हृदय और बुद्धि तो उस द्वन्द्व के उपलक्षण मात्र हैं।

कविता के सन्दर्भ में सामान्य रूप से बौद्धिकता का प्रश्न उठना मूल प्रश्न से कतराना ही नहीं, बल्कि उसे कतई न समझना है। इस बात की सच्चाई जाँचने के लिए सिर्फ यह प्रश्न पूछना काफी है कि कौन सी बौद्धिकता ? डॉ. नगेन्द्र को *युगवाणी* की बौद्धिक कविताओं में 'अभिज्ञान का आनन्द' और 'बौद्धिक रस' मिलता है तथा प्रसाद और महादेवी की कविताओं में यही बौद्धिकता 'दार्शनिक' मालूम होती है; किन्तु प्रयोगवाद में उन्हें 'बौद्धिक धाराएँ' दिखाई पड़ती हैं तथा "एक गहन बौद्धिकता इन कविताओं पर सीसे की पर्त की तरह जमती जाती है।" निस्सन्देह इस पार्थक्य के लिए युक्तियाँ भी विद्यमान हैं; किन्तु ध्यान देने की बात है कि जो तत्त्व एक स्थान पर 'दार्शनिकता' की गौरवपूर्ण संज्ञा प्राप्त करता है वही दूसरे स्थान पर सीसे की पर्त की-सी 'बौद्धिकता' बन जाता है।

अन्यत्र भी नई कविता के विरुद्ध पिछली पीढ़ी के आचार्यों ने जब 'रसवाद' को खड़ा किया है तो उसका आधार यही बौद्धिकता-विरोध है। पंडित नन्ददुलारे वाजपेयी की दृष्टि में भी, "नई कविता...प्रकृत धारा से टूटकर अलग हो गई है, सहज भावगम्यता का आदर्श खो बैठी है और अपनी भाव-सम्पत्ति को **बौद्धिक आवरणों** से आच्छादित कर दुरूह बन गई है।" ('नई कविता और अज्ञेय'; *हिन्दी-साहित्य : बीसवीं शताब्दी,* संशोधित एवं परिवर्धित संस्करण 1966, पृ. 210)

हिन्दी-साहित्य : बीसवीं शताब्दी के नए संस्करण में नई कविता-सम्बन्धी इस निबन्ध को जोड़ते समय वाजपेयीजी को एक बार अपना ही लिखा निराला-सम्बन्धी तीस साल पुराना लेख देख लेना चाहिए था। एक समय था जब उन्होंने इसी बौद्धिकता के बल पर निराला को प्रतिष्ठित करने का प्रयास किया था। ये शब्द उन्हीं के हैं : "कविता में भावना की प्रमुखता हो चली, पर निरालाजी की बौद्धिक प्रक्रिया भी उनके साथ-साथ रही।...पन्तजी की रचनाओं में उन्हें इसी के अभाव की सबसे अधिक शिकायत रही है। यह बुद्धितत्त्व आधुनिक भावना-विजड़ित कविता में निस्संगता लाने में और कोरी भावुकता या कल्पना-प्रवणता को संग्रथित कला-सृष्टि का स्वरूप देने में समर्थ हुआ।....इससे कला का बड़ा हित-साधन हुआ। कविता के कला-पक्ष की उपेक्षा सीमा पार कर रही थी और कोरे भावात्मक उद्‌गार काव्य के नाम पर खप रहे थे। निरालाजी

ने इस विषय में नया दिग्दर्शन कराया।" (वही, पृ. 138-39)

अन्य आलोचक जिस समय निराला की कविताओं को 'बौद्धिक' कहकर काव्य के अन्दर स्थान देने से इनकार कर रहे थे, वाजपेयीजी ने उस बौद्धिकता को ही आगे करके काव्य की परिभाषा बदलने का प्रस्ताव रखा था। विचित्र संयोग है कि हर ऐसे अवसर पर रसवादी प्रकट हो जाते हैं। वाजपेयीजी के कथन से पता चलता है कि निराला का विरोध करने के लिए उस समय भी रस-सिद्धान्त को अस्त्र के रूप में इस्तेमाल किया गया था। वाजपेयीजी ने निराला के पक्ष से ललकारते हुए कहा था कि "निराला की रचनाएँ साहित्य की परिभाषा में ही नहीं आतीं, इसका निर्णय कौन करेगा ?...यदि रस-सिद्धान्त के व्याख्याताओं में आज इतनी व्यापकता नहीं है तो उन्हें व्यापक बनना होगा। आधुनिक युग प्रत्येक दिशा में नई काव्य-सामग्री का संग्रह करने के लिए कटिबद्ध है।" (वही, पृ. 133-34)

इस ललकार के बावजूद 'रस-सिद्धान्त' कितना व्यापक बना वह आगे के इतिहास से स्पष्ट है। उल्लेखनीय है कि वाजपेयीजी का आग्रह 'संग्रह' पर था और कदाचित् 'व्यापकता' से उनका अभिप्राय संग्रह-वृत्ति से ही था। इसलिए यदि परवर्ती रस-सिद्धान्त ने इस संग्रह-वृत्ति को अपनाकर अपनी 'व्यापकता' का परिचय दिया तो किसी को आश्चर्य नहीं होना चाहिए। क्योंकि उस समय न तो रस-सिद्धान्त की समूची मूल्य-व्यवस्था को चुनौती दी गई थी और न उसकी चिन्तन-प्रणाली को आमूल परिवर्तित करने की ही आवाज उठाई गई थी। कहना न होगा कि संग्रह-कुशल व्यापकता का कोई अर्थ नहीं है; क्योंकि उसके मूल में एक अवसर के तकाजे से निर्मित कामचलाऊ समाधान है। ऐसे कामचलाऊ प्रतिमान में यादृच्छिकता के लिए पूरी छूट है। इसी 'व्यापकता' के चलते स्वयं वाजपेयीजी के रस-सिद्धान्त में भी किसी समय के 'बौद्धिक' कवि निराला के लिए जगह निकल आई, लेकिन आगे के 'बौद्धिक' कवि मुक्तिबोध ग्राह्य नहीं हो सके। नए कवियों में आंशिक रूप से अज्ञेय, भारती आदि ग्राह्य हुए तो अपने सबसे कमजोर पक्ष के लिए। 'रस-सिद्धान्त' क्या किसी भी संग्रही काव्य-सिद्धान्त का सर्वत्र यही हाल है—सर्वत्र और सर्वदा !

इस ऐतिहासिक पृष्ठभूमि में यदि द्वन्द्व में समाहिति के साधन-साध्य सम्बन्ध पर विचार करें तो स्पष्ट हो जाएगा कि यह द्वैतवाद कविता में अनुभूति और अभिव्यक्ति के भ्रान्त द्वैत पर आधारित है। भावाभिव्यक्तिवादी काव्य-सिद्धान्त का यह अन्तर्विरोध बुनियादी है जिसका कोई समाधान स्वयं उस सिद्धान्त की सीमा में सम्भव नहीं है। किसी भावाभिव्यक्तिवादी को यह समझाना खासा मुश्किल है कि किसी काव्यकृति में साधन-साध्य-जैसी दो अलग-अलग चीजें नहीं होतीं—यहाँ तक कि कविता का कोई एक अंश किसी दूसरे अंश अथवा सम्पूर्ण का भी साधन नहीं होता।[1] एक सफल काव्य-कृति अखंड और अविभाज्य होती है। ऐसा नहीं है कि उसके एक भाग में प्रक्रिया होती है

1. W.K. Wiansatt :The Domain of Criticism,' *The Verbal Icon, 1953.*

और दूसरे में परिणति। निःसन्देह छायावादी युग में कुछ कविताएँ ऐसी अवश्य मिल जाएँगी जिनमें आरम्भ में प्रक्रिया का विस्तार रहता है और अन्त में परिणति-स्वरूप निष्कर्ष दिया जाता है। इन कविताओं में प्रक्रिया और परिणति का अलगाव इतना साफ रहता है कि उन्हें अलग-अलग पहचाना जा सकता है। उदाहरण के लिए सुमित्रानन्दन पन्त की दो प्रसिद्ध कविताएँ 'नौका-विहार' और 'सन्ध्या-तारा'। किन्तु यह तथ्य है कि इन कविताओं में प्रक्रिया और परिणति के इस अलगाव की प्रायः सभी ने कड़ी आलोचना की है और इसे दोष माना है। यदि डॉ. नगेन्द्र कविता में द्वन्द्व और समाहिति का यही रूप देखना चाहते हैं तो साफ है कि उनकी दृष्टि में दोष ही गुण है और खेद है कि कोई भी कवि ऐसे दृष्टि-दोष को अनुगृहीत करने के लिए प्रस्तुत न होगा। द्वन्द्व यदि काव्य की अनुभूति में है तो जबर्दस्ती समाहिति में बदल देना कवि-कर्म की ईमानदारी या सच्चाई नहीं बल्कि बेईमानी है। जबर्दस्ती समाहिति के सम्पादन से अभिव्यक्ति कितनी 'सफल' होती है, इसका उदाहरण पन्त की *नौका-विहार* है।

और यदि सहृदय-पक्ष से चित्त की समाहिति और द्वन्द्व के परिणति-प्रक्रिया सम्बन्ध का निरूपण किया जा रहा है तो स्पष्ट है कि डॉ. नगेन्द्र ऐसी कविताओं की माँग कर रहे हैं, जिनसे उनके हृदय पर तनिक भी खरोंच न लगे और क्वचित्-कदाचित् यदि खरोंच भी लगे तो अन्त में उसकी मरहम-पट्टी कर दी जाए। जाहिर है कि यह कार्य सस्ते रोमानी गीत बड़े मजे में सम्पन्न कर सकते हैं। यदि कोई आत्मतुष्ट व्यक्ति केवल इसलिए कविता पढ़ना चाहता है कि उसकी आत्मतुष्ट मनोदशा को कहीं से भी धक्का न लगे, बल्कि आत्मतुष्टि और प्रगाढ़ हो, उसे रीतिकाल के दरबारों में होना चाहिए था, या फिर राजकीय समारोहों में मनोरंजन के लिए आयोजित कवि-सम्मेलनों का सेवन करना चाहिए। मुक्तिबोध की कविताएँ निश्चय ही चित्त की इस समाहिति के लिए घातक हैं क्योंकि उनमें आज के परिवेश की जो दहशत-भरी तस्वीर उभरती है उससे स्नायु-तन्तुओं के टूटने या रक्त-चाप बढ़ने का खतरा पैदा हो सकता है।

सवाल यह है कि इनमें से कौन सी कविता श्रेष्ठ है। और इस सन्दर्भ में नए कवियों के विचारों से परिचित होने से पहले आचार्य शुक्ल का मत उद्धृत करना प्रासंगिक है। आचार्य शुक्ल ने कोटि-क्रम से दो प्रकार के काव्य माने हैं : एक तो वह काव्य है जिसमें लोकमंगल की साधनावस्था की अभिव्यक्ति होती है और दूसरा वह जिसमें लोकमंगल की सिद्धावस्था का विधान होता है। पहले प्रकार के काव्य के मूल में संघर्ष होता है और दूसरे प्रकार के काव्य के मूल में आनन्द। आचार्य शुक्ल की मूल्य-व्यवस्था में संघर्षमूलक काव्य का स्थान प्रथम है और आनन्दमूलक काव्य का स्थान द्वितीय। उल्लेखनीय है कि आचार्य शुक्ल ने संघर्षमूलक काव्य की विशेषता बतलाते हुए 'विरुद्धों के सामंजस्य' की चर्चा की है। 'विरुद्धों के सामंजस्य' की व्याख्या करते हुए वे कहते हैं कि "लोक में फैली दुःख की छाया तो हटाने में ब्रह्म की आनन्द कला जो शक्तिमय रूप धारण करती है उसकी भीषणता में भी अद्भुत मनोहरता, कटुता में भी अपूर्व मधुरता, प्रचंडता में भी गहरी आर्द्रता साथ लगी रहती है। विरुद्धों का यही सामंजस्य कर्मक्षेत्र का सौन्दर्य

है।'' (*रस-मीमांसा*, पृ. 58-59)

नई कविता यदि आज द्वन्द्व और तनाव को काव्य के प्रतिमान के रूप में प्रतिष्ठित करना चाहती है तो वह हिन्दी आलोचना की गौरवशाली परम्परा को ही आगे बढ़ा रही है। ऐतिहासिक सन्दर्भ को देखते हुए भी कविता में आज द्वन्द्व और संघर्ष के मूल्य पर ज़ोर देना अप्रासंगिक नहीं है। आज संघर्ष से घबरानेवाले वही होंगे, जो सत्ताधारी वर्ग के साथ यह सोचते हैं कि स्वाधीनता प्राप्ति के बाद जीवन में सारे संघर्षों का अन्त हो गया। ऐसे लोग पदोन्नति के लिए अथवा सत्ता की रक्षा के लिए स्वयं चाहे जितना संघर्ष करें, किन्तु दूसरों के लिए संघर्ष को वर्जित मानते हैं—चाहे वह जीवन में हो या कविता में।

इसी ऐतिहासिक सन्दर्भ में मुक्तिबोध का यह कथन अर्थपूर्ण हो जाता है कि ''काव्य भी या तो बाह्य जीवन-जगत् के साथ सामंजस्य में या उसके अनुकूल उपस्थित होता अथवा उसके साथ द्वन्द्व रूप में प्रस्तुत होता है अथवा काव्य-प्रवृत्ति एक स्तर या क्षेत्र में सामंजस्य और दूसरे स्तर या क्षेत्र में द्वन्द्व को लेकर प्रस्तुत होती है। संक्षेप में, आभ्यन्तर या बाह्यीकरण, विश्वव्यापी सामंजस्य या द्वन्द्व अथवा दोनों भिन्न रूप में उपस्थित होता है। **आज की कविता में उक्त सामंजस्य से अधिक द्वन्द्व ही है। इसलिए उसके भीतर तनाव या घिराव का वातावरण है।**'' (*नई कविता का आत्म-संघर्ष*, पृ. 8)

मुक्तिबोध ने संघर्ष और द्वन्द्व को एक कदम और आगे बढ़कर 'तनाव' तक पहुँचा दिया जो आज की आलोचना में एक अर्थपूर्ण पारिभाषिक शब्द बन गया है। कविता में 'तनाव' के महत्त्व को स्वीकार अज्ञेय ने भी किया है। उदाहरण के लिए ''मानसिक तनाव से धनुष की प्रत्यंचा-सी तनी हुई, अन्तर्जीवन की तीखी चेतना से स्वर-सी संयत लेकिन जीवन की विविधता के बोध से विशृंखल होती हुई भी—आज की कविता का सौन्दर्य इसी कोटि का है।'' *(आत्मनेपद, पृ. 28-29)*

निस्सन्देह मुक्तिबोध के 'तनाव' और अज्ञेय के 'तनाव' की प्रकृति में अन्तर है। अज्ञेय की दृष्टि में 'मानसिक तनाव' प्रमुख है, जिसे जीवन की विविधता का बोध 'विशृंखल' करता है। इसके विपरीत मुक्तिबोध का तनाव दोहरा है : एक ओर अपने परिवेश के साथ, दूसरी ओर स्वयं अपने अन्दर। किन्तु अन्ततः ये दोनों तनाव परस्पर सम्बद्ध हैं। तनाव-सम्बन्धी इन दोनों दृष्टियों की परिणति दो रूपों में हुई है।

'भारतीय साहित्य परम्परा : संघर्ष का उपयोग' शीर्षक निबन्ध में अज्ञेय संघर्ष को नए रूप में परिभाषित करते हुए कहते हैं कि ''जहाँ संघर्ष मौजूद है, वहाँ महत्त्व यह पहचानने का नहीं है कि परिवेश में परिवर्तन लाया जा सकता है; महत्त्व की बात यह है कि अपने भीतर एक नई क्षमता पहचानी जा सकती है, यह और यही मात्र संघर्ष का रचनात्मक उपयोग है : जब संघर्ष एक उच्चतर आत्म-चेतना और ज्ञान की खिड़की का काम दे।'' इस युक्ति के अनुसार अनिवार्य है कि ''संघर्ष व्यथा का तुल्यार्थी है।'' और यह व्यथा भी अन्ततः एक स्थिर सामंजस्य ढूँढ़ने की ओर उन्मुख हो जाती है।

अज्ञेय ने उसी क्रम में आगे कहा है कि "संघर्ष भी व्यक्ति और परिवेश के बीच सामंजस्य के प्रयत्न का लक्षण है। (*हिन्दी साहित्य : एक आधुनिक परिदृश्य*, पृ. 126)

यदि परिवेश में परिवर्तन लाने की बात छोड़ दी जाती है तो फिर अपरिवर्तित परिवेश के साथ जो सामंजस्य होगा वह एक तरह का तालमेल ही होगा। न परिवेश बदले न व्यक्ति, तो सामंजस्य असम्भव है। इसलिए परिवेश को बदले बिना यदि उसके साथ सामंजस्य करना है तो व्यक्ति को ही बदलना पड़ेगा। क्या अपने भीतर ही नई क्षमता की पहचान का रचनात्मक उपयोग यही है ? स्पष्ट है कि इस क्षमता में अन्ततः वह व्यथा भी नहीं रह सकती, जिसे अज्ञेय ने संघर्ष का तुल्यार्थी कहा है। परिवेश को बदलने की आकांक्षा यदि विजिगीषा से पैदा होनेवाला अहंकार है तो विजिगीषा से अनासक्त व्यथा में भी कम अहंभाव नहीं है। इस अहं से मुक्ति का एक ही मार्ग शेष रहता है : 'किसी ममेतर' को आत्म-समर्पण। कहना न होगा कि जहाँ समर्पण है वहाँ तनाव नहीं है। आकस्मिक नहीं है कि अज्ञेय की इधर की रचनाओं में भाषा-भाव से लेकर लय, स्वर और संरचना सभी स्तरों से उस तनाव का लोप हो गया है। तनाव का स्थान ले लिया है एक थकान-भरी शान्त मुद्रा ने। लोकमंगल की सिद्धावस्था की मंजिल यहाँ से थोड़ी ही दूर रह जाती है। निश्चय ही यह आनन्द की साधना है, जिसे सम्भवतः समाहिति-प्रिय डॉ. नगेन्द्र भी एक दिन अपने *रस-सिद्धान्त* में स्थान देकर आनन्द-लाभ करेंगे। 'सोनमछली' तो दृष्टि के काँच में आ भी चुकी है, शिक्षा की वेदी पर 'असाध्य वीणा' के विराजने में केवल समय की ही दीवार है। यह केवल संयोग की बात नहीं है कि *रस-सिद्धान्त* के अन्तर्गत तमाम नई कविता में से केवल अज्ञेय की कविता स्वीकार्य हुई और वह भी 'सोनमछली !'

अज्ञेय की इस तनावहीनता से तो कहीं अधिक तनाव नितान्त सौन्दर्यवादी कहे जानेवाले शमशेर बहादुर सिंह के काव्य में है, जिसको विजयदेव नारायण साही ने अत्यन्त सूक्ष्मता से उभारकर सामने रखा है। बाहर के शून्य और भीतर के न-कुछ के बीच "एक अटका हुआ आँसू" और "पतझर का जरा अटका हुआ पत्ता" शमशेर की काव्यानुभूति के तनाव के प्रतीक हैं। यह तनाव इतना तीखा है कि उस अटके हुए पत्ते के समान ही काव्यानुभूति एकदम 'शान्त' दिखाई पड़ती है। शमशेर के मित कथन, सादे शब्द, क्रियाहीन वाक्य, निरुद्वेग लय आदि उस तनाव के तीखेपन का एहसास कराते हैं। 'मौन' और 'महामौन' जैसे उस तीखेपन के चरम-बिन्दु के सूचक हैं। इस प्रकार शमशेर का 'मौन' अज्ञेय के 'मौन' से प्रकृत्या भिन्न है।

तनाव की दृष्टि से, इधर के कवियों में *मायादर्पण* के कवि श्रीकान्त वर्मा और *आत्महत्या के विरुद्ध* के कवि रघुवीर सहाय की कविताओं की तुलना काफी रोचक हो सकती है। *मायादर्पण* की अन्तिम कविता 'अन्तिम वक्तव्य' की अन्तिम दो पंक्तियाँ हैं :

तुम जाओ अपने बहिश्त में
मैं जाता हूँ
अपने जहन्नुम में।

बहिश्त के मुकाबले 'अपने जहन्नुम' में जाने की घोषणा न निर्वेद की मनःस्थिति है, न उपराम की। निस्सन्देह कुछ कविताएँ निराशा के चरम बिन्दु का एहसास कराती हैं, यही नहीं बल्कि ज्यादातर कविताओं में कहीं-न-कहीं वह चरम स्थिति झटके के साथ प्रकट हो जाती है, फिर भी समूची काव्यानुभूति के नाटक में यह स्थिति केवल एक अंग के रूप में आती है। जो कवि यह कहता हो कि :

न मैं आत्महत्या
कर सकता हूँ
न औरों का
खून

उसकी काव्यानुभूति के गहरे तनाव के बारे में कोई सन्देह नहीं रह जाता।

आत्महत्या के विरुद्ध की अन्तिम कविता 'एक अधेड़ भारतीय आत्मा' को ही लें। कविता का मुख्य स्वर है :

कल फिर मैं
एक बात कहकर बैठ जाऊँगा।

कविता से स्थिति के बारे में स्पष्ट है कि "टूटते-टूटते/जिस जगह आकर विश्वास हो जाएगा कि/बीस साल/धोखा दिया गया/वहीं मुझे फिर कहा जाएगा विश्वास करने को।" इसलिए असलियत के बारे में कोई धोखा नहीं है। कोई सुने या न सुने लेकिन "एक बात कहने" का हौसला मरा नहीं है; भले ही कहकर बैठ जाना पड़े। कदाचित् यह स्थिति परिवेश के प्रति कुछ अधिक गहरे और तीखे तनाव को सूचित करती है। इसकी पुष्टि कविता-संग्रह के आरम्भिक 'वक्तव्य' के इस कथन से भी होती है : "उस दुनिया को देखें जिसमें हमें पहले से ज्यादा रहना पड़ रहा है, लेकिन जिससे हम न लगाव साध पा रहे हैं न अलगाव।" इस प्रकार अपने परिवेश से इन कविताओं का सम्बन्ध **नकली उदासीनता** और **सतही दिलचस्पी** से कहीं ज्यादा गहरा है। लगाव और अलगाव के तनाव में ही कवि कविता के रूप में "अपनी एक मूर्ति बनाता है और ढहाता है"—जो उसके सर्जनात्मक तनाव का प्रतीक है।

इस पृष्ठभूमि में यदि आज के तथाकथित अ-कवितावादी कवियों की आक्रोशपूर्ण कविताओं का विश्लेषण करें तो स्पष्ट हो जाता है कि मानसिक तनाव उनकी कविता का विषय भले ही हो, स्वयं कविताएँ तनावहीन आविष्ट प्रलाप हैं। इसलिए उनमें अनुभूतिगत जटिलता के स्थान पर एक प्रकार की सपाटता और सरलता मिलती है। निस्सन्देह कुछ-एक अपवाद यहाँ भी हैं जैसे धूमिल, कुमारेन्द्र पारसनाथ सिंह, कमलेश आदि, जिनकी कविताओं में अन्दर की दृढ़ता से उत्पन्न होनेवाली व्यंग्य-विडम्बना के साथ स्वर में निर्णयात्मकता है। वस्तुतः इन कविताओं का स्वर आन्तरिक तनाव से रहित है, किन्तु परिवेश से लगाव साधने की जोर-आजमाइश कहीं अधिक है और यही बोध इन युवा कवियों की कविताओं को इस्पाती सघनता प्रदान करता है। उदाहरण के लिए धूमिल की 'पटकथा' शीर्षक लम्बी कविता, जो अपने ही शब्दों में "एक प्यार भरी

गुर्राहट" है। ममतामयी निर्ममता का यह विरोधाभास कविता की भाषा में भी देखा जा सकता है जो सपाटबयानी का आभास देते हुए भी जीवन्त बिम्बों में व्यक्त होती है; जैसे :

एक अजीब सी प्यार-भरी गुर्राहट :
जैसे कोई मादा भेड़िया
अपने छौने को दूध पिला रही है और
साथ ही किसी मेमने का सिर चबा रही है।

[1968]

ईमानदारी और प्रामाणिक अनुभूति

छठे दशक की प्रमुख कृतियों के समीक्षा-संकलन *विवेक के रंग* की भूमिका में डॉ. देवीशंकर अवस्थी ने लिखा है कि "*हरी घास पर क्षण भर* नई कविता का प्रथम संग्रह है और यह आकस्मिक संयोग नहीं कि इसी संग्रह की समीक्षा में डॉ. प्रभाकर माचवे ने इसे 'प्रामाणिक अनुभूति' का काव्य बताते हुए कहा है कि 'कवि भावुकता का प्रदर्शन नहीं करता।' मैं कहना चाहूँगा कि आलोचना के क्षेत्र में यह नई माँग थी और सीधे उसी काव्य से उपजी थी जो एक ओर छायावाद की भावुक प्रतिक्रियाओं का प्रत्याख्यान करता है और दूसरी ओर प्रगतिवाद की नारा-कविताओं का विरोध करके कवि के अपने आन्तरिक अनुभव की माँग करता है। कवि की ओर से 'आत्मान्वेषण' की घोषणा और आलोचक की ओर से 'प्रामाणिक अनुभूति' की माँग एक ही सिक्के के दो पहलू हैं। यह माँग उस खरेपन की माँग है जो कवि के ईमानदार व्यक्तित्व (ऐसा व्यक्तित्व जो न छायावादी की तरह स्फीत किया गया हो और न प्रगतिवादी की तरह अनुकूलित) के जटिलतम स्तरों का अनुभव होता है। *दूसरा सप्तक* की समीक्षा करते हुए डॉ. प्रभाकर माचवे ने ही रघुवीर सहाय की कविताओं की चर्चा करते हुए 'कवि-कर्म की ईमानदारी' की बात उठाई थी। यह आश्चर्य की बात नहीं है कि 'ईमानदारी' शब्द इस लेखन में आलोचना का मूल्यसत्तात्मक शब्द बन गया।"

'ईमानदारी' कविता के मूल्यांकन का एक प्रतिमान हो सकती है या नहीं, इस पर विचार करने से पहले हिन्दी कविता के इतिहास में 'ईमानदारी' के विभिन्न प्रयोगों का आकलन कर लेना आवश्यक है, क्योंकि ईमानदारी का दावा करनेवाले कवि नई कविता से पहले भी मिलते हैं और नई कविता के बाद भी जो स्वयं नई कविता के ईमानदारी के दावे के सामने प्रश्नचिह्न लगा रहे हैं।

छायावादी कहे जानेवाले हिन्दी के पहले रोमांटिक कवियों ने भी अपनी अनुभूति की ईमानदारी का दावा किया था। छायावादी 'स्वानुभूति' ईमानदारी नहीं तो क्या थी ? छायावादी कवि अपनी समझ से आत्माभिव्यक्ति ही कर रहे थे। यदि आत्मकथा को ईमानदारी की अभिव्यक्ति का एक प्रमाण माना जाए तो *हंस* के आत्मकथांक के लिए प्रसाद ने कविता लिखकर अपनी आत्मकथा का संकेत दिया और निराला ने अपनी कन्या सरोज की मृत्यु पर *सरोज-स्मृति* शीर्षक शोक-गीत में आत्मचरित का काफी उद्‌घाटन किया। इसके बावजूद छायावादी कवियों की ईमानदारी में शक किया गया। शक

करनेवालों में बाद के नए कवि ही नहीं, बल्कि समकालीन आचार्य भी थे। आचार्य महावीर प्रसाद द्विवेदी की दृष्टि में "इनके भाव झूठे, इनकी भाषा झूठी..."; और आचार्य रामचन्द्र शुक्ल ने भी छायावाद की रहस्य भावना की ओर संकेत करते हुए साफ कहा कि "भावानुभूति तक कल्पित होने लगी है।" उन्हें खेद था कि "भावानुभूति भी यदि ऐसी होगी जैसी नहीं हुआ करती तो सचाई (Sincerity) कहाँ रहेगी।"

तथाकथित उत्तर-छायावादी कहे जानेवाले कवि ईमानदारी का इजहार करने में छायावादियों से भी दो कदम आगे निकल गए। अपनी ईमानदारी प्रमाणित करने के लिए उन्होंने दिल खोलकर अपनी कमजोरियों का बखान किया। बच्चन ने लिखा कि "यदि छिपाना जानता तो जग मुझे साधू समझता।" जैसा कि विजयदेव नारायण साही ने 'लघु मानव के बहाने हिन्दी कविता पर एक बहस' शीर्षक निबन्ध में विस्तार से दिलखाया है, बच्चन तथा उनके समानधर्मा कवियों ने अपनी कविताओं में एक ऐसे 'सहज' मानव की तस्वीर उभारने की कोशिश की जिसकी 'नीयत' साफ है। इस दौर की कविता का मूल स्वर यही है कि दुनिया मुझे गलत समझ रही है, मैं वह नहीं हूँ जो ऊपर से दिखता हूँ। निश्छलता, निष्कपटता, बिन-बनावट पर जितना जोर इस दौर के कवियों ने दिया, इससे पहले आधुनिक युग में शायद ही किसी ने दिया हो। 'नीयत' को कविता के केन्द्र में प्रतिष्ठित करके बच्चन आदि ने ईमानदारी पर अपनी मुहर लगा दी। इस प्रयास में उन्होंने अपनी कमजोरियाँ इतनी बढ़ा-चढ़ाकर बताईं कि लोगों को उन कमजोरियों के वजूद में शक होने लगा। *मधुशाला, मधुबाला, मधुकलश* आदि में जितनी 'हाला' है, उतनी यदि जिन्दगी में होती तो जाने क्या होता। लोग यह विश्वास करने के लिए बाध्य हो गए कि पी कम नशा ज्यादा है। अतिशयोक्ति ने ईमानदारी को और पुष्ट कर दिया।

इसके बाद प्रगतिवाद का दौर, जिसने अपनी ईमानदारी का दावा तो नहीं किया, लेकिन दूसरों की ईमानदारी में शक जरूर किया; प्रगति के पथ पर कदम रखनेवाले कवि को अपनी ईमानदारी का भी पूरा विश्वास न था। इस समय समस्या वर्गगत—विशेषतः मध्यवर्गीय संस्कारों से मुक्त होने की थी। एक ओर मार्क्सवाद से प्राप्त वर्गचेतना और दूसरी ओर फ्रायड के मनोविश्लेषण से प्राप्त अवचेतन की वर्जनाओं का बोध, दोनों ईमानदारी की तड़प जगाने के लिए काफी थे। वास्तविक काव्य-सृजन में इस अपराध-बोध के कारण कहाँ-कहाँ क्या-क्या मोड़ आए, इस ब्यौरे में फिलहाल जाना न सम्भव है और न प्रासंगिक; तथ्य यही है कि एक नैतिक अथवा राजनैतिक दायित्व के स्तर पर ईमानदारी का सवाल इस दौर में भी उठाया गया, जिसकी शक्ल कुछ-कुछ यह थी कि कवि किसकी तरफ है। युग साफ शब्दों में यह घोषित करने का था कि **कस्मै देवाय हविषा विधेम** ? आप किसके लिए लिखते हैं ?

प्रयोगशीलता के बीच से उत्पन्न होनेवाली नई कविता के कवि प्रगतिवाद की इसी पृष्ठभूमि में आए और उन्हें एकबारगी यह महसूस हुआ कि प्रगतिवाद के दबाव के कारण कविता से ईमानदारी गायब हो गई है। यह पृष्ठभूमि नए सिरे से इमानदारी के आग्रह का कारण बनी। मासिक *प्रतीक* के आरम्भिक अंकों में ही लगातार दो सम्पादकीय

आए : 'ईमानदारी' और 'ईमानदारी के बाद', रघुवीर सहाय की कलम से। सम्पादकीय में ईमानदारी को **मौलिक** और **निरपेक्ष** गुण घोषित करते हुए **अविभाजित बुद्धि** के एक ऐसे स्तर के रूप में परिभाषित किया गया जो वास्तविकता के सन्दर्भ में सार्थकता प्राप्त करता है। रघुवीर सहाय के अपने शब्दों में, "ईमानदारी वास्तव में एक मौलिक गुण है और उस बौद्धिक स्तर का पर्याय है जिस पर आकर हमारा तर्क पूर्वग्रह और व्यक्तिगत रुचि के ऊपर उठ जाता है और जिस पर आकर हममें **वस्तुओं की वास्तविकता का सही** अनुभव होता है। वह उस चेतना के पहले की चीज है जो ज्ञान को क्षेत्रों में विभाजित करती है। जैसे ज्ञान समस्त एक है वैसे ही ईमानदारी भी **समस्त एक** है।" स्पष्टतः बच्चन-जैसे उत्तर-छायावादी कवि की 'नीयत' की ईमानदारी से यह ईमानदारी भिन्न है क्योंकि इसमें बुद्धि और हृदय के विभाजन को अस्वीकार करके एक अखंड अविभाज्य चेतना के स्तर पर ईमानदारी को प्रतिष्ठित किया गया है। "प्रतिभा का एक काम यह भी है कि वह इस (पूँजीवादी) समाज के तात्कालिक प्रलोभन के बीच भी **बुद्धि के संगठन** को बनाए रखे।" यह बौद्धिक संगठन अनुभूति का विरोधी नहीं बल्कि "अनुभूति को सुधारने का एक तरीका है।" बुद्धि अनुभूति को इसलिए सुधारती है कि उसके कारण **खोज की विकलता** आती है। इस खोज की विकलता का स्पष्ट अर्थ है कि "वस्तुओं की वास्तविकता और उनके अन्तर्विरोध को समझने का, उसकी व्यंजना को आत्मसात् करने का अनवरत प्रयत्न किया जाए।" यह प्रयत्न "कोने में दीवाल की ओर मुँह करके नहीं, बल्कि **लड़ाई के मैदान** में आ करके" किया जा सकता है। किन्तु "बहुत से लेखकों के लिए अनुभूति बराबर है पर्यवेक्षण के; उनके प्रति एक विस्मित भाव से वे उनके रंगों-रूपाकारों को अपनी भाषा और शैली में जगह देते हैं; उनके अर्थ से उनके मन तादात्म्य स्थापित नहीं करते।" इसलिए वास्तविकता के अर्थ को आत्मसात् करने के लिए अनुभूति को इस हद तक सुधारने की आवश्यकता है कि "कविता भी वैसी ही जानदार हो सके जैसी कि वे वास्तविकताएँ हैं।" यह तभी सम्भव है "जब कविता वस्तुओं के अन्दर से निकले, वस्तुओं को छूकर न निकल जाए।" इस प्रकार रघुवीर सहाय यह स्वीकार करते हैं कि ईमानदारी में भी वास्तविकता के समानान्तर एक **द्वन्द्वात्मकता** और कशमकश होती है। इसीलिए कवि की ईमानदारी "यह माँगती है कि समालोचक सामाजिक चेतना के सभी स्तरों की द्वन्द्वात्मक उपादेयता को स्वीकार करे, बौद्धिक विकास की प्रणाली में विचार और आचरण के बीच जो कशमकश होती है उसकी ओर से सजग रहे।" ईमानदारी के इस स्तर पर नए कवि का एक विश्वास था कि "जैसे-जैसे हमारी बौद्धिक सहानुभूति गहरी होगी, अभिव्यक्ति में व्यंजना आती जाएगी, वह **सीधा सम्वेदन** कम होता जाएगा जो **किशोर-कविता** में होता है, मगर अभिव्यक्ति, जिसमें लेखक की रचना और पाठक की संवेदना दोनों सम्मिलित हैं, उतनी ही **कुशल** भी होती जाएगी।"

रघुवीर सहाय के इस विवेचन से स्पष्ट है कि एक ईमानदारी वह भी होती है जिसमें किशोर-कविता का सीधा सम्वेदन होता है; किन्तु वह पर्याप्त नहीं है। इस दृष्टि से

ईमानदारी कोई स्वतःसिद्ध और प्रदत्त गुण नहीं बल्कि प्रयत्नसाध्य अर्जित क्षमता है, जिसके सम्वर्धन के लिए अनवरत प्रयत्न की आवश्यकता पड़ती है। अखंड और अविभाज्य होते हुए भी ईमानदारी की प्रकृति द्वन्द्वात्मक होती है। इस द्वन्द्वात्मकता का सम्बन्ध वास्तविकता से है। सामाजिक द्वन्द्व कवि के मन में भी कशमकश पैदा करता है, यदि कवि वास्तविकता के द्वन्द्व से जुड़ा हुआ है। इस द्वन्द्व में तात्कालिक प्रलोभन भी होते हैं, जिनके सामने बुद्धि के संगठन को बनाए रखना पड़ता है। इस प्रकार ईमानदारी एक बौद्धिक संगठन है। गरज कि ईमानदारी समझदारी का दूसरा नाम है। रघुवीर सहाय की 'ईमानदारी' और 'ईमानदारी के बाद' की टिप्पणियों में 'अनुभूति' पर पूरा बल है, किन्तु उसमें 'प्रामाणिकता' का उल्लेख कहीं नहीं है। अनुभूति के बाद यदि किसी चीज पर बल है तो 'वास्तविकता' पर, बल्कि वास्तविकता पर बल कहीं अधिक है। इसलिए **प्रामाणिक अनुभूति** और **अनुभूति की प्रामाणिकता** जैसे बड़े पारिभाषिक शब्दों के बीज इन वक्तव्यों में ढूँढ़ भले ही लिये जाएँ, किन्तु तथ्य यही है कि इन शब्दों का निर्माण बाद में हुआ जब नई कविता का शास्त्र बना, जिसका पहला दुर्भाग्यपूर्ण प्रयास लक्ष्मीकान्त वर्मा का ग्रन्थ है *नई कविता के प्रतिमान।*

नई कविता के शास्त्र के साथ ही नई कविता की नवीनता पर बल देना अनिवार्य हो गया और सद्यःसुलभ **अनुभूति की प्रामाणिकता** उस नवीनता की प्रतिष्ठा का अस्त्र बनी। आग्रह में कोई गड़बड़ी न थी, सिवा इस बात के कि प्रामाणिकता के लिए किसी वस्तुनिष्ठ प्रमाण की न तो आवश्यकता समझी गई और न उसकी ओर कोई संकेत ही किया गया। प्रमाण स्पष्टतः स्वयं कविताएँ ही हो सकती हैं, किन्तु सैद्धान्तिक स्तर पर प्रामाणिकता के प्रतिमान का निर्णय कैसे हो ? यह प्रश्न सामने था। ऐसे ही समय मुक्तिबोध अपने बौद्धिक औजारों के साथ सामने आए और उन्होंने 'ईमानदारी' से जुड़े हुए प्रश्नों की जटिलता की ओर कवियों और आलोचकों का ध्यान आकृष्ट किया। *वसुधा* में धारावाहिक रूप से प्रकाशित होनेवाली *एक साहित्यिक की डायरी* में 'कलाकार की व्यक्तिगत ईमानदारी' पर दो किस्तें हैं, जो एक तरह से रघुवीर सहाय के ईमानदारी सम्बन्धी विचार-सूत्रों को ही एक कदम और आगे ले जाती हैं। उल्लेखनीय है कि यहाँ ईमानदारी पर डायरी-शैली में विचार किया गया है, जो वस्तुतः स्वगत संलाप का ही एक रूप है; यही नहीं बल्कि बहस का आधार भी स्वयं एक डायरी है, जिसे सामान्यतः लेखक का निहायत ईमानदार-दस्तावेज माना जाता है। शुरुआत इस वाक्य से होती है कि "यह डायरी एकदम 'फ्रॉड' है।" यहाँ से ईमानदारी की एक-एक पर्त को उकेला जाता है :

"व्यक्तिगत ईमानदारी का (एक) अर्थ है—जिस अनुपात में, जिस मात्रा में, जो भावना या विचार उठा है, उसको उसी मात्रा में प्रस्तुत करना।" किन्तु "वह व्यक्तिगत ईमानदारी भी नहीं है, अभिव्यक्ति की ईमानदारी भी नहीं।" दूसरे शब्दों में, यह सामान्य भावोच्छ्वास है जो अनेक बचकाने उद्‌गारों में प्रकट होता है। मुक्तिबोध इसे **एकदम नाकाफी** मानते हैं। उनके अनुसार : "महत्त्व की बात यह है कि वे भाव या वह विचार किसी वस्तु-तथ्य से सुसंगत है या नहीं।" इसलिए "व्यक्तिगत ईमानदारी वहाँ लक्षित

होगी जहाँ वस्तु का वस्तुमूलक आकलन करते हुए लेखक उस आकलन के आधार पर वस्तु-तत्त्व के प्रति सही-सही मानसिक प्रतिक्रिया करे। यदि वह ऐसा नहीं करता तो उसकी प्रतिक्रिया में सत्यत्व का आविर्भाव नहीं होगा।'' इस प्रकार मुक्तिबोध ने ईमानदारी को आत्मनिष्ठता के दलदल से निकालकर वस्तुनिष्ठता की ठोस भूमि पर प्रतिष्ठित किया और ईमानदारी में 'सत्यता' के प्रश्न को जोड़कर मूल्यांकन के लिए एक वस्तुनिष्ठ वैज्ञानिक औजार प्रदान किया। इस वस्तुनिष्ठ प्रतिमान के आधार पर ही मुक्तिबोध नई कविता के अन्दर चलनेवाली आत्म-प्रवंचना का उद्घाटन कर सकने में समर्थ हुए। उन्हें इस बात का पता था कि लेखक अपनी निष्ठा के बावजूद अनजाने भी 'फ्रॉड' को जन्म देता है क्योंकि रचना-प्रक्रिया में बहुत से अन्तर्निषेध चुपचाप काम करते रहते हैं। इसलिए ''भावना का ज्ञानात्मक आधार जब तक वस्तुतः शुद्ध है तभी तक वह भावना 'फ्रॉड' नहीं है।...इसलिए ज्ञान को अधिकाधिक मार्मिक यथार्थमूलक और विकसित करने का जो संघर्ष है, वह वस्तुतः कलाकार का सच्चा धर्म है। यदि कवि या कलाकार वह संघर्ष त्याग देता है, तो वह सचमुच ईमानदार नहीं है। सच तो यह है कि व्यक्तिगत ईमानदारी के भीतर ही एक बहुत बड़ा संघर्ष होता है। दूसरे शब्दों में, कला के क्षेत्र में व्यक्तिगत ईमानदारी स्वयंसिद्ध नहीं वरन् प्रयत्न-साध्य होती है।'' भावना के ज्ञानात्मक आधार की कमजोरी के कारण जिस प्रकार छायावादियों ने छद्म भावनाओं की अभिव्यक्ति की, मुक्तिबोध को इसका पता था; इस अनुभव के आधार पर उन्होंने नए कवियों को भी ईमानदारी की रोमांटिक-छायावादी सीमाओं के प्रति आगाह किया।

किन्तु इस चेतावनी के बावजूद नई कविता ईमानदारी की रोमांटिक सीमाओं से उबरने में समर्थ न हो सकी। नतीजा यह हुआ कि सातवें दशक के आरम्भ में जब इतिहास के थपेड़ों ने नई कविता का मायालोक छिन्न-भिन्न कर दिया तो **अनुभूति की प्रामाणिकता** सन्दिग्ध हो उठी। यह इस नए दौर का ही असर है कि मलयज को भी लक्ष्मीकान्त वर्मा की पुस्तक *नए प्रतिमान : पुराने निकष* की समीक्षा (*आलोचना*, जुलाई-सितम्बर '67) करते समय 'अनुभूति की प्रामाणिकता' और 'क्षण की अनुभूति' जैसे शब्दों में रूमानी आत्मनिष्ठता की बू आने लगी। अनुभूति पर अतिरिक्त आग्रह देखकर वे कहते हैं कि ''इस तरह अनुभूति को ही सही-गलत का अन्तिम प्रमाण मानकर वह निश्चिन्त हो जाते हैं। यहाँ सवाल यह नहीं है कि अनुभूति के सिवा भी किसी को प्रमाण बनाया जा सकता है या नहीं, बात सिर्फ इतनी है कि अनुभूति से पूर्ण अराजकता का रास्ता जितना सीधा है, अनुभूति से मूल्य-सृजन और मूल्यदृष्टि का उतना नहीं। अनुभूति की प्रक्रिया अपने-आप कल्याणकारी है और वह बिना किसी व्यक्ति-निरपेक्ष सत्ता या अनुशासन के मनुष्य को अन्ततः शुभ की ओर ले जाती है, इसे प्रतिपादित करने के लिए लक्ष्मीकान्त के पास या तो सौन्दर्यवादी अमूर्त विश्लेषण-पद्धति है, जिसमें वे अनुभूति के सारे दोष भावुकता के मत्थे मढ़कर अनुभूति को विशिष्ट और अद्वितीय अनुभूति में बदल देते हैं या फिर 'संकल्प-शक्ति', 'आत्मबल', 'वैयक्तिक क्रियाशीलता' आदि हथियार हैं जिनसे वे अतीत रूढ़ि, क्लासिकी, नैतिकतावादियों और व्यक्ति-निरपेक्ष

बाह्य व्यवस्थावादियों से लड़ाई लड़ते हैं।" इस प्रकार विश्लेषण-क्रम में मलयज को भी अब यह दृष्टिगत हो गया कि नई कविता के दौरान निरपेक्ष मूल्य के रूप में प्रचारित 'अनुभूति की प्रामाणिकता' जैसे शब्द वस्तुतः शीतयुद्ध की उपज थे, जिनके मूल में कम्युनिज़्म का अन्ध-विरोध भाव था। उन्होंने स्पष्ट लिखा है कि "कम्युनिज़्म के समूहवाद और सम्प्रदायवाद का इतना बड़ा हौवा खड़ा किया गया कि मानव-संवेदना को 'भीड़' की संवेदना और 'व्यक्ति' की संवेदना में बाँट दिया गया और इस वर्गीकरण के आधार पर एक पूरा सौन्दर्यशास्त्र रच दिया गया। उस वक्त यह पता नहीं था कि आगे चलकर इस सौन्दर्यशास्त्र के जाल में खुद ही फँस जाना पड़ेगा।"

छठे दशक के कवियों ने पूर्ववर्ती पीढ़ी के कवियों की अपनी सदिच्छा के बावजूद 'ईमानदारी' की सीमाएँ जिस प्रकार उद्घाटित की हैं, वह काव्य-मूल्य के रूप में ईमानदारी के प्रयोग को सन्देहास्पद बना देने के लिए पर्याप्त है। वस्तुतः ईमानदारी का आग्रह आत्म-साक्षात्कार और आत्मान्वेषण के लिए किया गया था, किन्तु उसकी परिणति आत्मरति में हुई। ईमानदारी के द्वारा कायदे से उस आत्म-सजगता का प्रादुर्भाव होना चाहिए था जो काव्य की संरचना में आत्म-विडम्बना से युक्त नाटकीयता का विधान करती है, किन्तु व्यवहार में आत्म-सजगता ने नई कविता में सामान्यतः 'आत्म-विडम्बना' को क्रमशः समाप्त करके नहूसत-भरी 'आस्था' की चिन्ता को बढ़ावा दिया, जिसकी परिणति कुछ कवियों में रहस्यपरक आत्मोपलब्धि और मौन की आराधना में हुई। इस प्रकार 'ईमानदारी' और 'प्रामाणिकता' के साथ विशेष प्रकार के भाववादी अर्थ-अनुषंग जुड़ गए और इस प्रक्रिया में ये शब्द अपना आरम्भिक जादू खो बैठे।

इस स्थिति के विरुद्ध प्रतिक्रिया अनिवार्य थी और वह हुई। सातवें दशक के कवियों में से कुछ ने तो 'ईमानदारी' और 'प्रामाणिकता' जैसे शब्दों को निरर्थक मानकर एकदम छोड़ देना ही उचित समझा; किन्तु कुछ को अब भी पुराने शब्दों में नया अर्थ भरने की क्षमता में विश्वास है, इसलिए उन्होंने एक नए अर्थ के साथ ईमानदारी की आवाज फिर उठाई। एक बार ईमानदारी 'विद्रोह' का पर्याय बनकर प्रकट हुई, जिसमें ईमानदारी का मतलब था **साहस।** साहस आत्मान्वेषण का नहीं और न आत्म-साक्षात्कार का; बल्कि साहस अप्रिय-से-अप्रिय वास्तविकता के साक्षात्कार का। इस दौर के कवियों का खयाल है कि सत्य कहीं सात पर्दे के अन्दर छिपा हुआ कोई रहस्य नहीं है, जिसे खोजने के लिए 'प्रामाणिक अनुभूति' की आवश्यकता हो। उनके अनुसार सम्राट स्वयं नंगा है और यदि कोई आवश्यकता है तो सिर्फ उसे नंगा कहने की, जिसके लिए साहस—केवल साहस जरूरी है और इसी साहस का नाम आज ईमानदारी है। पिछले दौर के कवियों ने 'तथ्य' और 'सत्य' के अन्तर को लेकर काफी मगजपच्ची की थी। वे 'सत्य' के लिए चिन्तित थे। उन्होंने 'तथ्य' को रागात्मकता से रंजित करके 'सत्य' का रूप दिया। आकस्मिक नहीं कि इस क्रम में ईमानदारी भी राग-रंजित हुई और पिछले दौर की रागात्मकता से रंजित होकर ईमानदारी 'प्रामाणिक अनुभूति' हो गई। सातवें दशक के कवियों की दृष्टि नग्न तथ्य पर है। वे रागात्मक आवरण को हटाने में विश्वास करते हैं। कदाचित् इसी

क्रम में उन्होंने 'प्रामाणिक अनुभूति' का रंगीन आवरण हटाकर ईमानदारी को फिर से सामने ला दिया।

इस सिलसिले में एक और शब्द सामने आया—**विसंगति**। वास्तविकता में विसंगति है, बल्कि विसंगति ही आज की वास्तविकता है। इसलिए विसंगति का बोध ही वास्तविक बोध है और कोई चाहे तो इसे ईमानदारी भी कह सकता है। इस प्रकार नई कविता की अन्तर्निहित विसंगति के बोध ने सातवें दशक की कविता में व्यापक स्तर पर एक **विसंगति-बोध** को जन्म दिया जो साहस के समानान्तर ही ईमानदारी का पर्याय बनकर सामने आया।

कविता के पिछले पचास वर्षों के इतिहास से स्पष्ट है कि हर नए उन्मेष के मूल में ईमानदारी की आवाज है, किन्तु हर दौर की ईमानदारी की अपनी भाषा है। छायावाद की ईमानदारी 'आत्मानुभूति' है तो उत्तर-छायावादी ईमानदारी 'नीयत'; प्रगतिवाद की ईमानदारी का आधार 'वर्ग-चेतना' है तो प्रयोगशील नई कविता की ईमानदारी 'प्रामाणिक अनुभूति'; और अब सातवें दशक में 'विसंगति-बोध' ही ईमानदारी का पर्याय है। साहस और विद्रोह किसी-न-किसी रूप में हर दौर की ईमानदारी के साथ हैं, चाहे उस साहस का रूप जो भी हो। यह भी तथ्य है कि हर दौर के कवियों ने पिछले दौर के कवियों की ईमानदारी में शक किया, बिना यह चिन्ता किए कि आनेवाले कवि स्वयं उनकी ईमानदारी में भी उसी प्रकार सन्देह कर सकते हैं। सवाल यह है कि क्या इस क्रम में ईमानदारी की कोई ऐसी वस्तुनिष्ठ रूपरेखा उभरती है जिसे कविता के मूल्यांकन का आधार बनाया जा सके ? इसके साथ यह भी प्रश्न है कि क्या ईमानदारी को काव्य के मूल्यांकन का एक मूल्य माना जा सकता है ?

पहले दूसरा प्रश्न। ईमानदारी मूलतः एक **नैतिक** मूल्य है। सामान्यतः किसी **व्यक्ति** की ईमानदारी की बात की जाती है। इसलिए किसी कविता के सन्दर्भ में ईमानदारी का सवाल उठाते समय तुरन्त यह सवाल उठता है कि क्या किसी साहित्येतर मूल्य का उपयोग उचित है ? उल्लेखनीय है कि ईमानदारी के आधार पर किसी कविता की श्रेष्ठता ही नहीं, बल्कि प्रायः उसके कविता होने का भी निर्णय किया जा सकता है। 26 जुलाई, 1963 के *टाइम्स लिटररी सप्लिमेंट' के द क्रिटिकल मोमेंट* विशेषांक में प्रो. डब्ल्यू. डब्ल्यू. रॉब्सन ने भी 'शुद्ध साहित्यिक मूल्यों' पर विचार करते हुए यही प्रश्न उठाया है। कविता के मूल्यांकन में 'ईमानदारी' के दुरुपयोग के उदाहरणों को देखते हुए रॉब्सन लिखते हैं कि "एक समय मैंने इस शब्द को काव्य के मूल्यांकन के लिए सर्वथा त्याज्य मान लिया था और सोचा था कि इसकी जगह 'प्रामाणिकता' (Authenticity) या 'सच्चाई' (Genuineness) जैसे किसी शब्द का उपयोग करना चाहिए, क्योंकि उसमें कम-से-कम रचनाकार-व्यक्ति के बदले स्वयं रचना पर ध्यान केन्द्रित रहता है।" किन्तु काफी सोच-विचार के बाद उन्हें लगा कि 'ईमानदारी' शब्द को छोड़ना ठीक नहीं; क्योंकि उसमें लेखक की अपनी गहरी प्रतिबद्धता (Profound Personal Self-Commitment) निहित है, अथवा कम-से-कम यह अर्थ निहित होना चाहिए। इस सन्दर्भ में प्रतिबद्धता

के अर्थ का स्पष्टीकरण करते हुए रॉब्सन कहते हैं कि "यह प्रतिबद्धता सार्त्र की 'प्रतिबद्धता' (कमिटमेंट) से एकदम भिन्न है। यह किसी प्रचारवादी साहित्य की प्रतिबद्धता नहीं, बल्कि ऐसी प्रतिबद्धता है जो मानव संकल्प के आन्तरिक और अन्तरंग आन्दोलनों को प्रतिबिम्बित करती है। प्रासंगिक ढंग की ईमानदारी एक ऐसा गुण है जिसे आन्तरिक अनुशासन से **उपलब्ध** किया जाता है। इसके बारे में हमारे एहसास का अर्थ है यह एहसास कि कृति जिसे स्वीकार अथवा अस्वीकार करती है, अभिव्यक्त करने में सफल होती है या असफल, अव्यक्त छोड़ देती है अथवा व्यक्त करती है; उसके सन्देह, उसके तनाव, उसके अन्तिम नैतिक सन्तुलन—उन सबसे स्वयं लेखक अपनी कल्पना में होकर गुजरा है। मेरा अभिप्राय यह बिल्कुल नहीं है कि किसी कृति-सम्बन्धी हमारा वास्तविक अनुभव ऐसा हो जिसमें वह कृति **स्पष्टतः** कृतिकार की अपनी **समस्याओं** के बीच से काल्पनिक रूप में गुजरने का अनिवार्य रूप हो।" रॉब्सन का आग्रह है कि इस प्रकार का एहसास किसी कृति में निहित कृतिकार की मानवीयता में आस्था पैदा होने के लिए आवश्यक है। इस प्रकार काव्य के मूल्यांकन के लिए 'ईमानदारी'-जैसे साहित्येतर शब्द का प्रयोग सर्वथा प्रासंगिक है।

अब तक की परम्परा से भी यही प्रतीत होता है कि काव्य-चर्चा के प्रसंग में ईमानदारी के प्रयोग से बचना सम्भव नहीं है। कोई अपरिहार्यता ही थी जिसके कारण बार-बार रचनाकारों ने ईमानदारी का सहारा लिया, जान में चाहे अनजान में। इसके अतिरिक्त ईमानदारी केवल नैतिक मूल्य होने मात्र से काव्य के मूल्यांकन के लिए अप्रासंगिक नहीं हो जाती। काव्यकृति आखिर मानव-कृति है, शुद्ध प्रकृति नहीं। मानव-कृति होने के नाते काव्य-कृति किसी-न-किसी मानव-मूल्य को व्यक्त करती है, इसलिए उसके मूल्यांकन के लिए अपनाई गई कोई भी मूल्य-प्रणाली मानव-मूल्यों के दायरे से बाहर नहीं रह सकती। मूल्य-बोधक कोई भी शब्द मानव-कृतित्व अथवा मानवीयता से रिक्त नहीं हो सकता; चाहे वह ऊपर से देखने पर नितान्त काव्य-क्षेत्रीय मूल्य ही क्यों न प्रतीत हो। उदाहरण के लिए संस्कृत काव्य-शास्त्र का 'औचित्य'। निस्सन्देह इससे मूल्यांकन में अक्सर घपला भी होता है। किन्तु इस घपले से बचने का एक तरीका है और वह यह कि काव्य के सन्दर्भ में ईमानदारी का उपयोग करते समय इसके नैतिक रंग का बोध बराबर बना रहे।

अंग्रेजी में नैतिक मूल्यों के प्रबल आग्रही अन्यतम साहित्य-समीक्षक डॉ. एफ.आर. लीविस इसी स्वतन्त्रता के साथ काव्य के मूल्यांकन में 'ईमानदारी'-जैसे खतरनाक औजार का बहुत सफल उपयोग कर सके हैं। 'सच्चाई और ईमानदारी' (Reality and Sincerity)[1] शीर्षक निबन्ध में लगभग एक-से विषय की तीन कविताओं का विश्लेषण करते हुए डॉ. लीविस ने ईमानदारी और सच्चाई के अन्तरावलम्बन के तारतमिक रूपों का उद्घाटन किया है। विश्लेषण से स्पष्ट हो जाता है कि जिस कविता में भावोच्छ्वास है, उसमें वास्तविकता के मूर्त चित्र कम हैं और कवि की समझदारी भी उसी मात्रा में

1. *Scrutiny*, Vol. XIX, No. 2, Winter 1952-53.

घट जाती है जो अन्ततः कवि की ईमानदारी की कमी सूचित करती है। इसके विपरीत भावोच्छ्वास का अभाव, वास्तविकता की ठोस पहचान, गहरी मानवीय समझदारी और भाषा का सधा हुआ प्रयोग आदि गुण तीनों में से श्रेष्ठ कविता की ईमानदारी के लक्षण साबित होते हैं। निस्सन्देह यह प्रक्रिया एक तरह से चक्राकार है और यही इसका सबसे बड़ा दोष भी है, किन्तु एक बार ईमानदारी को काव्य-मूल्यों की प्रणाली में स्वीकार कर लेने के बाद उसे वस्तुनिष्ठ रूप देने का कोई दूसरा बेहतर ढंग भी अभी तक सामने नहीं आया है। किसी कविता के मूल्यांकन में ईमानदारी का ऐसा उपयोग, जिसमें कविता के बाहर जाकर कवि के व्यक्तिगत जीवन और मनोगत अभिप्रायों में जाने का जोखिम उठाने की बजाय स्वयं काव्य-कृति पर ही सारा निर्णय आधारित हो, **काव्यगत वास्तविकता** पर निर्भर होने के लिए बाध्य है, जिसे अपनी भाषा में डॉ. लीविस 'मूर्तिमत्ता' (Concreteness) कहते हैं। विम्साट-बियर्ड्स्ले द्वारा निरूपित 'अभिप्रायपरक हेत्वाभास' (Intentional Fallacy) से बचने का कोई दूसरा रास्ता नहीं है।

कवि के अभिप्राय को जानने का साधन कविता के बाहर यदि सुलभ भी हो तो कायदे से उस साधन के उपयोग के लिए आलोचक बाध्य नहीं है। वस्तुतः कविता के मूल्यांकन के लिए कवि का निजी अभिप्राय अप्रासंगिक है। प्रासंगिक अभिप्राय वही है जो कविता में व्यक्त हुआ है; जो व्यक्त नहीं हो सका है, उसमें स्वयं कवि की दिलचस्पी हो तो हो, आलोचक को उससे कोई प्रयोजन नहीं। कविता से कवि को अलग करके भी यदि काव्य-कृति को ध्यान से देखा जाए तो कवि की ईमानदारी का पता चल जाता है। जागरूक पाठकों और आलोचकों का अनुभव है कि कविता में जहाँ 'कृत्रिमता' दिखाई पड़ती है, कवि में ईमानदारी की कमी का एहसास होता है। उदाहरण के लिए जून 1968 की *कल्पना* में विपिनकुमार अग्रवाल ने कविता में बनावटीपन को स्पष्ट करने के लिए अज्ञेय की निम्नलिखित पंक्तियाँ उद्धृत की हैं :

चौंक कहीं पर
छिपा
मुदित
बन-पाखी
बोला
दिन है
जय है
यह बहुजन की :
प्रणति,
लाल रवि,
ओ जन-जीवन
लो यह
मेरी

सकल साधना
तन की
मन की।

"इस कविता में जो **घपलापन** है उसका कारण अन्दर और बाहर दोनों जगतों में थोड़ा-थोड़ा एकान्तरमय संघटन बनाए रखने का लालच है। कविता इसीलिए न तो कवि के अन्तर्जगत् को उजागर करती है और न ही बाह्य जगत् की समझ पैदा करने में सक्षम हो पाती है। एक संघटन पर दूसरे का संघटन आरोपित हो जाने से दोनों में से कोई भी प्रेषित नहीं हो पाता। ऊपर से, गम्भीर लगती और आभिजात्य शब्दावली के चुनाव के कारणवश इनका प्रयास एक **बनावटीपन** को ही जन्म दे पाया है। परिपक्वता के बहाने ज्यों-ज्यों अधिक दार्शनिक बनने की कोशिश और अधिक विविध रूप में संसार को देखने का प्रयत्न इन्होंने किया, त्यों-त्यों घपला बढ़ता गया और उसे ढकने के लिए शालीन और अति साहित्यिक लगती भाषा का प्रयोग **कृत्रिमता** को बढ़ाता गया। इसका ज्वलन्त उदाहरण लम्बी कविता *असाध्य वीणा* है। एक कलछी दार्शनिकता और एक कलछी जगत् के ब्यौरे के एकान्तरण से बनी यह **आडम्बरी** कविता किसी प्रथम श्रेणी के हिन्दी भाषा के विद्यार्थी द्वारा इस सूत्रानुसार कविता गढ़ने की दयनीय कोशिश है। थोड़ा ही विचार करने पर कोई भी यह साबित कर सकता है कि इस प्रकार के अध्यारोपण से उपजी अभिव्यक्ति में **कलात्मक जटिलता** नहीं पैदा की जा सकती, केवल उसका भ्रम पैदा किया जा सकता है।"

विपिनकुमार अग्रवाल ने अज्ञेय की कविता का जो वस्तुनिष्ठ विश्लेषण प्रस्तुत किया है, उसमें कवि के काव्य-बाह्य अभिप्राय की ओर न तो कोई संकेत है और न कवि की निजी ईमानदारी में ही सन्देह व्यक्त किया गया है। विश्लेषण का आधार काव्य-भाषा है और कविता की संरचना। भाषा और संरचना में एक बनावटीपन है। इसके अतिरिक्त यह कविता न तो कवि के अन्तर्जगत् को उजागर करती है और न बाह्य जगत् के बारे में कोई नई **'समझ'** पैदा करती है। स्पष्टतः कथ्य की इस दरिद्रता का सम्बन्ध भाषा और संरचना की कृत्रिमता से है। इस असफलता का कारण है कवि में एक 'लालच' का उदय, जो जबर्दस्ती अन्तर्जगत् और बाह्य जगत् को एकत्र समेटने के लिए बाध्य करता है। यह 'लालच' कवि की काव्यगत ईमानदारी में सन्देह जगाने के लिए पर्याप्त है। निःसन्देह विपिनकुमार अग्रवाल ने इस सन्दर्भ में 'ईमानदारी' की अवधारणा का उल्लेख नहीं किया है किन्तु कविता की कृत्रिमता जिस सच्चाई के अभाव की ओर संकेत करती है, वह अन्ततः ईमानदारी के अभाव का ही सूचक है।

किन्तु जैसा कि मुक्तिबोध ने अप्रैल-जून, '68 की *आलोचना* में प्रकाशित 'काव्य की रचना-प्रक्रिया' शीर्षक निबन्ध में कहा है : "कृत्रिमता केवल 'इनसिंसियारिटी' (गैर-ईमानदारी) की ही उपज नहीं होती, वह अकवित्व की उपज (भी) होती है अर्थात् अन्तर्जगत् की निर्जीवता और जड़ता का प्रमाण हो सकती है।" छायावादी कवियों की बाद में लिखी हुई तथाकथित **सामाजिक** कविताओं में जो कृत्रिमता दिखाई पड़ती है,

उसका कारण सम्भवतः यह अकवित्व ही है।

प्रश्न यह है कि क्या इस अकवित्व का करण उन कवियों के अन्तर्जगत् की 'निर्जीविता' या 'जड़ता' ही है अथवा और कुछ ? विपिनकुमार अग्रवाल का मत इससे भिन्न है। उन्होंने साफ लिखा है कि "जब-जब इनमें से किसी ने चरित्रहीन होकर बदलते हुए और तहमय सामाजिक जीवन को छूने का प्रयत्न किया, तब-तब उसके द्वारा फूहड़ कविता रची गई। इसका कारण यह नहीं है कि ये रद्दी कवि थे, बल्कि यह है कि इनकी गठन इस प्रकार के विषय को कविता में बदलने के लिए हुई ही नहीं थी। इनकी आन्तरिक बनावट ने तो एक प्रकार से इन्हें ऐसी कविता रच पाने के अयोग्य ही कर दिया।" इस कथन से स्पष्ट है कि बदलते हुए सामाजिक जीवन को कविताओं का विषय बनाने की प्रवृत्ति दिखलाकर इन कवियों ने एक तरह से अपनी ईमानदारी का ही परिचय दिया। कमी कवि की ईमानदारी में नहीं, बल्कि उनकी 'आन्तरिक बनावट' में है जिसे 'चरित्र' भी कहा जा सकता है। एक प्रकार के विषय को काव्य-रूप देने के लिए जिस 'आन्तरिक बनावट' का निर्माण हुआ था, वह यदि दूसरे प्रकार के विषय को आत्मसात् नहीं कर पाती और अन्ततः काव्य-रूप देने में चूक जाती है तो त्रुटि उस 'आन्तरिक बनावट' में है। किन्तु 'काव्यानुभूति की बनावट' के अतिरिक्त यह 'आन्तरिक बनावट' और क्या है ? किसी कविता में फूहड़पन तभी दिखता है जब काव्यानुभूति की बनावट में असंगतियाँ दिखाई पड़ती हैं। जब विषय और भाषा के बीच कोई काव्य-सुलभ संगति नहीं मिलती तो प्रायः वही कविता फूहड़ कही जाती है। किन्तु प्रश्न यह उठता है कि विषय के अनुरूप वह कवि भाषा का निर्माण क्यों नहीं कर सका, खासतौर से वह कवि जो दूसरे सन्दर्भ में समर्थ काव्य-भाषा का परिचय दे चुका हो। क्या यह कवि की भाषा-संवेदना के कुंठित होने का लक्षण नहीं ? और संवेदना यदि एक ओर अखंड है तो यह भाषा-संवेदना कवि की मूलभूत संवेदना की जड़ता का सूचक है। इस प्रकार मुक्तिबोध और विपिनकुमार अग्रवाल में जो अन्तर दिखाई पड़ता है, वह एक ही विवेचनक्रम की पूर्वापर दो स्थितियों का अन्तर है। विपिनकुमार कविता की बनावट के विश्लेषण से जिस निष्कर्ष पर पहुँचते हैं, मुक्तिबोध उसी विश्लेषण को काव्य की रचना-प्रक्रिया में एक कदम और आगे ले जाकर संवेदना के मूल्य स्रोत तक पहुँचने का प्रयास करते हैं। मुक्तिबोध जब इस विषय में ईमानदारी को नहीं घसीटते तो मतलब साफ है कि कविता की यह कृत्रिमता कवि की **सामाजिक** ईमानदारी के बावजूद घटित होती है। किन्तु प्रश्न कवि की **सामाजिक** ईमानदारी का नहीं बल्कि उसकी **साहित्यिक** ईमानदारी का है और कहना न होगा कि कविता के मूल्यांकन में यदि प्रासंगिक है तो यह **साहित्यिक** ईमानदारी ही।

इन सन्दर्भ में विपिनकुमार ने अज्ञेय के समवर्ती कवि शमशेर बहादुर सिंह का उल्लेख करते हुए कहा है कि "शमशेर अपने को इस घपले से बचा सके। उनमें अपने अन्तर्जगत् को समेट लेने के लक्षण सबसे पहले दिखलाई देते हैं। यद्यपि उनका बाह्य जगत् सरल रंगीन सीढ़ियों का बना है पर अन्दर की उलझन के (जानबूझकर प्राप्त किए

गए) अभाव में स्पष्ट रूप से कविता में आकार ग्रहण करता है।" इस कथन की युक्तता विजयदेव नारायण साही के उस विवेचन से भी होती है जिसमें 'शमशेर की काव्यानुभूति की बनावट' की विशेषताएँ बतलाते हुए विस्तार से दिखलाया गया है कि किस प्रकार वे 'वस्तुपरकता की आत्मपरकता' और 'आत्मपरकता की वस्तुपरकता' के द्वारा सफलतापूर्वक **बिम्बलोक** का निर्माण कर ले जाते हैं। इसी कारण शमशेर की तथाकथित राजनीतिक कविताएँ भी अपनी स्थूल वस्तुपरकता खोकर एक अमूर्त चित्र के समान नितान्त आत्मपरक काव्य बन जाती हैं। दूसरे शब्दों में, यह कवि की काव्योचित ईमानदारी का प्रमाण है।

जहाँ तक विषय के अनुरूप भाषा को बदलने की काव्यात्मक ईमानदारी का सम्बन्ध है, *सीढ़ियों पर धूप में* के कवि रघुवीर सहाय की नई काव्य-कृति *आत्महत्या के विरुद्ध* का उदाहरण लिया जा सकता है। स्वयं *आत्महत्या के विरुद्ध* संग्रह में एक भाषा 'रचता वृक्ष' कविता की है और दूसरी 'भीड़ में मैकू और मैं' की, किन्तु इन दोनों भाषाओं में ऐसा अन्तर भी नहीं, जो नितान्त भिन्न दो कवियों की भाषा लगे। संग्रह में भाषागत संक्रमण के सोपान ध्यान से देखने पर कुछ तो देखे भी जा सकते हैं; किन्तु इस प्रसंग में उल्लेखनीय है कवि की सर्जनात्मक ईमानदारी, जिससे कविता की आन्तरिक बनावट में विषयानुसारी परिवर्तन सम्भव हो सका।

किन्तु काव्य-समीक्षा में 'ईमानदारी' के उपयोग की आवश्यकता सबसे ज्यादा आत्मपरक कविताओं में पड़ती है—इनमें भी आत्म-स्वीकृतियों में। आत्म-स्वीकृति की कविताएँ सामान्यतः ईमानदारी का असन्दिग्ध दस्तावेज मानी जाती हैं। किन्तु काव्यगत 'मैं' के स्वर और भाषा-प्रयोग की प्राथमिक पड़ताल आत्म-स्वीकृति और आत्म-स्वीकृति का अन्तर स्पष्ट कर देती है। उदाहरण के लिए रमेश गौड़ की कविता 'मेरी पीढ़ी : एक आत्म-स्वीकृति' और राजकमल चौधरी का 'मुक्ति प्रसंग' तुलनीय हो सकते हैं। 'मेरी पीढ़ी : एक आत्म-स्वीकृति' के कथ्य में आत्म-भर्त्सना है, किन्तु 'स्वर' में गर्वोक्ति है। कविता की लय ललकारभरी है, अनुताप-सूचक नहीं। वाक्य-विन्यास में वक्तृत्व-सुलभ आवृत्तियाँ हैं : "कोई दर्द/कोई दर्प/कोई दुआ" अथवा "और फिर/और फिर/और फिर।" आभास अपनी कमजोरी स्वीकार करने का दिया जाता है, किन्तु व्यंजित होता है स्वीकार करने का साहस। स्वीकार किया गया है कि "पूरी-की-पूरी ही पीढ़ी आत्मरति में रीत गई" किन्तु यह स्वीकृति अब आत्मरति से मुक्त होने का एहसास नहीं कराती। "हमने स्वयं को वाल्मीकि बतलाकर गौरवान्वित कर लिया" यह कथन गौरव का आरोप है, तथ्य की स्वीकृति नहीं। इसीलिए अपने आपको केवल 'अन्धों की पीढ़ी' न कहकर **धृतराष्ट्रों** की पीढ़ी कहा गया है। अपने ऐतिहासिक महत्त्व का बोध भी इतना गहरा है कि हमारे नाम पर इतिहास के कोरे पन्ने छोड़ दिए गए होंगे। कोरे हुए तो क्या हुआ पन्ने हैं तो इतिहास के ! कुल मिलाकर कविता में बड़बोलापन साफ है जो आत्मस्वीकृति की काव्यात्मक ईमानदारी के खिलाफ जाता है।

बड़बोलापन एक हद तक राजकमल चौधरी के 'मुक्ति-प्रसंग' में भी है—आत्म-प्रदर्शन

का आभास देता हुआ। किन्तु कविता के स्तर में ऐसा तनाव है कि बड़बोलापन डूब जाता है; और गहरे स्तर पर अन्तरावलोकन का एहसास होता है। इसलिए कविता में जब यह पंक्ति आती है कि "सबके लिए सबके हित में अस्पताल चला गया है राजकमल चौधरी" तो निर्वैयक्तिकता व्यंजित होती है, आत्म-प्रदर्शन नहीं। "नहीं होने की विडम्बना" और आत्म-विडम्बना मुक्ति-प्रसंग के भावाविष्ट प्रलाप को सन्तुलित करती है। स्थानों, स्थितियों, प्रसंगों, घटनाओं और व्यक्तियों के मूर्त बिम्ब भावनाओं के वस्तुनिष्ठ सहसम्बन्धों का कार्य सम्पन्न करके विभाजन-व्यापार की सफलता प्रमाणित करते हैं। इस प्रकार एक आत्म-स्वीकृति होते हुए भी 'मुक्ति-प्रसंग' अनात्म होने की उस मुक्त दशा का एहसास कराती है, जिसमें ईमानदारी रचनात्मक गल्प का रूप ग्रहण करके भी विश्वसनीय लगती है। वैसे भी कविता आखिर कविता है, हलफनामा नहीं।

आजकल अपनी पीढ़ी की ओर से जिस प्रकार की आत्म-स्वीकृतियाँ की जा रही हैं उनकी तुलना में मुक्तिबोध की 'एक भूतपूर्व विद्रोही का आत्म-कथन' शीर्षक कविता मजे में रखी जा सकती है। अपनी कमजोरियों का स्वीकार यहाँ भी है किन्तु उसमें किसी प्रकार की आत्मदया का भाव नहीं है। "दुःख तुम्हें भी है, दुःख मुझे भी, हम एक ढहे हुए मकान के नीचे दबे हैं।" अनुताप है किन्तु इस अनुताप का रूप यह है :

लेकिन, हम इसलिए
मरे कि जरूरत से
ज्यादा नहीं, बहुत-बहुत कम
हम बागी थे।

गरज कि 'नाकरदा गुनाहों की भी हसरत की मिले दाद !' पूरी कविता में आत्म-विडम्बना के साथ ही परिस्थिति की विडम्बना पर भी तीखी चोट है :

अब तो रास्ते ही रास्ते हैं
मुक्ति के राजदूत सस्ते हैं।

कुल मिलाकर आत्मपरकता का आभास देते हुए भी यह कविता मुक्तिबोध की अन्य कविताओं की तरह नाटकीय विन्यास के द्वारा एक स्वप्न-लोक की सृष्टि करती है, जिसमें अपनी कम पराई ज्यादा है—मुक्तिबोध के अपने शब्दों में : "आत्म-विस्तार यह बेकार नहीं जाएगा।"

ऐसी ही कविताओं में ईमानदारी का रूप देखकर सीमोन वील का यह कथन याद आता है कि नैतिकता 'संकल्प' का नहीं, 'अवधान' का विषय है। अंग्रेजी की उपन्यास-लेखिका और दर्शनशास्त्र की अध्यापिका ईरिस मर्डोक ने कुछ दिन पहले जनवरी, 1961 के *एनकाउंटर* में कुछ ऐसी ही स्थिति को ध्यान में रखकर लिखा था कि "हम लोगों ने 'सत्य' की कठोर साधना के स्थान पर ईमानदारी की सरल धारणा अपना ली है; जबकि दरअसल ईमानदारी की 'आत्म-केन्द्रित' धारणा के स्थान पर सत्य की 'वस्तु-केन्द्रित' धारणा की ओर अग्रसर होने की आवश्यकता है।" फिर सत्य चाहे आत्म-स्वीकृति के ही रूप में क्यों न प्रकट हो।

जिस समय बहुत से लोग जन-प्रेम की दुहाई देने में होड़ मचा रहे हों, रघुवीर सहाय का यह कथन अधिक ईमानदारी भरा लगता है :

एक मेरी मुश्किल है जनता
जिससे मुझे नफरत है सच्ची और निस्संग
जिस पर कि मेरा क्रोध बार-बार न्योछावर होता है।

कुछ ऐसी ही निरस्त्र कर देनेवाली बेबाक ईमानदारी श्रीकान्त वर्मा की इन पंक्तियों में है :

मैं गौर से सुन सकता हूँ
औरों के रोने को
मगर दूसरे के दुःख को
अपना मानने की बहुत
कोशिश की; नहीं हुआ।

इसे चाहे मानव-द्रोह कहें चाहे अहं का विस्फोट, लेकिन इस आत्म-स्वीकृति की ईमानदारी में सन्देह नहीं किया जा सकता। वैसे, यह अनिवार्यतः कवि की आत्म-स्वीकृति है भी नहीं, है तो काव्य-नायक की जो अपने इस कथन के द्वारा आज की दुनिया में फैलते हुए व्यक्ति-व्यक्ति के बीच के अलगाव (एलिएनेशन) और इस अलगाव से पैदा होनेवाली सम्वेदनहीनता का सत्य व्यक्त कर रहा है। मानव-सौहार्द के मिथ्या प्रचार के स्थान पर आज ऐसे कड़वे सत्य की सख्त जरूरत है। आत्म-छल के बढ़ते हुए रोग के जमाने में यह ईमानदारी भी नेमत है।

आज की कविता में ईमानदारी का ही एक रूप है, 'अस्मिता' (आइडेंटिटी) की खोज। जिसे आज की भाषा में 'अस्मिता का संकट' (क्राइसिस ऑफ आइडेंटिटी) कहा जा रहा है। वह सम्भवतः काफी पुराना संकट है, किन्तु इसकी पहचान तीव्रता के साथ इसी बीच की गई। उदाहरण के लिए श्रीकान्त वर्मा की 'बुखार में कविता' की ये पंक्तियाँ :

मुझे दुख नहीं मैं किसी का नहीं हुआ। दुख है
कि मैंने सारा समय
हरेक का होने की
कोशिश की।

और इस तरह "मेरे साथ/मैंने दगा किया।" इस क्रम में एक स्थिति वह भी आती है जब व्यक्ति को लगता है कि "जैसे/मेरा कोई नाम/ नहीं।" 'क्राइसिस ऑफ़ आइडेंटिटी' पद को लोकप्रिय बनानेवाले अमरीकी मनोवैज्ञानिक एरिक एरिक्सन ने इस मानसिक रोग की खोज का विवरण देते हुए लिखा है कि इसके लक्षण सबसे पहले युद्ध-ग्रस्त मरीजों में दिखाई पड़े जो किसी आन्तरिक मानसिक आघात के कारण अपनी अस्मिता खो बैठे थे। किन्तु इधर की कविता से स्पष्ट है कि अस्मिता का संकट युद्ध-ग्रस्तता के बिना भी सम्भव है; रोजमर्रा की जिन्दगी में हरएक का होने की कोशिश में आदमी अपना

भी नहीं रहता। ऐसी स्थिति में अस्मिता की खोज ईमानदारी का पर्याय हो जाती है।

किन्तु ईमानदारी का अतिरेक कभी-कभी कवि को कविता छोड़कर कविता से बाहर चले जाने के लिए विवश कर देता है, जैसा कि फ्रांसीसी कवि रैम्बो के साथ हुआ। पहले महायुद्ध के बाद फ्रांस में यही प्रवृत्ति बहुत बड़े पैमाने पर फिर उदित हुई, जिसकी पृष्ठभूमि में 'सुररियलिस्ट' आन्दोलन था। इस कविता-विरोधी ईमानदारी को सैद्धान्तिक रूप में प्रस्तुत करते हुए फरवरी, 1924 के *एन.आर.एफ.* में मार्सेल आर्ला नामक एक युवक लेखक ने लिखा कि "मुद्रा, भंगिमा और दिवास्वप्न के तिहरे झूठ को त्यागकर ही साहित्य अपनी अस्मिता प्राप्त कर सकता है। चरम ईमानदारी हमारा लक्ष्य है। कला में, शब्दों में इतना अविश्वास पहले कभी नहीं हुआ। तमाम साहित्य से परे यदि मेरी दिलचस्पी सबसे पहले किसी चीज में है तो अपने-आप में। और इसके नजदीक पहुँचने के लिए जो साधन सबसे सीधा है, उसे ही मैं अपनाना चाहूँगा। साहित्य, निस्सन्देह इन साधनों में सर्वोत्तम है, किन्तु उसमें हमारी दिलचस्पी उसी हद तक है, जिस हद तक उसका हमसे सम्बन्ध है।" इस कथन में जो साहित्य के निषेध की भावना छिपी हुई है, *वह एन.आर.एफ.* के तत्कालीन सम्पादक और सूक्ष्मदर्शी विचारक ज्याक रिविएर से न छिप सकी। उन्होंने अगले ही अंक में साहित्य के लिए आत्मघाती इस प्रवृत्ति का विश्लेषण करते हुए लिखा कि "ईमानदारी का यह अतिरेक अन्ततः साहित्य के बाहर ले जानेवाला है। जब किसी के दिमाग में यह सवाल उठे कि हम क्यों जीते हैं तो समझना चाहिए कि इसका अन्त या तो आत्महत्या में होगा या फिर धार्मिक आस्था में। उसी प्रकार जब किसी लेखक के मन में यह सवाल उठता है कि वह क्यों लिखे तो लेखन छोड़ देने का खतरा पैदा हो जाता है।"

ईमानदारी के विषय में रिविएर का यह निदान कितना सही है, इसे हिन्दी के युयुत्सावादी और अकवितावादी लेखन में आसानी से देखा जा सकता है। यदि उसकी चरम परिणति अभी नहीं दिखाई पड़ रही है तो इसीलिए कि ईमानदारी के उद्घोष के बावजूद ईमानदारी के चरम रूप तक ये कवि अभी नहीं पहुँचे हैं। वैसे, शब्दों की शक्ति में अनास्था और साहित्य में अविश्वास के लक्षण तो स्पष्ट हैं। इसे यदि तर्कसंगत परिणति तक ले जाया जाए तो सीधे 'कर्म' का ही रास्ता निकलता है। जून-जुलाई '68 के *अकथ में* 'परिवेश की बात' शीर्षक निबन्ध में अज्ञेय ने इसी प्रवृत्ति को ध्यान में रखकर लिखा है कि "एक रास्ता तो सीधा रास्ता है। यह कर्म का—ऐक्शन का—रास्ता है। लेकिन यह जरूरत से ज्यादा सीधा रास्ता है। कर्म के द्वारा अस्मिता की उपलब्धि, कर्म में से अस्ति की पहचान रास्ता तो है, पर यह साहित्य-कर्म से अलग ले जानेवाला रास्ता है—यानी इस अर्थ में साहित्य-लेखन कर्म नहीं है।" यदि कोई कवि-कर्म छोड़कर सचमुच ही 'कर्म' का रास्ता अपना ले तो वह कविता से ही नहीं, कविता के मूल्यांकन के दायरे से भी बाहर चला जाता है, इसलिए काव्य-समीक्षा के अन्तर्गत उस ईमानदारी पर विचार करना अप्रासंगिक है। प्रासंगिक है तो उस ईमानदारी का पूर्वरूप जो कर्मक्षेत्र में प्रवेश करने की भूमिका-स्वरूप कविता के अन्तर्गत कविता का निषेध करता है। इस

प्रवृत्ति को रेखांकित करना तब और भी आवश्यक हो जाता है जब श्रीकान्त वर्मा-जैसे कविकर्म के प्रतिबद्ध कवि *मायादर्पण* जैसी सफल कविता के अन्तर्गत इस प्रकार की पंक्तियाँ लिखने का लोभ सम्वरण नहीं कर पाते :

मगर खबरदार, मुझे कवि मत कहो।
मैं बकता नहीं हूँ कविताएँ
ईजाद करता हूँ
गाली
फिर उसे बुदबुदाता हूँ
मैं कविताएँ बकता नहीं हूँ।

इसे स्वयं कवि का वक्तव्य न मानकर कविता के नायक 'मैं' का ही वक्तव्य मान लिया जाए तब भी उसकी अतिनाटकीयता निश्चित रूप से कविता पर एक धब्बा है। निस्सन्देह इस हद की स्वचेतनता और आत्म-छल को तार-तार करने की ईमानदारी के कारण कविता में अनूठी पारदर्शिता आई है जो सरल शब्दों के चयन, संक्षिप्त वाक्य-गठन और विरल संरचना में स्पष्ट प्रतिबिम्बित होती है, किन्तु यह विरलता दूसरी ओर कविता के निषेध का भी सूचक है। ईमानदारी आत्मघाती भी हो सकती है, इसका एक प्रमाण यही है कि जिस कवि ने 1951 में ईमानदारी का सवाल उठाया उसी को 1968 में *आत्महत्या के विरुद्ध* आवाज उठाने की जरूरत महसूस हुई। इस सन्दर्भ में रघुवीर सहाय का यह कथन विशेष अर्थ रखता है कि "सबसे मुश्किल और सही रास्ता एक ही है कि मैं सब सेनाओं में लड़ूँ...मगर अपने को अन्त में मरने के लिए सिर्फ अपने मोर्चे पर दूँ—अपने भाषा के, शिल्प के और उस दोतरफा जिम्मेदारी के मोर्चे पर जिसे साहित्य कहते हैं।"

तात्पर्य यह कि ईमानदारी जरूरी है, लेकिन कवि के लिए कविता भी जरूरी है और इस जरूरत के लिए ईमानदारी काफी नहीं है, न रचना के क्षेत्र में और न आलोचना के। जैसा कि स्त्राविंस्की ने एक सूत्र में कहा है, "ईमानदारी एक अनिवार्य (शर्त) है, जो कोई गारंटी नहीं देती।" (Sincerity is a *sine quo non* that at the same time guarantees noting.)

[1968]

परिवेश और मूल्य

कविता के मूल्यांकन के लिए यदि ईमानदारी का प्रतिमान काफी नहीं और वास्तविकता का आधार लेना जरूरी है तो तुरन्त यह सवाल उठता है कि उस वास्तविकता की परख का आधार क्या होगा ? यदि काव्यगत वास्तविकता को ही वास्तविकता की माप का आधार बनाएँ तो यह मूल्यांकन नहीं बल्कि अधिक-से-अधिक व्याख्या होगी; और यदि काव्येतर वास्तविकता को अपनाएँ तो उसकी प्रामाणिकता को भी चुनौती दी जा सकती है। समकालीन काव्य का मूल्यांकन इस दृष्टि से और भी जोखिम भरा है क्योंकि जिस परिवेश से यह काव्य सम्बद्ध है वह कवि और आलोचक दोनों का ही साझा परिवेश है। यह परिवेशबद्धता किसी कविता को कितना विवादास्पद बना सकती है, इसका ताजा उदाहरण है रघुवीर सहाय का नया कविता-संग्रह *आत्महत्या के विरुद्ध,* जिसे एक ओर नेमिचन्द्र जैन "हिन्दी कविता की नई उपलब्धि" मानते हैं।[1] और दूसरी ओर श्रीराम वर्मा "अखबारी कविता"[2] तथा सुरेन्द्र चौधरी "काव्यरिपोर्ताज"[3]।

श्रीराम वर्मा के अनुसार : "इन कविताओं में नंगी और बेलौस आवाज के आग्रह (या पूर्वग्रह) के कारण (आसानी के लिए शायद) अखबार का सीधा उपयोग हुआ है, यह कविता के बाहर नहीं, अन्दर जाता हुआ कविता को तहस-नहस करता है, खंडित करता है, गद्यमय करता है, छन्द के बावजूद लयात्मक नहीं बनाता, मुक्त छन्द के बावजूद अखबार से मुक्ति नहीं देता...स्पष्ट है कि अखबार का सही उपयोग नहीं हो पाया है, व्यापक संसार के लिए जिस जटिलता की जरूरत थी, उसे अखबार से सरल कर लिया गया, अन्दर-बाहर के सपाट को जहाँ एक कर दिया गया था, वहाँ प्रायः इसके जोड़ खुल गए हैं और कवि खुद के परिवेश से बँधता भी गया है, उसके बावजूद उसकी कविता इसमें सन्देह नहीं कि **वर्तमान की सही पहचान** के कारण, सूक्ष्म पर्यवेक्षण और अप्रतीकी अभिव्यक्ति के कारण सार्थक है और इसीलिए *आत्महत्या के विरुद्ध* और उसका कवि **वर्तमान में ही इतने ज्यादा पहचाने जाने योग्य हैं** कि उनका मूल्यांकन करना बेहद जरूरी लगे।"

---

1. *आलोचना,* अप्रैल-जून, 1968
2. *क ख ग,* 15, 1968
3. *आरम्भ,* जुलाई 1968

इस कथन में यह स्वीकार किया गया है कि *आत्महत्या के विरुद्ध* में ''वर्तमान की सही पहचान है।'' आपत्ति है तो इस बात पर कि व्यापक संसार को अखबार से सरल कर लिया गया है। इसके बावजूद इस काव्य को **सार्थक** कहा गया है। सार्थकता का कारण है, वर्तमान की सही पहचान, सूक्ष्म पर्यवेक्षण और अप्रतीकी अभिव्यक्ति। क्या इन बातों में परस्पर विरोध नहीं है ? यदि पर्यवेक्षण **सूक्ष्म** है तो फिर व्यापक संसार **सरल** कैसे हुआ ? यदि कविता में वर्तमान की **पहचान** है तो फिर वह अखबारी कैसे हुई ? फिर इस पहचान को **सही** कहने का क्या अर्थ है ? क्या अप्रतीकी अभिव्यक्ति और संसार की सरलता के बीच कोई सम्बन्ध नहीं ? यदि अप्रतीकी अभिव्यक्ति सायास है तो उस सरलता को सायास क्यों न माना जाए ? और यदि काव्य-संसार की यह सरलता सायास है तो स्पष्ट है कि कवि ने एक सतही संसार को सुविधा के लिए चुपचाप उठा नहीं लिया है, बल्कि उसके जटिल ताने-बाने को सूझ-बूझ के साथ सुलझाकर सरल बनाया है। किसी कविता को सार्थक कहने के मूल में अनिवार्यतः ये रचनात्मक प्रयास निहित हैं; यदि नहीं तो फिर 'सार्थक' शब्द का प्रयोग असंगत है। जहाँ तक अखबार के जरिए कविता के 'खंडित' होने का सवाल है, उसके बारे में मलयज का यह कथन उल्लेखनीय है कि ''आज की कविता में समग्रता और निरन्तरता की माँग एक तरह से यथास्थिति की माँग है और सबकुछ को **खंड-खंड कर रखने** के पीछे इस यथास्थिति को तोड़ने की **सर्जनात्मक** चेष्टा ही मौजूद है। यह बहुत सम्भव है कि इस खंड-खंड में बहुत-कुछ पाखंड भी शामिल हो जाए, और एक स्तर पर सच्ची सर्जनात्मक चेष्टा एक चालकीपूर्ण कलाबाजी में बदल जाए, पर इस खतरे के बावजूद यथास्थिति को तोड़ने का यह प्रयोग महत्त्वपूर्ण रहेगा।''[1] किन्तु सबसे दिलचस्प वाक्य है *आत्महत्या* के विरुद्ध और उसके कवि को 'वर्तमान में ही इतने ज्यादा पहचाने जाने योग्य' कहना। क्या इसका आशय यह है कि *आत्महत्या के विरुद्ध* का महत्त्व वर्तमान परिवेश के कारण है, इसलिए यह महत्त्व तात्कालिक है ?

सुरेन्द्र चौधरी का कथन एक तरह से इसी आशय की अगली व्याख्या है। वे *आत्महत्या के विरुद्ध* को ''एक पीले पत्रकार की रक्तचापहीन कविता को मुहावरों में ढकने का एक बेहद खतरनाक प्रयत्न'' मानते हैं; क्योंकि ''संवेदना से (युगीन) सम्पृक्त होना केवल मुहावरे बदलने का नाम नहीं है।'' इस सन्दर्भ में सुरेन्द्र चौधरी ने इस सामान्य सिद्धान्त की स्थापना की है कि ''कवि जब अपने असन्तोष को **रचनात्मक माध्यम** से बदल लेता है तभी उसकी कविता **केवल परिस्थितिवेष्टित** नहीं होती, हलचल बन जाती है। आज के उत्तेजित वातावरण में कवि की **आत्मीयता** की रक्षा सबसे जटिल प्रश्न बन गई है। असफल कवि इस आत्मीयता को उत्तेजना की कीमत पर बेच रहा है और नाम 'युग-संवेदना' का दे रहा है। अपना असन्तोष उसके लिए रचनात्मक माध्यम उतना नहीं है जितना प्रचारात्मक माध्यम है। वह अपने **नैतिक भोथरेपन** को उपचारों से ढाकने में अपना अपव्यय कर रहा है, इसे कितने शब्दों में कहने की जरूरत है।''

1. *आरम्भ,* जुलाई, 1968

स्पष्ट है कि सुरेन्द्र चौधरी की दृष्टि में *आत्महत्या के विरुद्ध* 'रचनात्मक माध्यम' नहीं है। रचनात्मक माध्यम की एक शर्त है **आत्मीयता**, जो इस संग्रह में दुर्लभ है। किन्तु 'आत्मीयता' को स्पष्ट करने के लिए उन्होंने *मछलीघर* के कवि विजयदेव नारायण साही का जो उदाहरण दिया है, वह निश्चय ही 'आत्मीयता' की नितान्त आत्मीय व्याख्या है। अपनी कविताओं में स्वयं साही की कोशिश यह रही है कि "यह एकालाप कविताओं का ही निर्माण करे, कवि के व्यक्तित्व का नहीं।" स्पष्टतः यह निर्वैयक्तिकता का आदर्श है। कवि की निर्वैयक्तिकता के बावजूद *मछलीघर* में एक काव्य-नायक है जिसका व्यक्तित्व एक प्रगीत-नायक (लीरिक-हीरो) की प्रकृति के अनुकूल ही बहुत मुखर न होते हुए भी निश्चित है; और यही प्रगीत-नायक *मछलीघर* की कविताओं में आत्मीयता की सृष्टि करता है। *आत्महत्या के विरुद्ध* में भी एक 'मैं' है जो प्रगीत-नायक से अधिक नाटकीय नायक है जो सार्वजनिक भूमिकाएँ अदा करने के साथ ही एक अन्य स्तर पर अपनी वैयक्तिकता भी प्रक्षेपित करना चाहता है। यदि एक स्तर पर वह लोहिया और मोरारजी देसाई का साक्षात्कार करता है तो दूसरे स्तर पर अपनी बिटिया, पत्नी, माँ, बूढ़े बाप, सहपाठी नरेश बरनवाल और अनेक पड़ोसियों के बीच भी दिखाई पड़ता है। कोई आवश्यक नहीं कि इस नाटकीय नायक के साथ किसी का पूरा तादात्म्य हो ही, किन्तु अपनी सभी भूमिकाओं में इतना दिलचस्प तो यह है ही कि इसके साथ एक नाटकीय आत्मीयता कायम की जा सके। आत्मीयता का एक रूप यह भी है जो निस्सन्देह *मछलीघर* के कवि से भिन्न है, किन्तु इसे अस्वीकार करना काव्यगत सम्वेदनहीनता है। इस दृष्टि से नेमिचन्द्र जैन का यह कथन सही है कि "*आत्महत्या के विरुद्ध* में वैयक्तिकता इतनी ख़ानगी या 'प्राइवेट' नहीं, बल्कि सामान्य यथार्थ के साथ निजी साक्षात्कार से उत्पन्न होती है।" सुरेन्द्र चौधरी ने जिसे "नैतिक संकल्प के एक चेहरे" का अभाव अथवा "नैतिक भोथरापन" कहा है वह भी *आत्महत्या के विरुद्ध* की कविताओं से खंडित होता है। कविताओं के नाटकीय नायक का एक निश्चित राजनीतिक व्यक्तित्व है जो नेमिचन्द्र जैन के शब्दों में : "मोटे तौर पर वामपन्थी या स्थापित व्यवस्था-विरोध और जन-साधारण की ओर उन्मुख" है।

हर संकट भारत में एक गाय
होता है
ठीक समय ठीक बहस कर नहीं सकती
राजनीति
बाद में जहाँ कहीं से भी शुरू करो
बीच सड़क पर गोबर कर देता है विचार
हाय-हाय करते हुए हाँ-हाँ करते हुए हें-हें करते हुए
समुदाय

इन पंक्तियों की राजनीति स्पष्ट है या नहीं, इसे जानने के लिए भारतीय जनसंघ के किसी समुदाय की प्रतिक्रिया देखना पर्याप्त है। निस्सन्देह उस दिशा से आत्मीयता के

अभाव की शिकायत भी हो तो ताज्जुब नहीं, किन्तु वहाँ भी काव्य-नायक की नाटकीयता आत्मीयता न सही, दिलचस्पी का हक तो रखती ही है।

परिवेश को रचनात्मक रूप देने का रहस्य भी इसी नाटकीयता में है। *आत्महत्या के विरुद्ध* की कविताएँ यदि **परिस्थितिवेष्टित** लगती हैं तो इसलिए कि उनमें परिस्थितियों को बिम्बों और प्रतीकों में न बदलकर उन्हें नाटकीय परिवेश के रूप में इस्तेमाल किया गया है। और कहना न होगा कि बिम्ब और प्रतीक ही एकमात्र रचनात्मक माध्यम नहीं हैं बल्कि नंगे तथ्यों का नाटकीय उपयोग भी उतना ही रचनात्मक है। इस सन्दर्भ में श्रीराम वर्मा का यह कथन विचारणीय है : ''अखबार कविता जब बनता है तब उसके दो तरीके होते हैं। एक तो यह कि अखबार की गन्ध भी नहीं आती और कविता इतनी ऊँची हो जाती है कि उसमें विधान्तर हो जाता है, वह नाटक या भाषा का महारास हो जाती है, जिसमें सारा इतिहास व्यक्तित्व की दीप्ति से उजागर एक नया आरम्भ हो जाता है। दूसरा तरीका यह है कि अखबार की गन्ध तो आ जाती है, लेकिन परिचय मात्र के कारण, अन्यथा नहीं, और वह कविता होती है, केवल कविता, अखबार उसके पार्श्व में होता है।'' अखबार की गन्ध आए बिना भी कविता में **अखबार** कैसे नाटक या भाषा का महारास हो जाता है, इसे किसी ठोस उदाहरण के बिना समझना मुश्किल है। यदि मुक्तिबोध की लम्बी कविता *चम्बल की घाटी में* को भी लें तो उसमें **अखबार** नाटक या भाषा का महारास नहीं बनता; फिर भी यदि कोई डाकुओं भरी चम्बल की घाटी को अखबार की एक घटना मानकर लाक्षणिक अर्थ में अखबार कहना चाहे तो निश्चय ही 'चम्बल की घाटी में' ऐसी कविता है जिसमें अखबार की गन्ध नहीं, बल्कि एक 'इतिहास' है जो नाटक या भाषा के महारास के रूप में रूपान्तरित हो गया है। दूसरा तरीका जिसमें अखबार कविता के **पार्श्व** में होता है, ठोस उदाहरण के अभाव में अस्पष्ट ही माना जाएगा। किसी कविता की संरचना में 'पार्श्व' किसे कहेंगे, यह नक्शे पर निर्भर है। वैसे, 'कोई एक मतदाता' शीर्षक कविता (*आत्महत्या के विरुद्ध*) में अखबार 'पार्श्व' में नहीं तो कहाँ है ? खुशीराम की हत्या अखबार की खबर न बन सकी, इस बात को लेकर लिखी हुई कविता के केन्द्र में मानवीयता है या अखबार, इसे देखने के लिए खुर्दबीन जरूरी नहीं है। इसी प्रकार श्रीकान्त वर्मा की कविता 'आध घंटे की बहस' (*आरम्भ*, जुलाई '68) में भी अखबार की जगह कहाँ निर्धारित की जाएगी, जिसमें एक जगह अखबार का साफ हवाला है :

अट्ठारह दिनों तक जीने के बाद महाभारत को, कैसे बिताए, वह
रद्द किए गए
हाल-हाल के दो हजार वर्षों को; सोचने की बात है।
भारत के लिए बज्रपात है...रश...लीड...जवाहरलाल
नेहरू नहीं रहे...रिपीट...प्रधानमन्त्री
नेहरू
नहीं रहे...जब तक रहे, प्रधानमन्त्री, रहे,
(मोर टु फॉलो)

कविता में अखबार के इस उपयोग को क्या कहा जाएगा ? क्या यह खबर इस कविता में केवल एक सपाट खबर है या इसमें कोई गहरी विडम्बना का अर्थ उभारा गया है ? यह वह कविता है जिसके अन्त में श्रीकान्त वर्मा कहते हैं :

गूँगों के अभिनय को जिसने बदलने की कोशिश की कविता में।

घटनाओं की यथातथ्यता की रक्षा करते हुए उनके द्वारा किस प्रकार नाटकीय रचना की जाती है, इसे बर्टोल्ट ब्रेख्त के उदाहरण से समझाते हुए एक अन्य सन्दर्भ में निर्मल वर्मा ने लिखा है कि "उस रात 'टेरर एंड मिज़री' देखते हुए मैं पहली बार 'समकालीन' शब्द से परिचित हो पाया। यदि उसका कोई अर्थ है तो सिर्फ एक प्रयोग, जब आदमी के अस्तित्व की हर तह एक नए स्तर पर अप्रत्याशित अर्थ ग्रहण कर लेती है...जब 'बाह्य' परिस्थिति एक बेडौल, विकृत छाया है (एक गूँगे दैत्य के मानिन्द) जो न कुछ कहती है, न हमारे सामने से हटती है, एक असह्य-सा दबाव, जिसे हर मनुष्य सोते-जागते अपने पर महसूस करता है। कुछ लेखक हैं जो इस 'दैत्य' से मुक्ति पाने के लिए उसे अपने एक **आत्मपरक प्रतीक** में ढाल लेते हैं—तब 'बाह्य' इतना पराया, इतना डरावना नहीं रहता। काफ्का, और एक दूसरे अर्थ में सार्त्र ऐसे ही लेखक हैं। यह एक रास्ता है, इस भयावह सुरंग से बाहर आने का। एक अमानवीय 'दैत्य' को निजी प्रतीक द्वारा साधारण, औसत वास्तविकता में ढालने की प्रक्रिया। ब्रेख़्त भी यही करते हैं—किन्तु बिल्कुल दूसरे ढंग से। 'बाह्य परिस्थिति' उनके लिए **ऐतिहासिक** है—सूक्ष्म अर्थ में नहीं—**समय के हाड़-मांस ठोस पिंजर में आबद्ध**; जिस सदी में हम जीते हैं, उसके सन्दर्भ में बेहद, इंटेंस राजनीतिक। फ़ासिज्म, बन्दी शिविर, नर-संहार...ये महज दीवार की छायाएँ नहीं, जिन्हें एक आत्मपरक प्रतीक दिया जा सके, क्योंकि वे स्वयं प्रतीक हैं, एक विघटन-प्रक्रिया के जिसमें हम सब अलग-अलग व्यक्ति की हैसियत से, शामिल हैं। यह आकस्मिक नहीं कि ब्रेख़्त का नाटक देखते हुए अचानक एक ऐसा क्षण आता है जब लगता है, जैसे थिएटर की दीवारों के परे बरबस कुछ आवाजें भटक रही हैं, दरवाजा खटखटा रही हैं—और हम—दर्शक और अभिनेता—समूचा मंच और 'आडिटोरियम' एक अजीब दबाव-तले धँसने लगते हैं—सिर्फ एक उपाय है मुक्ति पाने का—हम बाहर निकल आएँ और इन 'आवाजों' के साक्षी हो सकें।'[1]

ब्रेख़्त के उदाहरण से स्पष्ट है कि बाहरी 'दैत्य' को आत्मपरक प्रतीक में ढालने के अलावा भी एक रास्ता है जिसमें **"समय के हाड़-मांस ठोस पिंजर में आबद्ध"** इतिहास को ज्यों-का-त्यों ग्रहण करके भी नाटकीय रचना की जाती है। ऐसी कविताओं की रचनाशीलता यदि नहीं दिखाई पड़ती तो इसलिए कि परिवेश अति परिचित है और हम समझते हैं कि कवि ने अपनी ओर से कुछ नहीं किया है, बल्कि परिवेश को ज्यों-का-त्यों उठा लिया है। इस प्रकार परिवेश यदि बाधक है तो कविता के लिए नहीं बल्कि पाठक के आस्वाद के लिए, चाहे वह श्रीराम वर्मा और सुरेन्द्र चौधरी की तरह उसे अखबारनवीसी मानकर ठुकरा दे अथवा **इसी वजह से** उसे तात्कालिक उपयोग की

1. 'एक संजीदा, उदास शहर और ब्रेख़्त' : *कल्पना, अप्रैल, 1962*

'राजनीतिक कविता' मानकर तुरन्त लट्टू हो जाए। जो इस परिवेश से परिचित नहीं हैं उनके लिए यही वास्तविक परिवेश नाटकीयता के लिए निर्मित एक कल्पित वातावरण भी हो सकता है, जिसमें 'कल फिर मैं/एक बात कहकर बैठ जाऊँगा।' जैसी सामान्य उक्ति पूरी अर्थवत्ता ग्रहण करती है। ये कविताएँ केवल तात्कालिक महत्त्व की हैं या उससे अधिक—इसकी एक पहचान है ऐसी सामान्य उक्तियों की अर्थ-क्षमता का सन्धान। अपने तात्कालिक सन्दर्भ से जुड़ी हुई होने पर भी ये उक्तियाँ अपने सन्दर्भ में बँधी हुई नहीं हैं—यहाँ तक कि किसी अन्य सन्दर्भ में भी ये एक नई अर्थ-सम्भावना को प्रकट कर सकती हैं। जैसे 'टु बी ऑर नॉट टु बी' जैसा अर्थगर्भी वाक्य अपने सन्दर्भ से सम्बद्ध होने पर भी अपनी नानार्थ-सम्भावना के लिए सन्दर्भ-मुक्त है, इसी प्रकार इन कविताओं में भी ऐसे अनेक वाक्य हैं—सीधे-सादे सपाट, किन्तु नाटकीय सन्दर्भ में गहरे अर्थ ध्वनित करने की क्षमता से युक्त। इसी दृष्टि से नेमिचन्द्र जैन का यह कहना मानी रखता है कि "ये कविताएँ किसी संकुचित अर्थ में 'राजनीतिक कविताएँ' नहीं हैं। यदि कहीं तीव्रता, सघनता और गहराई की कमी है तो इसलिए नहीं कि तात्कालिक परिवेश दोषी है, बल्कि इसलिए कि गृहीत परिवेश की पूरी अर्थवत्ता के सन्धान का यथोचित प्रयास नहीं किया गया।" यदि कविता में तात्कालिक परिवेश को सिर्फ उसकी तात्कालिकता के कारण तिरस्कृत किया गया तो कुँवरनारायण के शब्दों में :

ये सब बार-बार
उसी एक पहुँचे हुए नतीजे पर पहुँच कर
रह जाएँगे कि झूठ एक कला है, और
हर आदमी कलाकार है जो यथार्थ को नहीं
अपने यथार्थ को
कोई-न-कोई अर्थ देने की कोशिश में पागल है।

वस्तुतः कविता के अन्तर्गत चिर-परिचित तात्कालिक परिवेश का उपयोग एक तरह से वैसा ही है, जैसे इतिहास-प्रसिद्ध कथानक अथवा पौराणिक आख्यान का उपयोग। ऊपर से देखने पर यह निहायत आसान तरीका है, किन्तु एक रचनाशील कवि को दूसरे स्तर पर प्रतिभा के खेल के लिए बहुत बड़ी सुविधा मिल जाती है और नाटकीय परिवेश गढ़ने से जो शक्ति बचती है, उसका उपयोग वह दूसरे स्तर पर करता है।

'सृजन' की मिथ्या आकांक्षा से प्रेरित होकर पिछले दौर के कुछ कवियों ने जिस प्रकार तात्कालिक परिवेश का तिरस्कार किया उससे कितनी अप्रासंगिक कविताएँ सामने आईं, इसे विस्तार से बतलाने की आवश्यकता नहीं है। सिद्धान्त के स्तर पर इस कथन में कोई असंगति न थी कि कविता एक स्वतन्त्र संसार है और कवि के सिरजे हुए उस स्वतन्त्र काव्य-संसार के आस्वाद के लिए कविता से बाहर किसी परिवेश की सहायता अपेक्षित नहीं है। किन्तु व्यवहार में जो 'शुद्ध कविता' सामने आई वह प्रसंगच्युत ही नहीं बल्कि स्वयं उसका काव्य-संसार भी कथन से लेकर कथ्य के स्तर तक निर्जीव और विरल है। अज्ञेय की 'चक्रान्त शिला' के बारे में कुँवरनारायण ने जिस विरलता की ओर संकेत

किया है वह ऐसी सभी 'शुद्ध कविताओं' के बारे में सच है : " 'चक्रान्त शिला' में, लगता है, कवि केवल एक गझिन माध्यम से एक अधिक विरल माध्यम में पहुँच रहा है। उसकी स्वाभाविक एकान्तपरायणता धीरे-धीरे उन प्रतीकों तक से अलग होती जा रही है जो कवि के अन्तर्जगत् को वस्तुजगत् से जोड़ते हैं। 'तुम पर्वत हो अभ्रभेदी शिलाखंडों के गरिष्ठ पुंज...' जैसे अंशों के आगे 'चक्रान्त शिला' का 'मौन' जिस फीकी अनुभूति तक पहुँच पाता है, वह अक्सर छायावादियों की याद दिलाता है।"

इस प्रकार की 'शुद्ध कविता' की अप्रासंगिकता इस बात में नहीं है कि इसमें समकालीन परिवेश के यथातथ्य चित्रण का अभाव है। कविता से ऐसी स्थूल वास्तविकता की माँग आज शायद ही कोई प्रबुद्ध पाठक करे। वास्तविकता की कमी उसकी भाषा में, शब्दों के चयन में, लय में, यहाँ तक कि पूरे रचाव में दिखाई पड़ती है। इसीलिए उसकी अनुभूति भी **फीकी** लगती है। भाषा की विरलता और अनुभूति का फीकापन एक ही सिक्के के दो पहलू हैं। इस कमी के कारण यदि वह कविता प्रसंगच्युत लगती है तो इसका यह अर्थ नहीं कि केवल आज के सन्दर्भ में प्रसंगच्युत है, बल्कि किसी भी सन्दर्भ में इतनी ही प्रसंगच्युत रहेगी। सम्भव है, इन कमियों के बावजूद कुछ लोगों को यह कविता **अनुचिन्तन** अथवा **शुद्ध अनुचिन्तन** (Pure contemplation) का विषय प्रतीत हो, जैसा कि पिछली सदी के यूरोपीय कलावादियों का विश्वास रहा है। किन्तु अब तो सौन्दर्य-शास्त्र ने भी स्वीकार कर लिया है कि कला केवल अनुचिन्तन का विषय नहीं। कला के ग्रहण में अनुचिन्तन का तत्त्व कुछ-न-कुछ अवश्य रहता है क्योंकि कला के सम्पर्क में हम बराबर यह अनुभव करते रहते हैं कि यह जीवन नहीं बल्कि **कला** है; किन्तु कला का अनुभव अनुचिन्तन से अधिक हाड़-मांस-रक्तयुक्त (More full-blooded and full-bodied) अनुभव होता है।

आज काव्य-चर्चा में फिर कविता के एक स्वतन्त्र 'संसार' का जिक्र आने लगा है, इसलिए 'काव्य-संसार' शब्द में निहित कलावादी भटकाव की दिशा से **परिचित** होना आवश्यक है। यह भी एक विडम्बना ही है कि कविता में जिस समय से परिवेश-बोध की माँग बढ़ी है, उसी समय से 'काव्य-संसार' की आवाज भी जोर पकड़ रही है। *शमशेर की काव्यानुभूति की बनावट* पर विचार करते हुए विजयदेव नारायण साही ने इस प्रतिज्ञा के साथ आरम्भ किया कि कवि का एक "अपना निजी, स्वतः सम्पूर्ण काव्य-जगत्" है। अप्रैल-जून '67 की **आलोचना** में विजयदेव नारायण साही के काव्य-संग्रह *मछलीघर* की समीक्षा करते हुए कमलेश ने भी कवि की एक ऐसी 'दुनिया' का जिक्र किया है जिसमें तिलिस्म, इन्द्रजाल और अँधेरे गोलार्ध मिलते हैं। अभी जुलाई '68 के *आरम्भ* में मलयज ने श्रीकान्त वर्मा के 'काव्य-लोक' का विवरण देते हुए लिखा है कि "इस काव्य-लोक में मानव-सम्बन्धों का बोध करानेवाली इकाइयाँ प्रेम, विश्वास और करुणा नहीं हैं, घृणा, अविश्वास और डर हैं और इन मानव-सम्बन्धों की भाषा व्यंग्य, रोष और चिढ़ की भाषा है।" आज की काव्य-समीक्षा में अन्य कवियों के भी काव्य-संसार की ऐसी चर्चा अक्सर मिलेगी—उन कवियों की भी जिनका अपना कोई काव्य-संसार नहीं है। निःसन्देह

काव्यकृति के लिए **काव्य-संसार** शब्द का प्रयोग हिन्दी में नया है। इससे आलोचना में एक नए रुझान का आभास होता है। इसके पीछे यह आदर्श है कि कवि इस दुनिया के अन्दर एक दूसरी दुनिया का निर्माण करता है। इसके साथ सम्भवतः यह धारणा भी है कि जो कवि ऐसा नहीं कर पाता वह सृजनशील नहीं है। स्वयं उस काव्य-संसार की पड़ताल का सवाल इसके बाद उठता है लेकिन यह सवाल अन्ततः उठता है अवश्य।

सवाल यह है कि क्या यह काव्य-संसार **स्वतः सम्पूर्ण** है ? संस्कृत के प्राचीन आचार्य इसे अपनी विशिष्ट भाषा में **अलौकिक** कहते थे। अलौकिक अर्थात् जो लौकिक होते हुए भी लौकिक न हो। 'अ' उपसर्ग समानता और असमानता दोनों का युगपद् अर्थ देता है। इसलिए इसका केवल निषेधात्मक अर्थ लेना गलत है; अर्थात् जो लौकिक न हो वह अलौकिक, यह अर्थ गलत है। 'काव्य-संसार' शब्द का प्रयोग आनन्दवर्धन ने भी किया है। उसका विश्वास था कि काव्य-संसार अपार है, कवि उसका प्रजापति है, उसे विश्व जैसा रुचता है, वैसा ही उसे परिवर्तित कर देता है।[1] आनन्दवर्धन के इस कथन से स्पष्ट है कि काव्य-संसार कवि की अपनी रुचि से रची हुई सृष्टि है; निस्सन्देह इसके मूल में प्रजापति का रचा हुआ विश्व है लेकिन कवि की सर्जनात्मक प्रतिभा प्रदत्त विश्व को परिवर्तित कर देती है। इस धारणा को ध्यान में रखकर मम्मट ने भी कविता को कवि की **निर्मिति** कहा, साथ ही अन्य विशेषणों के अतिरिक्त 'अनन्य-परतन्त्र' विशेषण से उसे विशिष्ट किया। कवि की निर्मिति अनन्य-परतन्त्र इस अर्थ में है कि वह अपनी सत्ता के लिए किसी अन्य के अधीन नहीं है और उसमें वास्तविक संसार के नियम लागू नहीं होते। इस प्रकार कवि की सृष्टि में वे वस्तुएँ भी हो सकती हैं जो वास्तविक संसार में नहीं होतीं। काव्य-संसार की इस धारणा का बीज भरत के नाट्य सिद्धान्त में है, जिसके अनुसार नाट्य त्रैलोक्य का **अनुकीर्तन** है। अभिनवगुप्त की *अभिनव-भारती* टीका के अनुसार अनुकीर्तन कोरा अनुकरण नहीं, बल्कि 'अनुव्यवसाय' नामक एक विशिष्ट ज्ञान है। अभिनवगुप्त के शब्दों में : "नाट्य लौकिक पदार्थ से भिन्न है। वह अनुकरण, प्रतिबिम्ब, चित्र, सादृश्य, आरोप, अध्यवसाय, उत्प्रेक्षा, स्वप्न, माया और इन्द्रजाल आदि दस प्रकार की लौकिक प्रतीतियों से विलक्षण है।"[2] संस्कृत काव्य-शास्त्र में 'काव्य-संसार' की विलक्षणता की परम्परा इतनी बद्धमूल थी कि नाट्य से काव्य-परम्परा के आलंकारिकों ने भी किसी-न-किसी रूप में इस धारणा का समर्थन किया है। उदाहरण के लिए भामह ने *काव्यालंकार* के पाँचवें परिच्छेद में 35-60 तक की कारिकाओं में शास्त्र तथा न्याय से भिन्न **काव्य-प्रत्यक्ष** एवं **काव्यगत अनुमान** की सत्यता का समर्थन करते हुए इस पर विचार किया है। इसी आधार पर आगे चलकर उन्होंने 'वक्रोक्ति' की प्रतिष्ठा की है :

---

1. अपारे काव्यसंसारे कविरेकः प्रजापतिः।
   यथास्मै रोचते विश्वं तथा विपरिवर्तते ॥ —*ध्वन्यालोक, पृ. 482*
2. तत्र नाट्यं नाम लौकिकपदार्थव्यति रिक्तं तदनुकार-प्रतिबिम्ब-आलेख्य-सादृश्य-आरोप-अध्यवसाय-उत्प्रेक्षा-स्वप्न-माया-इन्द्रजालादि विलक्षणं।

   —*हिन्दी अभिनव भारती, पृ. 26*

असिसंकाशमाकाशं, शब्दो दूरानुपात्ययम्।
तदेव वारि सिन्धूनाम्, अहो स्थेमा महार्चिषः ॥

आकाश खड्ग के समान नीलवर्ण है; शब्द दूर से सुनाई दे रहा है; नदियों का जल भी वही जल है; आकाश में महाज्योतियाँ भी स्थिर हैं। इस प्रकार के वर्णन काव्य में पाए जाते हैं। ये वर्णन शास्त्रतः सत्य नहीं हैं। शास्त्र का कथन है कि आकाश का कोई रंग-रूप नहीं है; शब्द भी दूर से सुनाई नहीं देता; नदियों का जल भी प्रतिक्षण बदलता रहता है; और आकाश में ग्रहगोल तो क्षण-भर के लिए भी स्थिर नहीं होते।[1] इसी प्रकार शास्त्र और वर्णन का अन्तर बतलाते हुए राजशेखर कहते हैं कि "काव्य में आकाश के रूप अथवा सरिताओं के सलिल आदि के 'स्वरूप' का निबन्धन नहीं होता, बल्कि उनके **प्रतिभास** का निबन्धन होता है और प्रतिभास वस्तुओं में तादात्म्य-भाव से स्थित नहीं होता। यदि ऐसा होता तो शायद सूर्य और चन्द्रमंडल, जो देखने में बारह अंगुल के प्रतीत होते हैं वे पृथ्वी के वलय के बराबर या उससे भी बड़े माने जा सकते, जैसा कि पुराणों और आगमों में वर्णन किया गया है।...इसलिए शास्त्र में वस्तुओं के 'स्वरूप' का और काव्य में वस्तुओं के 'प्रतिभास' का वर्णन उपयोगी होता है।...इस प्रकार काव्य प्रतिभासमय होते हैं।"[2] राजशेखर जब काव्य को 'प्रतिभास' कहते हैं तो उसका अर्थ अध्यास या अन्यत्र अन्यधर्मारोप है। यह अध्यास शब्द की लक्षणा शक्ति के द्वारा सम्पन्न होता है।

काव्य के विषय में जिस शास्त्र-भिन्न 'प्रतिमानं' की स्थापना भामह और राजशेखर ने की है, वह एक तरह से आधुनिक युग में आई.ए. रिचड्र्स द्वारा निरूपित वस्तु-निदर्शक अर्थ (Referential Meaning) से भिन्न भावात्मक अर्थ (Emotive Meaning) ही है। रिचड्र्स का 'भावात्मक अर्थ' वस्तुतः छद्म-वक्तव्य है जो काव्य में पाया जाता है। विज्ञान की दृष्टि से काव्यगत छद्म-वक्तव्य सत्य नहीं है, किन्तु भाव के स्तर पर इसकी सत्यता सम्भव है। इस प्रकार रिचड्र्स ने **द्वितीय वास्तविकता** (Second Reality) के रूप में काव्य की सत्ता स्थापित की है।[3] काव्य-जगत् की वास्तविकता के बारे में जिस प्रकार रिचड्र्स सत्य-असत्य का विचार अप्रासंगिक मानते हैं उसी प्रकार आनन्दवर्धन का भी कहना था कि काव्य के विषय में व्यंग्य की प्रतीतियों का सत्य-असत्य-निरूपण अप्रयोजक ही है, इसलिए वहाँ प्रमाणान्तर व्यापार की परीक्षा उपहासास्पद ही होगी।[4]

---

1. ग. व्यं. देशपांडे : *भारतीय साहित्य शास्त्र, पृ. 92*
2. न स्वरूपनिबन्धनमिदं रूपमाकाशस्य सरित्सलिलादेवां, किन्तु प्रतिभासनिबन्धनम्। न च प्रतिभासस्ता-दात्म्येनवस्तुन्यवतिष्ठते यदि तथा स्यात् सूर्यांचन्द्रमसौमंडले दृष्ट्या परिच्छिद्यमानद्वादशांगुलप्रमाणे पुराणाद्यागमनिवेदितधरावलयमात्रे न स्तः इति यायावरीयः। यथाप्रतिभासं च वस्तुनः स्वरूपं शास्त्रकाव्ययोर्निवंधोपयोग काव्यानिं पुनरेतंमयांयेव। —*काव्य-मीमांसा*, पृ. 44
3. Richa'ds was trying to take account of the kind of "second reality" that is far removed from a referential relationship to the actual. Gaylord. C. Leroy. *Marxism and Modern Literature*. I.P. 13
4. काव्यविषये च व्यंग्यप्रतीतीनां सत्यासत्यनिरूपणस्याप्रयोजकत्वमेति तत्र प्रमाणान्तर व्यापारपरीक्षोपहासायैव संपद्यते ! —*ध्वन्यालोक*, पृ. 489

यही नहीं बल्कि न्याय के पक्षधर महिमभट्ट भी *व्यक्तिविवेक* में एकाध शब्द के हेर-फेर के साथ यही बात दुहराते पाए जाते हैं।[1] इस प्रसंग में महिमभट्ट ने किसी प्राचीन आचार्य का यह कथन उद्धृत किया है कि **भ्रान्तिरपि सम्बन्धतः प्रमा।** अर्थात् भ्रमात्मक ज्ञान भी सम्बन्ध-विशेष से प्रमा अथवा यथार्थ ज्ञान हो सकता है। इस मत के अनुसार यदि काव्य-जगत् को भ्रम भी मानें तो सम्बन्ध-विशेष के कारण वह यथार्थ ज्ञान का आधार हो सकता है। काव्य-जगत् की इस विलक्षणता के मूल में यह बद्धमूल धारणा थी कि "प्रत्यक्ष वस्तु साक्षात् संवेद्यमान होकर भी सहृदयों के मन में वैसा चमत्कार नहीं पैदा कर पाती जैसा वही किसी उत्तम कवि की वाणी से उद्भूत होकर चमत्कार का आधान करती है।"[2] स्पष्ट है कि संस्कृत आचार्यों के अनुसार काव्य-जगत् प्रत्यक्ष जगत् से भिन्न एक अपर वास्तविकता है, जिसके विषय प्रत्यक्ष वस्तुएँ नहीं बल्कि कृत्रिम या काल्पनिक वस्तुएँ हैं। संस्कृत काव्य-शास्त्र में काव्यगत वस्तुओं के इस **काल्पनिक** रूप को विभाव की संज्ञा दी गई है। इसी प्रकार काव्यगत भाव भी काल्पनिक माने गए। कहना न होगा कि यहाँ काल्पनिक का अर्थ है कवि द्वारा सिरजा हुआ। प्रत्यक्ष जगत् की वस्तुओं के साथ इनकी तुलना करके सत्यासत्य निर्णय को अप्रासंगिक कहा गया है। एक प्रकार से ये भाव-सत्य हैं और सहृदय-संवेद्य हैं। यह आकस्मिक नहीं कि संस्कृत काव्य-शास्त्र में काव्य को अपने-आपमें पूर्ण मानकर केवल 'चर्वण' और 'आस्वाद' का विषय माना गया। काव्य की दुनिया से बाहर निकलकर वास्तविक जगत् के साथ उस दुनिया की तुलना का प्रयास किसी भी आचार्य ने नहीं किया। इस प्रकार चाहें तो संस्कृत काव्य-शास्त्र को **शुद्ध कविता** का शास्त्र कह सकते हैं।

रिचर्ड्स और इलियट द्वारा परिवर्तित काव्य-समीक्षा भी एक तरह से मुख्यतः **शुद्ध कविता** का ही काव्य-शास्त्र है; यदि संस्कृत काव्य-शास्त्र की तरह यह पूर्णतः सुसंगत नहीं है तो इसलिए कि विचारों के इस विवाद-संकुल युग में 'आस्था' की समस्या से बच निकलना असम्भव है। रिचर्ड्स ने तो तार्किक संगति का निर्वाह करते हुए एकबारगी कविता के मूल्यांकन से आस्था के प्रश्न को अप्रासंगिक मानकर अलग ही कर दिया, किन्तु अनुभववादी इलियट ने तार्किक असंगति का खतरा उठाते हुए भी दोहरे मानदंड का सहारा लिया : किसी कृति की **साहित्यिकता** का निर्णय करने के लिए साहित्यिक मानदंड और उसकी **महानता** का निर्णय करने के लिए साहित्येतर मानदंड, जिसमें धर्म, दर्शन, संस्कृति आदि की मान्यताएँ आती हैं। इलियट के इस अन्तर्विरोध की काफी आलोचना की गई है। परवर्ती नव्य-समीक्षा ने सैद्धान्तिक स्तर पर इस असंगति को दूर करने की भरसक कोशिश की। इस कोशिश की दिशा यह रही है कि किसी प्रकार

---

1. तेनात्र गम्यगमकयोः सचेतसां सत्यासत्यविचारो निरुपयोग एव। काव्यविविषये च वाच्य-व्यंग्य-प्रतीतीनां सत्यासत्यविचारो निरुपयोग एवेति अत्र प्रमाणान्तरपरीक्षोप-हास्सायैव सम्पद्यत।

—*व्यक्तिविवेक,* पृ. 75

2. प्रत्यक्षोऽपिह्यर्थः साक्षात् संवेद्यमानः सचेतसां न तथा चमत्कारमातनोति यथा स एव सत्कविना वचनगोचरतां गमितः।

—*व्यक्तिविवेक,* पृ. 73

तथाकथित साहित्येतर मूल्यों को भी साहित्य-मूल्यों के दायरे में ही समेट लिया जाए। क्लीन्थ ब्रुक्स ने 'विडम्बना' (आइरनी) पर आधारित 'आवयविक काव्य-सिद्धान्त' के द्वारा आस्था की समस्या का समाधान ढूँढ़ने की कोशिश की।[1] और डॉ. एफ.आर. लीविस ने अपने **नैतिक बोध** के अन्तर्गत तथाकथित साहित्यिक और साहित्येतर दोनों प्रकार के मूल्यों को समाविष्ट कर लिया। उन्होंने इलियट द्वारा प्रस्तावित तथाकथित **शुद्ध साहित्यिक मूल्यों** की स्थिति को स्पष्टतः अस्वीकार करते हुए कहा कि "**शुद्ध साहित्यिक मूल्य** क्या है ? मेरा दृढ़ विश्वास है कि 'साहित्य का मूल्यांकन' साहित्य के रूप में होना चाहिए, किसी और चीज के रूप में नहीं।" साहित्य का ऐसा मूल्यांकन होने पर ही समाजविज्ञान और मनोविज्ञान उससे जो चाहते हैं, सीख सकते हैं। लेकिन इस विश्वास का अर्थ जहाँ तक मैं समझता हूँ, 'शुद्ध साहित्यिक मूल्यों' में विश्वास करना नहीं है। जिसमें जीवन के प्रति दायित्व-बोध, सार्थकता और मूल्यों की चिन्ता होगी वह 'शुद्ध साहित्यिक मूल्यों' की बात न करेगा। इसी प्रकार 'अच्छे लेखन को अपने-आपमें पसन्द करना' भी, अपनी सारी सम्भावनाओं के बावजूद, चिन्तन की विफलता का सूचक है।"[2]

शुद्ध साहित्यिक मूल्यों की स्थिति जितनी भ्रामक है उतनी ही भ्रामक है **कविता के स्वतः सम्पूर्ण संसार** की सत्ता ! जैसा कि मुक्तिबोध ने कहा है : "कला का अपना स्वायत्त स्वतन्त्र राज्य है, किन्तु उसकी यह स्वायत्तता और स्वतन्त्रता सापेक्ष्य है। वह अपने अस्तित्व के ही लिए, अपने जीवनतत्त्वों के लिए, प्राण-वैभव के लिए, कलाबाह्य यह जो अपार विस्तृत जीवन है, उस पर निर्भर है।"[3] यदि कविता की स्वायत्तता अथवा स्वतन्त्रता सापेक्ष्य न मानी गई तो फिर कविता के बारे में ही कविताएँ लिखी जाएँगी, जैसा कि अज्ञेय के परवर्ती काव्य से स्पष्ट है। कविता की दुनिया इसी दुनिया के अन्दर है, इस दुनिया से बाहर या परे नहीं। कविता की दुनिया की सार्थकता इसी में है कि वह अपने जादू में ग्रस्त करने के बावजूद पाठक को इस दुनिया की ओर उन्मुख करती चलती है। सन्दर्भ यदि अर्थ है तो कविता की सार्थकता भी परिवेश से जुड़ी हुई है। "कविता में कोई क्या पाता है, यह अनिवार्यतया इस पर निर्भर है कि वह क्या लेकर चलता है," यदि यह सच है तो यह भी सच है कि कविता में जो कुछ वह पाता है उसका मूल्य भी परिवेश में वापस आने पर ही मालूम होता है। जो दोनों संसारों से परिचित हैं, उन्हें यदि एक स्तर पर वास्तविक संसार की सीमाओं का बोध है तो दूसरे स्तर पर काव्य-संसार की सीमाएँ भी मालूम हैं। इसी अनुभव के आधार पर एक *साहित्यिक की डायरी* में मुक्तिबोध यह कह सके कि "साहित्य मनुष्य के आंशिक साक्षात्कारों के बिम्बों की एक मालिका तैयार करता है, ध्यान रहे कि वह सिर्फ बिम्ब-मालिका है और उसका सारा सत्यत्व और औचित्य मनुष्य के जीवन या अन्तर्जगत् में स्थित है : चूँकि सभी

---

1. 'Implications of an Organic Theory of Poetry,' *Literature and Belief;* edited by M.H. Abramsn 1957
2. 'T.S. Eliot as critic', *Commentary*, November, 1958.
3. *नई कविता का आत्मसंघर्ष तथा अन्य निबन्ध*, पृ. 151

मनुष्यों के अन्तर्जगत् होते हैं, इसलिए उनके औचित्य और सत्यत्व की अनुभूति सार्वजनीन होती है। लेकिन ध्यान रहे कि अनुभूति का होना सत्यत्व की कसौटी नहीं है। और हम साहित्य में रम भले ही जाएँ, उससे हमें सत्य नहीं, सत्य का एक 'पर्सपेक्टिव', एक दिशा, दृश्य, एक 'डायमेंशन', एक आभास ही मिलेगा, एक रोशनी ही मिलेगी—सिर्फ एक रोशनी। सत्य का प्रकाश सत्य से भिन्न है ? साहित्य में प्रकाश ही प्रकाश है। किन्तु हमें प्रकाश में सत्यों को ढूँढ़ना है। हम केवल साहित्यिक दुनिया में नहीं, वास्तविक जीवन में रहते हैं इस जगत् में रहते हैं, साहित्य पर आवश्यकता से अधिक भरोसा रखना मूर्खता है।''

सैद्धान्तिक स्तर पर इन मान्यताओं से शायद ही कोई असहमति प्रकट करे; असहमति प्रकट होती है मूल्यांकन के व्यावहारिक स्तर पर जब ''प्रकाश में सत्यों को ढूँढ़ने'' की प्रक्रिया शुरू होती है। उदाहरण के लिए जुलाई '68 के *आरम्भ* में श्रीकान्त वर्मा के 'काव्य-संसार' का मलयज द्वारा किया हुआ विश्लेषण। मलयज के अनुसार श्रीकान्त वर्मा के काव्य-संसार में मानव-सम्बन्धों का आधार घृणा, अविश्वास और डर है। सम्बन्धों की भाषा व्यंग्य, रोष और चिढ़ है। बाहर और भीतर बेबाक विडम्बना है। इस दुनिया के भीतर दो दुनिया हैं—एक नगर की, दूसरी प्रकृति की। दोनों के बीच कोई सम्बन्ध नहीं है, बल्कि गहरी असंगति है। समग्र प्रभाव में सरलीकरण और सतहीपन है। खंड-खंड करके सृजन करने की कोशिश के बावजूद 'इंटिग्रिटी' की कमी अक्सर दिखाई पड़ती है। मलयज का यह ब्यौरा खंडों में काफी सही है किन्तु खंडों के आपसी सम्बन्धों की पूरी जानकारी न होने के कारण उनका निष्कर्ष अतार्किक और अविश्वसनीय लगता है। श्रीकान्त वर्मा के संसार में 'इंटिग्रिटी' की कमी का फैसला देने की जल्दी में मलयज स्वयं अपने ब्यौरे को अन्तर्ग्रथित करने का धीरज खो बैठे। प्रश्न है कि 'इंटिग्रिटी' क्यों नहीं है ? नगर और प्रकृति के चित्रों में अन्तर्विरोध के कारण ? क्या इन दोनों में सचमुच ही अन्तर्विरोध है ? सरलीकरण की प्रवृत्ति यदि प्रकृति के चित्रों में है तो वे थोड़े हैं। क्या उन्हें अलग करके केवल तथाकथित नगर की कविताओं के आधार पर 'इंटिग्रिटी' का होना माना जा सकता है ? आत्म-विडम्बना और 'इंटिग्रिटी' में कोई सम्बन्ध है या नहीं, यदि है तो क्या ? ये कुछ प्रश्न हैं जो मलयज के विश्लेषण की खाली जगहों को सूचित करने के लिए काफी हैं। किन्तु इससे भी अधिक महत्त्वपूर्ण बात यह है कि श्रीकान्त वर्मा के काव्य-संसार के अनेक कोने ही नहीं बल्कि पूरी चौहद्दी अनदेखी रह गई।

इस काव्य-संसार पर दृष्टि जाते ही जो बात सबसे पहले दिखाई पड़ती है, वह है इस संसार का भास्वरता (विविडनेस)। गिनी-चुनी विरल रेखाओं के द्वारा ही कवि ने एक जीता-जागता, भरा-पूरा, आर-पार पारदर्शी संसार खड़ा कर दिया है। यह संसार क्या है कि ''एक अदृश्य टाइपराइटर पर साफ-सुथरे/कागज़-सा/चढ़ता हुआ दिन/तेजी से छपते मकान, घर मनुष्य...'' आदि। *मायादर्पण* की 'दिनचर्या' कविता जैसे इस काव्य-संसार के निर्माण की प्रक्रिया का काव्यात्मक आलेख है। प्रकृति और नगर इस दुनिया में

अलग-अलग नहीं, बल्कि वन्य प्रकृति नगर-जीवन की ऊब के बीच 'अवकाश' (ड्यूरेशन) का विस्फोट है। यह सरल पलायन नहीं, बल्कि 'ऊब का कवित्व' है। इस दुनिया में सबकुछ निहायत साधारण है और यह साधारणता ही उसे अत्यन्त असाधारण और भयावह बना देती है। इस दुनिया में अपने सिवा दो ही चीजें सबसे ज्यादा हास्यास्पद हैं : राजनीति और स्त्री; स्त्री अक्सर आती है, राजनीति कभी-कभी। सारे संसार पर प्रेत-छाया की तरह यदि कोई चीज मँडरा रही है तो स्त्री। एक तरह से यह स्त्री-ग्रस्त संसार है। इस संसार को बाँधनेवाला धागा तनाव नहीं, उपराम है। मुट्ठी ढीली है, रेत के कणों की तरह तमाम चीजें अनायास झरती जा रही हैं। एक कण संकल्प का भी है : 'मैं अब घर जाना चाहता हूँ'। 'घर-धाम' का क्षणिक संकल्प ही इस संसार को एक अर्थ देता है। यही इसकी शक्ति है और यही इसकी सीमा भी। एक छोटे से दायरे में निरर्थकता के बीच अर्थ ढूँढ़ने का प्रयास। रघुवीर सहाय के काव्य-संसार से इस काव्य-संसार की तुलना अप्रासंगिक न होगी। शुद्ध संरचना की दृष्टि से *मायादर्पण* का संसार कहीं अधिक भास्वर है, रेखाएँ भी ज्यादा स्पष्ट हैं, सबसे बढ़कर यह मायामय है, किन्तु कितना विरल, कितना तनावहीन और कितना ऐकान्तिक ! अशोक वाजपेयी ने ठीक लक्ष्य किया है कि श्रीकान्त वर्मा ने राजनीति का एकबारगी बहिष्कार करके अपने काव्य-संसार को काफी विपन्न कर लिया है। इसलिए एक 'जहन्नुम' की सृष्टि करके श्रीकान्त वर्मा ने जहाँ इतना बड़ा काम किया, वहीं उससे अपने 'शैतान' को देश-निकाला देकर काव्य-संसार को हल्का भी कर दिया है।

इसी प्रसंग में मुक्तिबोध के काव्य-संसार का भी उल्लेख किया जा सकता है, जो फैंटेसी के द्वारा वास्तविकता के अन्यथाकरण के बावजूद कहीं अधिक वास्तविक है। राजनीति के ब्यौरे में रघुवीर सहाय से कम, लेकिन श्रीकान्त वर्मा से ज्यादा। कल्पना-सृष्टि में रघुवीर सहाय से अधिक और नाटकीय विन्यास में भी विशेष जटिल। जहन्नुम की जुगुप्सा नहीं, बल्कि भयावहता। किन्तु रघुवीर सहाय और श्रीकान्त वर्मा दोनों ही कवियों से मुक्तिबोध में जो विशेष है, वह है भयावह शक्ति से जूझनेवाले आलोक-कण के अस्तित्व की पहचान। इस सन्दर्भ में यह तथ्य काफी संकेतपूर्ण है कि मुक्तिबोध ने **आशंका के द्वीप : अँधेरे में** शीर्षक में से 'आशंका के द्वीप' को अन्ततः निकाल देने का निर्णय किया। मुक्तिबोध का संसार कुल मिलाकर निषेध का निषेध है। यह उसकी विशिष्ट मूल्यवत्ता है।

विजयदेव नारायण साही का काव्य-संसार अपनी ऐन्द्रजालिकता में मुक्तिबोध के समान होते हुए भी वास्तविकता के गर्द-गुबार से काफी दूर तथा अधिक निजी और स्वतः सम्पूर्ण है। शुद्धता की दृष्टि से साही का काव्य-संसार शमशेर के 'बिम्बलोक' के अधिक निकट है। किसी निश्चित परिवेश या सन्दर्भ से न बँधे होने के कारण उसमें विविध सन्दर्भों में अर्थ ध्वनित करने की व्यापक क्षमता है, किन्तु इसका दूसरा पहलू अस्पष्टता भी है। इसका काव्य-नायक अर्धभस्म देवदारु है जिसे बीच से चीरती हुई बिजली भूमि में समा गई। इसके बावजूद यहाँ तनाव नहीं बल्कि आविष्ट उत्तेजना है। इस संसार पर

रहस्यमयता का एक हल्का रूमानी आवरण भी है, जो इसकी प्रासंगिकता को क्षीण करता है। एक तिलिस्मी समानता के सिवा विजयदेव नारायण साही के काव्य-संसार और मुक्तिबोध के काव्य-संसार में विषमताएँ ही विषमताएँ हैं।

इस प्रकार काव्यकृति को एक निजी और स्वतः सम्पूर्ण संसार मानकर भी आज के परिवेश में उसकी प्रासंगिकता का निर्णय किया जा सकता है। कहना न होगा कि मूल्यों की सापेक्षिकता इस प्रासंगिकता में ही है। जैसा कि अशोक वाजपेयी ने जुलाई '68 के *आरम्भ* में कहा है : ''जब आपका सामना कवि के मानवीय होने के संश्लिष्ट अनुभव से होता है तो आप अपने अनुभव-संसार की उससे प्रासंगिकता खोजने को, दोनों की तुलना करने को, कई बार विवश हो जाते हैं। ऐसी आलोचना भी उपयोगी हो सकती है, अगर आलोचक अपने और कवि के संसारों के बीच के तनावों को उत्कटता से बखान कर सके। ऐसी आलोचना में रचनात्मक ताप और उत्तेजना हो सकती है जो उसकी सार्थकता की एक विश्वसनीय पहचान है।''

मूल्यांकन के उपयुक्त काव्य-मूल्यों का निर्माण काव्य-कृति और आलोचक के इसी तनावपूर्ण संवाद से ही सम्भव है, जिस पर अन्तिम मुहर लगाने का कार्य परिवेश की वास्तविकता सम्पन्न करती है। निस्सन्देह किसी कविता का सिरजा हुआ संसार ही उसका मूल्य है किन्तु उस मूल्य की प्रासंगिकता इस बात पर निर्भर है कि वह सिरजा हुआ संसार कितना वास्तविक है अथवा वास्तविकता के बारे में हमारी समझ को कितना गहरा और कितना समृद्ध करता है : हमारे आसपास के संसार को अर्थ प्रदान करने में ही किसी कविता के अपने संसार की सार्थकता है। वास्तविकता की इस अर्थ-भूमि पर मूल्यों का सच्चा संघर्ष होता है जो मुक्तिबोध के शब्दों में एक रचनाकार के लिए :

बुरे-अच्छे-बीच के संघर्ष
से भी उग्रतर
अच्छे व उससे अधिक, अच्छे-बीच का संगर।

[1968]

कविता और राजनीति

"हमने यह मान लिया है कि कविता और राजनीति के बीच बुनियादी विभाजन है। समस्या यह नहीं है कि दोनों छोर कभी मिल नहीं सकते, बल्कि यह कि यदि वे मिल सकते हैं तो बड़ी कीमत पर। राजनीति की अस्पष्ट वक्तृतावादी और जड़ फ़िकरोंवाली भाषा के साथ कविता की जटिलता, तनाव और यथातथ्यता का कोई मेल नहीं है। एव्तुशेंको के ख़िलाफ़, अधिकांश मायकोव्स्की के ख़िलाफ़, ऑडेन के 'स्पेन' के ख़िलाफ़ और युवा स्पेंडर के नगण्य मार्क्सवाद के ख़िलाफ़ यही तर्क दिया जाता है। इसकी परिणति इस विश्वास में होती है कि राजनीतिक कविता, कविता के रूप में, अपेक्षया ही नहीं बल्कि अशक्यतया सपाट होती है। इसका अर्थ यह है कि यद्यपि ऐसी कविता कभी-कभी प्रभावशाली तो हो सकती है, किन्तु अन्ततः 'अच्छी' नहीं हो सकती; क्योंकि हमारा अच्छाई का प्रतिमान जितने आन्तरिक और सूक्ष्म विवेकवाले गुणों से निर्मित है उतने की गुंजाइश राजनीति नहीं छोड़ती।" ये शब्द अंग्रेज़ी के युवा आलोचक ए. अलवारेज़ ने पश्चिमी यूरोप के लिए कहे हैं, किन्तु यह मान्यता हिन्दी में भी इतनी ही प्रबल है। इस मान्यता के चौखटे के अन्दर कभी-कभी कुछ अपवाद भी स्वीकार कर लिए जाते हैं; जैसे अलवारेज़ के अनुसार युवा पोलिश कवि हर्बर्ट एक अपवाद है, क्योंकि वह पूरी तरह राजनीतिक होने के साथ ही प्रयोगशील 'आवाँ गार्द' भी है। कविता में इस अपवाद को मान्यता इसलिए दी गई है कि वह रूढ़ अर्थ में राजनीतिक नहीं है। राजनीति यहाँ भी है लेकिन यह विरोध की राजनीति है। विरोध भी सामान्य नहीं, बल्कि स्थायी और निजी अर्थात् अकेले एक की पार्टी का विरोध। अलवारेज़ के अनुसार पश्चिम के सभी श्रेष्ठ कवि आज यही कर रहे हैं, अर्थात् वे विरोध की राजनीति के लिए प्रतिश्रुत हैं, जिसे राजनीति-विरोध भी कह सकते हैं। इस प्रकार कविता के अपवाद राजनीति में भी अपवाद हैं और अपवाद बने रहकर नियम को पुष्ट कर रहे हैं।

हिन्दी में भी पिछले पाँच-छह वर्षों के अन्दर राजनीति के प्रति यही रुझान प्रकट हुआ है, जिसे राजकमल चौधरी ने परम्परागत 'राजनीति की कविता' के विरुद्ध 'कविता की राजनीति' की संज्ञा दी थी और केदारनाथ सिंह ने 'प्रतिपक्ष का साहित्य' कहा है जो निश्चय ही राजनीतिक प्रतिपक्ष अर्थात् प्रतिपक्षी राजनीतिक दलों से अलग है। आम राय है कि कविता इससे पहले राजनीतिक सन्दर्भ के इतना अधिक निकट कभी नहीं आई थी। कहा जा रहा है कि "राजनीति-पिछलग्गू न होकर सामाजिक सन्दर्भ में औसत

आदमी को घटाने-तोड़ने-बाँधनेवाली मर्यादाओं-मूल्यों से लड़ाई इसी पीढ़ी ने ली।'' यह भी कहा गया है कि ''कविता को सीधे समाज से जोड़नेवाले मुहावरे की अनायास ईजाद अब हुई है।'' इसी प्रसंग में कुछ-एक कवियों को इस बात का भी श्रेय दिया गया कि उन्होंने राजनीति के चालू शब्दों और मुहावरों में निहित कविता को मुक्ति देकर 'हिन्दी में सामाजिक-राजनीतिक काव्य को फिर से—बल्कि सचमुच अब जाकर—सम्भव बनाया है।' यह सब इसलिए सम्भव हुआ कि इन कवियों में कविता के लिए राजनीति से किसी कदर कम चिन्ता नहीं है, बल्कि कविता की चिन्ता कुछ अधिक ही है। रघुवीर सहाय ने लिखा है कि ''राजनीति की ओर मेरा वही रवैया है—संकटकालीन रवैया कह लीजिए—कि 'वह बहुत जरूरी है' या 'वह फ़िजूल है,' दोनों फ़तवे संकट से भागने के बहाने हैं—वह बहुत ज़रूरी है, पर मैं भी अपने लिए बहुत जरूरी हूँ—अपनी उस कला-परम्परा के लिए जिसमें मैं अपनी एक मूर्ति बनाता और एक ढहाता हूँ और आप कहते हैं कि कविता की है।'' कविता के बारे में ऐसी ही अतिरिक्त चिन्ता श्रीकान्त वर्मा की उन पंक्तियों में कुछ 'काव्यात्मक' ढंग से व्यक्त हुई है जहाँ वे कहते हैं कि ''मूर्खो ! देश को खोकर ही/मैंने प्राप्त की थी/यह कविता/जो किसी की भी हो सकती है।'' पिछली पीढ़ी के हाथों कविता की मृत्यु से क्षुब्ध होकर राजकमल चौधरी ने लिखा था कि ''हम भी कविता को एक ताकत मानते हैं, जो आदमी के बाहर को सही, आदमी के अन्दर को मज़बूत और स्वाधीन करती है...यह ताकत ही कविता की राजनीति है।'' इस प्रकार आदमी के बाहर को सही और अन्दर को मज़बूत तथा स्वाधीन करने के लिए इन कवियों ने 'कविता की राजनीति' को अपनाया तो इसलिए कि उन्हें अपने इस प्रयास में राजनीतिक क्षेत्रों से किसी प्रकार की मदद की उम्मीद न दिखाई पड़ी। शासक दल से तो खैर कोई उम्मीद थी ही नहीं, प्रतिपक्ष के राजनीतिक दलों ने भी इन कवियों को बहुत-कुछ निराश ही किया; यही नहीं बल्कि जनता भी एक 'मुश्किल' ही मालूम हुई ''जिस पर कि मेरा क्रोध बार-बार न्योछावर होता है।'' निस्सन्देह यह 'संकटकालीन रवैया' है और यह भी सही है कि कविता को संकट से मुक्ति दिलाने में यह रवैया उपयोगी प्रमाणित हुआ।

किन्तु इधर उन्हीं कवियों की रचनात्मक स्थिति को देखकर ऐसा लगता है कि कविता फिर एक संकट-बिन्दु पर पहुँच गई है। इस दशक के साथ तथाकथित राजनीतिक कविताओं का—जिनमें राजनीति-विरोधी कविताएँ भी शामिल हैं—जो दौर शुरू हुआ था उसमें अब एक तरह का ठहराव आ गया है—ठहराव कहीं आवृत्ति के रूप में है तो कहीं मौन के रूप में। इस संकट से उबरने और ठहराव को तोड़ने के लिए इस दौर की असंगतियों की ओर ध्यान जाना अस्वाभाविक नहीं और इस प्रक्रिया में जिस राजनीतिक रुझान ने कविता को थोड़ी देर के लिए जीवन्त बनाया था, उसकी पड़ताल अप्रासंगिक न होगी।

सबसे पहले उन तथाकथित राजनीतिक कविताओं को लें जिनमें कविता को जीवन्त और मूर्तिमान करने के लिए समकालीन राजनीति के ठोस व्यक्तियों, शहरों, देशों,

घटनाओं आदि का खुलकर उपयोग किया गया। उल्लेखनीय है कि इस प्रकार की कविताएँ कालक्रम से प्रायः लम्बी होती जा रही हैं और अब ये अन्तहीन विस्तार में पहुँचकर इस प्रकार हतप्रभ हो गई हैं कि किसी एक बिन्दु पर कविता को समाप्त करने के लिए कोई युक्ति नहीं मिल रही है। मुद्राराक्षस ने इन कविताओं की तुलना सम्विद सरकारों के 'न्यूनतम कार्यक्रम' से करते हुए इनमें निहित 'सुधारवादी' दृष्टि की ओर संकेत किया है। निस्सन्देह इनका आधार 'विरोध की राजनीति' है किन्तु इसका लक्ष्य सतही बदल से अधिक नहीं है। आकस्मिक नहीं कि इन कविताओं का ढाँचा भी सतही बदल से अधिक का आभास नहीं देता। एक ग़लत या सीमित राजनीतिक रुझान कविता की आन्तरिक संरचना के लिए किस हद तक नियामक होता है, इसका प्रत्यक्ष उदाहरण ये तथाकथित राजनीतिक कविताएँ हैं। विडम्बना यह कि ये कविताएँ राजनीति का उपयोग करते हुए भी राजनीति का विरोध करती जाती हैं। इस प्रकार विरोध की राजनीति, राजनीति के विरोध की मंज़िल तय कर कविता के विरोध पर दम तोड़ने के लिए अभिशप्त है। राजकमल चौधरी के 'मुक्ति प्रसंग' की आलोचना करते हुए सुरेन्द्र चौधरी ने ठीक कहा है कि "व्यवस्था के प्रश्न से लड़ाई राजकमल की भी थी, मगर एक व्यवस्था से लड़ता हुआ वह पूरी व्यवस्था के प्रश्न को ही नकारता चला गया। इसलिए व्यवस्था से लड़ता हुआ वह जितना ही जीवन्त और तीखा मालूम पड़ता था, व्यवस्था के प्रश्न को नकारता हुआ वह उतना ही अराजक और नाटकीय हो जाया करता था। 'मुक्ति प्रसंग' इसी अराजकता का शिकार हो गया। 'मुक्ति प्रसंग' में यह अराजकता न केवल कथ्य के स्तर पर है बल्कि पूरे रचनात्मक प्रयत्न में उसे लक्षित किया जा सकता है।" क्या इससे यह निष्कर्ष नहीं निकलता कि निर्विकल्प विरोध की राजनीति जिस तरह राजनीतिक जीवन में अराजकता को जन्म देती है, उसी प्रकार कविता की बनावट को भी अराजकतापूर्ण बना देती है ?

दूसरी ओर वे कविताएँ हैं जिन्हें कथ्य से लेकर संरचना तक राजनीति-विरोधी कहा जा सकता है। इनमें न तो स्थूल राजनीतिक घटनाओं, समस्याओं, व्यक्तियों, स्थानों आदि का उपयोग होता है और न ये स्पष्टतः राजनीति से कहीं टकराती ही हैं। जैसा कि श्रीकान्त वर्मा ने कहा है, ये विरोध की भी कविताएँ नहीं हैं, बल्कि इनमें 'गहरा आत्मसाक्षात्कार' होता है। यह उस 'संकट' की कविता है "जिसके आगे मनुष्य अपने को गूँगा और अर्थहीन पाता है।" स्पष्ट है कि इस प्रकार की कविताएँ सतही बदल के स्थान पर आमूल बदल की कायल हैं—कथ्य में भी और कविता की संरचना में भी। स्वभावतः व्यावहारिक राजनीति से इस काव्यात्मक 'विजन' का मेल बैठना असम्भव है। यदि ये कविताएँ एक ओर से सभी राजनीतिक दलों और विचारधाराओं को अपने रास्ते से बुहारकर अलग कर देती हैं तो आश्चर्य नहीं होना चाहिए। किन्तु जैसा कि मुद्राराक्षस ने कहा है, इस मनःस्थिति के मूल में 'आतंकवाद' है जो राजनीति की तरह कविता में भी 'विस्फोट' के द्वारा आमूल बदल की कोशिश करता है; और कहना न होगा कि राजनीति की तरह कविता में भी इस आतंकवाद की परिणति आत्महत्या अथवा

आत्महत्याधर्मी कार्रवाइयों में होती है। कविता में 'यौन-मर्यादा के निर्मम भ्रंश का आतंकवादी प्रयत्न' इसी रुझान की एक शाखा है। कविता के सामान्य तन्त्र को सिरे से तोड़कर प्रयोगशीलता के चरम-बिन्दुओं तक पहुँचने के प्रयास इसी आतंकवादी रुझान से उत्पन्न होते हैं; और आकस्मिक नहीं कि यौन-तन्त्र और काव्य-तन्त्र दोनों क्षेत्रों में भ्रंश के आतंकवादी प्रयास प्रायः एक ही स्थल पर साथ-साथ दिखाई पड़ते हैं। स्पष्टतः इस रुझान में एक प्रकार का अधीरतापूर्ण निरंकुश आदर्शवाद है। निस्सन्देह यह राजनीतिक दृष्टि नहीं, बल्कि अतिनैतिक दृष्टि है। यह दृष्टि कविता के आमूल परिवर्तन में पूर्णतः सक्षम है। 'दादावाद' और 'सुररियलिज़्म' इसी दृष्टि की उपज थे; किन्तु उन काव्य-आन्दोलनों की परिणतियाँ इस आतंकवादी दृष्टि की सीमा भी प्रमाणित करती हैं। हिन्दी में यह आतंकवाद शुरू से ही अपने सीमित रूप में प्रकट हुआ, किन्तु अब उसकी सम्भावनाएँ भी समाप्तप्राय दीख रही हैं। कविता पर ग़लत राजनीति के घातक प्रभाव का यह दूसरा उदाहरण है।

दरअसल विरोध की राजनीति का भी क्रमशः एक अपना 'रेटरिक' बन जाता है--फिर यह विरोध चाहे जितना 'निजी' हो; और नहीं तो अपनी ही आवृत्ति होने लगती है। यदि यह विरोध 'स्थायी' हुआ तो कविता में उसकी मुद्रा भी स्थायी हो जाती है, जिसे स्वीकार की स्थायी मुद्रा से अधिक आकर्षक मानने का कोई कारण नहीं। स्वीकार में जो सरलीकरण है, उसी सरलीकरण का खतरा समग्र-विरोध में भी है। अपनी भाषा में दोनों दृष्टियाँ समान रूप से सरल होती हैं। निस्सन्देह समग्र-विरोध के तेवर में उत्तेजना कुछ अधिक होती है। किन्तु शुरू-शुरू में ही, अन्त उसका भी एक ठंडेपन में ही होता है। इसलिए विरोध-मात्र महत्त्वपूर्ण नहीं, बल्कि महत्त्वपूर्ण है विरोध की यह आत्म-विडम्बना। विडम्बना का यह स्वचेतन-बोध ही कवि को एक जिम्मेदारी से बाँधता है, जिसके कारण कविता हर तरह के सरलीकरण से बच पाती है। समाजवादी व्यवस्था के अन्दर निजी विरोध की कविता में यही द्वन्द्वात्मक बोध विशेष है जो उसे ग़ैर-समाजवादी व्यवस्था की विरोधी कविता से अधिक जीवन्त बनाता है; और ग़ैर-समाजवादी व्यवस्था में रहनेवाले जो मार्क्सवादी जीवन-दृष्टि के समर्थ कवि हैं वे इसी द्वन्द्वात्मक बोध के द्वारा अपने सहकर्मियों से कहीं अधिक तनावपूर्ण नाटकीयता की सृष्टि कर ले जाते हैं।

विचित्र विडम्बना है कि इस दौर में समाजवादी कवियों का यह निजी विरोध भी शीत-युद्ध की राजनीति का शिकार बन गया। एक समय पश्चिम ने एव्तुशेंको को उछाला, फिर उसे छोड़कर वोज़्नेसेंस्की को उछाला गया और अब एव्तुशेंको के विरुद्ध वोज़्नेसेंस्की को उछालना ही पश्चिम के बुद्धिजीवियों का प्रिय व्यसन है। तर्क निश्चय ही काव्य-मूल्यों के ही दिए जाते हैं, किन्तु उन काव्य-मूल्यों के समर्थन में इन दोनों कवियों के राजनीतिक रवैये में जिस तरह भेद दिखाने की कोशिश की जाती है, उससे स्पष्ट है कि राजनीति की कविता के साथ कविता की राजनीति भी पूरी तरह सक्रिय है। विरोध की राजनीति पर आधारित कविता की आलोचना में भी कितना सरलीकरण

हो सकता है, इसका यह ज्वलन्त उदाहरण है। विडम्बना यह है कि इस सरलीकरण के शिकार ज्यादातर वही लोग हैं जो राजनीति को सरल और सपाट कहते हैं। इससे अधिक-से-अधिक यही निष्कर्ष निकलता है कि शीतयुद्ध की राजनीति सरल-सपाट होती है; वरना जीवन्त कविता के समान जीवन्त राजनीति भी काफी जटिल, तनावपूर्ण और यथातथ्य होती है। इसीलिए जीवन्त राजनीति के साथ गहराई से संलग्न कविता में भी वैसी ही जीवन्तता आती है।

निस्सन्देह एक अर्थ में सभी कविताएँ राजनीतिक होती हैं—वे भी जिनमें कवि अपने राजनीतिक सन्दर्भ के प्रति सचेत नहीं होता। इस रुख की द्वन्द्वात्मकता को बर्टोल्ट ब्रेष्ट ने इन प्रसिद्ध पंक्तियों में व्यक्त कर दिया है :

यह कैसा ज़माना है।
कि पेड़ों के बारे में बातचीत भी लगभग जुर्म है
क्योंकि इसमें बहुत सारे कुकर्मों के बारे में चुप्पी शामिल है।

जब एक चुप्पी भी सन्दर्भ के द्वारा अर्थ पा जाती है तो फिर किसी भी कविता का राजनीतिक अर्थ प्राप्त कर लेना स्वयंसिद्ध है। जागरूक कवि अपने कवि-कर्म के दौरान सतर्कता के साथ इस राजनीतिक सन्दर्भ को परिभाषित करते चलते हैं और इस प्रकार सीधे-सीधे राजनीतिक विषयों पर कविता न लिखते हुए भी अपनी प्रत्येक रचना को एक निश्चित राजनीतिक अर्थ देते हैं। महत्त्वपूर्ण है राजनीतिक सन्दर्भ का गहरा और यथार्थ बोध। ज़रूरी नहीं कि कवि इस राजनीतिक सन्दर्भ के बारे में लिखे ही—क्योंकि सन्दर्भ तो कविता में प्रायः व्यंग्य होता है : लेकिन इस सन्दर्भ को व्यंजित करने के लिए उसका वास्तविक बोध ज़रूरी है। इस सन्दर्भ-बोध के बिना अराजनीतिक तो क्या राजनीतिक कविता भी अर्थशून्य है।

किन्तु इसका अर्थ यह नहीं कि ठेठ राजनीतिक कविता जैसी कोई चीज होती ही नहीं। विश्व-साहित्य में उच्चकोटि की अनेक राजनीतिक कविताएँ सुलभ हैं। अवश्य ही हर अच्छी कविता की तरह राजनीतिक कविता की रचना के भी अपने विशेष नियम हैं—नियम का अर्थ कोई फ़ार्मूला नहीं, बल्कि रचना में अन्तर्निहित नियम है। इस दृष्टि से बर्टोल्ट ब्रेष्ट की राजनीतिक कविताओं का अध्ययन आज के सन्दर्भ में प्रासंगिक है। राजनीतिक कविता में जिस सरलता और सपाटता से लोग इतना बिदकते हैं, ब्रेष्ट ने प्रतीकों और बिम्बों की भाषा को छोड़कर सीधे उपदेशात्मकता के गद्य को कविता के लिए इस्तेमाल किया, फिर भी कोई कह नहीं सकता कि यह कविता नहीं है। सवाल यह है कि वह सपाटबयानी कविता कैसे बनी ? स्पष्टतः उस सपाटबयानी का कवित्व उसकी नाटकीयता में होता है, जिसका विधान ब्रेष्ट की अपनी खास निष्कवच आत्म-विडम्बना करती है। यह आत्म-विडम्बना कोरा आलंकारिक नुस्खा नहीं, बल्कि एक गहरी जीवन-दृष्टि है जिसके मूल में ब्रेष्ट की अपनी परिपक्व राजनीतिक समझ है। एक समर्थ राजनीतिक कवि के नाते ब्रेष्ट तात्कालिक सार्वजनिक आवश्यकता और दूरगामी निजी स्वप्न-दृष्टि या 'विजन' के बीच सन्तुलन खोजने का उत्तरदायित्व अनुभव

करते थे और सन्तुलन के इस प्रयास में ही उन्होंने आवश्यकतानुसार इन दोनों के बीच के तनाव को कविता में अभिव्यक्त किया। इस प्रकार एक ओर जहाँ उन्होंने वास्तविकता को ढकनेवाले राजनीतिक माया-प्रतीकों या मिथकों को अनावृत किया, वहीं दूसरी ओर लोगों में वास्तविकता का बोध भी पुनर्जागृत किया। यदि वे सरल समाधान से सन्तुष्ट नहीं हुए तो प्रश्न भी उन्होंने सरल ढंग से नहीं पूछे। हर सवाल दुधारा था जिसकी एक धार पर हमेशा कवि स्वयं अपने-आपको रखता था। यह ईमानदारी; यह समझदारी और यह जिम्मेदारी ही कवि की श्रेष्ठता के मूल मन्त्र हैं। और इस दृष्टि से ब्रेष्ट के समान ही एक अन्य स्तर पर मुक्तिबोध भी हमारे लिए सर्वथा प्रासंगिक हैं।

[1968]

'प्रगीत' और समाज

चर्चा के लिए 'कविता और समाज'-जैसा विषय 'वागर्थ' ने चुना, इसी से स्पष्ट है कि कविता पर समाज का दबाव तीव्रता से महसूस किया जा रहा है। इधर आलोचना भी ज़्यादातर कविताओं की सामाजिक सार्थकता ढूँढ़ने में ही व्यस्त है। ऐसे वातावरण में गलत समझे जाने का खतरा उठाकर भी मैं विशेष रूप से उन कविताओं की ओर ध्यान आकृष्ट करना चाहता हूँ जो सीधे-सीधे सामाजिक न होकर अपनी वैयक्तिकता और आत्मपरकता के कारण 'लिरिक' अथवा 'प्रगीत' काव्य की कोटि में आती हैं। आज चर्चा के लिए इन प्रगीतधर्मी कविताओं को चुनने का एक कारण यह भी है कि समाजशास्त्रीय विश्लेषण अथवा सामाजिक व्याख्या के लिए सबसे कठिन चुनौती भी इन्हीं की ओर से मिलती है।

कविता में जहाँ तक सामाजिक यथार्थ और व्यापक जीवन के चित्रण का प्रश्न है, सामान्यतः दृष्टि प्रबन्धकाव्यों और लम्बी कविताओं की ओर ही जाती है। प्रगीतधर्मी कविताएँ न तो सामाजिक यथार्थ की अभिव्यक्ति के लिए पर्याप्त समझी जाती हैं, न उनसे इसकी अपेक्षा ही की जाती है क्योंकि सामान्य समझ के अनुसार वे अन्ततः नितान्त वैयक्तिक और आत्मपरक अनुभूतियों की अभिव्यक्ति-मात्र हैं।

स्वयं आचार्य रामचन्द्र शुक्ल के काव्य-सिद्धान्त के आदर्श भी प्रबन्धकाव्य ही थे, क्योंकि "प्रबन्धकाव्य में मानव जीवन का एक पूर्ण दृश्य होता है।" 'सूर-सागर' भी उन्हें इसीलिए परिसीमित लगा क्योंकि वह 'गीतकाव्य' है। आधुनिक कविता से उन्हें शिकायत भी इसलिए थी कि " 'कला कला' की पुकार के कारण यूरोप में प्रगीत मुक्तकों (लिरिक्स) का ही चलन अधिक देखकर यहाँ भी उसी का ज़माना यह बताकर कहा जाने लगा कि अब ऐसी लम्बी कविताएँ पढ़ने की किसी को फुरसत कहाँ जिनमें कुछ इतिवृत्त भी मिला रहता हो। अब तो विशुद्ध काव्य की सामग्री जुटाकर सामने रख देनी चाहिए जो छोटे-छोटे प्रगीत-मुक्तकों में ही सम्भव है। इस प्रकार काव्य में जीवन की अनेक परिस्थितियों की ओर ले जानेवाले प्रसंगों या आख्यानों की उद्‌भावना बन्द-सी हो गई।" इसीलिए ज्यों ही प्रसाद की 'शेरसिंह का शस्त्र-समर्पण', 'पेशोला की प्रतिध्वनि', 'प्रलय की छाया' तथा 'कामायनी' और निराला की 'राम की शक्तिपूजा' तथा 'तुलसीदास'-जैसे आख्यानक काव्य सामने आए तो आचार्य शुक्ल ने सन्तोष व्यक्त किया।

स्वीकार करना चाहता हूँ कि पन्द्रह वर्ष पहले 'कविता के नए प्रतिमान' में कविता

के प्रतिमान को व्यापकता प्रदान करने के लिए जब मैंने मुक्तिबोध की लम्बी कविताओं-जैसी वस्तुपरक नाट्यधर्मी कविताओं को भी विचार की सीमा में ले आने के लिए आग्रह किया था तो आत्मपरक प्रगीतधर्मी छोटी कविताओं में निहित सामाजिक सार्थकता की सम्भावनाओं का पूरा-पूरा एहसास न था। लेकिन इस बात में न तब सन्देह था और न अब सन्देह है कि नई कविता के अन्दर आत्मपरक कविताओं की एक ऐसी प्रबल प्रवृत्ति थी जो या तो समाज-निरपेक्ष थी या फिर जिसकी सामाजिक अर्थवत्ता सीमित थी। इसलिए इन सीमित अर्थभूमिवाली कविताओं के आधार पर निर्मित एकांगी एवं अपर्याप्त काव्य-सिद्धान्त के दायरे को तोड़कर एक व्यापक काव्य-सिद्धान्त की स्थापना के लिए मुक्तिबोध की कविताओं का समावेश ऐतिहासिक आवश्यकता थी। किन्तु इनके बाद भी ऐसी अनेक आत्मपरक प्रगीतधर्मी छोटी कविताएँ बच रहती हैं जो अपनी सामाजिक अर्थवत्ता के कारण उस काव्य-सिद्धान्त को व्यापक बनाने में समर्थ हैं।

इस दिशा में पुनर्विचार के लिए, सच पूछिए तो, मुझे सबसे पहले प्रेरणा स्वयं मुक्तिबोध के काव्य से ही मिली। मुक्तिबोध ने सिर्फ लम्बी कविताएँ ही नहीं लिखीं। उनकी अनेक कविताएँ छोटी भी हैं, और छोटी होने के बावजूद लम्बी कविताओं से किसी कदर कम सार्थक नहीं हैं। वे कविताएँ अपने रचना-विन्यास में प्रगीतधर्मी हैं। किसी-किसी के मत से तो "नाटकीय रूप के बावजूद मुक्तिबोध की काव्यभूमि मुख्यतः प्रगीतभूमि है।" इसमें कोई शक नहीं कि मुक्तिबोध का समूचा काव्य मूलतः आत्मपरक है—तीव्रतम रूप में। रचना-विन्यास में ही वह पूर्णतः नाट्यधर्मी है, कहीं नाटकीय एकालाप है, कहीं नाटकीय प्रगीत है और कहीं शुद्ध प्रगीत भी : जैसे 'सहर्ष स्वीकारा है' अथवा 'मैं तुम लोगों से दूर हूँ।' जैसा कि कवि ने एक जगह स्वयं लिखा है : "निस्सन्देह उसमें कथा केवल आभास है। नाटकीयता केवल मरीचिका है, वह विशुद्ध आत्मगत काव्य है।" जहाँ नाटकीयता है वहाँ भी "कविता के भीतर की सारी नाटकीयता वस्तुतः भावों की गतिमयता है" क्योंकि "वहाँ जीवन-यथार्थ केवल भाव बनकर प्रस्तुत होता है, या बिम्ब बनकर या विचार बनकर।" इस प्रकार यह आत्मपरकता अथवा भावमयता मुक्तिबोध की सीमा नहीं, बल्कि शक्ति है जो उनकी प्रत्येक कविता को गति और ऊर्जा प्रदान करती है। इस गति और ऊर्जा का मूल स्रोत है इस काव्य के प्रगीत-नायक का व्यक्तित्व। यह नई कविता के उन प्रगीत-नायकों से एकदम भिन्न है जिनके "अन्तःकरण का आयतन संक्षिप्त है।"

कहने की आवश्यकता नहीं कि ये आत्मपरक प्रगीत भी, नाट्यधर्मी लम्बी कविताओं के सदृश ही यथार्थ को प्रतिध्वनित करते हैं। अन्तर सिर्फ इतना है कि यहाँ वस्तुगत यथार्थ को अन्तर्जगत् उस मात्रा में घुला लेता है जितनी उस यथार्थ की ऐन्द्रिय उद्बुद्धता के लिए आवश्यक है। इस प्रकार एक प्रगीतधर्मी कविता में वस्तुगत यथार्थ अपनी चरम आत्मपरकता के रूप में ही व्यक्त होता है।

मुक्तिबोध की आत्मपरकता छोटी कविताओं में निहित सामाजिक सार्थकता का

बोध स्वभावतः हमारा ध्यान उन्हीं के समानधर्मा एक अन्य कवि त्रिलोचन की ओर ले जाता है, जिन्होंने कुछ चरित्र-केन्द्रित लम्बी वर्णनात्मक कविताओं के बावजूद ज्यादातर सॉनेट और गीत ही लिखे हैं। कहने के लिए तो ये प्रगीत हैं लेकिन जीवन, जगत और प्रकृति के जितने रंग-बिरंगे चित्र त्रिलोचन के काव्य-संसार में मिलते हैं, वे अन्यत्र दुर्लभ हैं। किन्तु इन भास्वर चित्रों को अन्ततः जीवन्त बतानेवाला प्रगीत-नायक का एक अनूठा व्यक्तित्व है जिसका स्पष्ट चित्र 'उस जनपद का कवि हूँ' संग्रह के उन आत्मपरक सॉनेटों में मिलता है। 'वही त्रिलोचन है वह—जिसके तन पर गन्दे कपड़े हैं...' जैसे आत्मचित्र वस्तुतः एक प्रगीत-नायक की निर्वैयक्तिक कल्प-सृष्टि है, जिनसे नितान्त वैयक्तिकता के बीच भी एक 'प्रतिनिधि चरित्र' से परिचय की अनुभूति होती है। यदि ऐसे आत्मपरक प्रगीत सामाजिक यथार्थ की दृष्टि से अप्रासंगिक माने जाएँगे तो फिर हिन्दी कविता की स्थिति विपन्न ही कहलाएगी।

प्रसंगवश यहीं नागार्जुन का भी स्मरण किया जा सकता है, जिनकी बहिर्मुखी आक्रामक काव्य-प्रतिभा के बीच आत्मपरक प्रगीतात्मक अभिव्यक्ति के क्षण कम ही आते हैं, लेकिन जब आते हैं तो उनकी विकट तीव्रता प्रगीतों के परिचित संसार को एक झटके से छिन्न-भिन्न कर देती है, फिर चाहे वह 'तन गई रीढ़'-जैसी प्रेम तथा ममता की नितान्त निजी अनुभूति हो, चाहे जेल के सींखचों से सिर टिकाए चलनेवाला अनुचिन्तन और अनुताप। नागार्जुन के काव्य-संसार के प्रगीत-नायक का निष्कवच फक्कड़ व्यक्तित्व उनके प्रगीतों को विशिष्ट रंग तो देता ही है, निश्चित सामाजिक अर्थ भी ध्वनित करता है।

प्रगीत काव्य के प्रसंग में मुक्तिबोध, त्रिलोचन और नागार्जुन के उल्लेख से यदि कुछ लोगों की भौंहें उठें या तनें तो इसका कारण सिर्फ यह होगा कि यह एक नया प्रगीतधर्मी कवि-व्यक्तित्व है : चिर-परिचित प्रतिमा से नितान्त भिन्न। अपनी वैयक्तिकता में विशिष्ट और सामाजिकता में सामान्य। व्यक्तिवादी न होते हुए भी व्यक्ति-विशिष्ट। अपने समाज से लड़ते हुए भी सामाजिक। दुनियादार न होते हुए भी इसी दुनिया का। ये नए प्रगीत इसी नए व्यक्तित्व से सम्भव हो सके हैं।

इस नए प्रगीतधर्मी कवि-व्यक्तित्व के समकालीन विकास की दिशाओं पर दृष्टिपात करने से पूर्व एक बार हिन्दी कविता के इतिहास में प्रगीतधर्मी कविताओं की सामाजिक भूमिका का सिंहावलोकन कर लेना अप्रासंगिक न होगा।

कितनी बड़ी विडम्बना है कि जिस साहित्य में काव्योत्कर्ष के मानदंड प्रबन्धकाव्यों के आधार पर बने हों और जहाँ प्रबन्धकाव्य को ही व्यापक जीवन के प्रतिबिम्ब के रूप में स्वीकार किया गया हो, उसकी कविता का इतिहास मुख्यतः प्रगीत मुक्तकों का है, यही नहीं बल्कि गीतों ने ही जन-मानस को बदलने में क्रान्तिकारी भूमिका भी अदा की है। 'रामचरितमानस' की महिमा से किसी को इनकार नहीं, लेकिन 'विनय पत्रिका' के पद एक व्यक्ति का अरण्य-रोदन-मात्र नहीं है ! यह तो मानस के मर्मी भी मानते हैं किन्तु तुलसी के विनय के पदों में पूरे युग की वेदना व्यक्त हुई है और उनकी चरम वैयक्तिकता

ही परम सामाजिकता है। तुलसी के अलावा कबीर, सूर, मीरा, नानक, रैदास आदि अधिकांश सन्तों ने प्रायः दोहे और गेय पद ही लिखे हैं। यदि विधापति को हिन्दी का पहला कवि माना जाए तो हिन्दी कविता का उदय ही गीत से हुआ, जिसका विकास आगे चलकर सन्तों और भक्तों की वाणी में हुआ। गीतों के साथ हिन्दी कविता का उदय कोई सामान्य घटना नहीं, बल्कि एक नई प्रगीतात्मकता (लिरिसिज़्म) के विस्फोट का ऐतिहासिक क्षण है, जिसके धमाके से मध्ययुगीन भारतीय समाज की रूढ़ि-जर्जर दीवारें हिल उठीं, साथ ही जिसकी माधुरी सामान्यजन के लिए संजीवनी सिद्ध हुई। कहने की आवश्यकता नहीं कि लोकभाषा की परिष्कृत प्रगीतात्मकता का यह उन्मेष भारतीय साहित्य की अभूतपूर्व घटना है, जिसकी अभिव्यक्ति हिन्दी के साथ ही भारत की सभी आधुनिक भाषाओं में लगभग साथ-साथ हुई।

प्रगीतात्मकता का दूसरा उन्मेष बीसवीं सदी में रोमैंटिक उत्थान के साथ हुआ, जिसका सम्बन्ध भारत के राष्ट्रीय मुक्ति-संघर्ष से है। भक्ति-काव्य से भिन्न इस रोमैंटिक प्रगीतात्मकता के मूल में एक नया व्यक्तिवाद है, जहाँ 'समाज' के बहिष्कार के द्वारा ही व्यक्ति अपनी सामाजिकता प्रमाणित करता है। इन रोमैंटिक प्रगीतों में भक्तिकाव्य जैसी तन्मयता भले न हो, किन्तु आत्मीयता और ऐन्द्रियता कहीं अधिक है। उल्लेखनीय है कि इस दौरान सीधे-सीधे राष्ट्रीयता सम्बन्धी विचारों तथा भावों को काव्यरूप देनेवाले मैथिलीशरण गुप्त जैसे राष्ट्रकवि भी हुए और अधिकांशतः उन्होंने प्रबन्धात्मक काव्य ही लिखे; जिन्हें उस समय ज्यादा 'सामाजिक' माना गया; लेकिन प्रबुद्धजनों को जल्दी ही इस सचाई का एहसास हो गया कि असामाजिक प्रतीत होनेवाले रोमैंटिक प्रगीत उस युग की चेतना को कहीं अधिक 'गहराई' से वाणी दे रहे थे और उनकी 'असामाजिकता' में ही सच्ची सामाजिकता थी।

आलोचकों की दृष्टि में सच्चे अर्थों में प्रगीतात्मकता का आरम्भ यही है, जिसका आधार है समाज के विरुद्ध व्यक्ति। इस प्रकार प्रगीतात्मकता का अर्थ हुआ 'एकान्त संगीत' अथवा 'अकेले कंठ की पुकार'। प्रगीतात्मकता की यह धारणा इतनी बद्धमूल हो गई है कि आज भी प्रगीत के रूप में प्रायः उसी कविता को स्वीकार किया जाता है जो नितान्त वैयक्तिक और आत्मपरक हो। चूँकि इस प्रकार के व्यक्तिवाद को जन्म देनेवाली औद्योगिक-पूँजीवादी समाजव्यवस्था, समाप्त होने की जगह, और भी विकसित हो रही है, इसलिए फिलहाल प्रगीत कविता की इस मानसिक धारणा से छुटकारा सम्भव नहीं।

निश्चय ही इस स्थिति में कुछ परिवर्तन घटित हुआ है। फलतः कवि की मानसिकता भी बदली है। व्यक्ति बनाम समाज जैसे सरल द्वन्द्व का स्थान समाज के अपने अन्तर्विरोधों ने ले लिया है। व्यक्तिवाद उतना आश्वस्त नहीं रहा। स्वयं व्यक्ति के अन्दर भी अन्तः-संघर्ष पैदा हुआ। विद्रोह का स्थान आत्म-विडम्बना ने ले लिया। इस प्रकार प्रगीतात्मकता विडम्बनाग्रस्त हुई और उसके रचना-विन्यास में पेचीदगी आई। आत्मपरकता कदाचित् और बढ़ी। इसके साथ ही आत्मेतर का दबाव भी। तथाकथित

नई कविता की प्रगीतात्मकता में आए नए मोड़ों और मरोड़ों को इसी आलोक में समझा जा सकता है।

इस प्रसंग में मुझे शमशेरजी की 1941 की लिखी एक कविता याद आ रही है, जिसे संयोग से उन्हीं दिनों काशी में एक शाम उन्हीं के मुख से सुनने का सौभाग्य प्राप्त हुआ था। कविता इस प्रकार है :

लेकर सीधा नारा
कौन पुकारा
अन्तिम आशाओं की सन्ध्याओं से ?
पलकें डूबी ही-सी थीं—
पर अभी नहीं;
कोई सुनता-सा था मुझे
कहीं;
पर किसने यह, सातों सागर के पार
एकाकीपन से ही मानो—हार,
एकाकी उठ मुझे पुकारा
कई बार ?
मैं समाज तो नहीं; न मैं कुल
जीवन;
कण-समूह में हूँ मैं केवल
एक कण।
—कौन सहारा !
मेरा कौन सहारा !

आज दोबारा इस कविता को पढ़ते हुए मुझे थियोडोर एडोर्नो का एक वाक्य याद आ रहा है जिसका भाव यह है कि "कविता जो कुछ कह रही है उसे सिर्फ वही समझ सकता है जो इसके एकाकीपन में मानवता की आवाज़ सुन सकता है।" मैं इस कविता की व्याख्या करने का साहस न करूँगा, लेकिन यहाँ समाज के उस दबाव को भी महसूस किया जा सकता है और अपने अकेले होने की विडम्बना को भी; और यही वे बिन्दु हैं जो इस कविता की निराशा को बच्चन-जैसे कवियों की सरल-सपाट निराशा से अलग करते हुए एक गहरी सामाजिक सच्चाई को व्यक्त करते हैं।

इस साँसत की स्थिति से उबरने का एक उपाय तो वह है जिसे एक समय के प्रगतिवाद ने सुझाया था : अन्दर से एकदम बाहर निकलकर जनता के पास जाना। निस्सन्देह कुछ लोगों ने यह रास्ता अपनाया भी—यहाँ तक कि शमशेरजी भी कभी-कभी उस रास्ते पर चल पड़ते थे। परिणाम, कविता नितान्त सामाजिक हो गई और जिस हद तक सामाजिक हुई उस हद तक प्रगीतात्मकता से ही नहीं बल्कि कवित्व से भी वंचित हुई। जल्द ही रघुवीर सहाय के शब्दों में कवि ने, यदि वह सम्वेदनशील हुआ तो, अनुभव

किया कि "बाहर बाहर जाते जाते/अब अपना मन खाली है।" इस अनुभव के बाद या तो फिर वही अन्तर्गुहावास ! या फिर आत्मसंघर्ष। नई कविता के अनेक कवियों ने अन्तर्गुहावास का रास्ता अपनाया तो मुक्तिबोध ने आत्मसंघर्ष का, जो उन्हें प्रायः बहिः-संघर्ष में भी झोंकता रहा। एक में प्रगीतात्मकता सीमित हुई तो दूसरे में प्रगीतात्मकता के कुछ नए आयाम उद्घाटित हुए। कहने की आवश्यकता नहीं कि इन दो छोरों के बीच तथा इनके अलावा और भी अनेक स्थितियाँ रही हैं, जिनके ब्यौरे में जाने का समय सम्प्रति नहीं है। प्रसंगवश इतना ही कहना काफी होगा कि अभी कुछ साल पहले एक दशक ऐसा फिर आया था जब अनेक कवि अपने अन्दर का दरवाज़ा तोड़कर एकदम बाहर निकल आए थे और व्यवस्था के विरोध के जुनून में उन्होंने ढेर-सारी 'सामाजिक' कविताएँ लिख डालीं, जिन्हें देखकर कविता को भी शर्म आए। ग़नीमत है कि वह दौर जल्द ही ख़त्म हो गया।

पिछले पाँच-छह वर्षों से हिन्दी कविता के वातावरण में फिर कुछ परिवर्तन के लक्षण दिखाई दे रहे हैं। यह परिवर्तन न बहुत बड़ा है, न क्रान्तिकारी ही ! लेकिन कविता की पुनः प्रतिष्ठा, प्रत्यभिज्ञान अथवा प्रत्याश्वस्ति जैसा कुछ अवश्य है। संयोग से यह परिवर्तन इधर उभरनेवाली एक युवा पीढ़ी के कवियों द्वारा घटित हुआ है, लेकिन इसमें पहले की पीढ़ी के कवियों के किंचित् बदले हुए स्वर का भी योगदान है। इसे मैं एक 'नई प्रगीतात्मकता' का उभार कहना चाहूँगा। आज कवि को न तो अपने अन्दर झाँककर देखने में संकोच है, न बाहर के यथार्थ का सामना करने में कोई हिचक। अन्दर न तो किसी असन्दिग्ध विश्वदृष्टि का मज़बूत खूँटा गाड़ने की ज़िद है और न बाहर व्यवस्था को एक विराट पहाड़ के रूप में आँकने की हवस। बाहर ऐसी छोटी-से-छोटी घटना, स्थिति, वस्तु आदि पर नजर है और कोशिश है उसे अर्थ देने की। इसी प्रकार बाहर की प्रतिक्रियास्वरूप अन्दर उठनेवाली छोटी-से-छोटी लहर को भी पकड़कर उसे शब्दों में बाँध लेने का उत्साह है। अब यह स्पष्ट दिखाई दे रहा है कि न रोमेंटिक ढंग का व्यक्तिवादी विद्रोह सम्भव है और न अपने अन्दर सिमटकर मानसिक जुगाली करने में ही निष्कृति है। गरज़ कि एक नए स्तर पर कवि-व्यक्ति अपने और समाज के बीच के रिश्ते को साधने की कोशिश कर रहा है और इस प्रक्रिया में जो व्यक्तित्व बनता दिखाई दे रहा है वह निश्चय ही एक नए ढंग की प्रगीतात्मकता के उभार का संकेत है। कहने की आवश्यकता नहीं कि यह रोमैंटिक गीतों की वापसी नहीं है और न ही कविता को नितान्त वैयक्तिक मोड़ देने की कोई साज़िश ! इसका अर्थ उन आत्मपरक कविताओं की ओर आलोचक की वापसी भी नहीं है जिसे पहले मुक्तिबोध ने 'एक साहित्यिक की डायरी' में और फिर मैंने 'कविता के नए प्रतिमान' में 'जड़ीभूत सौन्दर्यानुभूति' के रूप में तिरस्कृत किया था। जरूरी नहीं कि यह प्रगीतात्मकता छन्दों की ओर लौटकर ही अपनी विशिष्टता प्रमाणित करे। इधर की कविताओं से धीरे-धीरे यह बात पुष्ट हो रही है कि मितकथन में अतिकथन से अधिक शक्ति होती है और ठंडे स्वर की तासीर भी कभी-कभी काफी गरम होती है।

यदि सिर्फ दो ठोस उदाहरणों से अपनी बात स्पष्ट करनी हो तो इस नई प्रगीतात्मकता का एक पहलू केदारनाथ सिंह की इस कविता से व्यक्त होता है :

उसका हाथ
अपने हाथ में लेते हुए मैंने सोचा
दुनिया को
हाथ की तरह गर्म और सुन्दर होना चाहिए।

और दूसरा पहलू शरद बिल्लौरे की 'तय तो यही था' कविता की इन अन्तिम पंक्तियों से :

हारकर मैं
समूचा ही तराजू पर चढ़ गया
आसमान से फूल नहीं बरसे
कबूतर ने कोई दूसरा रूप नहीं लिया
और मैंने देखा
बाज की दाढ़ में
आदमी का खून लग चुका है !

[1983]

'वागर्थ' द्वारा आयोजित 'समवेत' में विषय-प्रवर्तन के रूप में दिए गए भाषण का सर्वथा संशोधित और पुनर्लिखित रूप।

नई कहानी की पहली कृति : परिन्दे

फ़कत सात कहानियों का संग्रह 'परिन्दे' निर्मल वर्मा की ही पहली कृति नहीं है बल्कि जिसे हम 'नई कहानी' कहना चाहते हैं उसकी भी पहली कृति है। पढ़ने पर सहसा विश्वास नहीं होता कि ये कहानियाँ उसी भाषा की हैं जिसमें अभी तक शहर, गाँव, कस्बा और तिकोने प्रेम को ही लेकर कहानीकार जूझ रहे हैं। 'परिन्दे' से यह शिकायत दूर हो जाती है कि हिन्दी कथा-साहित्य अभी पुराने सामाजिक संघर्ष के स्थूल धरातल पर ही 'मार्कटाइम' कर रहा है। समकालीनों में निर्मल पहले कहानीकार हैं जिन्होंने इस दायरे को तोड़ा है—बल्कि छोड़ा है; और आज के मनुष्य की गहन आन्तरिक समस्या को उठाया है।

व्यक्ति-चरित्र वही है, जीवन-स्थितियाँ भी रोज़ की जानी-पहचानी ही हैं, लेकिन निर्मल के हाथों वही स्थितियाँ इतिहास की विराट नियति बनकर खड़ी हो जाती हैं और उनके सम्मुख खड़ा व्यक्ति सहसा अपने को असाधारण रूप से अकेला पाता है और उसकी जबान से निकला हुआ मामूली-सा वाक्य एक युगव्यापी प्रश्न बन जाता है।

पहाड़ के पीछे से आते हुए पक्षियों के झुंड को देखकर 'परिन्दे' की लतिका चलते-चलते सोचती है : "क्या वे सब प्रतीक्षा कर रहे हैं ? लेकिन कहाँ के लिए, हम कहाँ जाएँगे ?" प्रश्न मामूली है लेकिन कहानी के माहौल में वह सिर्फ पक्षियों का या लतिका का व्यक्तिगत प्रश्न नहीं रह जाता। जैसे इस प्रश्न से लतिका, डॉक्टर मुखर्जी, मिस्टर ह्यूबर्ट सबका सम्बन्ध है—इन सबका और इनके अलावा भी और सबका। देखते-देखते प्रेम की एक कहानी मानव-नियति की व्यापक कहानी बन जाती है और एक छोटा सा वाक्य पूरी कहानी को दूरगामी अर्थवृत्तों से वलयित कर देता है। 'हम कहाँ जाएँगे' यह वाक्य सारी कहानी पर अर्थ-गम्भीर विषाद की तरह छाया रहता है। प्रसंगात् चेखव की कहानियों में बार-बार गूँजनेवाला यह प्रश्न याद आ जाता है—हम क्या करें ! वह प्रश्न जिसकी गूँज उन्नीसवीं सदी के सारे रूसी कथा-साहित्य और सामाजिक चिन्तन में बार-बार सुनाई पड़ती है। जैसे सारा ज़माना एक साथ पूछ रहा हो कि क्या करें ?

इसी प्रकार 'सितम्बर की एक शाम' का बेकार नवयुवक घास पर लेटे हुए जब सोचता है कि सारी दुनिया उसकी प्रतीक्षा कर रही है कि वह "उसे अर्थ दे" तो उससे साधारण बेकारी से कहीं बड़ा अर्थ ध्वनित होता है। "उसने आँखें उठाईं—सारी दुनिया उसके सामने पड़ी थी और उसकी उम्र सत्ताईस बर्ष की थी।" यह एक वाक्य बहुत कुछ कह देता है; एक वाक्य में आज का सारा अन्तर्विरोध झलक उठता है। सम्भावना और व्यर्थता का अन्तर्विरोध ! बेकारी पर लिखी हुईं दर्जनों कहानियाँ एक ओर और 'सितम्बर की एक शाम' एक ओर ! 'माया का मर्म' की बेरोजगारी भी इसी प्रकार ज़िन्दगी की व्यापक निरर्थकता को व्यंजित करती है जिसे आलबेयर कामू 'ऐबसर्ड' कहता है।

स्वतन्त्रता या मुक्ति का प्रश्न, जो समकालीन विश्व-साहित्य का मुख्य प्रश्न बन चला है, निर्मल की कहानियों में प्रायः अलग-अलग कोण से उठाया गया है। एक तरफ से देखा जाए तो 'परिन्दे' की लतिका की समस्या स्वतन्त्रता या मुक्ति की समस्या है ! अतीत से मुक्ति, स्मृति से मुक्ति, उस चीज से मुक्ति 'जो हमें चलाए चलती है और अपने रेले में हमें घसीट ले जाती है।' इन कहानियों के प्रायः सभी व्यक्ति-चरित्र अपने अतीत की स्मृति से मुक्त होने के लिए प्रयत्नशील हैं। सारी कहानियाँ इस मुक्ति की पीड़ा की मार्मिक अभिव्यंजना हैं। सर्वत्र कोशिश यही है कि इतिहास से अपने को मुक्त करके एक साक्षी या 'विटनेस' के रूप में उसे देखा जाए। मुक्ति का यह क्षण जिसमें मनुष्य स्वयं अपना साक्षी हो जाता है, निर्मल की अनेक कहानियों का आलोककेन्द्र है। और उस क्षण के आलोक में ही व्यक्ति देखता है कि "वह मुक्त है और सारी दुनिया उसकी प्रतीक्षा कर रही है।" इस प्रकार ये कहानियाँ जीवन की विभिन्न स्थितियों के सन्दर्भ में आज के सबसे बड़े मानव-मूल्य—जीवन-मुक्ति—को परिभाषित करती हैं।

यह आकस्मिक नहीं है कि कहानी के माध्यम से मानव-मुक्ति का प्रश्न उठाने के साथ ही निर्मल ने अपनी कहानियों को भी हिन्दी कहानी की परिपाटी से मुक्त करने का प्रयत्न किया है। सच्ची रचना वहीं शुरू होती है जब लेखक अपनी स्मृति को

जीवन-सम्बन्धी प्रचलित 'साहित्यिक' यथार्थ से मुक्त कर लेता है। जैसा कि एक निबन्ध में निर्मल ने स्वयं कहा है : "ऐसे ही शून्य से कला का जन्म होता है।" विरासत में मिले 'फार्मूलों' से मुक्त होकर जब कोई लेखक सीधे जीवन का साक्षात्कार करता है और ज़िन्दगी की जटिलताओं में प्रवेश करके सच्चाई का पता लगाता है तभी नवीन कलाकृति का सृजन सम्भव होता है। 'तीसरा गवाह' कहानी जैसे इसी सृजन-सिद्धान्त को उदाहृत करने के लिए कही गई है।

प्रेम और विवाह के सम्बन्ध में एक वकील साहब अपनी 'घिसी-पिटी' धारणाएँ प्रकट करते हैं तो रोहतगी साहब बहुत ही धीमे स्वर में कहते हैं कि "हम केवल अनुमान ही लगा सकते हैं, वकील साहब ! सच्ची बात उस लड़की के अलावा कोई नहीं जान सकेगा और मुझे सन्देह है कि क्या वह खुद भी सही कारण जान पाएगी ?" इस कथन के पीछे जीवन की जटिलता की ओर कितना संजीदा संकेत है; इसका ठीक-ठीक एहसास उस समय होता है जब हम बड़े-बड़े लोगों को हर मसले पर दनादन राय देते हुए देखते हैं। 'तीसरा गवाह' कहानी इस बात को जैसे साबित करने के लिए लिखी गई है कि स्वयं अपने ही जीवन में घटी हुई घटना भी कितनी जटिल होती है कि कभी-कभी स्वयं हमारे लिए ही उसे ठीक-ठीक समझना मुश्किल हो जाता है। इस प्रकार यह कहानी वास्तविकता के प्रति एक नए दृष्टिकोण की ओर संकेत करती है जिसे चाहें तो 'नई कहानी' की शुरुआत भी कह सकते हैं। हर घटना अनेक व्याख्याओं के लिए खुली हुई है और समस्त व्याख्याओं के बावजूद वह घटना समाप्त नहीं हो जाती—यह भावबोध हिन्दी कहानी में एक नए मोड़ की सूचना देता है।

अभी तक जो कहानी सिर्फ कथा कहती थी या कोई चरित्र पेश करती थी अथवा एक विचार का झटका देती थी, वही निर्मल के हाथों जीवन के प्रति एक नया भावबोध जगाती है; साथ ही ऐसे दुर्लभ अनुभूति-चित्र प्रदान करती है जिन्हें हम कम-से-कम हिन्दी में कहानी के माध्यम से प्राप्त करने के अभ्यस्त नहीं थे।

जाहिर है कि एक नए गद्य के बिना कहानी के क्षेत्र में इस प्रकार के नवीन प्रयत्न असम्भव थे। इन कहानियों को पढ़ते समय एक नए गद्य से परिचय होता है—अपने प्रयोजन के लिए बनाया हुआ लेखक का अपना गद्य ! सम्भवतः कहानी का गद्य इतना सम्वेदनशील तो पहले कभी न था। या तो भावोच्छ्वसित गद्य काव्य था या नितान्त कामकाजी ! 'परिन्दे' को देखकर लगता है कि भाषा के क्षेत्र में जो काम इतने दिन में प्रयोगशील नई कविता भी न कर सकी उसे अन्ततः कहानी के गद्य ने कर दिखाया। छोटे-छोटे संवादों में उभारी हुई 'पिक्चर पोस्टकार्ड' कहानी सम्भवतः इस गद्य के निखरे हुए आधुनिकतम रूप को प्रकट करती है।

कुल मिलाकर इस संग्रह की कहानियाँ कहानी के एक परम्परासिद्ध ढाँचे में अनेक नई सम्भावनाओं का संकेत देती हैं। अभी तो यह एक शुरुआत है ! लेकिन एक सम्भावनापूर्ण शुरुआत।

2

कहानी-संग्रह 'परिन्दे' का प्रकाशन अब हुआ है, लेकिन निर्मल वर्मा की कहानियों की चर्चा एक अरसे से हो रही है। प्रायः सभी मानते हैं कि उनकी कहानियाँ गहरा प्रभाव डालती हैं। लेकिन ऐसा प्रभाव उत्पन्न करनेवाली कला का विश्लेषण अभी तक नहीं हुआ है, भावुकता, निराशा, एकरसता वगैरह की शिकायत अलबत्ता की गई है। बेहतर है शुरुआत इस प्रभाव के विश्लेषण से ही हो।

यह सही है कि निर्मल की कहानियाँ गहरा प्रभाव छोड़ जाती हैं, यहाँ तक कि तमाम कहानियाँ लगभग एक-सा प्रभाव छोड़ती हैं और यह भी सही है कि इस प्रभाव के आगे न चरित्र याद रहते हैं और न घटनाएँ। लेकिन सवाल यह है कि क्या इनका याद रहना जरूरी है ? पाठक के लिए जरूरी क्या है : प्रभाव या चरित्र आदि ? जिन कहानियों के चरित्र आदि याद रह जाते हैं क्या वे भी ऐसा ही प्रभाव डालती हैं ? क्या यह सही नहीं है कि जिन कहानियों में विविधता के नाम पर ढूँढ़-ढूँढ़ के अजीबोगरीब चरित्र लाए जा रहे हैं और अछूते जीवन-खंड पेश किए जा रहे हैं वे प्रभाव के नाम पर या तो शून्य हैं या फिर केवल विस्मय जगाकर ही रह जाती हैं ? जाहिर है कि ये कहानीकार कहानी के प्रभाव की जगह सिर्फ अपना प्रभाव पैदा करना चाहते हैं।

चरित्र वहीं याद आते हैं जहाँ भाव कमजोर होता है और शिल्प प्रबल; दूसरे शब्दों में, जहाँ कहानी के ढाँचे में दरार रहती है। और साफ है कि ऐसी दरारोंवाली कहानी अभीष्ट प्रभाव उत्पन्न नहीं कर सकती। अचम्भा तो इस बात का है कि जीवन-विविधता की इस दौड़-धूप में कहानीकारों के हाथ से यह परम्परागत बुनियादी सिद्धान्त भी छूटता जा रहा है कि कहानी का लक्ष्य 'प्रभावान्विति' है, चरित्र, कथानक आदि तो उसके साधन हैं।

निर्मल की कहानियों में प्रभाव की गहराई इसीलिए है कि उनके यहाँ चरित्र, वातावरण, कथानक आदि *कलात्मक रचाव* है। कलात्मक रचाव स्वयं रूप के विविध तत्त्वों के अन्तर्गत, फिर वस्तु और रूप के बीच तथा स्वयं वस्तु के अन्तर्गत। पात्र अलग इसलिए याद नहीं आते कि वे परिस्थितियों के अंग हैं। निर्मल के मानव-चरित्र प्राकृतिक वातावरण में किसी पौधे, फूल या बादल की तरह अंकित होते हैं गोया वे प्रकृति के ही अंग हैं। 'परिन्दे' कहानी की छोटी-छोटी स्कूली लड़कियाँ तथा मीडोज, झरने, झाड़ियों, फूलों, चिड़ियों में कोई अन्तर नहीं है। नीचे वे शोर करती हुई खेल रही हैं और दूर लतिका तक जो प्रभाव पहुँचता है उसमें झरने, चिड़ियों और लड़कियों के स्वर घुल-मिल गए हैं। निसर्ग एक है जिसमें सारे भेद सहज ही मिट जाते हैं। एक हृदय है जो तमाम चीजों को रागात्मक सम्बन्ध में जोड़ देता है। कलाकार का एक स्पर्श है जो सारे अनमेल तत्त्वों को एक 'रूप' में रच देता है। 'अँधेरे में' कहानी के कलाकार वीरेन की तरह 'आँखें हैं जिन्हें देखकर लगता है कि जिस वस्तु पर टिक जाएँगी वह अपने आप सँवर-निखर जाएगी।'

इतने अधिक तत्त्वों को लेकर एक प्रभाव की सृष्टि करना आसान नहीं है। हर तत्त्व

आकर्षक है, हर आकर्षण में भटकाव है और एक भी भटकाव प्रभाव को क्षीण कर सकता है। शायद संगीत ही एक ऐसी कला है जो प्रभावान्विति की दृष्टि से कला की पराकाष्ठा है। और इसीलिए हर कलाकार की यह सबसे बड़ी आकांक्षा रही है कि उसकी कलाकृति संगीत की हद को छू ले। इस लक्ष्य की प्राप्ति के लिए चित्रकारों ने यदि चित्रकला को अधिक-से-अधिक ज्यामितिक रूपाकारों में बदलने की कोशिश की तो मलार्मे-जैसे प्रतीकवादी कवियों ने भाषा की सीमा में रहते हुए भी कविता को संगीत बनाने का प्रयत्न किया। बहुत सम्भव है कि कहानी में 'प्रभावान्विति' को सबसे अधिक महत्त्व देनेवाले एडगर एलेन पो के ध्यान में भी कहानी को प्रभाव की दृष्टि से संगीत की हद तक पहुँचा देने की ही आकांक्षा रही हो क्योंकि उसका भी कलात्मक आदर्श संगीत ही था। अपने प्रेमचन्द ने भी कहानी की उपमा ध्रुपद की तान से दी है।

बहरहाल, कहानी, प्रभाव-सृष्टि की दृष्टि से, संगीत की हद छू सकती है या नहीं मुझे नहीं मालूम; लेकिन इतना मालूम है कि निर्मल की कहानियाँ संगीत का-सा प्रभाव उत्पन्न करने में समर्थ हैं। आकस्मिक नहीं है कि उनकी अधिकांश कहानियों में संगीत का प्रकरण आता है। 'डायरी का खेल' कहानी में चैपल के बरामदे में एक स्त्री खड़ी थी जो संगमरमर-सी सफेद, स्तब्ध, निश्चल...जिस पर फीकी, पीली-सी चाँदनी गिर रही थी—पीछे बहुत धीमे सिसकता-सा पियानो का संगीत-स्वर बहता सा आ रहा था। 'पिक्चर पोस्टकार्ड' कहानी में परेश धीरे-धीरे जूक-बाक्स के पास आया और कुछ देर तक उसके सामने खड़ा रहा। फिर उसने चवन्नी डालकर धीरे से बटन दबाया। रिकॉर्ड धीरे-धीरे ऊपर उठने लगा। जूक-बाक्स के भीतर सितारे-सी लाल बत्ती जल उठी। 'परिन्दे' कहानी में तो स्वयं एक चरित्र ही पियानो-वादक है मि. ह्यूबर्ट।

''उसी क्षण पियानो पर शोपां का नाक्टर्न ह्यूबर्ट की उँगलियों से फिसलता हुआ धीरे-धीरे छत के अँधेरे में घुलने लगा—मानो जल पर कोमल स्वप्निल उर्मियाँ भँवरों का झिलमिलाता जाल बुनती हुई दूर-दूर किनारों तक फैलती जा रही हों। ललिका को लगा कि जैसे कहीं बहुत दूर बर्फ की चोटियों से परिन्दों के झुंड नीचे अनजान देशों की ओर उड़े जा रहे हैं।''

निर्मल ने संगीत का चित्रण, केवल चित्रण—वातावरण-चित्रण के लिए ही नहीं किया है बल्कि संगीत के उस रागधर्म (Harmony) को भी व्यक्त किया है जिसके द्वारा विविध वस्तुएँ पिघलकर अपनी पृथक् सत्ता खोती हुई एक भाव-धारा में बदल जाती हैं। 'परिन्दे' की नायिका लतिका को चैपल में संगीत सुनकर ''ऐसा लगा कि जैसे मोमबत्तियों के धूमिल आलोक में कुछ भी ठोस, वास्तविक न रहा हो—चैपल की छत, दीवारें, डेस्क पर रखा हुआ डॉक्टर का सुघड़-सुडौल हाथ—और पियानो के सुर अतीत की धुन्ध को भेदते हुए स्वयं उस धुन्ध का भाग बनते जा रहे हों।''

रागधर्म के अतिरिक्त निर्मल के यहाँ संगीत अनुभवों को अर्थ प्रदान करता है। ह्यूबर्ट को लगा, ''पियानो का हर नोट चिरन्तन खामोशी की अँधेरी खोह से निकलकर बाहर फैली नीली धुन्ध को काटता, तराशता हुआ एक भूला-सा अर्थ खींच लाता है।''

ऐसा प्रतीत होता है कि संगीत-वर्णन निर्मल के लिए कहानी में केवल शोभा नहीं है बल्कि सम्पूर्ण रचना-प्रक्रिया ही संगीत-धर्मी है। फरवरी-मार्च '59 की 'कृति' में 'सौन्दर्य की छायाएँ' शीर्षक निबन्ध में "उनका मौन पियानो के भीतर का मौन है। हर चित्र एक छोटा सा 'नोट' है, एक मौन-बिन्दु से दूसरे मौन-बिन्दु तक उड़ता हुआ—प्रतीक्षारत। वे प्रतीक्षा करते हैं अँगुली के स्पर्श की, हल्के से दबाव की। और इस दबाव के अनेक स्तर हैं।"

"मौन की चिरन्तन स्थिति' से अमूर्त लय को बाहर निकालने के लिए 'अँगुली का दबाव' निर्मल के अनुसार, कहानीकार की रचना-प्रक्रिया का पहला कर्तव्य है। कहना न होगा कि इस दबाव के द्वारा उन्होंने कहानी के रूप में एक 'राग' की 'रचना' की है जिसमें कहानी के सभी तत्त्व एक-रस होकर एक अन्वित प्रभाव की सृष्टि करते हैं। सम्भवतः यह वही विशेषता है जिसे इर्विंग होवे 'स्टोरी टोन' कहते हैं; दर्जनों कहानियाँ लिखने के बाद भी आज के बहुत से कहानीकार जिस 'टोन' को प्राप्त नहीं कर सके हैं, निर्मल ने उसे उपलब्ध करके अपने व्यक्तित्व की विशिष्टता प्रतिष्ठित कर दी है।

अब सवाल यह है कि यह प्रभाव क्या है, कैसा है, इसका रूप क्या है, इससे क्या भाव उत्पन्न होता है ?

जैसा कि कुछ लोगों का कहना है, उनके मन में भावुकता उत्पन्न होती है। भावुक व्यक्ति किसी भी प्रभाव से भावुक हो सकते हैं। लेकिन इसका निर्णय कैसे हो कि भावुकता निर्मल की कहानियों में है या इन पाठकों में ? प्रभाव चाहे जिसका हो लेकिन वह स्वयं कहानी नहीं हो सकता। यदि यह सच है तो यह भी उतना ही सच है कि अपने प्रभाव के अलावा कहानी को ग्रहण करने का दूसरा कोई साधन भी नहीं है। निर्णय स्वयं कहानी के हाथ है क्योंकि वह केवल प्रभावित ही नहीं करती, बल्कि *विशेष रूप में* प्रभावित करना चाहती है और उस विशेष संकेत को जो पाठक पकड़ लेता है वह कहानी की आत्मा के सबसे निकट होता है, बल्कि रूपगत अन्तःसूत्रों को आपस में तुरन्त जोड़ भी लेता है और इस तरह उसके सामने कहानी के अधिक-से-अधिक करीब की प्रतिमा होती है।

निर्मल की अधिकांश कहानियाँ अतीत की स्मृति हैं। कहानी कहनेवाला बरसों बाद उन स्मृतियों को जैसे दोहराता है। 'डायरी का खेल' कहानी के अन्त में वाचक (नैरेटर) कहता है : "आज उस बात को बीते अनेक साल गुजर चुके हैं।" 'तीसरा गवाह' कहानी के वाचक मिस्टर रोहतगी भी बरसों बाद अपनी जवानी के दिनों की कहानी सुना रहे हैं। 'परिन्दे' की लतिका की दुःखान्त गाथा भी बरसों पुरानी है। स्मृति में भावुकता सम्भव है किन्तु समय का अन्तराल तात्कालिकता के आवेग को काफी कम कर देता है। ऐसा प्रतीत होता है कि तात्कालिक आवेग की भावुकता को कम करने के लिए निर्मल समय का इतना अन्तराल दे देते हैं।

'डायरी का खेल' कहानी में वाचक कहता है : "किन्तु बिट्टो की स्मृति सेंटीमेंटल नहीं बनाती, वह अतीत का भाग है, जो कि याद करके भुलाया जा सके। इसमें कुछ

ऐसा होता है, जो न होकर भी संग-संग चलता है, जिसे याद नहीं किया जाता क्योंकि उसे वह कभी नहीं भूलता—अतीत समय के संग जुड़ा है, इसलिए चेतना नहीं देता, केवल कुछ क्षणों के लिए सेंटीमेंटल बनाता है। जो चेतना देता है, वह कालातीत है।''

इसके अतिरिक्त जो कहानियाँ अतीत की स्मृति नहीं हैं, उनमें कथा कहनेवाला पात्र सम्पूर्ण घटना से बहुत कुछ असम्पृक्त है, सबका साक्षी है। 'अँधेरे में' कहानी कहनेवाला एक छोटा सा बच्चा है जो अपनी माँ के प्रेम की दुःखद कहानी का अबोध दर्शक है।

'माया का मर्म' तथा 'सितम्बर की एक शाम' कहानियाँ ऐसी हैं जिनमें घटना एकदम तत्काल की है और वाचक भी स्वयं भोक्ता है, किन्तु इन कहानियों के नायक वर्तमान से सहसा अपने को मुक्त करके स्मृतिहीन व्यक्ति बन जाते हैं। 'माया का मर्म' के नायक के शब्द हैं : ''मैंने पहली बार बेरोजगारी के इस लम्बे और उदास अर्से पर से दरिद्रता की राख को बिना दर्द के कुरेद दिया। जो अभाव की रिक्तता से अब तक चुभती थी, वह अब भी है, किन्तु जैसे वह अपनी न रहकर पराई बन गई है जिसे मैं बाहर से तटस्थ भाव से देख सकता हूँ—जिसने अब 'छुट्टी' का सहज भाव अपना लिया है।''

वह खुली हुई प्रकृति के बीच आता है और फिर प्रकृति-सी प्रसन्न एक छोटी सी बच्ची का साथ हो जाता है और नए वातावरण में उसे महसूस होता है कि ''मेरी उम्र कहीं बहुत पीछे छूट गई—जैसे उसका कभी मुझसे वास्ता न रहा हो।''

'सितम्बर की एक शाम' का बेरोजगार नायक भी घर से बाहर निकलते ही महसूस करता है कि ''उसके पाँव पीछे कोई निशान नहीं छोड़ गए हैं—जैसे वह अभी जन्मा है। उसकी जिन्दगी की गाँठ अतीत के किसी प्रेत से नहीं जुड़ी है, इसलिए वह मुक्त है और घास पर लेटा है।''

'परिन्दे' की नायिका लतिका बेशक भावुक होती है लेकिन उसकी भावुकता को कम करने के लिए साथ-साथ दूसरा पात्र डॉक्टर मुकर्जी आता है जो कहानी समाप्त होते-होते सारी भावुकता को मिटाकर दूसरा ही प्रभाव उत्पन्न कर देता है। डॉक्टर स्वयं दुःखी है किन्तु अपने दुःख के प्रति अनासक्त-सा है। ज़िन्दगी के तजुर्बे ने उसे प्रौढ़मना बना दिया है। लतिका के बचकानेपन को वह कभी ठहाके में उड़ा देता है तो कभी ऐसे अनुभवपूर्ण वाक्यों द्वारा जो परोपदेश की रुक्षता उत्पन्न करने की जगह स्वगत-संलाप की गम्भीरता पैदा करते हैं। ''मरनेवाले के संग खुद थोड़े ही मरा जाता है'' अथवा ''किसी चीज का न जानना यदि गलत है, तो जान-बूझकर न भूल पाना, हमेशा जोंक की तरह उससे चिपटे रहना—यह भी गलत है।'' और इस बीच अपने-आप धीरे-धीरे स्वयं लतिका में भी परिवर्तन होता है। ''अब वैसा दर्द नहीं होता, सिर्फ उसकी याद करती हूँ, जो पहले कभी होता था।''

व्यथा की गहनता में निर्मल के पात्र प्रायः खामोश रहते हैं। उनकी खामोशी व्यक्तित्व का अभिन्न अंग है। उनका मौन पियानो के अन्दर का मौन है जिसकी एक-आध 'की' पर कभी-कभी लेखक की उँगली का हल्का सा दबाव पड़ता है। 'पिक्चर

पोस्टकार्ड' का परेश खामोश रहता है, 'तीसरा गवाह' के मिस्टर रोहतगी भी भीड़ के बीच काफी खामोश थे, यहाँ तक कि 'अँधेरे में' एक छोटा सा लड़का भी इस रोग से ग्रस्त है, क्योंकि उसकी हमउम्र-सी एक बच्ची के अलावा, जो कभी-ही-कभी आती है, उससे कोई बात करनेवाला भी नहीं है।

इस अनासक्ति और ऐसी तटस्थता के साथ निर्मल जब किसी करुण प्रसंग का चित्रण करते हैं तो भावावेग-रहित। 'डायरी का खेल' की बिट्टो चुपचाप रो रही थी किन्तु "उनका स्वर इतना सहज, इतना शान्त था कि कितनी ही देर तक मैं जान भी न सका कि बिट्टो रो रही है, अपने ही में धीमे-धीमे...आँसू जो बिल्कुल ठंडे, वंचनारहित होते हैं, जिनको बहाने से रोना नहीं होता, दुःख से छुटकारा नहीं मिलता, जो हृदय को एक मर्मान्तक, घनीभूत पीड़ा में निचोड़ते हुए चुपचाप बूँद-बूँद गिरते हैं—"

इस प्रकार निर्मल की यह 'आत्मीयता' है "जो मानो हमें भिगोकर खुद सूखी रह जाती है।" उन्होंने जो बात बिट्टो के लिए कही है, वह उनके लिए भी लागू करते हुए कही जा सकती है : "आईने की तरह उनके चेहरे पर वह सब कुछ देख लेते, जो देखना चाहते हैं किन्तु उन्हें कोई नहीं देख पाता।"

इस सन्दर्भ में 1916 ई. में प्रमथ चौधरी को शरत्चन्द्र द्वारा लिखे गए एक पत्र का यह अंश उद्धृत करने योग्य है :

"कोई-कोई अत्यन्त गम्भीर स्वभाव के लोग जैसे अपने दुःख को भी कहने के समय एक ऐसे ताच्छिल्य का पुट देते हैं कि अचानक लगता है कि वह किसी और के दुःख की कहानी कह रहे हैं। मानो, इससे उनका कोई सम्बन्ध ही नहीं है। आप भी ठीक उसी तरह कहते हैं। घुमा-फिराकर कातरोक्ति कहीं भी नहीं है—पर जीवन की न जाने कितनी बड़ी ट्रेजेडी पाठकों के दिल पर चोट करती है। आपकी रचना की यह सहज शान्त मँजी हुई लिखने की भंगिमा ही मुझे सबसे अधिक मुग्ध करती है।"

भावुकता का निर्णय पाठकों के अपने-अपने मानसिक प्रभावों से नहीं होता। विचारणीय यह है कि स्वयं कृति में भावुकता है या नहीं, लेखक में कलागत संयम कितना है ? भावनात्मक संयम और कलात्मक संगति दोनों पर्याय हैं और जहाँ प्रभाव की गहराई है वहाँ इनका होना निश्चित है।

यह कला-संयम है जिसके द्वारा जीवन की दुःखान्त स्थिति को भी निर्मल जिजीविषा और आशा से अनुप्राणित कर देते हैं। बिट्टो तपेदिक की मरीज है, उसे मृत्यु का भय बराबर बना रहता है। उसका मृत्यु-भय इस हद तक पहुँच गया है कि भय से अधिक जिजीविषा प्रकट होती है। ट्रेन में उसे नींद नहीं आती क्योंकि डर है कि सोते में कहीं ट्रेन उलट न जाय और "मरने से पहले सोते रहना कैसा अजीब है ?" गोया मृत्यु को आना ही है तो आँख खोल के उसका सामना किया जाय। उसकी साध दुल्हन बनने की है लेकिन वह जानती है कि बीमारी के रहते वह कभी पूरी न होगी। एक दिन वह आह्लाद के-से स्वर में बब्बू से कहती है : "मरने से पहले बहुत जी भरकर जीना चाहिए, बब्बू ! जैसे हम पहली बार जी रहे हों, जैसे हमसे पहले कोई न जिया हो !"

जीवन की यह लालसा एक ओर मृत्यु की भयंकरता को उग्र करती है तो दूसरी ओर अज्ञेय जीवनशक्ति का भी आभास दिलाती है। इसी प्रकार घोर से घोर निराशा की स्थिति में भी निर्मल स्थिति का अतिक्रमण करने का प्रयत्न करते हैं। 'माया का मर्म' का नायक बेरोजगार है, बेकारी ने उसके अस्तित्व को इतनी गहराई तक प्रभावित किया है कि उसके लिए "मेरा सोचना मेरे जैसा ही बेकार है।" उसी नवयुवक की जीवन-दृष्टि को एक छोटी सी घटना बदल देती है। वर्षा की शाम। कागज की नाव लिये एक छाटी सी बच्ची मिलती है। साथ हो जाता है। बातें चल निकलती हैं। गँदले पानी का नाला है। बच्ची उसी में अपनी नाव डाल देती है और इस आशा से देखती है कि जैसे यह उसी लोक को जा रही है जिसका वर्णन उसने जीजी से कहानी में सुना था। घटना बीत गई। बेकार वह इसके बाद भी रहा। लेकिन 'एम्प्लायमेंट दफ्तर' जाने की आदत छूट गई। उस ज़िन्दगी में भी उसे बच्ची का सपना एक अर्थ देता रहा।

'पिक्चर पोस्टकार्ड' के परेश, निकी, सीडी तीन नवयुवक विश्वविद्यालय की शिक्षा समाप्त करके शहर दिल्ली में वक्त गुजार रहे हैं। काम है : अखबारनवीसी, आई.ए.एस. की तैयारी वगैरह। विद्यार्थी जीवन की आदत के अनुसार विश्वविद्यालय का चक्कर भी लगा आते हैं और खाली ज़िन्दगी को साथ-पढ़ी छात्राओं की बातचीत से भरने की कोशिश करते हैं। निरुद्देश्यता अपने असली रूप में मौजूद है। थककर रेस्त्राँ में बैठे हैं। बातचीत अचानक यह मोड़ ले लेती है :

"क्या तुम कभी कम्युनिस्ट रहे थे ?"

"तुमसे किसने कहा ?"

"सीडी ने कहा था। लेकिन मैंने विश्वास नहीं किया। क्या यह सच है ?"

"सीडी ने क्या कहा था ?"

"कुछ नहीं, मुझे सिर्फ उत्सुकता हुई थी। जानते हो, मेरा अभी तक किसी कम्युनिस्ट से वास्ता नहीं पड़ा। दूर से देखा है, लेकिन इतने पास से कभी नहीं जितने तुम हो। परेश, क्या तुम सचमुच कम्युनिस्ट रह चुके हो ?"

"निकी, अगर तुम्हारी बीती हुई उम्र के पिछले पाँच साल तुम्हें कोई लौटा दे तो तुम क्या करोगे ?"

"मैं आर्मी में चला जाता।—परेश, मुझे एक बात का हमेशा दुःख रहेगा, पिछली लड़ाई में मैं बहुत छोटा था, वरना मैं ज़रूर जाता।"

बातचीत के इस आकस्मिक टुकड़े पर कहानी में कोई टिप्पणी नहीं है। बात बोलेगी, हम नहीं।

निर्मल के चरित्र कहीं-कहीं जीवन की व्यर्थता में भी अर्थ खोजने की कोशिश करते दिखाई पड़ते हैं और निरुद्देश्य में भी एक उद्देश्य, एक आस्था की तलाश है। और इन तमाम अन्तर्विरोधों को अपने अन्दर लिये वे एक भविष्य की प्रतीक्षा कर रहे हैं क्योंकि भविष्य उनकी प्रतीक्षा कर रहा है।

"सितम्बर की एक शाम।"

"सारी दुनिया उसकी प्रतीक्षा कर रही है कि वह उसे अर्थ दे, उसकी बाट जोह रही है—साँस रोके।"

"उसने आँखें उठाईं—सारी दुनिया सामने पड़ी थी, और उसकी उम्र सत्ताईस वर्ष की थी।"

निर्मल की यह 'प्रतीक्षा' इतनी विशद है कि प्रेम की कहानी में भी प्रेम-भावना का अतिक्रमण कर जाती है और अपने विस्तार में सम्पूर्ण मानव-नियति का प्रश्न बन जाती है। निर्मल की पैनी दृष्टि भलीभाँति देखती है कि एक प्रश्न है जिसका सामना आज का युवक भी कर रहा है और युवती भी। इसकी काली छाया एक ओर बेरोजगारी की शक्ल में दिखाई पड़ती है तो दूसरी ओर प्रेम के निजी क्षेत्र को भी ग्रस रही है। जीवन का यही व्यापक परिवेश-बोध है जिसके कारण निर्मल की प्रेम-कहानियाँ नितान्त प्रेम-कहानी न होकर जीवन की अन्य समस्याओं से जुड़ जाती हैं। "एक पहेली-सी रहस्यमयता है जो क्षणिक होते हुए भी एक असीमता घेरे है।"

'परिन्दे' की नायिका लतिका राह चलते-चलते अचानक सिर के ऊपर पक्षियों का बेड़ा उड़ते देखती है और अपने-आप सोचने लगती है :

"हर साल सर्दी की छुट्टियों से पहले ये परिन्दे मैदानों की ओर उड़ते हैं, कुछ दिनों के लिए बीच के इस पहाड़ी स्टेशन पर बसेरा करते हैं, प्रतीक्षा करते हैं बर्फ के दिनों की, जब वे नीचे अजनबी, अनजान देश में उड़ जाएँगे—

क्या वे सब भी प्रतीक्षा कर रहे हैं ? वह डॉक्टर मुखर्जी, मि. ह्यूबर्ट—लेकिन कहाँ के लिए ? हम कहाँ जाएँगे ?"

"हम कहाँ जाएँगे ?" यह सिर्फ एक व्यक्ति का प्रश्न नहीं है, इनका, उनका, सबका प्रश्न है और मानव-नियति का यह विराट प्रश्न सारी कहानी पर छा जाता है।

प्रश्न की यह गूँज कुछ-कुछ वैसी ही है जैसे चेखब की प्रायः तमाम कहानियों में कहीं-न-कहीं गूँजती रहती है—*हम क्या करें* ? गोया सारा जमाना एक साथ पूछ रहा है क्या करें ? कहाँ जाएँ ?

निर्मल इस प्रश्न के ठीक बाद धीमे स्वर में केवल इतना कहते हैं : "किन्तु उसका कोई उत्तर नहीं मिला।"

निर्मल की यह खामोशी खास अपनी है। जिन्दगी अक्सर सामने ऐसे सवाल रखती है कि समझदार कुछ देर के लिए खामोश हो जाते हैं, जबकि ज्यादातर लोग ऐसे भी होते हैं जो खामोश नहीं रह सकते, उन्हें जवाब की जल्दी रहती है, सवाल चाहे जो हों।

कहानी इसके बाद भी चलती है। ज़िन्दगी इसके बाद भी है। एक जवाब मिल जाता है और नया सवाल खड़ा हो जाता है, प्रतीक्षा फिर भी है लेकिन नए उत्तर की।

इस विश्लेषण से स्पष्ट हो सकता है कि निर्मल की कहानियों के प्रभाव के पीछे जीवन की गहरी समझ और कला का कठोर अनुशासन है। बारीकियाँ दिखाई नहीं पड़ती हैं तो प्रभाव की तीव्रता के कारण अथवा कला के सघन रचाव के कारण। एक बार दिशा-संकेत मिल जाने पर निरर्थक प्रतीत होनेवाली छोटी-छोटी बातें भी सार्थक हो उठती

हैं, चाहे कहानी हो चाहे जीवन। कठिनाई यह है कि यह दिशा-संकेत निर्मल की कहानी से बड़ी सहजता से आता है और प्रायः ऐसी अप्रत्याशित जगह, जहाँ देखने के हम अभ्यस्त नहीं हैं। क्या जीवन में भी सत्य इसी प्रकार अप्रत्याशित रूप से यहीं कहीं साधारण से स्थल में निहित नहीं होता ? कहा तो है निर्मल ने बिट्टो के लिए, लेकिन क्या यह कथन उनकी कहानी के लिए भी सच नहीं है ?

"आज सोचता हूँ, जाने से पहले बिट्टो कुछ ऐसा कहती, जिससे कोई विचित्र चमत्कार उद्घाटित हो पाता—लेकिन ऐसा कुछ नहीं हुआ। वह जिस तरह अचानक कमरे में घुस आई थी, वैसे ही सहज भाव से चली गई। उस समय मुझे ऐसा आभास हुआ था कि वह जाते-जाते दरवाजे पर क्षण-भर ठिठकी थी, मानो कोई बात करने जा रही हो, जैसे कुछ शेष रह गया है—लेकिन शायद मेरा भ्रम था।"

ज़रूर भ्रम हो सकता है यदि कहानी के अन्तिम कथन के लिए ही कान लगे रहें। जिस तरह बिट्टो अपनी बात साहचर्य के ही क्षणों में अनायास कह चुकी थी, निर्मल की कहानी भी अभिप्रेत को अन्त से पहले ही कह जाती है। जीवन का सत्य यदि मृत्यु के समय ही मिलता हो तो ऐसे सत्यान्वेषियों को आँख मूँदकर केवल मृत्यु की प्रतीक्षा करनी चाहिए या जल्दी हो तो एक छलाँग में आयु की सारी दूरी पार कर मृत्यु के तुरन्त समीप पहुँच जाना चाहिए।

ऐसे सत्यान्वेषण का एक दूसरा पहलू है सतह के चाकचिक्य को ही इदमित्थम् मान लेना। ऐसे भी पाठक हैं जिन्हें निर्मल की कहानियों के दृश्य-चित्र अच्छे लगते हैं, सूक्ष्म ऐन्द्रिय-बोध जगानेवाली छवियाँ पसन्द हैं तथा अनुभूतिपूर्ण क्षणों का आलेख सुहाता है। शायद ऐसे ही लोगों के लिए 'डायरी का खेल' में निर्मल कहते हैं : "किन्तु बिट्टो का सत्य इन बातों, घटनाओं, स्मृतियों का जोड़ मात्र है—क्या उससे परे कुछ नहीं—कुछ भी नहीं ?"

कहानी का अभिप्रेत इन चित्रों को प्रस्तुत करते हुए भी उनका अतिक्रमण करता है। क्या पाठक से ऐसे अतिक्रमण की माँग नहीं की जा सकती ?

निर्मल ने अपनी रचना के द्वारा प्रमाणित कर दिया है कि जो सबका अतिक्रमण करने की क्षमता रखता है वही सबको सजीव चित्रों में उरेहने की सिद्धि भी प्राप्त करता है। निर्मल ने स्थूल यथार्थ की सीमा पार करने की कोशिश की है, उन्होंने तात्कालिक वर्तमान का अतिक्रमण करना चाहा है, उन्होंने प्रचलित कहानी कला के दायरे से भी बाहर निकलने की कोशिश की है, यहाँ तक कि शब्द की अभेद्य दीवार को लाँघकर शब्द के पहले के 'मौन जगत्' में प्रवेश करने का भी प्रयत्न किया है और वहाँ जाकर प्रत्यक्ष इन्द्रिय-बोध के द्वारा वस्तुओं के मूल रूप को पकड़ने का साहस दिखलाया है। इसीलिए उनकी कहानी-कला में नवीनता है, भाषा में नव-जातक की-सी सहजता और ताज़गी है, वस्तुओं के चित्रों में पहले-पहल देखे जाने का अपरिचित टटकापन है। उनका गद्य 'शुद्ध गद्य' है—ठेठ वाचक शब्द, विशेषणहीन संज्ञाएँ, उपमा रहित पद तथा स्वतन्त्र वाक्य। अलग-अलग करके देखने पर हर शब्द मामूली है, हर वाक्य साधारण है, लेकिन पूरा

प्रभाव जबर्दस्त है। गद्य की रुखाई से भी, वे स्थितियों के अनुरोध से, कवित्वपूर्ण प्रभाव उत्पन्न कर ले जाते हैं। कवित्व लाने के लिए दूसरे कथाकारों की तरह अलग से किसी देशी या विदेशी भाषा की कविता को उद्धृत करने की ज़रूरत महसूस नहीं होती। छोटे-से-छोटे ब्यौरे पर भी उनकी पकड़ है और बड़ा-से-बड़ा सवाल भी पकड़ की सीमा के अन्दर है।

कहानियाँ फकत सात हैं, संग्रह अभी पहला है। जिसे हम 'नई कहानी' कहना चाहते हैं, सम्भवतः उसका भी पहला संग्रह यही है।

फिर भी अन्त में एक बात कहने के लिए रह जाती है और बेहतर है कि उसे निर्मल के ही शब्दों में कहा जाए। आत्म-स्वीकृति 'तीसरा गवाह' के मि. रोहतगी की है :

"जब कभी सोचता हूँ, हर बार कोई नया नुक्ता उभर आता है, जिसकी तरफ पहले ध्यान नहीं गया था, या किसी बात का नया पहलू नज़र आने लगता है जिसे पहले न देख सका था।

[1960]

नीलम देश की राजकन्या और स्वर्ग के खंडहर में

मेरी हिम्मत देखिए मेरी तबीयत देखिए,
जो सुलझ जाती है गुत्थी फिर से उलझाता हूँ मैं।

आसान समझकर ही मैंने बचपन की कहानियों से शुरू किया, लेकिन वे भी मुश्किल निकलीं.। जैसा कि बहुतों को अनुभव होगा, बच्चे सचमुच कभी-कभी चक्कर में डाल देनेवाले सवाल कर बैठते हैं। फिर उनकी कहानियाँ भी चक्कर में डाल दें तो क्या आश्चर्य ? कोई जरूरी नहीं कि जो एक स्तर पर सरल हो वह बिल्कुल सरल हो। क्या ऐन्द्रजालिक कहानियों की सरलता भी ऐसी ही नहीं है ?

एक कहानी है 'नीलम देश की राजकन्या', जैनेन्द्र की। पता नहीं इस पर कितने लोगों का ध्यान गया है ! मैंने इसे केवल एक कहानी संकलन में देखा है—श्री नलिन विलोचन शर्मा द्वारा सम्पादित 'हिन्दी के प्रतिनिधि कथाकार' में। कहानी के साथ जैनेन्द्र जी का एक व्याख्यात्मक निबन्ध भी है, जिसमें उन्होंने कुछ महत्त्वपूर्ण सवाल उठाए हैं।

नीलम देश की कहानी ऊपर से देखने में एकदम सीधी-सादी है। बच्चे भी पढ़ सकते हैं। 'वह सात समुन्दर पार, जो नीलम का द्वीप है, वहीं की कहानी है। वहाँ की राजकन्या को एकाएक किन्नरी-बालाओं का हास-कौतुक, जाने क्यों फीका लगने लगा है—'

इस प्रकार कहानी एकदम जादुई दुनिया की है—'देश है तो नीलम का, कन्या है तो उसके माता-पिता का आभास नहीं है; सहस्रों वर्ष से ऊपर उसे आयु मिली है। इस तरह कुछ भी वास्तविक वहाँ नहीं है।' यही नहीं बल्कि 'उसमें तो पात्र भी नहीं हैं, घटना भी नहीं है, केवल मात्र वातावरण है। उसमें प्राणी हैं तो प्रेम के मानिन्द जिनमें देह है ही नहीं और निरे वहम के बने हैं।' जैनेन्द्रजी ने ऐसी कहानियों की सामान्य चर्चा करते हुए कहा है कि ऐसी कहानियों में सोते पेड़, बिछी घास, बहता पानी, सूना विस्तार, रुकी वायु, टिका आसमान, मटमैला अँधियारा, यही जैसे व्यक्तिगत संज्ञा धारण कर लेते हैं। ऐसे में धरती आसमान से बातें करने लगती है और जो अचर है, वह भी मनुष्य की वाणी बोलने लगता है। क्या मुझे मानना होगा कि जहाँ पेड़, पौधे और चिड़िया आदमी की बोली बोलते हैं, वह कहानी अयथार्थ है ? क्या वह एकदम असम्भव, इसलिए एकदम व्यर्थ वस्तु है। सम्भव है, वह असम्भव और अयथार्थ, और किसी के लिए व्यर्थ भी हो सकता है। पर डर भी तो अयथार्थ ही है। पर जो डर के मारे मर तक गया है, उसकी

मृत्यु ही क्या उसके निकट उस डर के अत्यन्त यथार्थ होने का प्रमाण नहीं है ?

स्वयं जैनेन्द्रजी इन अशरीरी कहानियों को अमर मानते हैं क्योंकि उनके अनुसार जो असम्भव की रेखा को छूती है और जो स्थूल भौतिक जगत् की सम्भावना की सीमाओं से पराजित नहीं है, वह कथा जाने काल के कितने स्थूल पटल को भेदती हुई शताब्दियों से अब तक जीवित बनी हुई है। पुराणों की देवता और राक्षसवाली कहानियाँ, जातक की कथाएँ और ईसप की वार्ताएँ फैलकर हमारे नित्य-प्रति के जीवन में घुल-मिल गई हैं। अतः यथार्थता का आबन्धन और अवलेप जिस पर जितना कम है, वह कहानी समय की छलनी में छनती हुई उतनी ही श्रेष्ठ भी ठहरे, तो मुझे अचरज न होगा।

फिलहाल, हमारा मतलब इन कहानियों की अमरता या श्रेष्ठता से नहीं, बल्कि वास्तविकता से है। सामान्य रूप से इस तरह की तमाम कहानियों का वास्तविक आधार जानने के लिए जरूरी है कि एक विशेष कहानी को ही पहले लिया जाए। और क्यों न हम जैनेन्द्रजी की 'नीलम देश की राजकन्या' कहानी को ही लें ?

इस नीलम देश की कहानी के वास्तविक आधार का भेद खोलने के लिए जैनेन्द्र जी ने एक अद्भुत अनुभव का उल्लेख किया है। 'एक बार मुझे खयाल है कि सन्ध्यानन्तर अकेले एक मैदान में से जाते हुए मुझे अपनी चेतना पर एक अजीब तरह का दबाव अनुभव हुआ। था कहीं कुछ नहीं, तो भी एक डर लगा। बाहर का न-कुछ ही जैसे जाने क्या-कुछ हो गया था और उसकी सीधी प्रतिक्रिया मेरे अन्तर मानस पर होती थी। मैं तेज चलने लगा था और साँस फूलने लगी थी। छाती धक्-धक् कर रही थी। वह कुछ एक ऐसा अनुभव था कि कुछ देर टिकता और अधिक तीव्र होता तो उसके नीचे जान ही सुन्न पड़ गई होती। कोरे डर से जाने कितने मर गए हैं। यह डर जिसे कोरा कहते हैं, क्या है ? वह कुछ है अवश्य। और मानो उसी का सचेतना भाव से पुनः स्पर्श पाने के लिए मैंने एक कहानी लिख दी।'

एक ओर यह अनुभव और दूसरी ओर वह नीलम देश की राजकन्या की कहानी। कहाँ मैदान और कहाँ नीलम देश। कहाँ डर और कहाँ राजकन्या का अभाव। फिर भी कहीं-न-कहीं समानता तो है ही। मैदान सूना है तो नीलम देश भी खोखला है। चहल-पहल से भरे जगमगाते शहर के बाहर का मैदान ही जैसे नीलम देश पर खोखलापन बनकर छा गया। और वह डर तथा वह अभाव ? क्या दोनों ही एक 'वहम' नहीं हैं ? अन्त में हम देखते हैं कि जिस अन्तर से वह 'वहम' पैदा हुआ था, वहीं उस 'वहम' का समाधान भी पैदा हो गया। किसी दृढ़ इच्छाशक्ति के द्वारा वह डर दूर हो गया तो राजकन्या का अभाव भी भाव में बदल गया। हो सकता है कि यह इच्छाशक्ति भी एक वहम ही हो। क्या नीलम देश की वह कहानी इसी वहम से पैदा हुई है ?

अगर परियों की पुरानी कहानी होती तो राजकन्या जिसकी प्रतीक्षा कर रही है—वह राजकुमार अन्त में सचमुच आ गया होता। लेकिन जैनेन्द्र की कहानी में राजकुमार नहीं आता।

'राजपुत्र। कैसे राजपुत्र ?'

'अभी हमारे आगे-आगे उसकी सवारी आ रही थी, राजकन्या ! सचमुच अब वह कहाँ गए ?'

राजकन्या ने मुस्कुराकर कहा—'कौन राजपुत्र जी ? एक तो आए थे, उनको मैंने कैद में डाल दिया है। अब वह उपद्रव नहीं करेंगे। हमारे द्वीप में उनका क्या काम, क्यों सखियो ?'

सखियों के लेखे राजपुत्र आए भी तो जैनेन्द्र की राजकन्या ने जाने किस जादू से उन्हें कैद में डाल दिया। दरअसल सखियों को ही वहम हो गया था। राजपुत्र तो राजकन्या की कैद में पहले ही से थे। राजकन्या तो इसके पहले ही आँख मूँदकर, कान मूँदकर प्राणपण से भीतर ही भीतर कह उठती है, 'तू है। नहीं आया है तो भी तू आ ही रहा है। तू आने के लिए ही नहीं आया है।'

गरज कि जैनेन्द्र की राजकन्या के पास इतनी इच्छा-शक्ति नहीं है कि राजपुत्र को मूर्तिमान कर सके। आखिर तक वह राजपुत्र एक वहम ही रह जाता है—उसकी वास्तविकता का एहसास नहीं हो पाता, न सखियों को, न राजकन्या को और न पाठकों को। परियों की पुरानी कहानियों से यह नीलम देश की कहानी इसी मामले में भिन्न है। इसका कारण सम्भवतः जैनेन्द्र की आत्मवादी दृष्टि है। 'नीलम देश की राजकन्या' कहानी की कमजोरी भी शायद यही है। कमजोरी यह नहीं है कि वह 'फैंटेसी' है बल्कि यह कि वह वास्तविक 'फैंटेसी' नहीं है। आस्कर वाइल्ड ने कहीं कहा है कि सफल झूठ वह है जिसके लिए किसी अन्य प्रमाण की आवश्यकता न हो। सफल 'फैंटेसी' वही है जो स्वतःसिद्ध हो, अपने आप में असन्दिग्ध हो।

'नीलम देश की राजकन्या' से प्रमाणित होता है कि आधुनिक युग में प्राचीन शैली में 'फैंटेसी' लिखना कितना मुश्किल है, मुश्किल और साथ ही खतरनाक भी।

प्रसादजी की 'स्वर्ग के खंडहर में' कहानी से इस तथ्य पर और भी प्रकाश पड़ता है। इस कहानी में प्रसादजी की कल्पना ने स्वर्ग का मनोरम वातावरण रच दिया है। परन्तु जैसे उन्हें स्वयं ही अपनी कल्पना पर विश्वास नहीं है। इसलिए उन्होंने कहानी के बीच में चुपके से एक वाक्य डाल दिया है कि एक दिन पता चला कि स्वर्ग कैकय के पहाड़ी दुर्ग के समीप कहीं है।

परन्तु इससे भी महत्त्वपूर्ण बात यह है कि जितनी कल्पना-शक्ति से प्रसादजी ने स्वर्ग का निर्माण किया, उतनी ही पैनी यथार्थ-दृष्टि से उसे ध्वस्त भी कर दिया। कहानी की नायिका लज्जा के ये शब्द 'स्वर्ग' पर नहीं बल्कि 'फैंटेसी' पर भी चुस्त बैठते हैं—

'स्वर्ग ! इस पृथ्वी को स्वर्ग की क्या आवश्यकता है शेख ? ना, ना, इस पृथ्वी को स्वर्ग के ठेकेदारों से बचाना होगा। पृथ्वी का गौरव स्वर्ग बन जाने से नष्ट हो जाएगा। इसकी स्वाभाविकता साधारण स्थिति में ही रह सकती है। पृथ्वी को केवल वसुन्धरा होकर मानव-जाति के लिए जीने दो, अपनी आकांक्षा के कल्पित स्वर्ग के लिए, क्षुद्र स्वार्थ के लिए इस महती को, धरणी को, नरक न बनाओ, जिसमें देवता बनने के प्रलोभन में पड़कर मनुष्य राक्षस न बन जाय शेख।'

शब्द लज्जा के हैं लेकिन लज्जा शेख को आनी चाहिए थी।

अब, एक ओर है छायावादी समझे जानेवाले प्रसादजी का यह 'स्वर्ग' और दूसरी ओर है यथार्थवादी समझे जानेवाले जैनेन्द्रजी का 'नीलम देश'। स्पष्ट है कि परियों की कहानी के भी कई रूप हो सकते हैं। कहीं स्वर्ग भी खंडहर हो सकता है तो कहीं खोखलापन नीलम देश।

जिस 'वहम' का जिक्र जैनेन्द्रजी ने अनायास ही कर दिया है उसे कुछ 'फैंटेसी' वाली कहानियों के लिए कुंजी के रूप में इस्तेमाल किया जा सकता है। वहम में आदमी को वह सब दिखाई पड़ने लगता है जो नहीं है और न हो सकता है। डर के वहम में जाने कैसी-कैसी डरावनी सूरतें सामने आ जाती हैं और लोग मर भी जाते हैं, यह तथ्य है। लेकिन वहम से मरकर भी कोई वहम को सच साबित नहीं कर सकता। इससे केवल वहम की पोल खुलती है। जब वहम से एक आदमी मरता है तो दूसरों के लिए एक वहम मरता है।

जिस डर के वहम का जिक्र जैनेन्द्रजी ने किया है, उसका पता उनके कथागुरु प्रेमचन्दजी को भी था। 'ग़बन' उपन्यास में रमानाथ जब सराफ़े से चन्द्रहार लेकर एक अँधेरे गली से गुज़रता है तो उसे जाने कितने डर का वहम हो जाता है। लेकिन ज्योंही वह रोशन सड़क पर आता है तो सारा वहम ग़ायब हो जाता है। रमानाथ अनुभव करता है कि प्रकाश में कितना विश्वास उत्पन्न करने की शक्ति होती है।

इस प्रकार प्रेमचन्द को यदि वहम का पता था तो बाहर के उस प्रकाश का भी ज्ञान था जो वहम के अन्धकार को दूर कर देता है। जैनेन्द्र को अपने भीतर से फुरसत नहीं है, इसलिए वे एक वहम को दूर करने के लिए भीतर से ही दूसरे वहम को पैदा कर लेते हैं।

भीतरी वहम से पीड़ित जैनेन्द्र की तरह और भी लेखक हैं जिनकी कुछ कहानियाँ कभी-कभी 'फैंटेसी' की हदें छूने लगती हैं ! राजेन्द्र यादव की 'अभिमन्यु की आत्महत्या' कहानी इसी प्रकार की है, जिसमें आत्महत्या का वहम लेखक को जाने किन-किन लोकों की सैर कराता है। शहरज़ाद और अलिफ़लैला के मध्ययुगीन रोमांस से यादव का दिमाग़ अक्सर ग्रस्त दिखाई पड़ता है। यह भी एक वहम ही है—कहानी-कला सम्बन्धी वहम। कठिनाई सिर्फ़ इतनी है कि वहम से पैदा होनेवाली 'फैंटेसी' कला नहीं बल्कि कला का वहम पैदा करता है।

"जहाँ पेड़, पौधे और चिड़ियाँ आदमी की बोली बोलते हैं" वे तमाम कहानियाँ एक-सी नहीं हैं। पुराणों की देवता और राक्षसवाली कहानियाँ, जातक की कथाएँ, ईसप की पशु-पक्षियों की वार्ताएँ, मध्ययुगीन राजकुमार और राजकुमारी की रोमांचकारी कहानियाँ तथा आधुनिक युग में लिखी हुई नीलम देश की कहानियाँ एक ही कोटि में नहीं आतीं। प्रकृति और मनुष्य के मेल-जोल, दैव-संयोग, असम्भव और असाधारण घटनाओं की समानताएँ सिर्फ़ ऊपरी हैं। एक युग के विश्वास को समय या रूढ़ि के रूप में बहुत दिनों तक निभाया गया है। भिन्न-भिन्न युगों ने उन रूढ़ियों को भिन्न-भिन्न

अर्थ भी प्रदान किया है। यदि हजारों साल की ऐन्द्रजालिक कहानियों की परम्परा पर दृष्टि डालें तो उस पर हर युग की अपनी एक अलग छाप मिलेगी।

वे आदिम लोक-कथाएँ एकदम अलग हो जाती हैं जिनमें प्रकृति और मनुष्य सहज भाव से आपस में मिलते-जुलते हैं। जिस आदिम युग अथवा जिस आदि समाज-व्यवस्था में मनुष्य प्रकृति का अभिन्न अंग था, उनकी कहानियाँ बड़ी आसानी से अलगाई जा सकती हैं। उन कहानियों में वर्णित निसर्ग की मानवीयता और मानव की निसर्गता इतिहास की मधुर स्मृति है। जल, थल, वायु में मनुष्य की अबाध गति दिखलाकर आदिम कथाकारों ने मनुष्य की प्रकृति-विजय की महत्त्वाकांक्षा व्यक्त की है। इस निधि को यदि मनुष्य की हर पीढ़ी सँजोती रही और आनेवाली पीढ़ी को थाती के रूप में सौंपती गई तो इसलिए कि उस अतीत में मनुष्य के भविष्य के लिए भी सन्देह था। वे अमर हैं तो इसलिए नहीं कि जैनेन्द्र जी के शब्दों में उनमें "हाड़-मांस की देह नहीं, बल्कि केवल आत्मा है।" यह भी जैनेन्द्रजी का एक वहम ही है। यदि वे पेड़-पौधे, पशु-पक्षी अमर हैं तो मानव देह प्राप्त करने के कारण। मनुष्य के जिस बचपन ने उन्हें जन्म दिया है उसे आत्मा का पता भी नहीं था, उसके लिए तो तब तक देह और आत्मा दो हुए ही नहीं थे।

लेकिन यही कथा जब मध्ययुगीन 'रोमांस' में दुहराई गई तो ऐन्द्रजालिक कहानियों का दूसरा ही रूप आया। दैव-संयोग के सहारे हर असम्भव को सम्भव बनानेवाले रोमांचक उपाख्यान वस्तुतः अवकाश-भोगी राजकुमारों और राजकुमारियों का मन बहलाने के लिए लिखे गए। इन रोमांचक उपाख्यानों के साहसी राजकुमार स्पष्टतः भिन्न हैं। इनकी आह भरनेवाली राजकुमारियाँ भी मध्ययुगीन हैं। आधुनिक उपन्यासों और कहानियों की यथार्थवादी प्रतिक्रिया से ही स्पष्ट है कि मध्ययुगीन 'रोमांस' कितने घातक आदर्शों के प्रचारक थे। आर्नल्ड केटिल ने 'अंग्रेजी उपन्यास की भूमिका' पुस्तक में मध्ययुगीन रोमांस के 'विशेष प्रकार के पलायनवाद' पर बहुत अच्छा प्रकाश डाला है।

पहाड़ जब उड़ते थे तब उड़ते थे। इन्द्र ने बहुत पहले ही उनके पर काट दिए। जिन पौराणिक गाथाओं ने पहाड़ों के उड़ने की रोचक चर्चा की है उन्हीं में उनके पर कटने की दुःखद कहानी भी अंकित है। उसके बाद भी अगर कहानी को कोई बेपर के उड़ाना चाहता है तो इसके लिए गज-भर का सीना और मन-भर का कवच ही नहीं बल्कि उससे भी बड़ा दिमाग चाहिए।

गरज़ कि 'फैंटेसी' केवल एक ऐतिहासिक तथ्य नहीं बल्कि जीवित सत्य है। इसका महत्त्व केवल कथा-साहित्य के उद्भव की चर्चा तक ही सीमित नहीं है, बल्कि नवीनतम कथा-सृष्टि में भी है। बचपन चाहे मनुष्य का हो चाहे मानवता का, सिर्फ़ एक बीती बात नहीं है, बल्कि वह एक ऐसी आप-बीती है जो हरएक नए अनुभव के साथ जुड़ी है और हर नए सन्दर्भ में एक नया रूप ले सकती है। ग्रीक पुराणों और महाकाव्यों से निरन्तर प्राप्त होनेवाले आनन्द का विश्लेषण करते हुए मार्क्स ने कुछ इसी प्रकार की बात कही है कि 'इज नाट द कैरेक्टर ऑफ़ एवरी ईपक रिवाइव्ड पर्फेक्टली टु नेचर इन चाइल्ड ?'

क्या हर युग की विशेषता प्रकृति की पूर्ण वास्तविकता के साथ बाल-प्रकृति में पुनर्जीवित नहीं होती ?

यदि बच्चों की-सी सरलता से देखें तो यह चिर-परिचित दुनिया ही किसी 'फैंटेसी' से कम नहीं है। जो साधारण है वही असाधारण है। इसके विपरीत अब तो यह हालत हो गई है कि असाधारण घटनाएँ भी अब चकित नहीं कर पातीं। रेडियो और अखबार से असाधारण घटनाएँ सुनते-सुनते हम इतने अभ्यस्त हो गए हैं कि अब कुछ भी असाधारण घटनाएँ नहीं लगता। आश्चर्य की बात तो यही है कि अब किसी बात पर आश्चर्य ही नहीं होता। इसलिए किसी असाधारण लोक या असाधारण घटना की चर्चा करके आज के आदमी को चकित करना काफ़ी मुश्किल है। यह आश्चर्य ही आज की 'फैंटेसी' की प्रेरक है। काफ्का ने अपनी कहानियों के द्वारा इस जड़ता को भंग करने की कोशिश की और 'निःशब्द विस्फोट' की प्रक्रिया से उसने साधारण घटनाओं को ही एक फैंटेसी का रूप दे दिया। उसने प्रमाणित कर दिया कि विस्मित करने के लिए किसी दूसरी दुनिया की सृष्टि करने की आवश्यकता नहीं है, बल्कि किसी दूसरी दुनिया के वासी की तरह इस दुनिया में आना ही काफ़ी है। दूसरे शब्दों में, यदि तमाम लोगों और चीज़ों को उनके नाम तथा लेबिल अलग करके एक अनजान, अपरिचित आगन्तुक की तरह देखें तो सब कुछ अजीबोगरीब लगेगा। हो सकता है 'वास्तविकता' का पता इसी तरह चले।

जिस बाजार में तमाम लोग खरीद-फरोख्त, सौदा-सुलुफ़ करते थे और सारी गतिविधि को विधि-विधान की तरह विस्मयरहित स्वीकार किए चल रहे थे उसी बाजार को तार-तार कर मार्क्स ने देखा तो पूँजी की एक अजीब दुनिया दिखाई पड़ी। 'कैपिटल' के आरम्भ में मार्क्स ने 'कमोडिटीज' के जिस रहस्यात्मक और ऐन्द्रजालिक रूप का वर्णन किया है वह एक वैज्ञानिक की खोज ही नहीं, बल्कि एक साहित्यकार का भी सत्यानुसन्धान है। लकड़ी से मेज़ बनने और इस्तेमाल में आने की क्रिया का वर्णन करते हुए मार्क्स के ये शब्द किसी ऐन्द्राजालिक कहानी के टुकड़े लगते हैं : "पण्यवस्तु होते ही मेज़ अलौकिक-सी चीज़ हो जाती है। वह अपने पैरों के बल सिर्फ ज़मीन पर खड़ी नहीं रहती, बल्कि दूसरी पण्य वस्तुओं के सन्दर्भ में अपने सिर के बल खड़ी हो जाती है और अपने जड़ दिमाग से अजीब ख़याल पैदा करने लगती है..."

तात्पर्य यह कि यदि बचपन के मोह में बचकाना हरकतें करने के बजाय बचपन की जिज्ञासा, कुतूहल, विस्मित होने की क्षमता को प्रौढ़ रूप में इस्तेमाल करें तो इसी साधारण जीवन के बीच से असाधारण जीवन-सत्य का उद्‌घाटन किया जा सकता है। इस तरह वास्तविकता के नए-नए स्तर उद्‌घाटित करने के अतिरिक्त कहानी को और क्या चाहिए ? यह सत्योद्‌घाटन वास्तविक भी हो सकता है और अद्‌भुत-अनूठी 'फैंटेसी' भी।

क्या मैंने अब भी एक सीधी-सादी चीज़ को खामख़ाह के लिए जटिल बना दिया है ? या लोग ही हैं जो जटिल को भी ऊपर-ऊपर से सरल समझे बैठे हैं ? क्या यह भी एक वहम नहीं है ? लेकिन किसका ?

[1961]

फिर क्या हुआ ? और मुक्तिमार्ग

अगर आप जानना चाहते हैं कि इसके बाद फिर क्या हुआ तो समझिए कि कहानी शहरज़ाद है। अलिफ़लैला की शहरज़ाद जिसने कौतूहल को शान्त ही नहीं किया बल्कि कौतूहल को जगाया भी। क़हानी-पाठक में अधीरता होती है, इसे कुछ-कुछ मैं भी जानता हूँ और यह भी कि कहानी स्वयं भी अधीरता उत्पन्न करती है ? लेकिन यह अधीरता क्या उत्पन्न करती है ? खैर, इस 'क्या' का सिलसिला अभी यहीं छोड़ें। अगली कड़ी जोड़ने के लिए इतनी अधीरता भी क्यों ?

विवशता कही जाय या आवश्यकता, अधीरता तो कहानी के साथ लगी है और इसे छिपाने से कोई फ़ायदा नहीं। इसका पता आचार्य रामचन्द्र शुक्ल जैसे बुज़ुर्गों को भी है। कहानी सुननेवाला आगे की घटना के लिए आकुल रहता है। कविता सुननेवाला कहता है, 'ज़रा फिर तो कहिए।' कहानी सुननेवाला कहता है, 'हाँ, तब क्या हुआ ?' अनुभव यह चाहे हर किसी का हो लेकिन शब्द ये आचार्य शुक्ल के हैं। निःसन्देह 'घटना-वैचित्र्यपूर्ण कहानियों' को ध्यान में रखकर यह बात कही गई है लेकिन ध्वनि स्पष्ट है कि कहानी-विषयक यह कौतूहल निम्न कोटि का है।

अंग्रेजी के प्रसिद्ध उपन्यासकार ई.एम. फ़ोर्स्टर का भी खयाल है कहानी-सम्बन्धी कौतूहल अवर कोटि का है क्योंकि इसके मूल में गुहावासी आदिम मानव की मनोवृत्ति है। रात में आग जलाकर आदिम मानव-समूह बैठ जाता होगा और उसमें से कोई एक कहानी कहना शुरू कर देता होगा। 'फिर क्या हुआ' पूछते हुए श्रोता मंडली का एक-एक आदमी क्रमशः सो जाता होगा और कहानी खत्म हो जाती होगी। हक़ीक़त जो रही हो लेकिन किसी कथाकार को ऐसी कल्पना करने से कौन रोक सकता है ? क्या कहानी के बारे में कोई कहानी नहीं गढ़ी जा सकती ? बहरहाल, फ़ोर्स्टर के अनुसार यह कौतूहल 'आदिम' है इसीलिए इसके मूल में एक प्रकार का 'अविवेक' होता है और वह अविवेक आज भी इस रूप में मौजूद है कि जिन कहानियों को हम पसन्द करते हैं उनके विरुद्ध कोई तर्क नहीं सुनना चाहते।

यही नहीं, बल्कि कहानी सम्बन्धी इसी कौतूहल के कारण आगे चलकर एक बादशाह ने हज़ारों कहानी कहनेवालों का सिर उतार लिया। ज़रूर उसको भी नींद न आती रही होगी और नींद से पहले ही कहानियाँ खत्म हो जाती रही होंगी। अगर बीच में कहानी खत्म हो गई तो कहानी कहनेवाले की ज़िन्दगी क्यों न खत्म हो ? जब कहानी

में 'आगे क्या हुआ' का जवाब नहीं तो फिर कहानी कहनेवाले की ज़िन्दगी का आगे क्या हो ? क्या हो और क्यों हो ? बादशाह का तर्क कितना पक्का है। क्या मि. फोर्स्टर इसे भी 'अविवेक' ही न कहेंगे ?

इस प्रकार कहानी-सम्बन्धी कौतूहल का सम्बन्ध एक ओर आदिम बर्बर मानव से है तो दूसरी ओर मध्ययुगीन बर्बर तानाशाह से। कौतूहल का अन्त कहीं नींद में होता है तो कहीं मौत में।

लेकिन इस कौतूहल का अन्त मध्ययुग में ही हो गया हो—ऐसा नहीं है। 'तब', 'फिर', 'इसके बाद' पूछनेवाले लोग आज भी मौजूद हैं। जिज्ञासुओं से दुनिया एकबारगी ख़ाली नहीं हो गई है। हाट-बाट में किसे ऐसे लोग नहीं मिलते जो बिना परिचय के भी दुनिया-जहान की बातें पूछ डालते हैं : पता-ठिकाना, बाल-बच्चे, पेशा-तनख्वाह, उम्र वग़ैरह। कुछ लोग यही सवाल हर मुलाकात में पूछते हैं, हर बार पूछते हैं और पूछकर भूल जाते हैं, यह भी भूल जाते हैं कि कभी उन्होंने पूछा था। फोर्स्टर के अनुसार ऐसे जिज्ञासु लोगों से न तो दोस्ती हो सकती है और न इन्हें कहानी ही सुनाई जा सकती है। ऐसे कौतूहल के साथ ज्यादा दूर तक चलने की सम्भावना ही नहीं है—न तो ज़िन्दगी में और न कहानी में।

एक जमाना था जब कहानी सुनाने से पहले 'हुँकारी' भरने की शर्त लगा लेते थे और श्रोता से 'हाँ' सुने बग़ैर कहानी सुनानेवाले की ओर से कहानी आगे सरकने का नाम नहीं लेती थी। अब यह हालत है कि हर वाक्य के बाद 'हाँ' सुनकर सुनानेवाला ऊब उठता है और खीझ जाता है।

अगर कहानी-सम्बन्धी कौतूहल की यह तस्वीर सही है तो फिर इसकी परिणति या तो जम्हाई में होती है या नींद में या मौत में और ये सब एक तरह से ऊब के ही विविध रूप हैं जैसे, शुक्लजी के अनुसार 'रसात्मक बोध के विविध रूप' होते हैं। इस विकट कौतूहल के सामने वक्ता, श्रोता और कथानायक में से किसी एक का सोना या मरना आवश्यक है या फिर पुनरावृत्ति का ही पथ बच रहता है। आकस्मिक नहीं है कि ऐयारी और तिलस्मी कहानियाँ लिखनेवाले या तो पागल होकर मर गए या थोड़े ही दिनों बाद पुनरावृत्ति करने लगे। रहस्य-रोमांच की कहानी का नायक भी किसी दुर्घटना में मरने अथवा आत्महत्या करने के लिए लाचार हो जाता है। यह लाचारी नैतिक उतनी नहीं है जितनी कहानी के विकास की गति से बाध्य है।

'फिर क्या हुआ' का कौतूहल सामान्यतः दो रास्तों की ओर ले जाता है—एक तो घड़ी की सुई की ओर और दूसरा ऊर्ध्वमुखी कमानी की ओर। एक रास्ते पर 'सुबह होती है शाम होती है; उम्र यूँ ही तमाम होती है।' दूसरे रास्ते पर 'सितारों के आगे जहाँ और भी हैं,...तेरे सामने आसमाँ और भी हैं।' एक साधारण मार्ग है तो दूसरा असाधारण। एक की परिणति क्रमशः अति-असाधारण में होती है तो दूसरे की क्रमशः अति-असाधारण और दोनों रास्ते ऐसे हैं जिन पर ज्यादा दूर चलना असम्भव है। एक में निरन्तर ऊब है तो दूसरे में निरन्तर विस्मय और किसी पाठक को निरन्तर विस्मित

करते रहना सम्भव नहीं।

तो क्या कहानी-सम्बन्धी यह आदिम कौतूहल हेय है ? जिस कौतूहल ने कहानी को जन्म दिया वह स्वयं कहानी सम्बन्धी बोध का सबसे निचला स्तर है ? क्या ज्यादातर कहानी-पाठक इस कौतूहल की शान्ति के लिए कहानियाँ नहीं पढ़ते ? तो क्या ये सभी पाठक, कम-से-कम इस मामले में, कहानी सम्बन्धी बोध के सबसे निचले स्तर पर हैं ? इन सवालों का जवाब कौन दे ? शहरज़ाद आज नहीं है और नहीं है उसे अपनी मलका बनानेवाला वह कौतूहली बादशाह। और इत्तफ़ाक़ से अगर कोई ऐसा बादशाह है तो इस दुनिया में न सही किसी और दुनिया में उसकी शहरज़ाद भी मिल सकती है।

लेकिन इस आदिम कौतूहल का कोई दूसरा पहलू नहीं है क्या ? एक घटना के बाद दूसरी घटना और फिर तीसरी और फिर... । यह क्रम, यह सिलसिला, यह गति, यह विकास क्या है ? क्या इसमें भविष्य की प्रतीक्षा का भाव नहीं है ? क्या इसमें कार्य को आगे बढ़ाने की वृत्ति नहीं है ? क्या यह आदिम वृत्ति मनुष्य की संचित निधि नहीं है ? यदि मनुष्य का यह संचित संस्कार आज भी कहानी से सबसे पहले यह पूछता है कि फिर क्या हुआ तो क्या ग़लत पूछता है।

निःसन्देह 'कौतूहल', 'उत्सुकता' और 'जिज्ञासा' में अन्तर सूक्ष्म है किन्तु काफ़ी और साथ ही महत्त्वपूर्ण भी। एक स्थिति की प्रतिक्रिया में केवल भौंहें उठती हैं, तो दूसरी स्थिति की प्रतिक्रिया में किसी की गर्दन उठती है और एक स्थिति ऐसी भी होती है जिसकी प्रतिक्रिया में सम्पूर्ण व्यक्तिमत्ता उठ जाती है। ऐसे भी स्थितिप्रज्ञ होते हैं जिन्हें किसी बात के लिए न कौतूहल है, न उत्सुकता और न जिज्ञासा। वे त्रिकालदर्शी पुरुष हैं। उन्हें सब पता है कि कल क्या होगा। वे भली-भाँति जानते हैं कि 'होइहै सोइ जो राम रचि राखा।' ऐसे निश्चित जन के लिए कहानी व्यर्थ है। कहानी ही क्यों, दैनिक अखबार भी। ज्योतिषी और ज्योतिष-विश्वासी के लिए कहानी नहीं है। कहानी में कौतूहल होने का मतलब है परिवर्तन में दिलचस्पी, नए की सम्भावना में विश्वास। कहानी उसके लिए है जिनके लिए इतिहास है। अरस्तू ने कुछ सोचकर ही कथा-तत्त्व को इतिहास के अन्तर्गत रखा है। जिसे हम 'घटना' कहते हैं, मलयालम में उसके लिए 'सम्भवम्' शब्द है जो उत्सुकता जगानेवाली घटना के मूल अभिप्राय को ज्यादा अच्छे ढंग से व्यक्त करता है।

कहानी-सम्बन्धी इस कौतूहल को हेय कहना एक तरह की 'स्नाबरी' है। यदि मि. फ़ोर्स्टर को आदिम कथा-प्रेमियों के कौतूहल में केवल नींद ही दिखाई पड़ती है तो कोई आश्चर्य नहीं। यदि हर कल्पना का कोई वास्तविक आधार होता है तो मि. फ़ोर्स्टर की कल्पना का आदिम मानव भी वस्तुतः आधुनिक बोर्ज़ुवा होगा जो नींद बुलाने के लिए कहानियाँ पढ़ता है और प्रायः उन्हें बीच ही में छोड़कर सो जाता है। यदि मि. फ़ोर्स्टर गौर से देखते तो उन्हें पता चलता कि 'फिर क्या हुआ' के प्रश्नों से आदिम मानव अपनी रात को अगली सुबह से जोड़ रहा था और कायम कर रहा था एक सिलसिला अपने हर कार्य और हर घटना के बीच। इसी प्रकार 'अलिफ़ लैला' के जिस बादशाह को

मि. फोर्स्टर ने खूनी तानाशाह कहा है वह भी शायद 'डिटैक्टिव' कहानियाँ पढ़नेवाले आधुनिक इजारेदारों से अधिक निष्ठावान कथा-प्रेमी था। कल्पना ही सही, लेकिन एक हज़ार रातें कम नहीं होतीं। मि. फ़ोर्स्टर ने बादशाह की तलवार की धार तो देखी लेकिन उस कौतूहल की तेजी नहीं देखी।

लेकिन इससे भी महत्त्वपूर्ण बातें मि. फोर्स्टर ने की हैं वह है 'स्टोरी' और 'प्लॉट' में अन्तर। अपनी भाषा में कहें तो 'कहानी' और 'कथानक' में अन्तर। उदाहरण के लिए 'राजा मर गए और फिर रानी भी मर गई।' यह 'कहानी' है, 'लेकिन राजा मर गए और फिर दुःख से रानी भी मर गई' यह 'कथानक' है। यदि इस कथानक में रहस्य का पुट देकर थोड़ा और भी जटिल बनाना चाहें तो कह सकते हैं कि 'रानी मर गई, पता नहीं क्यों, बाद में मालूम हुआ कि राजा की मृत्यु के बाद उन्हें दुःख हुआ था।' इस मान्यता के अनुसार 'कहानी' केवल 'क्या' का उत्तर देती है तो कथानक 'क्यों' का समाधान देता है। कारण-कार्य परम्परा जोड़ने से कथानक बनता है और इसी मान्यता के आधार पर आधुनिक कहानी का उदय हुआ—कहानी की प्रचलित पाठ्य-पुस्तकों में इसका काफ़ी प्रचार है। लेकिन यदि उपर्युक्त उदाहरण इस मान्यता को सही ढंग से उदाहृत करते हैं तो कोई वजह नहीं कि 'राजा मर गए और फिर रानी मर गई' को कारण-कार्य सम्बन्ध से युक्त कथानक न माना जाय। बल्कि यह कथानक उस कथानक से कहीं अधिक व्यंजक है जिसमें कारण का स्पष्ट उल्लेख कर दिया जाता है।

हो सकता है कि जिसे 'आधुनिक' कहानी कहा जाता है उसमें कारण का उल्लेख आवश्यक रहा हो लेकिन आधुनिकोत्तर युग की कहानी में प्रायः कारण अनुल्लिखित रहता है या अधिक से अधिक उसका संकेत-भर कर दिया जाता। यदि मि. फ़ोर्स्टर की कसौटी लागू की जाय तो हेमिंग्वे की ज्यादातर कहानियाँ 'कथानक' की 'आधुनिक' मान्यता से रिक्त मिलेंगी। यदि 'किलर्स' या 'हत्यारे' कहानी को लें तो उसमें किस कारण का उल्लेख है ? फिर भी कौन कहेगा कि वह कहानी—और सफल कहानी—नहीं है। उपर्युक्त कथानक यदि हेमिंग्वे को कहने के लिए दे दिया जाय तो वह शायद दोनों वाक्यों को जोड़नेवाले संयोजक शब्द 'और फिर' को भी एकदम निकालकर सिर्फ़ इतना कहे, राजा मर गए, रानी मर गई। और मैं नहीं समझता कि अलग-अलग कहे जाने से इनका कथानक नष्ट हो गया। पास-पास दो वाक्यों का होना भी तो कुछ मानी रखता है। एक के बाद दूसरी घटना के आने का स्वयं एक अर्थ है। साहित्य के आचार्यों ने भी अर्थ का विचार करते समय 'आसत्ति' और 'प्रकरण' की चर्चा की है।

लेकिन कथानक के लिए एक कारण-कार्य-सम्बन्ध की आवश्यकता आधुनिक युग में ही क्यों बताई गई ? आधुनिक विज्ञान से पहले यह चर्चा क्यों नहीं उठी ? क्या यह कारणवादी कृत्ति विज्ञान का प्रभाव नहीं है ? कहानी में हर कार्य या घटना का मनोवैज्ञानिक, सामाजिक या आर्थिक कारण खोजने की वृत्ति का उदय क्या उस युग के व्यापक बुद्धिवादी आन्दोलन का फल नहीं है ? यह सही है कि कारण-विश्लेषण ने कहानी के कथानक को एक तर्क प्रदान किया, कथानक-गठन में व्यवस्था आई, कहानी

में विषय-वस्तु की प्रधानता हुई और सामाजिक दृष्टि से कहानी को सार्थकता मिली। लेकिन इसके साथ ही क्या यह भी तथ्य नहीं है कि इस बुद्धिवादी प्रयास ने कहानी के ढाँचे को जड़ बना दिया ? क्या यह सही नहीं है कि कारणवादी आरोप की भी अपनी रूढ़ियाँ बन गईं ?

कहानी के परवर्ती विकास से पता चलता है कि कहानी में पुनः आधुनिक युग की कारणता के विरुद्ध प्रतिक्रिया हुई। अकारण, असम्बद्ध और संयोग-घटित घटनाओं और कार्यों के कथन की नई प्रणाली चल पड़ी। कुछ देर के लिए ऐसा प्रतीत हुआ कि कहानी का वही पुराना आदिम रूप एक नए अर्थ के साथ पुनर्जीवित हो उठा है। तात्पर्य यह कि मि. फ़ोर्स्टर द्वारा 'स्टोरी' और 'प्लॉट' का विभाजन भी सामयिक था। उन्होंने 'स्टोरी' के ऊपर 'प्लॉट' की मान्यता का निर्माण एक युग की आवश्यकता के अनुसार किया और 'प्लॉट' नामक शिल्पगत मान्यता का आधार वही बुनियादी कहानीपन है। 'कथानक' सम्बन्धी कथाकथित 'आधुनिक' और 'वैज्ञानिक' धारणा कोई शाश्वत चीज नहीं है।

कथानक-सम्बन्धी उस प्रचलित धारणा ने अनेक कहानी-पाठकों को ही नहीं, बल्कि कहानीकारों की दृष्टि को भी धुँधला कर दिया है। फलस्वरूप जहाँ वे सीधा-सादा कथानक देखते हैं उस कहानी को घटिया कहानी मान बैठते हैं। उनका खयाल है कि बिना दाँव-पेंच और मोड़ के कथानक हो ही नहीं सकता। एक विशेष प्रकार के कौतूहल की तुष्टि करने के लिए वे कभी चक्करदार प्लॉट गढ़ते हैं तो कभी कहानी के अन्त में झटका देना ही बड़ी बात समझते हैं। कहानी-पाठक की 'फिर क्या हुआ' जैसी बुनियादी जिज्ञासा को वे भ्रमवश ग़लत मोड़ देने की कोशिश करते हैं। क्या यह एक तरह का 'सरकस' नहीं है ? क्या यह पेचीदगी साइकिल, मोटरसाइकिल या कार की सी पेचदार दौड़ नहीं है ? नाना प्रकार की कथानक सम्बन्धी कलाबाजियों से पाठक के मन को दुविधा में रखने की स्थिति उस-विद्या से किस बात में भिन्न है ? क्या यह पाठक के धैर्य के साथ खामखाह के लिए खेलवाड़ नहीं है ? क्या यह भी एक प्रकार का रहस्य-रोमांच नहीं है ? क्या इसका मतलब यह नहीं है कि इस प्रकार की कहानी भीतर-भीतर से रहस्य-रोमांच की कहानियों से होड़ लेना चाहती है ? कौतूहल का अर्थ क्या इतना स्थूल है ? क्या हम कहानी को 'घुड़दौड़' बनाना चाहते हैं ? जीवन की घटनाओं को इस प्रकार तोड़-मरोड़कर विलक्षण-क्रम में पेश करने से किस महान् उद्देश्य की सिद्धि होती है ?

मैं जानता हूँ कि कुछ लोग़ ओ' हेनरी और मोपाँसा का नाम सिर पर दे मारने के लिए अधीर हो रहे होंगे। लेकिन ओ' हेनरी या मोपाँसा क्या इसी पेचीदगी के कारण महान् हैं ? क्या यह बतलाने की जरूरत है कि व्यावसायिकता ने 'रुचि विशेष' की दृष्टि से ओ' हेनरी और मोपाँसा के प्रायः इसी प्रकार के रोचक साहित्य का प्रचार किया है ? यदि एक व्यवस्था किसी लेखक को बाजारू रूप दे दे तो क्या यह जरूरी है कि अपने को जागरूक समझनेवाले लेखक और पाठक भी उसी बाजारू रुचि के शिकार रहें ?

इसी रुचि का परिणाम है कि सीधे-सादे ढंग से कही गई कहानियों पर प्रायः लोग मुँह बिचकाते देखे जाते हैं और कहते पाए जाते हैं कि इनमें तो 'पठनीयता' ही नहीं है। ऐसे ही लोग प्रेमचन्द को 'किस्सागो' कहकर एक ओर फेंक देते हैं।

प्रेमचन्द, बेशक किस्सागो थे। वे कहानी कहते थे, जबकि आजकल ज्यादातर लोग कहानी लिखते हैं। वैसे, प्रेमचन्द भी कहानी लिखते थे और कहानियाँ उन्होंने दरअसल 'लिखी' हैं, लेकिन उनकी ज्यादातर कहानियाँ पढ़ने की अपेक्षा सुनने और सुनाने पर खुलती हैं। दस-पाँच लेखकों की गोष्ठी में ही नहीं, बल्कि हज़ार-दो हज़ार के मजमे में उन्हें ठाठ से सुनाया जा सकता है। 'पंच-परमेश्वर' कहानी इस प्रकार शुरू होती है :

"जुम्मन शेख और अलगू चौधरी में गाढ़ी मित्रता थी। साझे में खेती होती थी। कुछ लेन-देन में भी साझा था। एक को दूसरे पर अटल विश्वास था।" कहानी को किस्सागोई का कुछ और गाढ़ा रंग देने के लिए 'आत्माराम' कहानी की शुरुआत का ढंग कुछ और ही हो जाता है : "बेंदों ग्राम में महादेव सोनार एक सुविख्यात आदमी था।"

कहानी शुरू करने के इस ढंग में कुछ ऐसा अतीत-व्यतीत का भाव है कि पहला ही वाक्य श्रोता को कहानी के आदिम रस में डुबा देता है। 'बेंदों ग्राम में महादेव सोनार एक सुविख्यात आदमी था' जैसे पुरानी कहानियों में 'एक था राजा'। या अंग्रेजी का 'वंस अपॉन ए टाइम'--अथवा 'एकदा नैमिषारण्ये--'। यह साधारण-सा वाक्य अपने-आप में कुछ नहीं है, किन्तु इसके पीछे गूँजता हुआ जो आदिम कथावाचक का डूबा-डूबा सा स्वर है वह हमें सहसा पाठक से श्रोता में परिवर्तित कर देता है। एक के बाद दूसरी घटना गुजरती जाती है लेकिन तमाम घटनाओं को जोड़ती हुई जो एक 'आवाज' है वह सारी कहानी को एक और ही गूँज प्रदान कर देती है। यह एक आवाज़ समूचे वृत्तान्त को न जाने किस स्तर पर ले उड़ती है। इस आवाज को हम कितना-कितना पहचानते हैं। नानी, दादी या माँ की कहानी में हम सदियों पार से आती हुई इस आवाज का कम्पन सुन चुके हैं और प्रेमचन्द की गाँव-घर की कहानियों में जब हम वही आवाज़ सुनते हैं तो मन एक विशाल परम्परा से जुड़ जाता है और कथा-बोध का एक नया स्तर उद्घाटित हो उठता है। एक सहज शुरुआत पाठक को सुखद निजीपन से भिगो देती है।

साथ ही, शुरुआत के इस एक 'था' में कहानी का एक और गुण छिपा हुआ है और वह है अतीतता का बोध (सेंस ऑफ पास्टनेस)। कहानी का मूल अर्थ ही है जो हो चुका है उसका कथन। चाहे वह सुदूर अतीत हो या अभी-अभी एक क्षण पहले का बीता वर्तमान। जब भारतेन्दु ने कहा था कि 'कहैंगे सबैही नैन-नीर भरि भरि पाछे, प्यारे हरीचन्द की कहानी रह जायगी।' तो उस कहानी में बीतने का यही भाव था। गुलेरी जी की 'उसने कहा था' शीर्षक कहानी केवल कहानी नहीं बल्कि कहानी की एक परिभाषा भी है। अतीतता का यह बोध कहानी को आज की भाषा में एक और 'आयाम' प्रदान करता है। लेकिन कहानी का यह 'आयाम' आज की कितनी कहानियों से प्राप्त

होता है ? क्या यह केवल ऐतिहासिक कहानियों की चीज है ? फिर प्रेमचन्द ने समसामयिक ग्राम-जीवन की कहानी कहते हुए यह विशेष रस कैसे पैदा किया ?

इसे विरोधाभास ही कहना चाहिए कि जो कहानी भविष्य के प्रति इतनी उत्सुकता जगाती है वही मन को अतीत में डुबाती चलती है। यह कैसा द्वन्द्वात्मक सत्य है जो वर्तमान के एक चित्र में भूत को भविष्य से जोड़ देता है। लेकिन जरा सी असावधानी से यह सन्तुलन बिगड़ भी सकता है। अतीत का आकर्षण अधिक हुआ तो 'रोमानी पलायन' की मात्रा बढ़ जायगी और यदि भविष्य का आकर्षण दुर्निवार हुआ तो कौतूहल की प्रधानता हो जायगी। दोनों अतियों को सन्तुलित करने का दायित्व वर्तमान के वास्तविक कथा-कथन पर है, अर्थात् मुख्य कथा का घटना-विन्यास इस प्रकार का हो कि 'फिर क्या हुआ' का कौतूहल न तो एक मर्यादा से अधिक प्रबल होने पाए और न भूमिका इतनी लम्बी हो कि मन अतीतवासी ही रहे। कहानीगत यह 'क्या' प्रायः 'क्यों' से मर्यादित होता है। कला इसी में है कि पाठक तो अपनी ओर से केवल 'क्या' के पीछे चलता रहे लेकिन कहानी समाप्त होने के बाद अनायास ही उसके मन में 'क्यों' का भी उत्तर मिल जाय अथवा 'क्यों' जानने के लिए बेचैनी पैदा हो जाय।

प्रेमचन्द की एक कहानी 'मुक्तिमार्ग' से कला की यह बारीकी स्पष्ट हो सकती है। झींगुर किसान और बुद्धू गड़रिया। एक के खेत हैं और दूसरे की भेड़ें। दोनों के हित जुड़े हैं तो टकराव भी हो सकता है और वह हो जाता है। झींगुर के खेत में आग लग गई तो बुद्धू की भेड़ें मर गईं—गोहत्या लगी सो अलग। सब कुछ गँवाकर झींगुर मजूरी करने शहर चला गया। प्रायश्चित से निवृत्त होकर बुद्धू भी घूमता-घामता लाचार वहीं पहुँचा। दुनिया इतनी बड़ी नहीं है कि मुलाकात न हो। हो गई। 'बुद्धू सिर पर तसला रखे गारा लेने गया तो झींगुर को देखा। राम-राम हुई, झींगुर ने गारा भर दिया, बुद्धू उठा लाया। दिन-भर, दोनों चुपचाप अपना-अपना काम करते रहे।'

सन्ध्या समय झींगुर ने पूछा—कुछ बनाओगे न ?

बुद्धू—नहीं तो खाऊँगा क्या ?

झींगुर—मैं तो एक जून चबैना कर लेता हूँ। इस जून सत्तू पर काट देता हूँ। कौन झंझट करे।

बुद्धू—इधर-उधर लकड़ियाँ पड़ी हुई हैं, बटोर लाओ। आटा मैं घर से लेता आया हूँ। तुम तो मेरा बनाया खाओगे नहीं, इसलिए तुम्हीं रोटियाँ सेंको, मैं बिला दूँगा।

झींगुर—तवा भी तो नहीं है ?

आग जली। आटा गूँधा गया। झींगुर ने रोटियाँ बनाईं। बुद्धू पानी लाया। दोनों ने लाल मिर्च और नमक से रोटियाँ खाईं। फिर चिलम भरी गई। दोनों आदमी पत्थर की सिला पर लेटे, और चिलम पीने लगे।

बुद्धू ने कहा—तुम्हारी ऊख में आग मैंने लगाई थी।

झींगुर ने विनोद के भाव से कहा—जानता हूँ।

थोड़ी देर के बाद झींगुर बोला—बछिया मैंने ही बाँधी थी और हरिहर ने उसे कुछ

खिला दिया था।

बुद्धू ने वैसे ही भाव से कहा—जानता हूँ।

क्या ये बातें कहानी पढ़ते-समय पाठक पहले ही नहीं जान गया था ? फिर कौतूहल कहाँ रहा ? पाठक भी जानता है, झींगुर भी और बुद्धू भी। लेकिन क्या इस प्रकार आमने-सामने इस रूप में कोई पहले जानता था ? क्या 'इस प्रकार' के जानने में कोई कौतूहल नहीं है ? और यहाँ 'क्या' के अन्दर से सवाल उठता है कि यह 'क्यों' हुआ ? यह गांधीवादी हृदय परिवर्तन है या सर्वहारा हो जाने के बाद का जागा हुआ आत्मबोध और वर्गबोध...? यह नैतिक निर्मलता क्यों आई ? कहानी में इसके बाद, और बिल्कुल अन्त का वाक्य है—'फिर दोनों सो गए।'

और इस बात पर आइए अब हम भी सोने चलें। क्या अब भी पूछने को शेष रह जाता है कि फिर क्या हुआ और क्यों हुआ ? इस सोने की बात पर मि. फ़ोर्स्टर मुँह लटकाएँ तो लटकाने दीजिए। शहरजादी की कहानी में सुबह हो रही है और सुबह के साथ ही उसकी जीत भी। 'फिर क्या हुआ ?' पूछने की जरूरत अब कहाँ रही।

[1961]

रचनाधर्मी कहानी की संश्लिष्टता और पठार का धीरज

लोग कितनी मासूमियत से हर 'कहानी' का संक्षेप पूछते हैं और वे लोग भी कितने समर्थ हैं जो उस कहानी को संक्षेप से सुना जाते। ईर्ष्या होती है। कथा-संक्षेप को देखता हूँ और फिर रवि ठाकुर के एक गीत की यह पंक्ति—'माला छिलो तार फूलगुलि गेलो, रेयैछे डोर।' माला थी, फूल चले गए, डोर रह गई है। फूलों की ममता न हो तो डोर को प्राप्त कर लेना कितना आसान है। सम्पूर्ण कहानी की चाह न हो तो कहानी के संक्षेप से सन्तुष्ट हो जाना कितना सरल है। क्या कथानक कहानी का संक्षिप्त रूप नहीं है—संक्षिप्त और सरल ?

यह सही है कि सरलीकरण अनिवार्य है। समझने का मतलब ही है किसी चीज़ को सरल करना। वर्णन करने में भी हर चीज सरल हो जाती है। किसी चीज का वर्णन करते समय हम अक्सर महसूस करते हैं कि कुछ-न-कुछ छूट रहा है और तमाम कोशिशों के बाद भी अन्त में पाते हैं कि काफ़ी हिस्सा छूट ही गया। चेख़व की कहानी 'चुम्बन' के नायक रायाबोबिच की लाचारी सबकी लाचारी है। प्रथम चुम्बन की अनुभूति रायाबोबिच के दिमाग में कई दिनों तक घुमड़ती रही और जी हल्का करने के लिए उसने जब एक साथी से सब-कुछ बता देने का फैसला किया तो सोचा कि उसके वर्णन में सारी रात लग जाएगी, लेकिन जब वह बात दो मिनट में खत्म हो गई तो रायाबोबिच चकित रह गया। घंटों की बात आसान होकर मिनटों में आ गई। लेकिन यह आसान होना भी क्या ? 'बस कि दुश्वार है हर काम का आसाँ होना।'

निःसन्देह ऐसी भी कृतियाँ होती हैं जिन्हें संक्षेप करना काफी आसान है और संक्षेप से उनका कुछ नष्ट नहीं होता है। जैसे विचारात्मक निबन्ध। कसे हुए तर्क-प्रतिष्ठ एवं गरिष्ठ निबन्ध के विचारों को संक्षिप्त किया जा सकता है, तर्क-शृंखला को पकड़कर सारी युक्तियों का सारांश प्रस्तुत हो सकता है और इससे उस निबन्ध के साथ विशेष अन्याय भी न होगा। किन्तु क्या किसी कथात्मक कृति को भी इतनी ही आसानी से संक्षिप्त किया जा सकता है ? जिन कहानियों में ज्यादा से ज्यादा एक दाँव-पेंचवाली कहानी कही गई हो, उन्हें तो शायद किसी कदर थोड़े में कहा जा सकता है; किन्तु जो केवल कहानी से कुछ अधिक है उसे किस प्रकार संक्षिप्त किया जा सकता है ?

ऐसी संश्लिष्ट कहानियों को कभी हम कथानक के स्तर पर प्राप्त करने की कोशिश करते हैं तो कभी चरित्रों के स्तर पर, कभी वातावरण को अधिगत करते हैं तो कभी विषय-वस्तु को पकड़ने के लिए माथा लड़ाते हैं। अन्त में एक-एक कर इन तमाम चीजों

को लेकर अपने दिमाग में जब कहानी की एक तस्वीर खड़ी करते हैं तो पाते हैं कि बहुत कुछ एक 'कंकाल' ही है। सूक्ष्मदर्शी अमरीकी समीक्षक एलेन टेट ने इसे कहानी-पाठक तथा कथा-समीक्षक का 'अनिवार्य अज्ञान' कहा है। समीक्षक चाहे जितना सूक्ष्मदर्शी हो और पाठक चाहे जितना सुरुचि-सम्पन्न, कहानी-पाठक में ज्ञान की यह सीमा अनिवार्य है। अपनी इस सीमा को स्वीकार करने के अलावा कोई चारा नहीं है। और सचाई यह कि जो पाठक अथवा आलोचक इस सीमा को जितना ही जानता है, उतना ही अधिक किसी कहानी को वह 'उपलब्ध' कर सकता है। क्योंकि उसके सामने उस छूटे हुए या अवशिष्ट अंश को प्राप्त करने की समस्या लगातार बनी रहती है। कहानी के अवशिष्ट अंश का पता लगाने के लिए कभी वह एक कोण से रोशनी डालता है तो कभी दूसरे कोण से। इस तरह उसे नई-नई पद्धतियों के आविष्कार करने पड़ते हैं।

कहानी के अन्दर बहुत सी बारीकियाँ हो सकती हैं जिन्हें रचनाकार होने के कारण केवल कहानी-लेखक ही जानता है। वह जानता है कि कौन सा 'टच' क्या 'इफेक्ट्स' पैदा कर सकता है और इस तरह वह एक विशेष प्रकार का 'प्रभाव' उत्पन्न करने के लिए जहाँ-तहाँ कुछ 'बिन्दु-विसर्ग' रख देता है। कभी-कभी हमपेशा दूसरे कलाकार इन बारीकियों को भाँप लेते हैं क्योंकि वे पेशे के अन्दरूनी आपसी रहस्यों से परिचित होते हैं। लेकिन इन बारीकियों को पकड़ने के लिए एक निरे पाठक के पास क्या साधन है ? वह तो ज्यादातर उन्हीं विशेषताओं से परिचित होता है जो बार-बार दुहराई जाकर और प्रचलन में आकर रूढ़ हो जाती हैं। कथानक, चरित्र, वातावरण आदि सम्बन्धी जाने कितनी ही विशेषताएँ हैं जो कहानी समीक्षा के दायरे में आकर 'रूढ़ि' और 'नुस्खा' बन गईं।

आज भी कितनी आसानी से लोग कथानक, चरित्र, वातावरण आदि वर्गों और शीर्षकों के द्वारा कहानियों की विशेषताएँ निरूपित करते हैं। क्या कभी इस पर भी विचार किया गया है कि ये पारिभाषिक शब्द केवल सुविधाजनक संज्ञाएँ हैं जिनका उपभोग उस प्रभाव को व्यक्त करने के लिए किया जाता है जो प्रभाव कोई कहानी हमारे मन पर छोड़ती है। इस समझदारी के जगते ही कथा-समीक्षा की रूढ़ शब्दावलियों की सीमा स्पष्ट हो जाती है और किसी कहानी से प्राप्त होनेवाले नए प्रभाव का वर्णन करने के लिए हम मुक्त हो जाते हैं और 'लगभग' की सूचना देनेवाले इन पारिभाषिक शब्दों की जगह आवश्यकतानुसार अन्य शब्दों को खोजने के लिए प्रयत्नशील होते हैं। कहना न होगा कि इस रूढ़ि से मुक्त होने की कितनी आवश्यकता है।

जिसे 'कथानक' कहा जाता है, वह दरअसल पाठक के दिमाग की उपज है। कहानीकार तो कहानी की रचना करता है; उसे संक्षिप्त और सरल करके 'कथा-सूत्र' निकालने का काम पाठक करता है। एक संश्लिष्ट अनुभव-पुंज को अगल-बगल से काट-छाँटकर जो सीधी-सपाट चीज प्रायः निकाली जाती है, उसका सारा श्रेय पाठक को है और वह एकदम पाठक की अपनी रचना है। कहानीकार इस मामले में निर्दोष है। काश कि पाठक अपनी इस 'रचना' के प्रति आत्म-सजग होता।

निस्सन्देह यह तथाकथित 'कथानक' हर कहानी की सतह पर होता है। कहानी के

अन्तर्वर्ती विविध प्रसंगों में जो सम्बन्ध-सूत्र होता है, कहानी समाप्त करने के बाद सबसे पहले मन में वही उभरता है। और जैसा कि किसी लेखक ने कहा है, कहानी की गति पाठक के मस्तिष्क में जो प्रथम तरंग-माला उत्पन्न करती है उसी का सुसम्बद्ध रूप कथानक है। लेकिन कितने लोग यह जानते हैं कि यह केवल 'सतह' है—प्रभाव का प्रथम धरातल और इस प्रकार कहानी-पाठ का आरम्भ-बिन्दु।

श्री रवीन्द्रनाथ ठाकुर की कहानियों पर विचार करते हुए बुद्धदेव बसु ने एक महत्त्वपूर्ण बात कही है कि कुछ कहानियाँ ऐसी होती हैं जिन्हें 'रचना' कहना उचित होगा। 'रचना' वह कहानी है जिससे कथानक के कंकाल को विच्छिन्न कर लेने पर समस्त न पाया जाय। यहाँ तक कि जो कहानी 'रचना' होती है उससे कथानक को विच्छिन्न कर लेना सम्भव ही नहीं है। बुद्धदेव बसु ने 'रचना' कहलाने योग्य कहानियों को 'वक्तव्य-निर्भर' गल्प कहा है जो स्पष्टतः 'प्लॉट-निर्भर' गल्प से भिन्न होती हैं। 'वक्तव्य-निर्भर' गल्प में भी 'प्लॉट' अथवा कथानक होता है। किन्तु देह की तरह अनिवार्य होते हुए भी यहाँ कथानक ही गल्प नहीं होता। उनके विचार से 'वक्तव्य-प्रधान' गल्प में कथानक का स्थान हमारे राग संगीत में 'बोल' के समान है, उसके न होने से काम न चलेगा किन्तु एक क्षीण सूत्र रहने पर भी काम चल जाएगा। यहाँ तक कि कथानक यदि कहानी-लेखक की स्वकीय उद्‌भावना न हो तो भी कोई हर्ज नहीं। शायद इसीलिए कथानक की उद्‌भावना को साहित्य में काफ़ी छोटा कार्य माना गया है और सृष्टि के उच्चतम स्तर पर वह अवान्तर रहा है।

कहानी के क्षेत्र में कथानक-साम्य देखकर कितनी बार दो कहानियों को एक नहीं कहा गया है ? अमुक कहानी अमुक लेखक की कहानी की चोरी है, यह आए दिन की बात है। इस समझ के आधार पर कितने कहानीकार चोर साबित कर दिए गए ! गनीमत है, किसी पाठक ने संसार की तमाम कहानियाँ नहीं पढ़ रखी हैं, वरना मुज़रिमों की लिस्ट काफ़ी लम्बी हो सकती है।

ऐसा भी होता है कि एक ही कथानक को लेकर कई लेखक कहानी लिखते हैं और कभी-कभी एक ही लेखक एक बार की लिखी कहानी को दोबारा, तिबारा लिखता है। एक वक्तव्य पर कहानी लिख चुकने के बाद ऐसा भी होता है कि लेखक कुछ दिनों पर फिर लौटता है और किसी नए कोण से उसे उठाता है और जब उससे भी तृप्ति नहीं होती तो पुनः उस पर लौटकर आता है। एक महत्त्वपूर्ण वक्तव्य कभी-कभी लेखक के दिमाग पर आजीवन छाया रहता है और उस एक वस्तु को अधिक से अधिक अथवा सही-सही व्यक्त करने के लिए अनेक कहानियाँ लिखता जाता है। चेखव ने इस तरह की अनेक कहानियाँ लिखी हैं। परन्तु एक ही आधार पर प्रतिष्ठित होती हुई भी हर कहानी भिन्न है और हर 'रचना' अपने आप में स्वतन्त्र तथा पूर्ण है।

'रचनाधर्मी' कहानियों के बारे में बुद्धदेव बसु ने जो विचार व्यक्त किया है वह सामान्यतः सही है। किन्तु गल्प के जो 'प्लॉट-निर्भर' एवं 'वक्तव्य-निर्भर' दो भेद उन्होंने किए हैं वह यान्त्रिक है। क्या उन कहानियों का प्लॉट 'प्लॉट' ही होता है, क्या वे वक्तव्य-शून्य हैं ?

'प्लॉट-निर्भर' गल्प का कोई वक्तव्य नहीं होता ? जिन कहानियों में केवल 'प्लॉट' ही होता है, उनका प्लॉट ही क्या उनका वक्तव्य नहीं है ? तथाकथित 'प्लॉट-निर्भर' कहानियाँ जो रहस्य-रोमांच से युक्त एवं सनसनीखेज होती हैं वह अकारण नहीं है। इन कहानियों का प्लॉट मन में जो सनसनी से भरा कौतूहल जगाता है, वही उनका वक्तव्य है। इस दृष्टि से अंग्रेजी के 'प्लॉट' शब्द का 'षड्यन्त्र', 'कुचक्र' आदि रहस्य-परक अर्थों को सूचित करना विचारणीय है। गम्भीर कथाकारों ने 'प्लॉट' के प्रति जो वितृष्णा प्रकट की है, उसके मूल में बहुत सम्भव है कि अवचेतन के स्तर पर 'प्लॉट' का अर्थ भी रहा हो।

गरज़ कि 'प्लॉट' और 'वक्तव्य' भिन्न नहीं हैं और परस्पर-विरोधी तो बिल्कुल ही नहीं। 'प्लॉट' वक्तव्य' का ही एक अवयव है : रचनाधर्मी कहानी में 'प्लॉट' भी वक्तव्य के किसी-न-किसी पहलू को व्यक्त करता है—चाहे वह 'प्लॉट' जितना सूक्ष्म, जितना छोटा और जितना सरल हो।

इस सम्बन्ध में रूसी समीक्षक विक्टर श्क्लोव्सकी का यह कथन युक्ति-संगत है कि " 'प्लॉट' जीवन एवं मानव-सम्बन्धों के व्यवस्था-क्रम के बारे में लेखक की अपनी समझदारी को सूचित करता है।" जीवन और जगत् की घटनाओं में लेखक जिस सम्बन्ध-सूत्र को देखता है उसकी अभिव्यक्ति कथानक के रूप में होती है। जिस लेखक के लिए जीवन की हर घटना अलग है और हर क्षण की स्थिति दूसरे क्षण से असम्बद्ध है, उसका कथानक भी विच्छिन्न होगा, जैसे हेमिंग्वे की कहानियों में। परन्तु जो लेखक जीवन और जगत् के प्रति इस प्रकार की जीवन-दृष्टि रखते हुए भी अपनी कहानियों में सुसम्बद्ध कथानक देने का प्रयत्न करते हैं; और कामयाब हो जाते हैं, वहाँ यही समझना चाहिए कि उन्होंने अपनी जीवन-दृष्टि का सुसंगत उपयोग नहीं किया है, फलस्वरूप ऐसी स्थिति में कहानी का कथानक वक्तव्य से साफ़ अलग और बेमेल होगा।

इसलिए मूल प्रश्न लेखक के उस दृष्टि-बिन्दु को निश्चित करने का है। कहानी में घटनाओं का वर्णन चाहे जिस क्रम से किया गया है—क्रम-विपर्यय हो अथवा बीच-बीच में अन्य अवान्तर प्रसंगों के शाखा-सूत्रों का भटकाव, कोई न कोई एक बिन्दु होता है जिसकी ओर सारा वर्णन संकेत करता है। तोल्सतोय के शब्दों में यह बिन्दु एक तरह का फ़ोकस है जिस पर कहानी की सारी किरणें मिलती हैं अथवा जहाँ से सारी किरणें निकलती हैं, और इसकी व्यवस्था 'स्वयं उस कथा-कृति की समग्रता' के द्वारा ही हो सकती है। इससे कहानी की 'संश्लिष्टता' की पुष्टि होती है। जो कहानी जीवन के किसी गूढ़ एवं गहन सत्य की अभिव्यक्ति करती है उसके विभिन्न अवयव परस्पर इतने ओत-प्रोत होते हैं, और उनमें इतना 'आन्तरिक समवाय' होता है कि कहानी सम्बन्धी यान्त्रिक बोध के द्वारा उसके वास्तविक आशय का पता लगाना असम्भव है।

इस आन्तरिक समवाय सा संघटन की जटिलता को स्पष्ट करने के लिए अज्ञेय की 'पठार का धीरज' कहानी ली जा सकती है।

"ऊँचे-नीचे टीले, मटमैली हरियाली, धुँधले छोटे झोंप, अँधेरी खोहें, बिखरे हुए पत्थर, कुछ गोल, कुछ चपटे, कुछ उभरे, कुछ चुभन-से तीखे, दूर पर चपटी लम्बी इमारत

की बत्तियाँ, मानो रेलगाड़ी-खड़ी हो।''

''ये सब यथार्थ हैं।''

''फिर पठार का धीरज भरा फैलाव, दुराव-भरा सन्नाटा, झनझनाती तेज़ हवा, चपटे पत्थरों पर मीनों के से हरे-चिट्टे-ललौंहे काही के ताराफूल, उड़ते-उड़ते बे-भरोस बादल, तीतरों की चौंकी-सी पुकार–'तीत्तिरि-त-तीत्तिरि तु-तुः', दूर पर गीदड़ के रोने और भूँकने के बीच का-सा सुर।''

''ये भी यथार्थ हैं।''

''लेकिन यथार्थ के स्तर हैं। स्थूल वास्तव, फिर सूक्ष्म वास्तव जिसमें हमारे भावों का भी आरोप है, फिर क्या और भी कोटियाँ नहीं हैं, जहाँ भाव ही प्रधान हो, जहाँ तथ्य नहीं पहचाना जाय, जहाँ वह व्यक्ति-जीवन के प्रसार में गहरी लीकें काट गया हो, नहीं तो वहाँ पहचानने का कोई उपाय न हो, क्योंकि व्यक्ति-जीवन, व्यक्ति-जीवन के क्षण का स्पन्दन इतना तीव्र हो कि सब कुछ उसी से गूँज रहा हो, और कोई ध्वनि न सुनी जा सके।''

एक पठार है। पठार का एक इतिहास है। इतिहास है या कि किंवदन्ती। एक प्रेम की किंवदन्ती। किसी समय वहाँ एक राजकुमार और राजकुमारी मिला करते थे। दोनों में प्रेम था। किस्सा कोताह, राजकुमारी प्रतीक्षा करती रह गई और राजकुमार नहीं लौटा। वर्षों बाद उसी स्थान पर एक दूसरा प्रेमी युग्म जाता है। अतीत की कहानी जैसे साकार हो उठती है किन्तु इस प्रेमी युग्म में यह बोध है कि वे उस प्रेम-कहानी की आवृत्ति नहीं कर रहे हैं। अतीत की कहानी भावुकता का एक वातावरण उत्पन्न करती है, किन्तु थोड़ी ही देर में वह कुहासा छँट जाता है। और बोध जगता है :

''पठार की अपनी एक वास्तविकता है, उनकी अपनी एक वास्तविकता। दोनों समानान्तर हैं, सहजीवी हैं, संयुक्त हैं। यह बिल्कुल आवश्यक नहीं है कि वास्तविकता के अलग-अलग स्तर कहीं भी एक दूसरे को काटें। जो बोध स्वयं ही हो, चेतना स्वतः उभरकर फैलकर जिस स्तर को भी छू आवे, चेतना स्वच्छन्द रहे, निर्धूम रहे, क्योंकि धीरज उनमें है, उनमें रहेगा–''

और संक्षेप में यही है 'पठार का धीरज' जो लेखक के अनुसार अतीत की प्रेम-कहानी में नहीं था। धीरज की कमी से उस प्रेम-कहानी का अन्त दुःखद हुआ था। लेकिन इस प्रेम में धीरज है या कि यह धीरज का प्रेम है जिसमें ''दोनों समानान्तर हैं, सहजीवी हैं, संयुक्त हैं।''

क्या इस कहानी का केन्द्र-बिन्दु यही है ? किन्तु यह अनुभव-सत्य कहानी के किन-किन स्तरों पर व्यक्त हुआ है ? क्या कहानी के भी कई स्तर हैं और क्या वे सभी स्तर भी परस्पर समानान्तर, सहजीवी और संयुक्त हैं ? क्या वे स्तर एक दूसरे को काटते या छूते नहीं ? लेखक की जीवन-दृष्टि ने स्वयं कहानी के संघटन को कितना प्रभावित किया है ? ये तमाम प्रश्न हैं जो एक साथ मन में उठते हैं। प्रश्न और भी हो सकते हैं। लेकिन लोग संक्षेप में जो चाहते हैं। इसलिए 'सौदा खुदा के वास्ते कर क़िस्सा मुख्तसर।'

[1961]

प्रेमचन्द और भारतीय कथा साहित्य में भारतीयता की समस्या

सवाल यह है कि एक भारतीय लेखक के लिए भारतीयता आज समस्या क्यों है ? कहीं यह हमारे मध्यवर्गीय अपराधबोध का प्रक्षेपण तो नहीं ? भारतीयता की समस्या को लेकर सबसे ज्यादा परेशान वही लेखक दिखते हैं जो इस अपराधबोध से सबसे ज्यादा ग्रस्त हैं। शायद मूल पाप वह है जब भारत ने पहले पहल पश्चिम के ज्ञान का फल चखा। भारत को एकाएक यह एहसास हुआ कि वह पूर्व है पश्चिम से भिन्न; और एक भारतीय को पहली बार यह महसूस करना पड़ा कि वह वस्तुतः भारतीय होना है। भारतीयता अचानक एक समस्या हो गई। अब सहज रूप से भारतीय होना सम्भव न रहा। एक जमाना था जब हर कलाकार को सहज रूप से भारतीय होने की स्वतन्त्रता थी। रवीन्द्रनाथ ठाकुर ने यह कहा था तो वह अतीत की एक मधुर स्मृति होने के साथ ही वर्तमान की कटु अनुभूति भी थी।

इतिहास की यह भी एक विडम्बना ही है कि जिस पश्चिम ने पुरातन भारत को मारकर उसे दफन किया उसी ने बाद में अस्थि-पंजर की खुदाई करके इतिहास से परिचित कराने का दम भी भरा। समस्यामूलक भारतीयता, वस्तुतः, इसी उपनिवेशवाद की सन्तान है और इसी कारण मूलतः उपनिवेशवादी विचारप्रणाली का एक अंग भी—एक ऐसी मिथ्या चेतना जिसकी अभिव्यक्ति बंकिमचन्द्र से अब तक अनेक रूपों में हुई है। पश्चिम के द्वारा भारत जैसे भारतीय होने का लिए अभिशप्त था। पश्चिम की चुनौती के सम्मुख भारतीय होने की हर सम्भव प्रयत्न एक प्रकार की मिथ्या चेतना बनता गया; क्योंकि भारतीय होने की हर अदा पश्चिम द्वारा निर्धारित थी। स्वर्णिम अतीत का गौरवबोध हो या फिर भविष्य में उस अतीत के प्रत्यावर्तन की आशा, पश्चिम के भौतिकवाद के विरुद्ध भारत के अध्यात्मवाद का औचित्य स्थापन हो या पाश्चात्य परिवर्तनशीलता के विपरीत अपनी स्थिरता का आत्मतोष—भारतीय मनीषा द्वारा निर्मित सारे सुरक्षा कवच, वस्तुनिष्ठ रूप से उपनिवेशवादी विचारप्रणाली के ही अस्त्र साबित हुए। विडम्बना यह है कि जातीय अस्मिता के ये सारे प्रयत्न आत्मोपार्जित प्रतीत होते थे जबकि सचमुच वे पश्चिम प्रदत्त थे। दृष्टि इस बात की ओर नहीं गई कि स्वयं पश्चिम और पूर्व की इस द्वैधता में ही मिथ्या चेतना अन्तर्निहित है।

इस दौर के अनेक लेखकों की तरह प्रेमचन्द भी इतिहास के इस चक्र में बँधे थे और अपने रचनाकर्म के आरम्भिक दौर में काफी दिनों तक उन्होंने भी इसी ऐतिहासिक सीमा में भारतीय अस्मिता की खोज की। किन्तु प्रेमचन्द की विशिष्टता यह है कि वे बहुत जल्द ही इस प्रदत्त भारतीयता की सीमा से मुक्त होने में समर्थ हो सके। शायद इसलिए कि पश्चिम के ज्ञान का फल उन्होंने कम ही चखा था; किन्तु इससे भी ज्यादा इसलिए कि जनजीवन में उनकी जड़ें ज्यादा गहरी थीं। उनकी रचनाओं में इस बात के पर्याप्त संकेत मिलते हैं कि 1918 के आसपास प्रेमचन्द के दृष्टिकोण में गहरा परिवर्तन आया। यह वही समय है जब गांधीजी भारतीय राजनीति में आए और रूस में पहली समाजवादी क्रान्ति हुई। प्रेमचन्द 1918 में स्वदेश के प्रवेशांक के सम्पादकीय में लिखा : हिन्दुस्तान का उद्धार हिन्दुस्तान की जनता पर निर्भर है। फिर 1919 में जमाना में पुराना जमाना : नया जमाना शीर्षक लेख में घोषित किया कि आनेवाला जमाना अब किसानों और मजदूरों का है। इसी विश्वास के साथ प्रेमचन्द ने प्रेमाश्रय उपन्यास की रचना शुरू की जो औपनिवेशिक शासन के विरुद्ध भारतीय किसान के संघर्ष का पहला विराट् प्रयास है। औपनिवेशिक प्रश्न तत्त्वतः किसान प्रश्न है और औपनिवेशिक दासता के सभी रूपों से किसान की मुक्ति में ही भारत की मुक्ति है, यह बोध राष्ट्रीय चेतना में एक गुणात्मक छलाँग का संकेत है। प्रेमचन्द का सम्पूर्ण प्रौढ़ लेखन इसी बोध का सर्जनात्मक विकास है, जिसकी मुख्य उपलब्धियाँ रंगभूमि (1925) और गोदान (1936) है। प्रेमचन्द की इसी चेतना और सर्जना में उसकी भारतीयता की परिकल्पना विकसित हुई है। इस उपक्रम में प्रेमचन्द ने भारतीयता की उस मिथ्या चेतना को भी तोड़ने का प्रयास किया जिसका निर्माण उपनिवेशवादी विचारप्रणाली के अस्त्र के रूप में हुआ था।

प्रेमचन्द के विद्रोही किसान चरित्र भारतीयता के नाम पर प्रचलित उस भाग्यवाद को चुनौती देते हैं जिसके अनुसार यह माना जाता है कि भारतीय साहित्य में वह वस्तु एकदम नहीं मिलेगी जिसे पश्चिम के साहित्य में समाज के प्रति विद्रोह भावना कहा जाता है। इस धारणा की पुष्टि के लिए कहा जाता है कि वस्तुतः प्राचीन हिन्दू कवि इस जगत् के समस्त विधान को सामंजस्यपूर्ण और उचित मानता था। धनी या निर्धन होना पुराने पुण्य या पाप का परिणाम है, अच्छे या बुरे कुल में जन्म लेना सुकृत या दुष्कृत का फल है, इसमें कहीं विरोध या विद्रोह की जरूरत ही नहीं है। साहित्य में इसीलिए विद्रोह नामक वस्तु का यहाँ एकदम अभाव है। उल्लेखनीय है कि इस तरह की बात 19वीं सदी के ब्रिटिश प्राच्यविद्याविद् ही नहीं कहते, बल्कि बीसवीं सदी के आल्बेयर कामू जैसे विद्रोही और वी.एस. नायपाल जैसे उपनिवेशवाद के भुक्तभोगी लेखक भी कहते हैं। भारतीय निष्क्रियता का मिथक इतनी बार और इतने मोहक शब्दों में दोहराया गया है कि बहुत से भारतीय लेखक भी इसे अपना जातीय गौरव नहीं तो जातीय स्वभाव के रूप में स्वीकार करते दिखाई पड़ते हैं। जो अतीतजीवी हैं अथवा जो भारतीयता की खोज कालजयी ग्रन्थों में करने के अभ्यस्त हैं, वे इस भ्रान्ति के शिकार सहज ही हो सकते हैं किन्तु जो प्रेमचन्द के समान भारतीयता को कोई शाश्वत या कालातीत तत्त्व नहीं

मानते और जो उसे पुस्तकों की अपेक्षा जीवन और यथार्थ में देखने के लिए प्रयत्नशील हैं वे भारतीयता के इस मिथक के विरुद्ध विद्रोह किए बिना नहीं रह सकते।

विचित्र विडम्बना है कि कुछ लेखकों ने स्वयं प्रेमचन्द को भी इस भारतीय निष्क्रियता का विश्वासी बतलाया है और इसके लिए उनकी यथार्थवादी दृष्टि की सराहना भी की है। इस प्रसंग में प्रायः गोदान के नायक होरी की मिसाल दी जाती है। होरी की कोई महत्त्वाकांक्षा नहीं है, वह अल्पसन्तोषी है, थपेड़े पर थपेड़े आते हैं। पर वह एक ऐसे वृक्ष की तरह है जो हवा के थपेड़ों से कभी झुकता है, कभी सिर उठाता है, लेकिन अपनी जमीन नहीं छोड़ता। होरी में स्थिरता है किन्तु विरोध या विद्रोह का एक कण भी नहीं। किन्तु क्या होरी की यह निष्क्रियता ही गोदान का कथ्य है ? पत्नी धनिया और पुत्र गोबर के बार-बार फूट पड़नेवाले विद्रोह के बीच भी होरी की समझौतापरस्ती क्या अन्ततः पाठक-हृदय में विस्फोट पैदा नहीं करती ? प्रेमचन्द की इस यथार्थवादी कला में होरी भारतीय किसान की एक प्रतिमा ही नहीं, बल्कि दर्पण भी है जो भारतीय किसान को उसकी निष्क्रियता की त्रासदी का अभाव प्रतिबिम्बित दिखाकर विद्रोह के लिए ललकारता है।

इसी प्रकार रंगभूमि के सूरदास के चरित्र के आधार पर प्रेमचन्द की भारतीयता को विकृत रूप में उपस्थित करने की कोशिश की गई है। एक व्याख्या तो यह है कि सूरदास द्वारा फैक्टरी-निर्माण का विरोध औद्योगीकरण के विरुद्ध प्राचीन ग्रामीण अर्थव्यवस्था की हिमायत है। इस व्याख्या के अनुसार रंगभूमि तत्त्वतः गांधीजी के हिन्दू-स्वराज्य का कथात्मक रूपान्तर है। किन्तु यहाँ महत्त्वपूर्ण प्रेमचन्द का मनोगत अभिप्राय नहीं, बल्कि रंगभूमि द्वारा प्रस्तुत यथार्थ है जो अन्ततः लेखक के मनोगत अभिप्राय पर विजयी होता है। होता यह है कि सूरदास के प्रतिरोध के बावजूद उसकी जमीन छिन जाती है, फैक्टरी खुल जाती है, सूरदास हार जाता है और अन्त में मर भी जाता है। औद्योगीकरण की ऐतिहासिक गति के सम्मुख प्राचीन ग्रामीण व्यवस्था का पूर्वाग्रह पराजित होता है। किन्तु रंगभूमि सामन्तवाद से पूँजीवाद में संक्रमण की कथा नहीं, बल्कि औपनिवेशिक दमन की त्रासदी है, जिसमें पाँच बीघे जमीन के मालिक सूरदास का हीरोइक विरोध अपने पूरे गौरव के साथ प्रकट होता है। रंगभूमि भारतीयता की ऐसी तेजस्वी प्रतिमा प्रस्तुत करता है जिसमें शारीरिक दुर्बलता के बीच भी अलौकिक बल है, परहित के लिए आत्मत्याग की भावना है, निष्काम संघर्ष की नैतिकता है, और है भारतीय किसान की आश्चर्यजनक दृढ़ता। वैसे, कुछ लोगों ने रंगभूमि नाम के आधार पर लीलाभाव अथवा क्रीड़ाभाव को भी प्रेमचन्द की भारतीयता सम्बन्धी परिकल्पना के रूप में रखना चाहा है। यदि भिखारी सूर में हिन्दी के मध्ययुगीन सन्तों का अक्खड़पन और फक्कड़पन दिखाई पड़ता है तो इसका अर्थ यह है कि प्रेमचन्द की रचना में हमारे साहित्य की परम्परा झंकृत हुई है, जिसे उन्होंने साधारण जनता के जीवन में गूँजते हुए पकड़ा था। किन्तु क्रीड़ा भाव का अर्थ यदि समूचे जीवन-संघर्ष को नाटक के एक रंगमंच के रूप में बदल देने का है तो प्रतिवाद स्वरूप कहना ही पड़ेगा कि यह वह गम्भीर खेल है जिसमें नायक अपनी जान

की बाजी लगा देता है।

राष्ट्रीय मुक्ति आन्दोलन के दौर में जहाँ अनेक लेखक समर से भागकर किसी अमूर्त भारतीयता में शरण ढूँढ़ रहे थे, प्रेमचन्द ने स्वयं जीवन्त इतिहास के अन्दर उस जुझारू भारतीयता को पहचानने का प्रयास किया और इस प्रयास में इस सत्य का उद्‌घाटन किया कि भारतीयता भारत की वास्तविक चेतना ही नहीं, बल्कि एक सम्भाव्य चेतना है। कहने की आवश्यकता नहीं कि सम्भाव्य चेतना आदर्श चेतना नहीं है। इसी चेतना ने प्रेमचन्द को अतिरंजित आत्मगौरव और आत्मदया—दोनों ही प्रकार की दुर्बलताओं से उबारकर अन्ततः अपने आपको—वास्तविकता को सहज सीधे और निर्निमेष रूप में देखने की यथार्थ दृष्टि दी जो वी.एस. नायपाल के अनुसार केवल गांधी में थी क्योंकि वे कम-से-कम भारतीय थे और नेहरू में न थी क्योंकि वे अपेक्षया अधिक भारतीय थे। स्वयं प्रेमचन्द नायपाल के शब्दों में अदना किस्सागो थे जो ज्यादातर विधवाओं और बहुओं की अवस्था जैसी सामाजिक समस्याओं से ग्रस्त रहे। स्पष्ट है कि इन पंक्तियों का लेखक कफन, पूस की रात, सद्‌गति, ठाकुर का कुआँ जैसी कहानियों के लेखक को नहीं जानता और शायद जानना भी नहीं चाहता। फिर भी दम्भ यह है कि वास्तविक भारत को एक पश्चिमी दृष्टि ही देख सकती है। यथार्थवादी प्रेमचन्द ने भारतीय दृष्टि के बारे में इस पश्चिमी मिथक को भी तोड़ा कि वह अपने-आप को—अपनी वास्तविकता को सीधे-सीधे देख ही नहीं सकती।

किन्तु प्रेमचन्द ने अपनी भारतीयता प्रमाणित करने के लिए अपने रचना संसार को ठेठ भारतीय उपकरणों से सुसज्जित नहीं किया, जैसा कि बाद के कुछ आंचलिक उपन्यासकारों और कहानीकारों ने सायास किया है। इस सन्दर्भ में अर्जेंटीनी लेखक होर्खेस लुइस बोर्खेस का यह कथन काफी प्रासंगिक है :

कुछ दिन पहले मेरे सम्मुख इस तथ्य की विचित्र ढंग से पुष्टि हुई कि जो सचमुच देशी है वह स्थानीय रंगत को छोड़ सकता है और छोड़ देता है। यह पुष्टि 'गिबन' के 'रोमन साम्राज्य के ह्रास और पतन' में हुई। गिबन का कहना है कि सर्वश्रेष्ठ अरब ग्रन्थ 'कुरान' में ऊँट नहीं है। मेरा विश्वास है कि यदि कुरान की प्रामाणिकता को लेकर कहीं कोई सन्देह है तो ऊँटों की यह अनुपस्थिति उसे एक अरब ग्रन्थ प्रमाणित करने के लिए काफी है। इसे मोहम्मद ने लिखा था और अरब होने के नाते मोहम्मद को यह जानने की जरूरत न थी कि ऊँट विशेष रूप से अरब हैं। उनके लिए वे 'वास्तविकता' के एक अंग थे और उन्हें ऊँटों पर जोर देने की जरूरत न थी। दूसरी ओर कोई जालसाज, टूरिस्ट, या अरब राष्ट्रवादी पहला काम यह करेगा कि हर पन्ने पर ऊँटों का कारवाँ, उनका हुजूम खड़ा कर देगा। लेकिन एक अरब होने के नाते मोहम्मद इस ओर से बेफिक्र थे; उन्हें पता था कि वे ऊँटों के बिना भी अरब हो सकते हैं।

बोर्खेस का यह उदाहरण देते हुए कुछ समय पहले *संस्कार* के लेखक कन्नड़ के उपन्यासकार यू.आर. अनन्तमूर्ति ने एक भारतीय लेखक की अस्मिता की खोज का प्रश्न उठाया था। अनन्तमूर्ति का संस्कार हिन्दी के बहुत सारे आंचलिक उपन्यासों से स्थानीय

रंगत के मोहक चित्रों के कम होते हुए भी अपनी चेतना में कहीं अधिक भारतीय है। स्पष्ट है कि भारतीयता आंचलिकता नहीं है। आज जब बहुत से हिन्दी लेखक प्रेमचन्द में स्थानीय रंगत की कमी की शिकायत करते हैं तो प्रेमचन्द की सच्ची भारतीयता और अधिक निखर उठती है। दरअसल जब चेतना के स्तर पर भारतीयता नहीं होती तो वह कमी भारतीय उपकरणों से पूरी करने की कोशिश की जाती है। कहना न होगा कि आज यह छद्म भारतीयता हमारे साहित्य में ज्यादा दिखाई पड़ रही है—शायद इसलिए कि आज इसका निर्यात मूल्य है। क्या यह भी एक प्रकार की मिथ्या चेतना नहीं है जिसका सम्बन्ध नव-उपनिवेशवादी विचार प्रणाली से है।

प्रेमचन्द का निर्यात-मूल्य, निश्चय ही, इतना अधिक नहीं है। इसके मूल कारण में न जाकर कुछ हिन्दी लेखकों ने यह शिकायत की है कि उन्होंने भारतीय अन्तर्वस्तु के अनुरूप अपने उपन्यासों के रूप को भारतीय बनाने की सर्जनात्मक चुनौती स्वीकार नहीं की। गरज कि 19वीं सदी के पश्चिमी उपन्यास का रूप अपनाने के कारण ही प्रेमचन्द पश्चिमी पाटकों की दिलचस्पी खो बैठे हैं। इस प्रकार भारतीय अन्तर्वस्तु और पाश्चात्य रूपविधान के अनमेल विवाह के कारण ही प्रेमचन्द के उपन्यास अनुवाद के लायक नहीं पाए जाते और यदि किसी तरह एकाध उपन्यास का अनुवाद हो भी गया तो वे पढ़ने के लायक नहीं पाए जाते। साहित्य में भारतीय उपन्यास, भारतीय रूप और भारतीय विधा की प्रकृति का प्रश्न निश्चय ही काफी गम्भीर है, जो स्वतन्त्र चर्चा का विषय है। प्रसंगवश यहाँ मैं अपनी बात केवल एक प्रमेय के रूप में ही रख सकता हूँ। मेरी धारणा है कि पश्चिम में उपन्यास का उदय भले ही एक बूर्ज्वा रूप में हुआ हो किन्तु भारतीय उपन्यास का विकास मुख्यतः औपनिवेशिक दासता में छटपटाते हुए किसान की जीवनगाथा से हुआ है।

ठेठ भारतीय उपन्यास मध्यवर्ग के महाकाव्य के रूप में नहीं, बल्कि ग्रामीण समाज के आख्यान (नेरेटिव) के रूप में उदित और विकसित हुआ। भारतीय उपन्यास का नायक मूल्यवंचित समाज में मूल्यों की खोज का असफल प्रयास करनेवाला समस्यामूलक नायक नहीं, बल्कि अर्धसामन्ती-अर्धपूँजीवादी औपनिवेशिक समाज में किसी तरह जीवित रहने भर के लिए संघर्ष करनेवाला त्रासदीय नायक है जिसे अ-नायक भी कह सकते हैं। यदि समस्त भारतीय भाषाओं के पिछले सौ वर्षों के साहित्य पर दृष्टिपात करें तो उपन्यास की मुख्य जीवन्त धारा सर्वत्र वही दिखाई पड़ेगी जिसका सम्बन्ध मूलतः गाँवों से है। भारत की अपनी स्वकीय उपन्यास परम्परा मूलतः ग्रामीण ही है। स्वभावतः इस ठेठ भारतीय उपन्यास का उदय पहले-पहल भारत के उस भू-भाग में सम्भव न था जहाँ पश्चिम के सर्वप्रथम सम्पर्क के कारण मध्यवर्ग विकसित हो चुका हो। उसके उदय के लिए अपेक्षाकृत पिछड़े हुए इलाके ज्यादा उपयुक्त हो सकते हैं—ऐसे इलाके जहाँ औपनिवेशिक लूट ने परम्परा को कम-से-कम नष्ट किया हो। आकस्मिक नहीं है कि भारतीय किसान के शोषण को लेकर लिखा हुआ पहला सशक्त भारतीय उपन्यास उड़िया में लिखा गया, फकीर मोहन सेनापति का छमाण आठ गुंठ (छह बीघा जमीन)

जो 1897 में प्रकाशित हो चुका था। फकीर मोहन का भगिया सम्भवतः भारतीय उपन्यास का पहला जीवन्त किसान चरित्र है—एकदम एक नया कथानायक। उड़िया आलोचकों के अनुसार यह उपन्यास ठेठ जनभाषा पर आधारित उड़िया गद्य की सर्जनात्मक क्षमता का पहला दस्तावेज है। उल्लेखनीय है कि भारत के एक नितान्त पिछड़े समझे जानेवाले इलाके में भारतीय उपन्यास का किसान नायक उसी समय आ चुका था जब भारत के राष्ट्रीय क्षितिज पर जनजागरण के अग्रदूत गांधीजी का दूर-दूर तक कहीं पता भी न था। यदि बीस वर्ष बाद भारतीय उपन्यास की यह लोकधर्मी परम्परा हिन्दी के पिछड़े इलाके में प्रेमचन्द के हाथों और अधिक व्यापक फलक पर विकसित हुई तो अकारण नहीं। इसके पीछे 1857 के प्रथम भारतीय स्वतन्त्रता संग्राम की चेतना का हाथ है। स्पष्टतः भारतीय उपन्यास के उदय का अविच्छिन्न सम्बन्ध भारतीय अस्मिता के पुनराविष्कार से है और हमारे इतिहास की यह कोख ही भारतीयता की जननी है।

किन्तु इसका अर्थ यह नहीं कि भारतीयता किसानवाद का पर्याय है। स्वयं प्रेमचन्द को किसानवाद का तरफदार समझना भूल होगी। किसानवाद पश्चिम-प्रदत्त भारतीयता की मिथ्या चेतना का ही एक रूप है, जिसका इतिहास-विरोधी रूप आज भी भारतीय राजनीति में अनेक रूपों में प्रकट हो रहा है। किसान प्रेमचन्द के कथा साहित्य के समान ही भारतीय उपन्यास का केन्द्र भर है जहाँ खड़े होकर उपन्यासकार समूचे भारतीय समाज को पूरे परिप्रेक्ष्य में उन्मीलित करता है।

इस परिप्रेक्ष्य में यदि प्रेमचन्द के प्रेमाश्रम, रंगभूमि और गोदान जैसे उपन्यासों की औपन्यासिक संरचना और रूपविन्यास का विश्लेषण करें तो पाएँगे कि पश्चिम के किसी बने बनाए ढाँचे में भारतीय अन्तर्वस्तु को किसी तरह ठूँस देने का हास्यास्पद प्रयास नहीं है, जैसा कि कुछ लेखक समझते हैं, बल्कि नई अन्तर्वस्तु अपने अनुरूप अनायास ही नया रूपविन्यास कर लेती है। प्रेमचन्द की कला की यह विशेषता है कि वे प्रयोगवादियों और रूपवादियों के समान रूप सम्बन्धी नवीनता का ढोल नहीं पीटते और पाठक को इस रूपान्तरण का एहसास भी नहीं होने देते। यदि किसी को गोदान में होरी का चरित्र भारतीय कालबोध की स्थिरता का आभास देता है और गोदान का घटनाक्रम औसत पश्चिमी उपन्यास के एक रेखीय विकास और गतिशील कालबोध का, तो स्पष्ट है कि यहाँ कालबोध सम्बन्धी भ्रम उभयपक्षी है। न होरी ही इतना स्थिर है और न गोदान की रूप, रचना ही ऐसी गतिशील। प्रेमचन्द का कालबोध बाणभट्ट या सोमदेव का कालबोध नहीं है—न अन्तर्वस्तु के स्तर पर और न रूपविन्यास के स्तर पर। प्रेमचन्द ने पश्चिमी उपन्यास की रूपगत संरचना ली है और बीच खेत ली है। जो भारतीयता हठपूर्वक पश्चिम का तिरस्कार करने में ही अपनी अस्मिता को सुरक्षित समझती है, वह भारतीयता प्रेमचन्द की नहीं हो सकती। प्रेमचन्द की भारतीयता पांडे की रसोई नहीं है जो पश्चिम के स्पर्श से भ्रष्ट हो जाए। साहित्य में यह अस्पृश्यता समाजविज्ञान की एशियाई असाधारणता के समान ही एक प्रकार की मिथ्या चेतना है, जिसके शिकार कालबोध

से ग्रस्त कुछ आधुनिकतावादी लेखक भी दिखाई पड़ते हैं। प्रेमचन्द की भारतीयता मनोगत काल के अमूर्तलोक में नहीं, बल्कि जीवन्त इतिहास के बीच विकसित हुई थी, इसीलिए वह बिना किसी अपराधबोध के प्रदत्त भारतीयता की आलोचना करने में भी नहीं हिचकती और अभारतीय कहे जाने का खतरा उठाकर भी अपने सर्जनात्मक अभियान में भारतीयता का अतिक्रमण करती है।

यह सही है कि प्रेमचन्द कबीरदासजी या तुलसीदासजी के समान सहज भाव से भारतीय न थे—किन्तु आज के कुछ आधुनिकतावादियों की तरह वे भारतीय होने के लिए इतने असहज भी नहीं हो उठे थे। इतना तय है कि भारतीयता के सवाल को लेकर उनके मन में कोई अपराधबोध न था। यदि कुछ था तो एक सृजनशील लेखक का आत्मसंघर्ष और आज हमारे लिए वह आत्मसंघर्ष ही मूल्यवान है।

[1981]

‘अंग्रेजी ढंग का नावेल’ और भारतीय उपन्यास

कैसी विडम्बना है कि उन्नीसवीं शताब्दी में जब अंग्रेजी ‘ओरिएंटलिस्ट’ कादम्बरी, कथा-सरित्सागर, पंचतन्त्र जैसी भारतीय कथाओं के पीछे पागल थे, स्वयं भारतीय लेखक ‘अंग्रेजी ढंग का नावेल’ लिखने के लिए व्याकुल थे। ये हैं उपनिवेशवाद के दो चेहरे !

निस्सन्देह कुछ लोग अपनी भाषा में ‘अंग्रेजी ढंग का नावेल’ लिखने में कुछ-कुछ कामयाब भी हो गए। उदाहरण के लिए लाला श्रीनिवास दास का ‘परीक्षागुरु’ (1882), जिसे आचार्य रामचन्द्र शुक्ल ने ‘हिन्दी में अंग्रेजी ढंग का पहला उपन्यास’ माना। लेकिन पूरा-पूरा ‘अंग्रेजी ढंग का नावेल’ सबसे न बन पड़ा। खासतौर से उनसे जो सर्जनशील रचनाकार थे; जैसे हिन्दी से ही उदाहरण लें तो ठाकुर जगमोहन सिंह, जिनकी कथाकृति ‘श्यामास्वप्न’ किसी भी तरह ‘अंग्रेजी ढंग का नावेल’ नहीं है। ऐसे सर्जनशील रचनाकारों के सिरमौर हैं बंकिमचन्द्र, जिन्हें प्रथम भारतीय उपन्यासकार होने का गौरव प्राप्त है।

छब्बीस वर्ष की कच्ची उम्र में बंकिमचन्द्र ने ‘दुर्गेशनन्दिनी’ (1865) नाम का अपना पहला बंगला उपन्यास प्रकाशित किया और एक साल के बाद ‘कपालकुंडला’ (1866); फिर तीन साल के अन्तराल के बाद ‘मृणालिनी’ (1869)। इनमें से एक भी ‘अंग्रेजी ढंग का नावेल’ नहीं है। जगमोहन सिंह के ‘श्यामास्वप्न’ के समान ही ये तीनों उपन्यास किसी ‘अंग्रेजी ढंग के नावेल’ की अपेक्षा संस्कृत की ‘कादम्बरी’ की याद दिलाते हैं। यह भी एक विडम्बना ही है। एक लेखक कथा की पुरानी परम्परा से मुक्त होकर एकदम आधुनिक ढंग की नई कथाकृति रचना चाहता है और परम्परा है कि उसके सर्जनात्मक अवचेतन का संचालन कर रही है। कम्बल बाबाजी को कैसे छोड़े ! इस तरह बंकिमचन्द्र की रचना प्रक्रिया से गुज़रकर जो चीज़ निकली उसके लिए सही नाम एक ही है–रोमांस !

उपन्यास का अर्थ जिनके लिए ‘अंग्रेजी ढंग का नावेल’ है–फिर उसकी परिभाषा जो भी हो–, वे इसे बंकिमचन्द्र की विफलता मानेंगे लेकिन मेरी दृष्टि से लेखक की इस विफलता में ही भारतीय उपन्यास की सार्थकता निहित है। भारतीय उपन्यास के मूलाधार उन्नीसवीं शताब्दी के ये ‘रोमांस’ ही हैं, न कि तथाकथित अंग्रेजी ढंग के उपन्यास ! उन्नीसवीं शताब्दी के भारतीय मानस का सही प्रतिनिधित्व ‘कपालकुंडला’ करती है, ‘परीक्षागुरु’ नहीं। ‘परीक्षागुरु’ का महत्त्व अधिक से अधिक ऐतिहासिक है और वह भी सिर्फ हिन्दी के लिए ! जब कि ‘कपालकुंडला’ अपने जमाने की अत्यधिक

लोकप्रिय कृति होने के साथ ही स्थायी कीर्ति की हकदार है। तथाकथित 'अंग्रेजी ढंग के नावेल' का तिरस्कार करके ही बंकिमचन्द्र के रोमांसधर्मी उपन्यासों ने भारतीय राष्ट्र के भारतीय उपन्यास की अपनी पहचान बनाने में पहल की।

अंग्रेजी ढंग के 'नावेल' का तिरस्कार वस्तुतः उपनिवेशवाद का तिरस्कार है। भारत से पहले अंग्रेजी ढंग के 'नावेल' को उत्तरी अमेरिका अस्वीकार कर चुका था। हाथोर्न और मेल्विल ने 'रोमांस' की रचना की थी, किसी अंग्रेजी ढंग के 'नावेल' का अनुकरण नहीं किया। 'स्कार्लेट लेटर' और 'मोबी डिक' ऐसे 'रोमांस' हैं जिन्हें 'राष्ट्रीय रूपक' के रूप में आज भी ग्रहण किया जाता है। अंग्रेजी साम्राज्यवाद से अपने आपको मुक्त कर अमेरिकी प्रतिभा ने आख्यान के रूपबन्ध में भी स्वतन्त्रता प्राप्त की। इस प्रकार उत्तरी अमेरिका में राष्ट्र और उपन्यास का जन्म साथ-साथ हुआ। तब तक के अंग्रेजी 'नावेल' के रूपबन्ध में एक स्वतन्त्र राष्ट्र की उद्दाम आकांक्षाओं का अँटना सम्भव न था। नए राष्ट्र ने एक नितान्त नए उन्मुक्त रूपबन्ध का सृजन किया।

भारत के भाग्य ऐसे न थे। 1857 के प्रथम स्वतन्त्रता संग्राम का अन्त राष्ट्रीय पराजय में हुआ।

किन्तु राष्ट्र की आत्मा ने पराजय स्वीकार न की। कल्पना में स्वतन्त्रता संग्राम गोया अब भी जारी था। कहनेवाले लाख कहें कि ब्रिटिश साम्राज्य में सूर्य नहीं डूबता और इस न्याय से अंग्रेजी ढंग के 'नावेल' को ही आख्यान की सार्वभौम विधा का आदर्श मानते रहें, लेकिन भारत के स्वतन्त्रचेता लेखक ने इसे स्वीकार नहीं किया। उसके लिए तो "सितारों से आगे जहाँ और भी हैं...तेरे सामने आसमाँ और भी हैं।"

इस जहान और आसमान का ही दूसरा नाम है भारत। स्वतन्त्र राष्ट्र के रूप में भारत। आँखों के सामने रोज़-रोज़ दिखाई पड़नेवाला भारत नहीं। असली भारत। मनोवांछित भारत। कल्पना का भारत। इस भारत का निर्माण ही मुख्य मुद्दा था। निश्चय ही यह एक प्रकार की कल्पसृष्टि है। कल्पसृष्टि कल्प-सृजन से ही सम्भव है। उपन्यास यही कल्प-सृजन है। गल्प से गल्प की सृष्टि। एक गल्प उपन्यास, दूसरा गल्प राष्ट्र। यह दूसरा 'गल्प' गले से जल्दी नहीं उतरता। पर विचार करें तो राष्ट्र भी एक गल्प ही है। कुल मिलाकर राष्ट्र एक प्रतिमा ही तो है। इसके निर्माण में अतीत की कितनी पुरागाथाएँ, मिथक, किंवदन्तियाँ, लोककथाएँ, स्मृतियाँ, इतिहास-पुराण आदि का योग होता है ? कहना कठिन है कि इसमें कितना वास्तविक है और कितना काल्पनिक। बेनेडिक्ट एंडरसन ने शायद इसीलिए राष्ट्र को 'कल्पित जनसमुदाय' (इमैजिंड कम्युनिटी) कहा है।

आधुनिक युग में इस राष्ट्र नाम के गल्प के निर्माण का सबसे सशक्त माध्यम उपन्यास है : छापकर पढ़ने के लिए तैयार की गई गद्यकथा। छापेखाने के साथ ही उपन्यास अस्तित्व में आया। लगभग समाचारपत्रों के साथ। और यह आकस्मिक नहीं कि अनेक उपन्यास पहलेपहल पत्रिकाओं में ही धारावाहिक रूप से प्रकाशित हुए। इन धारावाहिक उपन्यासों के द्वारा धीरे-धीरे पढ़नेवालों का एक सुनिश्चित समुदाय बना।

इसे कुछ विद्वान 'प्रिंट कम्युनिटी' कहना पसन्द करते हैं। यह समुदाय वाचिक परम्परा द्वारा निर्मित समुदायों से भिन्न है—अपनी चेतना में भी और अपने ढाँचे में भी। इस प्रकार आधुनिक राष्ट्र को उपन्यासों की 'निर्मिति' कहा जाय तो अतिशयोक्ति न होगी।

इतिहास भी उपन्यास के समान ही एक प्रकार की कल्पसृष्टि है। आख्यान दोनों का आधार है और आख्यान-रचना मूलतः कल्पना का ही व्यापार है। आकस्मिक नहीं कि इतिहास-लेखन और उपन्यास-रचना का आरम्भ लगभग साथ-साथ हुआ—यहाँ तक कि अधिकांश आरम्भिक उपन्यास 'ऐतिहासिक उपन्यास' हैं। बंकिमचन्द्र को इतिहास और उपन्यास की इस सजातीयता का पूरा एहसास था। अपने प्रतिद्ध ऐतिहासिक उपन्यास 'राजसिंह' (1882) के चौथे संस्करण के 'विज्ञापन' में उन्होंने लिखा है: "इतिहास का उद्देश्य कभी-कभी उपन्यास द्वारा सिद्ध हो जा सकता है। उपन्यास-लेखक सर्वत्र सत्य (तथ्य) की श्रृंखला में नहीं बँधे होते। इच्छानुसार वे अपनी अभीष्ट-सिद्धि के लिए कल्पना का आश्रय ले लेते हैं। पर सर्वत्र उपन्यास इतिहास के आसन को ग्रहण नहीं कर सकता।"

फिर भी उन्नीसवीं शताब्दी के भारत में राष्ट्र-निर्माण की दिशा में उपन्यास ने जो भूमिका निभाई, उससे इतिहास की तुलना सम्भव नहीं है। इसका मुख्य कारण उपन्यास के रूपबन्ध की सर्जनात्मकता है। जैसा कि रूसी चिन्तक बाख्तीन ने दिखलाया है, उपन्यास अपनी प्रकृति से ही 'संवादधर्मी' है, 'बहुभाषी' है। उपन्यास के ढाँचे में समाज के विभिन्न स्तरों के चरित्र आपस में मिलते हैं और अपनी-अपनी बोली-बानी में एक दूसरे से बात करते हैं—इस प्रक्रिया में उपन्यास का संसार सहज ही एक ऐसे राष्ट्र के रूप में सामने आता है जिसमें सभी सदस्यों की भागीदारी एक समान नागरिक की सी प्रतीत होती है।

इसके अतिरिक्त, किसी राष्ट्र की अपनी पहचान उसकी भाषा है; और कहना न होगा कि गद्य के सबसे लोकप्रिय रूपबन्ध के रूप में उपन्यास ने ही भारत की आधुनिक भाषाओं को मानक रूप दिया। यह मानकीकरण छपे हुए गद्य के बिना सम्भव ही न था। सन्तों-भक्तों ने आधुनिक भारत की लोकभाषाओं को साहित्यिक रूप में प्रतिष्ठित किया तो उपन्यास ने उन्हें राष्ट्रीय रूप प्रदान किया। इस दृष्टि से हिन्दी भाषी क्षेत्र में उपन्यास की भूमिका विशेष रूप से उल्लेखनीय है। आधुनिक खड़ी बोली हिन्दी का उदय एक ऐतिहासिक घटना है।

उपन्यास ने यदि राष्ट्र का रूप निर्मित किया तो राष्ट्रीय कल्पना ने उपन्यास के रूप-निर्माण में भी नियामक भूमिका अदा की। इस प्रकार राष्ट्र-निर्माण और उपन्यास के बीच द्वन्द्वात्मक सम्बन्ध है। इस द्वन्द्व के ही कारण उन्नीसवीं शताब्दी के अधिकांश भारतीय उपन्यास 'राजनीतिक' हैं। कथानक चाहे ऐतिहासिक हो चाहे सामाजिक अथवा नितान्त निजी प्रेम की कहानी, अन्ततः उनसे कोई न कोई राजनीतिक अर्थ ध्वनित होता है। सम्भवतः इसी बात को लक्षित करते हुए अमेरिका के प्रसिद्ध मार्क्सवादी समालोचक फ्रेडरिक जेम्सन ने भारत-सहित तीसरी दुनिया के सभी देशों के उपन्यासों को 'नेशनल

एलिगरी' (राष्ट्रीय रूपक) कहा है।

बंकिमचन्द्र के उपन्यासों के माध्यम से 'राष्ट्रीय रूपक' की परिकल्पना को आसानी से समझा जा सकता है। 'राजसिंह' (1882) के सन्दर्भ में तो बंकिमचन्द्र ने स्पष्ट शब्दों में स्वीकार किया है कि ''हिन्दुओं का बाहुबल ही मेरा प्रतिपाद्य है''। कारण यह है कि ''अंग्रेज साम्राज्य में हिन्दुओं का बाहुबल लुप्त हो गया है।'' इसी प्रकार 'मृणालिनी' (1869) में भी उनका स्वदेश प्रेम स्पष्ट रूप में व्यक्त हुआ है। सिर्फ सत्रह घुड़सवारों को लेकर बख्तियार खिलजी ने बंगाल को जीता था, इस कहानी पर बंकिमचन्द्र को बिल्कुल विश्वास न था। वे बंगाली जाति के शौर्य-वीर्य के प्रति इतने आस्थावान थे कि 'मृणालिनी' के द्वारा वे इस जातीय कलंक को दूर करने में प्रवृत्त हो गए। कहने की आवश्यकता नहीं कि बख्तियार खिलजी की बंगाल-विजय भी एक रूपक ही है। इससे अनायास ही अंग्रेजों की बंगाल-विजय व्यंजित है।

बंकिमचन्द्र इस राष्ट्रीय कलंक से इतने उद्वेलित थे कि अपने पहले उपन्यास 'दुर्गेशनन्दिनी' में भी इसका जिक्र करना न भूले। तीसरे ही अध्याय में वे लिखते हैं : ''यह परिच्छेद इतिहास-सम्बन्धी है। पाठकवर्ग बहुत अधीर हों तो इसे छोड़ सकते हैं; किन्तु ग्रन्थकार की यह सलाह है कि अधैर्य अच्छा नहीं। पहलेपहल बंगदेश में बख्तियार खिलजी के मुहम्मदीय जयध्वजा फहराने पर मुसलमान बेरोकटोक कई शताब्दी तक उसके राज्य का शासन करते रहे।''

वैसे, 'दुर्गेशनन्दिनी' मुख्यतः 'रोमांस' है जिसके केन्द्र में हिन्दू राजकुमार जगत सिंह और मुस्लिम शाहजादी आयशा की प्रेम कहानी है। यह प्रेम कहानी दुःखान्त है। प्रेम की परिणति विवाह में नहीं होती। फिर भी आयशा का आत्मबलिदान मन पर अमिट छाप छोड़ जाता है। आयशा के आदर्श प्रेम के सामने राजकुमार का सारा शौर्य-पराक्रम फीका पड़ जाता है। रोमांस में जो एक जीवट या साहस होता है, वह इस प्रेमकथा का अतिरिक्त आकर्षण है। इसमें अद्भुत का भी पुट है और रहस्य की भी सृष्टि है। इन सबको आकर्षक रंग देता है बंगाल के प्राकृतिक परिवेश का आँखों-देखा वास्तव-सा चित्रण। क्या यह सब एक रूपक नहीं है ?

राष्ट्रीय रूपक का इससे अच्छा उदाहरण है 'कपालकुंडला', शुद्ध रोमांस। दुःखान्त यह भी है। दुर्गेशनन्दिनी की तरह यहाँ भी नायक की एक पूर्वपत्नी है—अधिक ईर्ष्यालु और पतित भी। पृष्ठभूमि है गंगा सागर का वन्य, असाधारण और रोमांचक परिवेश। अन्तिम दृश्य हहराते समुद्र में कपालकुंडला की छलाँग और उसे बचाने के प्रयास में नायक की भी जल-समाधि। लगता है, गोया कपालकुंडला स्वयं ही वह हहराता सागर है। एक हहराते समुद्र सी युवती। पुरुष की काम्या ! उस ज्वार में निमज्जित होता पुरुष ! क्या यह सब कुछ रूपक नहीं प्रतीत होता है ?

यदि रोमांचक 'मोबी डिक' अमेरिका का राष्ट्रीय रूपक हो सकता है तो 'कपालकुंडला' बंगभूमि का रूपक क्यों नहीं ? कुछ समीक्षक तो ऐसे प्रेमकेन्द्रित 'रोमांस' को 'राजनीति का कामशास्त्र' (इरोटिक्स ऑफ़ पालिटिक्स) कहना चाहते हैं।

जो हो, इसमें कोई शक नहीं कि बंकिम के प्रेम-केन्द्रित रोमांस कोरे प्रेम से कुछ अधिक अर्थ व्यंजित करते हैं। प्रेमियों का आत्मबलिदान कहीं राष्ट्रीय आदर्श के लिए आत्मबलिदान का सन्देश देता है तो कहीं प्रेमियों का मिलन-प्रसंग अधिक व्यापक एकता की ओर संकेत करता है।

तात्पर्य यह कि उन्नीसवीं शताब्दी के भारतीय 'रोमांस' लोकरंजन तक ही सीमित न थे, बल्कि उनमें एक राष्ट्रीय भावना भी अन्तर्निहित थी, जिससे समसामयिक पाठक कहीं-न-कहीं परिचित थे। इस प्रकार वे ऊपर-ऊपर से यथार्थ से दूर दिखते हुए भी अपने निहितार्थ में कहीं अधिक वास्तविक थे : सत्य के निकट, सत्य के निदर्शक। काल्पनिक होते हुए भी ये रोमांस यथार्थ में हस्तक्षेप करने में समर्थ थे; बहुत कुछ अनैतिहासिक होते हुए भी इतिहास के निर्माण में प्रयत्नशील थे; और विषयवस्तु में स्पष्टतः राष्ट्रीय न होते हुए अन्तर्वस्तु में राष्ट्रीय रूपक का आभास देते थे।

इनके विपरीत तथाकथित 'अंग्रेजी ढंग के नावेल' चाहे जितने यथार्थवादी दिखाई पड़ें अन्ततः अनुकरणधर्मा थे : रूपबन्ध में एक पराई विधा के अनुकरणकर्त्ता और अन्तर्वस्तु में प्रदत्त यथार्थ के पीछे चलनेवाले; क्योंकि उनके पास यथार्थ में हस्तक्षेप करनेवाली 'कल्पना' ही नहीं थी। अधिक से अधिक वे पुरानी नीतिकथाओं के समान अन्त में नीरस उपदेश देकर ही सन्तुष्ट हो सकते थे; जैसे कि 'परीक्षागुरु'। औसत अंग्रेजी उपन्यासों की तरह उस जमाने के ज्यादातर भारतीय सामाजिक उपन्यास बहुत कुछ 'घरेलू उपन्यास' बनकर रह गए।

विरोधाभास प्रतीत होते हुए भी यह तथ्य है कि भारतीय उपन्यास में सच्चे यथार्थवाद का विकास इन 'घरेलू उपन्यासों' के द्वारा नहीं, बल्कि बंकिमचन्द्र जैसे 'रोमांसकारों' के उपन्यासों से ही हुआ। वैसे, बंकिम के रोमांसधर्मी उपन्यासों में भी यथार्थ के चित्र कम नहीं हैं। उदाहरण के लिए 'आनन्दमठ' में ही बंगाल के गाँवों की दुर्दशा के चित्र। निश्चय ही शताब्दी का अन्त होते-होते क्रमशः इस यथार्थवाद में व्यापकता भी आई और गहराई भी। फकीर मोहन सेनापति का उड़िया उपन्यास 'छ माण आठ गुंठ' विकास की इस ऐतिहासिक प्रक्रिया की अन्तिम परिणति है और सर्वोत्तम उपलब्धि भी। यह उपन्यास एक प्रकार से प्रेमचन्द के उपन्यासों का पूर्वाभास है। उपनिवेशवादी दौर का वही दलित किसान, जमींदार द्वारा किसान के खेत का हड़प लिया जाना, गाय का छिन जाना, मुकदमेबाजी, कोर्ट-कचहरी, वकील-मजिस्ट्रेट, अंग्रेजी न्याय का नाटक, जेल, क्षुब्ध किसान का हिंसात्मक प्रतिशोध आदि। फिर भी यह किसी अंग्रेजी ढंग का नावेल नहीं है। बंकिमचन्द्र की तरह ही बीच-बीच में संस्कृत के श्लोक, श्लोकों की मनोरंजक व्याख्याएँ, ठेठ भारतीय व्यंग्य, फिर भी आद्यन्त व्याप्त करुणा ! उन्नीसवीं शताब्दी के समूचे भारतीय उपन्यास-साहित्य में 'छ माण आठ गुंठ' अनूठी कृति है, अनुपम और अद्वितीय। उपन्यास के अन्त में 'छ माण आठ गुठ', 'छ माण आठ गुंठ' का विक्षिप्त प्रलाप करते हुए मंगराज का प्राण त्याग अमिट छाप छोड़ जाता है। यथार्थ और फैंटेसी एक साथ। यह उपन्यास भी अन्ततः एक 'राष्ट्रीय रूपक' है। किसी एक

व्यक्ति की व्यथा-कथा यह नहीं है, बल्कि जैसे पूरे समूह की, देश की आत्मा की चीत्कार है ! 'छ माण आठ गुंठ' पूरा भारत है !

स्पष्ट है कि उन्नीसवीं शताब्दी के अन्त से पहले ही भारतीय उपन्यास अपनी अस्मिता प्राप्त कर चुका था। उसने इस अस्मिता का निर्माण किया था। इस अस्मिता का निर्माण अंग्रेजी उपनिवेशवाद के विरोध की प्रक्रिया में हुआ था, अंग्रेजी ढंग के 'नावेल' की नकल से नहीं। अंग्रेजी 'नावेल' ने तो भारतीय उपन्यास के विकास-क्रम में उल्टे बाधा ही डाली।

इतिहासाचार्य विश्वनाथ काशीनाथ राजवाड़े ने बहुत पहले अपने 'कादम्बरी' (1902) शीर्षक लेख में चेतावनी दी थी कि केवल अंग्रेजी उपन्यासों—वह भी 'सोसायटी नावेल्स'—का परिचय भारतीय उपन्यासकारों के लिए हानिकर सिद्ध हुआ है। इसके बदले भारतीय उपन्यासकारों का साक्षात्कार यदि उन्नीसवीं शताब्दी में ही रूस के तोल्सतोय और फ्रांस के बालज़ाक जैसे उपन्यासकारों की महान कृतियों से हो गया होता तो भारतीय उपन्यास का नक्शा कुछ और ही होता।

कभी-कभी यह खयाल भी आता है कि यदि सभी भारतीय भाषाओं ने मराठी की तरह 'नावेल' के लिए 'कादम्बरी' संज्ञा स्वीकार कर ली होती तो शायद अपनी जातीय स्मृति अधिक सुरक्षित रहती और अपनी परम्परा का प्रत्यभिज्ञान हमारी कथात्मक सर्जनात्मकता में कुछ और रंग लाता।

इस धारणा की पुष्टि आचार्य हजारीप्रसाद द्विवेदी के उपन्यास 'बाणभट्ट की आत्मकथा' (1946) से होती है। एक तरह से देखें तो 'बाणभट्ट' की आत्मकथा' भारतीय उपन्यास की भी आत्मकथा है। रूपबन्ध में प्राचीन और नवीन का अद्भुत संयोग। 'कादम्बरी' कथा की तरह आरम्भ में मिस कैथराइन का कथान्तर, लेकिन कथानक का विकास व्योमकेश शास्त्री के शब्दों में "आजकल की डायरी शैली" में। "कथालेखक जिस समय कथा लिखना शुरू करता है उस समय उसे समूची घटना ज्ञात नहीं है।" तात्पर्य यह कि 'नैरेटर' भूत-वर्तमान-भविष्य सब कुछ का जानकार सर्वज्ञ नहीं है। 'कादम्बरी' की तरह ही अपनी कथा की अपूर्णता का उल्लेख करके लेखक ने क्या यह संकेत देना चाहा है कि उसकी दृष्टि में उपन्यास ऐसा रूपबन्ध है जो कहीं खत्म नहीं होता और एक जगह समाप्त होने के बाद भी कल्पना के लिए खुला रहता है ?

कुल मिलाकर प्राचीनता का आभास देती हुई भी 'बाणभट्ट की आत्मकथा' कितनी नई है—नई और ताज़ा ! किसी कालजयी कृति के लक्षण इसके अलावा और क्या होते हैं ?

इसी प्रकार यदि अन्तर्वस्तु पर दृष्टिपात करें तो पूरी कथा 'एलिगरी' (रूपक) है। 'ओरिएंटलिस्ट' कैथराइन अपने 'बाण' को खोजती हुई भारत आती हैं; शोणनद के किनारों की बीहड़ यात्रा करती हैं। हाथ लगती है एक पुरानी पोथी और वे तन्मय होकर नैश जागरण करती हुई उसका हिन्दी अनुवाद करती हैं। कैसी विडम्बना है कि जिस समय भारतीय उपन्यासकार अंग्रेजी 'नावेल' की नकल में विकल थे, एक यूरोपीय महिला

भारत की एक अति प्राचीन पोथी में अपने लिए जाने क्या पा जाती है कि उल्था करने में प्राणपण से जुट जाती है। यह किसकी 'आत्मकथा' है ? बाण की ? भट्टिनी की ? निउनिया की ? कैथराइन की या फिर स्वयं 'बाणभट्ट की आत्मकथा' के आपाततः सम्पादक और प्रकाशक व्योमकेश शास्त्री की ? यह व्योमकेश शास्त्री वही हैं जिन्हें आचार्य हजारीप्रसाद द्विवेदी अपना अभिन्न कहते हैं। कैथराइन की डाँट और व्योमकेश पंडित का अनुचिन्तन सुनें तो यह किसी व्यक्ति की कथा नहीं, बल्कि 'आत्मा' की कथा है और आत्मा सार्वभौम है, किसी देश या व्यक्ति तक सीमित नहीं। तात्पर्य यह कि 'बाणभट्ट की आत्मकथा' 'ऑटोबायोग्राफी' के अर्थ में किसी व्यक्ति का आत्मचरित नहीं, बल्कि समूह की अन्तर्कथा है। 'एलिगरी' या रूपक और किसे कहते हैं ? यहाँ व्यक्ति और समूह में कोई अन्तर नहीं; व्यक्ति की कथा ही समूह की कथा बन जाती है। फ्रेडरिक जेम्सन के अनुसार यह 'नेशनल एलिगरी' (राष्ट्रीय रूपक) है और पश्चिमी दुनिया की विकसित पूँजीवादी सभ्यता से भिन्न विकासशील देशों में कथा-सृजन का स्वधर्म !

इस अर्थ में 'बाणभट्ट की आत्मकथा' आधुनिक भारत का 'राष्ट्रीय रूपक' नहीं तो और क्या है ? एक राष्ट्र द्वारा अपनी अस्मिता की खोज और उसका पुनः प्रत्यभिज्ञान ! फिर इतनी आत्मसजगता कि फिर से अपने आपको पहचान लेने के बाद भी मन पूरी तरह आश्वस्त नहीं है। सन्तुष्ट भी नहीं। इस स्वचेतनता का प्रमाण है उपन्यास का यह अन्तिम वाक्य : अन्तरात्मा के अतल गह्वर से कोई चिल्ला उठा, "फिर क्या मिलना होगा ?"

क्या यही प्रश्न आज के भारतीय उपन्यास के भविष्य को लेकर नहीं किया जा सकता ?

अस्वीकार का साहस

हजारीप्रसाद द्विवेदी का नाम कबीर के साथ उसी तरह जुड़ा है जैसे तुलसीदास के साथ रामचन्द्र शुक्ल का। हिन्दी में द्विवेदीजी पहले आदमी हैं जिन्होंने यह घोषणा करने का साहस किया कि "हिन्दी साहित्य के हजारों वर्षों के इतिहास में कबीर जैसा व्यक्तित्व लेकर कोई लेखक उत्पन्न नहीं हुआ। महिमा में यह व्यक्तित्व केवल एक ही प्रतिद्वन्द्वी जानता है, तुलसींदास।" (कबीर, पृ. 222) यदि हजारीप्रसाद द्विवेदी के "कबीरदास बहुत कुछ को अस्वीकार करने का अपार साहस लेकर अवतीर्ण हुए थे" (पृ. 7) तो 'कबीर' के हजारीप्रसाद में भी यह साहस कम नहीं है।

'कबीर' के प्रकाशन-काल (1942) तक हिन्दी में न तो कबीर की साहित्यिक प्रतिष्ठा थी और न कोई स्वतन्त्र आलोचना पुस्तक ही। 'प्रिय प्रवास' के यशस्वी कवि अयोध्यासिंह उपाध्याय 'हरिऔध' ने इस शताब्दी के दूसरे दशक के मध्य में 'कबीर वचनावली' (1916) नाम से कबीर के वचनों का एक संक्षिप्त संकलन अच्छी-खासी भूमिका के साथ सम्पादित किया था और उसने कबीर की ओर साहित्य-प्रेमियों का ध्यान भी आकृष्ट किया,

किन्तु वह पुस्तक साहित्य में कबीर को प्रतिष्ठित करने में समर्थ न हो सकी। तीसरे दशक के अन्त में बाबू श्यामसुन्दर दास ने 'कबीर ग्रन्थावली' (1928) नाम से कबीर की समस्त उपलब्ध रचनाओं का पहली बार सम्पादन करके निस्सन्देह बहुत बड़ा काम किया। उन्होंने इस ग्रन्थ के आरम्भ में अपने शिष्य और निर्गुण सम्प्रदाय के विशेषज्ञ डॉ. पीताम्बरदत्त बड़थ्वाल की मदद से एक लम्बी प्रस्तावना जोड़कर कबीर के अध्ययन का पथ भी प्रशस्त किया। किन्तु कबीर के प्रति यथोचित सम्मान के बावजूद बाबू साहब भी उन्हें साहित्य में प्रतिष्ठित न कर पाए क्योंकि वे स्वयं ही कबीर के कवित्व के प्रति आश्वस्त न थे। 'ग्रन्थावली' की भूमिका में उन्होंने लिखा है : "तिस पर कबीरदास जी स्वयं पढ़े-लिखे न थे। उन्होंने जो कुछ कहा है, वह अपनी प्रतिभा तथा भावुकता के वशीभूत होकर कहा है। उनमें कवित्व उतना नहीं था जितनी भक्ति और भावुकता थी। उनकी अटपट वाणी हृदय में चुभनेवाली है।" (पृ. 4) अब कबीर में चाहे जितनी प्रतिभा और भावुकता हो और उनकी वाणी भी चाहे कितनी ही चुभनेवाली क्यों न हो, लेकिन यदि वह 'अटपट' है और उसमें 'कवित्व' नहीं है तो साहित्य में उसे भला प्रतिष्ठा क्यों मिलने लगी ?

किसी कवि को साहित्य में प्रतिष्ठा दिलानेवाले थे आचार्य शुक्ल; लेकिन उन्होंने जहाँ तुलसीदास, सूरदास और जायसी पर स्वतन्त्र रूप से विस्तृत समीक्षाएँ लिखीं, कबीर को इस योग्य नहीं समझा। उनके लिए कबीर का महत्त्व 'इतिहास' तक ही सीमित रहा; और 'इतिहास' में भी कबीर के प्रति सम्मान या सहानुभूति का भाव नहीं दिखता। उनकी दृष्टि में कबीर की भाषा तो पँचमेल है ही, विचार भी पँचमेल है; प्रतिभा उनमें जरूर बड़ी प्रखर थी और उनकी उक्तियों में कहीं-कहीं विलक्षण प्रभाव और चमत्कार भी है, लेकिन कवित्व भी है—यह शुक्लजी ने कहीं नहीं कहा है। 'इतिहास' के संशोधित और प्रवर्धित संस्करण (1940) में आगे चलकर शुक्लजी ने इतना तो स्वीकार किया कि "मनुष्यत्व की सामान्य भावना को आगे करके निम्न श्रेणी की जनता में उन्होंने आत्म-गौरव का भाव जगाया" (पृ. 65) लेकिन उस बात से 'तुलसीदास' नामक पुस्तक (1923) में पहले की लिखी इस बात का परिहार नहीं होता कि कबीर आदि निर्गुणिया सन्त लोक-विरोधी थे। (पृ. 16)

इस प्रकार कबीर की वाणी पर सोचने-विचारने के लिए हिन्दी से कोई उत्साहवर्धक प्रकाश मिलने की आशा न थी; जो मिल रही थी वह थी चुनौती ! प्रकाश की कोई किरण यदि कहीं थी तो शान्तिनिकेतन में। द्विवेदीजी के शान्तिनिकेतन पहुँचने से काफी पहले रवीन्द्रनाथ ठाकुर की प्रेरणा से आचार्य क्षितिमोहन सेन वाचिक परम्परा में प्राप्त कबीर के वचनों का संग्रह करके 1910 में चार भागों में उनका सटीक प्रकाशन करवा चुके थे। फिर रवीन्द्रनाथ ने स्वयं भी इनमें से सौ पद चुनकर अंग्रेजी में अनुवाद किया और एवलिन अंडरहिल की भूमिका के साथ लन्दन से 'वन हंड्रेड पोएम्स ऑफ़ कबीर' (1914) शीर्षक से प्रकाशित करवाया था। द्विवेदीजी के लिए ये दोनों ही सजीव प्रेरणाएँ सुलभ थीं। इसलिए इस अनुमान के लिए ठोस आधार है कि व्यापक क्षेत्र में इतनी ख्याति

मिलने पर भी स्वयं अपने ही घर में कबीर को उपेक्षित पाकर द्विवेदीजी कबीर के अध्ययन की ओर प्रवृत्त हुए। अप्रासंगिक नहीं है कि द्विवेदीजी का 'कबीर' आचार्य क्षितिमोहन सेन को समर्पित है।

'कबीर' सम्बन्धी अधिकांश मान्यताओं का बीजारोपण 'हिन्दी साहित्य की भूमिका' (1910) में ही हो चुका था। 'भक्तिकाल के प्रमुख कवियों का व्यक्तित्व' शीर्षक आठवें अध्याय में कबीर पर प्रायः वह सब संक्षेप में कह दिया गया है जिसका पल्लवित रूप आगे चलकर 'कबीर' नामक ग्रन्थ में मिलता है। क़बीर की विद्रोही भावना स्वयं उनकी सामाजिक स्थिति की स्वाभाविक उपज थी, इसको रेखांकित करते हुए 'भूमिका' में द्विवेदीजी ने लिखा : "वे दरिद्र और दलित थे इसलिए अन्त तक वे इस श्रेणी के प्रति की गई उपेक्षा को भूल न सके। उनकी नस-नस में इस अकारण दंड के विरुद्ध विद्रोह का भाव भरा था।" (पृ. 96) इसके बाद कबीर के कवित्व को प्रकाशित करते हुए यह कहा गया : "कविता करना उनका लक्ष्य नहीं था, फिर भी उनकी उक्तियों में कवित्व की ऊँची से ऊँची चीज़ प्राप्य है।" (पृ. 97) अन्त में इस संक्षिप्त परिचय का उपसंहार इन वाक्यों से होता है : "वे साधना के क्षेत्र में युग गुरु थे और साहित्य के क्षेत्र में भविष्य के स्रष्टा। संस्कृत के 'कूपजल' को छुड़ाकर उन्होंने भाषा के 'बहते नीर' में सरस्वती को स्नान कराया। उनकी भाषा में बहुत सी बोलियों का मिश्रण है; क्योंकि भाषा उनका लक्ष्य नहीं था और अनजान में वे भाषा की सृष्टि कर रहे थे।" (पृ. 98) कहने की आवश्यकता नहीं कि बाद की पीढ़ी ने इस भविष्यस्रष्टा को जल्दी ही पहचान लिया और इस प्रकार हिन्दी साहित्य के परवर्ती विकास ने द्विवेदीजी की भविष्यवाणी की पुष्टि कर दी।

चूँकि कबीर का तिरस्कार मुख्यतः उनकी अंटपटी भाषा और कवित्वहीनता को ही लेकर किया गया था, इसलिए 'कबीर' नामक ग्रन्थ में द्विवेदीजी ने इस पक्ष की सविस्तार और सोदाहरण चर्चा की। अब तक कबीर की 'डाँट-फटकार' और 'खंडन-मंडन' की चर्चा तो बहुत हुई थी, किन्तु उनके व्यंग्यों का कहीं जिक्र भी नहीं आया था। द्विवेदीजी ने पहली बार कबीर के व्यंग्यकार रूप को प्रस्तुत करते हुए घोषित किया : "सच पूछा जाय तो आज तक हिन्दी में ऐसा जबर्दस्त व्यंग्य लेखक पैदा ही नहीं हुआ। उनकी साफ़ चोट करनेवाली भाषा, बिना कहे भी सब कुछ कह देनेवाली शैली और अत्यन्त सादी किन्तु अत्यन्त तेज प्रकाशन भंगी अनन्य-साधारण है। हमने देखा है कि बाह्याचार पर आक्रमण करनेवाले सन्तों और योगियों की कमी नहीं है, पर इस कदर सहज और सरल ढंग से चकनाचूर कर देनेवाली भाषा कबीर के पहले बहुत कम दिखाई दी है। व्यंग्य वह है, जहाँ कहनेवाला अधरोष्ठों में हँस रहा हो और सुननेवाला तिलमिला उठा हो और फिर भी कहनेवाले को जवाब देना अपने को और भी उपहासास्पद बना लेना हो जाता हो।" (पृ. 172)

अन्यत्र भी "भाषा पर कबीर का जबर्दस्त अधिकार था। वे वाणी के डिक्टेटर थे। जिस बात को उन्होंने जिस रूप में प्रकट करना चाहा है उसे उसी रूप में भाषा से कहलवा लिया—बन गया तो सीधे-सीधे, नहीं तो दरेरा देकर। भाषा कुछ कबीर के सामने

लाचार-सी नजर आती है। उसमें मानो ऐसी हिम्मत ही नहीं है कि इस लापरवाह फक्कड़ की किसी फरमाइश को नाहीं कर सके। और अकह कहानी को रूप देकर मनोग्राही बना देने की तो जैसी ताकत कबीर की भाषा में है वैसी बहुत कम लेखकों में पाई जाती है।...इस प्रकार यद्यपि कबीर ने कहीं काव्य लिखने की प्रतिज्ञा नहीं की तथापि उनकी आध्यात्मिक रस की गगरी से छलके हुए रस से काव्य की कटोरी में भी कम रस इकट्ठा नहीं हुआ है।" (पृ. 221-22)

कहने की आवश्यकता नहीं कि उपर्युक्त स्थापनाओं में से प्रत्येक के लिए द्विवेदी जी ने कबीर की रचनाओं से ढेरों उदाहरण दिए हैं और सच पूछिए तो किसी भी अच्छी और विश्वसनीय आलोचना की तरह उनकी शक्ति ये उपयुक्त उद्धरण ही हैं।

दरअसल इन सभी विशेषताओं का मूल स्रोत है कबीर का असाधारण व्यक्तित्व और इस ग्रन्थ से यह बात तुरन्त स्पष्ट हो जाती है कि उस व्यक्तित्व का ठीक-ठीक उद्‌घाटन ही द्विवेदीजी का मुख्य लक्ष्य है। और इस कथन में विवाद की गुंजाइश नहीं है कि 'व्यक्तित्व विश्लेषण' शीर्षक बारहवाँ अध्याय 'कबीर' का मेरुदंड है। प्रसंगवश मुझे यह भी कहने में संकोच नहीं है कि कबीर का व्यक्तित्व-विश्लेषण हिन्दी गद्य का गौरव है, जिसे और किसी बात के लिए न सही तो केवल हिन्दी गद्य की शक्ति और सम्भावना का अनुभव करने के लिए भी समय-समय पर पढ़ा जा सकता है। सच तो यह है कि इससे कम प्राणवान और कम व्यंजक गद्य के द्वारा कबीर का व्यक्तित्व खड़ा हो ही नहीं सकता था, लेकिन यह एहसास भी द्विवेदीजी का गद्य पढ़ने के बाद ही होता है।

द्विवेदीजी से पहले कबीर का व्यक्तित्व हिन्दी में एक ऐसे अक्खड़ फकीर का था जो सबको डाँटा-फटकारा करता है और अपढ़ लोगों पर रोब ग़ालिब करने के लिए झूठी गर्वोक्तियाँ करता है तथा कभी-कभी उलटबाँसियाँ बककर लोगों को चौंकाता रहता है। आचार्य शुक्ल ने कबीर को बहुत कुछ ऐसे ही 'झूठे' महात्मा के रूप में पेश किया है। बाबू श्यामसुन्दर दास ने भी 'कबीर ग्रन्थावली' की प्रस्तावना में एकाधिक बार कबीर के 'अक्खड़पन' का जिक्र किया है। द्विवेदीजी ने सबसे पहले कबीर के इस 'अक्खड़पन' के मिथक को ही तोड़ने का प्रयास किया है। इसके लिए कबीर को पूर्ववर्ती सिद्धों और योगियों से अलगाना जरूरी है।

ऊपर-ऊपर से देखने पर कबीर भी सिद्धों और योगियों के समान ही आक्रामक लगते हैं, लेकिन द्विवेदीजी की दृष्टि में, "कबीर के पूर्ववर्ती सिद्ध और योगी लोगों की आक्रमणात्मक उक्तियों में एक प्रकार की हीन भावना की ग्रन्थि या 'इनफीरियरिटी काम्प्लेक्स' पाया जाता है। वे मानो लोमड़ी के खट्टे अंगूरों की प्रतिध्वनि है, मानो चिलम न पा सकनेवालों के आक्रोश हैं। उनमें तर्क है पर लापरवाही नहीं है, आक्रोश है पर मस्ती नहीं है, तीव्रता है पर मृदुता नहीं। (जबकि) कबीरदास के आक्रमणों में भी एक रस है; एक जीवन है।" (पृ. 172) इसलिए "अक्खड़ता कबीरदास का सर्वप्रधान गुण नहीं है।" (पृ. 163) वस्तुतः "कबीरदास ने यह अक्खड़ता योगियों से विरासत में पाई थी।" (पृ. 162) इस प्रकार वे अक्खड़ **आदत** से ही थे, **स्वभाव** से तो वे फक्कड़ ही

थे। (पृ. 174) कारण, वे मूलतः भक्त थे, योगी नहीं। (पृ. 116) किन्तु उनकी भक्ति भी बिशेष प्रकार की थी। "भक्ति के अतिरेक में उन्होंने कभी अपने को पतित नहीं समझा; क्योंकि उनके दैन्य में भी उनका आत्मविश्वास साथ नहीं छोड़ देता था। उनका मन जिस प्रेम रूपी मदिरा से मतवाला बना हुआ था वह ज्ञान के गुड़ से तैयार की गई थी, इसलिए अन्धश्रद्धा, भावुकता और हिस्टीरिक प्रेमोन्माद का उनमें एकान्त अभाव था।" (पृ. 176)

कबीर के इस अक्खड़-फक्कड़ व्यक्तित्व की विलक्षणता का समग्रतः निरूपण इन शब्दों में किया गया है : "कबीर 'ज्ञान के हाथी' पर चढ़े हुए थे, पर 'सहज का दुलीचा' डाले बिना नहीं, भक्ति के मन्दिर में प्रविष्ट हुए थे, पर 'खाला का घर' समझकर नहीं; बाह्याचार का खंडन किया था, पर निरुद्देश्य आक्रमण की मंशा से नहीं; भगवद्विरह की आँच में तपे थे, पर आँखों में आँसू भरकर नहीं; राम को आग्रहपूर्वक पुकारा था, पर बालकोचित मचलन के साथ नहीं–सर्वत्र उन्होंने एकसमता (बैलेंस) रखी थी। केवल कुछ थोड़े से विषयों में वे समता खो गए थे। अकारण सामाजिक उच्च-नीच मर्यादा के समर्थकों को वे कभी क्षमा नहीं कर सके, भगवान के नाम पर पाखंड रचनेवालों को उन्होंने कभी छूट नहीं दी, दूसरों को गुमराह बनानेवालों को उन्होंने कभी तरह देना उचित नहीं समझा। ऐसे अवसरों पर वे उग्र थे, कठोर थे और आक्रामक थे। पर गुमराह लोगों की गलती दिखाने में उन्हें एक तरह का रस मिलता था। व्यंग्य करने में उन्हें जैसे तृप्ति मिलती थी।" (पृ. 176)

कुल मिलाकर द्विवेदीजी के अविस्मरणीय शब्दों में : "ऐसे थे कबीर। सिर से पैर तक मस्तमौला; स्वभाव से फक्कड़, आदत से अक्खड़; भक्त के सामने निरीह, भेषधारी के आगे प्रचंड; दिल के साफ़, दिमाग़ के दुरुस्त; भीतर से कोमल, बाहर से कठोर; जन्म से अस्पृश्य, कर्म से वन्दनीय।" (पृ. 174)

कबीर की इस अभूतपूर्व और अभिनव कवि-प्रतिभा को ध्यान से देखें तो स्पष्ट हो जाएगा कि यह द्विवेदीजी के मनोवांछित विद्रोही कवि की अपनी कल्प-सृष्टि है, जिस पर बहुत हद तक चौथे दशक के फक्कड़पन की गहरी छाप है। इस दिशा में सोचने का ठोस आधार यह है कि द्विवेदीजी के 'हिन्दी साहित्य : उसका उद्‌भव और विकास' (1952) से होकर गुजरने पर सहसा हम एक ऐसे दौर में आते हैं जहाँ एक साथ बहुत से फक्कड़ कवि मिलते हैं–कबीर के बाद पहली बार और अन्तिम बार। कहने की आवश्यकता नहीं कि यह द्विवेदीजी का स्वयं अपना युग है–वह युग जिसमें अपनी पीढ़ी के अन्य लेखकों के साथ उन्होंने साहित्य-सृजन आरम्भ किया। क्या संयोग है कि अपने समकालीनों का परिचय प्रारम्भ करते ही द्विवेदीजी की लेखनी से अदबदाकर प्रायः वही शब्द निकलने लगते हैं, जो कबीर के सन्दर्भ में प्रयुक्त हुए थे। उदाहरण के लिए "छायावादी मूल भावधारा से पृथक् किन्तु विश्वासों में सम्पूर्ण स्वच्छन्दतावादी **फक्कड़** कवि बालकृष्ण शर्मा नवीन की उद्‌दाम आवेगोंवाली कविताएँ इसी काल में लिखी गईं।...सब कुछ को छोड़कर आगे बढ़ जाने की **घर फूँक मस्ती** से इनकी रचनाएँ आकंठ

भरी हुई हैं।" (पृ. 294) नवीन के बाद भगवतीचरण वर्मा आते हैं जिनमें "**मस्ती** है, उल्लास है और अपने आपके प्रति दृढ़ विश्वास है।...वे अनासक्त भोक्ता की भाषा में सुन्दर और सौन्दर्य की महिमा और अपनी मस्ती के गान गाते हैं।" (पृ. 295) इसी क्रम में "**मस्ती** और **मौज** के कवि बच्चन हैं...जिनकी कविता में क्षणिक उल्लास की मस्ती का प्रचार देखकर...शुरू-शुरू में 'हालावाद' का नाम दे दिया गया था।" (पृ. 295) अन्त में "**मस्ती** के कवि रामधारीसिंह दिनकर हैं।" किन्तु "कल्पना की ऊँची उड़ान, विसदृश परिस्थितियों को अनुकूल बनाने की उमंग और सामाजिक चेतना की तीव्रता के कारण, दिनकर (अन्य) दो कवियों से एकदम भिन्न श्रेणी के कवि हैं। भगवतीचरण वर्मा और बच्चन में वैयक्तिक चेतना का प्राधान्य है (जबकि) दिनकर की उमंग और मस्ती में सामाजिक मंगलाकांक्षा का प्राधान्य है।" (पृ. 296)

स्वयं हजारीप्रसाद द्विवेदी, यद्यपि मस्ती के दौरवाले इन कवियों की सूची में अनुपस्थित हैं, फिर भी आज का इतिहासकार निस्संकोच वहाँ उनका नाम जोड़ सकता है। संयोग से उनकी उसी दौर की एक कविता भी सुलभ है जिसका पहला छन्द उल्लेखनीय है :

रजनी दिन नित्य चला ही किया मैं अनन्त की गोद में खेला हुआ;
चिरकाल न वास कहीं भी किया किसी आँधी से नित्य धकेला हुआ,
न थका, न रुका, न हटा, न झुका ***किसी फक्कड़ बाबा का चेला हुआ;***
मद चूता रहा, तन मस्त बना, अलबेला मैं ऐसा अकेला हुआ।

कहने की आवश्यकता नहीं कि इस कविता की सारी पदावली वही है जो किसी-न-किसी रूप में नवीन, भगवतीचरण वर्मा, बच्चन और दिनकर में मिलती है।

फक्कड़पन का यह नशा उन दिनों द्विवेदीजी पर इस हद तक चढ़ा था कि अप्रत्याशित रूप में **प्रेमचन्द** में भी उन्हें अपना एक समानधर्मा दिखाई पड़ गया। प्रेमचन्द की मृत्यु के तीन वर्ष बाद नवम्बर 1939 की 'वीणा' में उन्होंने 'प्रेमचन्द का महत्त्व' शीर्षक एक लेख प्रकाशित किया, जिसमें बड़ी आत्मीयता के साथ वे 'गोदान' के एक 'मौजी' चरित्र मेहता का यह कथन उद्धृत करते हैं : "मैं भूत की चिन्ता नहीं करता, भविष्य की परवा नहीं करता। भविष्य की चिन्ता हमें कायर बना देती है, भूत का भार हमारी कमर तोड़ देता है। हममें जीवनी शक्ति इतनी कम है कि भूत और भविष्य में फैला देने से वह और भी क्षीण हो जाती है। हम व्यर्थ का भार अपने ऊपर लादकर रूढ़ियों और विश्वासों तथा इतिहास के मलबे के नीचे दबे पड़े हैं। उठने का नाम ही नहीं लेते। वह सामर्थ्य ही नहीं रही। जो शक्ति, जो स्फूर्ति मानवधर्म को पूरा करने में लगानी चाहिए थी, सहयोग में, भाईचारे में, वह पुरानी अदावतों का बदला लेने और बाप-दादों का ऋण चुकाने की भेंट हो जाती है।"

प्रेमचन्द के सन्दर्भ में द्विवेदीजी के फक्कड़पन का वह क्रान्तिकारी पहलू प्रकट होता है जिसकी पूर्ण अभिव्यक्ति कबीर की समीक्षा में होती है। प्रेमचन्द का महत्त्व उनकी दृष्टि में क्या था, इसका पता उनकी इस घोषणा से चलता है कि "वे अपने काल में

समस्त उत्तरी भारत के सर्वश्रेष्ठ साहित्यकार थे।" निश्चय ही यह घोषणा करते समय गुरुदेव रवीन्द्रनाथ ठाकुर भी उनके सामने रहे होंगे; फिर भी यह उल्लेखनीय है कि उस समय शायद ही किसी ने इतने अकुंठ भाव से प्रेमचन्द के महत्त्व को पहचाना है। द्विवेदीजी ही पहले आदमी हैं जिन्होंने हिन्दी जगत को यह बतलाया है कि "वास्तव में तुलसीदास और भारतेन्दु हरिश्चन्द्र के बाद प्रेमचन्द के समान सरल और जोरदार हिन्दी किसी ने नहीं लिखी।"

उल्लेखनीय है कि प्रेमचन्द के बारे में लिखते हुए द्विवेदीजी प्रायः उसी शब्दावली का प्रयोग करते हैं जो आगे चलकर कबीर के लिए काम आई, गोया वे प्रेमचन्द के रूप में आधुनिक कबीर की प्रतिमा गढ़ रहे हों। लिखते हैं : "दुनिया की सारी जटिलताओं को समझ सकने के कारण ही वे निरीह थे, सरल थे। धार्मिक ढकोसलों को वे ढोंग समझते थे, पर मनुष्य को वे सबसे बड़ी वस्तु समझते थे। उन्होंने ईश्वर पर कभी विश्वास नहीं किया फिर भी इस युग के साहित्यकारों में मानव की सद्वृत्तियों में जैसा अडिग विश्वास प्रेमचन्द का था वैसा शायद ही किसी और का हो। असल में यह नास्तिकता भी उनके दृढ़ विश्वास का कवच थी। वे बुद्धिवादी थे और मनुष्य की आनन्दिनी वृत्ति पर पूरा विश्वास करते थे। 'गोदान' नामक अपने अन्तिम उपन्यास में अपने एक पात्र के मुँह से मानो वे अपनी ही बात कह रहे हैं : "जो वह ईश्वर और मोक्ष का चक्कर है इस पर तो मुझे हँसी आती है। यह मोक्ष और उपासना अंहकार की पराकाष्ठा है, जो हमारी मानवता को नष्ट किए डालती है। जहाँ जीवन है, क्रीड़ा है, चहक है, प्रेम है, वहीं ईश्वर है और जीवन को सुखी बनाना ही मोक्ष है और उपासना है। ज्ञानी कहता है, होंठों पर मुस्कुराहट न आए, आँखों में आँसू न आए। मैं कहता हूँ अगर तुम हँस नहीं सकते और रो नहीं सकते तो तुम मनुष्य नहीं पत्थर हो। वह ज्ञान जो मानवता को पीस डाले, ज्ञान नहीं कोल्हू है।" ऐसे थे प्रेमचन्द—जिन्होंने ढोंग को कभी बर्दाश्त नहीं किया, जिन्होंने समाज को सुधारने की बड़ी-बड़ी बातें सुझाई ही नहीं, स्वयं उन्हें व्यवहार में लाए, जो मनसावाचा एक थे, जिनका विनय आत्माभिमान का, संकोच महत्त्व का, निर्धनता निर्भीकता का, एकान्तप्रियता विश्वासानुभूति का और निरीह भाव कठोर कर्तव्य का कवच था, जो समाज की जटिलताओं की तह में जाकर उसकी टीमटाम और भभ्भड़पन का पर्दाफाश करने में आनन्द पाते थे और जो दरिद्र किसान के अन्दर आत्मबल का उद्घाटन करने को अपना श्रेष्ठ कर्तव्य समझते थे; जिन्हें कठिनाइयों से जूझने में मज़ा आता था और जो तरस खानेवाले पर दया की मुस्कुराहट बखेर देते थे, जो ढोंग करनेवाले को कसके व्यंग्य बाण मारते थे और जो निष्कपट मनुष्यों के चेरे हो जाया करते थे।"

यह है प्रेमचन्द का क्रान्तिकारी फक्कड़पन जो उन्हें कबीर से जोड़ता है क्योंकि शायद कबीर से ही वह विरासत में मिला था; पर ध्यान देने की बात तो यह है कि इन दोनों को जोड़नेवाला कौन है ? परम्परा के इस अन्तःसूत्र को पहचाननेवाला कौन है ?

अब यदि द्विवेदीजी के ललित निबन्धों और उपन्यासों पर दृष्टिपात करें तो

फक्कड़पन तथा मस्ती के ढेरों प्रमाण मिलेंगे। ''अशोक है कि आज भी उसी **मौज** में है''; ''देवदारु के बार-बार कम्पित होते रहने में एक प्रकार की **मस्ती** है''; कुटज वैसे तो अदना-सा फूल है पर ऐसा मनस्वी और **मस्त** कि ''कठोर पाषाण को भेदकर, पाताल की छाती चीरकर और झंझा-तूफान को रगड़कर जीने का रस खींच लेता है''; कालिदास का दुलारा शिरीष तो ऐसा है कि ''जब धरती और आसमान जलते रहते हैं, तब भी यह हज़रत न जाने कहाँ से अपना रस खींचते रहते हैं और मौज में आठों याम **मस्त** रहते हैं।'' आकस्मिक नहीं कि शिरीष को देखकर द्विवेदीजी को कबीर याद आ जाते हैं और वे बोल उठते हैं : ''कबीर बहुत कुछ इसी शिरीष के समान ही थे, मस्त और बेपरवाह, पर सरस और मादक।'' और तो और अपने क्लासिकी संयम के लिए विख्यात कालिदास भी इस प्रसंग में याद आए बिना नहीं रहते और द्विवेदीजी को लगता है, ''कालिदास भी जरूर अनासक्त योगी रहे होंगे। शिरीष के फूल फक्कड़ाना मस्ती से ही उपज सकते हैं और मेघदूत का काव्य उसी प्रकार के अनासक्त अनाविल उन्मुक्त हृदय से उमड़ सकता है।'' मेघदूत का उल्लेख यों ही नहीं आया है। आगे चलकर 'मेघदूत : एक पुरानी कहानी' के अन्तर्गत 13वें छन्द में 'जलद' शब्द आते ही द्विवेदीजी को 'फक्कड़पन' की व्याख्या के लिए जैसे अवकाश निकल आता है। लिखते हैं : ''मेघ यक्षों की उस जाति का नहीं है, जो केवल संचय करना जानते हैं; यह तो उन क्षणजन्मा मानवों की जाति का है, जो केवल लुटाना जानते हैं—दोनों हाथों से लुटाते हैं, लुटाते हैं, लुटाते हैं ! ऐसे **फक्कड़ों** का क्या ठिकाना ! अड़े तो अड़ गए, ढले तो ढल गए। मेघ भी उन्हीं मस्तमौला लोगों की टोली का जीव है। किधर चलने को हुए और किधर निकल गए। दुखी कहाँ नहीं हैं, सन्तप्त किस दिशा में नहीं मिलते ? जिसने दुखियों का दुःख दूर करने का व्रत ले रखा हो, उसका कार्यक्रम क्या होगा ! ना, मेघ महाशय को रास्ता अवश्य बता देना चाहिए। पता नहीं ये फक्कड़राम झूमते-झामते—लस्टम-पस्टम—जब तक अलका पहुँचेंगे तब तक यक्षप्रिया की क्या दुर्दशा हो जाए।'' कहाँ मेघ, कहाँ कालिदास और कहाँ कबीर ! कबीर पर तो योग का प्रभाव था ही, कालिदास भी अनासक्त 'योगी' निकल आए।

जब कालिदास का यह हाल हुआ तो घुमक्कड़ बाणभट्ट में तो फक्कड़पन की पूरी गुंजाइश है। सबसे पहले बाण का नामकरण संस्कार। ''ऐसे ही कृती पिता का मैं पुत्र था—जन्म का आवारा, गप्पी, अस्थिरचित और घुमक्कड़। मैं घर से जब निकल भागा था, तो अपने साथ गाँव के अन्य छोकरों को भी फोड़ ले गया था। वे सब अन्त तक मेरे साथ नहीं रहे, तो भी मैं गाँव में बदनाम तो हो ही गया था। मगध की बोली में 'बंड' पूँछ-कटे बैल को कहते हैं। वहाँ यह कहावत मशहूर है कि 'बंड' आप आप गए, साथ में नौ हाथ का पगहा भी लेते गए। सो लोग मुझे 'बंड' कहने लगे। इसी को बाद में संस्कृत शब्द 'बाण' द्वारा संस्कार करके मैंने इस नाम की कुछ इज्जत बढ़ा ली। भट्ट तो लोगों ने और बाद में जोड़ा। वैसे मेरा असली नाम दक्ष था।'' कहाँ भोजपुरी 'बंड' और कहाँ संस्कृत 'बाण' ! लेकिन जब सर्जनात्मक कल्पना है, गल्प हाँकने का संकल्प

तो ध्वनि विज्ञान क्या करेगा ? बाण बंड हो गए। 'आत्मकथा' में बाण ने बड़ी व्यथा के साथ स्वीकार किया है कि "इसी सहानुभूतिमय हृदय ने तो इसे आवारा बना दिया है।" यह 'सहानुभूत हृदय' आवारापन की ही नहीं, फक्कड़पन की भी कुंजी है। बाणभट्ट में मस्ती की यदि कुछ कमी है तो उसकी पूर्ति कवि मित्र धावक (धोई) से हो जाती है, "जिसकी दुनिया निर्लिप्त मस्ती की दुनिया है। जिस बात से अन्य कवि द्रवित हो जाते हैं उससे भी वह अपनी मस्ती का खाद्य निकाल लेता है" और जिसका विश्वास है कि "कवि बिंधता नहीं, बेधा करता है। अपांग बाण से नहीं, व्यंग्य बाण से।" निर्दयता से पान खाए हुए और पुष्पों से सुसज्जित कविवर धावक प्रथम दर्शन में ही अपनी छवि से चौथे दशक के किसी लोकप्रिय गीतकार को मात देते नज़र आते हैं।

'चारु चन्द्रलेख' के सीदी मौला तो खैर तेरहवीं सदी के एक इतिहास-प्रसिद्ध विद्रोही फक्कड़ चरित्र ही हैं। किन्तु 'पुनर्नवा' में दो-दो फक्कड़ प्रकट होते हैं। एक तो संस्कृत नाटकों के चिरपरिचित विदूषक माढ़व्य शर्मा हैं जो अधिक जीवन्त रूप पा सके हैं, दूसरे हैं अटट गँवार सुमेर काका जो द्विवेदीजी के अपने और असली फक्कड़ चरित्र हैं : किसानों के सहज ज्ञान से सम्पन्न, साहसी और हर समय मस्त ! अन्त में जैसे कि फक्कड़ को नायक बनाकर पूरा उपन्यास लिखने की आकांक्षा का ही फल है 'अनामदास का पोथा।' उपन्यास के अन्त में 'अनामदास की टिप्पणी' से पता चलता है कि "छान्दोग्य में एक से एक फक्कड़ और अक्खड़ विचारक मिलते हैं जो रूढ़ियों के बिल्कुल कायल नहीं।" गाड़ीवान रैक्व को सम्भवतः इसी विलक्षणता के कारण नायक के रूप में चुना गया है जो जाने क्यों हर समय अपनी पीठ खुजलाया करता है। रैक्व के फक्कड़पन का इससे बड़ा प्रमाण और क्या होगा कि पहली बार उसने राजा को उपदेश देना अस्वीकार कर दिया कि अन्न और सोना का उपहार भी लौटा दिया। लेकिन दूसरी बार जब राजा अपनी सुन्दर कन्या को साथ लेकर फिर गए तो "फक्कड़ ऋषि प्रसन्न हुए और राजा की सुन्दरी कन्या का मुख अपनी ओर उठाकर बोले कि हे शूद्र, इस सुन्दर मुख के कारण तुम मुझे बोलने को बाध्य कर रहे हो।"

कहानी निश्चय ही दिलचस्प है; किन्तु जैसा कि आलोचकों ने लक्षित किया है, उपन्यास में रैक्व का यह फक्कड़ चरित्र एकदम उभर नहीं सका है; एक प्रकार का बालसुलभ भोलापन तो दिखता है, किन्तु न वह फक्कड़पन है, न अक्खड़पन। यही नहीं बल्कि रैक्व के दीक्षागुरु औषस्ति भी छान्दोग्य के अपने मूल चरित्र को खो बैठते है, जिसके लिए अन्त में अनामदास को अपनी टिप्पणी में लिखना पड़ा कि "औषस्तिपाद के प्रसंग में फक्कड़ और अक्खड़ उषस्ति की कोई भी चर्चा न होना कुछ समझ में न आनेवाली बात है।"

फिर भी द्विवेदीजी ने 'अनामदास का पोथा' में इस अभाव की पूर्ति एक दूसरे चरित्र की अवतारणा से करने की कोशिश की है। उपन्यास समाप्त होते-होते सहसा एक जटिल मुनि प्रकट हो जाते हैं जो वस्तुतः किसी उपनिषद्कालीन ऋषि या मुनि की अपेक्षा मध्ययुग के किसी शूद्रजातीय सन्त के प्रतिरूप प्रतीत होते हैं। रैक्व को बताया गया कि

ये महात्मा सब तरह से विचित्र हैं। ब्राह्मण नहीं हैं, क्योंकि ब्रह्म या वेद किसी के कायल नहीं हैं। ये अपने को अनेकान्तवादी बताते हैं। कहते हैं, हर आदमी का सत्य अपना और निजी होता है। किसी के भी बताए मार्ग पर आँख मूँदकर नहीं चला जा सकता है। हर व्यक्ति का अपना सत्य है, उसी की खोज करनी चाहिए। वे अपने श्रम से उत्पन्न अन्न ही ग्रहण करते हैं, किसी का दिया कुछ नहीं लेते। रैक्व जब उनसे मिले तो वे घास छील रहे थे। सहायता की प्रार्थना की गई तो पास में पड़े पत्थर के क्षुरप्र (खुरपा) की ओर इशारा करके बोले कि बदले में मेरे लिए थोड़ी घास छील देनी होगी। तेज ऐसा कि रैक्व की ओर देखा तो लगा कि "कोई भयंकर उल्का उनकी ओर बढ़ी चली आ रही है।" लेकिन फिर "ऐसा हँसे जैसे कोई आँधी सनसनाकर बढ़ती चली आ रही हो।" फिर भी कुल मिलाकर जटिल वे बाहर से ही हैं, भीतर से एकदम सरल बच्चों जैसे।

इनसे पहले 'अनामदास का पोथा' में एक और साधु आते हैं, जिनसे जाबाला के गुरु आचार्य औदुम्बरायण की भेंट होती है। वे भी यज्ञ के विरोधी हैं, ब्राह्मणों के विरोधी हैं, देवताओं के विरोधी हैं, यहाँ तक कि एकान्त के तप और मनन के भी विरोधी हैं। आचार्य ने जब उन्हें देखा तो महात्मा प्रायः निर्वस्त्र थे। उनमें एक विचित्र प्रकार का तेज था। ऐसा लगता था किसी बिल के द्वार पर मणिधर सर्प ने अपनी मणि उतारकर रख दी है। शरीर उनका काला था, नाक चिपटी, कान बड़े-बड़े चौड़े और ललाट सपाट। उनके निकट जो स्त्री-पुरुष बैठे थे वे प्रायः छोटी जाति के लोग थे। सामने आग की धूनी जलाए बैठे थे, उनका सारा शरीर इस धूनी की भस्म से पुता हुआ था। पास में एक ताँबे का चिमटा था और एक मिट्टी का टोंटीदार पात्र भी। आचार्य के साथ जिस अक्खड़पन से पेश आए, वह भगा देने के लिए काफी था। अन्ततः पसीजे। लगा, भीतर काफी करुणा और कोमलता है। फिर भी जटिल मुनि का-सा फक्कड़पन यहाँ नहीं है।

क्या यह आकस्मिक है कि 'अनामदास का पोथा' के ये दोनों फक्कड़ और अक्खड़ साधु छोटी जातियों से सम्बद्ध हैं और धर्म-कर्म में ब्राह्मण विरोधी हैं ?

'मेरी जन्मभूमि' शीर्षक लेख में द्विवेदीजी ने अपने इलाके के निवासियों के फक्कड़ स्वभाव की चर्चा की है। द्वाबा का यह वह मध्यवर्ती भूभाग है जिसे गंगा और सरयू जैसी दो महानदियों का कोप बराबर सहते रहना पड़ा है। "इस भूभाग का इतिहास ही निरन्तर बनते और मिटते रहने का है। एक अजीब प्रकार की मस्ती और निर्भयता इन लोगों के चेहरों पर दीखती है।" क्या इस मस्ती और निर्भीकता का स्रोत विपत्ति के इन थपेड़ों में तो नहीं ?

बहरहाल अब यदि अशोक, शिरीष, देवदारु, कुटज आदि मस्ती में झूमते फूलों और बाणभट्ट, धावक, सीदी मौला, माढव्य, सुमेर काका, रैक्व, जटिलमुनि आदि फक्कड़ चरित्रों के आलोक में कबीर को देखें तो सन्देह की गुंजाइश नहीं रह जाती कि 'कबीर' भी द्विवेदीजी की अन्य कल्प-सृष्टियों की ही शृंखला में एक कड़ी हैं—निश्चय ही आलोचना क्षेत्र की एक विशिष्ट कल्प-सृष्टि ! इस आलोचनात्मक कल्प-सृष्टि का मूल्य उसकी 'प्रामाणिकता' से अधिक अपने रचनाकाल की तात्कालिक प्रासंगिकता में है।

वस्तुतः बीसवीं सदी के चौथे दशक में विद्रोही फक्कड़पन के ही किसी-न-किसी रूप को लेकर साहित्य में प्रकट हुआ था। इसका एक रूप निराला के 'कुकुरमुत्ता' (1940) के बड़बोलेपन में है तो दूसरा रूप राहुल सांकृत्यायन की 'वोल्गा से गंगा' (1942) नामक कथाकृति में है जो भारतीय इतिहास की धमाकेदार क्रान्तिकारी व्याख्या प्रस्तुत करती है। इसके साथ ही राहुलजी के घुमक्कड़पन की कहानियों का भी इससे कुछ नाता-रिश्ता है। आकस्मिक नहीं है कि इस काल के अनेक उपन्यासों के नायक घर-परिवार से मुक्त क्रान्तिकारी थे। नवीन ने जब यह गाया था कि 'ठाठ फकीराना है अपना, बाघम्बर सोहे अपने तन/हम अनिकेतन, हम अनिकेतन' तो वे उस दौर के मिजाज को ही व्यक्त कर रहे थे। इतिहासकारों के अनुसार यह काल घोर उथल-पुथल और मन्थर का काल था। गांधी-युग के आदर्शवाद का ढाँचा जीवन के हर क्षेत्र में चरमरा उठा था। अनेक राजनीतिक और नैतिक आदर्श सन्दिग्ध हो उठे थे। यह वही काल है जब मार्क्स और फ्रायड दोनों एक विचार के साथ भारत के शिक्षित मध्यवर्ग को प्रभावित और आन्दोलित कर रहे थे। दूसरे महायुद्ध के कारण सामान्य जीवन के आर्थिक पक्ष पर जो प्रभाव पड़ा था उससे असुरक्षा की भावना और ज़्यादा बढ़ी थी। हिन्दू-मुस्लिम एकता की समस्या भी स्वाधीनता-संग्राम के सन्दर्भ में अत्यन्त उग्र हो उठी थी। बच्चन की 'मधुशाला' का यह समाधान उस दौर के फक्कड़पन की ही उपज था : "बैर बढ़ाते मन्दिर मस्जिद मेल कराती मधुशाला।" और "सौ सुधारकों का करती है काम अकेली मधुशाला।"

इस दौर के विद्रोह को यदि अपने अतीत से कोई नैतिक समर्थन मिल सकता था तो केवल कबीर से। जिस तरह व्यक्तिगत और सामाजिक पाखंड के प्रत्येक रूप के विरुद्ध आक्रोश इस दौर में था उसकी प्रतिध्वनि कबीर में ही सुनी जा सकती थी। किन्तु कुल मिलाकर यह विद्रोह **भावात्मक** और **साहित्यिक** ही था। विद्रोही कवि और लेखक इस मामले में पूरी तरह सतर्क थे कि उन्हें समाज-सुधारक समझने का भ्रम न हो। उन्नीसवीं सदी के समाज-सुधारकों की उपदेशात्मक भंगिमा और भाषा से इस दौर के साहित्य का तेवर साफ़ अलगाया जा सकता है। अलगाव के लिए उपदेश की शुष्कता से बचना आवश्यक था। फक्कड़पन का बाना शायद इसी आवश्यकता की उपज था।

आकस्मिक नहीं है कि द्विवेदीजी ने कबीर के समाज-सुधारक रूप का खंडन बड़ी दृढ़ता से किया। शुक्लजी ने अपने 'इतिहास' में एक तरह से इस बात का समर्थन किया था कि "पाश्चात्यों ने इन्हें (कबीर आदि निर्गुणिया सन्तों को) जो 'धर्म सुधारक' की उपाधि दी है" वह उचित ही है। (पृ. 71)। द्विवेदीजी ने सम्भवतः इसी बात को ध्यान में रखते हुए लिखा कि "जो लोग कबीरदास को हिन्दू-मुस्लिम धर्मों का सर्व-धर्म समन्वयकारी सुधारक मानते हैं वे क्या चाहते हैं; ठीक समझ में नहीं आता। कबीर का रास्ता बहुत साफ़ था। वे दोनों को शिरसा स्वीकार कर समन्वय करनेवाले नहीं थे। समस्त बाह्याचारों के जंजालों और संस्कारों को विध्वंस करनेवाले क्रान्तिकारी थे। समझौता उनका रास्ता नहीं था। इतने बड़े जंजाल को नाहीं कर सकने की क्षमता मामूली आदमी में नहीं हो सकती।" (पृ. 192)

सारांश यह कि द्विवेदीजी की दृष्टि में कबीर 'सुधारक' नहीं, बल्कि एक 'क्रान्तिकारी' थे। अपनी बात को और स्पष्ट करते हुए वे एक सिद्धान्त के रूप में आगे यह जोड़ते हैं कि "सबकी विशेषताओं को रखकर मानव-मिलन की साधारण भूमिका नहीं तैयार की जा सकती। जातिगत, कुलगत, धर्मगत, संस्कारगत, विश्वासगत, शास्त्रगत, सम्प्रदायगत बहुतेरी विशेषताओं के जाल को छिन्न करके ही वह आसन तैयार किया जा सकता है जहाँ एक मनुष्य दूसरे से मनुष्य की हैसियत से ही मिलें।" (पृ. 193)

स्पष्टतः यह क्रान्तिकारी दृष्टिकोण है, जिसमें गांधीवादी 'सार-संग्रह' और 'समन्वय' के सुधारवादी कार्यक्रम का विरोध निहित है। भारतीय साहित्य की यह दूसरी परम्परा है, जो काल प्रवाह में भले ही गौण हो गई हो किन्तु क्रान्तिकारी परम्परा यही है; और द्विवेदीजी ने 'कबीर' के माध्यम से उस क्रान्तिकारी परम्परा को पुनः उद्‌भासित करके ऐतिहासिक कार्य किया है।

निस्सन्देह कबीर के क्रान्तिकारी रूप को पहचानने में उनके समकालीनों से भी कोई भूल नहीं हुई थी, जिसका प्रमाण है नाभादास के 'भक्तमाल' का वह प्रसिद्ध छप्पय : 'कबीर कानि राखी नहीं वर्णाश्रम षटदरसनी।' इत्यादि। महिमा तो नाभादास ने सभी सन्तों की बखानी, किन्तु 'मुंख देखी नाहिन भनी' कबीर के सिवा किसी और के लिए नहीं कहा। नाभादास के बाद कबीर के उस क्रान्तिकारी रूप को बीसवीं सदी में हजारीप्रसाद द्विवेदी ने ही पहली बार पहचाना। जरूरी नहीं कि 'फक्कड़पन' ही क्रान्ति की पहचान हो, किन्तु इसके साथ यह भी तय है कि चिलम न पाकर आक्रोश व्यक्त करनेवालों का 'अक्खड़पन' क्रान्ति नहीं है। आज का युग अपने कबीर की प्रतिमा स्वयं गढ़ेगा, लेकिन उससे द्विवेदीजी के कबीर की प्रतिमा धूमिल न होगी क्योंकि उसमें एक क्रान्तिकारी परम्परा की पहचान से उत्पन्न कालजयी कान्ति है।

आज के राजनीति-प्रधान युग में यदि द्विवेदीजी के कबीर की क्रान्तिकारिता में शंका होगी तो इस कारण कि उन्होंने अपने ज़माने की राजसत्ता को कोई चुनौती नहीं दी। यह सही है कि द्विवेदीजी ने अपनी पुस्तक में उस किंवदन्ती का ज़िक्र नहीं किया है जिसके अनुसार कबीर को सिकन्दर लोदी के कोप के कारण काशी छोड़ना पड़ा था। किन्तु उस किंवदन्ती की प्रामाणिकता पर प्रायः अधिकांश विद्वानों ने सन्देह प्रकट किया है। वैसे, यह विचारणीय है कि प्रायः सभी प्रमुख भक्तों के बारे में इस प्रकार की किंवदन्तियाँ प्रचलित हैं। उदाहरण के लिए तुलसीदास के विषय में यह किंवदन्ती है कि अकबर ने मिलने के लिए बुलाया, पर बाबा नहीं गए। नाराज होकर बादशाह ने उन्हें कैद करवा दिया। इस पर हनुमानजी की बन्दर सेना ने इतना उपद्रव किया कि तुलसीदास को रिहा करने का हुक्म देना पड़ा। सन्तों के बारे में ये किंवदन्तियाँ कब बनीं और इनके पीछे कौन सी मनोवृत्ति थी, इस पर शोध की आवश्यकता है।

इधर कुछ उत्साहपरायण पंडित तुलसीदास-जैसे भक्तों की रचनाओं से दो-चार पंक्तियाँ निकालकर यह साबित करने की कोशिश करते पाए जाते हैं कि तुलसीदास अपने ज़माने की राजसत्ता के विरोधी थे। ये प्रयास वस्तुतः उन किंवदन्तियों की ही

परम्परा में आते हैं। ये प्रयास मध्ययुगीन सन्तों और भक्तों के मुख्य कथ्य के प्रति अपनी अवज्ञा सूचित करने के साथ ही मध्ययुगीन भारतीय समाज के मुख्य अन्तर्विरोध के प्रति भी घोर अज्ञान की सूचना देते हैं। राजसत्ता भक्तों के लिए सर्वथा उपेक्षा की वस्तु थी–उसके प्रति भक्तों के मन में न तो किसी प्रकार की भक्ति का भाव था, न विरोध का। यह आवश्यक भी न था। क्योंकि साधारण जनता के जिन दुखों से भक्त कवि दुखी थे उनका सीधा सम्बन्ध आगरा या दिल्ली के तख्त पर बैठे बादशाह से उतना न था, जितना अपने गाँव के उस समाज से जिसका नियमन जातिधर्म के परम्परागत नियमों से होता था जिसमें राजसत्ता के स्थानीय प्रतिनिधि गाँव के मालिकों के सहयोग से दमनकारी भूमिका निभाते थे। इस ग्रामीण व्यवस्था में, जहाँ परम्परागत जातिधर्म जीवन के समस्त क्रिया-कलापों का नियामक था, सरकार की हैसियत एक बाहरी लुटेरे से अधिक न थी, जिसे बहुत कुछ अनावश्यक या फालतू मानकर भी काम चलाया जा सकता था। ऐसी स्थिति में सरकार का विरोध विशेष अर्थ नहीं रखता। मुख्य शत्रु जबकि अपने अन्दर ही हो तो विरोध का लक्ष्य स्वभावतः वहीं होगा और चूँकि यह जाति-व्यवस्था धार्मिक विधि-विधानों के रूप में ही समाज का नियमन करती रही है, इसलिए दलित जातियों का असन्तोष और आक्रोश भी प्रायः धर्म के ही रूप में प्रकट होता रहा है। इतने असन्तोष और आक्रोश के बाद भी यह जाति-व्यवस्था इतने दीर्घकाल तक बनी रही तो इसका कारण यह है कि इसके अन्दर हर विद्रोह को अन्तर्मुक्त करने की क्षमता रही है; एक साथ ही यह इतनी कठोर और इतनी लचीली रही है कि इसे चुनौती देनेवाले धार्मिक आन्दोलनों के अनुयायी भी अन्ततः एक जाति बनाकर इसकी एक इकाई के रूप में अन्तर्भुक्त हो गए।

इस जाति-व्यवस्था के शिकार व्यक्ति जिस प्रकार अपनी अधोगति को स्वेच्छा से स्वीकार करते हैं और जिसमें न तो क्रोध का कोई निश्चित लक्ष्य दृष्टिगत होता है, न दुर्गति के लिए उत्तरदायी किसी निश्चित बिन्दु का पता चलता है, उसे देखकर यदि बैरिंगटन मूर जैसा समाजशास्त्री यह कहे कि किसी पाश्चात्य व्यक्ति को वह काफ्का के संसार का प्रचंड व्यंग्यचित्र प्रतीत होता है, तो कोई आश्चर्य नहीं।

कबीर जैसे सन्त का विरोध सम्भवतः इसी सामन्ती-पुरोहिती के दमन के चक्र से था, जिसमें जनसाधारण हिन्दू-मुसलमान दोनों ही पिस रहे थे। यह दमन चक्र किसी राजनीतिक अत्याचार से कितना अधिक और अमानुषिक है, इसे आज स्वाधीन भारत के किसी क्रान्तिकारी को बतलाने की जरूरत नहीं है। इसलिए यदि कबीर ने अपने ज़माने के किसी सुल्तान को छोड़कर सामन्ती-पुरोहिती शक्तियों के खिलाफ आवाज उठाई तो सिर्फ इसी कारण उनकी क्रान्तिकारिता कम नहीं हो जाती। इसलिए द्विवेदीजी के कबीर पर उँगली उठाने से पहले आज के क्रान्तिकारियों को अपने गरेबाँ में हाथ डालकर देखना चाहिए।

[1982]

प्रेमा पुमर्थो महान्

हजारीप्रसाद द्विवेदी का पहला प्रकाशित लेख है 'वैष्णव कवियों की रूपोपासना' (1933) और पहली प्रकाशित पुस्तक 'सूर साहित्य' (1936)। बीस वर्ष बाद उन दिनों को याद करते हुए उन्होंने लिखा था कि उन दिनों इस महान भक्त की कविता का नशा था। (सूर साहित्य, द्वितीय संस्करण, निवेदन, 1955) वैसा नशा फिर भले ही न हुआ हो, लेकिन बाद की रचनाएँ बतलाती हैं कि उसका असर कभी गया नहीं। शायद इसलिए कि वह प्रथम प्रेम था। इस कृष्ण भक्ति में उन्हें एक नया मन्त्र मिला था—प्रेम सबसे बड़ा पुरुषार्थ है : प्रेमा पुमर्थो महान्। इस मन्त्र का प्रभाव था एक नया जन्म ! इस मन्त्र को पाकर स्वयं सूरदास एक अन्धे भिखारी से ऊपर उठकर सूरदास हो गए थे—सूर शूर हो गए थे।

'चौरासी वैष्णवों की वार्ता' तो बहुतों ने पढ़ी और वल्लभाचार्य से सूरदास के मिलन का उल्लेख भी किया; किन्तु द्विवेदीजी के लिए वह घटना इतनी महत्त्वपूर्ण थी कि उसका उल्लेख उन्होंने अनेक बार किया है और बहुत रस लेकर किया है। उन्हें इस घटना में विशेष अर्थ मिला। महाप्रभु ने जब सूरदास को कुछ सुनाने का आदेश दिया, तो उन्होंने गाया : 'प्रभु हौं सब पतितन कौ नायक' और 'प्रभु हौं सब पतितन कौ टीकौ।' प्रभु ने दो ही भजन सुने और फिर डाँटकर कहा : "सूर है कै ऐसो घिघियात काहे को हौ, कछु भगवत् लीला वर्णन करि।" इस पर सूर ने अपना अज्ञान बताया तब महाप्रभु ने उपदेश किया। सूरदास को ज्ञानोदय हुआ और उन्होंने यह पद गाया : 'चकई री चल चरन सरोवर जहाँ न प्रेम वियोग।' आचार्य सन्तुष्ट हुए। बाद को सूरदास ने यह पद सुनाया 'ब्रज भयौ महर के पूत जब यह बात सुनी।' यह 'सूर सागर' की शुरुआत थी। कहने की आवश्यकता नहीं कि यह पद ब्रज में 'महर' के पूत—कृष्ण के ही होने की सूचना नहीं है—उनके भक्त सूरदास के भी जन्म का उद्घोष है !

क्या इस वार्ता में स्वयं हजारीप्रसाद द्विवेदी के नए जन्म की आत्मकथा निहित नहीं है ? शान्तिनिकेतन आने पर रवीन्द्रनाथ से मिलने की घटना का जिक्र करते हुए अपने संस्मरणों में द्विवेदीजी ने एक जगह भाव-विह्वल भाषा में लिखा है : "उनके पास जाने से बराबर यह अनुभव होता था कि मैं छिन्नवृन्त तूलखंड की भाँति व्यर्थ ही इधर-उधर मारे-मारे फिरने के लिए नहीं बना हूँ।" (मृत्युंजय रवीन्द्र, पृ. 7)

याद करें तो यह 'छिन्नवृन्त तूलखंड' सूरदास का 'जहाज का पंछी' ही है जिसके

भटकने की पीड़ा ही उसके परम आश्रय का अर्थ-सन्दर्भ है। अपने अन्तिम दिनों के लिखे एक लेख 'यह अन्धा गायक कौन था ?' (1978) में द्विवेदीजी ने इस भटकने की पीड़ा का बड़ा ही मार्मिक चित्र खींचा है। लिखते हैं : "यह अन्धा मनुष्य जो महाप्रभु वल्लभाचार्य की शरण में गया था, जो अपने को 'सब पतितन कौ टीको', 'जनमत ही कौ पातकी' बताकर व्याकुल वेदना से 'घिघिया' उठा था (स्वयं महाप्रभु ने ही इस शब्द का प्रयोग किया था) और अपने को भगवतूलीला के विषय में अनजान बताया था, वह कौन था ? वह किन अवस्थाओं में अन्धा हुआ था; कहाँ-कहाँ भटकता हुआ गऊघाट पहुँचा था; कितना अपमान, कितनी अवहेलना, कितना तिरस्कार पा चुका था, इसका कुछ भी पता नहीं है। किस बड़भागी माता-पिता ने उसे जन्म दिया था, किन निदारुण परिस्थितियों में उनका यह लला दर-दर भटकने को मजबूर हुआ था, कोई नहीं जानता। किसी ने जानने की परवाह भी नहीं की। जिसका दृढ़ विश्वास हो गया था कि मैं 'जनमत ही कौ पतित' हूँ, 'सब पतितन कौ नायक' हूँ, वह कितना उपेक्षित हो चुका होगा, कितना अपमानित जीवन बिता चुका होगा, किन असहाय परिस्थितियों में जीने की दुर्वार लालसा ने उस भरमते-भटकते को विवश किया होगा—हमें बिल्कुल नहीं मालूम। अलौकिक चमत्कारों के विश्वासी हमारे इस देश के लोगों ने मान लिया कि वह तो जन्मान्ध होकर दिव्यदृष्टि सम्पन्न था, या फिर उसने अपनी आँखों को कुमार्ग में प्रवृत्त होते देख स्वयं फोड़ लिया था, या पूर्वजन्म के अभिशाप और वरदान की आँखमिचौनी के कारण इस जन्म में अन्धा होकर भी दिव्यदृष्टि पाकर नित्य लीला-विहार का साक्षी बना रहा, इत्यादि-इत्यादि। उसे कभी कोई कष्ट नहीं हुआ, दुःख नहीं हुआ, जलती रेत में पटकी हुई मछली की भाँति कभी छटपटाया नहीं, हाहाकार की झंझा उसके हृदय को कभी विकल वेदना से झटका नहीं दे गई—सब प्रकार से सन्तुष्ट, सब प्रकार से विगतशंक, दिव्यदृष्टि-सम्पन्न लोकोत्तर पुरुष ! परन्तु भरमा वह अवश्य था। सारे कष्टों की कहानी अब मालूम नहीं, पर उसे भटकना अवश्य पड़ा था।" (ग्रन्थावली, 4/161)

जिस अनुभूति के साथ सूरदास के भरमने और भटकने की पीड़ा का वर्णन किया गया है, वह केवल सूरदास तक ही सीमित नहीं लगती। जो हो, कृष्ण की भक्ति का महत्त्व इस भटकन की पीड़ा से त्राण में है। जो अपने आपको पतित समझने के लिए विवश किए गए थे वे भक्तवत्सल कृष्ण की शरण में आकर इस पाप-बोध से मुक्त हुए और उनमें आत्म-गौरव का संचार हुआ। 'बाणभट्ट की आत्मकथा' में जब बाणभट्ट पहली बार नारायण-भक्त सुचरिता से उसकी कुटिया में मिलते हैं तो सुचरिता यही कहती है : "मानव देह केवल दंड भोगने के लिए नहीं बनी है, आर्य ! यह विधाता की सर्वोत्तम सृष्टि है। यह नारायण का पवित्र मन्दिर है। पहले इस बात को समझ गई होती, तो इतना परिताप नहीं भोगना पड़ता। गुरु ने मुझे अब यह रहस्य समझा दिया है। मैं जिसे अपने जीवन का सबसे बड़ा कलुष समझती थी, वही मेरा सबसे बड़ा सत्य है। क्यों नहीं मनुष्य अपने सत्य को देवता समझ लेता आर्य ?" (आवृत्ति बारहवीं, 1979, पृ. 182)

सुचरिता को इस सत्य का साक्षात्कार तब हुआ जब उसमें अपने समस्त कर्मों को

नारायण को समर्पित कर देने का भाव आया। तभी तो वह बाणभट्ट से कहती है : "मन क्यों नहीं समझ पाता आर्य, कि वह किसी कार्य का उत्तरदायी नहीं है ? वासुदेव के रहते इतना वृथा सोच क्यों करता है वह ?" (वही, पृ. 183)

जो बात इतने सीधे सहज शब्दों में सुचरिता ने कही है, वही तो वल्लभाचार्य का आदेश था। आचार्य के 'अणुभाष्य' का कथन है : "कर्म दुःख रूप तब होता है जब यह अभिमानपूर्वक किया जाता है कि 'मैं कर रहा हूँ।' ब्रह्मविद् जो कर्म करता है वह अपने को कर्त्ता मानकर नहीं, ब्रह्म को असली कर्त्ता मानकर। इस प्रकार उसके सारे कर्म ब्रह्म को अर्पित हो जाते हैं। जिस प्रकार जगत् के सारे व्यापारों को वह ब्रह्म-प्रयत्न के रूप में देखता है वैसे ही अपने कर्मों को भी। सबकुछ करता हुआ भी वह समझता है कि मैं कुछ नहीं कर रहा हूँ। इस प्रकार व्यक्तिगत सत्ता का लोकसत्ता में लय हो जाने से प्रिय-अप्रिय की परिमित भावना का परिहार हो जाता है। इस दशा को प्राप्त जीव कर्त्ता और भोक्ता होकर भी दुःख से परे रहता है।"

मध्ययुग में इस दिव्य दर्शन ने दुःखी प्राणी को कितनी राहत दी होगी, इसका अनुमान करना कठिन नहीं है। फिर भी यह प्रश्न तो रहता ही है कि मनुष्य में पाप-बोध क्यों जगता है ? दिवेद्वीजी ने 'बाणभट्ट की आत्मकथा' में यह प्रश्न उठाया है और इसके उत्तर की ओर भी संकेत किया है। 'आत्मकथा' में बाणभट्ट कहते हैं : "निपुणिका ने कल कहा था कि मेरी ही शपथ करके तुम सत्य-सत्य कहो आर्य, मेरा कौन सा ऐसा पाप-चरित्र है जिसके कारण मैं आजीवन दुःख की निदारुण भट्टी में जलती रही, क्या स्त्री होना ही मेरे अनर्थों की जड़ नहीं है ? इन शब्दों में कितना मर्मान्तक दुख है यह मैं ही जानता हूँ। निपुणिका में इतने गुण हैं कि वह समाज और परिवार की पूजा का पात्र हो सकती थी, पर हुई नहीं। इतने दिनों से साथ हूँ, उसके चरित्र में मैंने कहीं कोई कलुष नहीं देखा। वह हँसमुख है, कृतज्ञ है, मोहिनी है, लीलावती है—ये क्या दोष हैं ? मेरा चित्त कहता है कि दोष किसी और वस्तु में है, जो इन सारे सद्गुणों को दुर्गुण कहकर व्याख्या करा देती है। वह वस्तु क्या है ? निश्चय ही कोई बड़ा असत्य समाज में सत्य के नाम पर घर बना बैठा है।" (वही, पृ. 243) इसी प्रसंग में द्विवेदीजी का बाणभट्ट अन्यत्र कहता है कि "मनुष्य के सामाजिक सम्बन्धों की जड़ में ही कहीं कोई बहुत बड़ा दोष रह गया है।" (वही, पृ. 242)

बाणभट्ट जिस सामाजिक दोष की ओर केवल संकेत करके रह जाता है, उसे बाबा अघोर भैरव बहुत पहले अपनी दो-टूक साफ़ भाषा में उससे कह चुके थे। बाबा ने कहा था : "देख रे ! तेरे शास्त्र तुझे धोखा देते हैं। जो तेरे भीतर सत्य है, उसे दबाने को कहते हैं; जो तेरे भीतर मोहन है, उसे भुलाने को कहते हैं; जिसे तू पूजता है उसे छोड़ने को कहते हैं। मायाविनी है यह मायाविनी, तू इसके जाल में न फँस। समस्त पुरुषों को भरमा रही है, स्त्रियों को सता रही है, माया का दर्पण पसारे है। तू उसे नहीं देखता, मैं देख रहा हूँ।" (वही, पृ. 77)

मध्ययुगीन समाज के सन्दर्भ में यह 'मायादर्पण' सामन्ती-पुरोहिती व्यवस्था है

जिसके शस्त्र के रूप में शास्त्रों ने पाप-पुण्य के कठोर नियम बनाए और इस तरह पाप के भय से मनुष्य को बन्दी बनाए रखा। 'सूर साहित्य' में द्विवेदीजी ने सप्रमाण दिखलाया है कि मध्यकाल के आरम्भ में किस प्रकार बड़े-बड़े निबन्ध-ग्रन्थों और टीका-ग्रन्थों की रचना हुई, जिनका एकमात्र प्रयोजन था "मनुष्य की दुर्बलता को दबाने के लिए कठोर से कठोर विधि-व्यवस्था का आयोजन।" इस प्रसंग में द्विवेदीजी ने यह भी लिखा है कि इस प्रयास में टीका युग के पंडित असफल रहे। इनकी तुलना में सूरदास जैसे महापुरुष कहीं अधिक सफल रहे क्योंकि "महापुरुषों की विशेषता यह है कि वे मनुष्य की दुर्बलता को पहचानते हैं और इन्हीं दुर्बलताओं को, उसकी रक्षा के लिए उपयुक्त प्रहरी बना देते हैं।" यह सब किस प्रकार सम्भव होता है, इसकी व्याख्या करते हुए वे आगे कहते हैं : "ये दुर्बलताएँ हैं क्या चीज़ ? नरक-भय, दंड, अभिशाप आदि के नाम पर मानव जाति के कल्याणकामी शास्त्रकारों ने विधि-निषेध की सीमाएँ निर्धारित कर दी हैं। परन्तु जिस प्रकार हवा बाँधने से नहीं रुकती, उसी प्रकार मनुष्य की प्रकृति भी बन्धन से नहीं बँधती। एक तरफ बाँधने से वह दूसरी ओर निकल पड़ती है—भयानक वेग से। यह दूसरी ओर निकली हुई प्रवृत्तियाँ मनुष्य की दुर्बलताएँ हैं। जिन दिनों टीका युग के विद्वान 'तथा हि' और 'अपि च' की धुआँधार वर्षा के साथ शास्त्रों का आदेश मानव समाज पर लाद रहे थे उन्हीं दिनों :

जोबन-मद जन-मद मादक-मद धन-मद विध-मद भारी।
काम-विवश परनारि भजत दुइ पंचसरहिं फिरि भारी॥

सूरदास आदि सन्त कवियों ने इसी विरुद्धगामी प्रवृत्ति को भगवान् की ओर फेर देने की चेष्टा की और आश्चर्यजनक सफलता पाई।" (सूर साहित्य, पृ. 77-78)

यदि इस कथन को फ्रायडीय भाषा के खोल से हटाकर धर्मशास्त्रों के ठोस ऐतिहासिक सन्दर्भ में देखें तो स्पष्ट हो जाएगा कि मानवीय प्रवृत्तियों का दमन सामन्ती दमन का ही एक अंग है। अमानवीकरण की यह प्रक्रिया शासक वर्गों के दमन का प्रमुख अस्त्र रही है। सामन्ती युग में इस दमन-कार्य के लिए शासक वर्ग धर्म का सहारा लेता था और आधुनिक पूँजीवादी युग में धर्म के अतिरिक्त वैज्ञानिक-तार्किक-व्यावहारिक नीतिशास्त्र का भी। इस दिशा में स्वयं मार्क्स ने तो संकेत किया ही है, हर्बर्ट मार्कुज़े ने इस दमन की व्याख्या के लिए 'इरोस एंड सिविलिज़ेशन' नामक पूरी पुस्तक ही लिखी है। कहने की आवश्यकता नहीं कि हिन्दी में सूरदास आदि का भक्तिकाव्य इस सामन्ती दमन के विरुद्ध मानवीय विद्रोह था।

द्विवेदीजी ने 'सूर-साहित्य' में प्रवृत्तियों के दमन का जो विरोध किया है उसकी अनुगूँज आगे चलकर 'बाणभट्ट की आत्मकथा' में भी सुनाई पड़ती है। बाणभट्ट बाबा अघोर भैरव के एतद्विषयक उपदेश का सार अपने ढंग से निउनिया को समझाते हुए कहते हैं कि "प्रवृत्तियों को दबाना भी नहीं चाहिए और उनसे दबना भी नहीं चाहिए। प्रत्येक व्यक्ति का देवता अलग होता है। देवता का परिचय शायद प्रवृत्तियाँ ही कराती हैं। हम बहुत बार अपने देवता को मन-ही-मन पूजते तो रहते हैं, पर हमें पता नहीं

होता।" (पृ. 90) बाबा की एक बात बाणभट्ट दबा गए कि "त्रिभुवन मोहिनी ने जिस रूप में तुझे मोह लिया है, उसी रूप की पूजा कर, वही तेरा देवता है।" (पृ. 86)

प्रेमभक्ति की चर्चा में 'बाणभट्ट की आत्मकथा' की सहायता लेने पर शायद आपत्ति की जा सकती है। इसलिए स्पष्टीकरण के लिए भट्टिनी की इस घोषणा का उल्लेख आवश्यक है कि "मुझे भागवत धर्म में यह पूर्णता दिखाई देती है।" (पृ. 259) इसके अतिरिक्त यह अकारण नहीं है कि इस कथाकृति के सभी प्रमुख चरित्र—निपुणिका, भट्टिनी, सुचरिता यहाँ तक कि स्वयं बाणभट्ट भी या तो महावराह के उपासक हैं या नारायण के। यह भी कम संकेतपूर्ण नहीं है कि उपन्यास का 'उपसंहार' करते हुए व्योमकेश शास्त्री अपनी ओर से यह टिप्पणी जोड़ना जरूरी समझते हैं : "मध्ययुग के किसी-किसी कवि ने राधिका की इस उत्कट अभिलाषा का वर्णन किया है कि वे समझ सकतीं कि कृष्ण उनमें क्या रस पाते हैं। श्रीकृष्ण ने भी, कहते हैं, राधिका की दृष्टि से अपने को देखना चाहा था और इसीलिए नवद्वीप में चैतन्य महाप्रभु के रूप में प्रकट हुए थे। काव्य की और धर्मसाधना की दुनिया में जो कल्पना थी उसे दीदी ने अपने जीवन में सत्य करके दिखा दिया।" (पृ. 294) इस प्रकार 'आत्मकथा' की पूरी परिकल्पना ही कृष्ण-भक्ति की एक निगूढ़ भावना में विन्यस्त की गई है।

जहाँ तक भक्ति के प्रसंग में तान्त्रिक अवधूत बाबा अघोरनाथ के विचारों के औचित्य का प्रश्न है, वह भी सर्वथा संगत और प्रासंगिक है। द्विवेदीजी का प्रतिपाद्य ही यह है कि कृष्णभक्ति के विकास में तन्त्र की महत्त्वपूर्ण भूमिका रही है। 'बाणभट्ट की आत्मकथा' में सुचरिता के गुरु वेंकटेश भट्ट का परिचय "श्रीपर्वत से आए हुए वैष्णव तान्त्रिक" के रूप में दिया गया है जो एक समय उड्डीयानपीठ में सौगततन्त्र की उपासना करते थे। (पृ. 173-74) उल्लेखनीय है कि 'सूर-साहित्य' का प्रथम अध्याय 'राधा-कृष्ण का विकास' है जिसके अन्त में यह कहा गया है कि "ब्रजभाषा काव्य की युगलमूर्ति का परिचय अपूर्ण ही रह जाएगा यदि हम तन्त्रवाद और सहजवाद का रहस्य न समझ लें।" (पृ. 33) कृष्णभक्ति में सहजमत की यह धारणा अन्तर्भुक्त हुई कि मनुष्य अपने सहज स्वाभाविक रास्ते में ही भगवान को प्राप्त कर सकता है। (पृ. 34) इसके अतिरिक्त "तन्त्रवाद के ससीम रस से सीमाहीन की उपलब्धि के सिद्धान्त ने तात्कालिक जन-समुदाय को, सखा रूप से, प्रिय रूप से, कृष्ण की उपासना के प्रति अग्रसर कर दिया था।" (पृ. 35) द्वितीय अध्याय 'स्त्रीपूजा और उसका वैष्णव रूप' में यह दिखाया गया है कि "शाक्तों का एक सम्प्रदाय जो पराशक्ति की उपासना स्त्री-रूप से करता था...इसका प्रभाव भागवत सम्प्रदाय पर भी पड़ा।...राधा और गोपियों के रूप में तन्त्रशास्त्र का उक्त अंग भी इसमें सुलभ हो गया।" (पृ. 39) इसी क्रम में द्विवेदीजी ने यह भी दिखाने का प्रयास किया है कि वैष्णव भक्ति—विशेषतः चैतन्य देव के वैष्णव सम्प्रदाय में परकीया-प्रेम को जो इतना ऊँचा स्थान दिया गया है वह भी एक तरह से तान्त्रिक साधना का ही परिमार्जित रूप है। (पृ. 40)

कृष्णभक्ति के मूल स्रोत ढूँढ़ने के लिए तन्त्रादिक साधनाओं तक दौड़ इसलिए

लगानी पड़ी कि भक्ति को ग्रियर्सन जैसे पंडित ने "अचानक बिजली की कौंध के समान फैल जाने" की बात लिख दी; यही नहीं बल्कि उन्होंने इसे ईसाई-प्रभाव भी बता डाला। इसलिए प्रतिवादस्वरूप द्विवेदीजी को अतीत से अनेक तथ्य जुटाकर पहले तो यह साबित करना पड़ा कि 'बिजली की कौंध' प्रतीत होनेवाली भक्ति के प्रकाश के लिए "सैकड़ों वर्षों से मेघखंड एकत्र हो रहे थे।" फिर यह भी दिखलाना पड़ा कि हिन्दू भक्तों का पापबोध ईसाई धर्म के पापबोध से तत्त्वतः भिन्न है। द्विवेदीजी के शब्दों में : "सूरदास आदि भक्त कवियों का पाप **बाह्य या आगन्तुक** वस्तु है, परन्तु ईसाई भक्तों का पाप **आन्तर और स्वाभाविक** है।" (पृ. 71) इस पूरे खंडन-मंडन में महत्त्वपूर्ण बात यह है कि "सूरदास आदि **स्वभावतः** अपने आपको पापात्मा नहीं समझाते।" (पृ. 70) स्पष्ट है कि यदि मनुष्य **स्वभावतः** पापात्मा नहीं है और पाप **बाह्य** आरोप है तो इस बाहरी स्रोत का पता लगाकर उससे निपटने की कोशिश की जा सकती है। स्वयं भक्तों में यह चेतना कितनी थी, यह बात विवादास्पद हो सकती है किन्तु द्विवेदीजी द्वारा प्रस्तुत हिन्दी भक्ति काव्य की व्याख्या यह चेतना जागृत करती है, इसमें सन्देह नहीं।

प्रेम पाप नहीं है, बल्कि मनुष्य का 'स्वभाव' है और इस स्वभाव को स्वीकार करके ही चरम लक्ष्य को प्राप्त किया जा सकता है—यह स्थापित करने के लिए ही द्विवेदीजी ने गोया 'अनामदास का पोथा' नामक अपना अन्तिम उपन्यास लिखा। रैक्व की पीठ को जब से जाबाला का स्पर्श प्राप्त हुआ तभी से उसमें एक सनसनाहट-सी होती है और उसे वह खुजलाया करता है। भगवती अरुन्धती पूछती है तो वह कहता है कि वह तो पाप का फल है। मैंने पाप किया था, उसी का दंड भोग रहा हूँ। इस पर भगवती समझाती है कि यह जो सनसनाहट है वह पाप के कारण नहीं है, मन के कोने में छिपी हुई किसी दुर्दम अभिलाष-भावना की देन है। यह बात तू कभी न सोच कि तूने पाप किया और उसका दंड भोग रहा है। नहीं, इसमें पाप की कोई बात नहीं है। कुछ देर बाद इस प्राण के उपासक ऋषि कुमार को दार्शनिक स्तर पर उसकी समस्या का समाधान करते हुए भगवती फिर बतलाती हैं कि तुम्हारा झुकाव प्राण-तत्त्व की ओर है, और तुम ब्रह्म के प्रिय रूप को अपनाने में समर्थ हो। महाज्ञानी याज्ञवल्क्य ने प्राण की उपासना करनेवाले को 'प्रिय ब्रह्म' का अधिकारी बताया था। रैक्व यह गूढ़ दर्शन ठीक से समझ नहीं पाता तो भगवती उसे जनक-याज्ञवल्क्य संवाद का पूरा ब्यौरा देते हुए फिर कहती है कि 'प्रियता' प्राण से ही तो प्रकट होती है—तभी तो कहते हैं 'प्राण-प्रिये !' निष्कर्ष यह कि तुम्हारा स्व-भाव प्रेम है। उसी के माध्यम से तुम सत्य का साक्षात्कार कर सकते हो। इस प्रकार 'अनामदास का पोथा' मनुष्य की उस मूलभूत 'कामभावना' की अकुंठ प्रतिष्ठा करता है जो पाप के नाम पर निर्मित समस्त वर्जनाओं को चुनौती देती है। 'प्राण' शक्ति के रूप में कामभावना का निरूपण करके द्विवेदीजी यह स्पष्ट कर देना चाहते हैं कि यह मनुष्य की आन्तरिक ऊर्जा है जो उसके विकास का बीज है। भगवती अरुन्धती की दार्शनिक व्याख्या एक प्रकार से प्रेमनिष्ठ भक्ति का ही मूलमन्त्र है।

इस पाप-बोध जगानेवाले वर्ग से निपटने के लिए भक्तों के पास सबसे अमोघ अस्त्र

था—प्रेम। आश्चर्य नहीं कि पुरोहिती हितों के पोषक पंडितों ने सबसे अधिक कोप इस 'प्रेम' पर ही प्रकट किया। कोप का एक रूप तो यह हैं कि इसे अभारतीय कहकर अग्राह्य बना दिया जाय। विचित्र विडम्बना है कि हिन्दी भक्तिकाव्य के अनेक लोकवादी मूल्यों के प्रशंसक आचार्य शुक्ल ने भी भक्तिकाव्य के प्राण 'प्रेम' को अभारतीय कहा। भक्ति-सम्प्रदाय में प्रेम का ही दूसरा नाम माधुर्य भाव है। यह माधुर्य भाव कबीर और जायसी में भी है तथा सूर और मीरा में भी। जायसी आदि सूफियों के काव्य में प्रेम का महिमा-गान देखकर आचार्य शुक्ल को कुछ ऐसा विश्वास हो चला कि यह माधुर्य भाव मूलतः फारसी परम्परा की वस्तु है और इस प्रकार अभारतीय है। उन्होंने कुछ कटुता के साथ लिखा कि "भारतीय भक्ति का सामान्य रूप रहस्यात्मक न होने के कारण इस 'माधुर्य भाव' का अधिक प्रचार नहीं हुआ। आगे चलकर मुसलमानी जमाने में सूफ़ियों की देखादेखी इस भाव की ओर कृष्णभक्ति शाखा के कुछ भक्त प्रवृत्त हुए। इनमें मीराबाई हुईं जो 'लोक लाज खोकर' अपने प्रियतम श्रीकृष्ण के प्रेम में मतवाली रहा करती थीं।" मीरा को व्यंग्य का लक्ष्य बनाने के बाद आचार्य ने लिखा कि "चैतन्य महाप्रभु में सूफियों की प्रवृत्तियाँ साफ झलकती हैं।" फिर निर्गुण धारा के सन्तों का ध्यान आया तो कहा कि "निर्गुण धारा के कबीर, दादू आदि सन्तों की परम्परा में ज्ञान का जो थोड़ा-बहुत अवयव है वह भारतीय वेदान्त का है, पर प्रेमतत्त्व बिल्कुल सूफियों का है। इसमें से दादू, दरिया साहब आदि तो खालिस सूफी ही जान पड़ते हैं। कबीर में 'माधुर्य भाव' जगह-जगह पाया जाता है।" इसके अतिरिक्त स्वयं "जायसी ने इश्क के दास्तानवाली मसनवियों के प्रेम के स्वरूप को प्रधान रखा है।"

इस प्रकार भक्तिकाल के प्रेम और माधुर्य भाव को फारसी की सूफी काव्य-परम्परा का प्रभाव कहकर आचार्य शुक्ल ने अपनी भारतीय परम्परा से उन्हें बाहर कर दिया। इस 'प्रेम' को अभारतीय कहने का कारण यह है कि वह 'ऐकान्तिक' और 'लोक बाह्य' है। कबीर, सूर, मीरा आदि का प्रेम तो 'ऐकान्तिक' है ही, शुक्लजी के अति प्रिय जायसी का 'पद्मावत' भी एक नागमती विरहवाले प्रसंग को छोड़कर मुख्यतः 'प्रेमगाथा' ही है।

जायसी के सन्दर्भ में इस प्रेम की 'ऐकान्तिकता' की व्याख्या करते हुए शुक्लजी ने लिखा है : "वह संसार की वास्तविक परिस्थिति के बीच नहीं दिखाया जाता, संसार की और सब बातों से अलग एक स्वतन्त्र सत्ता के रूप में दिखाया जाता है। उसमें जो घटनाएँ आती हैं वे केवल प्रेममार्ग की होती हैं, संसार के और और व्यवहारों से उत्पन्न नहीं। साहस, दृढ़ता और वीरता भी यदि कहीं दिखाई पड़ती है, तो प्रेमोन्माद के रूप में, लोक कर्त्तव्य के रूप में नहीं।"

शुक्लजी के इस आरोप का खंडन करने के लिए द्विवेदीजी का केवल यह एक वाक्य काफी है : "(इस ऐकान्तिक प्रेम) में लोकमर्यादा का अतिक्रम दोष नहीं गुण समझा जाता है।" ('सूफी साधकों की मधुर साधना', मध्यकालीन धर्म साधना, तृतीय संस्करण, 1962, पृ. 255) वस्तुतः जिस 'लोकमर्यादा' के विरोध में जायसी का प्रेमी नायक घर-बार छोड़कर निकल पड़ता है, उसी के निर्वाह की उम्मीद उससे कैसे की जा सकती है ? जिस

प्रेम को शुक्लजी लोक-बाह्य कहते हैं वह दरअसल एक निश्चित सीमा में जकड़े हुए लोक से बाहर है—निष्प्राण नियमों और रीति-रिवाजों में बँधे हुए समाज से बाहर निकलने का प्रयास है। उस प्रेम की ऐकान्तिकता ही उसकी लोकोन्मुखता है और वैयक्तिकता ही सामाजिकता; जैसा कि हर रोमैंटिक विद्रोह में होता है। इसीलिए शुक्लजी की दृष्टि में जो 'दोष' है वह वस्तुतः गुण है।

उल्लेखनीय है कि अपने इस पूर्वग्रह के बावजूद आचार्य शुक्ल सूरदास की गोपियों के प्रेम की स्वच्छन्दतावादी प्रकृति को लक्षित करने में समर्थ हुए हैं। लिखते हैं : "इस प्रेम को हम जीवनोत्सव के रूप में पाते हैं।...सूर के कृष्ण और गोपियाँ पक्षियों के समान स्वच्छन्द हैं। वे लोकबन्धनों से जकड़े हुए नहीं दिखाए गए हैं। जिस प्रकार स्वच्छन्द समाज का स्वप्न अंग्रेज कवि शैली देखा करते थे, उसी प्रकार का यह समाज सूर ने चित्रित किया है।" (सूरदास, प्रथम संस्करण, 1942, पृ. 173)

कृष्ण-भक्ति के रूढ़ि-विरोधी प्रेम की प्रकृति से शुक्लजी परिचित न हों, ऐसा भी नहीं। वल्लभाचार्य के 'पुष्टिमार्ग' की विशेषताएँ बतलाते हुए वे स्पष्ट लिखते हैं : "इस पुष्टि मार्ग में आने के लिए पहली आवश्यक बात यह है कि लोक और वेद दोनों के प्रलोभनों से दूर हो जाय—उन फलों की आकांक्षा छोड़ दे जो लोक का अनुसरण करने से प्राप्त होते हैं तथा जिनकी प्राप्ति वैदिक कर्मों के सम्पादन द्वारा कही गई है।" जो प्रेम 'लोक और वेद' दोनों के 'प्रलोभनों' से दूर है उसे लोकविरोधी अथवा लोक-निरपेक्ष कैसे कहा जा सकता है ? वस्तुतः जैसा कि कुछ आलोचकों ने लक्षित किया है, शुक्लजी "अनेक दृष्टियों से विचारों में प्रगतिशील होते हुए भी भावबोध की उसी दुनिया में रहते थे जिसके सम्राट् आचार्य महावीर प्रसाद द्विवेदी थे" और इसीलिए वे प्रेम के मामले में द्विवेदी-युगीन 'सामाजिक रूढ़िवाद' और 'सशंक नैतिकता' के समर्थक थे। यही कारण है कि भक्तों के प्रेम की लोकवादी भूमिका को पूरी तरह न पचा सके।

हजारीप्रसाद द्विवेदी द्वारा भक्ति-काव्य के प्रेम की उन्मुक्त स्वीकृति इस सन्दर्भ में निश्चय ही शुक्लजी के चिन्तन के आगे की कड़ी है और इसीलिए प्रगतिशील भी।

'सूर साहित्य' में भक्ति आन्दोलन की विशेषताएँ गिनाते हुए एक स्थान पर वे कहते हैं कि इस भक्ति मार्ग में 1. प्रेम ही परम पुरुषार्थ है; 2. भगवान के प्रति प्रेम कौलीन्य से बड़ी चीज़ है; 3. भक्ति के बिना शास्त्रज्ञान और पांडित्य व्यर्थ है; और 4. भक्त भगवान से बड़ा है। संक्षेप में कहा जा सकता है कि यह मत "ब्राह्मण धर्म का विरोधी तो नहीं था, परन्तु सम्पूर्ण अनुगामी भी नहीं था।" (पृ. 91) अन्यत्र सूरदास के सन्दर्भ में इसी बात को दूसरे शब्दों में इस प्रकार कहते हैं : "इसका मतलब यह नहीं कि सूरदास स्मार्त पन्थ के विरोधी हैं। वे भक्ति को सर्वोपरि समझते हैं। अगर भक्ति है तो तीर्थ-व्रत की जरूरत नहीं, अगर भक्ति नहीं है तो तीर्थ-व्रत से कुछ बड़ी चीज की प्राप्ति नहीं होगी। भगवान की दृष्टि में जाति-पाँति, कुल-शील आदि कोई चीज़ नहीं है। केवल प्रेम चाहिए, प्रेम से ही वे मिलते हैं।" (पृ. 65)

इन दोनों उद्धरणों से ब्राह्मण धर्म अथवा स्मार्त धर्म के विषय में सूरदास आदि

भक्तों के विरोध-समर्थन से अधिक स्वयं द्विवेदीजी की अपनी झिझक का आभास मिलता है। प्रेम की पुरोहितवाद-विरोधी और सामन्तवाद-विरोधी शक्ति का समर्थन करते हुए भी वे जैसे व्यवस्था को आमूल चुनौती देने से हिचकते प्रतीत होते हैं। हो सकता है, यह मध्ययुगीन भक्ति के ऐतिहासिक सन्दर्भ का भी अनुरोध हो। क्योंकि सर्जनात्मक कृतियों में जहाँ किसी धार्मिक प्रसंग का बन्धन नहीं है, वे लोक-जीवन के उन्मुक्त प्रेम के सम्मुख शास्त्र को झुकाने का आग्रह खुलकर करते हैं।

उदाहरण के लिए 'पुनर्नवा' का वह प्रकरण जब चन्द्रा के 'व्यवहार' को लेकर अमात्य पुरन्दर और आचार्य पुरगोभिल में विचार-विमर्श हो रहा है। बाहर आभीर महिलाओं की मंडली से सहसा एक युवती अपभ्रंश में लोकगान गाती है, जिसका अर्थ है कि वह शास्त्र और पुरजनों का बरजना जल जाय, जो प्रिय मिलन का निवारण करता है और साजन को मार डालता है। आचार्य पुरगोभिल अमात्य की ओर देखकर मुस्कुराते हुए कहते हैं : "सुन लिया धर्मावतार, हर गाँव, हर हाट, हर गली में ये गाने सुनाई देंगे। आज आप इसे केवल भाव-लोक का विद्रोह कहकर टाल सकते हैं। पर लोकमानस में शुष्क धर्माचार और रूढ़ मान्यताओं के प्रति यह भाव-लोक का विद्रोह किसी दिन वस्तुजगत के विद्रोह का रूप ले सकता है। जानते हैं धर्मावतार, आदि मनु ने धर्म के लिए हृदय-पक्ष को ध्यान में रखने पर भी बल दिया था—'हृदयेनाभ्यनुज्ञातः' कहा था। पुराण ऋषि जानते थे कि आचार मात्र धर्म नहीं है।" अन्त में आचार्य पुरगोभिल चुनौती के स्वर में कहते हैं : "अगर निरन्तर व्यवस्थाओं का संस्कार और परिमार्जन नहीं होता रहेगा, तो एक दिन व्यवस्थाएँ तो टूटेंगी ही, अपने साथ धर्म को भी तोड़ देंगी।" (पृ. 172-73)

प्रेम के इसी लोक-आधार पर द्विवेदीजी ने हिन्दी के भक्ति काव्य की स्वीकृतिपरक व्याख्या की है। अपने अन्तिम दिनों के लिखे एक निबन्ध 'सूर-काव्य : प्रेरणा और स्रोत' (1978) में वे सप्रमाण यह स्थापित करते हैं कि "असल में 'सूरसागर' शास्त्रीय वैष्णव भक्तिशास्त्र से प्रेरणा अवश्य लेता है; पर शास्त्रीय की अपेक्षा लोकधर्म के अधिक निकट है।" इसी क्रम में आगे वे फिर कहते हैं कि "लोक-जीवन ही 'सूरसागर' की लीलाओं की मुख्य सामग्री है। विसातिन, दही बेचनेवाली, नट-बाजीगर, मेला, पनघट आदि के प्रसंग में सूरदास की वाणी सहस्र सुरों में मुखरित हो जाती है। टोना-टोटका, मन्त्र-जन्त्र, झाड़-फूँक आदि के लोकप्रचलित विश्वासों के माध्यम से रस का महास्रोत उमड़ पड़ा है। इसका सन्धान किसी प्रस्थानत्रयी या प्रस्थान चतुष्ट्य में खोजना बेकार है।" (ग्रन्थावली 4/152, 159) इस प्रसंग में 'सूरसागर' में कृष्ण के लिए प्रयुक्त 'लंगर' के लोक-स्रोत की खोज सबसे दिलचस्प है। निष्कर्ष यह कि भक्तों के प्रेम ने यदि मध्ययुग में पंडितों के शास्त्र को चुनौती दी तो उसका आधार लोक-जीवन है। आकस्मिक नहीं है कि इस शास्त्र-विरोध में अग्रणी भूमिका उन्होंने अदा की जो समाज में 'पतित' समझे जाते हैं—जाति से भी और परिवार से भी। उल्लेखनीय है कि 'चारु चन्द्रलेख' की सबसे मधुर नारी-चरित्र 'नाटी माता' हैं जो जाति से कारुनट हैं और गिरिधर नागर को प्रेम करने

के कारण अपने आपको 'नागर नटी' कहती हैं—संक्षेप में ना-टी। तान्त्रिक साधनाओं के विस्तार का भ्रम पैदा करते हुए भी यह उपन्यास तन्त्र पर भक्ति की विजय का उद्घोष है। नागर नटी द्वारा गाई जानेवाली शिखरिणी 'गताऽहं कालिन्दीं गृहसलिलमानेतुमनसा' प्रेमभक्ति के मधुर संगीत की अनुगूँज के समान समूचे उपन्यास पर छाई रहती है। कवि मंडन के 'अलि हौं तो गई जमुना जल कौ' वाले सवैये में निहित भक्ति-भावना का यह जीवन्त निरूपण सृजन का शृंगार है। एक शृंगारी समझे जानेवाले सवैया को भक्ति की गरिमा प्रदान कर द्विवेदीजी ने परोक्ष ढंग से उस सुधारवादी दृष्टि पर भी चोट कर दी जो लोक-भाव प्रसूत स्वच्छन्द प्रेम की अनेक सरस रचनाओं को तथाकथित रीतिकाव्य के दरबारी दायरे में डाल चुकी है। प्रसंगवश यह भी उल्लेखनीय है कि 'सूर-साहित्य' के अन्तर्गत 'ब्रजभाषा साहित्य में ईश्वर' और 'ब्रजभाषा के कवि और युगलमूर्ति' शीर्षक से दो परिशिष्ट भी सम्मिलित हैं जिनमें रसखान के अलावा मतिराम, देव, ठाकुर और पद्माकर जैसे रीतिवादी कहे जानेवाले शृंगारी कवियों की भी कविताएँ उद्धृत हैं।

जिनके मानस में हजारीप्रसाद द्विवेदी की प्रतिमा कबीर के साथ एकाकार है वे शायद इन बातों से कुछ विचलित हों, किन्तु इसमें आश्चर्य के लिए जगह नहीं है। 'सूर-साहित्य' से चलकर ही द्विवेदीजी 'कबीर' तक पहुँचे थे, यह तथ्य है। और सच पूछिए तो इस विचार-यात्रा में कोई विरोध भी नहीं है। सूर के कबीर तक की यात्रा प्रेम के पन्थ की ही भाव-यात्रा है। सामाजिक विद्रोह का एक रूप वह भी है जो प्रेम की भाषा में अभिव्यक्ति पाता है। आकस्मिक नहीं है कि द्विवेदीजी के कबीर पर सूर की प्रेमभक्ति का गहरा रंग है। द्विवेदीजी के कबीर उनके सूर से निश्चय ही अधिक मुखर क्रान्तिकारी हैं, और इसीलिए द्विवेदीजी उनकी ओर आकृष्ट भी होते हैं; पर ऐसा लगता है कि उनके अन्दर कहीं-न-कहीं सूरदास के रूप में एक मृदु-विद्रोही भी बैठा हुआ था जिसका प्रवेश साहित्य-साधना की उस वय में हुआ जिसका संस्कार जल्दी नहीं छूटता और प्रायः स्थायी हुआ करता है।

'सूर-साहित्य' में उन्होंने लिखा है : "सूरदास आदि भक्त कवियों में कहीं विरोध की ध्वनि नहीं है, वे अगर किसी बात को अनुचित समझेंगे तो अत्यन्त मृदु भाषा में उसकी उपेक्षा पर जोर देंगे। यह उपेक्षा भी वे सीधे नहीं कहेंगे। कहेंगे कवि की भाषा में, लक्षणा और व्यंजना का आवरण डालकर। इनकी तुलना उपनिषद् के ऋषियों से की जा सकती है जो यज्ञ-याग के विरोधी नहीं, उपेक्षक थे। सूरदास का सूरसागर प्रेम का काव्य है। इस प्रेम की लीला का वर्णन करते-करते प्रसंगवश वे कहीं-कहीं योग, तीर्थ आदि पर कुछ कह गए हैं।" (पृ. 61)

इसी बात को आगे चलकर 'हिन्दी साहित्य की भूमिका' में अधिक व्यवस्थित रूप में इस प्रकार कहा गया है : "सूरदास सुधारक नहीं थे, ज्ञानमार्गी भी नहीं थे, किसी को कुछ सिखाने का मान उन्होंने कभी किया ही नहीं। वे कहीं भी सम्प्रदाय, मतवाद या व्यक्ति विशेष के प्रति कटु नहीं हुए। यह भी उनके सरल हृदय का ही निदर्शक है।

लेकिन वे कबीर की तरह ऐसे समाज से नहीं आए थे जो पद-पद पर लांछित और अपमानित होता था और जहाँ का गृहस्थ-जीवन वैराग्य जीवन की अपेक्षा ज्यादा कठोर और तपोमय था। सूरदास जिस समाज में पले थे उसका गृहस्थ जीवन (विलासिता का जीवन था, मिथ्याचार और फरेब का जीवन था और 'यौवन मद, जनमद, धनमद, विधमद भारी' का जीवन था। इसीलिए इस समाज से वैराग्य ग्रहण करना उनका मत था। वे तुलसीदास की भाँति दृढ़चेता सेनानायक नहीं थे जो समाज की कुरीतियों से कुशलतापूर्वक बाहर निकलकर उस पर गोलाबारी आरम्भ कर दें। नन्ददास की तरह पर-पक्ष की युक्तियों को तर्क-बल पर निराश करना भी वे नहीं जानते थे। वे केवल श्रद्धालु और विश्वासी भक्त थे जो झगड़ों में पड़ने के नहीं।'' (पृ. 101-102)

जिस प्रकार तुलनात्मक ढंग से कबीर, तुलसीदास और नन्ददास-जैसे प्रमुख भक्तों से अलगाते हुए सूरदास के विशिष्ट व्यक्तित्व को यहाँ उभारा गया है उसमें द्विवेदीजी के अपने झुकाव को परिलक्षित करना ज्यादा कठिन नहीं है। किसी के प्रति कटु न होना और झगड़े में न पड़ना द्विवेदीजी का काम्य भले ही रहा हो, किन्तु यह नहीं भूलना चाहिए कि द्विवेदीजी सूरदास के-से कथित समाज से नहीं आए थे। यदि वे ऐसे पद-पद पर लांछित और अपमानित होनेवाले समाज से नहीं आए थे, तो सूरदास के-से सम्पन्न समाज से भी उनका जन्मना सम्बन्ध न था। इसलिए यदि द्विवेदीजी के स्वभाव को सूरदास के समान समझने की प्रवृत्ति होती है तो यह स्पष्ट हो जाना चाहिए कि उसका कारण जन्मना प्राप्त समाज और परिवेश नहीं है। वैसे भी किसी लेखक के दृष्टिकोण को उसे पैदा करनेवाले जाति, वर्ग या समाज के आधार पर निर्धारित करने का प्रयास 'फूहड़ समाज-शास्त्र' है। जो द्विवेदीजी को निकट से जानते हैं उनके सामने द्विवेदीजी का बहुत कुछ ऐसा ही व्यक्तित्व है कि वे विरोध में कभी कटु नहीं हुए और भरसक झगड़ों से बचे रहना चाहते थे। किन्तु यह भी तथ्य है कि वे झगड़ों में खींचे भी गए और विरोध भी उनका कम नहीं हुआ। इन सबके बीच उन्होंने स्वर में कभी कटुता नहीं आने दी तो इसका अर्थ यह नहीं कि उनके विचारों में विरोध और विद्रोह नहीं था ! जरूरी नहीं कि विद्रोह का स्वर भी उग्र हो ! यह बात सूर के बारे में जितनी सच है, उतनी ही द्विवेदीजी के बारे में भी। विद्रोह भी आखिर प्रेम का—'मधुर भाव' का ही तो है—मधुर नहीं होगा तो और क्या होगा ?

[1982]

भारतीय साहित्य की प्राणधारा और 'लोकधर्म'

29 जनवरी '40 को हजारीप्रसाद द्विवेदी ने पंडित बनारसीदास चतुर्वेदी को लिखा : "यदि आप इधर आएँ तो अपनी लिखी एक छोटी सी पुस्तिका दिखाऊँगा। पुस्तक का नाम होगा 'भारतीय साहित्य की प्राणधारा' या ऐसा ही कुछ।"

यह वही पुस्तक है जो अगले महीने फरवरी में 'हिन्दी साहित्य की भूमिका' के नाम से प्रकाशित हुई। नाम वह नहीं रहा, पर कथ्य वही है : भारतीय साहित्य की प्राणधारा। प्रमाण है 'भूमिका' के आरम्भिक दो अध्याय, जिनका शीर्षक है 'भारतीय चिन्ता का स्वाभाविक विकास' और जो 'भूमिका' की आधार-शिला हैं।

'भूमिका' का आरम्भ इस घोषणा से होता है : "मैं जोर देकर कहना चाहता हूँ कि अगर इस्लाम नहीं आया होता तो भी इस (हिन्दी) साहित्य का बारह आना वैसा ही होता जैसा आज है।"

इस नाटकीय घोषणा की आवश्यकता इसलिए पड़ी कि बहुत से विद्वान हिन्दी साहित्य के उदय को मुसलमानों और हिन्दुओं के संघर्ष का परिणाम मानते हैं। स्वयं आचार्य रामचन्द्र शुक्ल ने हिन्दी साहित्य के आदिकाल को 'वीरगाथा काल' माना क्योंकि उस समय मुसलमान आक्रमणकारियों के विरुद्ध हिन्दू राजाओं के वीरतापूर्ण युद्ध की गाथाएँ लिखी गईं। फिर भक्तिकाल आया क्योंकि "देश में मुसलमानों का राज्य प्रतिष्ठित हो जाने पर हिन्दू जनता के हृदय में गौरव, गर्व और उत्साह के लिए अवकाश न रह गया।...अपने पौरुष से हताश जाति के लिए भगवान की शक्ति और करुणा की ओर ध्यान ले जाने के अतिरिक्त दूसरा मार्ग ही क्या था।"

पहले तो द्विवेदीजी ने इस बात का प्रतिवाद किया कि हिन्दी साहित्य 'हतदर्प पराजित जाति' की सम्पत्ति है; फिर उन्होंने भक्ति काव्य को मुस्लिम आक्रमण की 'प्रतिक्रिया' समझनेवाली धारणा का खंडन करते हुए कहा कि सूरदास और तुलसीदास आदि वैष्णव कवियों की समूची कविता में किसी प्रकार की प्रतिक्रिया का भाव नहीं है। जिस समाज को ये भक्तगण सुधारना चाहते थे उसमें विदेशी धर्म का कोई प्रभाव उन्होंने लक्ष्य नहीं किया था।" (पृ. 28) किन्तु आगे किसी भ्रम के लिए गुंजाइश न छोड़ते हुए उन्होंने यह भी जोड़ दिया कि "इन सबका यह अर्थ नहीं कि मुसलमानी धर्म का कोई प्रभाव साहित्य पर नहीं पड़ा है।...(किन्तु) यह प्रभाव 'प्रभाव' के रूप में ही स्वीकार किया जाना चाहिए, प्रतिक्रिया के रूप में नहीं।" (पृ. 29)

इस प्रसंग में विशेष रूप से उल्लेखनीय बात यह है कि प्रतिवाद के लक्ष्य के रूप में द्विवेदीजी ने शुक्लजी को नहीं, बल्कि अंग्रेज इतिहासकार हेवेल को चुना है। 'भूमिका' में उन्होंने लिखा है कि "प्रोफेसर हेवेल ने अपने 'हिस्ट्री ऑफ़ आर्यन रूल' में लिखा है कि मुसलमानी सत्ता के प्रतिष्ठित होते ही हिन्दू राज-काज से अलग कर दिए गए। इसलिए दुनिया की झंझटों से छुट्टी मिलते ही उनमें धर्म की ओर जो उनके लिए एकमात्र आश्रय स्थल रह गया था स्वाभाविक आकर्षण पैदा हुआ। यह ग़लत व्याख्या है।" (पृ. 15) यद्यपि द्विवेदीजी ने यहाँ हेवेल के मत की समीक्षा नहीं की है, किन्तु ऐसा संकेत प्रतीत होता है कि भक्ति आन्दोलन को मुसलमानों के विरुद्ध हिन्दुओं की प्रतिक्रिया बताने की जिम्मेदारी मूलतः साम्राज्यवादी अंग्रेज इतिहासकारों पर है; इसलिए यदि कोई भारतीय इतिहासकार उसी बात को दोहराता है तो वह अनजाने ही अंग्रेज साम्राज्यवाद द्वारा प्रचारित भ्रम का शिकार है और उसी प्रकार वह अन्ततः उस साम्राज्यवादी हित का ही समर्थन करता है। कहने की आवश्यकता नहीं कि यह इतिहास की सम्प्रदायवादी दृष्टि है जिसका भरपूर इस्तेमाल अंग्रेजी साम्राज्यवाद ने देश की हिन्दू-मुस्लिम साधारण जनता को विभाजित करने के लिए किया और इस कार्य में उन्हें देशी सामन्तों और उनके सहायक पुरोहितों और मौलवियों से मदद मिली।

निस्सन्देह इस सम्प्रदायवादी इतिहास-दृष्टि के विरोध का श्रेय हजारीप्रसाद द्विवेदी को है जिन्होंने हिन्दी में पहले-पहल साम्राज्यवादी इतिहासकारों द्वारा फैलाए गए एक भ्रम को तोड़ने का प्रयास किया। 'हिन्दी साहित्य की भूमिका' इस दृष्टि से ऐतिहासिक दस्तावेज है।

वैसे, आज भी द्विवेदीजी का मत विवाद से परे नहीं है। उदाहरण के लिए डॉ. रामस्वरूप चतुर्वेदी ने 'आलोचना' के द्विवेदी स्मृति अंक (नवांक 49-50, अप्रैल-सितम्बर 1979) में शुक्ल-द्विवेदी विवाद को फिर से उठाते हुए लिखा है : "पर एक बात की ओर ध्यान दिलाए बिना यह प्रसंग अधूरा रह जाएगा। सूरदास पर कार्य करते समय विद्वानों ने प्रायः वल्लभाचार्य की इन पंक्तियों को उद्धृत किया है, "देश म्लेच्छाक्रान्त है, गंगादि तीर्थ दुष्टों द्वारा भ्रष्ट हो रहे हैं, अशिक्षा और अज्ञान के कारण वैदिक धर्म नष्ट हो रहा है, सत्पुरुष पीड़ित तथा ज्ञान विस्मृत हो रहा है, ऐसी स्थिति में एकमात्र कृष्णाश्रय में ही जीवन का कल्याण है।" भक्त कवियों के एक प्रमुख गुरु के सीधे साक्ष्य पर यों प्रतिक्रियावाली व्याख्या पुष्ट होती है।" (पृ. 57)

दरअसल वल्लभाचार्य के जिस उद्धरण के बल पर भक्ति को मुसलमानों की प्रतिक्रिया माननेवाली धारणा को पुष्ट किया गया है, उससे आचार्य शुक्ल अनभिज्ञ न थे। 'हिन्दी साहित्य का इतिहास' में तथा 'सूरदास' नामक पुस्तक के 'वल्लभाचार्य' शीर्षक परिच्छेद में आचार्य शुक्ल ने ही यह लिखा है : " 'कृष्णाश्रय' नामक अपने एक प्रकरण ग्रन्थ में आचार्यजी ने देश-काल की अत्यन्त विपरीत दशा का वर्णन किया है जिसमें वेद-मार्ग या मर्यादा-मार्ग का अनुसरण उन्हें अत्यन्त कठिन या असम्भव दिखाई पड़ा। वल्लभाचार्यजी के समय में देश में मुसलमानी साम्राज्य अच्छी तरह दृढ़ हो चुका

था। हिन्दुओं का एकमात्र स्वतन्त्र और प्रभावशाली राज्य दक्षिण का विजयनगर राज्य रह गया था; पर बहमनी सुलतानों के पड़ोस में रहने के कारण उसके दिन भी गिने हुए दिखाई पड़ते थे। इस्लामी संस्कृति का प्रभाव अच्छी तरह जम रहा था। सूफी भक्तों या पीरों के द्वारा सूफी पद्धति की भक्ति का प्रचार कार्य चल रहा था। इस परिस्थिति में भागवत की प्रेम-लक्षणा भक्ति के प्रचार द्वारा ही लोगों के कल्याण-मार्ग की ओर आकर्षित होने और साथ ही भारतीय संस्कृति के बने रहने की सम्भावना आचार्यजी को दिखाई पड़ी।'' (सूरदास, प्रथम संस्करण, 2000 वि., पृ. 117)

वल्लभाचार्यकृत 'कृष्णाश्रय' के जिन श्लोकों के आधार पर उपर्युक्त स्थापना की गई है, वे इस प्रकार हैं :

म्लेच्छाक्रान्तेषु देशेषु पापैकनिलयेषु च।
सत्पीडाव्यग्रलोकेषु कृष्ण एव गतिर्मम॥
गङ्गादितीर्थवर्येषु दुष्टैरवावृतेष्विह।
तिरोहिताधिदेवेषु कृष्ण एव गतिर्मम॥
अपरिज्ञाननष्टेषु मन्त्रेष्वव्रतयोगिषु।
तिरोहितार्थवेदेषु कृष्ण एव गतिर्मम॥
नानावादविनष्टेषु सर्वकर्मव्रतादिषु।
पाषण्डैकप्रयत्नेषु कृष्ण एव गतिर्मम॥

यह सही है कि स्तोत्र के इन श्लोकों में एक जगह देश के 'म्लेच्छाक्रान्त' होने का उल्लेख है और यदि 'म्लेच्छ' को मुसलमानों का वाचक मान भी लिया जाय तो उससे यहाँ कहाँ सिद्ध होता है कि गंगादि तीर्थों के भ्रष्ट होने, वेदों के अर्थ के तिरोहित होने, व्रतादिक सभी कर्मों के नष्ट होने, पाषंड, पाप, अज्ञान आदि के बढ़ने के लिए ये म्लेच्छ ही जिम्मेदार हैं और इन्हीं के आक्रमण के कारण कृष्ण का आश्रय ढूँढ़ा जा रहा है ? उल्लेखनीय है कि शुक्लजी ने 'कृष्णाश्रय' के सन्दर्भ में जहाँ देश-काल की 'विपरीत दशा' का वर्णन किया है वहाँ मुसलमानों को उसका कारण नहीं बताया है। मुसलमानों का उल्लेख उनकी अपनी टिप्पणियों में है जहाँ बहमनी सुल्तानों के साथ-साथ सूफी भक्त और पीर भी घसीट लिये गए हैं।

जैसा कि द्विवेदीजी ने अन्यत्र कहा है : ''यह बात अत्यन्त उपहासास्पद है कि जब मुसलमान लोग उत्तर भारत के मन्दिर तोड़ रहे थे तो उसी समय अपेक्षाकृत निरापद दक्षिण में भक्त लोगों ने भगवान की शरणागति की प्रार्थना की। मुसलमानों के अत्याचार के कारण यदि भक्ति की भावधारा को उमड़ना था तो पहले उसे सिन्ध में और फिर उत्तर भारत में प्रकट होना चाहिए था, पर प्रकट हुई वह दक्षिण में।'' (हिन्दी साहित्य : उसका उद्भव और विकास, संस्करण 1969, पृ. 55)

इसी क्रम में यह भी पूछा जा सकता है कि यदि भगवद्भक्ति के लिए आक्रान्ता मुसलमान ही जिम्मेदार थे तो स्वयं मुसलमान भक्त कृष्ण की शरण में क्यों आए और जो मुसलमान कृष्ण की शरण में नहीं आए वे निर्गुण भगवान और सूफ़ी मार्ग की ओर

क्यों गए ? इसमें तो कोई शक नहीं कि भगवान की शरण ढूँढ़ने के लिए साधारण जनों के बीच से उठनेवाले भक्त किसी न किसी बड़े कष्ट के कारण ही गए, किन्तु इस कष्ट के लिए सिर्फ मुसलमान आक्रमणकारियों और शासकों को द्रोषी ठहराना ठीक नहीं है।

आचार्य शुक्ल के प्रति आदर-भाव डॉ. रामविलास शर्मा को डॉ. रामस्वरूप चतुर्वेदी से कम नहीं, बल्कि कुछ अधिक ही है और तुलना के लिए द्विवेदीजी सामने हों तो और भी अधिक है। फिर भी 'आचार्य रामचन्द्र शुक्ल और हिन्दी आलोचना' (1955) नामक पुस्तक में उन्होंने इस विषय में शुक्लजी की धारणा को गलत माना है, लिखा है : "शुक्लजी का विचार था कि यह निराशा और उदासी मुस्लिम शासन के कारण थी। देश में विदेशी जातियों का आक्रमण और उनका शासन भी **एक कारण** था। लेकिन वास्तविकता यह है कि सत्ता में सहायक और भाग लेनेवाले देशी सामन्त भी थे, उन सामन्तों के देशी सहायक पंडे और पुरोहित भी थे। स्वयं शुक्लजी ने दरबारी कवियों को जो चुन-चुनकर सुनाई है, उससे स्पष्ट है कि उनकी सहानुभूति देश-रक्षा के इन ठेकेदारों के साथ न थी। **फिर भी उनके विवेचन में देशी सामन्तों की भूमिका हर जगह स्पष्ट नहीं है, इसलिए उन्होंने निराशा का कारण मुस्लिम शासन बताया है।** (पृ. 84-85, ज़ोर मेरा)

और "इससे परिणाम यह निकलता है कि जो लोग इस्लाम और हिन्दू-धर्म की टक्कर में मध्यकालीन समाज की आशा-निराशा का स्रोत ढूँढ़ते हैं वे उस समय के साहित्यिक आन्दोलनों के सामाजिक आधार का सही-सही पता नहीं लगा सकते।" (पृ. 86)

इस प्रकार अन्ततः द्विवेदीजी के मत के औचित्य की पुष्टि होती है।

दरअसल भारत पर तुर्कों और मुगलों के आक्रमण तथा शासन से जुड़ा हुआ एक और प्रश्न है, जिसे द्विवेदीजी ने तो नहीं उठाया है, लेकिन डॉ. रामविलास शर्मा ने उठाया है और प्रसंगवश उसकी चर्चा आवश्यक है। प्रश्न यह है कि क्या तुर्कों और मुग़लों के आक्रमण तथा शासन के कारण भारतीय समाज में ऐसा कोई उल्लेखनीय परिवर्तन आया जिससे यहाँ का साहित्यिक-सांस्कृतिक जीवन भी प्रभावित हुआ ?

डॉ. रामविलास शर्मा ऐसे किसी प्रकार के परिवर्तन को स्वीकार करने के लिए तैयार नहीं हैं। क. मुं. हिन्दी विद्यापीठ आगरा की 'भारतीय साहित्य' पत्रिका (वर्ष 19, अंक 3-4, जुलाई-अक्तूबर 1974) में प्रकाशित 'भारतीय साहित्य का इतिहास : साहित्य में देशी भाषाओं की प्रतिष्ठा' शीर्षक लेख में तुर्कों के हमले पर हिन्दुत्व-प्रेमी इतिहासकारों की विडम्बनापूर्ण स्थिति पर प्रकाश डालते हुए डॉ. शर्मा लिखते हैं : "इतिहास-लेखक तुर्क आक्रमण-काल को प्राचीन भारत और मध्यकालीन भारत की विभाजक रेखा मानते हैं। ये सब बड़े हिन्दुत्व प्रेमी इतिहासकार हैं। इनसे पूछना चाहिए, यदि तुर्क आक्रमणकारियों की भूमिका क्रान्तिकारी नहीं थी तो एक युग समाप्त कैसे हो गया, दूसरे युग का सूत्रपात कैसे हुआ ? प्राचीन भारत का अवसान और मध्यकालीन भारत का अभ्युदय, इससे अधिक युग-परिवर्तन का स्पष्ट रूप और क्या होगा ? तुर्कों की

धर्मान्धता और क्रूरता को निरन्तर कोसनेवाले ये इतिहासकार अप्रत्यक्ष रूप से उन्हें युग-प्रवर्तक स्वीकार करते हैं। जहाँ तक आधुनिक आर्यभाषाओं के अभ्युदय का प्रश्न है, साहित्य में उनके प्रतिष्ठित होने का प्रश्न है, वहाँ यह स्वीकृति बहुत अप्रत्यक्ष भी नहीं है। डॉ. सुनीतिकुमार चाटुर्ज्या ने लिखा है : ''यदि तुर्क-मुसलमान विजय न हुई होती तो यह सम्भव था कि आधुनिक भारतीय आर्य-लोकभाषाओं का औपचारिक रूप से उद्‌भव तो हो जाता किन्तु लगता है कि गम्भीर साहित्यिक उद्‌देश्यों के लिए उनकी स्वीकृति में विलम्ब होता।'' (इंडो आर्यन एंड हिन्दी, कलकत्ता, 1960, पृ. 103)

इसके बाद भारतीय समाज पर तुर्कों के प्रभाव के विषय में अपना मत व्यक्त करते हुए डॉ. शर्मा कहते हैं : ''जहाँ तक तुर्कों का सम्बन्ध है, ये कबीलों के रूप में संगठित थे और सामन्ती व्यवस्था की प्रारम्भिक मंजिलों से गुज़र रहे थे। भारत में आकर उन्होंने सामन्ती व्यवस्था के बदले गण-व्यवस्था कायम की हो, ऐसा नहीं हुआ। तब उन्होंने कौन सा युग-परिवर्तन किया ? वे यहाँ के सामाजिक ढाँचे में खप गए।''

डॉ. शर्मा का यह कहना सही है कि तुर्कों ने भारत में आकर कोई 'युग-परिवर्तन' नहीं किया; न उन्होंने सामन्तवाद को तोड़कर गण-व्यवस्था कायम की, न पूँजीवादी व्यवस्था। फिर भी प्रश्न यह है कि 'युग परिवर्तन' न सही, कोई और परिवर्तन उनके आने के साथ हुआ या नहीं ? मसलन तकनीकी या प्रौद्योगिकी परिवर्तन ? डॉ. शर्मा का ध्यान इस ओर नहीं गया, लेकिन वे इतिहासकार जो 'हिन्दुत्व-प्रेमी' नहीं हैं, इस समस्या पर निरन्तर शोध कर रहे हैं। प्रोफेसर इरफान हबीब ने 13वीं और 14वीं सदी के सन्दर्भ में 'प्रौद्योगिकीय परिवर्तन और समाज' शीर्षक शोध निबन्ध में ठोस तथ्यों के आधार पर यह दिखलाने का प्रयास किया है कि तुर्कों के शासन के समय भारत में वस्त्र उद्योग, सिंचाई, कागज, चुम्बकीय कुतुबनुमा, समयसूचक उपकरण तथा घुड़सवार सेना प्रौद्योगिकी आदि के क्षेत्रों में उल्लेखनीय विकास हुआ। इन तकनीकी परिवर्तनों के द्वारा सामाजिक ढाँचे में होनेवाले परिवर्तनों की ओर संकेत करते हुए निष्कर्ष स्वरूप प्रोफेसर हबीब ने लिखा है : ''13वीं-14वीं सदी के ये प्रौद्योगिकी परिवर्तन काफी महत्त्वपूर्ण थे। उन्होंने शिल्प और कृषि उत्पादन को बढ़ाया। व्यापारिक गतिविधि को तीव्र किया। इससे वर्ग-सम्बन्धों में भी कुछ परिवर्तन आया होगा। नई तकनीक में कुशल दक्ष कारीगर प्राप्त करने की ललक ने **व्यक्तिगत नौकरी** लागू करने को प्रोत्साहित किया होगा। काग़ज़ के प्रचलन से अखिल भारतीय बाज़ार के विकास में मदद मिली होगी। इत्यादि।'' (मध्यकालीन भारत, मैकमिलन, 1981)

यदि प्रोफेसर हबीब के शोध-निष्कर्ष सही हैं तो स्पष्ट है कि 13वीं-14वीं सदी में तुर्कों के कारण भारतीय समाज के सामन्ती ढाँचे के अन्दर व्यापारी पूँजीवाद के विकास की दिशा में अवश्य ही कुछ उल्लेखनीय परिवर्तन हुए होंगे, जो देर-सवेर सामाजिक-सम्बन्धों को प्रभावित करते हुए सांस्कृतिक-साहित्यिक परिवर्तन के लिए भी पृष्ठभूमि तैयार कर सके होंगे। इन तकनीकी परिवर्तनों की ग़ैर-जानकारी के बावजूद जैसा कि द्विवेदीजी ने 'कबीर' नामक पुस्तक में दिखलाया है, जुलाहे जैसे अनेक दस्तकारों और कारीगरों ने

उस बीच सामूहिक रूप में धर्म-परिवर्तन किया था। इसलिए भारतीय समाज पर तुर्कों और उसके बाद मुगलों के प्रभाव को एकदम नकारना सही नहीं है। इस सन्दर्भ में यह न भूलना चाहिए कि हिन्दुत्व-प्रेम तुर्कों को युग-प्रवर्तक मानने में ही प्रकट नहीं हुआ है, बल्कि उसका एक रूप तुर्कों के प्रभाव का एकदम नकार भी है। इस सन्दर्भ में द्विवेदीजी की 'बारह आना' वाली बात महत्त्वपूर्ण है। उन्होंने इस्लाम के प्रभाव को पूरा का पूरा नहीं नकारा। सिर्फ इतना ही कहा कि तीन-चौथाई समाज वही रहता। इसलिए देखना चाहिए कि वह बचा हुआ 'चार आना' अथवा एक चौथाई क्या है जो इस्लाम के आने का परिणाम है ?

भारत में आनेवाले तुर्कों के बारे में इतना ही कहना काफी नहीं है कि "ये कबीलों के रूप में संगठित थे और सामन्ती व्यवस्था की प्रारम्भिक मंजिलों से गुजर रहे थे।" उनके पास एक व्यवस्थित 'विचारधारा' भी थी और वे अपने राजनीतिक प्रभुत्व के साथ उस 'विचारधारा' के प्रभुत्व की स्थापना के लिए भी प्रयत्नशील थे। भारतीय समाज पर इस 'विचारधारात्मक' अथवा 'सांस्कृतिक' प्रभुत्व स्थापना का क्या प्रभाव पड़ा, इसकी चर्चा भी जरूरी है।

तुर्कों के आक्रमण के इस 'सांस्कृतिक' पक्ष पर द्विवेदीजी ने 'सूर-साहित्य', 'हिन्दी साहित्य की भूमिका', 'कबीर' आदि अनेक पुस्तकों में विचार किया है और थोड़े-बहुत अन्तर के साथ सबमें एक-सी बातें ही कही हैं, किन्तु सबसे सुलझा हुआ रूप 'कबीर' के अन्तर्गत 'भारतीय धर्म साधना में कबीर का स्थान' शीर्षक अध्याय में मिलता है। उल्लेखनीय बात यह है कि "इस्लाम के आने के पहले इस विशाल जनसमूह का कोई एक नाम तक न था। अब उसका नाम 'हिन्दू' पड़ा। हिन्दू अर्थात् भारतीय, अर्थात् गैर-इस्लामी मत। स्पष्ट ही गैर-इस्लामी मत में कई तरह के मत थे।" परन्तु इस विशाल जन-समूह को 'धर्म' के स्तर पर संघबद्ध करने के लिए "स्तूपीभूत शास्त्र वाक्यों की छानबीन से एक बहुत-कुछ मिलता-जुलता **आचार-प्रवण** धर्ममत स्थिर" किया गया। इस प्रकार "हिन्दू को और भी अधिक हिन्दू बना दिया गया।" इस हिन्दू समाज की 'वर्जनशीलता' के कारण वैरागियों, आश्रम-भ्रष्ट गृहस्थों आदि की संख्या बढ़ने लगी। उन दिनों ऐसे लोगों की तादाद काफी थी जो 'ना हिन्दू ना मुसलमान' की स्थिति में थे, जिनमें से कई अन्ततः सामूहिक रूप से मुसलमान हो गए। द्विवेदीजी ने इस बातों की चर्चा करके यह संकेत करना चाहा है कि इस्लाम के आने पर 'सांस्कृतिक' सम्पर्क तथा टकराव के फलस्वरूप एक हद तक सामाजिक सम्बन्धों में भी परिवर्तन आया। निस्सन्देह सामाजिक ढाँचा मूलतः सामन्ती ही रहा, किन्तु ढाँचे पर खड़ी इमारत की अधिरचना में कुछ-न-कुछ परिवर्तन अवश्य हुआ। एक ओर जाति-व्यवस्था में जगह-जगह विशृंखलता के लक्षण दिखाई पड़े तो दूसरी ओर उसे और ज्यादा कठोर बनाने के भी प्रयत्न हुए। भक्तिकाव्य में जहाँ एक ओर इस विसंगतिपूर्ण स्थिति के समाधान का प्रयास है, वहीं इस स्थिति का चित्रण भी मिलता है। सम्भवतः यही वह चौथाई अंश है, जिसके विश्लेषण की प्रक्रिया में द्विवेदीजी को इस्लाम के प्रभाव से अस्पृष्ट परम्परागत

तीन-चौथाई अंश का एहसास हुआ और वे इस निष्कर्ष पर पहुँचे कि इस्लाम और हिन्दू धर्म की टक्कर मध्यकाल के भारतीय समाज का मुख्य अन्तर्विरोध नहीं है और न ही इसे हिन्दी साहित्य के विकास की केन्द्रीय शक्ति ही माना जा सकता है।

फिर वह क्या है जिसकी प्रक्रिया इस्लाम के आने के पहले ही शुरू हो गई थी और उसके बाद भी अबाधित गति से चलती रही ?

'भूमिका' के प्रथम अध्याय 'भारतीय चिन्ता का स्वाभाविक विकास' का उपसंहार करते हुए द्विवेदीजी इस प्रश्न का उत्तर इस प्रकार देते हैं : ''भारतीय पांडित्य ईसा की एक सहस्राब्दी बाद आचार-विचार और भाषा के क्षेत्रों में स्वभावतः ही लोक की ओर झुक गया था। यदि अगली शताब्दियों में भारतीय इतिहास की अत्यधिक महत्त्वपूर्ण घटना अर्थात् इस्लाम का प्रमुख विस्तार न भी घटी होती तो भी वह इसी रास्ते जाता। उसके **भीतर की शक्ति** उसे इसी स्वाभाविक विकास की ओर ठेले लिये जा रही थी।'' (पृ. 15)

इस उद्धरण में 'स्वभावतः' और 'स्वाभाविक' शब्दों का प्रयोग 'प्रभाव' के विरुद्ध 'स्व-भाव' पर बल देने के निमित्त प्रतीत होता है। तात्पर्य यह है कि लोक की ओर शास्त्र का झुकना किसी बाहरी 'प्रभाव' के कारण नहीं, बल्कि भारतीय समाज के 'स्व-भाव' के कारण ही हुआ। 'स्वभावतः' से इस प्रक्रिया का अनायास या स्वतःस्फूर्त ढंग से सम्पन्न होने का भ्रम न होना चाहिए क्योंकि इसके कुछ ही पहले द्विवेदीजी कह आए हैं कि ''ग्यारहवीं-बारहवीं शताब्दी के पंडितों को लोक-जीवन की ओर झुकने को **बाध्य** होना पड़ा था।'' दूसरे शब्दों में लोकशक्ति ने शास्त्र को झुकने के लिए बाध्य किया था। स्पष्ट है कि यह लोकशक्ति ही वह 'भीतर की शक्ति' है जो भारतीय इतिहास को उस विकास की ओर ठेले लिये जा रही थी।

इस प्रकार मध्ययुग के भारतीय इतिहास का मुख्य अन्तर्विरोध शास्त्र और लोक के बीच का द्वन्द्व है, न कि इस्लाम और हिन्दूधर्म का संघर्ष। यदि इस 'शास्त्र-लोक द्वन्द्व' पर किसी मार्क्सवादी पंडित को इसलिए एतराज़ हो कि यह वर्ग-संघर्ष की वैज्ञानिक शब्दावली नहीं है तो उसके परितोष के लिए मार्च 1946 के 'द मॉडर्न क्वार्टर्ली' (जिल्द 1, संख्या 2, लन्दन) में प्रकाशित जान इर्विन के लेख 'द क्लास स्ट्रगिल इन इंडियन हिस्टरी एंड कल्चर' का हवाला देना पर्याप्त है जिसमें उस मार्क्सवादी इतिहासकार ने भारतीय इतिहास के सन्दर्भ में इसी शास्त्रीय ब्राह्मण धर्म और लोक-संस्कृति के संघर्ष को वर्गसंघर्ष के मूल रूप की तरह प्रतिपादित किया है। जान इर्विन के अनुसार भारतीय इतिहास में ''ऐसे समय आते रहे हैं जब आर्य लोग अपनी आत्मसात् कर लेने की प्रवृत्ति को खो देते रहे हैं और परिणाम यह होता था कि ब्राह्मणवादी निरंकुशता पहले से ही आर्थिक दृष्टि से दलित जनता पर निष्ठुरतापूर्वक लाद दी जाती थी। ऐसी परिस्थिति में संकट अनिवार्य था। दलित जन-शक्तियाँ रूढ़िवाद के स्तर के नीचे वेग से संगठित होने लगती थीं और एक खुले विद्रोह की भूमिका तैयार हो जाती थी। बौद्धधर्म का प्रारम्भिक इतिहास, वस्तुतः ऐसा ही था जिसने ब्राह्मणवादी कर्मकांड के विरुद्ध जनव्यापी विद्रोह

का रूप धारण कर लिया था।'' भारतीय इतिहास की इस सामान्य प्रवृत्ति का उल्लेख करने के बाद लेखक ने मध्ययुग के वैष्णव भक्ति आन्दोलन के विशेष सन्दर्भ में लिखा है कि ''ये सम्प्रदाय ब्राह्मण धर्म की अनुदारता के विरुद्ध व्यापक जन-विद्रोह के रूप में जनता द्वारा अपनाए गए। ये आन्दोलन रहस्यवादी प्रकृति के थे और व्यक्ति को जाति तथा रूढ़ियों की परवा किए बिना अपने ढंग से पूर्णता प्राप्त करने का आह्वान करके ब्राह्मणों के पुरोहितवाद को सीधे चुनौती दे रहे थे। इस प्रकार लोक-संस्कृति वह मुख्य माध्यम बन गई जिसके द्वारा यह धार्मिक विद्रोह जनता में फैल गया और कालक्रम से उन आन्दोलनों के समान ही, लोक-संस्कृति उच्चवर्गीय आचारसंहिता की अवज्ञा का साधन बन गई। इसका परिधान हमेशा एक समृद्ध मानववाद रहा जिसमें जीवन की पूर्ण स्वीकृति और ऐन्द्रिय उपभोग का भाव निहित था और इस प्रकार यह भावना तपस्या और उपासना पर बल देनेवाले कट्टरपन्थ के सर्वथा विपरीत थी।'' कहने की आवश्यकता नहीं कि द्विवेदीजी जान इर्विन से छह वर्ष पहले ही 'हिन्दी साहित्य की भूमिका' में इसी प्रकार की स्थापनाएँ कर चुके थे।

शास्त्र और लोक के बीच द्वन्द्व की इस प्रक्रिया का आकलन करते हुए द्विवेदीजी ने भारतीय इतिहास की एक और विशेषता की ओर संकेत किया है, वह यह है कि लोक के दबाव में शास्त्र ने कभी-कभी अपने आपको लचीला बनाकर लोक की बहुत सी विशेषताओं को अन्तर्भुक्त कर लिया। भारत में उच्चवर्ग के इस वैचारिक लचीलेपन और समझौतावादी रुख का ही यह परिणाम हुआ कि हिंसात्मक विद्रोह की स्थितियाँ बहुत कम उत्पन्न हुईं। इस दृष्टि से भारत की प्राचीन मनीषा अन्य देशों के बुद्धिजीवियों से अधिक चतुर और व्यवहारकुशल प्रतीत होती है। किन्तु यदि एक ओर 'शास्त्र' ने झुककर लोक की विशेषताओं को अन्तर्भुक्त किया तो दूसरी ओर शास्त्र-वंचित लोक भी अपने अनुभव-संचित विचार-खंडों को सुसंगत और समृद्ध बनाने के लिए 'शास्त्र' का सहारा लेता रहा है। इस दोहरी प्रक्रिया में कभी-कभी एक ऐसे 'लोकधर्म' का निर्माण हुआ है जो व्यापक जन-विद्रोह के लिए वैचारिक आधार का काम करता रहा है। भारतीय इतिहास के सन्दर्भ में द्विवेदीजी द्वारा प्रस्तुत यह 'लोकधर्म' की अवधारणा निश्चय ही बहुत महत्त्वपूर्ण है।

वैसे तो 'लोकधर्म' शब्द का प्रयोग द्विवेदीजी से पहले शुक्लजी ने भी किया है किन्तु जैसा कि 'तुलसीदास' नामक पुस्तक के 'लोकधर्म' शीर्षक अध्याय से स्पष्ट है, शुक्लजी का 'लोकधर्म' बहुत कुछ वर्णाश्रम धर्म ही है। ''भक्ति के नाम पर वेद-शास्त्रों की निन्दा करनेवाले'' और ''आर्यधर्म के सामाजिक तत्त्व को न समझकर लोगों में वर्णाश्रम धर्म के प्रति अश्रद्धा उत्पन्न करनेवाले'' नीच जातियों के निर्गुणपन्थी भक्तों की जैसी भर्त्सना शुक्लजी ने की है, उससे स्पष्ट है कि शुक्लजी का 'लोकधर्म' वस्तुतः 'आर्य शास्त्रानुमोदित' सनातन धर्म ही है।

इसके विपरीत 'भूमिका' में जब द्विवेदीजी कहते हैं कि ''बौद्धधर्म उत्तरोत्तर **लोकधर्म** में घुल-मिल रहा था'' (पृ. 11) तो स्पष्ट है कि सामान्य जन में प्रचलित टोना, टोटका,

तन्त्र-मन्त्र, मिथक आदि विश्वासों को ही वे लोकधर्म मानते हैं। इसी प्रकार 'सूरदास : प्रेरणा और स्रोत' शीर्षक निबन्ध में वे फिर कहते हैं कि "असल में 'सूरसागर' शास्त्रीय वैष्णव भक्ति शास्त्र से प्रेरणा अवश्य लेता है, पर शास्त्रीय की अपेक्षा **लोकधर्म** के अधिक निकट है।" (ग्रन्थावली 4/152) यहाँ तन्त्र-मन्त्र, टोना, टोटका आदि के अतिरिक्त "लोक में प्रचलित शाक्त देवियों" के उन अनेक रूपों को भी 'लोकधर्म' में समेट लिया गया है जिनका प्रभाव सूर-सागर में वर्णित गोपियों की वहुविधि लीलाओं के रूप में व्यक्त हुआ। कृष्ण-लीला में 'कदम्ब' के फूल का प्रवेश एक ऐसे ही लोकप्रचलित मिथक-विश्वास का उदाहरण है जो 'लोकधर्म' का अंग है। इसी प्रकार निर्गुण-भक्ति साधना के स्रोतों पर विचार करते हुए उन्होंने निरंजन, धर्म-पूजा आदि ऐसे अनेक मिथकों और साधना-पद्धतियों का ज़िक्र किया है जो या तो किसी आदिवासी समाज में प्रचलित थे अथवा नीची समझी जानेवाली किसी जाति के अन्दर उसकी आदिम प्रथा के रूप में अवशिष्ट रह गए थे। उल्लेखनीय है कि संस्कारवश द्विवेदीजी ने इस 'लोकधर्म' के पहले कभी-कभी 'निकृष्ट' शब्द का भी प्रयोग किया है। जब वे यह कहते हैं कि "बौद्ध धर्म उत्तरोत्तर लोकधर्म में घुलमिल रहा था" तो यह वाक्य बौद्धधर्म के अपकर्ष का सूचक है, उत्कर्ष का नहीं।

किन्तु इस पूर्वग्रह से भी अधिक महत्त्वपूर्ण है 'लोकधर्म' की शक्ति का स्वीकार। इस दिमागी खुलेपन का सबूत है 'भूमिका' का यह कथन : "मतों, आचार्यों, सम्प्रदायों और दार्शनिक चिन्ताओं के मानदंड से लोक-चिन्ता को नहीं मापना चाहता बल्कि लोक-चिन्ता की अपेक्षा मैं उन्हें देखने की सिफारिश कर रहा हूँ।" (पृ. 8)

जनसाधारण के जीवन में नाना विश्वासों के रूप में जीवित इस तथाकथित 'लोकधर्म' का महत्त्व इस बात में है कि जनता के असन्तोष को विद्रोह का रूप देने के लिए वैचारिक और भावनात्मक शक्ति की भूमिका यही अदा करता है। द्विवेदीजी के साहित्य में भक्ति आन्दोलन की पूर्व पीठिका के रूप में लोकधर्म की विस्तृत चर्चा का कारण यही है कि वे लोकधर्म को ही भक्ति आन्दोलन की जन्मभूमि मानते हैं। जब वे यह कहते हैं कि "कबीरदास की वाणी वह लता है जो योग के क्षेत्र में भक्ति का बीज पड़ने से अंकुरित हुई थी" तो संकेत यही है कि योग के रूप में लोकधर्म 'क्षेत्र' की भूमिका अदा करता है।

इस प्रकार 'लोकधर्म' साधारण जनों के विद्रोह की विचारधारा है। इसे 'लोकधर्म' कहने का एक कारण तो यह है कि यह उच्चवर्गों के 'शास्त्र' के समान सूक्ष्मातिसूक्ष्म तर्क-पद्धति से सम्पन्न तथा व्यापक विश्वदृष्टि के रूप में विकसित कोई सुसंगत और सुव्यवस्थित 'विचार प्रणाली' नहीं है। दूसरा कारण यह है कि यह पूँजीवादी समाज के बीच निर्मित किसी एक सुनिश्चित वर्गचेतन वर्ग की विचारप्रणाली नहीं, बल्कि सामन्ती युग के असंगठित किसानों और दस्तकारों के विविध वर्गों, उपवर्गों की मिली-जुली भावनाओं का पुंज है। शास्त्रवंचित विविध दलित जातियों और जनसमूह की मानसिक अभिव्यक्ति होने के कारण इस 'लोकधर्म' का अव्यवस्थित और अनिश्चित होना

अनिवार्य है, और इसलिए उच्चवर्गों के शास्त्र की तुलना में वह हीनतर भी प्रतीत हो सकता है किन्तु सिर्फ इसीलिए वह महत्त्वहीन नहीं हो जाता।

जैसा कि द्विवेदीजी ने 'भूमिका' में 'सन्त मत' के प्रसंग में कहा है : "सच पूछा जाय तो शास्त्रज्ञान, तत्त्वज्ञान के मार्ग में सब समय सहायक ही नहीं होता और कभी-कभी तो उस युग की तथोक्त नीच जातियों से आए हुए महापुरुषों का तर्क-जाल से मुक्त होना श्रेयस्कर जान पड़ता है। इन संस्कारों से वंचित रहने के कारण ही वे सब जगह से सहज सत्य को सहज ही ले सकते थे। वे रूढ़ियों और मिथ्या विश्वास के शिकार नहीं हुए। वे उस बेमतलब की निजत्व-बुद्धि के भी शिकार नहीं हुए जो दूसरों की लिखी हुई बात को तोड़-मरोड़कर कहने में दूसरों से ग्रहण करने के महादोष से अपने को मुक्त समझती है।" (पृ. 36)

इस प्रकार परिस्थितिवश शासक वर्ग की विचारधारा के प्रभाव से बहुत कुछ मुक्त रहने के कारण 'लोकधर्म' शास्त्र से हीन प्रतीत होते हुए भी उसका 'विकल्प' बनकर उपस्थित होता है और यही उसकी शक्ति है। लोकधर्म का प्राण उसका विद्रोह है। इसलिए दमनकारी व्यवस्था के विरुद्ध विद्रोह के रूप में खड़े होनेवाले प्रत्येक जनआन्दोलन की शक्ति और सीमा को समझने के लिए उसके द्वारा मान्य ऐसे 'लोकधर्म' का अध्ययन आवश्यक है।

इसीलिए अन्तोनियो ग्राम्शी ने जेल की लम्बी सजा काटते हुए अपनी 'नोट बुक' में इस समस्या पर गहराई से विचार किया। जब कि उन दिनों अधिकांश मार्क्सवादी शासक वर्ग के वैचारिक 'प्रभुत्व' का जवाब देने के लिए मजदूरवर्ग की 'विचार-प्रणाली' के विकास पर जोर दे रहे थे, ग्राम्शी ने किसानों और कारीगरों जैसे 'परम्परित' वर्गों की वैचारिक आवश्यकताओं की ओर ध्यान देने का आग्रह किया। इस दृष्टि से उन्होंने बतलाया कि सामान्य जनों के प्रचलित विचार अपेक्षाकृत सरल और अल्प-संघटित होते हैं, अक्सर वे परस्पर-विरोधी और उलझे हुए भी होते हैं और उनमें लोकवार्ताओं, मिथकों और रोज़मर्रा के लोकप्रचलित अनुभवों का पंचमेल होता है; फिर भी उन विचारों का बहुत महत्त्व है क्योंकि व्यापक जन-आन्दोलन के लिए यही कारगर होते हैं। इस सन्दर्भ में ग्राम्शी ने यह भी कहने का साहस दिखलाया कि मार्क्स द्वारा निरूपित 'आइडियोलोजी' की क्लासिकी अवधारणा इन जन-आन्दोलनों की लोकप्रिय विचारधारा को समझने में बहुत काम की साबित नहीं हो सकती। वस्तुतः किसी जन-विद्रोह की लोकप्रिय विचारधारा का मूल्यांकन 'ऐतिहासिक' दृष्टि से ही उचित है, 'तात्त्विक' दृष्टि से नहीं।

इस दृष्टि से देखने पर स्पष्ट है कि सिद्धों, योगियों, निर्गुण सन्तों और सगुण भक्तों के विचारों में पंडितों ने जो असंगतियाँ दिखाई हैं, वे सर्वथा अनुचित हैं। इस प्रक्रिया में पंडितों की झुँझलाहट, कठिनाई, वेबसी और भर्त्सना भली-भाँति समझ में आ जाती है जब योगियों और भक्तों की विचारधारा परम्परागत वेदान्त की विभिन्न दर्शन प्रणालियों में से किसी के चौखटे में पूरी तरह फिट नहीं आती। इसीलिए आज भी पंडित

मंडली इन प्रश्नों को लेकर असमंजस में पड़ी है कि कबीर का अपना दर्शन क्या था, कुछ था भी या नहीं ? जायसी सूफी मत से कितने प्रभावित थे और यदि थे तो किस सूफी सम्प्रदाय से ? सूरदास के कुछ पद वल्लभाचार्य के पुष्टि मार्ग से क्यों बाहर पड़ते हैं ? तुलसीदास अद्वैतवादी हैं या विशिष्टाद्वैतवादी ? कहने की आवश्यकता नहीं कि ये सारे प्रश्न 'तात्त्विक' समीक्षा की दृष्टि से उत्पन्न हुए हैं और इस दृष्टि में खतरा यह है कि अपने प्रिय सन्त या भक्त में तो श्रम करके किसी तरह संगति बैठा ली जाती है, लेकिन जो पसन्द नहीं है वह अन्ततः भर्त्सना का शिकार होता है। शुक्लजी ने इसी दृष्टि से कबीर के विचारों को खिचड़ी कहा और तुलसी के अद्वैतवादी तथा विशिष्टाद्वैतवादी विचारों में एक संगति ढूँढ़ ली। दूसरी ओर द्विवेदीजी ने कबीर के परस्पर-विरोधी विचारों में भी एक संगति बैठाने का प्रयास किया। इस विवाद में कुछ मार्क्सवादी आलोचकों का रुख विशेष रूप से विचारणीय है, जिन्होंने शुक्लजी का समर्थन करते हुए योगियों के साथ-साथ कबीर के रहस्यवाद की आलोचना की और जायसी के रहस्यवाद में प्रशंसा के लिए अलौकिकता के अन्दर लौकिकता के तत्त्व निकाल लिए। लेकिन जैसा कि ग्राम्शी ने कहा है, प्रश्न इस तथाकथित 'रहस्यवाद' की तात्त्विक समीक्षा का उतना नहीं, जितना 'ऐतिहासिक' समीक्षा का है। रहस्यवाद 'तात्त्विक' दृष्टि से लोकविरोधी और बुद्धिविरोधी होने के कारण एक गलत विचारधारा हो सकती है, किन्तु जरूरी नहीं कि किसी निश्चित ऐतिहासिक सन्दर्भ में भी उसकी वही लोकविरोधी भूमिका हो। यह तथ्य है कि मध्ययुगीन सामन्ती-पुरोहिती उत्पीड़न के वातावरण में विभिन्न देशों के अनेक रहस्यवादी सन्तों ने विद्रोह का झंडा बुलन्द किया और इस तरह के अधिकांश विद्रोही सन्त तत्त्वतः रहस्यवादी ही थे। इसलिए हिन्दी के योगियों और सन्तों के रहस्यवाद का मूल्यांकन भी इसी ऐतिहासिक दृष्टि से समीचीन है।

विचित्र विडम्बना है कि निरन्तर 'तात्त्विक' चिन्तन की चुनौती झेलते हुए भी द्विवेदीजी ने अपने समकालीन अनेक मार्क्सवादी आलोचकों की तुलना में योगियों और सन्तों के रहस्यवाद के मूल्यांकन में अधिक ऐतिहासिक दृष्टि का परिचय दिया। प्रसंगवश, योगियों और सन्तों की जिस विचारधारा को प्रायः 'रहस्यवाद की संज्ञा दी गई, द्विवेदीजी ने प्रायः इस सन्दर्भ में उस शब्द के इस्तेमाल से परहेज किया। अपनी 'लोकधर्म' की अवधारणा के अनुसार उन्होंने योगियों और सन्तों की 'सहज साधना' में किसी प्रकार की रहस्य साधना के स्थान पर एक अनुभवसम्मत विवेकपूर्ण जीवन-दृष्टि के दर्शन किए। 'सहज साधना' (1963) नामक पुस्तक में उन्होंने इस जीवन-दृष्टि का विवेचन करते हुए 'पारख पद' और 'अनभै साँचा' जैसे शब्दों के आधार पर यह दिखलाने की कोशिश की है कि सन्तों का बल अनुभव-सत्य और अनभय-सत्य पर था, इसीलिए वे 'कागद की लेखी' न कहकर 'आँखिन देखी' कहने के विश्वासी थे। इसी कारण वे अपने ज्ञान को 'सुच्छमवेद' कहते थे जो एक तरह से स्थूल वेद के विरुद्ध 'सूक्ष्मवेद' था, किन्तु मूलतः स्वसंवेद्य ज्ञान था। इस अनुभववादी ज्ञानमीमांसा की परिणति अन्ततः

'पारख पद' में होती थी जिसका अर्थ है अनुभव से प्राप्त ज्ञान की बुद्धि द्वारा परीक्षा। यदि यह व्याख्या सही है तो रहस्यवादी कहे जानेवाले सन्त वस्तुतः अनुभववादी और विवेकवादी ठहरते हैं। उन्हें ज्ञानी कहने का कारण भी सम्भवतः यही है। इसी अनुभववाद और विवेकवाद के अस्त्र से उन्होंने जाति-पाँति, छुआछूत और ऊँच-नीच के भेदभाव पर चोट की थी। कहने की आवश्यकता नहीं कि यह अनुभवसम्मत विवेकवाद 'लोकधर्म' का सहज स्वभाव है।

लोकधर्म की प्रकृति की सही पहचान के कारण ही द्विवेदीजी को यह घोषित करने में कोई हिचक नहीं हुई कि भक्ति आन्दोलन विराट 'जन-आन्दोलन' था। (भूमिका, पृ. 57) इसीलिए वे हिन्दी साहित्य का 'वास्तविक आरम्भ' भक्ति आन्दोलन से मानते हैं, न कि औरों की तरह तथाकथित वीरगाथाओं से। इस तरह वे विद्यापति की समस्या का भी समाधान ढूँढ़ लेते हैं, जिन्हें आचार्य शुक्ल ने वीरगाथा काल के फुटकल खाते में डाल रखा था। विद्यापति असन्दिग्ध रूप से आधुनिक भाषाओं में 'लिरिक' के पहले महान कवि थे। अब यदि ऐसा कवि साहित्यिक इतिहास के अन्तर्गत एक काल के फुटकल खाते में स्थान पाए तो क्या उस काल-विभाजन का समूचा सिद्धान्त ही सन्दिग्ध नहीं हो जाता ? द्विवेदीजी की दृष्टि में विद्यापति संक्रमण काल के ऐसे महत्त्वपूर्ण कवि हैं जिनका एक पाँव अपनी अवहट्ट कृति 'कीर्तिलता' के कारण आदिकाल में है तो दूसरा देशी भाषा में लिखित राधाकृष्ण लीला के सरस पदों की 'पदावली' के कारण भक्ति काव्य में। इस प्रकार द्विवेदीजी की इतिहास-योजना में विद्यापति हिन्दी साहित्य की प्राणधारा के मुख्य प्रवाह में हैं।

किन्तु साहित्य की प्राणधारा के साथ एक समस्या यह उठती है कि प्राणधारा के अन्तर्गत अनेक अन्तर्धाराएँ होती हैं जिनमें परस्पर सहभाव के साथ कभी-कभी टकराव की भी सम्भावना होती है। सवाल इन अन्तर्धाराओं के पारस्परिक सम्बन्धों के निर्धारण और सापेक्षिक मूल्यांकन का है। उदाहरण के लिए द्विवेदीजी ने जहाँ 'भूमिका' के अन्तर्गत 'मध्ययुग के सन्तों का सामान्य विश्वास' निरूपित करके भक्ति आन्दोलन के समान तत्त्वों पर बल दिया है, वहीं अगले अध्याय में 'भक्तिकाल के प्रमुख कवियों के विधेयात्मक पक्षों का ही उल्लेख है, फिर भी तारतमिक दृष्टि से देखने पर यह बात छिपी नहीं रहती कि द्विवेदीजी की दृष्टि में निर्गुण भक्ति के कवियों के सामाजिक विचार अधिक प्रगतिशील थे। यह मत स्पष्टतः आचार्य शुक्ल की स्थापनाओं के विरुद्ध हैं जिनके अनुसार निर्गुण भक्त लोक-विरोधी थे और सगुण भक्त लोक-संग्रही और उनमें भी सूरदास में केवल लोकरंजन का पक्ष ही आ सका। कहने की आवश्यकता नहीं कि शुक्लजी के समर्थक बड़े-से-बड़े प्रगतिशील आलोचक के लिए भी शुक्लजी की इन स्थापनाओं से पूरी तरह सहमत होना कठिन है। ऐसी हालत में इधर अक्सर कहा जाने लगा है कि भक्ति आन्दोलन के अन्तर्गत अन्तर्विरोधों का प्रश्न न उठाकर समान तत्त्वों पर बल देना ही उचित है।

इसी तरह देखा जाय तो छायावाद के कवियों में भी जितनी समानताएँ हैं उतनी

असमानताएँ नहीं और कुछ लोगों की दृष्टि में अज्ञेय-मुक्तिबोधवाली सम्मिलित नई कविता के आन्दोलन की भी स्थिति बहुत कुछ समान ही होगी। फिर भी यह तथ्य है कि छायावाद तथा नई कविता में निहित अन्तर्विरोधों का उल्लेख किया जाता है। फिर भक्ति आन्दोलन के अन्तर्विरोधों पर ही परदा क्यों डाला जाय ? इस प्रसंग में मई 1955 की 'नई दिशा' में प्रकाशित गजानन माधव मुक्तिबोध का निबन्ध 'मध्ययुगीन भक्ति-आन्दोलन का एक पहलू' अत्यन्त महत्त्वपूर्ण है। मुक्तिबोध की मुख्य स्थापना यह है कि निचली जातियों के बीच से पैदा होनेवाले सन्तों के द्वारा निर्गुण भक्ति के रूप में भक्ति आन्दोलन एक क्रान्तिकारी आन्दोलन के रूप में पैदा हुआ किन्तु आगे चलकर ऊँची जातिवालों ने इसकी शक्ति को पहचानकर इसे अपनाया और क्रमशः उसे अपने विचारों के अनुरूप ढालकर कृष्ण और राम की सगुण भक्ति का रूप दे डाला जिससे उसके क्रान्तिकारी दाँत उखाड़ लिये गए। इस प्रक्रिया में कृष्णभक्ति में तो कुछ क्रान्तिकारी तत्त्व बचे रह गए लेकिन रामभक्ति में जाकर तो रहे-सहे तत्त्व भी गायब हो गए। अपने मत की पुष्टि में उन्होंने ये प्रश्न उठाए हैं : "क्या यह एक महत्त्वपूर्ण तथ्य नहीं है कि रामभक्ति शाखा के अन्तर्गत, एक भी प्रभावशाली और महत्त्वपूर्ण कवि निम्नजातीय शूद्र वर्गों से नहीं आया ! क्या यह एक महत्त्वपूर्ण तथ्य नहीं है कि कृष्णभक्ति शाखा के अन्तर्गत रसखान और रहीम जैसे हृदयवान मुसलमान कवि बराबर रहे आए, किन्तु रामभक्ति शाखा के अन्तर्गत एक भी मुसलमान और एक भी शूद्र कवि, प्रभावशाली और महत्त्वपूर्ण रूप से अपनी काव्यात्मक प्रतिभा विशद नहीं कर सका ? ...क्या कारण है कि तुलसीदास भक्ति आन्दोलन के प्रधान (हिन्दी क्षेत्र में) अन्तिम कवि थे ?" (नई कविता का आत्मसंघर्ष तथा अन्य निबन्ध, पृ. 90-91)

इन प्रश्नों के उत्तर इसी धारणा की ओर ले जाते हैं कि इन सबके लिए भक्ति आन्दोलन पर उच्चवंशी उच्चजातीय वर्गों का प्रभुत्व जिम्मेदार है और अन्ततः भक्ति आन्दोलन की शिथिलता तथा समाप्ति के लिए भी वही दोषी है। इस विवेचन से भक्तिकाल के बाद रीतिकाव्य के उदय का कारण भी स्पष्ट हो जाता है। यदि आरम्भ के शास्त्र-निरपेक्ष निर्गुण काव्य की शास्त्र-सापेक्ष सगुण परिणति की ओर ध्यान दें तो शास्त्रीयतावाद के पुनरुत्थान के रूप में रीतिकाव्य के प्रसार की भी संगति लग जाती है।

इस सन्दर्भ में द्विवेदीजी द्वारा बार-बार दोहराया जानेवाला यह फिकरा विचारणीय हो जाता है कि एक बार शास्त्र का सहारा पाकर यह मत इस सिरे से उस सिरे तक फैल गया। यह बात उन्होंने कबीर के सन्दर्भ में भी कही है और सूर के सन्दर्भ में भी, यही नहीं बल्कि रीतिकाव्य के सन्दर्भ में भी उन्होंने 'भूमिका' में यही लिखा है कि "इस विशेष काल में जब शास्त्रचिन्ता लोकचिन्ता का रूप धारण करने लगी थी, वह पुरानी लोक काव्यधारा शास्त्रीय मत के साथ मिलकर देखते-देखते विशाल रूप ग्रहण कर गई।" (पृ. 125) यदि शास्त्र की सहायता को प्रचार-प्रसार के लिए उपयोगी मान भी लें तो इससे यह प्रमाणित नहीं होता कि शास्त्र का प्रभाव लोकधर्म के लिए घातक नहीं है।

निर्गुण सन्तों की चर्चा के प्रसंग में द्विवेदीजी जिस प्रकार उनका शास्त्र-वंचित होना शुभ समझते हैं, उससे स्पष्ट है कि वे शास्त्रों के घातक प्रभाव से भलीभाँति परिचित हैं, फिर भी यदि अन्य प्रसंगों में उस बात को भूल जाते हैं तो इसे प्राणधारा के वेग का ही फल कहा जाएगा। शायद यही वजह है कि जितने विश्वसनीय ढंग से वे हिन्दी साहित्य की प्राणधारा का दिग्दर्शन कराते हैं, अन्तर्धाराओं के अन्तर्विरोध का निरूपण उतनी स्पष्टता से करते प्रतीत नहीं होते। शायद इसका एक कारण यह हो कि कम-से-कम भक्ति आन्दोलन में उत्तरोत्तर शास्त्र का सहारा लेनेवाली कृतियाँ साहित्यिक दृष्टि से श्रेष्ठतर होती गईं। यह भी एक विरोधाभास है कि शास्त्र-सम्वलित होकर साहित्य जिस मात्रा में सामाजिक दृष्टि से लोक-विमुख तथा लोक-विरोधी विचारों की ओर विचलित होता गया, काव्य-भाषा तथा काव्य-कला की दृष्टि से उसी मात्रा में समृद्धतर होता गया। कबीर से चलकर क्रमशः जायसी, सूर और तुलसी तक के विकास का मूल्यांकन इस दृष्टि से रोचक हो सकता है। किन्तु यह प्रश्न न तो मुक्तिबोध ने उठाया है और न द्विवेदीजी ने ही, इसलिए महत्त्वपूर्ण होते हुए भी प्रस्तुत प्रसंग में इसकी चर्चा अप्रासंगिक होगी।

[1982]

संस्कृति और सौन्दर्य

'अशोक के फूल' केवल एक फूल की कहानी नहीं, भारतीय संस्कृति का एक अध्याय है; और इस अध्याय का अनंगलेख पढ़नेवाले हिन्दी में पहले व्यक्ति हैं हजारीप्रसाद द्विवेदी। पहली बार उन्हें ही यह अनुभव हुआ कि ''एक-एक फूल, एक-एक पशु, एक-एक पक्षी न जाने कितनी स्मृतियों का भार लेकर हमारे सामने उपस्थित है। अशोक की भी अपनी स्मृति-परम्परा है। आम की भी है, बकुल की भी है, चम्पे की भी है। सब क्या हमें मालूम है ? जितना मालूम है उसी का अर्थ क्या स्पष्ट हो सका है ?'' अब तो खैर हिन्दी में फूलों पर 'ललित' लेख लिखनेवाले कई लेखक निकल आए हैं, लेकिन कहने की आवश्यकता नहीं कि 'अशोक के फूल' आज भी अपनी जगह है। कालिदास के प्रेमी पंडितों को पहली बार इस रहस्योद्घाटन से अवश्य ही धक्का लगा होगा कि जिस कवि को वे अब तक अपनी आर्य संस्कृति का महान् गायक समझते आ रहे थे वह गन्धर्व, यक्ष, किन्नर आदि आर्येतर जातियों के विश्वासों और सौन्दर्य-कल्पनाओं का सबसे अधिक ऋणी है। वैसे तो भारत को 'महामानव सागर' कहनेवाले रवीन्द्रनाथ ठाकुर एक अरसे से यह बतलाते आ रहे थे कि जिसे हम हिन्दू रीतिनीति कहते हैं वह अनेक आर्य और आर्येतर उपादानों का मिश्रण है, किन्तु यही सन्देश 'अशोक के फूल' के माध्यम से आया तो उसकी चोट कुछ और ही थी। क्या इसलिए कि यह मनोजन्मा कन्दर्प के धनुष से छूटा है ? फूल की मार कितनी गहरी हो सकती है इसका एहसास कराने के लिए 'अशोक के फूल' के ये दो वाक्य काफी हैं : ''देश और जाति की विशुद्ध संस्कृति केवल बात की बात है। सबकुछ में मिलावट है, सबकुछ अविशुद्ध है।'' और सच कहा जाए तो आर्य संस्कृति की शुद्धता के अहंकार पर चोट करने के लिए ही 'अशोक के फूल' लिखा गया है, प्रकृति-वर्णन करने के लिए नहीं। यह निबन्ध द्विवेदीजी के शुद्ध पुष्प-प्रेम का प्रमाण नहीं, बल्कि संस्कृति-दृष्टि का अनूठा दस्तावेज है।

अब तो भारत की 'सामासिक संस्कृति' की दिन-रात माला जपनेवाले बहुतेरे हो गए हैं। दिनकरजी ने तो 'संस्कृति के चार अध्याय' नाम से एक विशाल ग्रन्थ ही लिख डाला; किन्तु जैसा कि अज्ञेय ने लिखा है : ''काव्य की पड़ताल में तो दिनकर 'शुद्ध' काव्य की खोज में लगे थे, लेकिन संस्कृति की खोज में उनका आग्रह 'मिश्र संस्कृति' पर ही था—**चार अध्याय** भारतीय संस्कृति की मिश्रता को ही उजागर करने का प्रयत्न है, उसकी संग्राहकता को नहीं। संस्कृति का चिन्तन करनेवाले किसी भी विद्वान के सामने यह बात

स्पष्ट होनी चाहिए कि संस्कृतियाँ प्रभाव ग्रहण करती हैं, अपने अनुभव को समृद्धतर बनाती हैं, लेकिन यह प्रक्रिया मिश्रण की नहीं है। संस्कार नाम ही इस बात को स्पष्ट कर देता है। यह मानना कठिन है कि संस्कृति की यह परिभाषा दिनकर की जानी हुई नहीं थी; उनका जीवन भी कहीं उस मिश्रता को स्वीकार करता नहीं जान पड़ता था, जिसकी वकालत उन्होंने की। तब क्या यह सन्देह संगत नहीं कि उनकी अवधारणा एक वकालत ही थी, दृष्टि का उन्मेष नहीं ? और अगर वकालत ही थी तो उनका मुवक्किल क्या समकालीन राजनीति का एक पक्ष ही नहीं था, जिसके सांस्कृतिक कर्णधार स्वयं भी मिश्रता का सिद्धान्त नहीं मानते थे, लेकिन अपनी स्थिति दृढ़तर बनाने के लिए उसे अपना रहे थे ?" (स्मृतिलेखा, पृ. 118)

इस 'मिश्र संस्कृति' की राजनीति से द्विवेदीजी कितने अलग थे, इसका प्रमाण यह है कि स्वाधीनताप्राप्ति के बाद जब से राष्ट्रीय स्तर पर अनुमोदित और प्रोत्साहित नीति के रूप में 'सामाजिक संस्कृति' का बोलबाला हुआ, द्विवेदीजी ने इस विषय पर लिखना लगभग बन्द कर दिया। स्पष्ट है कि वे 'मिश्र संस्कृति' के वकील न थे और न एक वकील की तरह अपने पक्ष के लिए इतिहास से तथ्य बटोरने ही गए थे। उन्होंने तो उस अनुभूति को वाणी दी जो अपने अतीत के साहित्य को पढ़ते और कलाकृतियों को देखते समय अन्तर्तम में उठी थी; और इस बात से तो सम्भवतः अज्ञेय भी इनकार न करेंगे कि द्विवेदीजी के लिए वह एक अमूर्त बौद्धिक 'अवधारणा' नहीं थी, बल्कि 'दृष्टि का उन्मेष' था। इसीलिए जब द्विवेदीजी कहते हैं कि "सबकुछ अविशुद्ध है", तो तुरन्त बाद यह भी जोड़ते हैं कि "शुद्ध है केवल मनुष्य की जिजीविषा। वह गंगा की अबाधित-अनाहत धारा के समान सबकुछ को हजम करने के बाद भी पवित्र है !"

इस सन्दर्भ में उल्लेखनीय है कि अज्ञेय जहाँ संस्कृति की केवल 'संग्राहकता' की हिमायत करते हैं, वहाँ द्विवेदीजी 'त्याग' का ज़िक्र करना नहीं भूलते। 'अशोक के फूल' में ही, उसी अनुच्छेद के अन्तर्गत एक द्रष्टा की तरह "मानवजाति की दुर्दम-निर्मम धारा के हजारों वर्ष का रूप साफ़" देखते हुए वे कहते हैं : "मनुष्य की जीवनी-शक्ति बड़ी निर्मम है, वह सभ्यता और संस्कृति के वृथा मोहों को रौंदती चली आ रही है। न जाने कितने धर्माचारों, विश्वासों, उत्सवों और व्रतों को धोती-बहाती यह जीवनधारा आगे बढ़ी है। संघर्षों से मनुष्य ने नई शक्ति पाई है। हमारे सामने समाज का आज जो रूप है वह न जाने कितने **ग्रहण** और **त्याग** का रूप है।"

इसलिए द्विवेदीजी के सामने योजनाबद्ध रूप से एक 'मिश्र संस्कृति' तैयार करने की समस्या नहीं है, समस्या यह है कि "आज हमारे भीतर जो मोह है, संस्कृति और कला के नाम पर जो आसक्ति है, धर्माचार और सत्यनिष्ठा के नाम पर जो जड़िमा है" उसे किस प्रकार ध्वस्त किया जाय ?

इस दृष्टि से यदि दिनकर की 'मिश्र संस्कृति' की एक राजनीति है तो अज्ञेय की संस्कार-धर्मी संग्राहक संस्कृति भी किसी और राजनीति के अनुषंग से बच नहीं जाती। जब वे कहते हैं कि संस्कृतियाँ प्रभाव ग्रहण करती हैं, अपने अनुभव को समृद्धतर बनाती

हैं तो उसमें एक 'मूल संस्कृति' का अस्तित्व पहले ही से स्वीकार कर लिया गया है जो किसी प्रभाव से पहले 'विशुद्ध' है। आकस्मिक नहीं है कि अज्ञेय द्वारा स्थापित वत्सल निधि की 'हीरानन्द शास्त्री स्मारक व्याख्यानमाला' के प्रथम आयोजन में प्रकाशित 'भारतीय परम्परा के मूल स्वर' में डॉ. गोविन्दचन्द्र पांडे भी लगभग ऐसे ही शब्दों में 'सामासिक संस्कृति' का विरोध करते हैं। डॉ. पांडे यह स्वीकार करते हैं कि ''विज्ञान, प्रविधि और भौतिक उपादानों के स्तर पर नाना समाजों में आदान-प्रदान अनायास और चिरपरिचित है; (और) इन साधनों का उपयोग समाज को प्रभावित करता है।'' किन्तु इसके साथ ही वे यह भी मानते हैं कि ''अतर्क्य भावों, अनुभूतियों और आध्यात्मिक उपलब्धियों के स्तर पर संस्कृतियों का वास्तविक मिलन अत्यन्त कठिन होता है।'' (पृ. 18-19) कुल मिलाकर ''इस विमर्श का निष्कर्ष यह है कि भारतीय संस्कृति की तथाकथित सामासिकता वास्तव में सभ्यता के क्षेत्र में ही लागू होती है और इस क्षेत्र में वह भारत की कोई विशेषता नहीं है।'' (पृ. 20)

सवाल यह है कि 'सभ्यता' और 'संस्कृति' की जिन दो यूरोपीय अवधारणाओं को डॉ. पांडे ने भारत की संस्कृति के विवेचन के लिए अपनाया है, उनका सम्बन्ध 'सभ्यता' से है या संस्कृति से ? आदान-प्रदान यदि सभ्यता के ही क्षेत्र में सम्भव होता है तो फिर भारतीय चिन्तन में ये पाश्चात्य अवधारणाएँ कैसे शामिल हो गईं ? वस्तुतः अवधारणा के रूप में 'संस्कृति' को स्वीकार करने के साथ ही डॉ. पांडे ने यह स्वीकार कर लिया कि संस्कृति के क्षेत्र में भी आदान-प्रदान होता है। फिर भी जिस तरह ''राष्ट्रीय स्तर पर अनुमोदित और प्रोत्साहित सामासिक संस्कृति'' का विरोध डॉ. पांडे ने किया है उसे किसी अन्य पक्ष की राजनीति की वकालत न मानना अज्ञेय के लिए भी कठिन होगा। तर्क वही है जिसका इस्तेमाल उन्होंने दिनकर के सन्दर्भ में किया है। यदि दिनकर की 'सामासिक संस्कृति' का सम्बन्ध राजनीति के एक पक्ष से है तो स्वयं अज्ञेय और गोविन्दचन्द्र पांडे की 'शुद्ध संस्कृति' का सम्बन्ध भी राजनीति के दूसरे पक्ष से जोड़ा जा सकता है। शुद्ध होने से ही वह राजनीति से मुक्त नहीं हो जाती।

द्विवेदीजी की दृष्टि में संस्कृति का यह आग्रह भी एक प्रकार का 'मोह' है जो बाधा उपस्थित करता है। संस्कृति में निहित जिस 'संस्कार' की ओर अज्ञेय ने संकेत किया है, उसकी अर्थवत्ता से द्विवेदीजी अपरिचित हैं, यह तो स्वयं अज्ञेय भी न स्वीकार करेंगे; फिर भी उन्हें यह देखकर आश्चर्य न होना चाहिए कि उन्होंने अक्सर इस 'संस्कार' को भी बाधा माना है। लखनऊ विश्वविद्यालय के 'साहित्य का मर्म' (1948) शीर्षक व्याख्यानों में उनका ज़ोर इसी बात पर है कि विवेक के परिष्करण के लिए किए गए संस्कार भी काल पाकर किसी नए सृजन के ग्रहण के लिए बाधा बन जाते हैं। कहते हैं : '' 'संस्कार' शब्द का प्रयोग करते समय मुझे थोड़ा संकोच ही हो रहा है। संस्कार शब्द अच्छे अर्थ में ही प्रयुक्त होता है, परन्तु मनुष्य स्वभाव से ही प्राचीन के प्रति श्रद्धापरायण होता है और प्राचीनकाल से सम्बद्ध होने के कारण कुछ ऐसी धारणाओं को श्रद्धा की दृष्टि से देखने लगता है जो जब शुरू हुई होंगी तो निश्चय ही उपयोगी

रही होंगी परन्तु बाद में उनकी उपयोगिता घिस गई और वे रूढ़ि मात्र रह गईं। ऐसे संस्कार सब समय वृहत्तर मानव पट भूमिका पर खरे नहीं उतरते।'' इन कालगत संस्कारों की चर्चा करने के बाद वे उन देशगत और जातिगत संस्कारों की ओर भी संकेत करते हैं जो ''अन्य देश और अन्य जाति के विश्वासों पर आधारित साहित्य को समझने में बाधक होते हैं।'' प्रसंग यद्यपि साहित्य का है फिर भी संस्कार की यह भूमिका संस्कृति के क्षेत्र में भी स्वीकार की जा सकती है। इस प्रकार स्पष्ट है कि संस्कार के उल्लेख मात्र से संस्कृति के क्षेत्र में दृष्टिगत होनेवाली संकीर्णता का परिहार नहीं हो जाता। 'संस्कार' की प्रक्रिया अन्ततः संस्कृति के क्षेत्र में उस शुद्धीकरण की ओर ले जाती है जिसकी परिणति **वर्जनशीलता** में होती है—यह वही 'वर्जनशीलता' है जिस पर भारतीय संस्कृति के बहुत से हिमायतियों को अभिमान है। 'हमारे यहाँ' वाला ब्रह्मास्त्र इस वर्जनशील अहंकार की उपज है, जिसका मुकाबला द्विवेदीजी को अक्सर करना पड़ता था।

बहुत क्लेश होने पर ही 'हिन्दी साहित्य की भूमिका' के उपसंहार में उन्होंने लिखा : ''आए दिन श्रद्धापरायण आलोचक यूरोपियन मतवादों को धकिया देने के लिए भारतीय आचार्य-विशेष का मत उद्धृत करते हैं और आत्मगौरव के उल्लास से घोषित कर देते हैं कि 'हमारे यहाँ' यह बात इस रूप में मानी या कही गई है। मानो भारतवर्ष का मत केवल वही एक आचार्य उपस्थापित कर सकता है, मानो भारतवर्ष के हजारों वर्ष के सुदीर्घ इतिहास में नाम लेने योग्य एक ही कोई आचार्य हुआ है, और दूसरे या तो हैं ही नहीं, या हैं भी तो एक ही बात मान बैठे हैं। यह रास्ता ग़लत है। किसी भी मत के विषय में भारतीय मनीषा ने गड्डलिका-प्रवाह की नीति का अनुसरण नहीं किया है। प्रत्येक बात में ऐसे बहुत से मत पाए जाते हैं जो परस्पर एक दूसरे के विरुद्ध पड़ते हैं।'' (पृ. 129)

पंडितों की समझ का यह इकहरापन द्विवेदीजी की दृष्टि में एक बड़ी बाधा है। इस संकीर्ण इकहरेपन के खिलाफ़ संघर्ष करते हुए उन्होंने भारतीय संस्कृति की विविधता, जटिलता, परस्पर विरोधी जीवन्तता और समृद्धि का पुनः सृजन किया। भारतीय संस्कृति के अन्तर्गत आर्येतर जातियों के अवदान की उल्लसित चर्चा का कारण यही है। यदि इस प्रयास में कहीं आर्य-श्रेष्ठता के अहंकार को ठेस लगती है तो द्विवेदीजी इस बात से चिन्तित नहीं दिखते। वस्तुतः यह दूसरी परम्परा की खोज का प्रयास है जिसका प्रयोजन मुख्यतः पंडितों की इकहरी परम्परा की संकीर्णता का निदर्शन है।

प्रसंगवश द्विवेदीजी के इस प्रयास की एक परम्परा हिन्दी में पहले से दिखाई पड़ती है। एक दशक पहले जयशंकर प्रसाद को भी ऐसे ही भारत-व्याकुल लोगों से पाला पड़ा था, जिनके जवाब में कवि को 'काव्य और कला' तथा 'रहस्यवाद' आदि निबन्ध लिखने पड़े थे। नए काव्य-प्रयोगों की 'प्रतिक्रिया के रूप में' उन्हें भी 'भारतीयता की दुहाई' सुनाई पड़ी थी। 'काव्य और कला' निबन्ध का आरम्भ ही इस प्रकार होता है कि 'भारतीय वाङ्मय की' ''सुरुचि-सम्बन्धी विचित्रताओं को बिना देखे ही अत्यन्त शीघ्रता

में आजकल अमुक वस्तु अभारतीय है अथवा भारतीय संस्कृति की सुरुचि के विरुद्ध है, कह देने की परिपाटी चल पड़ी है।" प्रसाद ने भी यह लक्षित किया था कि "ये सब भावनाएँ साधारणतः हमारे विचारों की **संकीर्णता** से और प्रधानतः अपनी **स्वरूप-विस्मृति** से उत्पन्न हैं।" यह संकीर्णता और स्वरूप-विस्मृति अपनी परम्परा के ऐतिहासिक और वैज्ञानिक विवेचन से ही दूर हो सकती है। किन्तु प्रसाद ने अनुभव किया कि "इसका ऐतिहासिक और वैज्ञानिक विवेचन होने की सम्भावना जैसी पाश्चात्य साहित्य में है, वैसी भारतीय साहित्य में नहीं। उनके पास अरस्तू से लेकर वर्तमान काल तक की सौन्दर्यानुभूति-सम्बन्धिनी विचारधारा का क्रमविकास और प्रतीकों के साथ-साथ उनका इतिहास तो है ही, सबसे अच्छा साधन उनकी अविच्छिन्न सांस्कृतिक एकता भी है। हमारी भाषा के साहित्य में वैसा सामंजस्य नहीं है। बीच-बीच में इतने अभाव या अन्धकार-काल हैं कि उनमें कितनी ही विरुद्ध संस्कृतियाँ भारतीय रंग स्थल पर अवतीर्ण और लोप होती दिखाई देती हैं; जिन्होंने हमारी सौन्दर्यानुभूति के प्रतीकों को अनेक प्रकार से विकृत करने का ही उद्योग किया है।"

अपनी परम्परा में इस अभाव और अन्धकार-काल के बावजूद प्रसाद ने 'रहस्यवाद' शीर्षक निबन्ध में सौन्दर्यानुभूति की परम्परा को पुनर्निर्मित करने का प्रयास किया। इस परम्परा का आरम्भ भी ऋग्वेद से ही होता है, किन्तु यह आर्यजन की वह परम्परा है जिसके प्रतिनिधि इन्द्र हैं और जिसमें 'काम' की पूर्ण स्वीकृति है। वह वरुण के अधिनायकत्व में विकसित होनेवाली असुर परम्परा से सर्वथा भिन्न है जो विधि-विधान और विवेक को विशेष महत्त्व देती थी। प्रसाद ने इन दोनों परस्पर-विरोधी परम्पराओं के विकास की मनोरंजक रूपरेखा प्रस्तुत की है और कहने की आवश्यकता नहीं कि उनकी दृष्टि में जीवन में 'काम' को पूर्णतः स्वीकार करके चलनेवाली आनन्दवादी परम्परा ही मुख्य है अथच काम्य भी।

किसी प्रकार की प्रतिक्रिया प्राप्त न होने के कारण यह कहना कठिन है कि द्विवेदीजी प्रसाद द्वारा निरूपित आनन्दवादी परम्परा से किस हद तक परिचित थे, किन्तु तत्त्वतः यह वही परम्परा है जिसका श्रेय वे गन्धर्व, नाग, द्रविड़ आदि आर्येतर जातियों को देते हैं। 'विचार और वितर्क' (1945) में संकलित अपने एक आरम्भिक निबन्ध 'हमारी संस्कृति और साहित्य का सम्बन्ध' में लिखा है कि "सबसे अधिक आर्येतर-संश्रव साहित्य और ललित कलाओं के क्षेत्र में हुआ है। अजन्ता में चित्रित, साँची, भरहुत आदि में उत्कीर्ण चित्र और मूर्तियाँ आर्येतर सभ्यता की समृद्धि के परिचायक हैं। महाभारत और कालिदास के काव्यों की तुलना करने में जान पड़ेगा कि दोनों दो चीज़ें हैं। एक में तेज है, दृप्तता है और अभिव्यक्ति का वेग है, तो दूसरे में लालित्य है, माधुर्य है और व्यंजना की छटा है। महाभारत में आर्य उपादान अधिक है, कालिदास के काव्यों में आर्येतर। जिन लोगों ने भारतीय शिल्पशास्त्र का अनुशीलन किया है, वे जानते हैं कि भारतीय शिल्प में कितने आर्येतर उपादान हैं और काव्यों तथा नाटकों में उनका कैसा अद्भुत प्रभाव पड़ा है। पता चला है कि साँची, भरहुत आदि के चित्रकार यक्षों और नागों

की पूजा करनेवाली एक सौन्दर्य-प्रिय जाति थी, जो सम्भवतः उत्तर भारत से लेकर असम तक फैली हुई थी। बहुत सी ऐसी बातें कालिदास आदि कवियों ने इन सौन्दर्य-प्रेमी जातियों से ग्रहण कीं, जिनका पता आर्यों को न था। कामदेव और अप्सराएँ उनकी देव-देवियाँ हैं, सुन्दरियों के पदाघात से अशोक का पुष्पित होना उनके घर की चीज़ है, अलकापुरी उनका स्वर्ग है—इस प्रकार की अन्य अनेक बातें उनसे और उन्हीं की तरह अन्यान्य आर्येतर जातियों से महाकवि ने ली हैं।'' इसी क्रम में आगे भरत मुनि के नाट्यशास्त्र के बारे में भी, उसके आर्यों की विद्या न माननेवाले मत का ज़िक्र करते हुए कहते हैं : ''शुरू में एक कथा में बताया गया है कि ब्रह्मा ने नाट्यवेद नामक पाँचवें वेद की सृष्टि की थी। अगर आर्यों के वेदों से इसका कुछ भी सम्बन्ध होता तो पंडितों का अनुमान है, इस कथा की जरूरत न हुई होती। वास्तव में भारतीय नाटक पहले केवल अभिनय के रूप में ही दिखाए जाते थे। उनमें भाषा का प्रयोग करना आर्य संशोधन या परिवर्धन है।'' (प्रथम संस्करण, पृ. 186-87) आर्येतर अवदान की इस सूची में यदि 'भक्ती द्राविड़ ऊपजी' और आभीरों के आराध्यवदेव बालकृष्ण तथा देवी राधा को जोड़ लें तो हमारी परम्परा में सुन्दर माना जानेवाला ऐसा कुछ भी नहीं बचता जो आर्येतर न हो ! एक भक्तिकाव्य को छोड़कर प्रसाद और हजारीप्रसाद द्विवेदी में इस बात को लेकर कोई मतभेद नहीं है कि क्या-क्या सुन्दर है ? अन्तर केवल यह है कि प्रसाद जिसे आर्यों के एक समुदाय की परम्परा कहते हैं, हजारीप्रसाद द्विवेदी उसे ही विभिन्न आर्येतर जातियों का अवदान मानते हैं। फिर भी एक बात में उभयत्र समानता है कि हमारी परम्परा में जो भी सुन्दर है वह आर्य नाम से प्रचारित मिथक से भिन्न है। इस मिथकीय आर्य से इतनी चिढ़ इसलिए है कि इसके ध्वजाधारियों को 'सुन्दर' से परहेज है। जैसा कि प्रसाद ने 'रहस्यवाद' शीर्षक निबन्ध में स्पष्ट लिखा है : ''आनन्द पथ को उनके कल्पित भारतीयोचित विवेक में सम्मिलित कर लेने से आदर्शवाद का ढाँचा ढीला पड़ जाता है। इसलिए वे इस बात को स्वीकार करने में डरते हैं कि जीवन में यथार्थ वस्तु आनन्द है, ज्ञान से वा अज्ञान से मनुष्य उसी की खोज में लगा है। आदर्शवाद ने विवेक के नाम पर आनन्द और उसके पथ के लिए जो जनरव फैलाया है, वही उसे अपनी वस्तु कहकर स्वीकार करने में बाधक है।'' इसलिए नैतिकतावादियों को प्रत्युत्तर देने के लिए प्रसाद ने यदि 'सुन्दर' की परम्परा को अपनी ही परम्परा के रूप में निरूपित करने का प्रयास किया तो हजारीप्रसाद द्विवेदी ने उसे अपनी ही परम्परा के अन्दर आर्येतर तत्त्वों के अभिन्न मिश्रण के रूप में विवेचित किया। एक की परम्परा और दूसरे की प्रति-परम्परा दो दिशाओं से चलकर एक ही बिन्दु पर मिलती है—थोथे नैतिकतावाद के विरुद्ध 'सुन्दर' की प्रतिष्ठा ! 'सुन्दर' को ही लेकर यह सारा विवाद इसलिए है कि जैसा कि प्रसाद ने कहा है : ''संस्कृति सौन्दर्यबोध के विकसित् होने की मौलिक चेष्टा है।''

यह आकस्मिक नहीं है कि भारतीय संस्कृति के नाम पर नैतिकता की ध्वजा फहरानेवाले प्रकृति के सौन्दर्य को तो किसी प्रकार सह लेते हैं, पर नारी-सौन्दर्य के सामने आँखें चुराने लगते हैं। उदाहरण के लिए शुक्लजी के लोकमंगल में प्रकृति के सौन्दर्य

के लिए तो पूरी जगह है, लेकिन छायावादियों की कौन कहे स्वयं विद्यापति और सूर जैसे भक्त कवियों का नारी-सौन्दर्य भी ग्राह्य नहीं है। आनन्द और माधुर्य को लोकमंगल की सिद्धावस्था का गौरवपूर्ण पद देकर उन्होंने साधनावस्था का मार्ग अपनी ओर से सर्वथा निष्कंटक कर लिया, क्योंकि साधना के मार्ग में माधुर्य से बाधा पहुँचने की आशंका है।

सम्भवतः ऐसे ही पूर्वग्रह का प्रत्याख्यान करने के लिए द्विवेदीजी ने अपनी साहित्य-साधना के आरम्भिक सोपान पर ही 'हिन्दी साहित्य की भूमिका' के साथ ही 'प्राचीन भारत का कला-विलास' (1940) नामक पुस्तक लिखी जो आगे चलकर परिवर्धित रूप में 'प्राचीन भारत के कलात्मक विनोद' नाम से छपी। प्राचीन भारत में प्रचलित कलाओं के लगभग सौ सन्दर्भों का तथ्यात्मक विवरण उपस्थित करने से पहले 'कलात्मक विनोद' में द्विवेदीजी ने आरम्भ में यह स्पष्ट कर देना आवश्यक समझा कि "विलासिता और कलात्मक विलासिता एक ही वस्तु नहीं है। थोथी विलासिता में केवल भूख रहती है—नंगी बुभुक्षा पर कलात्मक विलासिता संयम चाहती है, शालीनता चाहती है, विवेक चाहती है। सो, कलात्मक विलास किसी जाति के भाग्य में सदा-सर्वदा नहीं जुटता। उसके लिए ऐश्वर्य चाहिए, समृद्धि चाहिए, त्याग और भोग का सामर्थ्य चाहिए और सबसे बढ़कर ऐसा पौरुष चाहिए जो सौन्दर्य और सुकुमारता की रक्षा कर सके। परन्तु इतना ही काफी नहीं है। उस जाति में जीवन के प्रति ऐसी एक दृष्टि सुप्रतिष्ठित होनी चाहिए जिससे वह पशुसुलभ इन्द्रिय-वृत्ति को और बाह्य पदार्थों को ही समस्त सुखों का कारण न समझने में प्रवीण हो चुकी हो, उस जाति की ऐतिहासिक और सांस्कृतिक परम्परा बड़ी और उदार होनी चाहिए और उसमें एक ऐसा कौलीन्य गर्व होना चाहिए जो आत्म-मर्यादा को समस्त दुनिया की सुख-सुविधाओं से श्रेष्ठ समझता हो, और जीवन के किसी भी क्षेत्र में असुन्दर को बर्दाश्त न कर सकता हो। जो जाति सुन्दर की रक्षा और सम्मान करना नहीं जानती वह विलासी भले ही हो ले, पर कलात्मक विलास उसके भाग्य में नहीं बदा होता।"

संक्षेप में यह उस सौन्दर्यबोध की 'संस्कृति' है, जिसका अत्यन्त सम्वेदनशील और सूक्ष्मविवरण 'कलात्मक विनोद' के बाद के पृष्ठों में मिलता है, या फिर 'बाणभट्ट की आत्मकथा', 'चारु चन्द्रलेख', 'पुनर्नवा' और 'अनामदास का पोथा' जैसी सर्जनात्मक कृतियों के उन प्रसंगों में जहाँ नारी-सौन्दर्य अपने पूरे वैभव के साथ प्रकट होता है तथा नृत्य-कला के प्रदर्शन के अवसर अक्सर उपस्थित होते हैं। कहने की आवश्यकता नहीं कि द्विवेदीजी के इस सौन्दर्यबोध में सर्वथा शास्त्रीय प्रत्यभिज्ञान ही नहीं, बल्कि उसमें एक सजग ऐन्द्रिय सम्वेदन की प्रत्यग्रता भी है। रूप, शोभा, सुषमा, सौभाग्य, चारुता, लालित्य, लावण्य आदि का ऐसा सूक्ष्म परिज्ञान और सम्वेदन हिन्दी में दुर्लभ ही है।

इस सौन्दर्यबोध को सामन्ती संस्कृति का पर्याय समझ लिए जाने का भ्रम न हो इसलिए 'मेघदूत—एक पुरानी कहानी', (1957) से पूर्व मेघ के 'पुष्पलावी मुखानाम्' वाले 26वें छन्द पर द्विवेदीजी की व्याख्या का एक अंश प्रस्तुत है :

''जो सम्पत्ति परिश्रम से नहीं अर्जित की जाती, और जिसके संरक्षण के लिए मनुष्य का रक्त पसीने में नहीं बदलता, वह केवल कुत्सित रुचि को प्रश्रय देती है। सात्विक सौन्दर्य वहाँ है, जहाँ चोटी का पसीना एड़ी तक आता है और नित्य समस्त विकारों को धोता रहता है। पसीना बड़ा पावक तत्त्व है मित्र, जहाँ इसकी धारा रुद्ध हो जाती है वहाँ कलुष और विकार जमकर खड़े हो जाते हैं। विदिशा के प्रच्छन्न विलासियों में यह पावनकारी तत्त्व नहीं है। उनके चेहरों पर सात्विक तेज और उल्लसित करनेवाली दीप्ति नहीं रह गई है। इसलिए मैं सलाह देता हूँ कि विश्राम करके आगे बढ़ना; क्योंकि प्रातःकाल निचली पहाड़ी के इर्दगिर्द तुमको मनुष्य की सात्विक शोभा दिखाई देगी। वहाँ सवेरे सूर्योदय के साथ ही साथ तुम श्रम-जल-स्नात नारियों की दिव्य शोभा देख सकोगे। नागरिक लोगों के आनन्द और विलास के लिए कृषकों ने फूलों के अनेक बगीचे लगा रखे हैं। प्रातःकाल कृषक-वधुएँ फूल चुनने के लिए इन पुष्पोद्यानों में आ जाती हैं, उस प्रदेश में इन्हें 'पुष्पलावी' कहते हैं। 'पुष्पलावी' अर्थात् फूल चुननेवाली। ये पुष्पलावियाँ घर का कामकाज समाप्त करके उद्यानों में आ जाती हैं और मध्याह्न तक फूल चुनती रहती हैं। सूर्य के ताप से इनका मुखमंडल म्लान हो उठता है, गंडस्थल से पसीने की धारा बह चलती है और इस स्वेदधारा के निरन्तर संस्पर्श से उनके कानों के आभरण रूप में विराजमान नीलकमल मलिन हो उठते हैं। दिन-भर की तपस्या के बाद वे इतना कमा लेती हैं कि किसी प्रकार उनकी जीवन-यात्रा चल सके। परन्तु तुमको यहीं सात्विक सौन्दर्य के दर्शन होंगे। उनके दीप्त मुखमंडल पर शालीनता का तेज देखोगे; उनकी भ्रू-भंग-विलास से अपरिचित आँखों में सच्ची लज्जा के भार का दर्शन कर पाओगे और उनके उत्फुल्ल अधरों पर स्थिर भाव से विराजमान पवित्र स्मित-रेखा को देखकर तुम समझ सकोगे कि 'शुचि-स्मिता' किसे कहते हैं। इस पवित्र सौन्दर्य को देखकर तुम निचली पहाड़ी की उद्दाम और उन्मत्त विलास-लीला को भूल जाओगे। वहाँ तुम संचय का विकार देखोगे और यहाँ आत्मदान का सहज रूप।'' (प्रथम संस्करण, पृ. 45-46)

पुष्पलावियों का यह श्रम-जल-स्नात सौन्दर्य कालिदास का नहीं, द्विवेदीजी के 'कालिदास' का सौन्दर्य है—क्लासिकी परम्परा से फूटती हुई आधुनिकता ! संस्कृति को भी संस्कार देनेवाली यह एक और परम्परा है जो अनजाने ही निराला की 'श्याम तन भर बँधा यौवन' वाली 'वह तोड़ती पत्थर' से जुड़ जाती है।

इसलिए जो लोग द्विवेदीजी के सौन्दर्य-संस्कार को रवीन्द्रनाथ के शान्तिनिकेतन की देन बतलाते हैं वे सिर्फ आधी बात कहते हैं। शान्तिनिकेतन में चारों ओर संगीत और कला का जो वातावरण था उसने निश्चय ही द्विवेदीजी के सुप्त सौन्दर्यबोध को जागृत किया था। स्वयं द्विवेदीजी ने भी शान्तिनिकेतन के संस्मरणों में आश्रम के उस वातावरण की चर्चा की है जिसमें संगीत जीवन का अविच्छेद्य अंग बन गया था और छोटे-से-छोटे बच्चों में भी सौन्दर्य-निर्माण की सहज प्रेरणा काम कर रही थी। फिर भी उनके अपने सौन्दर्यप्रेम का एक बहुत बड़ा स्रोत अपना लोक-संस्कार था। यही वजह है कि जीवन के सन्दर्भ में जब भी सौन्दर्य-सृष्टि की बात उठती थी तो वे उसे सामान्य जन-जीवन

में उतारने की कल्पना करते थे। इस दृष्टि से 'विचार-प्रवाह' (1959) में संकलित 'जनता का अन्तः स्पन्दन' शीर्षक लेख विशेष रूप से उल्लेखनीय है।

निबन्ध इस चिन्ता से आरम्भ होता है : "कुछ ऐसा प्रयत्न होना चाहिए कि इस वंचित जनता के भीतर रसग्राहिका संवेदना उत्पन्न हो, वे भी 'सुन्दर' का सम्मान करना सीखें, 'सुन्दर' ढंग से जीवन बिताना सीखें, 'सुन्दर' को पहचानना सीखें।" एक सत्ख्यातिवादी की तरह द्विवेदीजी कहते हैं कि जनता के अन्तःकरण में अगर सौन्दर्य के प्रति सम्मान का भाव नहीं है, तो जनता कभी भी सौन्दर्य-प्रेमी नहीं बनाई जा सकती। किन्तु उनका विश्वास है कि जनता के भीतर वह वस्तु स्तब्ध पड़ी हुई है। उपयुक्त उद्दीपक के अभाव में वह स्पन्दित नहीं हो रही है। इस उद्दीपक वस्तु को समाज में प्रतिष्ठित करना वांछनीय है। जनता की प्राथमिक आवश्यकताओं की पूर्ति से वे बेखबर नहीं हैं। वे अनुभव करते हैं कि जिस जनता को पेट-भर अन्न नहीं मिलता, वह सौन्दर्य का सम्मान नहीं कर सकती। नींव के बिना इमारत नहीं उठ सकती। 'भूखे भजन न होहिं गोपाला।' किन्तु इसके साथ ही यह भी सच है कि "जो जाति 'सुन्दर' का सम्मान नहीं कर सकती वह यह भी नहीं जानती कि बड़े उद्देश्य के लिए प्राण देना क्या चीज़ है। वह छोटी-छोटी बातों के लिए झगड़ती है, मरती है और लुप्त हो जाती है।"

स्पष्टतः यह दृष्टि उस विचारधारा से नितान्त भिन्न है जो जनता को तात्कालिक आर्थिक और राजनीतिक आवश्यकताओं की पूर्ति के लिए संघर्ष में उतारने की विश्वासी है क्योंकि वहाँ यह समझ निहित है कि जनता के बोध का स्तर इतना ही नीचा है। जो जनता के 'अन्तःस्पन्दन' से अपरिचित हैं वे सारी शक्ति फौरी लड़ाइयों में ही क्षय करते हैं। कोई जाति क्रान्ति जैसे बड़े उद्देश्य के लिए जान की बाजी लगाती है तो इसलिए कि वह सिर्फ जीना नहीं चाहती, बल्कि 'सुन्दर' ढंग से जीना चाहती है। कहने की आवश्यकता नहीं कि आज के अनेक राजनीतिक संगठन और आन्दोलन सिर्फ इसलिए असफल हो रहे हैं कि उनके सामने जीवन का यह बड़ा उद्देश्य नहीं है और वे 'सुन्दर' को एक अतिरिक्त या फालतू चीज़ समझते हैं।

द्विवेदीजी भी 'सौन्दर्य' को 'अतिरिक्त' मानते हैं किन्तु उनके 'अतिरिक्त' का अर्थ वह है जो आनन्दवर्धनकृत 'लावण्य' की परिभाषा में है। वह किसी वस्तु के प्रसिद्ध अवयवों में से कोई भी नहीं है, उनसे अतिरिक्त है और फिर भी उन अवयवों को छोड़कर नहीं रह सकता। सो, सौन्दर्य रूप नहीं है, लेकिन रूप को छोड़कर रह भी नहीं सकता। इस शास्त्रीय परिभाषा से द्विवेदीजी जीवन के लिए जो निष्कर्ष निकालते हैं, वह द्रष्टव्य है। कहते हैं : "जीवन को सुन्दर ढंग से बिताने के लिए भी जीवन का एक रूप होना चाहिए। बहुत से लोग कुछ भी न करने को भलापन समझते हैं। यह गलत धारणा है। सुन्दर जीवन क्रियाशील होता है; क्योंकि क्रियाशीलता ही जीवन का रूप है। क्रियाशीलता को छोड़कर जीवन का 'सौन्दर्य' टिक नहीं सकता।" द्विवेदीजी के अनुसार इस भाव से चालित जन-समाज अन्ततः "राजनीतिक और आर्थिक शक्तियों पर कब्जा करने के प्रयास" से कम पर सन्तुष्ट नहीं हो सकता क्योंकि "समाज व्यवस्था को ज्यों

का त्यों स्वीकार कर लेना एकदम असम्भव हो गया है।"

किन्तु उन संकीर्णतावादी क्रान्तिकारियों से द्विवेदीजी सहमत नहीं हैं जो मनुष्य के भविष्य को सुखी बनाने के नाम पर आज उसके सौन्दर्य-प्रेम को किसी न किसी बहाने कुचल देना चाहते हैं। अन्तिम दिनों में लिखित 'परम्परा और आधुनिकता' शीर्षक लेख में वे कहते हैं : "जो मनुष्य को उसकी सहज वासनाओं और अद्‌भुत कल्पनाओं के राज्य से वंचित करके भविष्य में उसे सुखी बनाने के सपने देखता है वह ठूँठ तर्कपरायण कठमुल्ला हो सकता है, आधुनिक बिल्कुल नहीं। वह मनुष्य को समूचे परिवेश से विच्छिन्न करके हाड़-मांस का यन्त्र बनाना चाहता है। यह न तो सम्भव है, न वांछनीय।" (ग्रन्थावली 9/363)

इसलिए द्विवेदीजी मनुष्य की "समस्त रचयित्री आनन्दिनी वृत्ति" का विकास आवश्यक समझते हैं, क्योंकि चित्रकला, मूर्तिकला, वास्तुकला, धर्मविधान और साहित्य के माध्यम से उसी वृत्ति को अभिव्यक्ति मिलती है।

यह आकस्मिक नहीं है कि अन्तिम दिनों में वे 'सौन्दर्यशास्त्र' पर 'लालित्य-मीमांसा' नाम से एक पूरी पुस्तक लिख रहे थे। अपने प्रिय कवि कालिदास पर 'कालिदास की लालित्य-योजना' नामक पुस्तक पूरी करके वे स्वयं लालित्यशास्त्र पर ही व्यवस्थित और सांगोपांग विचार करना चाहते थे। उनके जीवन की सुदीर्घ सौन्दर्य-चिन्ता और सौन्दर्य-साधना की यह स्वाभाविक परिणति थी। दुर्भाग्य से उस पुस्तक के केवल पाँच ही निबन्ध पूरे हो पाए, पर उनसे भी उनकी व्यापक और मौलिक सौन्दर्य-चिन्ता का कुछ आभास मिल ही जाता है। उन्हें इस तथ्य का एहसास है कि "भारतवर्ष में इस प्रकार के किसी अलग शास्त्र की कल्पना नहीं की गई है; परन्तु काव्य, शिल्प, चित्र, मूर्ति, संगीत, नाटक आदि की आलोचना के प्रसंग में और विविध आगमों में 'चरम सुन्दर तत्त्व' की महिमा बताने के बहाने इसकी चर्चा अवश्य होती रही है।" इसलिए अपनी इस छिन्न किन्तु समृद्ध परम्परा के आधार पर ही उन्होंने लालित्य-चिन्तन के भवन-निर्माण का प्रयास किया है।

इस प्रयास का पहला उल्लेखनीय सूत्र यह है कि वे सौन्दर्य को सौन्दर्य न कहकर 'लालित्य' कहना चाहते हैं, क्योंकि "प्राकृतिक सौन्दर्य से भिन्न किन्तु उसके समानान्तर चलनेवाला मानवरचित सौन्दर्य" (ग्रन्थावली 7/34) उनकी दृष्टि में विशेष महत्त्वपूर्ण है। लालित्य वह इसलिए है कि मानव द्वारा **ललित** है। सौन्दर्य की इस मानववादी धारणा का स्रोत द्विवेदीजी ने अपनी परम्परा से ही ढूँढ़ निकाला। वह स्रोत है भरत मुनि का नाट्यशास्त्र। नाट्यशास्त्र में नाटक की उत्पत्ति की जो कथा दी गई है उसके अनुसार देवता नाटक न कर सके और नाटक कर सकने में मनुष्य को ही समर्थ समझा गया, क्योंकि उसमें देवताओं से एक विशिष्ट शक्ति है—अनुकरण की। यही नहीं, भरत मुनि ने अपने समय में प्रचलित रूपकों में से पूर्णांग सिर्फ नाटक और प्रकरण को ही माना जहाँ नायक मनुष्य होता है। नायक पर विचार करते हुए प्रसंगवश नाट्यशास्त्र के अनुसार मनुष्य ही धीरोदात्त हो सकते हैं, जबकि 'देवा धीरोद्धता एवं' क्योंकि देवों में

फलागम के लिए उतावली होती है और धीरोदात्त की भाँति धीरभाव से प्रत्याशा में वे नहीं उलझते। इस प्रकार द्विवेदीजी ''कला-सृजन में मनुष्य की महिमा का सबल विवेक'' भरत मुनि से प्राप्त करते हैं। सौन्दर्य को मनुष्य-लालित मानने का दूसरा स्रोत है तांडव और लास्य का अन्तर। पुराणगाथा के अनुसार शिव का तांडव रस-भाव-विवर्जित 'नृत्त' है जबकि पार्वती का लास्य रस-भाव-समन्वित नृत्य है। द्विवेदीजी इससे यह संकेत ग्रहण करते हैं कि ''तांडव जहाँ मानव पूर्व तत्त्वों का स्वतःस्फूर्त विकास है, वहाँ लास्य मानवीय प्रयासों का ललित रूप।'' (वही, 7/31) अन्त में आगमों में वर्णित विश्वव्यापिनी सर्जनात्मक शक्ति 'ललिता' के प्रभामंडल से मंडित करते हुए वे मनुष्य-निर्मित सौन्दर्य तत्त्व को 'लालित्य' की संज्ञा देते हैं। किन्तु कुल मिलाकर समष्टिगत और व्यष्टिगत दोनों ही स्तरों पर द्विवेदीजी की सौन्दर्यदृष्टि मूलतः मानव-केन्द्रित ही है। इसका अर्थ सिर्फ यही नहीं है कि सौन्दर्य का स्रष्टा मनुष्य है, बल्कि यह भी कि सौन्दर्य की सृष्टि करने के कारण ही मनुष्य मनुष्य है।

द्विवेदीजी की लालित्य-मीमांसा का दूसरा सूत्र यह है कि वह ''बन्धन के विरुद्ध विद्रोह'' है और ''बन्धनद्रोही व्याकुलता को रूप देने का प्रयास'' है। (7/38) नृत्य के सन्दर्भ में इसी बात को ''जड़ के गुरुत्वाकर्षण पर चैतन्य की विजयेच्छा'' कहा गया है। (7/28) आकस्मिक नहीं है कि द्विवेदीजी ने अपने सभी उपन्यासों में किसी-न-किसी बहाने नृत्य का आयोजन किया है। नृत्य भले ही बन्धनों के विरुद्ध विद्रोह को व्यक्त करनेवाली सबसे जीवन्त कला हो, किन्तु अन्य कलाएँ भी नृत्य के इस धर्म का अनुसरण करती हैं, यह भी द्विवेदीजी ने यथास्थान स्पष्ट कर दिया है। इस प्रकार द्विवेदीजी की दृष्टि में कला और सौन्दर्य की सृष्टि विलास-मात्र नहीं बल्कि बन्धनों के विरुद्ध विद्रोह है जो, शास्त्र समर्थित न होते हुए भी, उनकी क्रान्तिकारी सौन्दर्य-दृष्टि का परिचायक है।

द्विवेदीजी की लालित्य-मीमांसा का तीसरा सूत्र यह है कि सौन्दर्य एक सर्जना है—मनुष्य की सिसृक्षा का परिणाम। उल्लेखनीय है कि 'लालित्य-मीमांसा' के प्राप्त अंशों में सबसे अधिक विचार सिसृक्षा पर ही है, जिसका स्पष्ट अर्थ है कि वे मनुष्य की सृजनशीलता पर सबसे अधिक बल देना चाहते थे। विवेचन की शब्दावली अवश्य पुरानी है और प्रायः शैव तथा शाक्त दर्शनों की इच्छाशक्ति और क्रियाशक्ति का सहारा लिया गया है, किन्तु अन्ततः इस आध्यात्मिक शब्दावली के बीच से मनुष्य की वह सर्जनात्मक शक्ति ही प्रकाशित होती है जो सौन्दर्य, कला और संस्कृति के मूल में है। इसी सृजनशीलता के सन्दर्भ में उन्होंने उन 'रूढ़ियों' की भूमिका पर भी विचार किया है जो कलाकार के लिए सब समय बाधक ही नहीं होतीं, बल्कि कभी-कभी साधक या सहायक भी हो जाती हैं।

अन्त में द्विवेदीजी एक ऐसे 'समग्र भाव' के रूप में सौन्दर्य की स्थापना करते हैं जो धर्माचरण, नैतिकता आदि (जीवन की) सभी प्रकार की अभिव्यक्तियों को छापकर, सबको अभिभूत करके, सबको अन्तर्ग्रथित करके 'सामग्र्य भाव' का प्रकाश करता है।

उन्हीं के शब्दों में : "भाषा में, मिथक में, धर्म में, काव्य में, मूर्ति में, चित्र में बहुधा अभिव्यक्त मानवीय इच्छाशक्ति का अनुपम विलास ही वह सौन्दर्य है जिसकी मीमांसा का संकल्प लेकर हम चले हैं।" (7/34)

मीमांसा दुर्भाग्यवश अपूर्ण ही रह गई; पर संकल्प सार्थक है। 'जनता का अन्तः स्पन्दन' ही नहीं बल्कि अन्य रचनाओं के प्रकाश में 'लालित्य-मीमांसा' के सूत्रों को देखें तो संकेत स्पष्ट है : जीवन का समग्र विकास ही सौन्दर्य है। यह सौन्दर्य वस्तुतः एक सृजन व्यापार है। इस सृजन की क्षमता मनुष्य में अन्तर्निहित है। वह इस सौन्दर्य सृजन की क्षमता के कारण ही मनुष्य है। इस सृजन व्यापार का अर्थ है बन्धनों से विद्रोह। इस प्रकार सौन्दर्य विद्रोह है—मानव-मुक्ति का प्रयास है।

[1982]

त्वं खलु कृती

'पुनर्नवा' में एक रोचक प्रसंग है जिसमें कविता और जीवन के सम्बन्ध पर चर्चा चल पड़ती है। चर्चा में भाग लेनेवाले तीन व्यक्ति चरित्र हैं। चौदह वर्ष की बालिका मृणाल मंजरी, उसके धर्मपिता देवरात जो शास्त्र के पंडित भी हैं और कला-मर्मज्ञ भी तथा सहजबुद्धि के धनी लेकिन अपने आपको 'अटट गँवार' कहनेवाले सुमेर काका।

देवरात समझाते हैं कि ''कविता भगवती महामाया की इच्छाशक्ति है, व्यवहार जगत उनकी क्रियाशक्ति का विलास है। इच्छाशक्ति कल्पलोक का निर्माण कर सकती है, क्रियाशक्ति केवल सृष्ट पदार्थों तक सीमित है। ऐसा लगता है कि उपपन्न कवि चाहे तो कविता के कल्पलोक में फूल-सी सुकुमार बालिका से वज्रकठोर महिष का निर्दलन करवा सकता है, पर व्यवहार जगत में यह सम्भव नहीं है। इसका अर्थ यह नहीं है कि कविता निरर्थक है। कविता महामाया की इच्छाशक्ति का विलास है, अर्थभार-हीन, सत्त्वार्थमात्र।'' (पृ. 40)

मृणाल मंजरी इसका अर्थ सुमेर काका से पूछती है और काका अपने सहज अन्दाज में कहते हैं : ''देख रे, तेरा बाप शास्त्र का बड़ा भारी पंडित है। काव्य का, संगीत का, चित्र का, मूर्ति का सहृदय पारखी है। मगर मैं उसकी कमजोरी जान गया हूँ। वह इन बातों को तैयार माल की तरह देखता है। सुनार जैसे अँगूठी बनाकर ले आता है तो ग्राहक जैसे देखता है, उसी प्रकार। मगर ज्ञान या रस तैयार माल की तरह नहीं होता। वे इतिहास से पलते हैं, और इतिहास को बनाते हैं। उसने तुझे कविता और व्यवहार का जो भेद बताया है न, वह उसी तैयार माल का दाम आँकनेवाली बुद्धि से।'' (पृ. 45)

कथाकृति में किसी पात्र के कथन को लेखक का अपना वक्तव्य बतलाना सब समय ठीक नहीं होता, फिर भी द्विवेदीजी की आलोचनात्मक कृतियों से प्राप्त अन्य प्रमाणों के प्रकाश में बिना हिचक के यह कहा जा सकता है कि सुमेर काका का कथन ही स्वयं उनका वक्तव्य है। देवरात का कथन शास्त्रपक्ष है। इसलिए पूर्वपक्ष। 'मध्यकालीन बोध का स्वरूप' में अलंकारशास्त्र की सामान्य प्रकृति पर टिप्पणी करते हुए द्विवेदीजी कहते हैं : ''अलंकार शास्त्रों में भी, लगता है कि काव्य की रचना-प्रक्रिया में जो आनन्द है उस ओर कम ध्यान दिया गया है। यह कहना कि कवि रचना के बाद सहृदय रूप में ही काव्य का रसास्वाद करता है, कविता को स्थितिशील कलावस्तु

(स्टैटिक आबजेक्ट) मान लेने के समान है। उसकी रचना-प्रक्रिया में जो गतिशील पक्ष (डाइनेमिक प्रासेस) का आनन्द है, वह उपेक्षित हो जाता है।...यह भी कविता को तैयार माल (फिनिश्ड प्रोडक्ट) समझने की ही वृत्ति है।'' (पृ. 65) इसी क्रम में आगे वे यह भी कहते हैं कि उत्पादयिता के आनन्द को भोक्ता के आनन्द के सामने नगण्य मान लेने की प्रवृत्ति मध्यकालीन पतनशीलता का प्रभाव है।

वस्तुतः मध्यकाल के अलंकारशास्त्री काव्य को तैयार माल के रूप में देखने के अभ्यस्त इसलिए हो गए थे कि उनका सम्बन्ध उत्पादक वर्ग से कट गया था और वे क्रमशः उपभोक्ता वर्ग के हितों और रुचियों से जुड़ गए थे। इस सामाजिक पृष्ठभूमि को हिन्दी के रीतिकाव्य के सन्दर्भ में स्पष्ट करते हुए 'हिन्दी साहित्य : उसका उद्भव और विकास' नामक ग्रन्थ में वे कहते हैं : ''उस समय आर्थिक दृष्टि से समाज में स्पष्ट रूप से दो श्रेणियाँ हो गईं—एक तो उत्पादक वर्ग, जिसमें प्रधान रूप से किसान और किसानी से सम्बन्ध रखनेवाली जातियाँ बढ़ई, लोहार, कहार, जुलाहा इत्यादि थीं, और दूसरा दल भोक्ता (राजा, रईस, नवाब आदि) या भोक्तृत्व का मददगार था। मुगल शासन के अन्तिम दिनों में भारतीय समाज के ये ही दो आर्थिक वर्ग थे—राजा, सामन्त, मनसबदार आदि भोक्ता वर्ग और कृषक और श्रमिकों का उत्पादक वर्ग।...इन दो वर्गों के मध्य में कवियों, चित्रकारों, संगीतज्ञों आदि कलावन्तों का वर्ग था जो प्रायः उत्पादक वर्ग से उत्पन्न होता था किन्तु भोक्ता वर्ग की स्तुति और मनोविनोदन करके जीविका निर्वाह करता था।'' (पृ. 181) इस कथन से स्पष्ट है कि भोक्तावर्ग से जुड़ने के कारण ही कवियों और कलावन्तों का वर्ग काव्य और कला को उपभोग की वस्तु समझने का अभ्यस्त हो गया था। काव्य को 'तैयार माल' समझना इस उपभोक्ता दृष्टि का ही परिणाम है। यह एक प्रकार से काव्य-कृति का 'री-इफ़िकेशन' या वस्तुकरण है—जिसमें काव्य-कृति अपनी गत्वरता और जीवन्तता खोकर एक जड़ और स्थिर वस्तु बन जाती है।

द्विवेदीजी काव्यकृति के प्रति इस उपभोक्ता दृष्टि को अस्वीकार करके साहित्य में उत्पादक दृष्टि की हिमायत करते हैं। इस प्रक्रिया में उनके विचार मार्क्सवादी साहित्य-चिन्तक वाल्टर बेंजामिन के उन विचारों से काफ़ी मिलते हैं जिनका विवेचन 'द आथर ऐज़ प्रोड्यूसर' शीर्षक लेख में किया गया है।

इस सन्दर्भ में उल्लेखनीय है कि द्विवेदीजी साहित्यचर्चा के प्रसंग में अपनी ओर से साहित्य के 'रस' और 'रसास्वादन' का प्रश्न न उठाकर 'साहित्य का मर्म' की बात करते हैं। 'रस' और 'रसास्वाद' से उपभोग की व्यंजना होती है और द्विवेदीजी हरचन्द इस अवधारणा से बचे रहना चाहते हैं। साहित्यशास्त्र पर उन्होंने अपने समकालीन पंडितों की तुलना में कम ही लिखा है। लेकिन जब भी अवसर आया है, उन्होंने भरसक संस्कृत की पारिभाषिक शब्दावली से परहेज ही किया है। एक पुस्तक है 'साहित्य का साथी' जिसे आगे चलकर 'साहित्य-सहचर' नाम से प्रकाशित किया। एक तरह से यह 'साथी' या 'सहचर' पुराने सहृदय का ही सगोतिया है; फिर भी द्विवेदीजी ने 'साथी' को ही चुना,

जो निश्चय ही केवल शब्दभेद नहीं है। दूसरी पुस्तिका है 'साहित्य का मर्म' (लखनऊ विश्वविद्यालय में दिए गए तीन भाषण), जिसमें जान-बूझकर 'साहित्य की आत्मा' शब्द से बचा गया है। यह वही 'आत्मा' है जिस पर संस्कृत में शताब्दियों बहस होती रही। कहने की आवश्यकता नहीं कि 'आत्मा' के साथ एक निश्चित आध्यात्मिक अनुषंग जुड़ा है, बल्कि वह आध्यात्मिक चिन्तन-प्रणाली की ही एक अवधारणा है। जिनका अभीष्ट साहित्य में 'मानव-सत्य' की प्रतिष्ठा है, वे द्विवेदीजी भला इस आध्यात्मिक अवधारणा को स्वीकार कर अपनी बात कैसे कह सकते थे ! स्पष्टतः 'साहित्य का मर्म' का रहस्य यही है।

इसलिए यह आकस्मिक नहीं है कि द्विवेदीजी ने 'पुनर्नवा' में अपनी बात कहने के लिए शास्त्रज्ञ और कला मर्मज्ञ देवरात को नहीं, बल्कि सहज ज्ञान सम्पन्न एक 'अटट गँवार' किसान सुमेर काका को प्रवक्ता के रूप में चुना। जब वे कहते हैं कि 'मनुष्य ही साहित्य का लक्ष्य है' तो उनके सामने स्पष्टतः यही मनुष्य होता है, कोई अमूर्त अवधारणा नहीं। लिखते हैं : "हम लोग नृतत्त्व के ग्रन्थ न पढ़ते हों सो बात नहीं, किन्तु जब हम देखते हैं कि ग्रन्थ पढ़ने के कारण हमारे घरों के निकट जो चमार, धीवर, कोरी, कुम्हार आदि लोग रहते हैं उनका पूरा परिचय पाने के लिए हमारे हृदयों में जरा भी उत्सुकता नहीं उत्पन्न होती, तब अच्छी तरह समझ में आ जाता है कि पुस्तकों के सम्बन्ध में हमें कितना अन्धविश्वास हो गया है, पुस्तकों को हम कितना बड़ा समझते हैं और पुस्तकें जिनकी छाया हैं उनको कितना तुच्छ मानते हैं।" (अशोक के फूल, नवाँ संस्करण, 1968, पृ. 181) यहाँ हम आसानी से 'नृतत्त्व' के स्थान पर 'साहित्य' भी पढ़ सकते हैं। साहित्य की चर्चा करते समय द्विवेदीजी के सम्मुख सदैव हमारे घरों के निकट के चमार, धीवर, कोरी, कुम्हार आदि होते हैं, जिन्हें वे 'गणदेवता' कहते हैं और साहित्य के लक्ष्य के रूप में 'जाति-धर्म-निर्विशेष मनुष्य का हित' होता है। साहित्य को द्विवेदीजी इसी मनुष्य से मापते हैं। मनुष्य के इसी मानदंड को ध्यान में रखकर वे घोषणा करते हैं : "मैं साहित्य को मनुष्य की दृष्टि से देखने का पक्षपाती हूँ। जो वाग्जाल मनुष्य को दुर्गति, हीनता और परमुखापेक्षिता से बचा न सके, जो उसकी आत्मा को तेजोद्दीप्त न बना सके, उसे साहित्य कहने में मुझे संकोच होता है।" (पृ. 166) यह कथन कोरा 'वाग्जाल' है या ठोस प्रतिमान—इसका निश्चय करने के लिए द्विवेदीजी के 'कबीर' का स्मरण कर लेना काफी है।

यह सही है कि द्विवेदीजी से पहले आचार्य शुक्ल के सम्मुख भी साहित्य के मूल्यों की पीठिका में 'सामान्य मनुष्य' ही था, जैसा कि किसी-किसी ने संकेत किया है। किन्तु यह स्पष्ट होना चाहिए कि बहुत सी बातों में समान होते हुए भी द्विवेदीजी का 'सामान्य मनुष्य' शुक्लजी के 'सामान्य मनुष्य' से भिन्न है। इस अन्तर को शुक्लजी के 'तुलसीदास' और द्विवेदीजी के 'कबीर' के आधार पर आसानी से समझा जा सकता है। इसका अर्थ यह नहीं है कि मनुष्य के प्रतिमान के रूप में मध्ययुगीन सन्त ही दोनों आचार्यों के काम्य थे। वस्तुतः तुलसी और कबीर काम्य मानव-प्रतिमा के आधार मात्र

थे; स्वयं मानव-प्रतिमा के निर्माण में आधुनिक युग के वैज्ञानिक, ऐहिक और मानववादी विचारों की भूमिका कहीं अधिक थी। फिर भी द्विवेदीजी का मानव जिस हद तक 'जाति-धर्म निर्विशेष' और समाजवादी समाज के मानव के निकट था, शुक्लजी का मानव कदाचित् न था। वैसे, साम्यवाद और समाजवाद के विषय में आशंकाएँ दोनों को हैं—शुक्लजी को ज्यादा, द्विवेदीजी को कम। प्रगतिवाद का नाम शुक्लजी नहीं लेते, पर संकेत से अपने प्रिय कवि पन्त को उससे अलग रहने की सलाह देते हैं। द्विवेदीजी प्रगतिवाद और प्रगतिशील आन्दोलन की स्पष्ट चर्चा करते हैं : "उसे बहुत महान् उद्देश्य से चालित" मानते हैं और यह भी स्वीकार करते हैं कि "इसकी सम्भावनाएँ अत्यधिक हैं।" उन्हें चिन्ता है कि भक्ति आन्दोलन के समान "इस आन्दोलन में भी एक प्रकार की साम्प्रदायिकता के उगने के चिह्न दीखने लगे हैं।" स्पष्टतः इस चिन्ता में एक प्रकार की आत्मीयता है। इस प्रकार द्विवेदीजी अपने विचारों में शुक्लजी की अपेक्षा प्रगतिशील साहित्य की धारा के ज्यादा निकट प्रतीत होते हैं। फिर भी जहाँ तक साहित्य में ठोस यथार्थ अथवा वास्तविकता के महत्त्व का प्रश्न है, द्विवेदीजी कल्पनाशीलता को शुक्लजी से अधिक महत्त्व देते जान पड़ते हैं। इसी तरह मानवमन के भीतर और बाहर से सापेक्षिक महत्त्व के बारे में भी जहाँ शुक्लजी अधिक बाह्यार्थवादी हैं, द्विवेदीजी भीतर को भी बाहर के समान ही महत्त्वपूर्ण मानते हैं। इसीलिए शुक्लजी का बुद्धिवाद जहाँ रहस्य का आभास देनेवाली रचनाओं को एक सिरे से नकार देता है, द्विवेदीजी उस अतर्क्य रहस्य को भी सामाजिक सन्दर्भ में परखते हुए सार्थक मानते लगते हैं। किन्तु 'सामान्य मनुष्य' की प्रतिभा को लेकर शुक्लजी से द्विवेदीजी का सबसे ज्यादा मतभेद सामान्यता अथवा साधारणता को लेकर है। 'व्यक्ति-वैचित्र्यवाद' द्विवेदीजी को भी शुक्लजी के समान ही सामान्य मनुष्य के पथ से विचलन के रूप में प्रतीत होता है, किन्तु शुक्लजी के विपरीत उसके लिए उनके मन में सहानुभूति का भाव है जैसे कि किसी 'असामान्य' आचार-विचार के लिए होता है। 'ऐबनार्मल' के वज़न पर द्विवेदीजी इसे 'अवनर्मिल' कहते हैं और एक मनोचिकित्सक के समान ही वे किसी 'अवनर्मिल' को तिरस्कृत करने की अपेक्षा सहानुभूतिपूर्ण चिकित्सा का विषय मानते हैं। सम्भवतः इसीलिए द्विवेदीजी 'नार्म' अथवा 'सामान्य मर्यादा' को तोड़नेवाले किसी कवि अथवा लेखक को अपनी सहज सहानुभूति देते हैं। कुल मिलाकर आचार्य शुक्ल के 'सामान्य मनुष्य' की धारणा यदि उन्हें मर्यादावाद की दिशा में ले जाती है, तो द्विवेदीजी का सामान्य मनुष्य उन्हें जड़ मर्यादाओं को तोड़नेवाले विद्रोह की ओर ले जाता है। कहने की आवश्यकता नहीं कि सामान्य मनुष्य की यह परिकल्पना साहित्य की एक भिन्न धारणा को जन्म देती है।

यदि साहित्य का लक्ष्य मनुष्य है तो मनुष्य के समान साहित्य भी स्थिर नहीं, बल्कि गतिशील है। यदि मनुष्य की कोई स्थिर परिभाषा नहीं हो सकती तो साहित्य की ही क्यों हो ? आकस्मिक नहीं है कि द्विवेदीजी ने अन्य आलोचकों की तरह 'कविता क्या है' अथवा 'साहित्य क्या है' जैसा लेख कभी न लिखा। साहित्य यदि 'तैयार माल' नहीं

है तो साहित्य की कोई तैयार परिभाषा भी नहीं हो सकती। साहित्य इस दृष्टि से एक **ऐतिहासिक** अवधारणा है इसलिए साहित्य के बारे में यह कहा गया है कि वह इतिहास से पलता है।

लेकिन इसके साथ ही द्विवेदीजी ने इस बात पर बल दिया है कि साहित्य इतिहास को बनाता है। 'साहित्य का मर्म' में इस बात को और स्पष्ट करते हुए कहा गया है कि "जीवन के सम्पूर्ण सार रसों से जो काव्य पुष्ट हुआ है वह जीवन की भाँति ही क्रियाशील, सर्जक और निरन्तर विकासमान वस्तु है। यह वांछनीय है।...काव्य सर्जक है, वह मनुष्य की दुनिया में नए भावों की सृष्टि करके विधाता के भाव-जगत् में वृद्धि करता आ रहा है।" (विचार प्रवाह, पृ. 131-32) तात्पर्य यह कि साहित्य यदि इतिहास को बनाता है तो किसी 'प्रत्यक्ष कार्रवाई' के द्वारा नहीं, बल्कि अपने सर्जन-धर्म के द्वारा। सृजनशीलता ही साहित्य की इतिहास-निर्मातृशक्ति है। इस सर्जनशीलता की पहचान इतिहास के सन्दर्भ में होती है।

इस दृष्टि से साहित्य की पूर्ववर्ती मान्यताओं की समीक्षा करते हुए द्विवेदीजी ने निरन्तर यह दिखाने का प्रयास किया है कि उन पर वर्ग-विशेष की विचारधारा का गहरा असर रहा है। 'साहित्य का मर्म' के प्रथम व्याख्यान में उन्होंने कहा है : "अलंकार ग्रन्थों और उनकी परवर्ती टीकाओं में काव्य की परिभाषा की व्याख्या करने के बाद टीकाकार लोग प्रायः एक ही प्रकार का तर्क उठाते हैं : "यदि यह परिभाषा स्वीकार कर ली गई तो बहुत सी प्राचीन कविताओं को हम कविता नहीं कह सकते।" उत्तर में कहलाया जाता है—'यह तो हम चाहते ही हैं (इष्टापत्ति) कि जो रचनाएँ इस परिभाषा के बाहर पड़ जाएँ उन्हें कविता नहीं कहें।' फिर इसके उत्तर में कहलाया जाता है : "नहीं, आप ऐसा नहीं कह सकते। क्योंकि आप जिस बात को मानना चाहते हैं उसके मानने से शिष्ट सम्प्रदाय का विरोध होगा (शिष्ट-सम्प्रदाय-विरोधात्)—इत्यादि। इससे इतना तो स्पष्ट ही है कि पुराना भारतीय सहृदय शिष्ट-परम्परा के विरोध को बर्दाश्त नहीं कर सकता। यही कारण है कि पुराने संस्कृत साहित्य का एक महत्त्वपूर्ण भाग आलोचना-शास्त्र की बहुविघोषित मर्यादा से थोड़ा विच्छिन्न हो जाता है।" (विचार प्रवाह, पृ. 109)

यह शिष्ट-सम्प्रदाय प्रभुत्वशाली वर्ग का वह बुद्धिजीवी भाग है जो साहित्यिक मान्यताओं के द्वारा पूरे समाज पर उस वर्ग की विचारधारा का प्रभुत्व कायम करता है। इसलिए द्विवेदीजी ने बड़े विस्तार से काव्यशास्त्रेतर प्राचीन ग्रन्थों के प्रमाण पर नागरिक की दिनचर्या, विदग्ध गोष्ठियों के क्रियाकलाप तथा सरस्वती विहार आदि की गतिविधियों की चर्चा की है। इन विवरणों से स्पष्ट हो जाता है कि साहित्य की मान्यताएँ प्रभुत्वशाली विचारधारा का ही एक अंग हैं। इससे यह निष्कर्ष स्वभावतः निकलता है कि साहित्यिक मान्यताओं और साहित्य की परिभाषाओं के विरुद्ध संघर्ष वस्तुतः एक कठिन विचारधारात्मक संघर्ष है।

स्वयं हिन्दी साहित्य के इतिहास में इस विचारधारात्मक संघर्ष को योगियों और सन्तों के साहित्यिक मूल्यांकन में स्पष्टतः देखा जा सकता है। आचार्य शुक्ल ने सिद्धों

और योगियों की रचनाओं को 'साहित्य' न मानते हुए लिखा है कि वे साम्प्रदायिक शिक्षा-मात्र हैं, जीवन की स्वाभाविक अनुभूतियों और दशाओं से उनका कोई सम्बन्ध नहीं। अतः वे शुद्ध साहित्य की कोटि में नहीं आतीं। लगभग इसी तर्क को निर्गुण सन्तों की रचनाओं पर लागू करते हुए वे आगे कहते हैं कि "इस शाखा की रचनाएँ साहित्यिक नहीं हैं, फुटकल दोहों या पदों में हैं जिनकी भाषा और शैली अधिकतर अव्यवस्थित और ऊटपटाँग है।" ऊपर-ऊपर से देखने पर साहित्य की यह कसौटी एकदम 'साहित्यिक' और 'शुद्ध' मालूम होती है, किन्तु कुछ ही देर में इस साहित्यिकता का सांस्कृतिक और सामाजिक आधार अनावृत्त होकर सामने आ जाता है। शुक्लजी कहते हैं कि "संस्कृत बुद्धि, संस्कृत हृदय और संस्कृत वाणी का वह विकास इस शाखा में नहीं पाया जाता जो शिक्षित समाज को अपनी ओर आकर्षित करता।" योगियों और निर्गुण सन्तों में "संस्कृत बुद्धि, संस्कृत हृदय और संस्कृत वाणी का विकास" क्यों नहीं हो सका, इसका कारण सम्भवतः शुक्लजी के इस कथन में है कि "चौरासी सिद्धों में बहुत से मछुए, चमार, धोबी, डोम, कहार, लकड़हारे, दरजी तथा और बहुत से शूद्र कहे जानेवाले लोग थे।...जो शास्त्रज्ञान सम्पन्न न थे, जिनकी बुद्धि का विकास बहुत सामान्य कोटि का था।" इस प्रकार साहित्य की कसौटी का आधार सामाजिक और सांस्कृतिक है। जो 'सुसंस्कृत' है उसकी गाली भी साहित्यिक है, लेकिन जो 'असंस्कृत' है उसकी डाँट-फटकार भी असाहित्यिक है। तुलसीदास यदि अलख जगानेवालों को 'नीच' कहें तो वह काव्य है, लेकिन कबीर का यह कथन अशिष्ट गाली है : "पांड़े कौन कुमति तोहें लागी। तू राम न जपहिं अभागी।" इस मान्यता के चलते एक की दार्शनिक उक्तियाँ काव्य हैं और दूसरे की साम्प्रदायिक शिक्षा-मात्र ! क्या इसलिए कि एक प्रभु वर्ग की 'संस्कृति' के पक्ष में बोलता है और दूसरा उस 'संस्कृति' का विरोध करता है ?

द्विवेदीजी की सर्जक दृष्टि 'शिष्ट सम्प्रदाय' की इस साहित्यिक कसौटी के विरुद्ध विद्रोह है। 'हिन्दी साहित्य का आदिकाल' (1952) में इस कसौटी का प्रतिवाद करते हुए वे कहते हैं : "इस अन्धकार युग को प्रकाशित करने योग्य जो भी चिनगारी मिल जाय उसे सावधानी से जिलाये रखना कर्तव्य है; क्योंकि वह बहुत बड़े आलोक की सम्भावना लेकर आई होती है, उसके पेट में केवल उस युग के रसिक हृदय की धड़कन की ही नहीं, केवल सुशिक्षित चित्त के संयत और सुचिन्तित वाक्‌पाटव की ही नहीं, बल्कि उस युग के सम्पूर्ण मनुष्य को उद्‌भासित करने की क्षमता छिपी होती है।" (पृ. 27) यह कथन केवल साहित्य की एक संकीर्ण समझ के विपरीत व्यापक दृष्टि का ही परिचायक नहीं है; बल्कि यहाँ स्पष्टतः साहित्य की उस कसौटी का प्रत्याख्यान किया गया है जो किसी कृति में केवल 'रसिक हृदय की धड़कन' देखना चाहती है और "सुशिक्षित चित्त के संयत और सुचिन्तित वाक्‌पाटव" के आधार पर साहित्यिक कृतियों को 'साहित्यिकता' का प्रमाणपत्र देती है। इस स्थिर सुशिक्षित रुचि के विरुद्ध द्विवेदीजी एक सर्जक और इतिहासकार के नाते 'सम्भावना' की तलाश करते हैं और यह देखने का आग्रह करते हैं कि किसी कृति में "उस युग के सम्पूर्ण मनुष्य को उद्‌भासित करने की

क्षमता" किस हद तक है ? कहने की आवश्यकता नहीं कि द्विवेदीजी का यह 'सम्पूर्ण मनुष्य' साहित्य शास्त्र के 'रसिक' से अधिक बड़ा, अधिक सार्थक और कहीं अधिक प्रासंगिक है।

इसलिए द्विवेदीजी अलंकारशास्त्र के ग्रन्थों से बाहर निकलकर स्वयं सर्जनात्मक साहित्य के आधार पर साहित्य के सिद्धान्तों की खोज के पक्षपाती हैं। 'मध्यकालीन बोध का स्वरूप' में वाल्मीकि के अमर अनुष्टुप 'मा निषाद प्रतिष्ठां...' के महत्त्व की चर्चा करते हुए वे किंचित् खेद के साथ कहते हैं : "भारतीय परम्परा में इस घटना को बहुत महत्त्व दिया गया है। पर यह मानकर भी कि इस घटना से प्रथम काव्य का आविर्भाव हुआ, इसे उस प्रकार की रस-व्याख्या का आधार नहीं बनाया गया जैसा भरत के प्रसिद्ध सूत्र को। अगर इसे आधार बनाया गया होता तो कदाचित् मध्ययुग के आलोचक अधिक स्पष्टता के साथ सौन्दर्यबोध की रचनात्मक प्रक्रिया और सौन्दर्य की अभिव्यक्ति के स्वरूप को हृदयंगम कर सकते।" (पृ. 106)

इस चिन्तन में आदि काव्य की क्रौंचवधवाली घटना की उपेक्षा का कारण यह है कि परवर्ती अलंकारशास्त्रियों की रुचि 'सौन्दर्यबोध की रचना-प्रक्रिया' में नहीं, बल्कि उसके आस्वाद और रसानुभूति में थी। इसलिए 'शोक' के 'श्लोक' बनने की चर्चा तो बहुत हुई किन्तु उसका केन्द्र सहृदय ही था। इस ओर ध्यान देना आवश्यक नहीं समझा गया कि आदि कवि ने अपने शोक को श्लोक का रूप किस प्रकार दिया ? द्विवेदीजी ने संक्षेप में उस प्रक्रिया की ओर संकेत करते हुए कहा है : "वाल्मीकि ने नेता की ही खोज की थी। ऐसे नरचन्द्रमा की जिसमें मनुष्य की 'समग्रा लक्ष्मी' का निवास हो। उन्हें उन नेताओं के किसी ऐसे स्थायी भाव की खोज नहीं थी, जो विभावानुभाव संचारी भाव के संयोग से रस रूप में परिणत हो सके। वे मनुष्य के सम्पूर्ण और आदर्श रूप के जिज्ञासु थे।" (पृ. 107-108) यहाँ भी द्विवेदीजी की दृष्टि किसी 'स्थायी भाव' की खोज में नहीं अटकी, बल्कि वे वाल्मीकि के माध्यम से 'सम्पूर्ण मनुष्य' की तलाश में ही तत्पर हैं। वस्तुतः रचना-प्रक्रियावाली सर्जनात्मक दृष्टि का लक्ष्य मनुष्य ही होता है और काव्य में उसी के सम्मूर्तन की समस्या कवि की मुख्य समस्या होती है। आदि कवि के सर्जनात्मक प्रयास के द्वारा द्विवेदीजी ने एक बार फिर साहित्य-चिन्तन की मुख्य दिशा की ओर संकेत किया है।

इस कृती दृष्टि में स्वभावतः 'तैयार माल' की अपेक्षा सर्जक के प्रयास की परीक्षा अधिक महत्त्वपूर्ण होती है। 'भारतीय धर्म साधना में कबीर का स्थान' निश्चित करते हुए द्विवेदीजी रवीन्द्रनाथ का वह गीत उद्धृत करते हैं जिसकी पहली दो पंक्तियाँ हैं : "जीवने यत पूजा हलो न सारा/जानि हे जानि ताओ हय नि हारा।" अर्थात् जीवन में जो पूजाएँ पूरी नहीं हो सकती हैं, मैं ठीक जानता हूँ कि वे भी खो नहीं गई हैं। यह कवि के प्रति न तो अतिरिक्त सहानुभूति है, न आलोचक की उदारता या अनुकम्पा ही। यह सृजन कर्म की सार्थकता की सच्ची पहचान है।

विचित्र बात है कि साहित्य-समीक्षा में इस कृती दृष्टि की हिमायत करते हुए भी

द्विवेदीजी स्वयं अपनी कृतियों के लिए इस आधार पर कोई छूट नहीं लेते। 'बाणभट्ट की आत्मकथा' की समाप्ति पर द्विवेदीजी के 'अभिन्न' पंडित व्योमकेश शास्त्री यह टिप्पणी करना नहीं भूलते कि "कादम्बरी में प्रेम की अभिव्यक्ति में एक प्रकार की दृप्त भावना है, परन्तु इस कथा में सर्वत्र प्रेम की व्यंजना गूढ़ और अदृप्त भाव से प्रकट हुई है। ऐसा जान पड़ता है कि एक स्त्री-जनोचित लज्जा सर्वत्र उस अभिव्यक्ति में बाधा दे रही है।" निश्चय ही टिप्पणी का एक प्रयोजन पाठकों को संकेत से यह बता देना है कि यह बाणभट्ट की कृति नहीं, बल्कि आधुनिक मानस की सृष्टि है। किन्तु इस संकेत के अलावा क्या रचनाकार स्वयं यह स्वीकार नहीं करता कि बाणभट्ट का प्रेमवर्णन एक स्त्री-जनोचित लज्जा के कारण बाधित हो गया है और इसीलिए उसकी अभिव्यक्ति 'अदृप्त' रह गई है। यह दीगर बात है कि कुछ लोग इसे गुण भी मान सकते हैं; किन्तु क्या यह तथ्य नहीं है कि उस तथाकथित 'लज्जा' से जो वस्तुतः 'कुंठा' का ही शिष्ट रूप है, स्वयं बाणभट्ट का चरित्र काफी दब गया है ? निर्णय जिस रूप में भी किया जाय, तथ्य यही है कि एक सजग रचनाकार ने अपनी रचना-प्रक्रिया का सूत्र ईमानदारी से खोलकर रख दिया है।

इसी प्रकार 'पुनर्नवा' में पंडित व्योमकेश शास्त्री की जो भूमिका न जा सकी, उसका परिहार बाद में एक पत्र के द्वारा करते हुए द्विवेदीजी ने अपने उन्हीं 'अभिन्न' के जरिए कहला दिया कि "कालिदास को आप इस ग्रन्थ में पूर्णरूप से प्रस्फुटित नहीं कर सके।" यह सही है कि इस दुर्बलता का एक कारण भी बताया गया है, किन्तु कमजोरी आखिर कमजोरी ही है और इतना भी क्या कम है कि रचनाकार स्वयं उसे स्वीकार करता है। 'अनामदास का पोथा' के अन्त में भी यह स्वीकार कर लिया है कि छान्दोग्य के उषस्ति इस उपन्यास में अपना अक्खड़ और फक्कड़ रूप एकदम खो बैठे हैं। वस्तुतः रचना में निर्दिष्ट ये असंगतियाँ रचना को समझने की दिशा में अन्तर्दृष्टि प्रदान करती हैं—ऐसी अन्तर्दृष्टि जो पेशेवर समीक्षकों की समीक्षाओं से प्रायः नहीं मिलती।

आत्म-समीक्षा के रूप में द्विवेदीजी की जिस कृती दृष्टि का परिचय मिलता है उसमें विशेष रूप से उल्लेखनीय है उनकी क्रीड़ाशीलता। वे साहित्य के बारे में बात करते हुए साहित्य की रचना करते हैं। उनके हाथों शास्त्र भी साहित्य बन जाता है और समीक्षा भी सर्जना। इस प्रक्रिया में भी अक्सर उनका फक्कड़ रूप प्रकट हो जाता है। किसी छन्द के साथ वे इस तरह खेलते हैं जैसे अर्थक्रीड़ा में उन्हें एक मज़ा मिल रहा हो। यह अर्थक्रीड़ा पंडितों की नजर में उन्हें कभी-कभी गैर-जिम्मदार भी बना देती है। फिर भी इसकी परवाह किए बिना वे उस कृति के साथ खेलना छोड़ नहीं देते। इस वृत्ति का सर्वोत्तम रूप 'मेघदूत—एक पुरानी कहानी' में मिलता है। टीका भी कितनी सर्जनात्मक और रोचक हो सकती है उसका आदर्श है 'मेघदूत—एक पुरानी कहानी।' वस्तुतः यह एक पुनः सृष्टि है—कालिदास के मेघदूत के आधार पर अपने मेघदूत की रचना। प्रकृति में यह 'पुरानी कहानी' भी उनके ऐतिहासिक उपन्यासों से भिन्न नहीं है। इसे सहज ही उपन्यास के रूप में पढ़ा जा सकता है। गप्प मारने की चिर-परिचित कला यहाँ भी सक्रिय है।

शुरुआत ही इस अटकलबाजी से होती है कि यक्ष कौन था और कुबेर ने उसे देशनिकाले की सज़ा क्यों दी ? और कोई सज़ा क्यों नहीं।

"कुबेर चाहते तो जुर्माना कर सकते थे। पर वह दंड बेकार होता, क्योंकि कल्पवृक्ष से वह जो चाहता, वही माँग लेता और जुर्माना चुका देता। जेलखाने वहाँ शायद थे ही नहीं। उस नगरी में एकमात्र बन्धन प्रिया का बाहुपाश था। पर कुबेर ने इस दंड से कोई विशेष फायदा नहीं देखा। असल में देशनिकाले से बढ़कर और कोई दंड उस देश में हो ही नहीं सकता था। मगर यक्ष कुबेर का चाहे जितना भी अदना नौकर क्यों न हो, था देवयोनि का जीव। निधियाँ उसके अधिकार में थीं, सिद्धियाँ उसके लिए सबकुछ करने को प्रस्तुत थीं। इसलिए सिर्फ राजादेश से यदि दंड दिया जाता, तो यक्ष कुछ-न-कुछ ऐसा अवश्य कर लेता, जिससे वह अलका के बाहर भी आराम से रह सकता था। हजार हो, देवयोनि में जन्मा था, सो कुबेर ने उसे सज़ा नहीं दी, शाप दिया। देवता ही देवता को मारना जानता है। लोहा ही लोहे को काट सकता है।

"प्रेमजन्य प्रमाद इतिहास में और भी हुए हैं। यक्ष ने जो ग़फलत की, वैसी ही और भी कई बार की गई है। कहते हैं कि खानखाना अब्दुर्रहीम का एक साधारण भृत्य प्रिया-प्रेम में कर्तव्यबुद्धि से इतना हीन हो गया कि छह महीने तक काम पर ही न गया। गया तो डरता हुआ और जीवन की सबसे कठिन सजा सुनने की आशंका लिये हुए। उसकी प्रिया कविता लिख लेती थी। उसने पुरजे पर एक बरवै छन्द लिख दिया था। इस पर कवि रहीम ने भृत्य का अपराध क्षमा कर दिया था और पुरस्कार भी दिया था। वे मनुष्य थे, पर कुबेर तो देवता थे। मनुष्य क्षमा कर सकता है, देवता नहीं कर सकता। मनुष्य हृदय से लाचार है, देवता नियम का कठोर प्रवर्तयिता है। मनुष्य नियम से विचलित हो जाता है, पर देवता की कुटिल भृकुटि नियम की निरन्तर रखवाली करती है। मनुष्य इसलिए बड़ा होता है कि वह ग़लती कर सकता है, देवता इसलिए बड़ा है कि वह नियम का नियन्ता है। सो कुबेर उसे शाप दे दिया।"

यह इतनी लम्बी व्याख्या सिर्फ एक शब्द की है—शाप की। विस्तार अवश्य है किन्तु कोई कह नहीं सकता कि 'अमूल' है या 'अनपेक्षित' है। वैसे ग्रन्थ के अन्त में भाष्य-शिरोमणि मल्लिनाथ को नमस्कार करते हुए टीकाकार ने इतनी सी छूट लेने के लिए क्षमा माँग ली है कि कहीं-कहीं मूल को ईषत् छोड़ दिया है और विदग्धजनों की रुचि का खयाल कर अनपेक्षित भी कह दिया है। फिर भी कुल मिलाकर है यह 'शाप' की व्याख्या ही। जो अतिरिक्त है वह एक कृती की कल्प-सृष्टि है। इस सृजन में गप्प भी है, खिलवाड़ भी, सूझ भी और थोड़ा सा उपदेश भी। देवता पर मीठा व्यंग्य। मनुष्य की महिला पर विनम्र गर्व। फिर भी लगता नहीं कि उपदेश है। उपदेशकों से द्विवेदीजी को प्रकृत्या चिढ़ है। उपदेशक वे नहीं हैं, फिर भी उपदेश देते हैं। दूसरे आलोचकों की तरह आदेश, निर्देश, भर्त्सना आदि का तो उनके यहाँ नितान्त अभाव है। वस्तुतः काव्य-चर्चा उनके लिए जीवन-महोत्सव है। वे काव्य-चर्चा नहीं करते, उत्सव मनाते हैं। मुक्त, अकुंठ। एक-एक शब्द की चीर-फाड़ नहीं करते, सार्थक शब्द को निकालकर ऐसी

जगह रख देते हैं कि अर्थ अपने आप जगमगा उठता है। शब्द की व्याख्या नहीं करते, उसे उपयुक्त सन्दर्भ देते हैं। यह सन्दर्भ ही उनका अपना सृजन है।

वैसे, कोई अर्थगर्भ शब्द सामने आ जाए तो वह उसकी अर्थच्छायाओं में भी जाते हैं और उनके आधार पर एक नए सौन्दर्य की सृष्टि करते हैं। मसलन 'मेघदूत' के ही दूसरे छन्द का 'सानु' शब्द। 'सानु' पर्वत-नितम्ब को कहते हैं। अब इस नितम्ब से लगा मेघ, जैसे हाथी ढूँसा मार रहा हो। यौन-संकेत स्पष्ट है। द्विवेदीजी का सौन्दर्योपासक मन एक सन्दर्भ देकर मौन रह जाता है।

कभी-कभी किसी शब्द के अर्थ को लेकर वे पुराने टीकाकारों से अलग जाने का भी साहस करते हैं; जैसे पूर्वमेघ के 55वें छन्द में 'करण-विगम'। वे इसे 'करणों' अथवा इन्द्रियों का अन्यमुखीकरण मानते हैं। कोशगत अर्थ से उन्हें सन्तोष नहीं।

वस्तुतः द्विवेदीजी की आलोचना में व्याख्या की भूमिका प्रधान नहीं है, प्रधान भूमिका है उद्धरणों के चयन की। प्रसंग के अनुकूल वे ऐसे उद्धरण चुनकर लाते हैं कि किसी अतिरिक्त युक्ति की आवश्यकता रह नहीं जाती। इसी कला के क्षेत्र में वे अप्रतिम आचार्य हैं। जाने किस सन्दर्भ का छन्द उठाकर लाते हैं और ऐसे नए सन्दर्भ में रखते हैं कि सन्देह के लिए कोई गुंजाइश नहीं रहती। इस प्रकार वे नए-नए जीवन-सन्दर्भों से कविता का अर्थ-विस्तार करते हैं। अब कोई इस बात के लिए उन्हें आलोचक मानने से इनकार करे तो अपनी बला से ! आलोचना उनके लिए विश्लेषण का पर्याय नहीं है, परोपजीवी आलोचना के लिए हो तो हो। वे सर्जक हैं, कृती हैं। दुष्यन्त के समान उन्हें यह समझ जल्दी आ गई थी कि तत्त्वान्वेषी अभागे हैं, कृती तो वह भौंरा है जो तत्त्वान्वेष के चक्कर में पड़कर कानो-कान रहस्य की बात कहनेवाले ढीठ प्रेमी की भाँति शकुन्तला की भय-भ्रान्त व्याकुलता का भी रस लेता है। यदि आलोचकों को अपनी विडम्बनापूर्ण स्थिति का बोध होगा तो देर-सबेर वे भी निश्चय ही यह कहने के लिए विवश होंगे कि "वयं तत्त्वान्वेषान्मधुकर हतास्त्वं खलु कृती !"

[1982]

महाजनो येन गतः...

आचार्य रामचन्द्र शुक्ल का प्रकृत स्वरूप वहाँ प्रकट होता है जहाँ वे किसी कवि या कृति की समालोचना में तत्पर होते हैं और जिधर भी चलते हैं "अपनी सम्पूर्ण मानसिक सत्ता के साथ अर्थात् बुद्धि और भावात्मक हृदय दोनों लिये हुए।" यहाँ एक सहृदय समालोचक के ऐसे व्यक्तित्व के दर्शन होते हैं जो जीवन के अनुभव और विस्तृत अध्ययन से पूरी तरह लैस है, जिसमें मर्म-ग्राहिणी प्रज्ञा भी है और सूक्ष्म अन्वीक्षण बुद्धि भी, जो स्पर्श करते ही किसी कृति के अन्तरतम में प्रवेश करके द्रष्टव्य देख लेने में सक्षम है और जो काव्यानुभव की इस प्रक्रिया में कभी रीझता है तो कभी खीजता है फिर भी अन्तिम निर्णय देते समय—और निर्णय वह अवश्य देता है—विवेक में स्थिर। समीक्षा में सक्रिय संवेदना का यह भी एक कर्म-सौन्दर्य ही है जिसमें स्पन्दमान सम्वेदनशीलता की एक-एक गति साफ देखी जा सकती है।

तुलसी, सूर और जायसी जैसे श्रेष्ठ और अपनी पसन्द के कवियों का आचार्य शुक्ल ने जो विस्तृत विवेचन किया है, उसकी चर्चा बहुत हुई है। इसलिए उनकी दुर्लभ सहृदयता का चमत्कार उन कवियों और लेखकों की समीक्षा में विशेष रूप से द्रष्टव्य है जो तुलसी-सूर-जायसी की कोटि में नहीं आते और न उतने पसन्द ही हैं। शुरुआत रीतिकाल के कवियों से की जा सकती है।

रीतिकालीन काव्य के बारे में शुक्लजी की सामान्य धारणा यह थी कि "रीति-ग्रन्थों की परम्परा के द्वारा साहित्य के विस्तृत विकास में कुछ बाधा भी पड़ी। (दृष्टि) एक प्रकार से बद्ध और परिमित-सी हो गई। उसका क्षेत्र संकुचित हो गया। वाग्धारा बँधी हुई नालियों में ही प्रवाहित होने लगी जिससे अनुभव के बहुत से गोचर और अगोचर विषय रससिक्त होकर सामने आने से रह गए।" इसके साथ ही एक सीमा यह भी थी कि "कवियों की व्यक्तिगत विशेषता की अभिव्यक्ति का अवसर बहुत ही कम रह गया।" ऐसी स्थिति में समालोचक के सामने सबसे बड़ी कठिनाई यह थी कि "कुछ कवियों के बीच भाषा-शैली, पद-विन्यास, अलंकार-विधान आदि बाहरी बातों का भेद हम थोड़ा-बहुत दिखा सकें तो दिखा सकें, पर उनकी आभ्यन्तर प्रकृति के अन्वीक्षण में समर्थ उच्चकोटि की आलोचना की सामग्री बहुत कम पा सकते हैं।" फिर भी मतिराम, बिहारी, देव, पद्माकर, घनानन्द आदि प्रमुख कवियों के व्यक्तिगत वैशिष्ट्य को शुक्लजी की अन्वीक्षण बुद्धि ने दक्षता के साथ रेखांकित किया ही।

मतिराम रीतिकाल के उन थोड़े से कवियों में हैं—सम्भवतः अकेले कवि, जिनका शुक्लजी के अनुसार : "सच्चा कवि हृदय था।" इस कथन का महत्त्व इस बात में है कि बिहारी के लिए शुक्लजी ने ऐसा नहीं कहा, जबकि बिहारी ने मतिराम की तरह कोई रीति-ग्रन्थ नहीं लिखा। मतिराम की कविताएँ सहृदय समालोचक को किंचित् दुःख के साथ यह कहने के लिए विवश करती हैं कि "ये यदि अपने समय की प्रथा के अनुसार रीति की बँधी लीकों पर चलने को विवश न होते, अपनी स्वाभाविक प्रेरणा के अनुसार चलने पाते, तो और भी स्वाभाविक और सच्ची भाव-विभूति दिखाते, इसमें सन्देह नहीं।" इस असन्दिग्ध निर्णय का ठोस आधार यह है—और महत्त्वपूर्ण यह आधार ही है—कि "भारतीय जीवन से छाँटकर लिये हुए इनके मर्मस्पर्शी चित्रों में जो भाव भरे हैं, वे समान रूप से सबकी अनुभूति के अंग हैं।" किसी ठोस उदाहरण के अभाव में यह स्पष्ट नहीं हो पाता कि "भारतीय जीवन के वे मार्मिक चित्र" कौन से हैं जिन्हें छाँटकर लेने और भाव भरने का श्रेय मतिराम को है। संलग्न जो पाँच उदाहरण एक साथ दिए गए हैं; उनमें शुक्लजी के प्रिय छन्द "दोऊ अनन्द सों आँगन माँझ विराजैं असाढ़ की साँझ सुहाई" को देखकर सिर्फ अनुमान ही लगाया जा सकता है।

प्रसंगवश उल्लेखनीय है कि रीति-ग्रन्थकार कवियों में परवर्ती काल के सिर्फ बेनी प्रवीन को शुक्लजी ने मतिराम ऐसे कवियों के 'समकक्ष' कहा है; और रीति-ग्रन्थों के दायरे से बाहर के कवियों में ठाकुर को 'बहुत ही सच्ची उमंग का कवि।' रीति-काल के किसी कवि के लिए 'सच्चा कवि हृदय' अथवा 'सच्ची उमंग का कवि' जैसे विशेषण इसलिए अर्थपूर्ण हैं कि शुक्लजी की दृष्टि में 'केशव को कवि हृदय नहीं मिला था।'

यहाँ इस बात का पता लगाना महत्त्वपूर्ण होगा कि केशव जैसे अन्य रीतिवादी कवियों के अलावा इस काल के और कौन से कवि हैं, जिन्हें आचार्य शुक्ल 'कवि' मानने को तैयार नहीं। रीतिकाल के अन्य कवियों का सामान्य परिचय देते हुए नीति के फुटकल पद्य कहनेवालों के बारे में शुक्लजी स्पष्ट कहते हैं कि इनको हम 'कवि' कहना ठीक नहीं समझते। कारण "इनके तथ्य-कथन के ढंग में कभी-कभी वाग्वैदग्ध्य रहता है पर केवल वाग्वैदग्ध्य द्वारा काव्य की सृष्टि नहीं हो सकती।" इसलिए ऐसी रचना करनेवालों को शुक्लजी 'कवि' न कहकर 'सूक्तिकार' कहना चाहते हैं; और वृन्द, गिरिधर, घाघ और बैताल ऐसे ही सूक्तिकार हैं, निश्चय ही 'अच्छे सूक्तिकार !'

इसी प्रकार एक वर्ग 'ज्ञानोपदेशकों' का है 'जो ब्रह्मज्ञान और वैराग्य की बातों को पद्य में कहते हैं।' ये ग्रन्थकार आचार्य की दृष्टि में 'केवल पद्यकार' हैं—'सूक्तिकार' से कुछ भिन्न। निश्चय ही "ये कभी-कभी समझाने के लिए उपमा, रूपक आदि का प्रयोग कर देते हैं, पर **समझाने के लिए** ही करते हैं, **रसात्मक प्रभाव** उत्पन्न करने के लिए नहीं।" इसलिए उन्हें कवि मानने का सवाल ही नहीं उठता।

परन्तु अन्योक्तियों की बात और है। जाने क्यों शुक्लजी के मन में अन्योक्तियों के लिए थोड़ी कमजोरी है। लिखते हैं : "हाँ, इनमें जो भावुक और प्रतिभासम्पन्न हैं, जो अन्योक्तियों आदि का सहारा लेकर भगवत्प्रेम, संसार के प्रति विरक्ति, करुणा आदि

उत्पन्न करने में समर्थ हुए हैं वे अवश्य कवि क्या, उच्चकोटि के कवि कहे जा सकते हैं।" इसीलिए आगे चलकर काशी के बाबा दीनदयाल गिरि के 'अन्योक्ति कल्पद्रुम' को शुक्लजी 'हिन्दी साहित्य में एक अनमोल वस्तु' घोषित करते हैं और साथ में यह सिद्धान्त वाक्य भी जोड़ देते हैं: "अन्योक्ति के क्षेत्र में कवि की मार्मिकता और सौन्दर्य-भावना के स्फुरण का बहुत अच्छा अवकाश रहता है।" आचार्य का यह अन्योक्ति-प्रेम 'कविता क्या है' शीर्षक 'निबन्ध में भी पर्याप्त स्फुट है। सारांश यह कि कुछ तो अन्योक्ति का रूप-विधान और कुछ भगवत्प्रेम की विषयवस्तु, रीतिकाल के अन्योक्तिकारों को 'कवि' मान लेने के लिए अवकाश निकल ही आया।

सामान्य धारणा है कि शुक्लजी प्रबन्धकाव्य के पक्षपाती थे—यहाँ तक कि यदि कोई मामूली सी कृति भी प्रबन्धात्मक है तो मुक्तक पर उसे तरजीह देते थे। तथ्य यह है कि रीतिकाल में प्रबन्ध-काव्य की उन्नति कुछ विशेष न हो पाने के लिए जहाँ उन्होंने किंचित् खेद प्रकट किया, वहाँ केवल दो ही चार कथा-प्रबन्धों में उन्हें 'कवित्व का यथेष्ट आकर्षण' मिला। इनमें भी 'वर्णनात्मक प्रबन्ध' की अलग कोटि दिखाई पड़ी, "जहाँ कविजी अपने वस्तु-परिचय का भंडार खोलते हैं—जैसे बरात का वर्णन है तो घोड़े की सैकड़ों जातियों के नाम, वस्त्रों का प्रसंग आया तो पचीसों प्रकार के कपड़ों के नाम और भोजन की बात आई तो सैकड़ों मिठाइयों, पकवानों और मेवों के नाम—वहाँ तो अच्छे-अच्छे धीरों का धैर्य छूट जाता है।" आचार्य शुक्ल की दृष्टि में यह वस्तु-वर्णन विस्तार 'परिमार्जित साहित्यिक रुचि के सर्वथा विरुद्ध' है।

आचार्य शुक्ल की सहृदयता की यह विशेषता है कि रीतिकाल के बारे में अपनी सामान्य धारणा के बावजूद यदि किसी रीतिवादी कवि में मौलिकता और नवोन्मेष दिखाई पड़ा तो उसकी दाद दिल खोलकर दी। उस काल में ऐसे कवि उन्हें एक 'देव' ही मिले। लिखा: "इनका सा अर्थ-गौरव और नवोन्मेष विरले ही कवियों में मिलता है। रीतिकाल के कवियों में ये बड़े ही प्रगल्भ और प्रतिभासम्पन्न कवि थे, इसमें सन्देह नहीं।" ध्यान देने की बात है कि 'नवोन्मेष' और 'प्रतिभासम्पन्नता' का गौरव उन्होंने बिहारी को नहीं दिया। इससे देव के हिमायती पंडितों का यह आरोप ध्वस्त हो जाता है कि देव-बिहारी विवाद में मिश्र-बन्धुओं से रुष्ट होने के कारण शुक्लजी ने देव का महत्त्व कम करके आँका। निश्चय ही देव की उपलब्धि के बारे में शुक्लजी पूरी तरह आश्वस्त न थे, किन्तु उसका ठोस कारण है। उनका यह स्पष्ट मत था कि 'कवित्व-शक्ति और मौलिकता देव में खूब थी पर उनका सम्यक् स्फुरण' नहीं हुआ। कारण 'रुचि-विशेष बाधक हुई।' मौलिकता के सम्यक् स्फुरण से शुक्लजी का आशय क्या था इसका संकेत भिखारीदास के प्रसंग में लिखे इस वाक्य से मिलता है: "देव की-सी ऊँची आकांक्षा या कल्पना जिस प्रकार इनमें कम पाई जाती है, उसी प्रकार उनकी सी असफलता भी कहीं नहीं मिलती।" स्पष्ट है कि देव में आकांक्षा या कल्पना ऊँची थी; सफल नहीं हो सके यह बात और है। लेकिन सफल होने-भर से भिखारीदास देव से श्रेष्ठ नहीं हो जाते। अपनी असफलता में भी देव बड़े हैं, यह निष्कर्ष स्पष्ट ध्वनित होता है। कहने की आवश्यकता नहीं कि

इस प्रकार के तारतमिक विवेचन और मूल्यांकन से ही आचार्य शुक्ल अपनी मर्मग्राहिणी प्रज्ञा और सहृदयता के प्रति आस्था उत्पन्न करते हैं।

बिहारी का मूल्यांकन इस सहृदयता का अगला सोपान है, जहाँ वे बिहारी के बहाने समूचे रीति-काव्य पर अपना अन्तिम निर्णय देते हैं। एक विदग्ध कला-पारखी की तरह बिहारी की एक-एक खूबी को सराहने के बाद अन्त में शुक्लजी कहते हैं : "बिहारी की कृति का मूल्य जो बहुत अधिक आँका गया है, उसे अधिकतर रचना की बारीकी और काव्यांगों के सूक्ष्म विन्यास की निपुणता की ओर ही मुख्यतः दृष्टि रखनेवाले पारखियों के पक्ष से समझना चाहिए—उनके पक्ष से समझना चाहिए जो हाथी-दाँत के टुकड़े पर महीन बेल-बूटे देख घंटों वाह-वाह किया करते हैं। पर जो हृदय के अन्तस्तल पर मार्मिक प्रभाव चाहते हैं, किसी भाव की स्वच्छ निर्मल धारा में कुछ देर अपना मन मग्न रखना चाहते हैं, उनका सन्तोष बिहारी से नहीं हो सकता।" यही नहीं बल्कि "मार्मिक प्रभाव का विचार करें तो देव और पद्माकर के कवित्त-सवैयों का-सा गूँजनेवाला प्रभाव बिहारी के दोहों का नहीं पड़ता।" सारांश यह कि कला तो है पर मार्मिक प्रभाव नहीं।

लेकिन सबसे बड़ी कमी यह है कि "भावों का बहुत उत्कृष्ट और उदात्त स्वरूप बिहारी में नहीं मिलता। कविता उनकी शृंगारी है, पर प्रेम की उच्च-भूमि पर नहीं पहुँचती। नीचे ही रह जाती है।"

इसके विपरीत घनानन्द इसीलिए 'साक्षात् रसमूर्ति' हैं कि वे 'शृंगारी कवि' नहीं बल्कि 'प्रेम मार्ग के प्रवीण और धीर पथिक' हैं। स्पष्ट कथन के अभाव में यह कहना कठिन है कि घनानन्द में शुक्लजी को प्रेम की वह उच्च-भूमि मिली या नहीं; लेकिन 'शृंगारी' और 'प्रेममार्गी' कवि का सूक्ष्म अन्तर महत्त्वपूर्ण है। आचार्य शुक्ल की सहृदयता का यह नैतिक आयाम है, जिसके आधार पर वे रीतिकाव्य को सराहने के बावजूद भक्ति-काव्य के समकक्ष स्थान नहीं देते। स्पष्ट है कि सहृदयता केवल कला-दृष्टि तक ही सीमित नहीं है, बल्कि उसका प्रसार भावबोध तक है, जिसमें भावों का उत्कर्ष और उदात्त स्वरूप भी सन्निविष्ट है।

आचार्य शुक्ल की सहृदयता का नैतिक पक्ष उन कठमुल्ला सदाचारवादियों से भिन्न है जिन्हें रीतिकालीन कवियों के शृंगारी होने पर ही एतराज है। यह सही है कि रीतिकाल का सामान्य परिचय देते हुए शुक्लजी ने भी कहा कि "शृंगार वर्णन को बहुतेरे कवियों ने अश्लीलता की सीमा तक पहुँचा दिया था।" लेकिन उल्लेखनीय है कि बिहारी, मतिराम, देव, पद्माकर आदि प्रमुख रीतिकालीन कवियों में से किसी के बारे में उन्होंने अश्लीलता की शिकायत न की। ग्वाल जैसे परवर्ती कवि की कविता को अलबत्त उन्होंने 'बाजारी' कहा। सच तो यह है कि रीति-काव्य से कहीं अधिक राम-भक्ति और कृष्ण-भक्ति के कुछ परवर्ती सम्प्रदायों की अश्लीलता पर उन्होंने खेद प्रकट किया।

शृंगार-वर्णन को अश्लीलता की हद तक पहुँचाने के लिए शुक्लजी ने सामान्य रूप से उन 'आश्रयदाता राजाओं की रुचि' को जिम्मेदार ठहराया 'जिनके लिए कर्मण्यता और वीरता का जीवन बहुत कम रह गया था।' किन्तु यहाँ भी रीतिकाल के प्रमुख कवियों

में से किसी के विशेष प्रसंग में इस युक्ति का प्रयोग नहीं किया। वैसे, कवियों की जीवनी के प्रसंग में उनके आश्रयदाता राजाओं का उल्लेख तो है, लेकिन इससे कविता भी प्रभावित हुई, इसकी चर्चा नहीं है। दरबार के असर से भाट या कवि लोग 'उमरदराज महाराज तेरी चाहिए' पुकारने लगे और इस तरह कविता में बहुत से 'फारसी के लच्छेदार शब्द' चारों ओर सुनाई देने लगे; लेकिन इससे ज्यादा दरबार का असर आचार्य शुक्ल ने कविता पर नहीं बताया। आश्रयदाता राजाओं की झूठी प्रशंसा में लिखी गई कविताओं के लुप्त हो जाने को जहाँ उन्होंने 'एक शिक्षाप्रद घटना' कहा, वहाँ भी यह कहना न भूले कि "यदि बिहारी ने जयसिंह की प्रशंसा में अपने सात सौ दोहे बनाए होते तो उनके हाथ केवल अशर्फियाँ ही लगी होतीं।" तात्पर्य यह कि बिहारी इस बात के लिए प्रशंसा के अधिकारी हैं कि उन्होंने अपने आश्रयदाता की प्रशंसा में ही सारी शक्ति न लगाई।

कुल मिलाकर आज हिन्दी के जिस रीति-काव्य को शुक्लजी के प्रमाण पर तिरस्कृत किया जाता है, उसके बारे में आचार्य की राय यह है कि "ऐसे सरस और मनोहर उदाहरण संस्कृत के सारे लक्षण-ग्रन्थों से चुनकर इकट्ठे करें तो भी उनकी इतनी अधिक संख्या न होगी।" अपने इस मत की पुष्टि में ही जैसे शुक्लजी ने 'हिन्दी साहित्य का इतिहास' में रीति-काव्य की एक अच्छी चयनिका भी प्रस्तुत कर दी।

रीति-काव्य की समीक्षा के प्रसंग में आचार्य शुक्ल की मर्मग्राहिणी प्रज्ञा का एक और महत्त्वपूर्ण पक्ष सामने आता है और वह है—काव्य-भाषा सम्बन्धी चिन्ता। अधिकांश कवियों की समीक्षा उनकी भाषा से या तो आरम्भ होती है या समाप्त। शायद ही कोई महत्त्वपूर्ण कवि हो जिसकी भाषा पर शुक्लजी ने टिप्पणी न की हो। तारतमिक तुलना इस भाषा-विवेचन की भी विशेषता है। उदाहरण के लिए बड़े कवियों में देव का 'विशेष गौरव का स्थान' है लेकिन "कहीं-कहीं शब्द-व्यय बहुत अधिक है और अर्थ अल्प।" उधर "भूषण की भाषा में ओज की मात्रा तो पूरी है पर वह अधिकतर अव्यवस्थित है।" एक बिहारी ही ऐसे हैं जिनकी "भाषा चलती होने पर भी साहित्यिक है। वाक्य-रचना व्यवस्थित और शब्दों के रूपों का व्यवहार एक निश्चित प्रणाली पर है। यह बात बहुत कम कवियों में पाई जाती है।" किन्तु रीति-ग्रन्थकार कवियों में जिन दो की काव्य-भाषा से शुक्लजी विशेष प्रीत प्रतीत होते हैं, वे हैं मतिराम और पद्माकर। उनके विचार से "पद्माकर को छोड़ और किसी कवि में मतिराम की-सी चलती भाषा और सरल व्यंजना नहीं मिलती।" पद्माकर का अनुप्रास-प्रेम यद्यपि कभी-कभी अरुचिकर सीमा तक पहुँच जाता है। फिर भी "लाक्षणिक शब्दों के प्रयोग द्वारा कहीं-कहीं ये मन की अव्यक्त भावना को ऐसा मूर्तिमान कर देते हैं कि सुननेवालों का मन आप-से-आप हामी भरता है।" इस क्रम में पद्माकर की भाषा को वह प्रमाण-पत्र दिया है जो रीतिकाल के किसी भी कवि के लिए दुर्लभ है : "इनकी भाषा में वह अनेकरूपता है जो एक बड़े कवि में होनी चाहिए। भाषा की ऐसी अनेकरूपता गोस्वामी तुलसीदासजी में दिखाई पड़ती है।" सिर्फ रहीम ही ऐसे दूसरे कवि हैं जिनका "भाषा पर तुलसी का-सा ही अधिकार है" क्योंकि "ये ब्रज और अवधी दोनों काव्य-भाषाओं में समान कुशल थे।" किन्तु रहीम

'बरवै नायिका भेद' लिखने के बावजूद जाने क्यों रीतिकाल के अन्तर्गत न लिये गए—शायद इसलिए कि "गो. तुलसीदासजी से भी इनका बड़ा स्नेह था।"

प्रसंगवश विशेष रूप से उल्लेखनीय बात यह है कि आचार्य शुक्ल ने कवि के रूप में रहीम की जैसी प्रशंसा की है, उसके सामने बड़े-से-बड़े रीतिकवि की सराहना भी फीकी है। लिखा है : "तुलसी के वचनों के समान रहीम के वचन भी हिन्दी-भाषी भू-भाग में सर्वसाधारण के मुँह पर रहते हैं।" इसका कारण है : "जीवन की सच्ची परिस्थितियों का मार्मिक अनुभव।" वैसे हिन्दी का औसत पाठक नीति के दोहों के लिए ही रहीम को जानता है, लेकिन शुक्लजी की मर्मग्राहिणी प्रज्ञा रहीम की विशेषता इस प्रकार रेखांकित करती है : "रहीम के दोहे वृन्द और गिरिधर के पद्यों के समान कोरी नीति के पद्य नहीं हैं। उनमें मार्मिकता है, उनके भीतर से एक सच्चा हृदय झाँक रहा है।"

इस प्रकार रहीम की भाषा-सामर्थ्य का विवेचन करते हुए आचार्य शुक्ल उनके जीवनानुभव के विस्तार और भावुकता के मूल स्रोतों तक पहुँचते हैं जो स्पष्ट ही सही समालोचना प्रक्रिया है। रहीम की भाषा-सामर्थ्य का गहरा सम्बन्ध इस बात से है कि "संसार का इन्हें बड़ा गहरा अनुभव था। ऐसे अनुभवों के मार्मिक पक्ष को ग्रहण करने की भावुकता इनमें अद्वितीय थी। अपने उदार और ऊँचे हृदय को संसार के वास्तविक व्यवहारों के बीच रखकर जो संवेदना इन्होंने प्राप्त की है उसी की व्यंजना अपने दोहों में की है।" रहीम के इसी 'द्रवीभूत' हृदय से शुक्लजी को अत्यन्त प्रिय वे 'बरवै' भी निकले हैं जो 'मनोहर और रस छलकाते हुए चित्र' हैं।

भाषा और भावबोध के अन्योन्याश्रित सम्बन्ध की यह पहचान घनानन्द की समालोचना के प्रसंग में भी दिखाई पड़ती है—निस्सन्देह एक नए तेवर के साथ। आचार्य शुक्ल की दृष्टि में 'प्रेम की पीर' के कवि 'घनानन्दजी उन विरले कवियों में हैं जो भाषा की व्यंजकता बढ़ाते हैं।" इसके बाद अन्त में यह निर्णय कि "अपनी भावनाओं के अनूठे रूप-रंग की व्यंजना के लिए भाषा का ऐसा बेधड़क प्रयोग करनेवाला हिन्दी के पुराने कवियों में दूसरा नहीं हुआ।"

भाषा-प्रयोग में आचार्य शुक्ल की यह सम्वेदनशीलता रीति-काव्य तक ही सीमित नहीं है। 'हिन्दी साहित्य का इतिहास' का कोई भी सचेत पाठक यह तथ्य लक्षित किए बिना नहीं रह सकता कि आदिकाल से लेकर स्वच्छन्दतावाद और छायावाद तक क्या काव्य और क्या गद्य—कोई भी ऐतिहासिक काल, कवि, लेखक, प्रवृत्ति और विधा, शुक्लजी की भाषा-सम्बन्धी टिप्पणी से छूट नहीं पाई है। जैसा कि उन्होंने स्वयं ही 'हिन्दी और हिन्दुस्तानी' शीर्षक भाषण में साहित्य की परम्परा का स्वरूप स्पष्ट करते हुए कहा है : "जबकि साहित्य व्यक्त वाणी या वाग्विभूति का संचित भंडार है तब पहले भाषा ही पर ध्यान जाना स्वाभाविक है।" इसलिए भाषा-विषयक सम्वेदनशीलता आचार्य शुक्ल की सहृदयता की वह सुदृढ़ आधारशिला है, जिस पर सूक्ष्म व्यवच्छेदधर्मी साहित्य-समीक्षा का भव्य प्रासाद खड़ा है। कभी-कभी तो किसी कवि या लेखक की भाषा ही उसके कृतित्व के मूल्यांकन का आधार बन गई है। उदाहरण के लिए कबीर की

'सधुक्कड़ी' भाषा और अटपटी बानी आचार्य के हृदय पर कवित्व की कोई प्रीतिकर छाप न छोड़ सकी। जायसी शुक्लजी को अत्यन्त प्रिय होते हुए भी यदि अन्ततः तुलसी के समकक्ष नहीं पहुँच सके तो इसका एक कारण उनकी अवधी भी है जो 'खालिस', 'बे-मेल मिठास' से युक्त होकर भी नितान्त स्थानीयता के कारण सीमित है। तुलसी के मुकाबले जायसी की भाषा की सीमा स्पष्ट करते हुए शुक्लजी कहते हैं : "जायसी की पहुँच अवध में प्रचलित लोक-भाषा के बहते हुए माधुर्य-स्रोत तक ही थी, पर गोस्वामीजी की पहुँच दीर्घ संस्कृत-कवि परम्परा द्वारा परिपक्व चाशनी के भांडागार तक भी पूरी-पूरी थी।" कहने की आवश्यकता नहीं कि जायसी की भाषा की सीमा उनके काव्य-संसार की भी सीमा थी। सूरदास की स्थिति जायसी से कुछ बेहतर है तो उसका आधार उनके काव्य की वह भाषा है जो "ब्रज की चलती बोली होने पर भी एक साहित्यिक भाषा के रूप में मिलती है।" सम्भवतः इसीलिए वह एक 'व्यापक काव्य-भाषा' है।

आधुनिक काल की ओर बढ़ें तो "गद्य को जिस परिमाण में भारतेन्दु ने नए-नए विषयों और मार्गों की ओर लगाया उस परिमाण में पद्य को नहीं।" सबसे बड़ी बाधा—वही भाषा। कविताएँ ज्यादातर उन्होंने ब्रजभाषा में ही लिखीं। इसीलिए उनके विषय में आचार्य शुक्ल का यह महत्त्वपूर्ण निर्णय है कि "उनकी कविताओं के विस्तृत संग्रह के भीतर **आधुनिकता** कम ही मिलेगी।"

भारतेन्दु के हाथों हिन्दी यदि 'नई चाल में ढली' तो महावीर प्रसाद द्विवेदी ने उसे परिष्कृत रूप दिया। काव्य के क्षेत्र में द्विवेदीजी ने ब्रजभाषा के स्थान पर खड़ी बोली को समर्थन देकर बहुत बड़ा काम किया; लेकिन 'बोलचाल' के नाम पर उन्होंने 'गद्य की व्यावहारिक भाषा' अपनायी। 'परिणाम यह हुआ कि उनकी भाषा बहुत गद्यवत् हो गई' और इस प्रकार 'इतिवृत्तात्मक' कविताओं का ढेर लग गया। इस दोष से बहुत दिनों तक द्विवेदी-काल के सबसे समर्थक कवि मैथिलीशरण गुप्त भी मुक्त न हो सके। आगे चलकर बंगला की कविताओं के अनुशीलन से "इनकी कविताओं में बहुत कुछ सरसता और कोमलता आई, यद्यपि कुछ ऊबड़-खाबड़ और अव्यवहृत संस्कृत शब्दों की ठोकरें कहीं-कहीं, विशेषतः छोटे छन्दों के चरणान्त में, अब भी लगती हैं।"

इस दौर में आचार्य शुक्ल को एक श्रीधर पाठक ही ऐसे कवि मिले जिनकी "वाणी में कुछ ऐसा प्रसाद था कि जो बात उसके द्वारा प्रकट की जाती थी, उसमें सरसता आ जाती थी।" लेकिन कोमल पद-विन्यास, लाक्षणिक वक्रता, विरोध-चमत्कार, मूर्तिमत्ता आदि 'अभिव्यंजना की रोचक प्रणाली' का अच्छा विकास रहस्यवाद के दुष्प्रभाव के बावजूद छायावादी कवियों ने ही किया।

पुरानी कविता के समान ही आधुनिक काव्य के अन्तर्गत भी भाषा की अभिव्यंजना-प्रणालियों को परखने में आचार्य की सूक्ष्म-दृष्टि थी, इसमें सन्देह नहीं। आधुनिक युग में प्राचीन काव्य-प्रबन्धों और मुक्तकों से भिन्न जो नए काव्य-रूप प्रचलित हुए उन्हें 'पद्यात्मक निबन्ध' और 'प्रगीत मुक्तक' अथवा केवल 'प्रगीत' नाम से परिभाषित करने का प्रयास भी उनकी व्यवच्छेदक बुद्धि का अकाट्य प्रमाण है। फिर

भी आधुनिक काव्य का सहृदय पाठक आचार्य के प्रति समुचित श्रद्धा-भाव रखते हुए भी अनुभव करता है कि मैथिलीशरण गुप्त और श्रीधर पाठक तक के काव्य का विवेचन जितना विश्वसनीय है, बाद के काव्य की समीक्षा उतनी सन्तोषप्रद नहीं। ध्यान से देखें तो इस काल की नई कविता पर लिखते समय स्वयं आचार्य शुक्ल के स्वर में वह आत्म-विश्वास नहीं दिखता। वैसे मान्यताओं में दृढ़ता का आभास यहाँ भी होता है, पर है वह आभास ही, जो आग्रह और हठ के रूप में प्रकट होता है। इस प्रक्रिया में वह सहृदयता कहीं दब जाती है जो भक्ति-काव्य, रीति-काव्य, भारतेन्दु-मंडल तथा उसके कुछ बाद के साहित्य में सफलतापूर्वक सक्रिय रही है।

'इतिहास' के अन्तर्गत 'नई धारा' का परिचय प्रारम्भ करते ही शुक्लजी कहते हैं : "काल-चक्र के फेर से जिस नई परिस्थिति के बीच हम पड़ जाते हैं, उसका सामना करने योग्य बुद्धि को बनाए बिना जैसे काम नहीं चल सकता, वैसे ही उसकी ओर रागात्मिका वृत्ति को उन्मुख किए बिना हमारा जीवन फीका, नीरस, शिथिल और अशक्त रहता है।" इस प्रकार मुख्य समस्या है नई परिस्थिति का सामना करने योग्य बुद्धि और हृदय की तैयारी। यह सही है कि ज्ञान-प्रसार के साथ भाव-प्रसार होता है, लेकिन आवश्यक नहीं कि ज्ञान-प्रसार के साथ भाव-प्रसार भी हो ही। प्राचीन से नवीन की ओर संक्रमण कठिन आत्म-संघर्ष का क्षण है और इस आत्मसंघर्ष की रागात्मक भूमि तो और भी पीड़ा-भरी होती है। आचार्य शुक्ल में आत्म-संघर्ष का नितान्त अभाव था, यह तो नहीं कहा जा सकता, लेकिन जो प्रत्यक्ष है वह बहुत कुछ बाह्य संघर्ष ही है, जैसे आत्म-रक्षा के भाव से कोई अपने-आप से लड़ना छोड़कर नई परिस्थिति से ही लड़ने के लिए सन्नद्ध हो जाय।

प्रमाण है छायावादी काव्य की अभिव्यंजना प्रणाली का विवेचन। छायावादी कविता की नई अभिव्यंजना प्रणाली को तो शुक्लजी की दक्षदृष्टि देख लेती है और उसके लिए नए-नए शास्त्रीय नाम भी गढ़ लेती है, जो साधारण कार्य नहीं है, किन्तु इस अभिव्यंजना के मूल में भावबोध क्या है, उस दिशा में सहृदयता अग्रसर नहीं हो पाती। सम्भवतः यहाँ रहस्यवाद का भूत सबसे बड़ी बाधा है। यह भी एक विडम्बना ही है कि जिस रहस्यवाद को शुक्लजी छायावादी कविता के विकास में सबसे बड़ी बाधा मानते थे, उसका भूत स्वयं उनकी सहृदयता के मार्ग में सबसे बड़ी बाधा बन बैठा।

इसीलिए प्रसाद और पन्त पर इतने विस्तार से और एक हद तक पूरी सहानुभूति के साथ लिखते हुए भी आचार्य उस तन्मयता का एहसास नहीं करा पाते जो और तो और, श्रीधर पाठक पर लिखे हुए अंश तक में दिखाई पड़ती है। गरज़ कि जहाँ हृदय-संवाद ही नहीं वहाँ तन्मयता कहाँ !

आचार्य शुक्ल की श्रेष्ठ समीक्षाओं में जहाँ सहृदयता अपने पूरे वैभव के साथ व्यक्त हुई है, अप्रतिम तन्मयता मिलती है। उदाहरण के लिए भारतेन्दु के उदय के बारे में लिखा हुआ यह अंश : "नूतन हिन्दी साहित्य का वह प्रथम उत्थान कैसा हँसता-खेलता सामने आया था, भारतेन्दु के सहयोगी लेखकों का वह मंडल किस जोश और जिन्दादिली के

साथ और कैसी चहल-पहल के साथ अपना काम कर गया !"

इन वाक्यों को पढ़ते ही पूरा एक युग आँखों के सामने रूप धरकर खड़ा हो जाता है। ऐसे अवसर पर शुक्लजी की भाषा भी शास्त्र का गम्भीर लबादा उतारकर सहज हो जाती है। यह प्रभावाभिव्यंजक आलोचना का भावोच्छ्वास नहीं है। अगर कुछ है तो एक वस्तु-सत्य का जीवन्त चित्र ! एक सहृदय समालोचक की तन्मयता यही है।

इसी प्रकार की तन्मयता 'पद्मावत' में नागमती के विरह-वर्णन की समीक्षा में है। उदाहरण के लिए यह अंश :

"नागमती का विरह-वर्णन हिन्दी साहित्य में एक अद्वितीय वस्तु है। नागमती उपवनों के पेड़ों के नीचे रात-रात-भर रोती फिरती है। इस दशा में पशु, पक्षी, पेड़, पल्लव जो कुछ सामने आता है उसे वह अपना दुखड़ा सुनाती है। वह पुण्य-दशा धन्य है जिसमें ये सब अपने सगे लगने लगते हैं और यह जान पड़ने लगता है कि इन्हें दुख सुनाने से भी जी हल्का होगा। सब जीवों का शिरोमणि मनुष्य और मनुष्यों का अधीश्वर राजा ! उसकी पटरानी, जो कभी बड़े-बड़े राजाओं और सरदारों की बातों की ओर ध्यान नहीं देती, वह पक्षियों से अपने हृदय की वेदना कह रही है, उनके सामने अपना हृदय खोल रही है।"

इस अवतरण को व्याख्या की जगह 'अन्तर्व्याख्या' ही क्यों न कहें, पूरा मर्म नहीं खुलता। जिस तरह एक-एक वाक्य के साथ अर्थ की एक-एक पंखुड़ी खुलती चली जाती है, उस प्रक्रिया के लिए शास्त्र में शायद कोई एक शब्द नहीं है।

आचार्य शुक्ल की तन्मयता का यही रूप 'तुलसी की भावुकता' शीर्षक अध्याय में 'चित्रकूट सभा' के महत्त्व की व्याख्या में दृष्टिगोचर होता है। दिलचस्प बात तो यह है कि दिखलाते हैं शुक्लजी समाज के भिन्न-भिन्न वर्गों के परस्पर व्यवहारों का मनोहर रूप और कहते हैं उसे 'आध्यात्मिक घटना !' एक 'आध्यात्मिक' शब्द समूची लौकिक व्याख्या की लौकिकता को अक्षुण्ण रखते हुए उसे अलौकिक—पारलौकिक नहीं—गरिमा से मंडित कर देता है।

सारांश यह कि तन्मयता केवल किसी महान काव्य या उपन्यास का ही गुण नहीं है बल्कि एक कालजयी आलोचनात्मक कृति भी उसी प्रकार तन्मय करने की क्षमता रखती है। यदि इस कथन की सचाई में किसी को सन्देह हो तो वह आचार्य शुक्ल की श्रेष्ठ समालोचना-कृतियों को पढ़ लें।

इसका तात्पर्य यह नहीं कि यहाँ साहित्य-सिद्धान्त के विरुद्ध तथाकथित 'व्यावहारिक आलोचना' के महत्त्व की प्रतिष्ठा का प्रयास किया जा रहा है। जो आलोचना को 'सैद्धान्तिक' और 'व्यावहारिक' दो वर्गों में बाँटकर देखते हैं, वे बिस्मिल्ल ही गलत बोलते हैं। समालोचना, अपने या किसी और के द्वारा बनाए हुए सिद्धान्त का विनियोग या अनुप्रयोग नहीं है, बल्कि वह अखंड काव्यानुभव को विवक्षित करने का ऐसा जीवन्त प्रयास है जिसमें व्यवहार के भीतर सिद्धान्त कथित या अकथित रूप में निहित होता है। सम्भवतः इसीलिए आचार्य शुक्ल ने आई.ए. रिचर्ड्स के 'प्रैक्टिकल क्रिटिसिज़्म'

पुस्तक की चर्चा करते हुए भी स्वयं 'व्यावहारिक आलोचना' शब्द का न तो कहीं प्रयोग किया और न कभी उसकी हिमायत ही की।

निश्चय ही आचार्य शुक्ल साहित्य के बहुत बड़े सिद्धान्तकार थे, लेकिन मेरी दृष्टि में वे उससे भी बड़े सहृदय समालोचक थे। सिद्धान्त विवादास्पद हो सकते हैं, सहृदयता असन्दिग्ध है। उस सहृदय की सीमा हो सकती है, जैसे किसी सहृदयता की होती है। लेकिन इससे सहृदयता का महत्त्व कम नहीं होता। गनीमत है कि शुक्लजी की सहृदयता 'सीमित' ही है—अर्थात् पूर्ववर्ती परम्परा से बद्ध, वह 'सदोष' नहीं है। इसीलिए आचार्य शुक्ल अपनी सीमाओं के द्वारा भी नवीन काव्य की सम्भावनाओं की खोज के लिए उकसाते हैं। ध्वनि सिद्धान्त नाम से एक साहित्य सिद्धान्त की स्थापना तो आनन्दवर्द्धन ने भी की थी, किन्तु अभिनवगुप्त ने उन्हें सहृदय-चक्रवर्ती कहकर ही अपना सम्मान प्रकट किया।

आज हिन्दी में अधिकांशतः आचार्य शुक्ल के सिद्धान्तों पर ही बहस केन्द्रित हो गई है। गोया वे कुछ महत्त्वपूर्ण मान्यताओं के पुंज मात्र हों। धारणा कुछ ऐसी बन चली है कि यदि कुछ या सभी मान्यताएँ प्रासंगिक सिद्ध हो गईं तो उन्हें लेकर आलोचना का कारोबार सुगमता से चलाया जा सकता है। समालोचना की दुनिया में अगर ऐसी सुविधा होती तो हिन्दी का हर एम.ए. आज रामचन्द्र शुक्ल होता।

सिद्धान्तों की वर्तमान बहस, वस्तुतः, सहृदयता की व्यापक विपन्नता का उद्घोष है। अच्छा-से-अच्छा सिद्धान्त भी इस विपन्नता को सम्पन्नता में नहीं बदल सकता।

यदि आचार्य शुक्ल के 'इतिहास' का एक वाक्य वर्तमान काल में बदलकर कहें तो "उनमें अधिकतर लेख 'बातों के संग्रह' के रूप में ही रहते हैं; लेखकों के **अन्तःप्रयास से निकली विचारधारा** के रूप में नहीं।"

यह अन्तःप्रयास सहृदयता नाम की किसी अज्ञेय सत्ता की अन्तःसाधना अथवा रहस्य साधना नहीं है। यह न तो कलावादियों की 'अभिरुचि' है और न साहित्य के उपभोक्ताओं की रसिकता ही। भावक का 'भावयोग' कहने में यदि 'भाववाद' की गन्ध आती हो, इसे 'लोकमंगल की साधनावस्था' के साथ जोड़कर देखा जा सकता है; लेकिन उस हालत में 'लोकमंगल' को नए सिरे से परिभाषित करना होगा और 'साधनावस्था' को भी। संकेत-सूत्र अन्ततः अपने साहित्य की उस परम्परा में ही मिलेंगे जिसके पथिकृत आचार्य शुक्ल हैं।

[1985]

अँधेरे में : परम अभिव्यक्ति की खोज

इसीलिए मैं हर गली में
और हर सड़क पर
झाँक-झाँककर देखता हूँ हर एक चेहरा
प्रत्येक गतिविधि,
प्रत्येक चरित्र,
व हर एक आत्मा का इतिहास,
हर एक देश व राजनैतिक परिस्थिति
प्रत्येक मानवीय स्वानुभूत आदर्श
विवेक-प्रक्रिया, क्रियागत परिणति !!
खोजता हूँ पठार...पहाड़...समुन्दर
जहाँ मिल सके मुझे
मेरी वह खोई हुई
परम अभिव्यक्ति अनिवार
आत्म-सम्भवा !

'अँधेरे में', कविता की ये अन्तिम पंक्तियाँ उस अस्मिता या 'आइडेंटिटी' की खोज की ओर संकेत करती हैं जो आधुनिक

मानव की सबसे ज्वलन्त समस्या है। निस्सन्देह इस कविता का मूल कथ्य है अस्मिता की खोज; किन्तु कुछ अन्य व्यक्तिवादी कवियों की तरह खोज में किसी प्रकार की आध्यात्मिकता या रहस्यवाद नहीं, बल्कि गली-सड़क की गतिविधि, राजनीतिक परिस्थिति और उनके मानव-चरित्रों की आत्मा के इतिहास का वास्तविक परिवेश है। आज के व्यापक सामाजिक सम्बन्धों के सन्दर्भ में जीनेवाले व्यक्ति के माध्यम से ही मुक्तिबोध ने 'अँधेरे में' कविता में अस्मिता की खोज को नाटकीय रूप दिया है।

नाटकीय कौशल के लिए कविता का 'मैं' दो व्यक्ति-चरित्रों में विभक्त कर दिया गया है; एक है काव्य-नायक 'मैं' और दूसरा है उसका प्रतिरूप 'वह'। यह विभाजन वस्तुतः एक नाटकीय कौशल मात्र नहीं, बल्कि इसका आधार 'आत्म-निर्वासन' (सेल्फ-ऐलिएनेशन) है। 'अँधेरे में' का काव्य-नायक एक आत्म-निर्वासित व्यक्ति है, जिसके आत्म-निर्वासन का प्रतीक है उसका गुहावास। दोस्तोयेव्सकी के 'अंडर-ग्राउंड मैन' के समान ही यह व्यक्ति की बाह्य परिस्थितियों से भय खाकर एक तिलिस्मी खोह में निवास करता है। कविता का आरम्भ इस तिलिस्मी खोह के रहस्यमय दृश्य से होता है, जो अपने प्रभाव में काफी नाटकीय है :

जिन्दगी के...
कमरों में अँधेरे
लगाता है चक्कर
कोई एक लगातार :

किन्तु यह रहस्यमय व्यक्ति दिखाई नहीं देता, केवल उसके चलने की आहट भर सुनाई देती है। अकस्मात् भीत से फूले हुए पलस्तर गिरते हैं और भीत पर खुद-ब-खुद कोई बड़ा चेहरा बन जाता है : नुकीली नाक, भव्य ललाट, दृढ़ हनु ! प्रश्न उठता है : कौन मनु ? और इस प्रश्न के साथ ही जैसे काव्य-नायक प्रकट होता है। उसे याद आता है कि यह रहस्यमय व्यक्ति वही है, जो कभी शहर के बाहर पहाड़ी के उस पार तालाब के सलिल के तम-श्याम शीशे में कुहरीली श्वेत आकृति के रूप में प्रकट हुआ था; और फिर थोड़ी देर बाद लाल-लाल कुहरे में से एक रक्तालोक-स्नात पुरुष के रूप में निकला हुआ था। रात के अँधेरे में बद दरवाजे की साँकल खटखटानेवाला पुरुष शायद वही है। आत्म-निर्वासित काव्य-नायक को पता है कि "वह रहस्यमय व्यक्ति अब तक न पाई गई मेरी अभिव्यक्ति है" तथा "हृदय में रिस रहे ज्ञान का तनाव वह आत्मा की प्रतिमा" है। उस प्रतिरूप से काव्य-नायक डरता है, कतराता रहता है; और इसीलिए उसे टालता भी है कि स्वयं उसे अपनी कमजोरियों से लगाव है; उसे डर इसलिए है कि वह "हृदय को देता है बिजली के झटके" और तुंग-शिखर के खतरनाक कगार पर बिठाकर रस्सी के पुल से पर्वत-सन्धि के गह्वर पार करने के लिए कहता है। इसके साथ ही यह भी तथ्य है कि "भविष्य का नक्शा दिया हुआ उसका/सह नहीं सकता।" फिर भी "नहीं, नहीं, उसको मैं छोड़ नहीं सकता।" भय और प्रीति का यह नाटकीय द्वन्द्व ही इस आत्म-निर्वासित मन का मुख्य आकर्षण है। अन्ततः वह दरवाजा खोलने का संकल्प करता

है, किन्तु देखता है कि "बाहर कोई नहीं, कोई नहीं बाहर।" रात का पक्षी कहता है :

वह चला गया है,
वह नहीं आएगा, आएगा ही नहीं
अब तेरे द्वार पर।
वह निकल गया है गाँव में शहर में !
उसको तू खोज अब
उसको तू शोध कर !

रवीन्द्रनाथ ठाकुर की *गीतांजलि* के एक गीत में भी कुछ-कुछ इसी प्रकार की पंक्तियाँ हैं, किन्तु उस रहस्यवादी सन्दर्भ से इन पंक्तियों का सन्दर्भ कितना भिन्न है ! रात के पक्षी के कथन के बावजूद आत्म-निर्वासित काव्य-नायक को वह रहस्यमय पुरुष फिर दिखाई पड़ता है, लेकिन स्वप्न में। इस बार उसके दर्शन उस समय होते हैं जब शहर में कर्फ्यू लगा हुआ है और मार्शल-लॉ जारी है। रात के सन्नाटे में सिरफिरा एक जन "आत्मोद्‌बोधमय कोई गान" गाता है, जिसे सुनते ही साफ हो जाता है कि "व्यक्तित्व अपना ही, अपने से खोया हुआ/ वही उसे अकस्मात् मिलता था रात में।" गान का प्रभाव यह है कि :

प्रत्यक्ष
मैं खड़ा हो गया
किसी छाया-मूर्ति-सा समक्ष स्वयं के।

काव्य-नाटक के घटना-क्रम में यह रहस्यमय पुरुष एक बार और मिलता है, अन्तिम बार, जब शहर में जन-क्रान्ति छिड़ जाती है। माहौल ऐसा कि "कहीं आग लग गई, कहीं गोली चल गई।" आत्म-निर्वासित व्यक्ति प्रसन्न मुद्रा में गैलरी में खड़ा होता है कि दिखाई पड़ता है "एकाएक वह व्यक्ति/आँखों के सामने/गलियों में, सड़कों पर, लोगों की भीड़ में/चला जा रहा है।...पुकारने को खुलता है मुँह/कि अकस्मात्—/वह दिखा, वह दिखा/वह फिर खो गया किसी जन-यूथ में.../उठी हुई बाँह यह उठी हुई रह गई।"

खोज और उपलब्धि के बीच की दुविधा या 'सस्पेंस' ही 'अँधेरे में' कविता को अद्‌भुत नाटकीयता प्रदान करती है; और यह केवल काव्य-शैली का चमत्कार नहीं, बल्कि कथ्य की गहरी अर्थवत्ता का सूचक है। अस्मिता की खोज सम्बन्धी ज्यादातर कविताओं में या तो केवल एक प्रकार की हताश खोज मिलती है या फिर उपलब्धि की बलात् आत्मतुष्टि ! आकस्मिक नहीं है कि दोनों ही प्रकार की कविताएँ प्रायः प्रकृत्या प्रगीतधर्मी होती हैं। प्रगीत शैली के अनुरूप ही उनके कथ्य में भी अस्मिता की खोज का अतिसरलीकृत सपाट रूप मिलता है। मुक्तिबोध ने इस सपाटता से बचकर एक तीखे तनाव को सफलता के साथ व्यंजित किया है, जिसका मुख्य आधार 'अँधेरे में' कविता का कौशलपूर्ण घटना-विन्यास है। अरस्तू ने जिस अर्थ में 'सिथोस' को त्रासदी की आत्मा कहा था, उसकी पुष्टि एक तरह से 'अँधेरे में' के घटना-विन्यास से होती है। इस घटना-विन्यास का महत्त्व इस दृष्टि से भी है कि इसके द्वारा अस्मिता को एक व्यापक सन्दर्भ प्राप्त होता है।

आत्मनिर्वासन और अस्मिता के लोप की चर्चा तो प्रायः की जाती है किन्तु उसके वस्तुगत कारणों का उल्लेख बहुत कम किया जाता है। 'अँधेरे में' कविता के अन्तर्गत स्वप्न-कथा के रूप में तीन घटनाएँ वर्णित हैं : किसी मृत-दल की शोभा-यात्रा, सैनिक शासन और जन-क्रान्ति का सूत्रपात। स्पष्टतः पहली दोनों घटनाएँ कवि की दृष्टि में अस्मिता के खोने का वस्तुगत कारण उपस्थित करती हैं। किसी मृत-दल की शोभा-यात्रा और सैनिक शासन के आतंक से अस्मिता के खोने की बात एकदम स्पष्ट हो जाती है। सन्दर्भ की भयावहता अस्मिता के बोध की तीव्रता को और भी उभार देती है। भावबोध की यह तीव्रता सन्दर्भ के जिस प्रभावशाली चित्र से सम्बद्ध है, वह स्वयं मुक्तिबोध के शब्दों में "भाव का वस्तुमूलक आकलन" है। इसे ही आचार्य शुक्ल ने **विभावन व्यापार** की संज्ञा दी है और टी.एस. इलियट ने "ऑब्जेक्टिव को-रिलेटिव" की।

'अँधेरे में' कविता का प्रभाव जिस परिवेश के चित्रण पर निर्भर है, उसकी चित्रण-कला भी विचारणीय है। सबसे पहले कविता में रात के अँधेरे की भूमिका। क्या इस कविता में वातावरण के प्रभाव का बहुत-कुछ श्रेय अँधेरे को नहीं है ? अँधेरा काव्यगत वातावरण को भयावह और रहस्यमय बनाने के साथ ही मूर्त भी बनाता है। अँधेरे में वस्तुओं को मूर्तिमान करने की विशेष क्षमता इसलिए होती है कि आसपास की बहुत सी वस्तुएँ ओझल हो जाती हैं, इसलिए अभीष्ट वस्तुएँ विशेष रूप से उद्भासित होती हैं। अँधेरे में रेखाओं की संख्या कम होती है, किन्तु उनके उभार की मात्रा अधिक होती है। उदाहरण के लिए मृत-दल की शोभा-यात्रा का चित्र इस कविता में इसीलिए इतना स्फुट (विविड) है कि उसकी पीठिका में रात का अन्धकार हैं। दिन के उजाले में यही जलूस शहर की भीड़-भाड़ में दब जाता; किन्तु आधी रात के सन्नाटे में वह उभरकर सामने आता है। मशाल की रोशनी में लोगों के चेहरे, उनकी पोशाक, घोड़ों के रंग और संगीन की नोकें और भी चमक उठती हैं, यहाँ तक कि सन्नाटा बैंड की आवाज को भी उभार देता है। दिन के उजाले में कोलतार की जो सड़क मामूली मालूम होती है वही रात के अँधेरे में "मरी हुई खिंची हुई कोई काली जिह्वा" मालूम होती है। इसी तरह चौराहे, दरख्त और घंटाघर भी इस अन्धकार के जादुई असर में और के और हो जाते हैं। उल्लेखनीय है कि 'सीमान्तवादी' भावबोध के लेखकों ने अपनी कृतियों में प्रायः अन्धकार का उपयोग किया है। निर्मल वर्मा की 'लन्दन की एक रात' कहानी में भी यही अन्धकार है। दोस्तोएव्सकी के उपन्यासों का घटना-काल प्रायः रात से सम्बद्ध है। कोई चाहे तो इसे एक कला-रूढ़ि भी कह सकता है, किन्तु मुक्तिबोध ने अन्धकार को स्वप्न-कथा से सम्बद्ध करके एक और आयाम दे दिया है।

कथन-शैली की दृष्टि से 'अँधेरे में' एक स्वप्न-कथा है। हिन्दी में कविता के अन्तर्गत 'फैंटेसी' के उपयोग के लिए मुक्तिबोध विख्यात हैं, किन्तु इस उपयोग की कलात्मक सार्थकता पर बहुत कम विचार किया गया है। स्वयं मुक्तिबोध 'फैंटेसी' शब्द का प्रयोग काफी व्यापक अर्थ में करते थे। उनके लिए *कामायनी* भी एक तरह की 'फैंटेसी' थी। इस प्रकार स्वप्न-कथा 'फैंटेसी' का एक प्रकार मात्र है। मुक्तिबोध की

दृष्टि में कविता के अन्तर्गत 'फैंटेसी' के प्रयोग की सबसे बड़ी सुविधा यह है कि लेखक वास्तविकता के प्रदीर्घ चित्रण से बच जाता है। कहना न होगा कि स्वप्न-शैली में कथा कहने के कारण 'अँधेरे में' कविता में काफी मितव्ययिता और सघनता आ गई है तथा वर्णन के अनावश्यक विस्तार से अपने-आप ही निजात मिल गई। स्वप्न-शैली के कारण एक ओर कथा अनिवार्यतः चित्रात्मक हो गई तो दूसरी ओर एक से अधिक कथाओं के क्रमबद्ध संयोजन में भी लाघव आ गया, क्योंकि स्वप्न-क्रम प्रकृत्या अतार्किक और विपर्यासधर्मी होता है। स्वप्न-शैली के साथ एक सुविधा यह भी है कि आवश्यकतानुसार देश और काल की दृष्टि से नितान्त असम्बद्ध तथा दूर की वस्तुओं को भी एकत्र रखा जा सकता है। 'अँधेरे में' के अन्तर्गत ताल्स्तॉय, तिलक और गांधी इसी जादू की छड़ी से बुला लिए गए हैं। इसी प्रकार सामान्यतः असम्भव प्रतीत होनेवाली घटना भी स्वप्न सम्भव दिखाई जा सकती है और उसके औचित्य के बारे में कोई सन्देह भी नहीं कर सकता। उदाहरण के लिए 'अँधेरे में' के अन्दर गांधीजी काव्य-नायक के कन्धे पर एक शिशु रखकर अचानक गायब हो जाते हैं और वही शिशु थोड़ी देर बाद सूरजमुखी-फूल के गुच्छे में बदल जाता है, जिसके स्थान पर अगले क्षण वजनदार रायफल आ जाती है। यदि स्वप्न-कथा की शैली न होती तो इस प्रकार के चमत्कार कैसे सम्भव होते ? किन्तु ये चमत्कार अपने-आपमें सार्थक नहीं हैं। सवाल यह है कि कवि इन चमत्कारों के जरिए हासिल क्या करता है ? यदि ये चमत्कार वास्तविकता के किसी विशेष पहलू को उजागर करने में समर्थ नहीं होते तो वे केवल कौतूहल के विषय होकर रह जाएँगे।

यहाँ यथार्थवादी दृष्टिकोण के अन्तर्गत अयथार्थवादी शिल्प के औचित्य का प्रश्न उठता है। 'समाजवादी यथार्थवाद' के आग्रही कुछ जड़ लेखकों ने काफ़्का के ही नहीं बल्कि बर्टोल्ट ब्रेख्त के अयथार्थवादी शिल्प पर एतराज किया है। किन्तु मुक्तिबोध ने *कामयानी : एक पुनर्विचार* की भूमिका में इस विषय पर निर्भ्रान्त विचार व्यक्त करते हुए कहा है कि : "यथार्थवादी शिल्प और यथार्थवादी दृष्टिकोण में अन्तर है। यह बहुत ही सम्भव है कि यथार्थवादी शिल्प के विपरीत, जो भाववादी शिल्प है—उस शिल्प के अन्तर्गत, जीवन को समझने की दृष्टि यथार्थवादी रही हो।" इसी सन्दर्भ में मुक्तिबोध ने जैसा कि कुछ पहले कहा है, "साहित्यिक कलाकार अपनी विधायक कल्पना द्वारा जीवन की पुनर्रचना करता है। जीवन की यह पुनर्रचना ही कलाकृति बनती है। कला में जीवन की जो पुनर्रचना होती है वह सारतः उस जीवन का प्रतिनिधित्व करती है जो जीवन इस जगत् में वस्तुतः जिया और भोगा जाता है—स्वयं द्वारा तथा अन्यों द्वारा यह जीवन जब कल्पना द्वारा पुनर्रचित होता है तब उस पुनर्रचित जीवन में तथा वास्तविक जगत्-क्षेत्र में जिए और भोगे जानेवाले जीवन में गुणात्मक अन्तर उत्पन्न हो जाता है। पुनर्रचित जीवन, जिए और भोगे गए जीवन से, सारतः एक होते हुए भी, स्वरूपतः भिन्न होता है। यदि पुनर्रचित जीवन वास्तविक जीवन से निस्सारतः एक हो, सिर्फ ऊपरी तौर पर एक सापन रखता हो तो वह पुनर्रचित जीवन निष्फल होता है। पुनर्रचित जीवन और वास्तविक जीवन के बीच जो अलगाव है, उनकी जो पृथक्-पृथक् स्थिति है, उस अलगाव

और पृथक्-स्थिति के कारण ही, कला के भीतर के सारे मूर्त विधान के बावजूद, उस कला में मूलबद्ध रूप से, एक **अमूर्तीकरण** और **सामान्यीकरण** उत्पन्न होता है।'' 'अँधेरे में' कविता के अन्तर्गत अपनाए गए स्वप्न-कला के अयथार्थवादी शिल्प में निहित यथार्थवादी दृष्टिकोण की इससे स्पष्ट व्याख्या अनावश्यक है।

निस्सन्देह 'अँधेरे में' सामान्य स्वप्न-कथा नहीं, बल्कि दुःस्वप्न का कथालोक है जिसमें हर चीज प्रायः कुछ विकृत, कुछ अन्यथा रूप में दृष्टिगत होती है। किन्तु काव्य-नायक की असाधारण मनःस्थिति को देखते हुए यह असंगत नहीं लगता। काव्य-नायक के मन पर परिस्थितियों का इतना गहरा दबाव है कि वह अतिरिक्त भयाक्रान्त है। उसने अपने बहुमूल्य भावों और विचारों को उपचेतन के तलघर में छिपा दिया है। एकाकीपन में उसे अपनी ही आकृति भूतों-जैसी दिखाई पड़ती है। उसके मन में हर समय किसी न किसी दुर्घटना की आशंका है। हर समय उसके मन में यह खटका लगा हुआ है कि कोई उसका पीछा कर रहा है। वह प्रत्येक दुर्घटना का कारण अपने-आपको मानता है : ''मानो मेरे कारण ही लग गया मार्शल-लॉ वह/मानो मेरी निष्क्रिय संज्ञा ने संकट बुलाया/मानो मेरे कारण ही दुर्घट हुई यह घटना।'' ऐसी मनःस्थिति में दुःस्वप्नों का आना अस्वाभाविक नहीं।

किन्तु ये दुःस्वप्न उन्हीं लोगों को अवास्तविक लग सकते हैं जो बड़ी-से-बड़ी दुर्घटना के अभ्यस्त हो चुके हैं और जिनकी खाल मोटी हो चुकी है। क्या वह मशाल-जलूस अवास्तविक है जिसमें रात को वही पत्रकार, कवि, आलोचक, मन्त्री, उद्योगपति आदि शहर के कुख्यात हत्यारों के साथ मिलकर शामिल होते हैं, जो दिन में विभिन्न दफ्तरों, कार्यालयों, केन्द्रों और घरों में मिलकर षड्यन्त्र करते हैं। एक फासिस्ट खतरे का आभास देनेवाला यह जलूस कैसे अवास्तविक कहा जा सकता है, जबकि दंगों में इससे भी ज्यादा भयावह अनुभव से हम गुजर चुके हैं ? इसी प्रकार सैनिक प्रशासन भी यथार्थ से अधिक अतिरंजित नहीं। इस माहौल में ''भागता मैं दम छोड़/घूम गया कई मोड़'' की बेचैनी भी काफी जानी-पहचानी अनुभूति है। इस सामान्य वर्णन के प्रसंग में सम्भवतः सबसे मार्मिक है अपने कमरे में मृत पड़े हुए उस कलाकार का चित्र, जिसका तृषार्त अन्तर मुक्ति का इच्छुक था और जो निरन्तर मुक्ति के यत्नों के साथ था, किन्तु अचानक झोंक में आकर क्या कर गुजरा कि सन्देहास्पद समझा गया और मारा गया वह वधिकों के हाथों। परन्तु सबसे दहशत-भरा दृश्य है 'स्क्रीनिंग' का, जब काव्य-नायक को टूटे से स्टूल पर बिठाकर उसके शीश की हड्डी तोड़ी जा रही है और अस्थि-कवच को निकालकर मस्तक-यन्त्र की जाँच की जा रही है। पढ़ते-पढ़ते जार्ज आर्वेल का '1984' याद आ जाता है जो अब 'फैंटेसी' न होकर एक जीती-जागती सच्चाई बन गया है। यदि 'अँधेरे में' कविता में वास्तविकता का केवल यही निषेधात्मक पक्ष होता तो ऐसी अनेक निषेधात्मक कविताओं की तरह 'अँधेरे में' भी एक सपाट रचना होती। कविता का एक दूसरा पक्ष भी है, जिसका सम्बन्ध अन्धकार के विरुद्ध लड़नेवाली शक्तियों से है। कुछ लोगों के लिए यह एक किंवदन्ती मात्र है और वे उस पर खामोश रहते हैं, किन्तु काव्य-नायक

की दृष्टि में "यह कथा नहीं है, यह सब सच है !" उल्लेखनीय है कि भयाक्रान्त काव्य-नायक के मस्तिष्क में दुःस्वप्नों के साथ जन-क्रान्ति का भी स्वप्न आता है। यह इच्छा-पूर्ति भी हो सकती है। इसे कुछ लोग वास्तविकता पर आशावादी कल्पना का आरोप भी कह सकते हैं। किन्तु देखना यह है कि कविता के अन्तर्गत अन्य स्वप्न-चित्रों के समान ही यह स्वप्न-चित्र भी काव्यात्मक मूर्तिमत्ता के साथ चित्रित हुआ है या नहीं ? और असन्दिग्ध है कि "कहीं आग लग गई, कहीं गोली चल गई" की आवृत्तियों के साथ आनेवाला समूचा क्रान्ति-चित्र कहीं अधिक मूर्त और सजीव है। वैसे, वास्तविकता की जाँच की कसौटी इस स्वप्न के लिए भी वही होगी जो अन्य दुःस्वप्नों के लिए है।

'अँधेरे में' की संरचना की सबसे बड़ी विशेषता है परस्पर विरोधी भावचित्रों का धूप-छाँही मेल, जिसे आचार्य शुक्ल 'विरुद्धों का सामंजस्य' कहते थे। अन्धकार की गहरी पटभूमि पर एक आलोक-रेखा खींचकर कालजयी काव्य-कृतित्व का जो प्रतिमान किसी समय निराला की *राम की शक्तिपूजा* ने उपस्थित किया था, 'अँधेरे में' के द्वारा मुक्तिबोध ने उसी तरह की दूसरी काव्य-कृती प्रस्तुत की। 'अँधेरे में' के अन्तर्गत सर्वत्र अँधेरा ही नहीं है, बल्कि चमकती हुई रंग-बिरंगी मणियाँ भी हैं, बन्दूक और गोली ही नहीं, फूलों के गुच्छे भी हैं; पिशाच-आकृति पुरुष ही नहीं, सकर्मक सत्-चित्-वेदना-भास्कर नए-नए सहचर भी हैं; भय ही नहीं मानव-करुणा भी है; पीड़ा ही नहीं, आस्था भी है। सम्पूर्ण कविता के अन्धकार के ऊपर अस्तित्व की एक अलौकिक सुगन्ध परिव्याप्त है :

रात्रि के श्यामल ओस से क्षालित
कोई गुरु-गम्भीर महान् अस्तित्व
महकता है लगातार
अँधेरे में पता नहीं चलता
मात्र सुगन्ध है सब ओर,
पर, उस महक-लहर में
कोई छिपी वेदना, कोई गुप्त चिन्ता
छटपटा रही है, छटपटा रही है।

अस्तित्व की यह सुगन्ध वस्तुतः मानवीयता है : कविता के अन्तर्गत मानवीय उपस्थिति ही सुगन्ध के रूप में व्याप्त है। इस उपस्थिति का कारण है कवि का परिप्रेक्ष्य-बोध। उचित परिप्रेक्ष्य के बिना जो परिवेश अन्य अनेक कवियों के लिए अन्धकारपूर्ण है, मुक्तिबोध ने उसी में यदि प्रकाश की किरण भी देख ली तो इसलिए कि उनकी दृष्टि भविष्य तक विस्तृत है। यह भविष्य ही आज के परिवेश को सही प्ररिप्रेक्ष्य प्रदान करता है। इसे काल्पनिक आशावाद कहकर टाला नहीं जा सकता। अस्तित्वहीन होते हुए भी भविष्य वर्तमान को एक अर्थ प्रदान करता है—इतिहास का यह एक विरोधाभास है।

कवि मुक्तिबोध के लिए अस्मिता की खोज व्यक्ति की खोज नहीं बल्कि अभिव्यक्ति की खोज है। एक कवि के नाते उनके लिए परम अभिव्यक्ति ही अस्मिता है। भाषा स्वभावतः इस अभिव्यक्ति का आधार है। 'अँधेरे में' कविता के अन्तर्गत

जगह-जगह इस काव्यगत अभिव्यक्ति की समस्याएँ भी उठाई गई हैं। जैसे कुछ नाटकों में नाटक के भीतर एक और नाटक होता है, 'अँधेरे में' कविता के अन्दर कविता की निजी समस्याओं का निरूपण करती है। इस प्रकार एक स्तर पर यह 'कविता के बारे में कविता' है। दिमागी 'स्क्रीनिंग' के बाद रिहा होने पर काव्य-नायक नए सिरे से जिन्दगी शुरू करने का संकल्प करता है। एक ओर साथियों की खोज और दूसरी ओर नए दायित्व के अनुरूप अभिव्यक्ति को सँजोने का प्रयास। वह जमीन पर पड़े चमकीले पत्थरों को चुनता है; लेकिन तुरन्त ही उसे उन पत्थरों की अपर्याप्तता का अनुभव होता है :

किन्तु, असन्तोष मुझको है गहरा,
शब्दाभिव्यक्ति-अभाव का संकेत।
काव्य-चमत्कार उतना ही रंगीन
परन्तु, ठंडा।
मेरे भी फूल हैं तेजस्क्रिय, पर
अतिशय शीतल।

इसके बाद यह असन्तोष जिस संकल्प का रूप लेता है उसकी झलक इन पंक्तियों में मिल सकती है :

अब अभिव्यक्ति के सारे खतरे
उठाने ही होंगे
तोड़ने होंगे ही मठ और गढ़ सब।
पहुँचना होगा दुर्गम पहाड़ों के उस पार
तब कहीं देखने मिलेंगी बाँहें
जिनमें कि प्रतिपल काँपता रहता
अरुण कमल एक।

स्पष्ट है कि मुक्तिबोध के लिए भाषागत अभिव्यक्ति जीवन की अभिव्यक्ति से अभिन्न रूप से जुड़ी हुई है। अभिव्यक्ति के खतरे उठाने का मतलब है मठों और गढ़ों को तोड़ना, साथ ही 'अरुण कमल' के लिए दुर्गम पहाड़ों के पार जाने का जोखिम उठाना है। इस प्रक्रिया में मुक्तिबोध ने काव्य-भाषा को एक नया तेवर दिया है, जो नई कविता की सामान्य काव्य-भाषा की तुलना में काफी अनगढ़ और बेडौल लगती है। किन्तु इससे केवल यही सिद्ध होता है कि मुक्तिबोध की भाषा काव्यात्मक नहीं है; इससे उसकी 'व्यंजकता' असिद्ध नहीं होती। अंग्रेजी में कुछ आलोचकों ने कविता की भाषा के लिए 'पोएटिक' और 'पोएटिकल' दो शब्दों का प्रयोग किया है। अनुकरणशील कवि प्रायः उस 'पोएटिकल' भाषा का प्रयोग करते हैं जो परम्परा से काव्यात्मक भाषा के रूप में प्राप्त होती है। इसके विपरीत सृजनशील कवि परम्परागत **काव्यात्मक भाषा** के दायरे को तोड़कर अपने नए कथ्य के अनुरूप 'काव्य-भाषा' का निर्माण करता है जो आरम्भ में खुरदरी लगते हुए भी अपनी अर्थवत्ता में जानदार होती है। इस दृष्टि से निराला के समान ही मुक्तिबोध की भाषा भी **तेजस्क्रिय** है। जिस प्रकार *राम की शक्तिपूजा* में समासबहुलता

संस्कृतनिष्ठ हिन्दी के साथ ही बोलचाल की भाषा के टुकड़े पिरोए हुए हैं उसी तरह 'अँधेरे में' भी भाषा के दोनों रूप मिलते हैं। कविता में भाषा कठिन है या सरल, संस्कृतनिष्ठ है या बोलचाल की आदि, प्रश्न अप्रासंगिक हैं। 'अँधेरे में'-जैसी नाटकीय कविता में देखना यह है कि भाषा का नाटकीय उपयोग किस रूप में किया गया है और किस हद तक। और कहना न होगा कि 'अँधेरे में' के अन्तर्गत सन्दर्भ-भेद से भाषा की नाटकीय भंगिमाएँ विविध हैं। कहीं सघन बिम्बों की माला है तो कहीं ठेठ सपाटबयानी। कहीं "साँवली हवाओं में काल टहलता है" तो कहीं इस प्रकार के दोटूक कथन :

कविता में कहने की आदत नहीं, पर कह दूँ
वर्तमान समाज चल नहीं सकता।

मुक्तिबोध की भाषा पर अनगढ़ता का आरोप लगाते समय इस बारे में सोचना चाहिए कि जिस तिलिस्मी दुनिया की सृष्टि वे कविता में कर ले जाते हैं, वह क्या असमर्थ भाषा में कभी सम्भव है ? वस्तुतः 'अँधेरे में' का खौफनाक काव्य-संसार समर्थ भाषा की ही सृष्टि है। मुक्तिबोध जब कहते हैं कि "बिम्ब फेंकती वेदना नदियाँ" तो वे एक तरह से उस कवि-कल्पना की ओर भी संकेत करते हैं जो अपनी अजस्र सृजनशीलता में बिम्ब फेंकती चलती है। वस्तुतः कवि की शक्ति कल्पना के उस वेग और विस्तार से मापी जाती है जिसे अंग्रेजी में 'स्वीप ऑफ इमेजिनेशन' कहते हैं; और कहना न होगा कि 'अँधेरे में' की कल्पना-शक्ति अपने समवर्ती समस्त कवियों में सबसे विकट और विस्तृत है। इसीलिए वे प्रगीतों के युग में भी महाकाव्यात्मक कल्पना के धनी और नाटकीय प्रतिभा के प्रयोगकर्त्ता हैं।

वस्तुतः मुक्तिबोध की अभिव्यक्ति की अर्थवत्ता फुटकल शब्द-प्रयोगों से नहीं आँकी जा सकती और न दो-चार बिम्बों अथवा भाव-चित्रों से मापी जा सकती है। उनकी अभिव्यक्ति की गरिमा का पता उस विराट बिम्ब-लोक से चलता है जो 'अँधेरे में'-जैसी महाकाव्यात्मक कविता अपनी समग्रता में प्रस्तुत करती है। इस सन्दर्भ के द्वारा ही कविता के अन्तर्गत आए हुए छोटे-छोटे सामान्य सपाट कथन भी अर्थ-गौरव से पूर्ण लगते हैं। उदाहरण के लिए :

क्या करूँ, किससे कहूँ
कहाँ जाऊँ, दिल्ली या उज्जैन ?

जैसी सीधी-सादी उक्ति भी कविता के नाटकीय सन्दर्भ में आधुनिक मानव की ऐतिहासिक बेचैनी को ध्वनित करती है। 'अँधेरे में' भाषा की ऐसी नाटकीय सम्भावनाओं के उद्घाटन का अनूठा काव्य-प्रयास है।

'अँधेरे में' मुक्तिबोध के प्रतिनिधि काव्य-संकलन *चाँद का मुँह टेढ़ा है* की ही अन्तिम कविता नहीं, कदाचित् उनकी अन्तिम रचना भी है जिसे कवि-कर्म की चरम परिणति भी कहा जा सकता है। कुल मिलाकर इसे यदि नई कविता की भी चरम उपलब्धि कहा जाए तो अतिशयोक्ति न होगी।

[1968]

मैथिलीशरण गुप्त और आधुनिक हिन्दी काव्य-भाषा का विकास

पहले पद्य और फिर गद्य। विकास का यह क्रम अधिकांश भाषाओं में मिलता है। नहीं मिलता तो खड़ी बोली हिन्दी में। खड़ी बोली हिन्दी के साहित्य का आरम्भ ही गद्य से हुआ। इस मामले में वह अपनी सगोतिया उर्दू से भी भिन्न है। क्या इस विपर्यास का प्रभाव आधुनिक हिन्दी कविता की भाषा पर कुछ पड़ा है ? मैथिलीशरण गुप्त के योगदान को समझने के लिए इस प्रश्न पर विचार आवश्यक है।

सर्वविदित है कि आधुनिक हिन्दी में पद्य की भाषा को गद्य की भाषा के मेल में ले आने का सबसे सुदृढ़ प्रयास आचार्य महावीर प्रसाद द्विवेदी ने किया। आचार्य द्विवेदी को 1901 में ही साफ दिखाई पड़ रहा था कि "आधुनिक कवियों पर बोलचाल की हिन्दी भाषा ने अपना प्रभाव डालना आरम्भ कर दिया है, उनकी लिखी ब्रजभाषा की कविता में बोलचाल (खड़ी बोली) के जितने शब्द और मुहावरे मिलेंगे उतने 50 वर्ष पहले के कवियों की कविता में कदापि न मिलेंगे। यह निश्चित है कि किसी समय में बोलचाल की हिन्दी भाषा, ब्रजभाषा की कविता के स्थान को अवश्य छीन लेगी।" उन्होंने आह्वान किया : "इसलिए कवियों को चाहिए कि क्रम-क्रम से वे गद्य की भाषा में भी कविता का आरम्भ करें।" (कवि कर्त्तव्य, सरस्वती, जुलाई 1901)

आचार्य द्विवेदी ने खड़ी बोली हिन्दी में काव्य रचना का आह्वान करते समय 'बोलचाल की भाषा' और 'गद्य की भाषा' जैसे दो पदों का प्रयोग इस प्रकार किया जैसे वे पर्याय हों। किन्तु जैसा कि आचार्य रामचन्द्र शुक्ल ने लिखा है : "बोलचाल से उनका मतलब ठेठ या हिन्दुस्तानी नहीं रहता था, गद्य की व्यावहारिक भाषा का रहता था।" और "परिणाम यह हुआ कि उनकी भाषा अधिक गद्यवत् (Prosaic) हो गई।...उनकी अधिकतर कविताएँ इतिवृत्तात्मक (Matter of fact) हुईं...। 'यथा', 'सर्वथा', 'तथैव' ऐसे शब्दों के प्रयोग ने उनकी भाषा को और भी अधिक गद्य का स्वरूप दे दिया।"

यदि यह गद्यात्मकता आचार्य द्विवेदी तक ही सीमित रहती तो विशेष चिन्ता की बात न होती, क्योंकि काव्य-सृजन उनका मुख्य कर्म न था। उन्होंने यह प्रवृत्ति 'सरस्वती' मंडल के अन्य कवियों में भी संक्रमित की, जिनमें मैथिलीशरण गुप्त प्रमुख थे। 1904 में जब मैथिलीशरण गुप्त ने 'रसिकेन्द्र' नाम से अपनी एक ब्रजभाषा कविता 'सरस्वती'

में प्रकाशनार्थ भेजी थी तो आचार्य द्विवेदी ने यही जवाब दिया था कि "आपकी कविता पुरानी भाषा में लिखी गई है। 'सरस्वती' में हम बोलचाल की भाषा में ही लिखी गई कविताएँ छापना पसन्द करते हैं।" इसके बाद गुप्तजी की खड़ी बोली में लिखित 'हेमन्त' शीर्षक कविता को आचार्य द्विवेदी ने जिस रूप में सुधारकर छापा उससे 'उनकी बोलचाल की भाषा' का स्वरूप स्पष्ट हो जाता है। "तौ भी करे हैं सब लोग सी, सी" का संशोधित रूप "तौ भी नहीं बन्द अमन्द सी, सी।" सानुप्रास भले हो, बोलचाल का निश्चित नहीं है।

आचार्य शुक्ल ने द्विवेदीजी की कविता में 'तथैव' प्रभृति जिन गद्यवत् शब्दों के प्रयोग की चर्चा की है, कहने की आवश्यकता नहीं कि वैसे शब्द गुप्तजी की भी आरम्भिक कविताओं में प्रायः मिलते हैं, जैसे 'जयद्रथ-वध' के छठे छन्द में ही 'अतएव' का प्रयोग :

"अतएव कुछ आभास इसका है दिया जाता यहाँ।"

और फिर भारत-भारती में भी संयोगवश छठे छन्द के ही अन्तर्गत—

"अतएव अवनति ही हमारी कह रही उन्नति कला।"

प्रश्न वस्तुतः 'अतएव' जैसे शब्द का नहीं है, बल्कि इस शब्द से संकेतित उस तर्कबुद्धि का है जो बोलचाल के वाक्य को गद्य का विन्यास प्रदान करती है। यह संकेत है इस बात की ओर कि कवि का प्रयास वस्तुतः गद्य को छन्द में बाँधने का है और इस प्रक्रिया में वह अन्ततः छन्दोबद्ध गद्य की ही रचना कर पाता है। आचार्य शुक्ल के शब्दों में यह कुल मिलाकर 'खड़ी बोली के पद्यों की मसृणबन्ध रचना' ही है। 'भारत-भारती' के लिए आचार्य शुक्ल का यह कथन उल्लेखनीय है कि प्रस्तुत विषय को काव्य का पूर्ण स्वरूप न दे सकने पर भी इससे हिन्दी कविता के लिए खड़ी बोली की उपयुक्तता अच्छी तरह सिद्ध कर दी।

विडम्बना यह है कि स्वयं आचार्य महावीरप्रसाद द्विवेदी को भी सिद्धान्त के स्तर पर कविता और पद्य के अन्तर का बोध था। जुलाई 1907 की 'सरस्वती' में 'कवि और कविता' शीर्षक लेख में उन्होंने स्पष्ट लिखा है : "आजकल लोगों ने कविता और पद्य को एक ही चीज समझ रखा है, यह भ्रम है। कविता और पद्य में वही भेद है जो अंग्रेजी की 'पोएट्री' में और 'वर्स' है।" फिर भी व्यवहार में इस विवेक के प्रमाण न मिलें तो इसे विडम्बना ही कहना पड़ेगा।

ऐसा प्रतीत होता है कि आधुनिक हिन्दी कविता के आरम्भिक काल में मैथिलीशरण गुप्त सहित अधिकांश कवि लिखित गद्य को ही बोलचाल की भाषा समझते थे। कविता के अन्दर गद्य के समान पूरे वाक्य रखने का प्रयास इसी समझ का परिणाम है। जैसे 'जयद्रथ वध' की ये पंक्तियाँ :

यह अति अपूर्व कथा हमारे ध्यान देने योग्य है,
जिस विषय से सम्बन्ध हो वह जान लेने योग्य है।

इधर कुछ दिनों से कुछ नए कवि मैथिलीशरण गुप्त की गद्यवत् भाषा का बखान करते

हुए जिस तरह आज के सन्दर्भ में उसकी वांछनीयता प्रमाणित कर रहे हैं उसे देखकर सन्देह होता है कि गद्य और बोलचाल की भाषा के बीच का अन्तर आज भी अस्पष्ट है। गद्य वही है जो हम बोलते आ रहे हैं, ऐसा समझनेवाले मोलियर के मोशिए योर्दे और भी हैं। जबकि तथ्य यह है कि सामान्यतः बातचीत में कोई गद्य नहीं बोलता। गद्य बातचीत का व्यवस्थित रूप है और उसकी इकाई वाक्य है, वह 'प्राकृतिक' नहीं, बल्कि 'सुसंस्कृत' वार्ता है, उसी प्रकार सुसंस्कृत जैसे एक अन्य स्तर पर कविता की भाषा। वैसे गद्य के ये टुकड़े आवश्यकतानुसार कविता के अन्दर आ सकते हैं, किन्तु कविता की भाषा तत्त्वतः गद्य की भाषा नहीं है। इसीलिए कविता अपनी जीवन्तता के लिए बोलचाल के लहजे और लय का आधार लेती है, गद्य के वाक्य-विन्यास की शरण नहीं जाती। इसीलिए कवि कथ्य के अनुरूप सही छन्द अथवा लय की खोज के लिए प्रयत्नशील होता है।

अकारण नहीं है कि जब खड़ी बोली हिन्दी में काव्य-रचना की बात चली तो उसके साथ ही उपयुक्त छन्दों के चयन पर भी बहस हुई। आचार्य महावीरप्रसाद द्विवेदी की देखादेखी कुछ लोगों ने संस्कृत के गण-वृत्तों में ही खड़ी बोली को ढालने की कोशिश की। इस प्रकार गद्य के वाक्य छन्द में ढल भी गए, किन्तु अन्ततः रहे वे गद्य के गद्य ही, काव्य न बन सके। समस्त चर्चा में इस बुनियादी बात की ओर ध्यान न गया कि छन्दों का अभिन्न सम्बन्ध भाषा की प्रकृति से है और गणवृत्तों का विकास संस्कृत भाषा की ध्वनि-प्रणाली एवं व्याकरण व्यवस्था से सम्बद्ध है जिसमें सन्धि-समासों के आधार पर संगीत पैदा किया जाता है। संस्कृत गणवृत्त चाहे जितने श्रुति-सुखद हों, उनकी श्रुति-सुखदता संस्कृत के माध्यम से जैसी व्यक्त हो सकती है, भिन्न प्रकृतिवाली खड़ी बाली के माध्यम से दुर्लभ है। यह भाषिक नियम इतना आधारभूत है कि समर्थ-से-समर्थ कवि भी इस नियम का उल्लंघन करने पर विफल होने के लिए अभिशप्त हैं। 'प्रिय-प्रवास' के रचयिता हरिऔध इसके ज्वलन्त उदाहरण हैं।

'प्रिय-प्रवास' उसी वर्ष प्रकाशित हुआ जिस वर्ष 'भारत-भारती' प्रकाशित हुई, किन्तु 'भारत-भारती' के सामने 'प्रिय-प्रवास' दब गया। 'प्रिय-प्रवास' बड़ा भी था—'महाकाव्य' कहलाने की महत्त्वाकांक्षा के साथ आया था। चरित नायक भी श्रीकृष्ण। श्रीकृष्ण के चरित्र की आधुनिक व्याख्या भी थी। 'भारत-भारती' जैसी स्पष्ट राष्ट्रीयता न सही, लोकोद्धार की भावना तो थी।

इस प्रकार 'प्रिय-प्रवास' में विषय-वस्तु की दृष्टि से लोकप्रियता की सम्भावनाएँ कम न थीं। फिर भी यदि यह भगीरथ प्रयास मार खा गया तो इसका मुख्य कारण है संस्कृत गणवृत्तों का प्रयोग। तत्सम शब्दों की बहुलता मुख्य कारण नहीं, क्योंकि जिस चतुर्थ सर्ग में 'रूपोद्यान प्रफुल्लप्राय-कलिका राकेन्दु-बिम्बानना' जैसी पदावली है, उसी में 'यह सकल दिशाएँ आज भी रो-सी रही हैं' जैसा खड़ी बोली का सीधा-सरल पूरा वाक्य भी है, और आचार्य शुक्ल के शब्दों में : "अधिकतर पदों में बड़े ढंग से हिन्दी अपनी चाल पर चलती दिखाई पड़ती है।" किन्तु यह संस्कृत के गणवृत्तों का छन्दानुरोध था कि भाषा भी

यत्र-तत्र तत्सम बहुल हुई और 'अपनी चाल पर चलती हिन्दी' के वाक्य भी अपनी सहज लय खोकर गद्यवत् हो गए।

मैथिलीशरण गुप्त का यह असन्दिग्ध काव्य-विवेक था कि उन्होंने जल्द ही संस्कृत गणवृत्तों को छोड़कर हिन्दी के चिर-परिचित छन्द हरिगीतिका को अपनाया। हरिगीतिका वह छन्द है जिसे हिन्दी जाति के लोकमानस में बसे तुलसीदास के 'रामचरितमानस' में कथाप्रवाह के अन्तर्गत थोड़े-थोड़े अन्तराल पर सभी भाव प्रसंगों में इस्तेमाल किया गया है। तुलसीदास ने इस छन्द के द्वारा कथा कहने का भी काम लिया है, उपदेश देने का भी और मार्मिक क्षणों की अभिव्यक्ति का भी। मैथिलीशरण गुप्त ने इस छन्द को 'जयद्रथ-वध' में कथा कहने के लिए तो इस्तेमाल किया ही, 'भारत-भारती' में इसे उद्‍बोधन की विभिन्न दशाओं का भी वाहक बनाया। कहने की आवश्यकता नहीं कि यह छन्द गुप्तजी के हाथों खड़ी बोली में कविता की सम्भावनाओं को उजागर करनेवाला प्रमाणित हुआ।

किन्तु इतना सब होते हुए भी ऐसा अनुभव होता है कि गुप्तजी के हरिगीतिका छन्दों में वह लोच नहीं है जो तुलसीदास में मिलती है। उदाहरण के लिए 'जाकी कृपा लवलेस ते मतिमन्द तुलसीदास हूँ। पायो परम विश्रामु राम समान प्रभु नाहीं कहूँ ॥' में चरण के साथ वाक्य भी पूर्ण नहीं हो जाता, बल्कि बोलचाल की लय के अनुरूप दूसरे चरण में भी प्रवाहित रहता है और वाक्य इस प्रकार पूरा होता है—'जाकी कृपा लवलेस से मतमन्द तुलसीदास हूँ पाया परम विश्रामु।' इसके विपरीत गुप्तजी का प्रत्येक वाक्य चरणान्त पर पूरा हो जाता है, क्योंकि उनका ध्यान गद्य के वाक्य पर है, बोलचाल की लय पर नहीं।

लोच में कमी का कारण एक और है : बोलचाल के लहजे के अनुरूप दीर्घ को ह्रस्व और ह्रस्व को दीर्घ करके पढ़ने के साहस का अभाव। तुलसीदास जब 'दुखु-सुखु जो लिखा लिलार हमरें जाब जहँ पाउब तहीं।' में 'जो' को ह्रस्व पढ़ना केवल अवधी की प्रकृति नहीं है। यदि ऐसा होता तो खड़ी बोली की उर्दू शायरी ने इसे ज्यों-का-त्यों अपना न लिया होता। इस विषय पर आचार्य हजारीप्रसाद द्विवेदी ने बहुत पहले 'कवि के रियायती अधिकार' शीर्षक एक लेख लिखा, जो उनके निबन्ध संग्रह 'विचार और वितर्क' के प्रथम संस्करण (1945) में संकलित है। उनके अनुसार "उन्नीसवीं शताब्दी में हिन्दी के कवियों को रियायती अधिकार प्राप्त थे, पर जब से कवि मैथिलीशरण गुप्त ने साहित्यिक क्षेत्र में पदार्पण किया तब से यह अधिकार कवियों से छिन गया है।" वस्तुतः जिसे द्विवेदीजी ने 'रियायती अधिकार' कहा है उसका आधार उच्चारण- सौकर्य है जो बोलचाल के लहजे का अभिन्न अंग है और ग्राम गीतों में इसकी छटा छिटकी हुई है। इस दृष्टि से श्रीधर पाठक के भाषा-प्रयोग विशेष रूप से उल्लेखनीय है।

पाठकजी ने गुप्तजी से 25 वर्ष पहले 'एकान्तवासी योगी' में खड़ी बोली का जो काव्य रूप प्रस्तुत किया वह 'जयद्रथ वध' और 'भारत-भारती' की तुलना में कम गद्यवत् और अधिक सरल है। उदाहरण के लिए—

प्रान पियारे की गुन गाथा साधु कहाँ तक मैं गाऊँ
गाते-गाते चुके नहीं वह चाहे मैं ही चुक जाऊँ।

सभी शब्द तत्सम न भी हों तब भी इस कविता का पूरा ठाठ खड़ी बोली का ही है। यदि इसमें लोच है तो इसलिए कि वाक्य-विन्यास गद्य का अनुसरण न करके बोलचाल की लय के अनुरूप चलता है। इसीलिए आचार्य शुक्ल ने श्रीधर पाठक के बारे में लिखा है कि "विषयों को काव्य का पूरा-पूरा रूप देने में चाहे वे सफल न हुए हों...पर उनकी वाणी में कुछ ऐसा प्रसाद था कि जो बात उसके द्वारा प्रकट की जाती थी उसमें सरसता आ जाती थी।" इस सरसता का एक कारण यह था कि पाठकजी ने अपनी ब्रजभाषा काव्य परम्परा से आवश्यकतानुसार प्रचलित शब्दों के चयन में किसी प्रकार की कट्टरता और संकीर्णता नहीं दिखलाई। शायद खड़ी बोली की उर्दू कविता के नमूने उनके सामने थे। यदि मीर और गालिब ने ब्रजभाषा के शब्दों से परहेज न किया तो फिर खड़ी बोली के हिन्दी कवि ही उन्हें क्यों छोड़ें ? हिन्दी के लिए तो यह दृष्टि इसलिए भी सहज है क्योंकि वह ब्रजभाषा की प्राचीन कविता को उत्तराधिकार के रूप में स्वीकार करती आई है।

यह संयोग नहीं कि श्रीधर पाठक ने आरम्भ में खड़ी बोली में काव्य रचना के लिए लोक प्रचलित 'लावनी' के छन्द को आधार बनाया और आगे भी छन्दों के क्षेत्र में वे तरह-तरह के नए प्रयोग करने में सबसे आगे रहे। इस प्रकार मैथिलीशरण गुप्त ने खड़ी बोली काव्य रचना की दिशा में श्रीधर पाठक की जीवन्त परम्परा को प्रकृत दिशा में आगे बढ़ाने के स्थान पर ऐसी दिशा में मोड़ दिया जहाँ खड़ी बोली अपनी लोच खोकर गद्य पथ पर बढ़ चली।

निस्सन्देह इस गद्यात्मक भाषा का भी अपना एक सौन्दर्य है—स्वयं गुप्तजी के ही शब्दों में, 'हाथ कते हाथ बुने खादी' का सौन्दर्य। तुलसीदास के शब्दों में कहें तो यह 'साधु चरित शुभ वरित कपासू। निरस विसद गुन मय फल जासू' है। गुप्तजी ने निश्चय ही आचार्य द्विवेदी के समान 'परछिद्र दुराने' के लिए यहाँ से वहाँ तक कपास की ही खेती की और उसके लिए दुख भी सहा। बड़ी बात तो यह थी कि यह भाषा एकदम स्वदेशी थी—स्वदेशी स्वाभिमान से सन्नद्ध।

पर काव्य में इस भाषा की एक सीमा है। वह सीमा नीरसता नहीं है जैसा कि आमतौर से कहा जाता है। भाषा रागात्मक न सही, तथ्यात्मक तो है। तथ्यात्मक होना दोष नहीं। दोष यह है कि वह इकहरी है। इतनी संश्लिष्ट नहीं कि किसी वस्तु, दृश्य, घटना या जीवनानुभव को उसकी समग्र संकुलता में व्यक्त कर सके, इन्द्रिय-बोध से लेकर भाव-बोध और विचारबोध के स्तरों तक जीवन व्यापार का अनुभव करा सके और उसका बिम्ब भी प्रस्तुत कर सके। गुप्तजी की इकहरी भाषा में यह क्षमता न थी। भाषा का यह इकहरापन वस्तुतः उनके भाव-बोध और चिन्तन के इकहरेपन का सूचक है।

यह इकहरापन एक उदाहरण से स्पष्ट किया जा सकता है। 'भारत-भारती' में उन्होंने पहली बार यह महत्त्वपूर्ण प्रश्न उठाया : 'हम कौन थे, क्या हो गए हैं और क्या

होंगे अभी ?' उत्तर का सारांश 'भारत-भारती' के अन्त में भगवान से जो 'विनय' की गई है उसमें इस प्रकार दर्ज है :

यह पूर्व की सम्पन्नता, यह वर्तमान विपन्नता,
अब तो प्रसन्न भविष्य की आशा यहाँ उपजाइए।

इस उत्तर के इकहरेपन का पूरा एहसास तब होता है जब आगे चलकर हमारे सामने प्रसादजी द्वारा दिए गए उत्तर आते हैं। क्या प्रसादजी के उत्तर भी इतने ही सपाट थे—चाहे वह अतीत हो, चाहे वर्तमान या फिर भविष्य ? इसके अतिरिक्त गुप्तजी के 'हम' की व्याप्ति कहाँ तक है ? 'हिन्दू' में जिस तरह से उन्होंने मुसलमानों, ईसाइयों और पारसियों को अलग से सम्बोधित किया है उससे स्पष्ट है कि उनका 'हम' हिन्दी तक ही सीमित है। इस प्रसंग में यह भी उल्लेखनीय है कि गुप्तजी ने यह प्रश्न उठाने की आवश्यकता समझी ही नहीं कि 'मैं कौन हूँ?' इस प्रश्न के अभाव में 'मैं' और 'हम' के रिश्ते की समस्या भी अविवक्षित ही रह गई, जो आगे चलकर छायावाद तथा नई कविता के दौर में ज्वलन्त समस्या बनकर सामने आई। यह सही है कि गुप्तजी द्वारा उठाया हुआ प्रश्न 'हम कौन थे, क्या हो गए हैं और क्या होंगे अभी ?' आज हमें अत्यन्त प्रासंगिक और अर्थपूर्ण लगता है और इस तरह साफ शब्दों में प्रश्न को विवक्षित करने के कारण गुप्तजी हमें बहुत महत्त्वपूर्ण भी प्रतीत होते हैं; किन्तु सवाल यह है कि क्या हम भी आज वही उत्तर देना चाहेंगे जो गुप्तजी ने दिए थे ? इस प्रश्न के उठते ही गुप्तजी के प्रश्न का इकहरापन खुलकर सामने आ जाता है। इस सीमा के बाद भी यदि विपिन कुमार अग्रवाल जैसे कुछ नए कवि मैथिलीशरण गुप्त की सपाट भाषा को आज भी वांछनीय समझते हैं तो इससे गुप्तजी की भाषा का गौरव उतना नहीं बढ़ता जितना स्वयं उनकी अपनी सपाटता प्रकट होती है।

गुप्तजी के महत्त्व को रेखांकित करने के लिए इधर एक बात यह भी कही जा रही है कि वे 'वाचिक परम्परा के अन्तिम बड़े कवि' थे। यह 'वाचिक परम्परा' यदि वही है जिसका सर्वश्रेष्ठ ग्रन्थ रामचरितमानस है तो फिर रामकथा पर आधारित होने के बावजूद 'साकेत' इस 'वाचिक परम्परा' का काव्य नहीं है। काव्य में आख्यान लिखने से ही कोई कवि वाचिक परम्परा में नहीं आ जाता। 'रामचरितमानस' ही नहीं, 'सूरसागर' भी वाचिक परम्परा का अंग है, यद्यपि वह गीतों में है। उसमें कृष्ण की लीलाएँ गीतों में ही गायी गई हैं, कोई धारावाहिक कथा नहीं कही गई है। इस दृष्टि से गुप्तजी के अधिकांश कथात्मक काव्य, अन्य आधुनिक काव्य कृतियों के समान, पाठ्य ही हैं—अपवाद-स्वरूप अंशतः 'जयद्रथ वध' और 'किसान' का नाम लिया जा सकता है।

'जयद्रथ वध' महाभारत के एक कथा प्रसंग का खड़ी बोली में सफल पुनराख्यान है। भाषा गद्यात्मक ही है, फिर भी प्रसंगों की मार्मिकता के उद्घाटन में पूरी तरह समर्थ है। लोकप्रियता को देखते हुए 'जयद्रथ वध' की रचना आधुनिक हिन्दी काव्य में एक चमत्कार से कम नहीं है। हरिगीतिका छन्द में कथा-निर्वाह कर लेना साधारण कौशल नहीं और वह भी कथा-प्रवाह के बीच नाटकीय संवादों की योजना करते हुए।

कविता में कहानी कहने की यह कला फिर 'किसान' नामक छोटे-से खंड-काव्य में ही दिखाई पड़ी और वह भी अधिक विकसित रूप में। 'किसान' की भाषा भी बहुत कुछ गद्यात्मक ही है पर कथा कहने के क्रम में बोलचाल की भंगिमा से भर उठती है और ऐसा लगता है जैसे यह भाषा कथा कहने के लिए ही विशेष रूप से रची गई है। शायद इसका एक कारण यह भी है कि एक किसान के जीवन की कहानी कहने के लिए कवि ने 'आल्हा' से मिलता-जुलता छन्द चुना। लगता है, कथानायक 'किसान' ने कवि को गाँव की चौपाल में पहुँचा दिया और वह अपनों के बीच पहुँचकर उन्हीं के लहजे में कहानी कहने के लिए बाध्य हो गया। लक्ष्यीभूत श्रोता द्वारा रचनाकार और रचना में किस तरह रूपान्तरण हो जाता है, इसका ज्वलन्त उदाहरण मैथिलीशरण गुप्त का 'किसान' है। कहीं-कहीं तो 'आल्हा' का अन्दाज भी आ गया है; जैसे–

"बस, यह बातें रहें यहीं तक, मैंने कुलवन्ती पायी।"

इस पंक्ति को पढ़ते हुए आल्हा की यह पंक्ति बरबस याद आ जाती है–"इहाँ की बतिया इहँवै रहिगा अब आगे कै सुनौ हवाल।"

इसी क्रम में गुप्तजी फिर कहते हैं–

"तो आगे बढ़ने से पहले क्यों न ठहर लूँ तनिक यहीं।"

काव्य कथाएँ गुप्तजी ने इसके बाद भी लिखीं, किन्तु फिर वह बात न आ सकी। छायावाद की लहर उठी। प्रगीतों का चलन हुआ। गुप्तजी ही क्यों पीछे रहें। प्रबन्धकार कवि प्रगीत-रचना का लोभ सम्वरण न कर सका। गीत भी लिखे पर विशेष रुचि दिखाई गीत-बहुल प्रबन्ध रचना में–ऐसी रचना जिसमें झीने कथा प्रसंगों में यहाँ से वहाँ तक प्रगीत पिरोये गए हों। 'यशोधरा' और 'साकेत' ऐसे ही नए प्रयोग हैं, जो 'जयद्रथ-वध' के पाठकों के लिए अजनबी हो गए। छायावादी काव्य के प्रेमियों ने निश्चय ही इनमें रुचि ली पर अंशतः ही। कुछ गीत जरूर अच्छे लगे किन्तु दो-चार छन्द के बाद वे भी लड़खड़ाते नजर आए। उन गीतों को लड़खड़ाते देखकर स्पष्ट हो जाता है कि कवि के पास न तो गीत के योग्य भाषा है और न संवेदना ही। वैसे, गीतों की भाषा में गुप्तजी ने सलवटें डालने में कम मेहनत न की। जैसे आचार्य शुक्ल द्वारा उद्धृत यह पंक्ति 'जीकर हाय पतंग मरे क्या'। किन्तु ऐसे अधिकांश प्रयासों की परिणति आलंकारिक चमत्कारों में हुई है, जिन्हें देखकर केशवदास की याद ताजा हो जाती है। यह छायावाद से ज्यादा रीतिवाद है। गुप्तजी की इन वक्रोक्तियों से कहीं अधिक काव्यात्मक तो उनकी सीधी-सादी स्वभावोक्तियाँ हैं। सच कहा जाए तो गुप्तजी मूलतः अभिधा के कवि हैं। अभिधा के समर्थ कवि।

इस सामर्थ्य का प्रमाण है गुप्तजी का गद्य। जीवन्त गद्य का एक उदाहरण है गणेशशंकर विद्यार्थी पर लिखा संस्मरण, तो विवाद-दृप्त गद्य का नमूना है दिसम्बर 1914 की 'सरस्वती' में प्रकाशित 'हिन्दी कविता किस ढंग की हो' शीर्षक लेख, जिसमें ब्रजभाषा के समर्थकों को मुँहतोड़ जवाब देते हुए खड़ी बोली काव्य की वकालत की गई है। यही गद्य कविता में आकर कितना दयनीय हो जाता है, इसका उदाहरण है 'स्वस्ति

और संकेत' में संकलित 'ब्रजभाषा और खड़ी बोली' शीर्षक द्विभाषी कविता, जो वस्तुतः पद्यबद्ध लेख ही है।

इसलिए गुप्तजी की काव्य भाषा को केवल 'गद्यात्मक' कहना पर्याप्त नहीं है। उनका गद्यात्मकता का आधार गद्यमात्र नहीं, बल्कि आचार्य महावीर प्रसाद द्विवेदी का गद्य है। उसी युग में गद्य का वह रूप विकसित हो चुका था जो चन्द्रधर शर्मा 'गुलेरी' के 'कछुआ धर्म', 'मारेसि मोहिं कुठाऊँ' जैसे निबन्धों, 'उसने कहा था' जैसी कहानी तथा सरदार पूर्णसिंह के 'आचरण की सभ्यता', 'मजदूरी और प्रेम' आदि लेखों में दिखाई पड़ता है। स्पष्ट है कि उन्नीसवीं सदी के अन्त और बीसवीं सदी के आरम्भ तक हिन्दी गद्य जितना विकसित हो चुका था; खड़ी बोली की कविता उस विकास से लाभ उठाने में चूक गई। यही नहीं, वह भारतेन्दु युग के बोलचाल के लहजेवाले गद्य की उस जिन्दादिली से भी महरूम रही जिसे हाल ही में डॉ. विजयशंकर मल्ल ने 'हँसमुख' गद्य की संज्ञा दी है।

निश्चय ही गुप्तजी ने 'भारत-भारती' की लोकप्रियता के बाद काव्य में द्विवेदी युगीन 'गद्यात्मकता' से मुक्त होने की कोशिश की, किन्तु यह कोशिश उनके कनिष्ठ समकालीन छायावादी कवियों की तरह ही ब्रजभाषा के मुकाबले खड़ी बोली को भी कोमल और मधुर बनाने की थी। कोमल और मधुर वह जरूर हुई—साथ ही सम्वेदनशील, व्यंजक और मूर्त भी, पर इस प्रक्रिया में वह चित्र और संगीत हो गई। सब कुछ हो जाने और पा जाने पर भी नहीं रही तो 'भाषा'—जो कि कविता का अपना धर्म है, जिसमें एक मनुष्य दूसरे मनुष्य से संवाद करता है।

दुर्भाग्य यह है कि हमारे रोमेंटिक कवियों में उस समय कोई वर्ड्सवर्थ नहीं हुआ जो कविता को आम लोगों की वास्तविक भाषा—सचमुच ही बोली जानेवाली भाषा बनाने का आह्वान करता। निश्चय ही निराला ने आगे चलकर कुछ छन्दों के द्वारा इस दिशा में पहल की, लेकिन यह उस युग का अपवाद ही है।

सही अर्थों में इस ऐतिहासिक आवश्यकता की पूर्ति का प्रयास तब शुरू हुआ जब साहित्य में प्रगतिशील आन्दोलन की प्रेरणा से कविता आकाश से उतरकर धरती पर आई और सामान्य जनता से जुड़ने के लिए सक्रिय हुई। आरम्भ में निश्चय ही वह भी एक हद तक मैथिलीशरण गुप्त के आरम्भिक पद्यों की तरह युग के गद्य का अनुवाद ही करती रही, पर धीरे-धीरे सहज होकर वह कविता बनी यानी जनवाणी और मनवाणी। जन-जीवन और भाषा की जड़ों में जाकर कविता में खड़ी बोली हिन्दी की सम्भावनाओं की पहचान जिन नए कवियों ने कराई उनमें नागार्जुन, केदारनाथ अग्रवाल, त्रिलोचन, रघुवीर सहाय और धूमिल के नाम विशेष रूप से उल्लेखनीय हैं।

[1986]

'भारत-भारती' और राष्ट्रीय नवजागरण

मैथिलीशरण गुप्त जिस काव्य के कारण 'राष्ट्रकवि' कहलाए वह **'भारत भारती'** है। **आचार्य रामचन्द्र शुक्ल** के अनुसार 'गुप्तजी की ओर पहले-पहल हिन्दी प्रेमियों का सबसे अधिक ध्यान खींचनेवाली, पुस्तक भी यही है और यही वह पुस्तक है जो "स्वदेश की ममता से पूर्ण नवयुवकों को बहुत प्रिय हुई।" लोकप्रियता का हाल यह है कि प्रकाशित होते ही दो महीने के अन्दर उसकी 1200 प्रतियाँ बिक गईं। हिन्दी प्रकाशन के क्षेत्र में किसी कविता-पुस्तक के लिए यह एक अभूतपूर्व घटना थी। प्रत्यक्षदर्शियों का कहना है कि सन्' 20 के आसपास जो राजनीतिक आन्दोलन चले उनमें प्रभात-फेरियों के दौरान अनेक नगरों और गाँवों में 'भारत भारती' के पद गाए जाते थे। यही नहीं बल्कि उन दिनों आश्रमों और ग्रामीण शिक्षा-संस्थाओं की प्रातःकालीन प्रार्थनाओं में भी इसके टुकड़े जोश के साथ दुहराए जाते थे।

आचार्य महावीर प्रसाद द्विवेदी ने अगस्त 1914 की 'सरस्वती' में 'भारत भारती' के प्रकाशन की सूचना देते हुए एक सम्पादकीय लिखा, जिसमें इस काव्य को युगान्तरकारी घोषित करते हुए युगनिर्माता आचार्य ने कहा : "यह काव्य वर्तमान हिन्दी साहित्य में युगान्तर उत्पन्न करनेवाला है। वर्तमान और भावी कवियों के लिए यह आदर्श का काम देगा। इसके जो कितने ही अंश सरस्वती में निकल चुके हैं, उनसे इसके महत्त्व का अनुमान पाठकों ने पहले ही कर लिया होगा। यह सोते हुओं को जगानेवाला है, भूले हुओं को ठीक राह पर लानेवाला है, निरुद्योगियों को उद्योगशील बनानेवाला है, आत्मविस्मृतों को पूर्व-स्मृति दिलानेवाला है, निरुत्साहियों को उत्साहित करनेवाला है, उदासीनों के हृदयों में उत्तेजना उत्पन्न करनेवाला है। यह स्वदेश पर प्रेम उत्पन्न कर सकता है, यह सुख, समृद्धि और कल्याण की प्राप्ति में हमारा सहायक हो सकता है। इसमें वह संजीवनी शक्ति है जिसकी प्राप्ति हिन्दी और किसी भी काव्य में नहीं हो सकती। इससे हम लोगों की मृतप्राय नसों में शक्ति का संचार हो सकता है—उनमें फिर सजीवता आ सकती है, क्योंकि हम क्या थे और अब क्या हैं, इसका मूर्तिमान चित्र इसमें देखने को मिल सकता है। आशा है, 'सरस्वती' के पाठक इसे एक बार साद्यन्त पढ़ चुकने पर—

हम कौन थे, क्या हो गए हैं और क्या होंगे अभी।
मिलकर विचारेंगे हृदय से ये समस्याएँ सभी।"

'भारत भारती' के साथ द्विवेदीजी का यह लगाव स्वाभाविक था। वे इस काव्य के वास्तविक प्रेरक थे, रचना का अनुरोध भले ही कुर्री सुदौली नरेश राजा रामपाल सिंह ने किया हो। द्विवेदीजी 'भारत भारती' की रचना के साथ आरम्भ से ही जुड़े हुए थे। अगस्त 1912 में इस ग्रन्थ की रचना सम्पन्न हुई और नवम्बर की 'सरस्वती' में पहली बार इसका एक अंश 'अतीत भारत की सभ्यता' शीर्षक से छपा। परिचय देते हुए द्विवेदीजी ने अपनी सम्पादकीय टिप्पणी में लिखा : "सरस्वती के सिद्ध कवि बाबू मैथिलीशरण गुप्त ने एक नवीन काव्य की रचना की है। उसे समाप्ति को पहुँचे अभी कुछ ही दिन हुए हैं। उसका नाम है 'भारत भारती'। अपूर्व काव्य है हाली साहब के 'मुसद्दस' के ढंग का है। उससे बढ़कर नहीं, तो उससे कम भी किसी बात में नहीं। पद्य संख्या 700 के लगभग है। उसमें भारत के उत्थान-पतन आदि का वर्णन है। शीघ्र ही छपकर प्रकाशित होगा। तब तक उसके विशेष-विशेष स्थल 'सरस्वती' की हर संख्या में निकलेंगे।" इन शब्दों के साथ आचार्य ने अन्त में एक संस्कृत श्लोक से 'श्री मैथिलीशरण गुप्त उदारवृत्तः' का अभिनन्दन करते हुए 'कृती कविवरः स चिरायुरस्त' कहकर आशीर्वाद भी दिया। उल्लेखनीय है कि पुस्तकाकार प्रकाशित होने से पहले और दो महीने बाद भी 'भारत भारती' के अंश अक्टूबर, 1914 तक 'सरस्वती' के नौ अंकों में प्रकाशित हुए। किसी अन्य ग्रन्थ को 'सरस्वती' ने इतना महत्त्व न दिया। ऐसा प्रतीत होता है कि 'भारत भारती' ने उसी भावना को अभिव्यक्त कर दिया जिसे स्वयं द्विवेदीजी एक अरसे से कहना चाह रहे थे। इस बात की पुष्टि उनके 'पुरातत्त्व प्रसंग' नामक ग्रन्थ के निबन्धों से भी होती है, 'जिनसे', लेखक के अनुसार, 'भारत के प्राचीन गौरव की धूमिल-सी, कुछ थोड़ी झलक देखने को मिलेगी।' द्विवेदी जी का यह निबन्ध संग्रह भी आगे चलकर सं. 1986 (सन् 1929) में साहित्य सदन, चिरगाँव, झाँसी से ही प्रकाशित हुआ।

'भारत कला भवन' में सुरक्षित मैथिलीशरण गुप्त के पत्रों से पता चलता है कि प्रकाशन से पूर्व लगभग दो वर्षों तक 'भारत भारती' में संशोधन-परिवर्तन का क्रम चलता रहा। जिन विद्वानों ने पूरा ग्रन्थ पढ़ा और पढ़कर परामर्श दिया, उनमें महावीर प्रसाद द्विवेदी, राजा रामपाल सिंह, पद्‌म सिंह शर्मा, लाला छोटेलाल बार्हस्पत्य तथा रायकृष्णदास प्रमुख हैं। इस प्रकार 'भारत भारती' अकेले एक कवि की कृति से अधिक एक प्रतिनिधि शिष्ट समुदाय के वक्तव्य के रूप में प्रस्तुत हुई। यह एक कवि की निर्वैयक्तिकता के साथ ही उसके सामाजिक उत्तरदायित्व का भी प्रमाण है। इस दायित्वबोध की छाप 'भारत भारती' पर स्पष्ट है।

इस उत्तरदायित्त्व-निर्वाह में कवि को कुछ महत्त्वपूर्ण मुद्‌दों पर समझौता भी करना पड़ा। इनमें से सबसे बड़ा मुद्‌दा था अंग्रेजी राज्य की प्रशंसा का। रायकृष्ण दास को लिखित 22 मई 1913 के पत्र में गुप्तजी ने लिखा : "अंग्रेजी राज्य की प्रशंसा में जो कुछ मैंने लिखा, या मुझे लिखना पड़ा है, उससे मालूम होता है राजा साहब सन्तुष्ट नहीं हैं। बार्हस्पत्य जी की राय है कि अधिक लिखना जरूर चाटुकारी में शामिल होगा। किन्तु

आपकी यह राय भी है कि चाहूँ तो रेल-तार आदि का जिक्र कर सकता हूँ। एक बंगाली सज्जन ने 'राजभक्ति' नाम की एक पुस्तक लिखी है। उसमें उन्होंने लिखा है—हमारे यहाँ **मधुसूदन, हेमचन्द्र, रवीन्द्रनाथ, बंकिमचन्द्र, रमेशचन्द्र, एस.पी. सिंह, कान्तिचन्द्र, जगदीश चन्द्र, प्रफुल्ल चन्द्र** आदि कवि, लेखक एवं विद्या-विशारद जो दिखलाई पड़ते हैं या जिनकी आदर के साथ चर्चा की जाती है, वे सभी अंग्रेजी शासन की सफलता की देन हैं।' इस पुस्तक की समालोचना करते हुए 'प्रवासी' सम्पादक ने लिखा है—'मुझे अंग्रेजी शासन की सफलता मानने में कोई एतराज नहीं। किन्तु ग्रन्थकार महोदय को यह बतला देना चाहता हूँ कि चीन, जापान के नागरिक अंग्रेजों के अधीन नहीं हैं, फिर भी इन देशों में रेल, टेलीग्राफ आदि सामग्रियाँ दिखलाई देती हैं और बड़े-बड़े कवि, लेखक और विद्या-विशारद भी जन्म लेते हैं या दृष्टिगोचर होते हैं। बहुत पहले, जबकि कालिदास से लेकर चंडीदास जैसा कवि, भास्कराचार्य जैसा वैज्ञानिक, टोडरमल, और नाना फड़नवीस जैसे राष्ट्रनीति वाले महापुरुष पैदा हुए थे, उस समय भारतवर्ष में अंग्रेजों का राज्य नहीं था। अब आपकी क्या राय है ?' 'प्रवासी सम्पादक की राय में 'अंग्रेजों के शासनकाल में हम जो धर्म-निर्विशेष होकर देश को अपना समझने लगे, यही अंग्रेजी शासन की बहुत बड़ी देन है।' इस लाभ का जिक्र भारती में है ही।'

इस प्रश्न पर पुनः 23 जुलाई 1913 के पत्र में लिखा : "ब्रिटिश राज्य के सम्बन्ध में जो बार्हस्पत्य जी और आपकी आज्ञा हुई थी, उसका पालन करने की मैंने इस प्रकार चेष्टा की है :

अन्याय यवनों का हमें निज दोष से सहना पड़ा,
है किन्तु नारायण सदा व्यापी तथा सकरुण बड़ा।
देते हुए भी कर्मफल हम पर हुई उसकी दया,
भेजा प्रसिद्ध 'मतापहारी' ब्रिटिश राज्य यहाँ नया॥

मतलब निकल गया ? रही सुविधाओं के स्पष्टीकरण की बात, सो दो-एक पद्य और लिख दूँगा। प्राचीन कीर्ति रक्षा के विषय में सारनाथ की बौद्ध बिल्डिंग को ध्यान में रखकर कुछ लिख दूँगा। अंग्रेजी में इस महकमे को क्या कहते हैं, यह बता दीजिए। ऊपर के गद्य में 'मतापहारी' का ठीक अर्थ मैं नहीं समझा। 'मक्षिका स्थाने मक्षिका' के अनुसार जैसा अपने लिखा, वैसा ही मैंने लिख दिया। हम जैसे देहाती तो इसमें ब्रिटिश राज्य की तारीफ न समझकर निन्दा ही समझेंगे। अतएव, या तो इसे खूब समझा दीजिए या कोई दूसरा शब्द बताइए। जैसा मैंने कहा है, मुझ जैसे लोग इसका यह अर्थ करके सरकार पर आक्षेप न करें कि वह हमारे मत का 'अपहरण' करती है। 'मतापहारी' के आगे एक अंगरेजी शब्द आपने ब्रेकेट में लिखा है, वह शायद इस प्रकार है : 'डिसइंफेक्टिंग।' इसी के अर्थ में 'मतापहारी' शब्द प्रयुक्त किया गया है। भवन राजस्व विषयक पद्य अलग देखिए।"

इन पत्रांशों से स्पष्ट है कि गुप्तजी अंग्रेजी राज की प्रशंसा न करना चाहते थे। शुभचिन्तकों और मित्रों के दबाव में ही उन्हें यह प्रशंसा करनी पड़ी। रायकृष्णदास जी

अधिक प्रशंसा के पक्ष में न थे; किन्तु प्रशंसा के लिए सबसे ज्यादा दबाव राजा रामपाल सिंह का था। इन सभी आग्रहों और अनुरोधों के कारण ही गुप्तजी ने 'भारत भारती' में वह पद्य लिखा जिसके लिए आज तक उनकी आलोचना होती आई है। पत्र में अंकित पद्य का अन्तिम रूप यहाँ उद्धृत करना आवश्यक है क्योंकि उसमें किए गए संशोधन महत्त्वपूर्ण हैं--

अन्याय यवनों का हमें निज दोष से सहना पड़ा,
है किन्तु नारायण अहा ! न्यायी तथा सकरुण बड़ा।
देते हुए भी कर्मफल हम पर हुई उसकी दया,
भेजा प्रसिद्ध उदार उसने ब्रिटिश राज्य यहाँ नया ॥

'सदा' के स्थान पर 'अहा' शैलीगत परिवर्तन मात्र है। नारायण को 'व्यापी' कहने के स्थान पर 'न्यायी' कहा गया है जो सार्थक है। इस शब्द की सार्थकता इस बात में है कि 'न्यायी' नारायण को ही कहा गया है, अंग्रेजी राज को नहीं। सबसे महत्त्वपूर्ण परिवर्तन है 'मतापहारी' के स्थान पर 'उदार।' 'मतापहारी' शब्द गुप्तजी को पहले भी खटक रहा था। अस्पष्टता के कारण। 'उदार' ही वह विशेषण है जहाँ तक गुप्तजी की प्रशंसा पहुँच सकी। कहने की आवश्यकता नहीं कि 'उदार' सापेक्ष शब्द है। इस सापेक्षता का एक निश्चित सन्दर्भ है। अंग्रेजी राज 'उदार' था तो औरंगजेबी के सन्दर्भ में। इस पद्य से कुछ ही पहले 'भारत भारती' में यह पंक्ति आई है : "हा ! देखनी हमको पड़ी औरंगजेबी अन्त में।"

महत्त्वपूर्ण बात यह है कि अंग्रेजी राज को 'उदार' कहने के बावजूद कवि उसे अभीष्ट नहीं मानता, यह आगामी पद्य से स्पष्ट हो जाता है :

शासन किसी पर जाति का चाहे विवेक-विशिष्ट हो,
सम्भव नहीं है किन्तु जो सर्वांश में वह इष्ट हो।

बात बहुत घुमाकर कही गई है क्योंकि सीधे-सीधे कहना जोखिम का काम था। फिर भी ध्यान से देखने पर अर्थ स्पष्ट हो ही जाता है। अंग्रेजों का शासन चाहे जितना विवेकपूर्ण हो, किन्तु है वह अन्ततः पराई जाति का ही शासन, इसलिए वह अभीष्ट नहीं हो सकता। यह है कवि की अन्तरात्मा की अपनी वाणी !

इसी प्रकार वायदे के मुताबिक गुप्त जी ने रेल, तार, डाकघर, चिकित्सालय, मदरसे आदि खोलने का श्रेय भी अंग्रेजी राज को दिया तो, पर 'सम्प्रति' के शब्द के द्वारा इस महत्त्व को कम करते हुए लिखा : "**सम्प्रति सभी साधन हमें हैं सुलभ आत्मविश्वास के।**" इस प्रसंग के अन्त में उन्होंने इतना और जोड़ दिया कि "**बस पास पैसा चाहिए फिर कुछ असुविधा है नहीं।**" साफ है कि सारा खेल पैसों का है। इन सुविधाओं का लाभ पैसेवाले भी उठा सकते हैं, साधारण जन के लिए इन सुविधाओं का कोई अर्थ नहीं है।

भारत को अंग्रेजी राज की देन का जिक्र करते हुए गुप्तजी ने अन्त में एक पद्य और लिखा है। इसमें तीन बातों का विशेष रूप से उल्लेख है : "विज्ञान का वैभव दिखाया, समय से परिचित किया" और "बहुपूर्व चिह्नों का हुआ, वा हो रहा उद्धार है।"

किन्तु इनके पहले भूमिकास्वरूप जो वाक्य है उसमें 'सचमुच' शब्द की ध्वनि ध्यान देने योग्य है। वह वाक्य इस प्रकार है–

सचमुच ब्रिटिश साम्राज्य ने हमको बहुत कुछ है दिया।

अंग्रेजी राज से ही सम्बद्ध एक और प्रसंग है जिसका सामयिक महत्त्व है। ऐसा प्रतीत होता है कि 'भारत भारती' में गुप्तजी ने लोकमान्य तिलक पर कोई पद्य नहीं लिखा था। बार्हस्पत्य जी को यह समय के प्रतिकूल लगा और उन्होंने उसे निकाल देने का सुझाव दिया। गुप्तजी ने रायकृष्णदास को 8 अप्रैल 1913 के पत्र में लिखा : "भारत भारती में तिलक का नाम रखना बार्हस्पत्य जी समय के प्रतिकूल समझते हैं। द्विवेदी महाराज और राजा साहब भी ऐसा ही कहते हैं। इसलिए निकाल देना पड़ा।" लेकिन गुप्तजी का मन न माना। कुछ ही दिनों बाद रामनवमी को एक और पत्र लिखा और राय साहब को सूचित किया : "मेरी भी राय है कि तिलक रहे, पर विवश हूँ। तिलक का बोध 'लोकमान्य' पद से होता है, उसे रखूँगा। न साँप जाएगा, न लाठी टूटेगी।" वर्तमान 'भारत भारती' में वह पंक्ति इस प्रकार है–

*तो जन्मते हैं कुछ दृढ़व्रत **लोकमान्य** अभी यहाँ।*

दृढ़व्रत लोकमान्य को 'भारत भारती' से न हटाकर कवि मैथिलीशरण ने यह साबित कर दिया कि वे भी 'दृढ़व्रत' हैं। यदि राजा रामपाल सिंह अंग्रेज सरकार के डर से तिलक का नाम न आने दें तो बात समझ में आती है। पर आचार्य महावीर प्रसाद द्विवेदी भी इस मामले में पाँव पीछे हटा लें इस पर थोड़ा आश्चर्य होता है। जो हो कवि मैथिलीशरण नें इस प्रश्न पर दृढ़ता दिखाकर अपनी तिलक भक्ति ही प्रमाणित न की, बल्कि अंग्रेजी राज के आतंक के विरुद्ध निर्भीक राष्ट्र-भावना को ही व्यक्त किया। यही नहीं बल्कि काव्य में जो कमी रह गई उसे एक तरह से 'प्रस्तावना' में पूरा कर दिया। प्रस्तावना के आरम्भ में यह दोहा है :

जय जय स्वर्गागार सम भारत कारागार।
पुरुष पुरातन का जहाँ हुआ नया अवतार ॥

इस दोहे का प्रस्तुत प्रसंग यह है कि 'आज जन्माष्टमी है।' जन्माष्टमी पर कृष्ण का स्मरण स्वाभाविक है। कृष्ण का जन्म कारागार में हुआ था। इसलिए कारागार की याद भी अप्रासंगिक नहीं कही जा सकती। किन्तु इस बहाने गुप्तजी ने जो नई बात कही वह यह है कि आज सारा भारत ही कारागार है। उल्लेखनीय है कि यह बात 1912 की है; तब तक न तो असहयोग आन्दोलन शुरू हुआ था और न बड़ी संख्या में लोग जेल ही जा रहे थे फिर वह कौन-सा 'पुरुष पुरातन' था जो कारागार में नया अवतार ले रहा था? याद करें तो लोकमान्य तिलक उस समय मांडले जेल में थे और वही वस्तुतः 'पुरुष पुरातन' के रूप में यहाँ प्रस्तुत हैं। इस प्रकार गुप्त जी ने पूरी 'भारत भारती' ही लोकमान्य तिलक के नाम अर्पित कर दी। यह है एक विनीत वैष्णव कवि का अदम्य साहस।

'भारत भारती' में तिलक का महत्त्व आनुषंगिक नहीं है। इस काव्य पर तिलक के

विचारों की गहरी छाप है। हिन्दू पुनरुत्थान और उग्र राष्ट्रवाद इस छाप के प्रमाण हैं। गुप्तजी पर तिलक का प्रभाव अमर शहीद गणेश शंकर विद्यार्थी के माध्यम से पड़ा। 'प्रताप' के कामकाज से थकने पर आराम के लिए गणेश जी अक्सर चिरगाँव जाया करते थे। कम लोग जानते हैं कि गुप्तजी 'प्रताप' के ट्रस्टी थे।

'भारत भारती' में हिन्दू पुनरुत्थान के जो बहुत से अंश हैं उनके लिए सामग्री जुटाने और कुछ समस्याओं को सुलझाने में महावीर प्रसाद द्विवेदी ने महत्त्वपूर्ण भूमिका अदा की। गुरु-शिष्य के पत्राचार से इस विषय पर काफी रोशनी पड़ती है। उदाहरण के लिए मार्च 1911 में द्विवेदीजी को लिखित गुप्तजी के पत्र का यह अंश :

"लिखना शुरू कर दिया है। जो बातें श्रीमान ने कही हैं, उन सबका ख्याल रखूँगा। एक बात बताइए, बुद्धदेव हमारे अवतार हैं, फिर उनका मत वेदों के प्रतिकूल क्यों हुआ और शंकराचार्य ने उसे क्यों निकाला ? मैं इस भेद को नहीं जानता। जान लेने से बौद्धकाल की चर्चा करने में सुविधा पड़ेगी। हिन्दी में कोई ऐसी पुस्तक नजर नहीं आती, जिससे कुछ मदद की आशा की जाए। फार्ग्यूसन कालेज, पूना के प्रो. भानु द्वारा सम्पादित इतिहासमाला नाम की पुस्तकमाला में 'ऋषिखंड' नाम की एक पुस्तक निकली है। मैं मराठी न जानने पर भी उसे मँगाकर देखूँगा। सुना है, उसमें लिखा है कि भारत की पूर्वदशा कैसी थी। कौन-कौन विद्याएँ यहाँ वालों से किन-किन देशों ने सीखी इत्यादि। 'हिन्दू सुपीरियरटी' में भी ऐसी ही बाते हैं। यहाँ पर अंग्रेजी की पोथी कौन सुनावेगा। झाँसी जाकर वहाँ से किसी को बुलाकर उसको सुनने की चेष्टा करूँगा। हिन्दी में कोई ऐसी पुस्तक हो जिससे कि सहायता मिल सके, तो श्रीमान् उसका नाम और पता लिखने की कृपा कीजिएगा। दत्त का इतिहास कैसा है ? न होगा तो उसी को मँगा लूँगा।"

द्विवेदीजी ने 19 अप्रैल को उत्तर देते हुए लिखा : "बुद्ध को आप ही ने अवतार माना है। वेदों को भी आप ही ने ईश्वर कृत मान रखा है। ईश्वर के यहाँ से इन विषयों में कोई दस्तावेज हम लोगों के पास नहीं। जब यज्ञों में पशु-हिंसा होने लगी, तो समझदार आदमी घबराए। वे सुधार की बातें सोचने लगे। ऐसों में बुद्ध सबसे आगे बढ़कर निकले। उन्हें अपने काम में कामयाबी हुई। इससे वे अवतार मान लिए गए। पशु-हिंसा कम हो गई। परन्तु पशु-हिंसा वेदोक्त है। और वेद ईश्वरकृत माने गए हैं। अतएव उनकी प्रतिष्ठा रखने के लिए शंकराचार्य को बौद्धमत का खंडन करना पड़ा।

दत्त का इतिहास सभा से मँगा लीजिए। उससे पुरानी बातें बहुत कुछ मालूम हो जाएँगी। और कोई पुस्तक हिन्दी में नहीं। टाड कृत राजस्थान आदि में भी कुछ हाल हैं।"

इस प्रकार 'भारत भारती' के मूल स्रोत उस काल के छपे वे इतिहास ग्रन्थ हैं जिनसे हिन्दुओं को प्राचीन गौरव विशेष अभिनिवेश की साथ प्रस्तुत किया गया है। यह काव्य उन्नीसवीं शताब्दी के अन्त की ऐतिहासिक चेतना की उपज है और भावात्मक होने के कारण तत्कालीन मानसिकता को समझने के लिए अधिक उपयोगी भी। तात्पर्य यह है कि अपनी मूल दृष्टि में 'भारत भारती' हिन्दू पुनरुत्थान का एक ऐसा अनूठा दस्तावेज

है जिसमें जातीय गौरव के साथ राष्ट्रीय जागरण का स्वर भी घुला-मिला है।

'भारत भारती' उच्चकोटि का काव्य भले न हो, हिन्दी नवजागरण का एक महत्त्वपूर्ण दस्तावेज है। कवि की 'भारती' सारे भारत में गूँज सकी या नहीं, कहना कठिन है। लेकिन हिन्दी जगत में वह निश्चय ही एक युग तक गूँजती रही। "हम कौन थे क्या हो गए" यह उक्ति किसी समय सबकी जबान पर थी। अन्तस्तल की कितनी गहराई से, कितनी पीड़ा के बीच से यह उक्ति निकली होगी—इसकी ओर ध्यान कम जाता है। सुनहले अतीत की चमक से आँखें इतनी चौंधिया जाती हैं कि वर्तमान पतन की भयावहता ओझल हो जाती है। ध्यान न घोर दारिद्र्य और दुर्भिक्ष की ओर जाता है न शोणित सुखाकर हल चलानेवाले किसान की ओर और न ही पढ़-लिखकर बेरोजगार घूमते युवकों पर ही। मन में यह सवाल अक्सर उठता है कि 'भारत भारती' में कड़वा यथार्थ क्यों दब गया और अतीत का स्वप्न प्रबल हो उठा ? क्या कवि का अभिप्रेत यही था ? गौरवशाली अतीत का उपयोग वर्तमान की तीखी आलोचना के लिए या वर्तमान की आलोचना का उपयोग अतीत गौरव की याद दिलाने के लिए ? दुविधा की जड़ कहाँ है ? पाठक पक्ष के ग्रहण में या कवि पक्ष के सृजन में ? वैसे कवि पक्ष में यह कहा जा सकता है कि वर्तमान खंड अतीत खंड से बडा है; उसमें लगभग पचास छन्द अधिक हैं; फिर भी विशेष रूप से ध्यान आकृष्ट किया अतीत ने ही। क्यों ?

उत्तर मिलने की सम्भावना उस अतीत-दृष्टि में ही है, शायद कवि के पास भविष्य का कोई स्पष्ट मानचित्र नहीं है। वैसे, कहने के लिए अन्त में एक भविष्य खंड भी है, छोटा-सा। लेकिन जैसा कि आचार्य रामचन्द्र शुक्ल की पैनी आँखों ने देख लिया था, "भविष्य निरूपण का प्रयत्न नहीं है।" इस अभाव में एक तरह से अतीत ही भविष्य में प्रक्षेपित करने के लिए बच रहता है। इस प्रकार अतीतोन्मुखता अनिवार्य हो जाती है। इसके अतिरिक्त यदि सारा जोर अतीत और वर्तमान के बीच विषमता दिखाने पर है तो पलड़ा अतीत का ही भारी पड़ेगा। वैसे, कवि ने कहा है कि "प्राचीन और नवीन अपनी सब दशा आलोच्य हैं।" लेकिन व्यवहार में आलोच्य विषय 'नवीन' ही रहता है, 'प्राचीन' 'आलोच्य' नहीं होता। प्राचीन के प्रति आलोचनात्मक दृष्टि का यह अभाव ही वस्तुतः 'भारत भारती' की कुंजी है।

हम कौन थे—कवि का यह प्रश्न सर्वथा उचित है; लेकिन इसके साथ ही तुरन्त यह प्रश्न भी उठता है कि इस 'हम' का दायरा कितना बड़ा है और इस 'हम' में कौन-कौन शामिल हैं ? इस प्रश्न की आवश्यकता इसलिए है कि कवि की ओर से ये सारे भारत की भारती है। पहला प्रश्न तो यही है कि क्या इस 'हम' में भारत के मुसलमानों के लिए जगह है ? कवि की कलम से एक जगह यह वाक्य फिसल पड़ा है : "हम हिन्दुओं के सामने आदर्श जैसे प्राप्त है।" स्पष्ट है कि 'भारत भारती' का 'हम' सिर्फ हिन्दुओं तक ही सीमित है और भारत भी मुख्यतः 'हिन्दू भारत' है। जिस भारत की भव्य संस्कृति के बखान में तानसेन और ताजमहल का जिक्र तक न हो, वह हिन्दू भारत नहीं तो क्या होगा ?

किन्तु 'भारत भारती' के हिन्दू भारत में दक्षिण के लिए भी कोई स्थान नहीं है। जिस गौरवशाली अतीत का चित्र कवि ने खींचा है उसमें न मदुरै मीनाक्षी के लिए स्थान है न त्यागराज के लिए। 'भारत भारती' का हिन्दू भारत अन्ततः गंगा के द्वाबे तक सिमटकर रह गया।

फिर यदि धर्म की दृष्टि से देखें तो यह ऐसा हिन्दुत्व है जिसमें बौद्धों के लिए भी स्थान नहीं है। कवि ने बड़े हर्ष से कहा है :

यद्यपि सनातन धर्म की ही अन्त में जय जय रही,
भगवान शंकर ने भगा दी बौद्ध भ्रान्ति भयावही।

इस प्रकार 'भारत भारती' का 'हम' सिकुड़कर सनातन धर्म तक सीमित रह गया और यह सनातन धर्म भी शुद्ध वर्णाश्रम-आधारित, जिसमें शूद्रों को यह सीख दी गई है कि "कोई बड़ा बनता नहीं लघु और नम्र हुए बिना।"

सवाल यह है कि 'भारत भारती' का 'हम' इतना संकुचित कैसे हुआ ? कैसे और क्यों ?

मैथिलीशरण गुप्त से एक पीढ़ी पहले भारतेन्दु हरिश्चन्द्र ने अपने निधन से पहले सम्भवतः 1883 या 84 में यह कहा था :

"जो हिन्दुस्तान में रहे, चाहे किसी रंग किसी जाति का क्यों न हो, वह हिन्दू। हिन्दू की सहायता करो। बंगाली, मरट्ठा, पंजाबी, मदरासी, वैदिक, जैन, ब्राह्मो, मुसलमान सब एक का हाथ पकड़ो।"

संयोग से भारतेन्दु जी भी गुप्त जी की ही जाति के थे और विश्वासों में वैष्णव भी। फिर भारतेन्दु की परम्परा 'भारत भारती' तक आकर सिकुड़ क्यों गई ?

सम्भवतः इस बिन्दु पर **'मुसद्दस'** के रचनाकार **मौलाना हाली** की चर्चा प्रासंगिक होगी। मैथिलीशरण गुप्त ने स्वयं स्वीकार किया है कि 'भारत भारती' लिखने की प्रेरणा हाली के 'मुसद्दस' से मिली। आदर्श भी सम्भवतः वही था। अब 'भारत भारती' के प्रसंग में 'मुसद्दस' का जिक्र नहीं आता। हिन्दीवाले यह भी भूल गए हैं कि कवि **शमशेर बहादुर सिंह** ने 1946 में 'मुसद्दस और भारत भारती की सांस्कृतिक भूमिका' शीर्षक एक लेख लिखा था जो भारत की कम्युनिस्ट पार्टी द्वारा प्रकाशित होनेवाली साहित्यिक पत्रिका 'नया साहित्य' में प्रकाशित हुआ था। यह वह वर्ष है जब राष्ट्रकवि के साठ वर्ष पूरे होने पर हीरक जयन्ती मनाई गई थी; और समय भी वही था जब अंग्रेज शासक भारत को धर्म के आधार पर दो टुकड़े करने की योजना को अन्तिम रूप दे रहे थे। विभाजन से पहले एक समय था जब हिन्दी लेखक उर्दू साहित्य को मिली-जुली विरासत का हिस्सा समझते थे और इस नाते उसमें दख़ल रखते थे। आज तो बहुतों को यह भी नहीं मालूम कि हाली के मुसद्दस का असली नाम 'मद्द-ओ-जज़्-ए इस्लाम' अर्थात् 'इस्लाम का उत्थान और पतन' है।

बहरहाल, जो सवाल 'भारत भारती' में उठाया गया उसे हू-ब-हू उन्हीं शब्दों में हाली ने पहले उठाया था। भूमिका में हाली ने लिखा था : "कौम के लिए अपने बेहुनर हाथों

से एक आईनाख़ाना बनाया जिसमें आकर वह अपने ख़तो-खाल देख सकते हैं कि **हम कौन थे और क्या हो गए ?''**

यह बात 1879 की है। मुसद्दस के प्रेरणास्रोत हाली के शब्दों में 'कौम के एक सच्चे ख़ैरख्वाह' सर सैयद अहमद खाँ थे, जिन्होंने 1870 में 'तहज़ीव-उल-अख़लाक' साप्ताहिक शुरू किया और 1877 में 'मोहम्मडन एंग्लो-ओरिएंटल कालेज' की नींव डाली। इन दोनों के जरिए मुसलमानों को सुधारने-जगाने के लिए यह आन्दोलन चलाया जिसे 'अलीगढ़ तहरीक' कहते हैं। हाली का मुसद्दस इसी तहरीक की उपज है और आवाज़ भी।

इसमें कोई शक नहीं कि मुसलमान ही हाली के 'हम' हैं, लेकिन यह हम अपनी फिक्र में इतना डूबा हुआ है कि हिन्दुओं से शिकायत करने की फुरसत ही नहीं। 'हिन्दुओं की मुअज़्ज़िज़ कौमें' शीर्षक से कुछ बन्द जरूर लिखे गए हैं। लेकिन उन्हें इन शब्दों में याद किया गया है :

यहाँ और हैं जितनी क़ौमें गिरामी
खुद इक़बाल है आज उनका सलामी
तेजारत में मुमताज दौलत में नामी
ज़माना के साथी तरक्क़ी के हामी
मुअज़्ज़िज़ हैं हर एक दरबार में वो
गिरामी है हर एक सरकार में वो।

स्पष्ट है कि इन पंक्तियों में स्पर्धा का भाव है। आशय यह है कि मुसलमानों को भी हिन्दुओं की तरह तरक्की का रास्ता अपनाना चाहिए। इस प्रसंग में यह बात भी क़ाबिले ज़िक्र है कि हाली ने साफ़ और कड़े शब्दों में ''तअस्सुब'' यानी फिरकापरस्ती पर चोट की है। जैसे :

तअस्सुब को इक जुज्बे दी समझे हैं हम
जहन्नुम को खुत्दे-बरीं समझे हैं हम।

गरज़ कि 'तअस्सुब' के लिए आलोचना की गई है तो खुद अपनी क़ौम के मुसलमानों की। इसके अलावा दूसरे धर्मावलम्बियों को काफ़िर समझने के लिए मुसलमानों को डाँटा भी गया है; जैसे

करै गैर गर बुत की पूजा तो काफ़िर !

खास बात यह है कि 'मुसद्दस' में इस्लाम के अतीत गौरव से ज्यादा जोर हाल की गिरानी पर है, साथ ही छिनी हुई बादशाहत का ख्वाब देखने की आलोचना भी की गई है और कहा गया है कि :

हुकूमत थी गोया कि इक झोल तुम पर
कि उड़ते ही उसके निकल आए जौहर।

सबसे बड़ी बात तो यह है कि हाली का 'हम' अपने आपको न तो पूरा हिन्दुस्तान समझता है और न समूचे हिन्दुस्तान का दावेदार ही। वैसे, ग़दर के बाद मुसलमानों का

ऐसा सोचना अस्वाभाविक न होता। ऐसे प्रलोभन से 'मुसद्दस' को साफ बचाकर हाली ने असाधारण साहस का काम किया।

हाली भारतेन्दु हरिश्चन्द्र के ज्येष्ठ समकालीन थे और खुदा के फ़जल से इतनी लम्बी उम्र मिली कि मैथिलीशरण गुप्त के 'भारत भारती' लिखते समय भी ज़िन्दा थे। वैसे, यह भी एक संयोग ही है कि जिस साल 'भारत भारती' प्रकाशित हुई उसी साल हाली का इन्तकाल हुआ। अगस्त 1914 में 'भारत भारती' छपकर बाज़ार में आई और दिसम्बर 1914 में हाली चल बसे। इतिहास में यह वह साल है जब प्रथम विश्वयुद्ध शुरू हुआ।

बहरहाल, प्रासंगिक यह है कि 'भारत भारती' का 'हम' भारतेन्दु हरिश्चन्द्र ही नहीं, हाली के 'हम' से भी कुछ बातों में तंग और तंग-नज़र है। यह तंगनज़री इस बात में नहीं है कि वह हिन्दुओं तक महदूद है। तंगनज़री यह है कि यह 'हम' अपने आपको समूचा भारत समझता है—भारत का अर्थ हिन्दू भारत। हिन्द का मतलब हिन्दू।

इसमें कोई शक नहीं कि 'भारत भारती' का हिन्दू काफी उदार है। इस उदरता के प्रमाण में प्रायः यह छन्द उद्धृत किया जाता है—

हिन्दू तथा तुम सब चढ़े हो एक नौका पर यहाँ,
जो एक का होगा अहित तो दूसरे का हित कहाँ ?
सप्रेम हिलमिल कर चलो, यात्रा सुखद होगी तभी,
पीछे हुआ सो हो गया, अब सामने देखो सभी।

किन्तु यह नहीं बताया जाता कि ये पंक्तियाँ दीन गायों के मुँह से कहलाई गई हैं और वह भी मुसलमानों को सम्बोधित करके गोया एकता के मार्ग में बाधा है तो उन्हीं की ओर से !

"पीछे हुआ सो हो गया, अब सामने देखो सभी" से तो ध्वनि यह निकलती है कि बीती ताहि बिसारि दे आगे की सुधि लेहु। पीछे न देखो, आगे देखो। फिर 'भारत भारती' की दृष्टि पीछे की ओर क्यों है ?

शायद हीनता की भावना दूर करने के लिए। जातीय आत्म-गौरव के एहसास के लिए। आज की भाषा में अस्मिता की खोज के लिए। लेकिन इस अतीत यात्रा में जो अस्मिता मिली वह कैसी है ? खंडित अस्मिता। कारण, अतीत की प्रतिमा ही खंडित थी; क्योंकि उस प्रतिमा का निर्माण करनेवाली दृष्टि खंडित थी। 'भारत भारती' में भारत का जो चित्र है वह वास्तविक इतिहास नहीं एक मिथक है—ऐसा 'मिथक' जिसे यूरोप के उन्नीसवीं सदी के 'प्राच्य विद्याविदों' ने गढ़ा था। बुद्ध के शब्दों में कहें तो यह 'दिट्ठि' है। इस 'दिट्ठि' में धर्म और संस्कृति गड्डमड्ड हो गए। भारतीय संस्कृति सिर्फ हिन्दू संस्कृति नहीं है और हिन्दू संस्कृति भी हिन्दू धर्म का पर्याय नहीं। फिर हिन्दू धर्म भी एक साबुत पत्थर की साबुत प्रतिमा नहीं। इस धर्म का भी एक इतिहास है। यह इतिहास परिवर्तनों की एक शृंखला है। जिस एकाश्मी हिन्दू धर्म के निरूपण का प्रयास आज चल रहा है, उसका इतिहास कितना पुराना है ? प्रश्न थोड़ा असुविधाजनक है,

खासतौर से उनके लिए जिन्हें एक 'मिथक' की जरूरत है। मिथक भी उपयोगी होता है, लेकिन तात्कालिक। आंशिक। मिथक की शक्ति असन्दिग्ध है। लेकिन प्रकृति से वह जड़ है। पूजा की वस्तु। इस पूज्यवस्तु में निश्चय ही जगाने की क्षमता है। लेकिन वह नवजागरण भी आंशिक होता है। नवजागरण नहीं, नवजागरण का आभास। दूसरे शब्दों में पुनरुत्थान। अतीत की पुनरावृत्ति का असफल प्रयास।

आज देश में फिर पुनरुत्थान के लक्षण प्रकट हो रहे हैं। सिक्के का एक पहलू है हिन्दू पुनरुत्थानवाद तो दूसरा पहलू इस्लामी पुनरुत्थानवाद। अतीत की खुदाई जोरों पर है। कहीं सारी मस्जिदों को खोदकर मन्दिर निकाल लेने के हौसले हैं तो कहीं टूटी-फूटी और जमाने से उपेक्षित पड़ी मस्जिद को भी फिर से खड़ी करने की कोशिश। खोज का एकमात्र लक्ष्य है पूजा की वस्तु। वही मिथक।

विशेष चिन्ता की बात यह है कि साहित्यकार इन मिथकों को तोड़ने के बजाय खुद भी मिथक गढ़ने में योग दे रहे हैं। यह संक्रामक रोग साहित्य में भी फैल चला है। खास तौर से साहित्य के उस इलाके में जहाँ इसकी तनिक भी आशंका न थी। मसलन, कल तक जिन लेखकों को 'आधुनिक' समझा जाता था, वही आज हिन्दू होने की घोषणा करने लगे हैं। जिनका मुँह अभी तक पश्चिम की ओर था वे अब सहसा पूर्वाभिमुख हो उठे हैं और अपनी भारतीय अस्मिता को लेकर असामान्य रूप से अधीर भी। कहते हैं, पश्चिम की आधुनिकता से मोहभंग हो चुका है। मोहभंग आधुनिकता से ही नहीं इतिहास से भी। वैसे, यह मोहभंग भी पश्चिम की ही देन है और विकल्प में पूर्व दिशा की यात्रा भी। इन्हें अब इतिहास नहीं मिथक चाहिए। भौतिक विकास नहीं, धर्म और अध्यात्म। वही उन्नीसवीं सदी वाली बातें। पुराना उपनिवेशवाद एक बार फिर पूर्व की खोज करने चल पड़ा है—तीसरी दुनिया के नाम पर। मुखौटा नया है। चेहरा वही जाना-पहचाना। यह यात्रा है या अभिनय ? कैसे कहा जाए कि हमारे 'अति आधुनिक' लेखक इस सच्चाई को नहीं समझ रहे है। ये बड़े समझदार लोग हैं। हिन्दू हो रहे हैं तो काफी सोच-समझकर ही। किसी समय टी.एस. इलियट भी सोच-समझकर ही नए सिरे से कैथोलिक हुआ था। यहाँ थोड़ी कठिनाई है। हिन्दू परिवार में जन्मा व्यक्ति फिर से हिन्दू नहीं बनता। वह 'द्विज' बनता है। अब वे 'द्विज' बनें या हिन्दू, कोई बहस नहीं। कहना सिर्फ यह है कि कृपा कर अपने हिन्दुत्व को भारतीयता का पर्याय न कहें। आज का भारत सिर्फ हिन्दुओं का नहीं है। यह किसी के निजी धार्मिक विश्वास का मामला नहीं है जो विवाद से परे हो। यह सार्वजनिक प्रश्न है और राष्ट्रीय भी, चाहे राष्ट्र की अवधारणा भी अन्ततः एक 'मिथक' ही क्यों न हो।

नए पुनरुत्थानवाद का प्रभाव इतना सर्वग्रासी है कि इधर की एक प्रवृत्ति पर ध्यान ही नहीं जाता; क्योंकि वह सहज-स्वाभाविक मान ली गई है—स्वाभाविक यानी स्वभाव का अंग। इधर हम लोग जरूरत से ज्यादा पीछे देखने लगे हैं, गोया आगे देखने के लिए कुछ है ही नहीं। माना कि आशाएँ बार-बार टूटी हैं, भविष्य के नए सपने अक्सर झूठे साबित हुए हैं, फिर भी भविष्य की ओर देखना क्यों बन्द किया जाए ? "ये हुस्नो इश्क

तो धोका है सब, मगर फिर भी।''

लेकिन यहाँ तो यह आलम है कि प्रयोग करनेवाले तो स्मृति और शब्द की बात करने ही लगे हैं, प्रगतिशील भी परम्परा पर जोर दे रहे हैं–फिर वह दूसरी परम्परा ही क्यों न हो। प्रगति की आवाज अब मद्धिम पड़ गई है, फैशन परम्परा का है। निश्चय ही यह एक प्रतिक्रिया है। पुनरुत्थानवाद की प्रतिक्रिया। एक पुनरुत्थान की प्रतिक्रिया में दूसरा पुनरुत्थान। इतिहास बदलनेवाले इतिहास लिख रहे हैं। वैसे, इतिहास लिखकर भी इतिहास बदला जाता है और कभी-कभी ऐसा करना जरूरी भी होता है। किन्तु क्या इतिहास बदलना और इतिहास लिखना एक ही कर्म है ? क्या इतिहास का पुनर्लेखन ही नवसृजन है ? क्या पुनरुत्थान ही नवजागरण है ?

ये प्रश्न नहीं चुनौतियाँ हैं, बेचैन करनेवाली चुनौतियाँ हैं। और मित्र हैं कि कहते हैं आयु की इस मंजिल पर पहुँच आए हो तो जरा पीछे मुड़कर देखो और बताओ कि कैसा लग रहा है। कोई आगे देखने के लिए क्यों नहीं कहता ? क्या आगे देखने के लिए अब कुछ नहीं रहा ?

[1987]

काशी हिन्दू विश्वविद्यालय के तत्त्वावधान में 'मैथिलीशरण गुप्त जन्मशती व्याख्यान माला' के अन्तर्गत 18 अप्रैल, 1987 को दिए गए भाषण का आलेख।

'साधारण' का असाधारण कवि : त्रिलोचन

त्रिलोचन सत्तर के हो गए—मेरे लिए यह खबर है। मेरा खयाल था कि वे सौ पार कर चुके हैं या फिर अभी पचास के ही आसपास होंगे। अपनी उम्र वे बड़ी खूबी से छिपाते रहे हैं। आगे प्रौढ़ा की तरह, अब सन्त महात्मा की तरह। ऐसे ही एक जन और हैं। डॉ. महादेव साहा। कोई नहीं जानता कि वे कब पैदा हुए। बातें सुनिए तो लगेगा कि ईश्वरचन्द्र विद्यासागर के समकालीन हैं। त्रिलोचन शास्त्री भी अपने युवा श्रोताओं पर कुछ ऐसा ही रंग जमाते हैं। बहरहाल जब वे कह रहे हैं कि सत्तर के हो गए तो हम मान लेते हैं। इस बहाने कुछ कहने-सुनने का मौका तो मिला।

त्रिलोचन की एक कविता है : 'प्रगतिशील कवियों की नई लिस्ट निकली है/उसमें कहीं त्रिलोचन का तो नाम नहीं था। शुद्धिपत्र देखा, उसमें नामों की माला/छोटी न थी, यहाँ भी देखा, कहीं त्रिलोचन / नहीं।' यह बात सन् 50-51 की है। अब पैंतीस साल बाद प्रगतिशील कवियों की एक 'मेरिट लिस्ट' निकली है। पहला स्थान केदारनाथ अग्रवाल का है, दूसरा नागार्जुन का। तीसरा स्थान खाली है। त्रिलोचन उस योग्य भी नहीं। कविता की गली शायद प्रेम गली से कम सँकरी हैं। इसलिए दो कवि समा गए। वरना समाई तो एक ही की थी।

इस बीच इतिहास भी निकले हैं। पर इतिहासकारों को भी त्रिलोचन याद न आए। निराला के बाद कविता अज्ञेय से शुरू हुई तो खत्म भी अज्ञेय पर ही।

इस प्रकार त्रिलोचन न 'विचारधारा' के फीते पर फिट न 'सुरुचि' के साँचे में। हर चौखट में अनफिट। हर शिविर से बाहर। **धरती और दिगंत** के कवि की समाई कहीं नहीं। त्रिलोचन की कविता में ऐसा क्या है जो इनके लिए भी असुविधाजनक है और उनके लिए भी ? न यह प्रगतिवाद है, न प्रयोगवाद, न नई कविता और न साठोत्तरी कविता ही। त्रिलोचन की अपनी पहचान यही है शायद।

हिन्दी कविता की दुनिया में त्रिलोचन ने 'धरती' के कवि के रूप में प्रवेश किया। 'धरती' उनका पहला कविता संग्रह है। मार्च/अप्रैल '46 में प्रकाशित हुआ, केदारनाथ अग्रवाल की 'युग की गंगा' (47) से साल भर पहले और नागार्जुन की 'युगधारा' (53) से सात साल पहले। फिर भी उन दिनों प्रगतिवादी खेमे में केदारनाथ अग्रवाल और नागार्जुन की जितनी चर्चा हुई, त्रिलोचन की नहीं। शायद इसलिए कि त्रिलोचन की कविता स्पष्टतः युग की कविता न थी, बल्कि सीधे-सीधे धरती की कविता थी।

'धरती' की पहली और सम्भवतः एकमात्र समीक्षा जुलाई '46 के *हंस* में प्रकाशित हुई। समीक्षक मुक्तिबोध। 'तार सप्तक' के कवि। प्रगतिवाद से तिरस्कृत त्रिलोचन के सहकर्मी। समानधर्मी, समानवय। लेकिन कविता की प्रकृति में सर्वथा भिन्न। मुक्तिबोध ने लक्षित किया : 'कवि की **प्रगतिशीलता अट्टाहासपूर्ण आन्तरिक क्षतिपूर्ति के** रूप में नहीं आई है, वरन् कवि के अपने जीवन संघर्ष से मँज-घिसकर तैयार हुई है।' मुक्तिबोध को यह बात पसन्द आई कि 'इस संघर्ष की वास्तविकता उसके (कवि के) मन में इतनी गहरी है कि न वह **प्रलयवादी रोमेंटिक स्वप्नों में** डूबता है, और न किसी समझौते की भावना से परिचालित हो आदर्शवादी तलैया को अपना समुद्र समझता है।' त्रिलोचन की जो बात मुक्तिबोध को सबसे अच्छी लगी, वह यह थी कि कवि त्रिलोचन में 'सेंटिमेंटेलिटी' का लेश भी नहीं है। वे यह भी लक्षित किए बिना न रह सके कि त्रिलोचन टेकनीक के प्रति सचेत अधिक हैं। कुल मिलाकर 'प्राच्य क्लासिकल स्ट्रेन' और पाश्चात्य 'प्रोज टेकनीक' का वे समन्वय करना चाहते हैं।' कहीं ऐसा तो नहीं कि त्रिलोचन का यह क्लासिकी संयम और गद्यात्मकता ही तत्काल स्वीकृति में आड़े आई, क्योंकि ये दोनों ही चीजें उन दिनों फैशन के खिलाफ थीं।

'धरती' की ही कविता है : 'चम्पा काले-काले अच्छर नहीं चीन्हती।' मुक्तिबोध की समीक्षा में भी इसका जिक्र नहीं है। मुझे याद है, सन् 41-42 के दिनों में जब त्रिलोचन यह कविता सुनाते थे तो लोग हँसते थे, गोया कोई हास्यरस की कविता हो। 'कलकत्ता मैं कभी न जाने दूँगी / कलकत्ते पर बजर गिरे' की चोट को समझनेवाले न थे। 'जिमि मुँह मुकुर, मुकुर निज पानी। गहि न जाई अस अद्भुत बानी।' तुलसीदास। दर्पण में मुँह। हाथ में दर्पण। मुँह फिर भी हाथ से बाहर। यह वह अद्भुत वाणी है। सरल जरूर है, पर सपाट नहीं। तहदार, तहाई हुई। 'तुलसी बाबा, भाषा मैंने तुमसे सीखी,/मेरी सजग चेतना में तुम रमे हुए हो।' त्रिलोचन ने यों ही नहीं कहा है। उनकी कविता में हिन्दी कविता की पूरी परम्परा बोलती है—कबीर-तुलसी दोनों की। सहज भाव से। अनायास।

इस भाषा में ही त्रिलोचन की निजी विशेषता निहित है। इसे उन्होंने अर्जित किया। सायास। इसीलिए त्रिलोचन जब कहते हैं कि 'सब कुछ, सब कुछ, सब कुछ, सब कुछ, सब कुछ भाषा' तो वह 'शुद्ध कवितावादी' कवियों की 'भाषा' नहीं होती क्योंकि...

भाषा की लहरों में जीवन की हलचल है।
ध्वनि में क्रिया भरी है और क्रिया में बल है।

स्वयं कवि को प्रमाण मानें तो 'सब कुछ पाया/शब्दों में। देखा सब कुछ ध्वनि-रूप हो गया।'

त्रिलोचन अपने आसपास के जीवन को ध्वनियों से पकड़ते हैं। 'ध्वनिग्राहक हूँ मैं। समाज में उठनेवाली/ध्वनियाँ पकड़ लिया करता हूँ।' इसी बल पर वे यह कहने का साहस रखते हैं कि 'मेवा से वरंब्रूहि न कहूँगा और न चुप रहने का।'

'धरती' की जिस भाषा से 'चम्पा' की कली फूटी है, उसी से आगे चलकर त्रिलोचन ने 'नगई महरा' शीर्षक लम्बी कविता की सृष्टि की, जिसमें गाँव की पूरी संस्कृति

मूर्तिमान हो उठती है। त्रिलोचन की कविता में साधारण जनों के बीच से उठाए हुए ऐसे चरित्र बहुत आए हैं। प्रेमचन्द ने अपने उपन्यासों और कहानियों में जैसी दुनिया रची है, कविता के क्षेत्र में बहुत कुछ वही काम त्रिलोचन ने किया है। यहाँ अमूर्त जीवन नहीं, हाड़-मांस के जीते-जागते इंसान हैं। चित्र नहीं, चरित्र हैं। लड़ते-झगड़ते, हँसते-खीझते, नाचते-गाते, गिरते-पड़ते, फिर भी जीते-जागते।

'चम्पा' और 'नगई महरा' के कविता होने में ही कुछ लोगों को सन्देह है। सन्देह इसलिए कि वे साधारण हैं। साधारण होने में ही उनकी असाधारणता है। त्रिलोचन 'साधारण' के असाधारण कवि हैं। उनका विशेष यही है।

कवि की इस क्षमता का चरम रूप, मेरी दृष्टि में, महाकुम्भ (1953) पर लिख गए 52 सानेट की माला में मिलता है। ये सभी सानेट **अरघान** नामक काव्य संग्रह में संकलित हैं। सहज ही 'कवितावली' के लंकादहन सम्बन्धी कवित्त याद आ जाते हैं। लेकिन यह विभीषिका कुछ और है। इस सानेट-पुंज में त्रिलोचन महाकाव्यात्मक प्रतिभा के साथ सामने आते हैं। वही विराटता। वही गरिमा। वही मानव त्रासदी। किसी एक सानेट या चुने हुए उद्धरणों के द्वारा इस काव्य की महत्ता का आभास देना सम्भव नहीं। फिर भी बानगी के लिए कुछ टुकड़े—

आँखों ने देखा कि, एक जन लाँग चढ़ाए
कीचड़ से लथपथ आता है, चिल्लाता है—
'लाशों पर चढ़कर मानव आता जाता है'।

... .

लानत है, लानत, विराग को राग सुहाए
साधू होकर मांस मनुज का भरमुँह खाए।

... .

लाशों का सुखवन पुलीस ने फैलाया है,
इसी के लिए तो उसने पैसा खाया है
सुप्रबन्ध का कहना ही क्या है, कमाल था,
समाचारपत्रों ने गली-गली गाया है।

विस्मय की बात तो यह कि महाकाव्यात्मकता सम्भव हुई है उस गीतात्मक काव्य रूप में जिसे 'सानेट' कहते हैं। वही सानेट जिसके लिए नागार्जुन कई बार त्रिलोचन को डांट चुके हैं—बन्द करो यह सानेटबाजी।

लेकिन त्रिलोचन की जिद। 'धरती' के बाद लगभग बीस वर्षों तक ज्यादातर उन्होंने सानेट ही लिखे। लगभग एक हजार। बस सनक। अन्तर्वस्तु नितान्त भारतीय और रूपविधान अंग्रेजी, बल्कि यूरोपीय। क्या विडम्बना है। वही रोला छन्द की लय। वही अरुद्धान्त वाक्य विन्यास। वाक्य विन्यास के अनुसार पंक्तियों को तोड़ दें तो अच्छा-खासा मुक्त छन्द। फिर भी जिद यह कि इसे सानेट ही कहें। कभी-कभी एकरस लगते हैं। ऊब भी होती है। खीझ भी। लेकिन तुलसीदास की चौपाइयों से जी नहीं ऊबता ? एक

चौपाई छन्द में भी बाबा कितनी विविधता पैदा करते हैं ? किस खूबी से एकरसता तोड़ते हैं। क्या त्रिलोचन भी अपने इस रोला-रेला में विविधता पैदा नहीं करते ?

शुक्र है, इस एकतान सानेट-सृजन के प्रवाह के बीच त्रिलोचन ने कुछ मुक्त गीत भी लिखे। 'धरती' के रंग के। लेकिन नए ढंग से। कभी-कभी अति संक्षिप्त गोया हाइकू। लेकिन हाइकू नहीं। जैसे—

पीछे ऊषाएँ हैं
और आगे सन्ध्याएँ पंक्तिबद्ध
बीच में मैं मेरा आकाश

कहने को जी होता है कि यह कविता त्रिलोचन ही लिख सकते थे—आज हिन्दी में। ऋग्वेद की गूँज लिए हुए। लेकिन आज की ऋचा, जिसके बीच 'मैं' भी है और 'मेरा' आकाश भी।

यह त्रिलोचन ही हैं जो 'मेंहदी की अरघान' और 'करौंदी की अरण्यनी' को रात गहराते ही महामोद लुटाते महसूस कर सकते हैं। अक्सर महसूस होता है कि त्रिलोचन प्रकृति को किसान की आँखों से देखते हैं—स्वतःस्फूर्त ! उस प्रकृति को जो मनुष्य के साथ उसके परिवार की तरह एकमेव है—दुख-सुख की सहभागी। लेकिन क्या रूप-रस-गन्ध की संवेदना भी वही है ? ध्यान से देखें तो त्रिलोचन के **ताप के ताए हुए दिन** में किसी पिछड़े किसान की अपेक्षा आधुनिक समाज के झुलसे हुए इंसान की इन्द्रियाँ खुल खेलती हैं—

ताप के ताए हुए दिन ये
क्षण के लघु मान से
मौन नपा किए।

चौंध के अक्षर
पल्लव-पल्लव के उर में
चुपचाप छपा किए।

फिर भी त्रिलोचन न कोरी किसान चेतना के कवि हैं और न इतने अति आधुनिक ही कि उन्हें 'मगध' के कवि श्रीकान्त वर्मा के साथ इतिहास-विरोध अथवा प्रतिइतिहास का कवि कहा जाए।

'दिगन्त' पढ़ने के बाद मलयज ने कभी त्रिलोचन को 'औसत भारतीयता' का कवि कहा था। यह बात उन्होंने प्रशंसा के रूप में कही थी। फिर भी वह प्रशंसा मिश्रित थी। कुछ दिनों बाद अपनी डायरी में इस प्रश्न पर पुनर्विचार करते हुए उन्होंने लिखा : ''मुझे यह साफ दीख पड़ रहा है कि आज त्रिलोचन, केदारनाथ अग्रवाल और नागार्जुन की भारतीयता को लेकर हम नहीं चल सकते, इनकी भारतीयता में बौद्धिक ऊर्जा की कमी है। नितान्त कमी है। ये हद से हद लिरिकल किस्म के भारतीय हैं। इनमें टकराहट नहीं है। ये बस अपने को सुरक्षित रखे हुए हैं, अपनी अस्मिता बचाए हुए हैं, बह नहीं गए

हैं। एक जमीन इनके पास है, उस पर बस टिके हुए हैं। हमें रामचन्द्र शुक्ल की भारतीयता चाहिए, प्रेमचन्द की भारतीयता चाहिए; गांधी जी की भारतीयता चाहिए, जिनमें एक ओर अपनी जमीन का विवेक था तो दूसरी तरफ पश्चिम से टकराने की अदम्य बौद्धिक ऊर्जा और ललकार और उससे टकराने का खुलापन। त्रिलोचन की भारतीयता जैसा बँधा-बँधापन उनमें न था, एक जगह टिके रहने की भारतीयता उनमें न थी।''

मलयज अब नहीं हैं। इसलिए अब बहस भी सम्भव नहीं। लेकिन लगता है कि इस धारणा में कहीं बुनियादी गलतफहमी है। यदि आज हमारे देश के अन्दर पश्चिम का अर्थ शहर, शहर की सभ्यता, उद्योग और प्रौद्योगिकी, विज्ञान और बौद्धिकता आदि है तो यह कहना गलत होगा कि नागार्जुन और केदारनाथ अग्रवाल के साथ त्रिलोचन इन सबसे बेखबर हैं। त्रिलोचन निरे लोककवि नहीं हैं, न गाँवों की प्रकृति और समाज के स्थिर रूप के चितेरे मात्र। न त्रिलोचन की प्रकृति वैदिक युग की है, न उनका समाज मध्ययुगीन गाँव। उनकी कविता का भारत रामचन्द्र शुक्ल, प्रेमचन्द और गांधी के बाद का भारत है और इस भारतीयता में उन पूर्व पुरुषों से कम बौद्धिक ऊर्जा नहीं है। यदि किसी का खयाल है कि वास्तविक बौद्धिक ऊर्जा आधुनिकतावाद के रंग में रँगी नई कविता की छद्म भारतीयता में है, तो यह शुद्ध भ्रम है। इस बीच पश्चिम की आधुनिकता के मोहभंग से प्रतिक्रियास्वरूप जो भारतीयता पनपी है—वह वस्तुतः प्रतिक्रिया है : सच्ची संवेदना नहीं, छद्म चेतना, जिसमें कविता का सृजन सम्भव ही नहीं।

प्रसंगवश मुझे त्रिलोचन की 'रैन बसेरा' शीर्षक कविता याद आ रही है। कविता के नायक कोई परमानन्द हैं। शहर में आए हैं। आए हुए कुछ दिन हो चुके हैं। अभी तक कोई ठिकाना नहीं मिल सका, जहाँ सोकर रात काट लें। कविता उन्हीं की व्यथा है। लेकिन उससे ज्यादा अपनी पीड़ा की। परिचित को अपने यहाँ जगह न देने की पीड़ा—

कमरा एक और रहनेवाले तीन
पत्नी, बच्चा और मैं
चौथे की गुंजाइश यहाँ नहीं
मेरी अनकही चिन्ता
मेरी बिथा बना की।

इस 'बिथा' का संश्लिष्ट रूप तो पूरी कविता ही बन सकती है, लेकिन सवाल यह है कि इसे किस भारतीयता की कोटि में रखा जाएगा ?

यही बात त्रिलोचन की 'महाकुम्भ' वाली कविता शृंखला को लेकर उठती है। समस्या को स्पष्ट करने के लिए महाकुम्भ पर ही लिखे निर्मल वर्मा के यात्रावृत अथवा रिपोर्ताज 'सुलगती टहनी' को बरक्स रखा जा सकता है। न इन दोनों का महाकुम्भ एक है और न भारतीयता ही। क्या एक 'औसत' भारतीयता है और दूसरी 'विशिष्ट' भारतीयता ? 'एक जगह टिके रहने', 'अस्मिता बचाए रखने' की जिद किसमें ज्यादा

है—त्रिलोचन में या निर्मल वर्मा में ? आधुनिकतावाद की चुनौती से त्रिलोचन बेखबर न थे। सबूत में 'महाकुम्भ' कविता क्रम के ठीक बाद का 'इलाहाबादी' शीर्षक सानेट उद्धृत करना पर्याप्त होगा :

काफी रेस्त्राँ में हिलमिल कर बैठे। बातें
कीं, कुछ व्यंग्य-विनोद और कुछ नए टहोके
लहरों में लिए दिए। अपनी-अपनी घातें
रहे ताकते। यों भीतर-भीतर मन दो के
एक न हुए, समीप टिके, अपनाया खोके,
जीवन से अनजान रहे, पर गाना गाया
जन का जीवन का, लेकिन दुनिया के होके
दुनिया में न रहे। दुनिया को बुरा बताया,
उससे तन बैठे जिसने कुछ दोष दिखाया।
इस प्रकार से ढले नवीन इलाहाबादी
कवि साहित्यकार, जिनको भाती है छाया,
नहीं सुहाती, आँखों को भू की आबादी।

जीवन जिस धरती का है, कविता भी उसकी
सूक्ष्म सत्य है, तप है, नहीं चाय की चुस्की।

पहले चित्र, फिर निष्कर्ष। कविता में सूक्ति। कवि त्रिलोचन की यह अपनी विशेषता है। सूक्ति को सामान्यतः काव्य नहीं मानते। बावजूद इसके कि तुलसी का मानस सूक्तियों से भरा पड़ा है। वस्तुतः सूक्ति और सूक्ति में अन्तर है। दोहे में सूक्तियाँ वृंद ने भी लिखीं, रहीम ने भी। रहीम की सूक्तियाँ मर्म को छूती हैं, वृंद की नहीं छूतीं। मर्मस्पर्शी सूक्तियाँ वे हैं जिनमें जीवन का संचित अनुभव बोलता है। प्रेमचन्द की रचनाओं में ऐसी सूक्तियाँ मिल जाती हैं। गाँव के बेपढ़े-लिखे किसान इन सूक्तियों के जीते-जागते कोश हैं। इस परम्परा का निर्वाह आज के कवियों में सिर्फ त्रिलोचन करते दिखते हैं। एक भारतीयता यह भी है। त्रिलोचन की कविता को क्लासिकी मर्यादा प्रदान करने का एक आधार यह भी।

त्रिलोचन अपनी उम्र बताएँ तो, न बताएँ तो कोई फर्क नहीं पड़ता। हमें उनकी कविता की उम्र से मतलब है। लिखे जाने के तीस वर्ष बाद प्रकाशित होने पर भी यदि वह आज की कविता है तो कोई कारण नहीं कि कल भी आज की न समझी जाए। 'कहीं त्रिलोचन नहीं' उन्हें कहने दीजिए। कहाँ त्रिलोचन नहीं ? यही सच है।

[1987]

कबीर का दुख

कबीर के दुख से मेरा 'परिचय' हुआ प्रेमचन्द की कहानी 'कफन' में। परिचय कराया घीसू और माधव ने। इन दोनों के परिचय के लिए फिलहाल इतना ही काफी है कि वे जाति के चमार हैं जिन्हें अब 'दलित' कहा जाता है। घर में मिट्टी के दो-चार बर्तनों के सिवा कोई सम्पत्ति नहीं। फटे चीथड़ों से अपनी नग्नता ढाँके हुए जिए जाते हैं। झोपड़ी में बहू मरी पड़ी है और बाप-बेटे दोनों कफन के पैसों से कलवरिया में दारू उड़ा रहे हैं। नशे में भी बहू की वह लाश दखल देती है। बेटा रोने लगता है तो बाप समझाता है : 'रोता क्यों है बेटा, खुश हो कि वह मायाजाल से मुक्त हो गई। बड़ी भाग्यवान थी, जो इतनी जल्द मोहमाया के बन्धन तोड़ दिए।' और दोनों खड़े होकर नाचने और गाने लगते हैं : **ठगिनी क्यों नैना झमकावै, ठगिनी !**

कबीर और कबीर के दुख से परिचय का क्षण वही है। मृत्यु, मुक्ति, माया और इन सबके ऊपर समाज के सबसे निचले तबके के दो प्राणियों का नृत्य ! मृत्यु भी नाचती है, मुक्ति भी नाचती है और नाचती है माया। कबीर ने ही कहीं कहा है : 'यह माया जैसे कलवारिन, मद पियाइ राखै बौराई।'

नृत्य भी कितना रोमांचक और मुक्ति का उत्सव भी कैसा अद्‌भुत !

घीसू और माधव अपना कबीर गा रहे हैं, अपना कबीर नाच रहे हैं और लगता है कि उन्हीं के साथ स्वयं कबीर भी नाच रहे हैं और गा रहे हैं :

नाचु रे मेरे मन मत्त होइ।
गिरि समन्दर धतरी नाचै लोक नाचै हँस-रोइ।

नाच भी कैसा ? हँसना-रोना साथ-साथ।

सती के शव को लेकर शिव ने ऐसा ही उन्मत्त नृत्य किया था क्या ?

घीसू-माधव उस शिव को शायद ही जानते हों। लेकिन अजीब बात है कि ऐसे क्षण में उन्हें कबीर के राम भी याद न आए। याद आई तो माया ठगिनी ! एक माया शंकराचार्य की भी है। लेकिन वह पंडितों की सम्पत्ति है। लोक तो कबीर की माया ठगिनी को ही जानता है : कबीर का भी साबका पड़ा तो उसी माया ठगिनी से ! कबीर के लिए माया दर्शनशास्त्र की कोई अमूर्त अवधारणा नहीं है, बल्कि वह एक ठोस वास्तविकता है, कड़वी सचाई है ! राम भले ही निर्गुण हों, माया तो एकदम सगुण है और हर जगह हर पल सशरीर उससे बचकर निकल जाना मुश्किल है। कबीर का वह

पद याद करें–

माया महा ठगिनि हम जानी।
तिरगुण फाँस लिए कर डोलै बोलै मधुरी बानी ॥
केसव के कँवला होई बैठी सिव के भवन भवानी ॥
पंडा के मूरति होई बैठी तीरथ हू मैं पानी ॥
जोगी के जोगिनि होई बैठी राजा के घर रानी।
काहू के हीरा होई बैठी काहू के कौड़ी कानी ॥
भगतों कै भगतिनि होइ बैठी तुरकां के तुरकानी।
दास कबीर साहिब कै बंदा जाकै हाथ बिकानी ॥

गरज कि माया राम से ज्यादा नहीं तो राम की तरह ही सार्वभौम और विश्वव्यापी है। माया की पहुँच वहाँ भी है जहाँ राम के लिए जगह नहीं है और हर जगह के अनुरूप वह अपना रूप बदलकर प्रकट हो जाती है। इसीलिए तो उसे 'माया' कहते हैं ! धनी के घर हीरा है तो गरीब के घर कानी कौड़ी ! मन्दिर का पंडा जिस मूर्ति का सेवक बनकर कमाई करता है वह भी माया है और यहाँ तक कि तीर्थ का वह 'पवित्र' जल भी माया ही है जिसे गंगाजल बताकर बहुतेरे भक्तों को ठगा जाता है। यही माया कबीर के हाथ बिक गई। वह कबीर को वश में न कर सकी, कबीर के वश में हो गई। कबीर का खयाल ऐसा ही है।

लेकिन कबीर का एक पद ऐसा भी मिलता है जिसमें वे कहते हैं कि मैं तो माया को छोड़ रहा हूँ पर माया ही मुझे नहीं छोड़ती। गरज कि बाबा तो कमली छोड़ रहे हैं, कमली ही बाबा को नहीं छोड़ती। कबीर का वह पद इस प्रकार आरम्भ होता है :

माया तजूँ तजी नहिं जाइ।
फिरि फिरि माया मोहि लपटाइ ॥

इसके बाद तफसील से माया का निरूपण किया गया है ! माया आदर है, मान है, रस है, स्वाद है। यहाँ तक कि जप, तप, योग भी माया ही है। माता, पिता, स्त्री, पुत्र, पुत्री आदि भी माया हैं और धन-दौलत भी, जिसे आज भी लोक व्यवहार में लोग 'माया' कहते हैं। जब माया इतनी व्यापक है तो उसके बन्धन से कौन बच सकता है ! आप भले ही माया को छोड़ दें लेकिन माया भी आपको छोड़े तब तो ? यह बेबसी ही सम्भवतः कबीर के एक दुख का कारण है।

माया के बारे में कहा भी बहुत है कबीर ने। कबीरबानी में राम नाम जितनी बार आता है उससे कम माया का जिक्र नहीं है। माया के साथ रिश्ते भी कबीर ने कई तरह से जोड़ रखे हैं। कभी वह वेश्या है तो कभी बहन भी–ऐसी बहन जिससे वे खुलकर अपना दुख भी कह बैठते हैं। पहले तो वे प्यार से कहते हैं :

तुम्ह घर जाहु हमारी बहना,
विष लागै तिहारे नैनां।

फिर वजह भी बताते हैं–

वहाँ जाहु जहँ पाट-पटम्बर, अगरू चन्दन घसि लीना।
आई हमारे कहा करौगी, हम तौ जाति कमीना ॥

और अन्त में अपना दुख–

जाति जुलाहा नाम कबीरा, बनि बनि फिरौं उदासी।

सच पूछिए तो इस मायालोक में बन-बन उदास फिरनेवाला कबीर ही सचमुच का असली कबीर है। अपनी एक साखी में तो कबीर ने साफ शब्दों में स्वीकार किया है कि :

कबीर जदि का माइ जनमिया, कहूँ न पाया सुख।
डाली डाली मैं फिर्‌या, पातौं पातौं दुख ॥

तात्पर्य यह कि जब से माता ने मुझे जन्म दिया, कहीं भी सुख नहीं पाया। सुख के लिए मैं डाल-डाल फिरा तो दुख पत्ता-पत्ता दौड़ा। यहाँ 'माइ' का एक अर्थ माया भी हो सकता है !

कबीर ने दरअसल जानबूझकर सुख का त्याग किया और खूब सोच-समझकर दुख का वरण किया था। यह उनका अपना चुनाव था। रास्ता ही उन्होंने ऐसा अपनाया जो दुख का है। एक अन्य साखी में उन्होंने इस ओर संकेत भी किया है–

कबीर सुख को जाइ था, आगे आया दुख।
जाहि सुख घरि आपने, हम जाणैं अरु दुख ॥

तात्पर्य यह कि कबीर तो सुख के लिए जा रहा था कि सामने दुख आ गया। कहा : 'ऐ सुख, तू अपने घर जा, अब मैं जानूँगा और मेरा दुख जानेगा। किसी तीसरे की आवश्यकता नहीं है।'

लेकिन इन सब बातों का यह अर्थ नहीं कि कबीर हर समय सिर्फ अपने दुख से ही दुखी रहते हैं। जब वे कहते हैं कि माया मुझे नहीं छोड़ रही है तो संकेत स्पष्ट है के माया का संसार उन्हें नहीं छोड़ता। एक तरह से कबीर सारे संसार के लिए रोते दिखाई पड़ते हैं। यह बात एक साखी में वे कहते भी हैं–

मैं रोऊँ संसार को, मोकौं रोवै न कोइ।
मोकौं रोवै सो जनाँ, जो सबद बिबेकी होइ ॥

एक तरह से यह चुनौती उन सबके लिए है जो 'सबद-विवेकी' हैं अथवा 'सबद-विवेक' का दावा करते हैं। कहना न होगा कि 'शब्द-विवेक' के द्वारा ही कबीर के उस भाव को पकड़ा जा सकता है जहाँ वे संसार के लिए–अपने आसपास के संसार के लिए रोते हैं। प्रायः ऐसे पद आध्यात्मिक रूपकों में लिपटे हुए हैं और स्वभावतः उनका अर्थ भी सीधे-साधे आध्यात्मिक ढंग से कर दिया जाता है, क्योंकि यह तरीका आसान है और उसमें 'शब्द-विवेक' के लिए बहुत मगज़पच्ची की मशक्कत भी नहीं करनी पड़ती। उदाहरण के लिए यह पद–

अब न बसूँ इहि गाउँ गोसाईं।
तेरे नेवगी खैरे सयाने हो राम ॥
नगर एक तहँ जीवधर महता, बसै जु पंच किसानां।
नैनू नकटू श्रवनू रसनू इंद्री कह्या न मानैं हो राम ॥
गाउँ कु ठाकुर खेत कुनापै, काइथ खरच न पारै।
जोरि जेवरी खेति पसारै, सब मिलि मोकौं मारै, हो राम ॥
खोटो महतो विकट बलाही, सिरकस दम का पारै।
बुरौ दिवान दादि नहिं लागै, इकि बाँधै इक मारै, हो राम ॥
ध्रमराइ जब लेखा माँग्या, बाकी निकली भारी।
पाँच किसाना भाजि गए हैं, जीवधर बाँध्यौ पारी, हो राम ॥
कहै कबीर सुनहु रे संतौ, हरि भजि बाँधौ भेरा।
अब की बेर बकसि बंदे कूं, सब खत करौं निबेरा ॥

इस पद में पाठभेद काफी है और जो पाठविज्ञानी गाँव के जीवन को निकट से नहीं जानते उनके लिए पाठ-निर्णय का कार्य थोड़ा मुश्किल भी। खेती और किसान से जुड़े हुए माल के महकमे के अमलों के नाम भी पन्द्रहवीं शताब्दी के हैं जो आज के जमाने में अबूझ मालूम होते हैं। शब्दार्थ की इन प्राथमिक कठिनाइयों के बावजूद मुख्य अर्थ बहुत कुछ स्पष्ट है।

संक्षेप में मनुष्य का शरीर एक गाँव है। जीव मुखिया है; पाँचों इन्द्रियाँ किसान हैं। ये कहा नहीं मानतीं। लगान न देनेवाले किसानों की तरह ये इन्द्रियाँ भी बाँधी जाती हैं, इन्हें मारा भी जाता है। बकाया लगान चढ़ गई है। अन्त में धर्मराज हिसाब माँगेंगे तो क्या जवाब दिया जाएगा। इसलिए हरि से प्रार्थना है कि इस बार बन्दे को बख्श दें तो सारा बकाया निपटा देगा।

इसमें कोई शक नहीं कि मुख्यतः यह चिर-परिचित भक्ति भाव का एक भजन है जिसमें इंद्रियों के स्वैराचार पर खेद प्रकट किया गया है। इस दृष्टि से यह बहुत सामान्य है। विशिष्ट बनता है किसानों पर होनेवाले अत्याचार के रूपकों से। खास बात यह है कि वास्तविक जीवन के रूपक ज्यादा हैं, शारीरिक अंगों के क्रिया-कलाप कम। उदाहरण के लिए शरीर के अन्दर नेवगी यानी लगान वसूल करनेवाला कौन है, इसका पता नहीं। यही हाल ठाकुर, कायस्थ, दीवान, बलाही (बलाधिकृत ?) आदि का भी है। गरज़ कि आध्यात्मिक भावभूमि पर सामाजिक यथार्थ भारी पड़ता है। आध्यात्मिक अर्थ दब जाता है और ऊपर उभरकर यह सचाई आती है कि लगान वसूल करनेवाले चालाक और क्रूर हैं, कायस्थ/पटवारी उजरत माँगता है। न देने पर खेत की गलत नाप करता है। दीवान के यहाँ सुनवाई नहीं होती। बलाही (शायद सिपाही या दरोगा) विकट है और जुल्म ढाता है। एक बाँधता है और एक मारता है। इस तरह सभी मिलकर किसानों को मारते हैं। ऐसी हालत में गाँव छोड़कर भाग जाने के अलावा किसान के पास कोई विकल्प नहीं रहता।

यह सामाजिक दुख इतना उत्कट है कि कबीर जैसे संवेदनशील सन्त को

आध्यात्मिक क्षणों में भी उद्वेलित करता रहता है। एक तरह से यह भक्ति-भाव के क्षेत्र में सामाजिक यथार्थ का हस्तक्षेप है। तात्पर्य यह कि कबीर के दुख का एक निश्चित सामाजिक आधार है। इसीलिए **अब न बसूँ इहि गाउँ गोसाईं** में जो पीड़ा है वह इतनी मार्मिक है।

सामाजिक यथार्थ के दबाव के ऐसे उदाहरण और भी हैं। जाति-पाँति के भेद को पूरी तरह अस्वीकार करने के बावजूद कबीर एक क्षण के लिए भी नहीं भूलते कि वे एक जुलाहा हैं। आध्यात्मिक अनुभव के उदात्त क्षण में भी। रामनाम भी वे किसी जुलाहे की तरह बुनते हैं; राम जैसे बड़े नाम को बुनने के लिए तो करघा भी उनके अनुरूप ही बड़ा होना चाहिए। लिहाजा वे तीनों लोकों को मिलाकर एक करघा बनाते हैं, फिर सारे दिङ्मंडल को ताना के रूप में तानते हैं और इस तरह बुनाई का सारा तामझाम पूरा करते हैं। यह विराट कल्पना 'जोलहा बीनहु हो हरिनामा' पद में बिम्ब-रचना करती है। इस प्रक्रिया में वे कभी-कभी अपने राम को भी जुलाहा बनाकर एक विशाल करघे पर बैठा देते हैं। आध्यात्मिक अनुभव के ऐसे ही क्षण का एक अद्भुत पद है : **'को बीनै प्रेम लागौ री माई, को बीनै।'** यह पद गाते-गाते कबीर मस्त होकर अन्त में नाचने लगते हैं; और फिर–

नाचै ताना नाचै बाना, नाचै कूँच पुराना
री माई को बीनै ॥
करगहि बैठि कबीरा नाचै, चूहै काट्या तानाँ।
री माई को बीनै ॥

इस पद का सबसे दिलचस्प अंश है अन्तिम पदबन्ध का टुकड़ा : **'चूहै काट्या तानाँ।'** यह है कबीर-कलम की विडम्बना का एक नमूना। नाचने में ताना जब एकदम मस्त हो जाता है तो अचानक एक चूहा ताने को काटकर सारी मस्ती काफूर कर देता है ! यह चूहा क्या है ? किसी दुख का दंश तो नहीं ? करघे के अन्दर अचानक चूहा कहाँ से आ गया ? जो हो यह एक यथार्थ-बोध का अंकुश है–आध्यात्मिक उड़ान पर भी और आनन्दोल्लास पर भी।

'कबीर ग्रन्थावली' और 'बीजक' में आध्यात्मिक आनन्दोल्लास के छन्द इतने हैं कि उन्हें पढ़ते हुए सारा दुख भूल जाता है और विश्वास हो जाता है कि कबीर ने अपने राम को पा लिया था। इसी तरह की एक 'साखी' का यह टुकड़ा है : **पूरे सूँ परचा भया, सब दुख मेल्ह्या दूरि।** 'पूर्ण' से परिचय हो गया और मैंने सारा दुख दूर फेंक दिया। लेकिन इसके साथ ही विरह के छन्द भी हैं और ऐसे छन्दों की संख्या कहीं अधिक है। जब परम प्रिय कहीं दूर नहीं है, अपने अन्दर ही है : 'घट घट में', तो फिर विरह की ऐसी उत्कट वेदना क्यों ?

'शब्द-विवेक' का सहारा लें तो 'परचा' का मर्म समझ में आएगा। यह 'परचा' ऐसा परिचय है जिसे कबीर 'अनभौ' कहते हैं। 'अनभौ' अर्थात् अनुभव। अनुभव-विशेष। साक्षात्कार जैसा कुछ ! रहस्यवादियों का इलहाम। आशय यह है कि परम सत्ता की एक

झलक भर मिली है। गोया बिजली की कौंध है। प्रकाश के विस्फोट के साथ ध्वनि का स्फोट भी। इसीलिए कबीर इसे 'सबद' या 'शब्द' भी कहते हैं। नाद आकाश का गुण है। इसीलिए कबीर की वाणी में **अनहद गरजे, गगन दमामा बाजिया** जैसे पदबन्ध मिलते हैं। वह परमतत्त्व अपने आपको सिर्फ आकाश में ही व्यक्त करता है, किन्तु आकाश की ही तरह अव्यक्त भी है और साथ ही व्यक्त भी। उसका कोई रूप नहीं, इसलिए वह सिर्फ नाम है। वह नाम सुविधा के लिए राम है—लेकिन इस कठिन शर्त के साथ कि वह निर्गुण है। अब इस निर्गुण से मिलन हो तो कैसे हो ? परिचय तक तो ठीक लेकिन मिलन ? मिलन और चीज है। इसीलिए कबीर कहते हैं—**सबद मिलावा होइ रहा, देव मिलावा नाहिं।** जैसे टेलीफोन पर संवाद, लेकिन रूबरू मुलाकात नहीं।

कबीर 'परचा' को कभी-कभी 'ज्ञान' भी कहते हैं। सामान्य ज्ञान नहीं, विशिष्ट ज्ञान। चाहे तो अन्तर्ज्ञान, आत्मज्ञान, आध्यात्मिक ज्ञान आदि में से कुछ भी कह सकते हैं। इस ज्ञान में आनन्द भी है और दुख भी। एक प्रकार का दुखात्मक आनन्द। संस्कृत में 'वेदना' शब्द के दोनों अर्थ हैं : ज्ञान भी और दुख भी। जैसे, **या वेदना तदखिलं खलु वेदनैव।** जो भी ज्ञान है वह दुख ही है। इसलिए कबीर के दुख का मूल उस अपूर्व ज्ञान में ही है। माया को त्यागने पर जो दुख नहीं हुआ, वह दुख राम को पाने पर हुआ। परम तत्त्व आकाश है तो उस आकाश को छूना और फिर उसे अपनी बाँहों में बाँध लेना खेल नहीं है। कबीर अकारण नहीं कहते कि **हँसि हँसि कंत न पाइया, जिन पाया तिन रोइ।** इसीलिए कबीर बार-बार **भगति दुहेली राम की** जैसे पदबन्ध की रट लगाते हैं। राम की भक्ति वैसे ही दुखदायी, फिर वह राम निर्गुण हों तो असाध्य साध्य को साधने का और भी असह्य दुख।

इसका यह अर्थ नहीं कि निर्गुण राम दर्शनशास्त्र की कोई अमूर्त अवधारणा है। माया की तरह ही कबीर के निर्गुण राम भी काफी 'भौतिक' हैं—भौतिक और वास्तविक। सगुण से किसी भी माने में कम मूर्त नहीं ! जिस निर्गुण से मन्दिरों और मस्जिदों की नींव हिल गई, ब्राह्मण और शेख विचलित हो गए और वेद-कुरान की विश्वसनीयता सन्देह के घेरे में आ गई, वह एकदम हवाई चीज नहीं हो सकती। निर्गुण ऐसा 'ज्ञान' है जिसे कबीर कभी तीर कहते हैं और कभी तलवार। स्वयं कबीर के हृदय में यह ज्ञान तीर की तरह चुभा था, लेकिन कबीर के विरोधियों की नजर में वह चमचमाती हुई तलवार थी। जो ज्ञान **ना हिन्दू ना मुसलमान** हो और जो ब्राह्मण-शूद्र के भेद को भी नकारता हो उसका नाम 'निर्गुण' के अलावा और हो ही क्या सकता है। सभी स्थापित मान्यताओं का निषेध ही निर्गुण है और इतने बड़े निषेध में दुख अस्वाभाविक नहीं है। किन्तु यह अनास्था का आत्मघाती दुख नहीं है और न ही दुविधा का सन्त्रास है। निर्गुण को अस्वीकार करके ही कबीर ने बाकी सबको अस्वीकार करने का साहस हासिल किया। कहना न होगा कि 'निर्भय निरगुन' गानेवाले कबीर के अन्दर कोई गहरा स्वीकार है। यह निर्गुण कोई रहस्य नहीं, बल्कि एक क्रान्तदर्शी कवि की उदात्त कल्पना है : सभी वांछित मूल्यों और सपनों का सम्भाव्य मानचित्र। मुक्तिबोध के शब्दों में एक 'नक्शा' !

दुख सिर्फ इस बात का है कि दिमाग में नक्शा तो है लेकिन उसके मुताबिक एक नया संसार बनाने के साधन नहीं हैं। यह असहायता और विवशता ही दुख है। वह नक्शा आँखों में तो है, लेकिन आँखों के सामने नहीं है; मन में है, संसार में नहीं है। एक तरह से यह भी एक 'दुखद सपना' है, लेकिन पास्कल का 'हू-ब-हू' ट्रैजिक विज़न नहीं। कबीर की तरह ही यह दुख भी निराला है : विरोधाभासों से भरा हुआ, विडम्बनाओं से युक्त। अनुभव के ये उत्कट क्षण इसीलिए प्रायः उलटबाँसियों में व्यक्त होते है !

कबीर के मन में राम और उनकी माया को लेकर कोई दुविधा नहीं है। न अपने राम में उनकी आस्था कभी डिगी और न माया के संसार से कोई समझौता किया। संसार को पूरी तरह अस्वीकार करके भी संसार में ही रहने का निश्चय किया और अपने विरोधियों से भी लगतार विवाद-संवाद करते रहे। उनकी एक साखी के आधार पर कुछ लोग यह साबित करने की कोशिश करते हैं कि कबीर ने धरती और आकाश के बीच 'अनल' पक्षी के समान घोंसला बनाया था और उनका विश्वास निराधार अधर में लटका हुआ था। इस व्याख्या को स्वीकार करना कठिन है। कबीर की वह साखी इस प्रकार है :

अनल अकासा घर किया, मधि निरन्तर वास।
वसुधा व्यौम विगता रहै, बिन अहर विसवास।

जिस आकाश में कबीर के 'अनल' का घर है वह वसुधा और व्योम के बीच की कोई 'अलौकिक' सी जगह है। यथार्थ से भी परे और कल्पना से भी परे। हद और बेहद दोनों से विगत। इस विश्वास का कोई बाहरी सहारा नहीं है। उसका आधार कबीर के अन्दर है—अपनी अन्तरात्मा में।

कबीर का सर भले ही आकाश पर रहा हो, उनके पाँव मजबूती से जमीन पर ज़मे हुए थे। उनका विश्वास भी निराधार न था। कल के ही नहीं, आज के भी करोड़ों घीसू-माधव कबीर के 'निरगुन' के ठोस आधार हैं और वे निरगुन को अपना भरोसेमन्द आधार समझते हैं। इस सुनिश्चित सामाजिक आधार के बावजूद कबीर इससे सन्तुष्ट नहीं होते। वे अपने आधार का विस्तार करने के लिए व्याकुल दिखते हैं। इसीलिए एक ओर अगर वे 'सुनो भाई साधो' कहकर अपने समानधर्मा लोगों को गुहार लगाते हैं तो दूसरी ओर मुल्ला और पाँड़े को भी बीच-बीच में आवाज देते रहते हैं। अकेली राह चलने के कायल वे नहीं मालूम होते। इस दौड़-भाग में कबीर कभी अकेले पड़ जाएँ तो यह और बात है।

फिर भी यह स्वीकार करना पड़ेगा कि कबीर अक्सर उदास दिखते हैं। शायद इसीलिए वे एक कवि हैं, सिर्फ सन्त नहीं। खंजड़ी लेकर घूमनेवाले सन्त तो और भी हैं। ढेरों। किन्तु यह नहीं भूलना चाहिए कि उदास फिरनेवाले कबीर का यह दुख बहुत विस्फोटक और विध्वंसक है। वस्तुतः यह आत्मा की धधकती हुई आग है जिसमें इस भ्रष्ट संसार को खाक कर देने की अकूत ताकत है। कबीर का 'सबद' आग है और दुख विद्रोह !

[1999]

हिन्दी-साहित्य के इतिहास पर पुनर्विचार

इतिहास लिखने की ओर कोई जाति तभी प्रवृत्त होती है जब उसका ध्यान अपने इतिहास के निर्माण की ओर जाता है। यह बात साहित्य के बारे में उतनी ही सच है जितनी जीवन के। हिन्दी में आज इतिहास लिखने के लिए यदि विशेष उत्साह दिखाई पड़ रहा है तो यही समझा जाएगा कि स्वराज्य-प्राप्ति के बाद सारा भारत जिस प्रकार सभी क्षेत्रों में इतिहास-निर्माण के लिए आकुल है उसी प्रकार हिन्दी के विद्वान एवं साहित्यकार भी अपना ऐतिहासिक दायित्व निभाने के लिए प्रयत्नशील हैं। पहले भी जब साहित्य का इतिहास लिखने की परम्परा का सूत्रपात हुआ था तो सम्पूर्ण राष्ट्रीय जीवन के विभिन्न क्षेत्रों के इतिहास-निर्माण के साथ ही। यदि आरम्भिक इतिहासों के इतिहास में न जाकर पं. रामचन्द्र शुक्ल के इतिहास को ही लें, जो हिन्दी-साहित्य का पहला व्यवस्थित इतिहास माना जाता है, तो उसकी ऐतिहासिकता द्योतित करने के लिए उस युग का राष्ट्रीय आन्दोलन समानान्तर दिखाई पड़ेगा। राजनीतिक इतिहास-ग्रन्थों का सिलसिला भी उसी ऐतिहासिक दौर में जमा। परन्तु शुक्लजी के इतिहास के सन्दर्भ

में जो सबसे प्रासंगिक तथ्य है वह है तत्कालीन रचनात्मक साहित्य की ऐतिहासिक क्रान्ति–कविता और कथा-साहित्य का नवीन सृजनात्मक प्रयत्न। साहित्य का वैसा इतिहास तभी सम्भव हुआ जब साहित्य-रचना के क्षेत्र में एक ऐतिहासिक परिवर्तन आया, जब सच्चे अर्थों में इतिहास बना।

इसके अतिरिक्त, शुक्लजी का इतिहास 'हिन्दी शब्द सागर' के साथ आया था, जिसके आसपास ही पं. कामताप्रसाद गुरु का पहला प्रामाणिक 'हिन्दी व्याकरण' भी निकला था। साहित्य का इतिहास, शब्दकोश एवं व्याकरण–क्या इन तीनों का एक साथ बनना आकस्मिक है ? यह तथ्य इसलिए ध्यान देने योग्य है कि आज फिर जब साहित्यिक इतिहास लिखने का उत्साह उमड़ा है तो साथ-साथ शब्दकोश और व्याकरण के संशोधन एवं परिवर्तन के प्रयत्न भी हो रहे हैं; बल्कि जिस काशी नागरी प्रचारिणी सभा ने पिछले ऐतिहासिक दौर में ये तीनों कार्य किए थे, वही संस्था आज फिर बहुत बड़े पैमाने पर तीनों योजनाओं के साथ प्रस्तुत है। और चूँकि अब हिन्दी का कार्यक्षेत्र पहले से कहीं अधिक व्यापक हो गया है इसलिए इस प्रकार के प्रयत्न यदि अन्य अनेक जगहों से भी हों तो स्वाभाविक ही कहा जाएगा, जैसे भारतीय हिन्दी परिषद्, प्रयाग की ओर से तीन जिल्दों में प्रकाशित होनेवाला 'हिन्दी-साहित्य'। इन तथ्यों से प्रमाणित होता है कि आज भी हिन्दी उन सभी आवश्यकताओं की पूर्ति के लिए पूर्णतः तत्पर है, जो कि उससे अपेक्षित हैं। साथ ही इससे यह भी पता चलता है कि अपनी विशेष सुविधाओं के कारण अन्य भाषाएँ जो कार्य काफी पहले कर चुकी हैं उसे थोड़े समय में ही जल्द से जल्द पूरा करके हिन्दी भी सबके साथ आ जाना चाहती है, बल्कि सम्भव हुआ तो आगे निकल जाने के लिए भी आकुल है। सभा एवं परिषद् के बृहद्-मध्यम इतिहास अनायास ही 'कैम्ब्रिज हिस्ट्री ऑफ इंगलिश लिटरेचर' और 'ऑक्सफोर्ड हिस्ट्री आफ़ इंगलिश लिटरेचर' की याद दिला देते हैं। जैसा कि इन हिन्दी इतिहासों का मन्तव्य स्पष्ट किया गया है, "कोई एक लेखक सभी विषयों पर विशेषज्ञता की दृष्टि से विचार नहीं कर सकता है, इसलिए विभिन्न विषयों के विशेषज्ञों के सहयोग से ऐसा इतिहास प्रस्तुत किया जाए जिसमें नवीनतम खोजों और नवीन व्याख्याओं का समुचित उपयोग हो सके।" ऐसे सन्दर्भ-ग्रन्थों की एक निश्चित उपयोगिता है किन्तु यह उनकी अनिवार्य सीमा भी है। इस सीमा को ध्यान में रखकर ही साहित्यिक इतिहास पर पुनर्विचार सम्भव है।

ये ग्रन्थ अपनी प्रकृति से सूचना-धर्मी हैं और आवश्यक जानकारी के लिए समय-समय पर इन्हें देखने की जरूरत पड़ती है। अपने सर्वोत्तम रूप में ये **इतिहास की सामग्री** ही हो सकते हैं, इतिहास नहीं। जिन ग्रन्थों का लक्ष्य नवीनतम खोजों और नवीन व्याख्याओं का 'उपयोग' करना-भर हो, उनका उपयोग अधिक-से-अधिक नवीनतम खोजों और नवीन व्याख्याओं की जानकारी प्राप्त करने के लिए ही हो सकता है। नवीन व्याख्याओं का 'उपयोग' इतिहास नहीं है, इतिहास स्वयं एक नई व्याख्या है। ये स्वयं इतिहास को बनाने या बदलने में असमर्थ हैं, इनका उपयोग करके कोई चाहे तो इतिहास भले ही बना दे। इसीलिए इन ग्रन्थों की समस्याएँ भी दूसरे प्रकार की हैं जिनका सम्बन्ध

पाठालोचन, काल-निर्णय, तथ्य-संग्रह, तथ्य-चयन, सामग्रियों के वर्गीकरण आदि से है। काल-विभाजन की समस्या भी एक तरह से इन्हीं समस्याओं से सम्बद्ध है जो हिन्दी-साहित्य के इतिहासकारों को प्रायः सबसे बड़ी समस्या मालूम होती है और इतिहास पर पुनर्विचार करते समय सबसे पहले इस काल-विभाजन की समस्या को ही सामने रखा जाता है—यहाँ तक कि काल-विभाजन हिन्दी-साहित्य के इतिहास-सम्बन्धी पुनर्विचार का पर्याय हो चला है। ध्यान से देखा जाए तो इनमें से एक भी ठेठ इतिहास की समस्या नहीं है। जहाँ अब तक की प्राप्त सामग्री के वर्गीकरण एवं सम्पादन की समस्या प्रधान हो वहाँ विचार का रूप बहुत-कुछ शुद्ध 'तकनीकी' होगा जैसा कि पुस्तकालय-विज्ञान या संग्रहालय-विज्ञान में होता है। जहाँ दृष्टि अतीतोन्मुखी हो वहाँ इतिहास नहीं है, क्योंकि इतिहास में दृष्टि भविष्योन्मुखी होती है और इतिहास की चिन्ता का केन्द्र-बिन्दु ठेठ समसामयिक होता है।

वस्तुतः इतिहास लिखने का कार्य वही कर सकता है जो स्वयं इतिहास बनाने में योग देता है अथवा दिलचस्पी रखता है—इतिहास अर्थात् समसामयिक इतिहास, क्योंकि जो बीत चुका उसका अब क्या बनाया जा सकता है ? इसलिए साहित्य के इतिहास की मुख्य समस्या है समसामयिक साहित्य की समस्या; अन्य युगों की सारी समस्याएँ सहायक हैं, अथच गौण। इस प्रकार जो समसामयिक साहित्य की समस्याओं से जूझ रहे हैं वे इतिहास न लिखते हुए भी वस्तुतः इतिहास बनाने में योग दे रहे हैं। समसामयिक साहित्य के सन्दर्भ में उठी हुई सारी समस्याएँ इतिहास की समस्याएँ हैं। यह आकस्मिक नहीं है कि साहित्य के अनेक इतिहासकार अपने इतिहास में समसामयिक साहित्य की चर्चा करने से प्रायः कतराते रहे हैं और अपनी इस कमी या कमज़ोरी को ढकने के लिए तरह-तरह के सिद्धान्त गढ़ते रहे हैं। वैसे, समसामयिक साहित्यकारों तथा साहित्य-कृतियों की चर्चा लक्षण-मात्र है, अपने-आप में नितान्त अनिवार्य न होते हुए भी वस्तुतः यह एक इतिहासकार की बद्धमूल, ऐतिहासिक समझ का आभास देती है। इससे एक इतिहासकार की अपनी ऐतिहासिक सीमा का पता चलता है।

समसामयिक साहित्य का इतिहास बनाने में सबसे अधिक योग एक रचनाकार का होता है क्योंकि रचना के द्वारा ही इतिहास का निर्माण सम्भव है; किन्तु कभी-कभी, और आज की जटिल परिस्थिति में तो अधिकांशतः, रचनाकार को भी समीक्षक का कार्य करना पड़ता है। निस्सन्देह इस कार्य में उसे कतिपय समीक्षकों का भी सहयोग प्राप्त होता है जो अनिवार्यतः सहमतिपरक न होते हुए भी अन्ततः इतिहास की सामान्य धारा के लिए उपयोगी होता है। चूँकि साहित्य-समीक्षा के द्वारा ही समसामयिक समस्याओं का विचार सम्भव है, इसलिए जहाँ तक इतिहास लिखने का कार्य है उसका उत्तरदायित्व एक समीक्षक के ही कन्धों पर है। इसका अर्थ स्पष्ट है कि बहुत काफी जानकारी तथा सूचनाओं की पूँजी रखते हुए भी कोई विद्वान अध्यापक यदि जागरूक समीक्षक नहीं है तो एक अध्यापक की हैसियत से वह 'इतिहास' नहीं लिख सकता—इतिहास के नाम पर कोई सूचनाधर्मी कार्य भले कर दे। ध्यान देने योग्य है कि हिन्दी-साहित्य का पहला

व्यवस्थित इतिहास लिखनेवाले पंडित रामचन्द्र शुक्ल अपने युग के सबसे जागरूक आलोचक भी थे—बल्कि वे मूलतः आलोचक ही थे और उनके 'इतिहास' का स्थायित्व उनके आलोचनात्मक मूल्यांकन के कारण है। निस्सन्देह वे साहित्य एवं दर्शन के गम्भीर विद्वान भी थे और उस विद्वत्ता के योग से उनकी समीक्षा-दृष्टि और भी प्रखर हो उठी; किन्तु जहाँ तक उनके इतिहास का विद्वत्ता-प्राप्त पक्ष है उसका आधार स्वयं उन्हीं के शब्दों में अन्य विद्वानों का ही श्रमसिद्ध 'वृत्तान्त' रहा है। इधर कुछ ऐसी परम्परा चल पड़ी है कि इतिहास-लेखन एवं साहित्य-समीक्षा के बीच सम्बन्ध टूट गया है। इतिहास लिखने का कार्य अध्यापकों ने अपने जिम्मे कर लिया है और समसामयिक साहित्य की समीक्षा लिखने का कार्य साहित्य-जीवी लेखक करते हैं या फिर पत्रकार (और अध्यापक तो सब-कुछ करने का अधिकार रखता ही है, इसलिए कभी-कभी कृपापूर्वक किसी कृति की समीक्षा भी लिख देता है।)

परन्तु इतिहास-लेखन एवं साहित्य-समीक्षा का सम्बन्ध-विच्छेद और भी गहरे स्तर पर हो चुका है। इतिहास की समस्याएँ अलग मानी जाती हैं और साहित्य-समीक्षा की समस्याएँ अलग। उदाहरण के लिए, इतिहास की समस्याओं पर विचार करते समय यदि कोई आलोचना के प्रतिमान की बात उठा दे तो समझा जाएगा कि विषय से बाहर की बात है, गोया काल-विभाजन वगैरह ही इतिहास की अपनी समस्याएँ हैं। इतिहास और आलोचना के इस बिलगाव से स्पष्ट हो जाता है कि हमारे साहित्य-चिन्तन में अतीत और वर्तमान के बीच कितनी गहरी और चौड़ी खाई आ गई है। व्यवहार में परिणाम प्रकट है : इतिहास नामधारी इधर के अधिकांश ग्रन्थों का आलोचना-पक्ष दरिद्र है; किसी कवि या कृति के बारे में जाने कब की स्थिर की हुई मान्यताएँ प्रमाण-पत्र की तरह उद्धृत होती चली आ रही हैं। दो-चार नए तथ्यों के विवरण भले जुड़ जाएँ, किसी कवि-कृति या युग-प्रवृत्ति का मूल्यांकन यथावत् बना रहता है, गोया तथ्य और मूल्यांकन में कोई सम्भावित सम्बन्ध नहीं है और न नए तथ्यों के द्वारा मूल्यांकन में किसी प्रकार के परिवर्तन की आशंका ही है। ऐसे अविचलित इतिहासकारों के लिए नवीनतम खोजों का उपयोग क्या और अनुपयोग क्या ? खोज में प्राप्त नए तथ्य ऐसे इतिहास में स्थान पाकर भी क्या करेंगे—पातालफोड़ कुएँ में दस लोटा दूध डालिए चाहे सौ लोटा, क्या फ़र्क पड़ता है !

निस्सन्देह जुलाई '54 की त्रैमासिक 'आलोचना' में 'इतिहास का पुनर्नवीकरण' शीर्षक सम्पादकीय के अन्तर्गत सम्भवतः पहली बार स्पष्ट शब्दों में कहा गया है कि "इतिहास के नवीकरण का प्रश्न समीक्षा के नवीकरण का प्रश्न हो जाता है।" किन्तु वहाँ इस कथन पर आगे और विचार न देखकर ऐसा प्रतीत होता है जैसे यह एक वाक्य अनायास ही कलम से फिसल गया हो। निश्चयवाचक 'है' के स्थान पर 'हो जाता है' क्रिया स्वयं एक प्रकार के अनिश्चिय का आभास देती है। इससे पहले अक्टूबर '52 की त्रैमासिक 'आलोचना' के इतिहास-विशेषांक के सम्पादकीय में भी हिन्दी-साहित्य की नई-पुरानी सभी प्रवृत्तियों को 'विशिष्ट ऐतिहासिक परिस्थितियों के प्रसंग में रखकर जाँचने" और चन्द से लेकर पन्त तक की "कृतियों के अध्ययन से उनकी वास्तविक

महत्ता को उद्घाटित करने'' की आवाज उठाई गई है लेकिन वहाँ भी स्पष्ट रूप से यह नहीं कहा गया कि इतिहास के पुनर्नवीकरण की समस्या वस्तुतः आलोचना के प्रतिमान के पुनर्नवीकरण की समस्या है। यह अस्पष्टता इतिहास और आलोचना के आपसी सम्बन्ध के बारे में दिमागी अस्पष्टता को सूचित करती है, क्योंकि अनजान ढंग से तो किसी-न-किसी रूप में हर इतिहासकार आलोचना करता ही है और आलोचक भी इतिहास का हवाला देता ही रहता है, लेकिन मुख्य प्रश्न इसके प्रति आत्मचेता होने का है वरना 'अन्धे के हाथ बटेर' लगी भी तो क्या ?

इसलिए साहित्य के इतिहासकार की पहली समस्या 'समसामयिकता के बोध' की है और यह कहते हुए मुझे पता है कि सिद्धान्त रूप से इस बात को सभी जानते हैं और स्वयंसिद्धि के समान मानते भी हैं। कठिनाई सिर्फ इतनी है कि यह केवल जान लेने और मान लेने की बात नहीं है। कौन नहीं कहता कि हर युग की आवश्यकता के अनुसार इतिहास की बार-बार पुनर्व्यवस्था होनी चाहिए ? परिवर्तन का सत्य इतना प्रत्यक्ष है कि बड़े-से-बड़ा शाश्वतवादी भी 'संसार परिवर्तनशील है' कहता पाया जाता है। जुलाई '54 की 'आलोचना' के उसी सम्पादकीय में ''इतिहास के युगीन-सापेक्ष पुनर्नवीकरण की आवश्यकता'' व्यक्त की गई है और इस बात पर खेद प्रकट किया गया है कि ''हिन्दी-साहित्य के इतिहास-लेखन की प्रगति युग-जीवन की प्रगति के साथ नहीं चल सकी है।'' किन्तु इसके बाद ही हिन्दी-साहित्य के इतिहासों की जो युप-सापेक्ष सीमाएँ बतलाई गई हैं उनसे स्पष्ट हो जाता है कि साहित्यिक इतिहास की युग-सापेक्षता के बारे में समझ कितनी सतही हो सकती है। उदाहरण के लिए, शुक्लजी के इतिहास की युग-सापेक्ष सीमा बतलाते हुए जहाँ तत्कालीन राष्ट्रीय जागरण की राजनीतिक पृष्ठभूमि को तूल दिया गया है, वहाँ यह अत्यन्त प्रासंगिक प्रश्न नहीं उठाया गया कि साहित्य के सम्बन्ध में शुक्लजी का ऐतिहासिक दृष्टिकोण अपने समकालीन साहित्य के राग-बोध से किस हद तक निर्धारित हुआ था। यदि शुक्लजी का इतिहास सचमुच ही युग-सापेक्ष था तो उसे प्रथमतः साहित्यिक स्तर पर युग-सापेक्ष होना चाहिए। कवियों, कृतियों एवं प्रवृत्तियों के मूल्यांकन में शुक्लजी की जो विशेष प्रकार की साहित्यिक अभिरुचि दिखाई पड़ती है उस पर उनके समकालीन काव्य-बोध का कितना गहरा रंग है ? शुक्लजी के इतिहास की आलोचना करते हुए क्या यह प्रश्न कभी उठाया गया है ? किसी को उनके पक्के काल-विभाजन को तोड़ने की चिन्ता है तो किसी को किसी कवि-सम्बन्धी मूल्यांकन से मतभेद; किसी को कुछ छूट जाने की शिकायत है तो किसी को कुछ जोड़ देने की लालसा—लेकिन इस तथ्य की ओर किसी का ध्यान नहीं गया कि इतिहास की हर व्याख्या और हर मूल्यांकन कालक्रम से स्वयं उस इतिहास के अभिन्न अंग बन जाते हैं। आगे चलकर उनका मूल्यांकन करने के लिए हर कोई स्वतन्त्र है लेकिन इतिहास का एक तथ्य मानकर। फिर वह तथ्य चाहे जितना 'गलत' हो लेकिन है इतिहास का अमिट तथ्य। ऐसी स्थिति में उसकी साहित्यिक युग-सापेक्षता सबसे पहले विचारणीय है। परन्तु उस युग-सापेक्षता का ठीक-ठीक निर्णय करने के लिए इस बारीक भेद का विवेक

होना बहुत जरूरी है कि इतिहासकार समीक्षक का काव्य-बोध 'सदोष' है या 'सीमित'।

इसी प्रकार पं. हजारीप्रसाद द्विवेदी का 'हिन्दी-साहिय : उसका उद्भव और विकास' प्रकाशित हुआ तो अनेक लोगों का धीरज छूट गया और बहुतों की ओर से शिकायत आई कि इतिहास द्विवेदीजी के गौरव के अनुकूल नहीं है, वैसे ज्यादातर लोगों को उनके सम्यक् अद्यतन न हो पाने का कष्ट था। यह जानते हुए भी कि इतिहास घोषित रूप से छात्रों के उपयोगार्थ लिखा गया है, किसी का ध्यान उसके युग-सापेक्ष साहित्यिक बोध की नवीनता एवं सीमा की ओर नहीं गया। शुक्लजी के इतिहास के साथ उसे मिलाकर किसी ने यह देखने की कोशिश नहीं की कि दोनों इतिहासों में जो एक पीढ़ी का अन्तर है उसके कारण परम्परा के निरूपण एवं मूल्यांकन में कहाँ-कहाँ अन्तर आ गया है ! क्या यह आकस्मिक है कि शुक्लजी ने जहाँ तुलसीदास को अपना मानदंड बनाया, द्विवेदीजी ने कबीरदास को ? यही नहीं, बल्कि उन्होंने तुलसीदास को भी कबीर के रंग से रँग दिया ? और नहीं तो शुक्लजी और द्विवेदीजी के तुलसीदास सम्बन्धी विचारों की तुलना से ही स्पष्ट हो जाएगा कि दोनों इतिहासकारों के ऐतिहासिक-बोध में कितना और क्या अन्तर है। यह अन्तर सूरदास की समीक्षा में भी देखा जा सकता है या फिर मतिराम, बिहारी, देव, पद्माकर, घनानन्द आदि तथाकथित रीतिकालीन कवियों की तुलनात्मक समीक्षा में। क्या अक्खड़ता, फक्कड़ता, सहजता, मस्ती आदि के आधार पर साहित्यिक परम्परा बाँधनेवाले द्विवेदीजी के इतिहास तथा उनकी पीढ़ी के दिनकर, नवीन, भगवतीचरण वर्मा आदि 'जवानी' के कवियों में कोई बिम्ब-प्रतिबिम्ब सम्बन्ध नहीं है ? और यहाँ भी उस बात को एक बार फिर दुहराना आवश्यक है कि इतिहास की यह व्याख्या भी इतिहास का एक अमिट तथ्य है। यह किसी आचार्य की सम्मति नहीं है कि प्रमाणपत्र के रूप में चुपचाप नत्थी कर दी जाए और न किसी की व्यक्तिगत चुनौती ही है कि अपनी मौलिकता प्रमाणित करने के लिए खामखाह ग़लत काटी जाए।

तात्पर्य यह कि इन दो इतिहासों की प्रचलित आलोचनाओं से स्पष्ट है कि इतिहास पर पुनर्विचार करनेवालों में स्वयं अपने युग का बोध कितना कम है। जिसे इतिहास के एक तथ्य की युग-सापेक्षता का बोध न हो उसके अपने युग-सापेक्ष बोध का क्या प्रमाण ? पूर्ववर्ती इतिहासों एवं इतिहासकारों की अन्धाधुन्ध आलोचना इतिहास का पुनर्विचार नहीं है और न ही है उनकी तथ्य अथवा व्याख्या सम्बन्धी सीमाओं को 'ग़लत' मानना। 'ग़लती' युग-निरपेक्ष होती है जबकि किसी इतिहास की युग-सापेक्ष 'ग़लती', 'सीमा' कहलाती है।

जब किसी पूर्ववर्ती इतिहास में ग़लती दिखाई पड़े तो उसके साथ अपने युगबोध के अन्तर का परीक्षण करना वास्तविक ऐतिहासिक बोध है। ऐसी स्थिति में इस तथ्य की छानबीन आवश्यक हो जाती है कि उस इतिहासकार ने ऐसी व्याख्या क्यों की ? क्यों उसने किसी कृति को मूल्यवान माना और किस प्रकार का है उसका मूल्य ? उस मूल्य का स्रोत क्या है ? यदि आज हम उससे सहमत होने में अपने को असमर्थ पा रहे हैं तो क्यों ? हमारे भीतर का वह कौन-सा तत्त्व है जो असहमति प्रकट कर रहा है और

इस तत्त्व के पीछे कौन-सा समसामयिक बोध है ? लेकिन ये प्रश्न तभी उठ सकते हैं जब इन तमाम व्याख्याओं का अवरोध पार करके मूल कृति के साथ हमारा सीधा साक्षात्कार सम्भव हो सके—ऐसा साक्षात्कार जो प्रथम परिचय जैसा प्रत्यग्र एवं संवेदनक्षम हो। इतिहास-सम्बन्धी पुनर्विचार का आरम्भ कदाचित् इसी प्रक्रिया से होता है, अन्यथा पुनर्विचार के नाम पर 'पुनि-पुनि मुनि उकसहिं अकुलाहीं' का ही दृश्य उपस्थित होगा, मुस्कानेवाले 'हरगन' भले ही न दिखें।

लेकिन इसका अर्थ यह नहीं है कि आज की हिन्दी मनीषा में 'समसामयिकता के बोध' का नितान्त अभाव है। निश्चित रूप से हमारे सामने अपना एक 'जीवित' रचनात्मक साहित्य है, इससे सम्बद्ध एक ओर जागरूक रचनाकार हैं तो दूसरी ओर ग्रहणशील पाठक भी, और एक हद तक दोनों ही अपनी ऐतिहासिक परम्परा के प्रति सचेत साकांक्ष हैं। किन्तु कुछ तो आज का व्यापक सांस्कृतिक संकट, उससे उत्पन्न कुछ नए साहित्य की क्षणवादी प्रवृत्ति और कुछ नए साहित्य के प्रति साहित्य के विद्वानों का कभी विरोधभाव एवं कभी उपेक्षाभाव—नई पीढ़ी अपने इतिहास के प्रति यदि उदासीन नहीं तो काफी सशंक हो उठी है और कुल मिलाकर इतिहास-विधायक शक्तियों में एक हद तक बिखराव आ गया है। इसका प्रत्यक्ष प्रमाण है ऐसे स्वयंसिद्ध वक्तव्य की इतनी साग्रह पुनरुक्ति ! अन्यथा कौन नहीं जानता कि वर्तमान साहित्य को समझने-समझाने और आँकने के लिए आलोचना के प्रतिमान बनते हैं तथा वर्तमान साहित्य को समझने-समझाने और आँकने के लिए ही इतिहास भी लिखा जाता है। इस प्रकार लक्ष्य की एकता प्रतिमान-निर्माण एवं इतिहास-निर्माण की प्रक्रिया को भी आरम्भ से ही समेकित कर देती है। 'परम्परा और प्रगति' तथा 'परम्परा और प्रयोग' पर इधर जो इतनी सैद्धान्तिक तथा व्यावहारिक चर्चा हुई, वह भी एक प्रकार से इतिहास पर पुनर्विचार ही है, निस्सन्देह एकेडमिक क्षेत्रों में 'इतिहास पर पुनर्विचार' को जिस रूप में समझा जाता है, उससे इसकी संज्ञा भिन्न है। शायद विद्वानों के उस शब्दकोश में 'परम्परा' और 'इतिहास' अकारादिक्रम से ही अलग-अलग नहीं हैं बल्कि अर्थ की दृष्टि से भी विजातीय हैं। यहाँ तो ऐसी स्थिति है कि जब तक साफ शब्दों में शीर्षक देकर लिख नहीं दिया जाएगा कि यह 'इतिहास' पर पुनर्विचार है, तब तक लोग मानेंगे ही नहीं कि परम्परा-सम्बन्धी किसी विचार की प्रासंगिकता इतिहास में सम्भव है।

अज्ञेय ने टी.एस. इलियट के विख्यात निबन्ध का भावानुवाद 'रूढ़ि और मौलिकता' शीर्षक से सन् '40 के आसपास ही कर लिया था और इस प्रकार वह निबन्ध हिन्दी की अपनी समीक्षा-परम्परा के अन्तर्गत एक ऐतिहासिक तथ्य बनकर स्थापित हो गया, किन्तु इतिहास पर पुनर्विचार करते हुए कितने लोगों ने इस तथ्य को लक्षित किया ? क्या यह भी कहना पड़ेगा कि वह निबन्ध एक नए ऐतिहासिक **दृष्टिकोण** का ही नहीं बल्कि हिन्दी के एक साहित्यकार के माध्यम से हिन्दी में एक नए ऐतिहासिक **बोध** के उदय का सूचक है ?

उस निबन्ध में साफ कहा गया है कि ''परम्परा के सजीव स्पन्दन की चेतना के

लिए निरी जानकारी और पांडित्य जरूरी नहीं है" अर्थात् एक बहुत बड़े पंडित के लिए वह दुर्लभ हो सकती है और एक अनुभूति-प्रवण नवयुवक उसे अनायास ही प्राप्त कर सकता है, क्योंकि उसमें अपने वर्तमान का तीखा बोध होता है और चूँकि ''जागरूक वर्तमान अतीत की एक नए ढंग की और नए परिमाण में अनुभूति का नाम है, जैसी और जितनी अनुभूति उस अतीत को स्वयं नहीं थी'', इसलिए वर्तमान के गहरे बोध के माध्यम से ही उसे अतीत की भी ऐतिहासिक चेतना सहज प्राप्त हो जाती है। इस प्रकार ''अतीत और वर्तमान के इस दुहरे अस्तित्व की, उनकी पृथक् वर्तमानता और उनकी एक-सूत्रता की, निरन्तर अनुभूति ही ऐतिहासिक चेतना है।'' इस ऐतिहासिक चेतना से युक्त होने के कारण ही समर्थ नया लेखक यह देख लेता है कि अतीत के साहित्य का कितना अंश आज भी हमारे लिए जीवन्त या जीविष्णु है। यदि इतिहास लिखने का हौसला रखनेवाले अनेक विद्वान इस विवेक में सफल न दिखाई पड़ें तो यही कहा जाएगा कि उन्हें अपने वर्तमान का सम्यक् बोध नहीं है, इसलिए अतीत का भी बोध नहीं है। जो अपने युग के बोध से रिक्त है वह किसी दूसरे युग को जान सकने में क्योंकर समर्थ होगा ? आखिर अतीत युग 'जैसा था' वैसा-का-वैसा आज किस प्रकार जाना जा सकता है : प्रमाण-विद्या का यह बहुत ही जटिल प्रश्न है।

प्रश्न यह है कि इस प्रकार की ऐतिहासिक चेतना आज सचमुच कितने लोगों में है ? यदि केवल कुछ लेखकों और कुछ सहृदय पाठकों में यह चेतना हो भी तो इतने से क्या हो सकता है ?

यदि किसी युग के बहुसंख्यक समाज में परम्परा का जीवित बोध हो तो सम्भवतः साहित्य के इतिहास की कोई आवश्यकता ही न रहे। जिस जाति के लिए सम्पूर्ण परम्परा एक जीता-जागता वर्तमान सत्य हो उसे अलग से इतिहास पढ़ने की आवश्यकता क्यों पड़े ? ऐसा प्रतीत होता है कि संस्कृत काव्य-शास्त्र में जो अलग से इतिहास लिखने की प्रणाली नहीं थी उसका एक कारण सम्भवतः यह भी था। उस युग के अधिकांश लोगों के लिए सारा अतीत साहित्य बहुत-कुछ समसामयिक-जैसा रहा होगा और बहुत सम्भव है कि वे सम्पूर्ण साहित्यिक परम्परा को समसामयिक-सा ग्रहण करके रसास्वादन करने में समर्थ रहे होंगे।

कालक्रम से यह परम्परा टूट गई, इसीलिए अतीत को वर्तमान से जोड़ने के लिए इतिहास-ग्रन्थों की आवश्यकता पड़ी। पंडित हजारीप्रसाद द्विवेदी ने 'साहित्य का मर्म' में इस कष्टदायक अवस्था के परिणामों की ओर काफी पहले संकेत किया था। ''जब नए विज्ञान-युग का आविर्भाव इस देश में हुआ तो दुर्भाग्यवश हमारी शिक्षा-पद्धति एकदम अभारतीय हो गई और नवीन शिक्षितों के सामने हमारे देश की एक सुचिन्तित विचारधारा का उत्तराधिकार नहीं मिला...देश के विचारशील लोगों को यह अवस्था कष्टदायक लगी। नाना भाव से अपने देश को समझने-समझाने की आवश्यकता पर जोर दिया गया। विशेषज्ञों का एक दल—जिसमें विदेशी पंडितों का महत्त्वपूर्ण स्थान था—अपने देश की विद्या का अध्ययन करके लुप्त होती हुई सामग्री का उद्धार करने

में लग गया। बहुत-कुछ बचाया जा सका, बहुत-कुछ उबारा जा सका, परन्तु इन विषयों का उस प्रकार उपयोग नहीं किया जा सका जिस प्रकार जीवन-रस देनेवाले साहित्य का होना चाहिए। प्रधान प्रेरणा-स्रोत विदेशी विचारक बने रहे और इस देश के शिक्षितों ने अपने पुराने साहित्य के प्रति एक ऐसा मनोभाव पैदा कर लिया जिसे अंग्रेजी में 'म्यूज़ियम इंटरेस्ट' कहते हैं। यह एक दृष्टि से बहुत बुरा हुआ। इनको यदि सम्पूर्ण समाज की बृहत्तर पटभूमिका में रखकर और प्रधान प्रेरणा-स्रोत मानकर अपना आलोचना-मान निर्धारित किया गया होता तो कुछ और ही फल होता। सामाजिक पटभूमि से विच्छिन्न होकर हमारे प्राचीन ग्रन्थ केवल प्रदर्शनी की वस्तु रह गए। उनका अधिक-से-अधिक उपयोग केवल इतना समझा गया कि उनसे प्राचीन भारतीय साहित्य के अध्ययन में सहायता मिलती है।''

यह स्थिति बहुत-कुछ आज भी है, यहाँ तक कि इतिहास पर पुनर्विचार करते समय भी अधिकांश चर्चा पाश्चात्य विचारकों के विचारों की उद्धरणी होकर रह जाती है; अपनी प्रस्तुत समस्याओं से वे सिद्धान्त निकलते हुए नहीं दिखते, बल्कि उन्हें बाहर से लेकर अपने यहाँ 'लागू' करने की समस्या रह जाती है। और स्वाभाविक है कि इस प्रकार सिद्धान्त को व्यवहार में 'लागू' करते हुए क्वचित्-कदाचित् मेल न खाए। इसलिए हिन्दी के इतिहास-सिद्धान्त-सम्बन्धी पहली और अभी तक अकेली पुस्तक 'साहित्य का इतिहास-दर्शन' में श्री नलिनविलोचन शर्मा जैसे कृती कवि, कहानीकार, आलोचक एवं प्राध्यापक को भी यदि यही कठिनाई दिखाई पड़ती है तो कोई आश्चर्य नहीं होता। संसार के प्रायः समस्त साहित्यों की प्रचलित ऐतिहासिक पद्धति का विवरण देने एवं हिन्दी-साहित्य के समस्त इतिहासों की सूक्ष्म समीक्षा करने के बाद जब नलिनजी स्वयं ही हिन्दी-साहित्य की परम्परा निरूपित करने चलते हैं तो उनके निष्कर्षों की अतिसरलता देखकर दंग रह जाना पड़ता है। यहाँ तक कि स्वयं उसी निबन्ध में बार-बार टी.एस. इलियट के निबन्ध का उद्धरण देते हुए भी वे हिन्दी-साहित्य की परम्परा–भौतिकता, यथार्थता, मानवाद, मानवतावाद और धार्मिकता जैसी–पाँच सदानीरा धाराओं के रूप में गिनाते हैं। इसे अतिसरलता कहें या कोई अपरिहार्य विवशता !

हिन्दी-साहित्य के इतिहास में इस प्रकार जो भौतिकता, यथार्थता, मानववाद, मानवतावाद एवं धार्मिकता की पाँच परम्पराएँ दिखाई गई हैं, वे संसार के किसी भी साहित्य में दिखलाई जा सकती हैं, वस्तुतः वे हिन्दी-साहित्य की **अपनी** विशिष्ट परम्पराएँ नहीं हैं। इसलिए बहस इनके होने या न होने को लेकर नहीं है और न इस संख्या को घटाने या बढ़ाने पर ही कोई आग्रह है। बहस इस बात से भी नहीं है कि ये तथाकथित सदानीरा धाराएँ **साहित्यिक** हैं या नहीं। बहस है उस ऐतिहासिक दृष्टि से, उस ऐतिहासिक पद्धति से जो किसी साहित्य की विशिष्टता की परीक्षा न करके एक सरल रूपाकार या पैटर्न के रूप में ऊपर से आरोपित कर दी जाती है। इससे स्पष्ट है कि हमारे यहाँ वर्तमान का सम्बन्ध परम्परा से कितना टूट चुका है, साथ ही इससे यह भी सूचित होता है कि हमारी ऐतिहासिक चिन्तन-पद्धति भी ठोस ऐतिहासिक वास्तविकता

से कितनी अलग जा पड़ी है; और यह स्थिति और भी खतरनाक है। जब किसी साहित्य में वर्तमान का सम्बन्ध अतीत से टूट जाता है तो चिन्तन-पद्धति भी वास्तविक परम्परा से विच्छन्न होकर अमूर्त सैद्धान्तिकता और शास्त्रीयता के संकीर्ण हवामहल में कैद हो जाती है।

वस्तुतः एक प्रकार से यह खतरा स्वयं ऐतिहासिक चिन्तन-पद्धति क्या, किसी भी चिन्तन-पद्धति में प्रकृत्या अन्तर्निहित है; क्योंकि इतिहास-लेखन एक प्रकार का सामान्यीकरण है—मूर्त तथ्यों से निकाले हुए अर्मूत नियमों का विचार-क्रम। इसलिए जीवन्त तथ्यों से निरन्तर सम्पर्क बनाए रखने के लिए भी इतिहास पर सतत् विचार करते रहना आवश्यक है। अपनी ऐतिहासिक चेतना को जीवन्त बनाए रखने के लिए ऐतिहासिक वास्तविकता की जटिलता का एहसास होते रहना आवश्यक है। इतिहास-सम्बन्धी पुनर्विचार का अर्थ है क्रमशः अपने वास्तव-बोध को जटिल बनाते रहना। चूँकि हमारे जाने या अनजाने किसी-न-किसी प्रकार इतिहास-बोध सदा हमारे साथ है, इसलिए उसके दुरुपयोग के संकट से बचने के लिए इतिहास-बोध को सतत सूक्ष्मतर एवं यथातथ्य बनाए रखना नितान्त आवश्यक है।

इस सन्दर्भ में बहुचर्चित 'काल-विभाजन' की समस्या ली जा सकती है। हिन्दी-साहित्य को तिथिक्रम की दृष्टि से, आदिकाल, मध्यकाल एवं आधुनिक काल—तीन काल-खंडों में बाँटने की परिपाटी है; मध्यकाल के दो उपविभाग हैं : पूर्व मध्यकाल और उत्तर मध्यकाल। आधुनिक काल का विभाजन कई ढंग से किया जाता है जिनमें पच्चीस-पच्चीस वर्षों का विभाजन अधिक प्रचलित है। इस काल-विभाजन का साहित्यिक रूप वीरगाथा काल, भक्तिकाल, रीतिकाल, भारतेन्दु-काल, द्विवेदी-काल, छायावाद-युग, प्रगतिवाद, प्रयोगवाद आदि नामों से स्थापित है। काल-विभाजन का यह ढाँचा बहुत-कुछ शुक्लजी के इतिहास द्वारा प्रतिष्ठित हुआ है। बहुत दिनों से इसमें संशोधन उपस्थित किए जा रहे हैं। एक भक्तिकाल को छोड़कर प्रायः सभी नामों के औचित्य को चुनौतियाँ दी गई हैं। प्रायः प्रत्येक युग के अन्तर्गत एक से अधिक साहित्यिक प्रवृत्तियों के अस्तित्व की ओर संकेत किया गया है। एक युग के अन्दर अनेक प्रवृत्तियों के मिलने से हर युग के अन्तर्विरोध का पता चलता है और कभी-कभी इस अन्तर्विरोध के कारण युग-विभाजन का ढाँचा चरमराता दिखता है। कुछ लोगों ने इस काल-विभाजन-व्यवस्था के अन्तर्गत सीमा-रेखाओं को कहीं-कहीं दस-बीस वर्ष इधर-उधर भी करने की कोशिश की है और कुछ लोगों ने, यदि प्राचीन नहीं तो, आधुनिक काल में महत्त्वपूर्ण राजनीतिक घटनाओं के अनुसार युग की सीमा-रेखाएँ निर्धारित करने का सुझाव रखा है। इधर 'भारतीय हिन्दी परिषद्' से 'हिन्दी-साहित्य' का जो द्वितीय खंड प्रकाश में आया है उसमें आदि, मध्य, आधुनिक तीन कालों को तोड़कर प्राचीन एवं आधुनिक—केवल दो कालों का अस्तित्व वैज्ञानिक माना गया है जो और नहीं तो, राजनीतिक इतिहासों की परिपाटी के अनुरूप तो है ही; क्योंकि हिन्दी-साहित्य के उदय-काल से भारतीय इतिहास के केवल मध्यकाल और आधुनिक काल—दो ही होते हैं। परन्तु नागरी-प्रचारिणी सभा के वृहद्

इतिहास में मूलतः ढाँचा प्रायः शुक्लजी के ही इतिहास का रखा गया है बल्कि भेदोपभेदों की जटिलता के द्वारा उसे और भी खंड-खंड कर दिया गया है जो नलिनजी के शब्दों में "भारतीय मनीषा के ह्रासकालीन वर्गीकरण-प्रेम के सर्वथा अनुरूप है।"

इस विचार-वैविध्य की सतह के नीचे साहित्य के सामान्य विद्यार्थियों का वह विशाल समूह है जो अविचलित चित्त से शुक्लजी द्वारा निर्धारित काल-विभाजन को ही स्वीकार किए चल रहा है। विवादों के कोलाहल से घबड़ाकर कुछ विद्वान् भी अन्ततः शुक्लजी के ही काल-विभाजन में अपना चित्त स्थिर करते पाए जाते हैं : 'जैसे उड़ि जहाज को पंछी फिर जहाज पै आवै।' इधर कोई परिवर्तन हुआ हो तो नहीं पता, किन्तु 'रीतिकाव्य की भूमिका' में डॉ. नगेन्द्र ने भी यही स्वीकार किया है कि शुक्लजी का काल-विभाजन "वास्तव में सर्वथा निर्दोष न होते हुए भी, बहुत कुछ संगत एवं विवेकपूर्ण है।"

'साहित्य का इतिहास-दर्शन' में युग-विभाजन की जटिल समस्या में अन्तर्निहित कठिनाइयों पर रोशनी डालने के लिए श्री नलिनविलोचन शर्मा ने 'ऑक्सफोर्ड हिस्ट्री ऑफ इंगलिश लिटरेचर' का यह उद्धरण दिया है—

"किसी युग, सप्ताह या दिवस में जो जीवन वस्तुतः जिया जाता है वह ऐसे सूक्ष्म तत्त्वों और असम्प्रेषित, असम्प्रेष्य तक, अनुभवों से बना होता है जो समस्त आलेखों को चकमा दे जाते हैं। जो कुछ भी बचता है, संयोग से ही बचता है। ऐसे आधार पर, मैं समझता हूँ, वैसे ज्ञान तक पहुँचना असम्भव है जो इतिहास के 'दर्शन' के विचार में अन्तर्निहित है। ऐतिहासिक युगों पर आरोपित प्रवृत्तियों, 'अर्थों' और 'गुणों' के बारे में यह भी कहना रह जाता है कि वे उन्हीं युगों में सर्वाधिक परिलक्षित होते हैं जिनका हमने न्यूनतम अध्ययन किया है। किन्तु यद्यपि 'युग' सदोष विभाजन है, फिर भी वे **पद्धतिक अनिवार्यता हैं।**"

स्वयं नलिनजी ने इसके बाद हिन्दी-साहित्य के सम्बन्ध में अपनी ओर से काल-विभाजन की कोई नई योजना प्रस्तुत नहीं की है और न उन्होंने इतिहास में युग-विभाजन की 'पद्धतिक अनिवार्यता' पर आगे और प्रकाश ही डाला है। इसलिए इस 'पद्धतिक अनिर्वायता' के प्रश्न को थोड़ा और आगे बढ़ाना आवश्यक हो जाता है। क्या यह 'पद्धतिक अनिवार्यता' सचमुच अनिवार्य है ? यह अनिवार्यता क्या इतिहास के तथ्यों से पुष्ट होती है ? 'युग' इतिहास की तथ्यपूर्ण **वास्तविकता** है या इतिहासकार के मन से उत्पन्न एक **अवबोध** ? इतिहास में समय-समय पर आनेवाले परिवर्तन ऐतिहासिक **तथ्य** हैं या इतिहासकारों द्वारा खोजे हुए **'सत्य'** ? इसके अतिरिक्त, राजनीतिक इतिहास की तरह क्या साहित्यिक इतिहास में भी इस प्रकार की क्रान्तियाँ या परिवर्तन वस्तुतः परिलक्ष्य हैं ? कहीं ऐसा तो नहीं है कि साहित्य के इतिहास में जितनी क्रान्तियाँ वस्तुतः होती नहीं उनसे अधिक गिना दी जाती हैं ? यदि ऐसा है तो जैसा कि ज़्याक बार्ज़ून ने कहीं क़हा है, ऐसी 'बौद्धिक व्यवस्था' (Intellectural order) से इतिहास की वह 'बोधगम्य अव्यवस्था' (Intelligible disorder) ही अच्छी। यदि युग-विभाजन इतिहास की केवल 'पद्धतिक अनिवार्यता' है तो इसका औचित्य केवल ऐतिहासिक बोध की

उपयोगिता से ही समर्थित हो सकता है। इसलिए यदि इस पद्धति के द्वारा इतिहास के वास्तविक रूप को समझने में बाधा पड़ती है तो इसे छोड़ देने में ही कल्याण है।

और हिन्दी-साहित्य के इतिहास का अभी तक जैसा काल-विभाजन किया गया है, उसके परिणामों को देखते हुए हम कह सकते हैं कि इन युग-विभाजनों से इतिहास के वास्तविक स्वरूप को समझने में बाधा ही पहुँची है। इन प्रस्तावित कालों के कारण हमारा साहित्यिक इतिहास खंडित हुआ है। इन युगों के द्वारा हमें हतिहास के खंडचित्र प्राप्त होते हैं, इतिहास का अखंड प्रवाह नहीं मिलता। जिस संक्रमण-बिन्दु अथवा सन्धिरेखा पर इतिहास दो युगों में तोड़ा जाता है, वहाँ इतिहास की चिन्ताधारा ही नहीं टूटती, बल्कि इस टूटने की क्रिया में बहुत-कुछ छूट भी जाता है और छूटा ही रह जाता है। इसी प्रकार एक काल-खंड का व्यवस्थित ढाँचा बनाते समय कुछ महत्त्वपूर्ण तथ्य, अथवा ऐसे तथ्य जो महत्त्वपूर्ण हो सकते हैं, समेटने से रह जाते हैं।

इसके अतिरिक्त, इस प्रवृत्ति का सबसे खतरनाक असर समीक्षा-पद्धति पर पड़ता है। साहित्य की शिक्षा प्राप्त करने के बाद जब हिन्दी के छात्र समसामयिक साहित्य की आलोचना में प्रवृत्त होते हैं तो उनका ध्यान मुख्यतः विभाजन एवं वर्गीकरण की ओर रहता है। वे किसी रचनाकार या रचना के वैशिष्ट्य का मूल्यांकन करने की अपेक्षा उसमें उस सामान्य गुण की खोज पहले करते हैं जिनके द्वारा वह किसी अन्य रचनाकार अथवा रचना के सदृश या उससे सम्बद्ध दिखाई पड़ती है; और इस प्रकार वे 'प्रवृत्तियों' का निरूपण करते हैं। ऐसा प्रतीत होता है कि अध्ययन-अध्यापन में सुविधा के लिए ही प्रायः ऐसा किया जाता है। किन्तु इससे निश्चय ही किसी रचना के स्वच्छ रसास्वादन एवं स्वस्थ मूल्यांकन में बाधा पड़ती है। इससे किसी छात्र, अध्यापक या आलोचक का काम चाहे जितना सरल हो जाए लेकिन यह सरलता बड़ी महँगी पड़ती है। इस प्रवृत्ति के कारण आलोचना का कार्य इतना 'सरल' हो गया है कि हर कोई प्रवृत्तियों पर लेख लिखकर आलोचक बन बैठा है। इस 'प्रवृत्ति-मार्ग' की प्रतिक्रिया में यदि हिन्दी-साहित्य का अधिकांश पाठक समुदाय 'निवृत्ति-मार्गी हो जाए तो किमाश्चर्यमतः परम्। इस साहित्यिक अहित की जिम्मेदारी किस पर होगी ? ध्यान देने की बात है कि आज के अनेक रचनाकारों ने इस प्रचलित प्रवृत्ति के प्रति घोर असन्तोष प्रकट किया है।

वस्तुतः इस प्रवृत्ति-निरूपण का घातक प्रभाव साहित्य-रचना के क्षेत्र पर भी पड़ता है और स्पष्टतः आज भी पड़ रहा है। जब कोई रचनाकार देखता है कि किसी रचनाकार का उल्लेख आलोचना में केवल इसलिए होता है कि उसमें किसी वाद, सम्प्रदाय या प्रवृत्ति की अधिकांश विशेषताएँ आपाततः मिल जाती हैं तो वह अपनी विशिष्ट रचना-प्रक्रिया को छोड़कर उस प्रवृत्ति-विशेष से सम्बद्ध होने के लिए प्रचलित सामान्य परिपाटी का ही अनुसरण करना श्रेयस्कर समझता है। इस प्रकार रचना के क्षेत्र में नए प्रयोगों की सम्भावना कुंठित होती है और केवल रूढ़ियों की लीक बनती है।

इस ऐतिहासिक प्रवृत्ति का प्रभाव नए इतिहासकार की ऐतिहासिक चेतना को भी किसी हद तक धूमिल कर सकता है। इस प्रभाव की व्यापकता का अनुमान इसी से

लगाया जा सकता है कि हिन्दी की शिक्षा-परिपाटी से सर्वथा अछूते अज्ञेय जैसे रचनाकार को भी ऐसा प्रतीत होता है कि "हिन्दी साहित्य व्यक्तिगत कृतित्व की अपेक्षा प्रवृत्तियों का साहित्य रहा है और इतिहास में प्रमुख स्थान अलग-अलग महान प्रतिभाओं का नहीं बल्कि वैचारिक आन्दोलनों और संवेदना के रूप-परिवर्तन का रहा है।" साहित्य के इतिहास में विद्यापति, कबीर, सूर, तुलसी जैसी प्रतिभाओं की मान्यता को देखते हुए भी जब इस तरह का वक्तव्य दिया जा रहा हो तो यह कहना पड़ेगा कि प्रवृत्तिमार्गी इतिहासकारों ने काल-विभाजन के द्वारा महान प्रतिभाओं के महत्त्व को भी काफी घटा दिया है। यहाँ यह ध्यान देने योग्य है कि सामान्य जनता कबीर, सूर, तुलसी को जानती है, किसी भक्तिकाल या भक्ति-आन्दोलन को नहीं; और साहित्य का सामान्य पाठक भी गोदान, कामायनी, मैला आँचल या कोई अन्य कृति-विशेष ही पढ़ता है, यथार्थवाद, छायावाद, प्रगतिवाद, प्रयोगवाद आदि नहीं। क्या ये तथ्य इतिहासकार के लिए मार्गदर्शक नहीं हैं ?

किन्तु इसका मतलब यह बिल्कुल नहीं है कि इतिहास में वस्तुतः समय-समय पर उठनेवाले आन्दोलनों तथा कुछ समय तक व्यापक रूप से प्रचलित रहनेवाली प्रवृत्तियों का सामूहिक विवेचन किया ही न जाए। कभी-कभी किसी कृती अथवा कृति कवि को पूर्णतः समझने एवं रसास्वादन करने के लिए उसके साहित्यिक परिदृश्य—समय तथा रूढ़ि का ज्ञान अनिवार्य हो जाता है। वैसे भी, किसी युग की कृतियों में 'पारिवारिक सादृश्य' लक्षित कर लेना विकसित साहित्यबोध का सूचक है। किसी रचना का रचनाकाल न मालूम होते हुए भी केवल उसकी 'शैली' को देखकर लगभग रचना-काल बता देना एक इतिहासकार के इतिहास-बोध की कसौटी है। एक इतिहासकार की ऐतिहासिक सूझ की परीक्षा केवल इस बात से हो जाती है कि उसमें 'शैली की पहचान' कितनी है ? और जब हम 'शैली की पहचान' को इतिहासकार की कसौटी मानते हैं तो शैली के स्थूल अर्थ से आगे बढ़कर—जिसे किसी युग की 'नब्ज' कहा जाता है या अंग्रेजी में कोई 'फील' और कोई 'लुक' कहना चाहता है—जिस 'शैली' से कोई युग अपने आन्तरिक रूप में पहचाना जाता है, एक प्रकार से 'वह चितवन और कछू' है। यह 'शैली' किसी युग के समूचे कृतित्व का वह आन्तरिक स्पर्श है जिसकी सूक्ष्म अनुभूति उस कृतित्व के किसी भी अंग के सम्पर्क में आने पर एक सम्वेदनशील इतिहासकार को सबसे पहले झटके की तरह होती है। इतिहासकार के इस शैली-बोध में इतनी क्षमता होती है कि किसी युग की केवल एक कृति के एक सामान्य-से अंश की भी परीक्षा करके उसके सहारे समूचे युग की मूल चेतना का एहसास करा सकती है। 'शब्दों' से अधिक होते हुए भी यह 'शैली' केवल 'शब्दों' के द्वारा ही प्रत्यभिज्ञान करा सकने में समर्थ है।

ऐसे 'शैलीबोध' के द्वारा साहित्यिक इतिहास की विभिन्न अवस्थाओं को विविक्त करते हुए भी एक धारावाहिक परम्परा का निरूपण किया जा सकता है। अनुभव के आधार पर कहा जा सकता है कि विभिन्न साहित्यिक कालों के बीच की आन्तरिक एकता स्वयं उनके विचारों या साहित्य-रूपों की ऊपरी समानता के द्वारा नहीं बल्कि हर

युग द्वारा उठाए गए प्रश्नों की परम्परा से उभरती है, जिनका समाधान उपस्थित करने के लिए वे विचार एवं साहित्य-रूप निर्मित होते हैं। इस सूक्ष्म परम्परा-बोध के अभाव के कारण ही अब तक के साहित्यिक इतिहास आपाततः खंडित एवं सायास एकसूत्रित दिखाई पड़ते हैं। कहना न होगा कि आज इस आन्तरिक परम्परा के निरूपण की कितनी आवश्यकता है।

हमारे समकालीन साहित्य में परम्परा का प्रश्न सबसे ज्वलन्त दिखाई पड़ता है। ज्वलन्त इसलिए कि वह अत्यन्त व्यावहारिक है, जैसे कि कुछ जीवन-मरण की समस्याएँ होती हैं। इसीलिए यह प्रश्न कई रूपों में उठाया गया है। कभी परम्परा बनाम प्रगति, कभी परम्परा बनाम प्रयोग, कभी रूढ़ि बनाम मौलिकता, कभी इतिहास बनाम व्यक्ति-प्रतिभा, कभी पूर्व बनाम पश्चिम आदि। प्रेषणीयता की समस्या भी अन्ततः परम्परा के प्रश्न से ही आकर जुड़ जाती है। इधर जो 'आधुनिकता बोध' सम्बन्धी विचार-विमर्श आरम्भ हुआ है वह भी इसी व्यावहारिक समस्या से उत्पन्न है। निस्सन्देह कुछ लोगों के लिए यह शुद्ध बुद्धि-विलास है और 'एकेडेमिक' रुचि के विद्वान इस पर शास्त्रीय व्यायाम करके कृतकार्य हो रहे हैं, किन्तु इससे यही प्रमाणित होता है कि आज का साहित्यिक इतिहासकार अपना कर्त्तव्य-पालन नहीं कर रहा है। समकालीन साहित्य को परम्पराच्युत कह देने मात्र से इतिहासकार के कर्त्तव्य की इतिश्री नहीं हो जाती। इतिहासकार को अपनी सार्थकता प्रमाणित करने के लिए समकालीन रचनाकारों द्वारा उठाए गए प्रश्नों का समुचित समाधान प्रस्तुत करना पड़ेगा। क्या यह तथ्य नहीं है कि "छायावाद जब तक एक जीवित अभिव्यक्ति था, तब तक वह जिन्हें अग्राह्य था, आज वे उसके समर्थक और प्रतिपादक हैं जब वह मृत हो चुका है, आज वे उसे उनसे बचाना चाहते हैं जिनमें आज का जीवित सत्य अभिव्यक्ति खोज रही है, भले ही अटपटे शब्दों में।" कहने के लिए यह वक्तव्य 'दूसरा सप्तक' की भूमिका में अज्ञेय द्वारा उपस्थित है किन्तु क्या यह आज के अनेक रचनाकारों के मन की प्रतिध्वनि नहीं है ? एक ओर आज के साहित्यकार का यह प्रयत्न है कि परम्परा को इस प्रकार आत्मसात् करे कि "जब तक वह इतना गहरा संस्कार नहीं बन जाती कि उसका चेष्टापूर्वक ध्यान रखकर उसका **निर्वाह करना आवश्यक न हो जाए**", वहाँ दूसरी ओर आज के अधिकांश इतिहासकारों के अतिरिक्त सचेष्ट प्रयत्न से वह परम्परा अभी से 'अनावश्यक' हो उठी है। जब अज्ञेय कहते हैं कि जो परम्परा कवि को संस्कार नहीं देती, "वह इतिहास है, शास्त्र है, ज्ञान-भंडार है, जिससे अपरिचित ही रहा जा सकता है और इससे अपरिचित रहकर भी परम्परा से अवगत हुआ जा सकता है और कविता की जा सकती है," तो सहज चिन्ता होती है कि क्या हिन्दी के इतिहासकारों ने इतिहास को सचमुच ही 'इतिहास' बना दिया है, 'शास्त्र' बना दिया है ! जिस 'इतिहास' से आज का समवर्ती रचनाकार अपरिचित रहने की धमकी दे रहा है, उस इतिहास की क्या उपयोगिता है ? जिस 'इतिहास' से अपरिचित रहकर भी आज का रचनाकार 'परम्परा से अवगत' होने का दावा करता है उस इतिहास का होना-न होना, लिखा जाना-न लिखा जाना बराबर

है। प्रश्न यह है कि यह आज के रचनाकार का कोरा दम्भ है या आज के इतिहासों की सीमा ? क्या है यह ? प्रश्न गम्भीर है, इसलिए गम्भीरतापूर्वक विचारणीय भी।

आगे कही हुई यह बात कहाँ तक सच है कि "जो आलोचक इस परिवर्तन को नहीं समझ पा रहे हैं वे उस वास्तविकता से टूट गए हैं जो आज की वास्तविकता है, उससे रागात्मक सम्बन्ध जोड़ने में असमर्थ वे उसे केवल बाह्य वास्तविकता मानते हैं ?" क्या ये अलोचक सचमुच "यह कहते हैं कि 'कल का सत्य कल सब समझते थे, आज का सत्य अगर आज सब एक साथ नहीं समझते तो हम उसे छोड़कर कल ही का सत्य कहें'—बिना यह विचारे कि कल के उस सत्य की आज क्या प्रासंगिकता है, आज कौन उसके साथ तुष्टिकर रागात्मक सम्बन्ध जोड़ सकता है ?" यदि यह तथ्य है तो इतिहास की 'प्रासंगिकता' के लिए बहुत बड़ी चुनौती है।

प्रस्तुत स्थिति में एक बार यह प्रश्न भी उठ सकता है कि हिन्दी-साहित्य, या फिर हिन्दी कविता की सचमुच कोई एक परम्परा है भी या नहीं ? इस परम्परा के प्रति हर युग के कवि कितने **सचेत** थे ? अपने पूर्ववर्तियों के प्रति **अचेत** रहते हुए भी क्या परम्परा का निर्वाह किया जा सकता है ? या फिर हिन्दी भाषा में लिखने मात्र से ही कोई हिन्दी की साहित्य-परम्परा में स्थान पाने का अधिकारी हो जाता है ! जिस बात को पूर्ववर्ती इतिहासकार स्वयं-सिद्ध सत्य मानकर चलते थे आज वह भी एक प्रश्न बनकर हमारे सामने उपस्थित है। ऐसे प्रश्नों का उत्तर खोजने के लिए ही नहीं बल्कि इस प्रकार के अनेक प्रश्न उठाने के लिए भी आज के इतिहासकार से एक '**खुलेपन**' की अपेक्षा है।

परम्परा के प्रश्न को 'काव्य-भाषा' के भी स्तर पर उठाकर नए रचनाकारों ने इतिहासकारों के सम्मुख एक जटिल समस्या रख दी है—ऐसी समस्या जिस पर अभी तक हिन्दी-साहित्य के इतिहास में समुचित विचार नहीं हुआ है। वस्तुतः 'काव्य-भाषा' का प्रश्न नई कविता के रचना-प्रक्रिया सम्बन्धी अनुभवों से उत्पन्न हुआ है और इस पर अभी तक सबसे अधिक विचार नए कवियों द्वारा लिखित कुछ रचना-प्रक्रिया सम्बन्धी निबन्धों में ही हुआ है। कौन नहीं जानता कि "भाषा के उपयोग में ही परम्परा का पालन भी और उसका न्यूनाधिक परिवर्तन भी निहित है," किन्तु नए कवियों ने परम्परा-प्राप्त शब्दों में नए अर्थ भरने का प्रयोग करके पूर्ववर्ती काव्य-कृतियों में भी इस प्रवृत्ति के अन्वेषण की सम्भावना की ओर संकेत किया है। इस प्रकार आज के इतिहासकार के लिए आवश्यक हो जाता है कि भक्तिकाव्य और रीति-काव्य की भाषा-प्रकृति की सूक्ष्मताओं का विश्लेषण करके साहित्य के **माध्यम की रचनात्मक परम्परा** का निरूपण करे।

रचना-प्रक्रिया सम्बन्धी नवीन काव्य-विमर्श से साहित्य-रचना के और भी अनेक कलात्मक, मनोवैज्ञानिक तथा सामाजिक पक्षों के उद्घाटन की सम्भावनाएँ दिखती हैं जिनसे किसी भी इतिहास-लेखन का प्रभावित होना अवश्यम्भावी है। जहाँ अभी तक साहित्यकारों के जीवन-वृत्त, सामाजिक वातावरण तथा अन्य बाह्य 'प्रभावों' के आधार पर इतिहास खड़ा करने की स्थूल परिपाटी चली आ रही थी, अब हर रचना के जटिल

सन्दर्भों की गहराई में उतरने की स्थिति उत्पन्न हो गई है। सन्दर्भ की जटिलता का एक सूत्र है उस मूल पाठक समुदाय की खोज जिसके लिए कोई साहित्यिक कृति लिखी गई; क्योंकि कुछ इतिहासकारों के विचार से किसी साहित्यिक कृति का मूल अर्थ स्वयं उस कृति तथा उसके मूल अथवा अभीष्ट पाठकों की ग्रहणशीलता के द्वन्द्वात्मक सम्बन्ध में ही निहित होता है। इस प्रकार किसी रचना के सन्दर्भ की खोज का अर्थ है उसके **ऐतिहासिक अर्थ** की खोज ! यह सूत्र हमें एक दूसरे सम्बन्ध-सूत्र को भी खोजने के लिए मार्ग दिखाता है कि यदि कोई रचना अपने युग के सम्पूर्ण सामाजिक सत्य को वाणी नहीं दे सकी है तो वस्तुतः उसमें कौन-से तत्त्व बाधक हुए हैं—किसी प्रकार का सामाजिक-राजनीतिक नियन्त्रण या कवि-समय अथवा माध्यम की सीमा या फिर लेखक एवं पाठक के बीच की कोई खाई ! फिलहाल इन बारीकियों के ब्यौरे में न जाकर केवल, इतना ही कहना काफी होगा कि हमारे समसामयिक साहित्य ने सम्पूर्ण इतिहास के अन्तःसूत्रों को काफी जटिल बना दिया है, इसलिए परम्परा के साथ प्रस्तुत साहित्य के सम्बन्ध पर विचार करते समय अत्यधिक सावधानी की आवश्यकता है। कोई आवश्यक नहीं कि परम्परा के साथ प्रस्तुत साहित्य का सम्बन्ध बलात् जोड़ा ही जाय; लेकिन इतना निश्चित है कि किसी-न-किसी रूप में यह साहित्य हमारे इतिहास का अंग होगा। ऐसी स्थिति में इसे सर्व-निर्णायक समय-देवता पर छोड़ना अपने उत्तरदायित्व से कतराना कहलाएगा। आज हम अपने उत्तरदायित्व को भावी पीढ़ियों पर छोड़कर निश्चिन्त भले हो लें, लेकिन यह न भूलें कि भावी पीढ़ियाँ आज के साहित्य के साथ इतिहासकार पर भी निर्णय करेंगी और देखेंगी कि आज का इतिहासकार कल के लिए आज के साहित्य की प्रतिक्रिया अथवा ग्रहणशीलता की कैसी वसीयत छोड़ गया है ? यदि आज के आत्मचेता रचनाकारों ने आज के इतिहासकारों को इतना **आत्म-सजग** नहीं बनाया है तो प्रस्तुत आत्म-सजग साहित्य के साथ परम्परा की पुनर्व्यवस्था कठिन है। निःसन्देह आत्म-सजगता के कारण हमारी कठिनाई और भी बढ़ जाती है लेकिन ऐसे ज्ञान के बाद क्षमा क्या ?

परम्परा इतिहास के अन्दर केवल सम्बन्ध-भावना नहीं, बल्कि साहित्य का एक निश्चित प्रतिमान है, इसलिए **इतिहास अन्ततः समीक्षा का प्रतिमान है**। ऐतिहासिक बोध वस्तुतः आलोचनात्मक बोध है—ऐसा आलोचनात्मक बोध जिसे आत्मपरीक्षा के लिए हर साहित्य सतत परखता चलता है। इसीलिए इतिहास की अनेक अन्तर्धाराओं में से हर युग अपने लिए एक प्रासंगिक धारा का अन्वेषण, तदुपरान्त निर्माण करता है। कभी-कभी एक ही युग में दृष्टि-भेद से इस प्रकार की एक से अधिक धाराएँ प्रस्तुत की जाती हैं। इन प्रस्तुत ऐतिहासिक धाराओं में जो वस्तुतः एक साथ ही जितनी युग-सापेक्ष एवं युग-निरपेक्ष होती है, उतनी ही प्रासंगिक एवं सार्थक मानी जाती है। इसलिए इतिहास की विविध अन्तर्धाराओं के बीच से एक धारा का निर्माण करते समय इस बात को याद रखना बहुत जरूरी है कि प्रतिमान के रूप में किसी परम्परा का प्रयोग करना स्वतः अपने-आप को भी समीक्षा के लिए उद्घाटित करना है, क्योंकि किसी सैद्धान्तिक

प्रतिमान की तुलना में **परम्परा एक व्यावहारिक प्रतिमान है** : व्यावहारिक अर्थात् स्वयं-प्रयुक्त और प्रयोक्तव्य, विनियुक्त और विनियोज्य, अधिक स्पष्ट शब्दों में, व्यवहार के रूप में सिद्धान्त। इसलिए साहित्य के प्रतिमान सम्बन्धी किसी भी सैद्धान्तिक प्रश्न को इतिहास के क्षेत्र में ले आना एक इतिहासकार का सबसे महत्त्वपूर्ण कर्त्तव्य है।

इतिहास का पुनर्विचार मुख्यतः इतिहास का **पुनर्मूल्यांकन** है और यह पुनर्मूल्यांकन अन्ततः मूल्यांकन का प्रतिमान है। इसलिए इतिहास में किसी साहित्यकार, साहित्यिक कृति अथवा साहित्यिक युग का पुनर्मूल्यांकन करते समय यह ध्यान रखना जरूरी है कि वह केवल नवीन मूल्यांकन-भर न हो। इस बात की ओर ध्यान दिलाना इसलिए जरूरी है कि इधर पुनर्मूल्यांकन के नाम पर प्रायः कोरी नवीनता और मौलिकता का प्रदर्शन हुआ है। किसी को लगा कि एक इतिहासकार ने सूर को तुलसी से घटकर दिखलाया है, इसलिए उसने अपनी मौलिकता दिखाने के लिए सूर को तुलसी से श्रेष्ठ साबित कर डाला। किसी को महसूस हुआ कि केशवदास को जरूरत से ज्यादा गिरा दिया गया है, इसलिए वह प्राणपण से केशवदास के उद्धार में लग गया। इसी प्रकार पुनर्मूल्यांकन के नाम पर इधर रीतिकाव्य के पुनरुद्धार के लिए काफी प्रयत्न किया जा रहा है और उसमें भी किसी ने देव को सर्वश्रेष्ठ कवि ठहराने की कोशिश की है तो किसी ने घनानन्द को। इधर एक सम्पादित इतिहास की भूमिका में कृष्णभक्ति काव्य को ही ''काल-विस्तार, रचना-प्राचुर्य तथा साहित्यिक महत्त्व, सभी दृष्टियों से हिन्दी की सबसे प्रधान काव्य-धारा'' घोषित किया गया है। शोध के उत्साह में अनेक शोधकर्ताओं ने हिन्दी के **गौण कवियों** का जीर्णोद्धार करते समय उनके साहित्यिक महत्त्व की प्रतिष्ठा में सन्तुलन को ताक पर रख दिया है।

तात्पर्य यह कि शुक्लजी के इतिहास की प्रतिक्रिया में उत्साही संशोधनकर्ताओं ने नितान्त एकांगिता एवं अराजकता की स्थिति उत्पन्न कर दी है। पुनर्मूल्यांकन के नाम पर वस्तुतः यह मूल्यहीनता या फिर मूल्यविमूढ़ता है। किसी **ऐतिहासिक तारतम्य** के अभाव में ऐसे पुनर्मूल्यांकन के अव्यवस्था की सृष्टि होती है। डॉ. रामविलास शर्मा ने 'आचार्य रामचन्द्र शुक्ल और हिन्दी आलोचना' नामक पुस्तक में इन पुनर्मूल्यांकनों की त्रुटियों की यथोचित समीक्षा की है जिससे उद्धरण देना यहाँ अनावश्यक है।

इसका अर्थ यह नहीं है कि पुनर्मूल्यांकन हो ही न। इसकी सही प्रतिक्रिया यह नहीं है कि तारतमिक और तुलनात्मक आलोचना-मात्र त्याज्य है। वस्तुतः तारतमिक आलोचना का सर्वथा परित्याग आलोचनात्मक पलायनवाद (और आलोचना से पलायन) है। कहना इतना ही है कि किसी भी पुनर्मूल्यांकन के मूल में मूल्यों की एक व्यवस्था एवं प्रणाली होनी चाहिए। हर कवि या कृति के मूल्यांकन के लिए एक नए मूल्य और नए प्रतिमान का प्रयोग पुनर्मूल्यांकन नहीं है। इतिहासकार को यह न भूलना चाहिए कि एक कृति का पुनर्मूल्यांकन करते हुए उसके साथ ही वह सम्पूर्ण इतिहास का मूल्यांकन कर रहा है और इस दृष्टि से यह कहना अप्रासंगिक न होगा कि एक कृति की समीक्षा भी उसी प्रकार इतिहास है जिस प्रकार सम्पूर्ण साहित्य की समीक्षा।

ऐसे अव्यवस्थित एवं तारतम्यहीन पुनर्मूल्यांकनों की अपेक्षा वे आलोचनाएँ अधिक व्यवस्थित एवं सुसंगत हैं जिनमें एक निश्चित प्रयोजन के लिए इतिहास की अनेक अन्तर्धाराओं में से एक परम्परा को अलग कर लिया गया है। 'तुलसीदास की परम्परा', 'भारतेन्दु की परम्परा', प्रेमचन्द की परम्परा' अथवा 'निराला की परम्परा' जैसे आलोचनात्मक प्रयत्न इसी प्रवृत्ति के सूचक हैं। इनकी एकांगिता स्पष्ट है और यही उनकी सीमा है किन्तु अपनी सीमा को स्पष्ट करने के कारण ही वे मूल्यवान भी हैं। इसी प्रकार का एक एकांगी किन्तु मूल्यवान प्रयास है श्री विजयदेवनारायण साही का निबन्ध 'लघु मानव के बहाने हिन्दी कविता पर एक बहस' जिसमें हिन्दी-काव्य पर आधुनिक काव्य-परम्परा का एक पुनर्मूल्यांकन प्रस्तुत किया गया है।

आखिर हिन्दी-साहित्य है क्या ? युग-परिवर्तन के हर मोड़ पर यह सवाल पूछा जाता रहा है। आज फिर यह सवाल पूछने की जरूरत है। निस्सन्देह उन लोगों के लिए यह सवाल निरर्थक है जो हिन्दी-साहित्य को एक 'चीज' समझते हैं—पहले से बनी-बनाई कहीं रखी हुई कोई चीज़ ! लेकिन जो सृजनधर्मा मनीषा है उसे इस तथ्य की अवगति है कि हिन्दी-साहित्य वस्तुतः एक 'आविष्कार' है जिसे सुविधा और आवश्यकता के अनुसार पुनराविष्कृत किया जा सकता है। जो इतिहास का सक्रिय अंग है उसके लिए हिन्दी-साहित्य स्वभावतः एक सतत गतिशील चैतन्यधारा है जिसका स्वरूप-निर्धारण बहुत कुछ आविष्कर्त्ता पर निर्भर है। इतिहास की यह मुक्तिदायिनी अस्थिरता या सापेक्षता ही वह नई दृष्टि है जिससे हिन्दी-साहित्य का सच्चा पुनर्मूल्यांकन सम्भव है।

जैसा कि एक अंग्रेजी समीक्षक ने लिखा है, हर आलोचना एक 'कोण-निर्धारित दर्पण' (चार्टेड मिरर) है और किसी दृश्य को उद्भासित करने के लिए रोशनी एक निश्चित कोण से ही डाली जाती है—इससे भले ही उस दृश्य का एक भाग छाया में पड़ जाए। कहना न होगा कि ऐसे ही विभिन्न कोणों के प्रक्षिप्त आलोक से उद्भासित दृश्यों को एक सम्पूर्णता में रचनात्मक ढंग से पुनर्गठित करने से ही आज का वास्तविक इतिहास-लेखन पूरा हो सकता है। परन्तु आज के रचनात्मक साहित्य की विघटित स्थिति को देखते हुए तो ऐसा ही प्रतीत होता है कि आलोचना के क्षेत्र में भी इतिहास का ऐसा नया पुनर्गठन आज शायद ही सम्भव हो सके। हिन्दी-साहित्य के इतिहास पर अभी तक जिस ढंग से पुनर्विचार हुआ है और स्वयं इतिहास-लेखन की दिशा में जिस प्रकार के प्रयत्न हुए हैं उनकी विश्रृंखलता से भी यही धारणा बनती है। किन्तु इतिहास की एक शिक्षा यह भी है कि वास्तविक इतिहास स्वतः आत्मनिषेध है। जिस इतिहास के बोध से मन स्वयं उस इतिहास का अतिक्रमण कर जाए, सच्चा इतिहास वही है। मार्क्स का इतिहास-दर्शन इतिहास से मुक्ति की यही चेतना प्रदान करता है।

[1961]

हिन्दी नवजागरण की समस्याएँ

भारतेन्दु हरिश्चन्द्र के उदय के साथ हिन्दी में एक नए युग का आरम्भ हुआ, यह मान्यता तो बहुत पहले से प्रचलित रही है; किन्तु इस नए युग को 'नवजागरण' नाम देने का श्रेय हिन्दी में डॉ. रामविलास शर्मा को है। 'महावीरप्रसाद द्विवेदी और हिन्दी नवजागरण' (1977) नामक पुस्तक के द्वारा उन्होंने 'नवजागरण' ही नहीं बल्कि 'हिन्दी नवजागरण' की संकल्पना प्रस्तुत की। इससे पहले भारत में नवजागरण की चर्चा प्रायः 'बंगाल नवजागरण' के रूप में ही होती रही है। शब्द के प्रयोग पर प्रकाश डालते हुए डॉ. शर्मा ने कुछ वर्ष बाद 'भारतेन्दु हरिश्चन्द्र और हिन्दी नवजागरण की समस्याएँ, (1984) नामक एक अन्य पुस्तक के तीसरे संस्करण की भूमिका में लिखा है कि 'नवजागरण' यह शब्दबन्ध नया था, धारणा पुरानी थी। पुरानी धारणा से तात्पर्य सम्भवतः 'रिनेसांस' से है।

हिन्दी साहित्य के पुराने इतिहास ग्रन्थों को देखने से पता चलता है कि पादरी एफ.ई. के ने 1920 ई. में ही इस 'रिनेसांस' की चर्चा की थी। अपनी छोटी-सी पुस्तक 'ए हिस्ट्री ऑफ़ हिन्दी लिट्रेचर' के पहले अध्याय में ही के ने लिखा है : "उन्नीसवीं शताब्दी के आरम्भ में यूरोप की संस्कृति के सम्पर्क के द्वारा हिन्दी साहित्य में एक नया प्रभाव आया।...इसी समय के आसपास भारत में एक सशक्त साहित्यिक नवजागरण शुरू हुआ जो अब तक प्रगति पर है।"

कहते हैं कि उन्नीसवीं शताब्दी के भारतीय नवजागरण के अग्रदूत राजा राममोहन राय स्वयं भी उस समय की नई सांस्कृतिक चेतना को एक 'रिनेसांस' समझते थे। पादरी अलेक्जेंडर डफ़ से एक बार उन्होंने कहा था : "मुझे ऐसा लगने लगा है कि यहाँ भारत में यूरोपीय रिनेसांस से मिलता-जुलता कुछ घटित हो रहा है।"

लेकिन उसी नवजागरण की एक अन्य महान विभूति बंकिमचन्द्र चट्टोपाध्याय की दृष्टि में 'रिनेसांस' पन्द्रहवीं शताब्दी के भारत का सांस्कृतिक जागरण था। अपने निबन्ध 'बाङ्लार इतिहास सम्बन्धे कयेकटि कथन' (1980) में उन्होंने लिखा है : "यूरोप कितना पहले सभ्य हुआ ? सिर्फ चार सौ साल पहले पन्द्रहवीं सदी तक यूरोप हमसे अधिक असभ्य था। सभ्यता यूरोप में एक घटना से आई। अकस्मात् यूरोप ने चिर-विस्मृत ग्रीक संस्कृति का पुनराविष्कार किया।...पेट्रार्क, लूथर, गैलिलियो, बेकन; अकस्मात् यूरोप का भाग्योदय हो गया। हमारे यहाँ भी एक बार वही दिन आया था। अकस्मात् नवद्वीप में

चैतन्य चन्द्रोदय; उसके बाद रूप सनातन प्रभृति असंख्य कवि धर्मतत्त्वविद् पंडित। दर्शन में रघुनाथ शिरोमणि, गदाधर, जगदीश; स्मृति में रघुनन्दन एवं उनके अनुयायी। फिर बंगला काव्य का जलोच्छ्वास। विद्यापति, चंडीदास, चैतन्य के पूर्वगामी। किन्तु उसके बाद जो चैतन्य परवर्तिनी बंगला कृष्णविषयक कविता लिखी गई वह अपरिमेय तेजस्विनी और जगत में अतुलनीय है। यह सब कहाँ से आया ? हमारा यह 'रिनेसांस' कैसे घटित हुआ ? सहसा जाति की यह मानसिक उद्दीप्ति कहाँ से हुई ?''

प्रसंग बंगाल के इतिहास का था, इसलिए बंकिम के सारे उदाहरण भी स्वभावतः बंगाल तक ही सीमित हैं। फिर भी इस कथन का विस्तार पूरे भारत के व्यापक सन्दर्भ में किया जा सकता है, जिससे स्पष्ट निष्कर्ष निकलता है कि यूरोप के 'रिनेसांस' के समान भारत में भी पन्द्रहवीं शताब्दी में नवजागरण की लहर उठी थी। सामान्यतः इसे अपने यहाँ भक्ति आन्दोलन कहा जाता है। सवाल यह है कि 'रिनेसांस' किसे कहा जाए—पन्द्रहवीं शताब्दी के भक्ति आन्दोलन को या उन्नीसवीं शताब्दी के सांस्कृतिक नवजागरण को ?

यदि केवल शब्द के स्तर पर ही देखें तो स्वयं यूरोप में भी समस्या इतनी स्पष्ट न थी। 'प्रकृति का द्वन्द्ववाद' नामक पुस्तक में 'महान रिनेसांस' का वर्णन करते हुए एंगेल्स ने लिखा है : ''प्रकृति की आधुनिक खोज...हाल के समूचे इतिहास की भाँति उस महान युग से आरम्भ होती है, जिसे हम जर्मन अपने ऊपर आई राष्ट्रीय विपदा के नाम पर 'रिफार्मेशन' का काल कहते हैं और फ्रांसीसी लोग 'रिनेसांस' कहते हैं तथा इतावली लोग 'चिंक्वेचेंती' कहते हैं, यद्यपि इनमें से कोई भी नाम उसके सार को पूर्णतः अभिव्यक्त नहीं करता। यह वह युग था जिसका उदय पन्द्रहवीं शताब्दी के उत्तरार्ध में हुआ था।

कहने की आवश्यकता नहीं कि भारतीय भाषाओं में भी उन्नीसवीं शताब्दी के नवजागरण के लिए पुनरुत्थान, पुनर्जागरण, नवजागरण, प्रबोधन, समाज सुधार आदि अनेक शब्द प्रचलित हैं। निस्सन्देह इनमें से प्रत्येक शब्द के साथ एक निश्चित अर्थ, एक निश्चित प्रत्यय जुड़ा है। किन्तु मुख्य प्रश्न तो यह है कि यदि भारत का उन्नीसवीं शताब्दी का सांस्कृतिक नवजागरण 'रिनेसांस' था तो पन्द्रहवीं शताब्दी का सांस्कृतिक नवजागरण क्या था ?

उन्नीसवीं शताब्दी के भारतीय नवजागरण को 'रिनेसांस' कहने में एक कठिनाई तो यही है कि इस युग के भारतीय विचारकों और साहित्यकारों के प्रेरणा-स्रोत यूरोप के पन्द्रहवीं शताब्दी के चिन्तक और साहित्यकार न थे। बल्कि इसके विपरीत प्रेरणा-स्रोत के रूप में अधिकांश विचारक उस काल के थे जिसे यूरोप में 'एनलाइटेनमेंट' का काल तथा उसके बाद का काल कहा जाता है। स्वयं बंकिम की सहानुभूति रूसो और प्रूधों के साथ थी और वे कोन्त, जान स्टुअर्ट मिल तथा हर्बर्ट स्पेंसर से प्रभावित दिखाई पड़ते हैं। कमोबेश यही स्थिति बंगाल में राममोहन राय, ईश्वरचन्द्र विद्यासागर, देरेज़ियो आदि की दिखती है और हिन्दी में महावीरप्रसाद द्विवेदी तथा रामचन्द्र शुक्ल की भी।

उल्लेखनीय है कि महावीरप्रसाद द्विवेदी की 'सरस्वती' ज्ञान की पत्रिका कही गई है और उनका गद्य हिन्दी साहित्य का ज्ञानकांड। इस प्रकार भारत का उन्नीसवीं शताब्दी का नवजागरण यूरोप के 'एनलाइटेनमेंट' अथवा 'ज्ञानोदय' की चेतना के अधिक निकट प्रतीत होता है और पन्द्रहवी शताब्दी का नवजागरण 'रिनेसांस' के तुल्य। अब यदि यह अन्तर प्रत्यय के स्तर पर स्पष्ट हो तो दोनों के लिए अलग-अलग नाम निश्चित करने में विशेष कठिनाई नहीं रहती। सम्भवतः इस अन्तर को ध्यान में रखकर ही डॉ. रामविलास शर्मा ने पन्द्रहवीं शताब्दी के भक्ति आन्दोलन के लिए 'लोकजागरण' और उन्नीसवीं शताब्दी के सांस्कृतिक जागरण के लिए 'नवजागरण' शब्द का प्रयोग किया है। इन शब्दों के बदले और नए शब्द गढ़ने की अपेक्षा इन्हीं शब्दों को प्रचलित करना बेहतर है और सुविधाजनक भी। 'लोक जागरण' और 'नवजागरण' से पन्द्रहवीं शताब्दी और उन्नीसवीं शताब्दी की सांस्कृतिक प्रतिक्रियाओं के बीच परम्परा का सम्बन्ध भी बना रहता है और अन्तर भी स्पष्ट हो जाता है। इसके अतिरिक्त यूरोपीय इतिहास के अनावश्यक अनुषंग से मुक्ति भी मिल जाती है। क्या अपने इतिहास की व्याख्या के लिए हम हमेशा अंग्रेजी प्रत्ययों का अनुवाद ही करते रहेंगे ?

उन्नीसवीं शताब्दी के नवजागरण पर ठीक से विचार करने के लिए पन्द्रहवीं शताब्दी के लोकजागरण के बारे में भी स्पष्टता आवश्यक है। नवजागरण, लोकजागरण का पुनरुत्थान मात्र नहीं है, किन्तु एक में दूसरे की चेतना अंशतः विद्यमान है। बंकिमचन्द्र ने ब्राह्मो विचारकों को वेदों और उपनिषदों तक दौड़ लगाते देखकर साफ शब्दों में कहा था कि "समतावादी और आधुनिक मूल्यों के लिए वेदों और उपनिषदों की दूरी तक दौड़ लगाना क्यों जरूरी है जबकि बंगाल ने चैतन्य जैसे समाज-सुधारक को जन्म दिया जिन्होंने अभी सोलहवीं शताब्दी में ही जातिगत असमानता और धार्मिक असहिष्णुता की भर्त्सना की है।" हिन्दी से उदाहरण लें तो भारतेन्दु की वैष्णव-निष्ठा सर्वविदित ही है। सन् 1884 ई. में जीवन के अन्तिम दिनों में उन्होंने 'वैष्णवता और भारतवर्ष' शीर्षक एक लम्बा लेख लिखकर सप्रमाण सिद्ध करने का प्रयत्न किया था कि "वैष्णव मत ही भारतवर्ष का मत है और वह भारतवर्ष की हड्डी, लहू में मिल गया है।" ऐसे उदाहरण उन्नीसवीं शताब्दी के अन्तर्गत अन्य भाषाओं के साहित्यकारों में भी मिल जाएँगे।

उन्नीसवीं शताब्दी का नवजागरण भक्तिकालीन लोकजागरण से भिन्न इस बात में है कि यह उपनिवेशवादी दौर की उपज है, इसलिए इसकी ऐतिहासिक अन्तर्वस्तु भी भिन्न है। यह उस लोकजागरण से इसलिए भी भिन्न है कि इसके पुरस्कर्ता और विचारक नए शिक्षित मध्यवर्ग के हैं, जिन्हें बँगाल में 'भद्रलोक' की संज्ञा दी गई है। यह नया भद्रलोक भक्त कवियों की तरह न तो सामान्यलोक के बीच से आया था और न लोकजीवन के साथ घुल-मिल पाने में ही सफल हो सका। इनमें से कुछ विचारों में लोकोन्मुख अवश्य थे, लेकिन आचार में लोक के साथ तादात्म्य स्थापित न कर पाए। इसलिए भक्तिकालीन लोकजागरण की तुलना में इस नवजागरण का प्रसार भी सीमित था। इसका प्रभाव बहुत कुछ नए नगरों तक ही सीमित था।

उन्नीसवीं शताब्दी के भारतीय नवजागरण की चर्चा के क्रम में यूरोपीय 'रिनेसांस' का जिक्र इतना आया है कि उसे एकदम स्मृति-पटल से मिटा देना मुश्किल है, और उसे शाश्वत-सार्वभौम मान लेने का एक प्रलोभन भी है किन्तु हमारे नवजागरण की एक देन वह 'आलोचनात्मक' दृष्टि भी है जो यूरोप के 'प्राच्यविद्यावाद' (ओरिएंटलिज़्म) के इस उपनिवेशवादी मायापाश को छिन्न करने की चेतावनी देती है।

भारतीय नवजागरण की मूल समस्या है भारतेन्दु के शब्दों में 'स्वत्व निज भारत गहै।' यह 'स्वत्व' वही है जिसे आजकल 'अस्मिता' कहते हैं। राजनीतिक स्वाधीनता इस स्वत्व-प्राप्ति की पहली शर्त है। नवजागरण के उन्नायक इस आवश्यकता का अनुभव करते रहे होंगे, यह सोचना कठिन है, फिर भी तथ्य यही है कि नवजागरणकालीन प्रकाशित साहित्य में राजनीतिक स्वाधीनता का स्पष्ट स्वर कम ही सुनाई पड़ता है। पहले ईस्ट इंडिया कम्पनी और फिर महारानी विक्टोरिया के शासन-काल में राज के विरुद्ध निश्चय ही किसानों के छिटपुट विद्रोह बराबर होते रहे, जिनमें सबसे संगठित और सशक्त सन् सत्तावन की राजक्रान्ति है, फिर भी समकालीन शिष्ट साहित्य में उसकी गूँज सुनाई नहीं पड़ती—लोक साहित्य भले ही प्रचुर मात्रा में मौखिक रूप में रचा गया हो। यह स्थिति सन् सत्तावन के पहले तो थी ही, उसके बाद भी कम-से-कम तीन दशकों तक बनी रही। आर्थिक शोषण के खिलाफ जरूर लिखा गया, पुलिस तथा अन्य अफसरों के अत्याचार और अन्याय की भी शिकायत की गई, पर राजसत्ता पलटने के विचार को जैसे अन्तर्गुहावास दे दिया गया। निश्चय ही इसका एक कारण—और बहुत बड़ा कारण था राज का दमन और दमन से पैदा होनेवाला आतंक। भारतेन्दु के शब्दों में 'जेहि भय सिर न हिलाय सकत कहुँ भारतवासी।' फिर भी देशभक्ति के साथ राजभक्ति नवजागरण का अभिन्न स्वर है—इतना अभिन्न कि इससे किसी प्रदेश और किसी भाषा का कोई भी लेखक अछूता नहीं है। यह कटु सत्य है और इसके लिए किसी प्रकार की क्षमा-याचना आज आवश्यक नहीं है और न कोई सफाई ही जरूरी है। सच तो यह है कि अधिकांश लेखक सुरक्षा, सुशासन, शिक्षा, उन्नति और शान्ति के लिए ब्रिटिश राज के प्रति उपकृत अनुभव करते हैं—विशेष रूप से मुगलों के शासन की तुलना में। इस प्रवृत्ति के अवशेष बीसवीं शताब्दी के दूसरे दशक तक मैथिलीशरण गुप्त की 'भारत भारती' जैसी राष्ट्रीय कही जानेवाली काव्य-कृति में भी मिलती है। यहाँ तक कि कभी-कभी तो नवजागरण के अनेक उन्नायक राजसत्ता के साथ सहयोग करते भी दिखाई पड़ते हैं। अब इसे कोई चाहे तो नवजागरण के उन्नायकों का मध्यवर्गीय अथवा भद्रलोक चरित्र कह ले, अथवा किसी संगठित राजनीतिक प्रतिरोध के अभाव के द्वारा इस निरुपायता की व्याख्या कर ले, किन्तु हर हालत में यह तथ्य विस्मृत न हो कि कुल मिलाकर था यह मूलतः नवजागरण ही—सांस्कृतिक नवजागरण, जिसे राष्ट्रीय स्वाधीनता संघर्ष का पूर्व रंग भले कह लें किन्तु उसका पर्याय न समझें।

जैसा कि सच्चिदानन्द वात्स्यायन ने मैथिलीशरण गुप्त के प्रसंग में एक जगह कहा

है, "हम यह तो कह सकते हैं कि अंग्रेजी सरकार का विरोध किए बिना भारतीयता की प्रतिष्ठा चाहनेवाले हेतु और हेतुमत् का सही रिश्ता नहीं पहचान पाए थे।....पर आर्थिक-राजनीतिक आधार को स्वीकार कर लेने पर भी यह बात नहीं कटती कि बिना एक जीवन्त और प्रेरणाप्रद आत्म-बिम्ब के वह लड़ाई नहीं लड़ी जा सकती थी जो लड़ी गई; न वैसे लड़ी जा सकती थी जैसे लड़ी गई।"

यह बात कम मूल्यवान नहीं है कि राजनीतिक मुक्ति का मार्ग अवरुद्ध पाकर नवजागरण के उन्नायक हाथ-पर-हाथ धरकर बैठ नहीं गए, बल्कि उन्होंने स्वत्व-रक्षा के अन्य मोर्चों पर संघर्ष जारी रखा। यह संघर्ष था सांस्कृतिक मोर्चे का—सांस्कृतिक मोर्च पर औपनिवेशक मानसिकता और दिमागी गुलामी के खिलाफ़ संघर्ष। कहना न होगा कि यह संघर्ष राजनीतिक संघर्ष से कम कठिन न था। उपनिवेशवाद की छाया में भारतीय संस्कृति के लोप का खतरा था। इसलिए अपनी संस्कृति की रक्षा का प्रश्न स्वत्व-रक्षा का प्रश्न बन गया था। 1840 में अक्षयकुमार दत्त ने एक ब्राह्मो सभा में भाषण देते हुए कहा था : "हम एक विदेशी शासन के अधीन हैं, एक विदेशी भाषा में शिक्षा प्राप्त करते हैं, और विदेशी दमन झेल रहे हैं, जबकि ईसाई धर्म इतना प्रभावशाली हो चला है गोया वह इस देश का राष्ट्रीय धर्म हो।...मेरा हृदय यह सोचकर फटने लगता है कि हिन्दू शब्द भुला दिया जाएगा और हम लोग एक विदेशी नाम से पुकारे जाएँगे।"

इस उद्धरण से स्पष्ट हो जाता है कि भारतीय नवजागरण धार्मिक रूप लेने के लिए क्यों विवश हुआ। नवजागरण काल का शायद ही कोई लेखक या विचारक हो जिसने धार्मिक प्रश्नों पर न लिखा हो। जब स्वयं उपनिवेशवादी राजसत्ता का दमन ही धार्मिक रूप ले रहा था तो प्रतिरोध का धार्मिक रूप में प्रकट होना अनिवार्य था। माक्स म्यूलर ने इस धार्मिक दमन के आँकड़े देकर बताया था कि 1885 तक भारत में 38 ईसाई मिशन-समाज काम कर रहे थे, जिनके विदेशी सदस्यों की संख्या 887 थी और देशी प्रचारक 751 तथा गैर-ईसाई सहायक 2856 थे। ये ईसाई मिशन अन्य साधनों के अतिरिक्त स्कूलों और अस्पतालों के ज़रिए भी धर्मपरिवर्तन करवा रहे थे। ऐसे वातावरण में स्वत्व का प्रश्न धर्म का प्रश्न बन गया था।

भारतीय अस्मिता समाप्त करने के लिए अंग्रेजी सरकार की ओर से भारत के इतिहास को भी तोड़-मरोड़कर पेश करने की कोशिश की गई। उपनिवेशवाद ने एक ओर तो भारत के प्राचीन इतिहास की सामग्री को खोज-खोदकर एकत्र किया और दूसरी ओर उसका उपयोग अपनिवेशवादी सत्ता के हक में किया। यह था उपकार के आवरण में अपकार का षड्यन्त्र। भारतीय अस्मिता को एक बड़ा खतरा इस 'प्राच्य-विद्या' (ओरिएंटलिज़्म) से था जिसने पश्चिम से भिन्न एक ऐसे 'पूर्व' का मिथक गढ़ा जो अनन्त काल तक गुलाम रहने के लिए अभिशप्त था। इस 'प्राच्य-विद्यावाद' के विरुद्ध संघर्ष करने के लिए भारतीय नवजागरण ने इतिहास की प्रतिदृष्टि विकसित की । बंकिमचन्द्र ने एक जगह लिखा है कि : "कोई राष्ट्र अपने इतिहास में अस्तित्व ग्रहण करता है; इसलिए अपने इतिहास का ज्ञान ही किसी जाति का आत्मज्ञान है।" आकस्मिक नहीं

है कि नवजागरण के अधिकांश लेखक किसी-न-किसी स्तर पर इतिहासकार भी थे। नवजागरण की एक बहुत बड़ी देन सम्भवतः वह इतिहासदृष्टि है जिससे अपने अतीत को शत्रु से मुक्त करके उसके विरुद्ध वर्तमान में इस्तेमाल करने की कला आती है और भविष्य के लिए एक स्वप्नदृष्टि भी मिलती है।

स्वत्व-संघर्ष में उन्नीसवीं शताब्दी के नवजागरण का सबसे निर्णायक कदम भाषा के क्षेत्र में उठा। यह आकस्मिक नहीं है कि जिस भारतेन्दु ने 'स्वत्व निज भारत गहै' की आवाज बुलन्द की उन्हीं ने 'निज भाषा उन्नति अहै सब उन्नति कौ मूल' की भी घोषणा की। भारतीय भाषाओं को नवजागरण की सबसे मूल्यवान देन गद्य है और निराला के शब्दों में 'गद्य जीवन-संग्राम की भाषा है।' विदेशी भाषा के विरुद्ध अपनी भाषा की रक्षा और विकास विदेशी सत्ता के विरुद्ध स्वदेशी का जातीय अस्त्र है। वस्तुतः भाषा-विकास का स्तर वह कसौटी है जिस पर भारत के किसी प्रदेश के नवजागरण की गहराई और व्यापकता जाँची जा सकती है। उदाहरण के लिए, हिन्दी की तुलना में बंगला और मराठी गद्य का विकास चार-पाँच दशक पहले हो गया तो इसलिए कि वहाँ नवजागरण भी पहले हुआ। बंगला को उन्नीसवीं शताब्दी के मध्य में ही ईश्वरचन्द्र विद्यासागर मिल गए और उत्तरार्ध में पहले बंकिमचन्द्र, फिर रवीन्द्रनाथ। मराठी एक तो मराठा राज के जमाने से ही राजकाज की भाषा थी, दूसरे 1840 तक मराठी माध्यम से शिक्षा देनेवाले सत्तावन स्कूल खुल गए थे। इसके अतिरिक्त मराठी का मानक रूप स्थिर करने में बम्बई सरकार ने महत्त्वपूर्ण भूमिका अदा की। इस प्रक्रिया में कोश-निर्माण का स्थान विशेष रूप से महत्त्वपूर्ण है। मराठी-मराठी 'पंडित कोश' 1829 में, मोल्सवर्थ का मराठी-अंग्रेजी कोश 1831 में सरकारी सहायता से छप चुका था। आगे चलकर मराठी को विष्णु शास्त्री चिपलूणकर, महात्मा ज्योति बा फुले, आगरकर, रानाडे और लोकमान्य तिलक-जैसे प्रशस्त गद्यकार मिले। यदि बंकिम का गद्य बंगला नवजागरण के वर्चस्व का दर्पण है तो चिपलूणकर का गद्य मराठी नवजागरण की प्रखरता का प्रमाण।

यदि हिन्दी गद्य बंगला और मराठी का पिछलगुआ रहा तो इसकी जड़ें जितनी प्रतिकूल राजनीतिक परिस्थिति में हैं उतनी ही हिन्दी प्रदेश के विलम्बित नवजागरण में। स्वयं भारतेन्दु के अनुसार 1873 में हिन्दी "नए चाल में ढली"। एक तो पाँच शताब्दियों तक राजभाषा के रूप में फारसी का दबाव, फिर अंग्रेज सरकार द्वारा उर्दू को बढ़ावा, हिन्दी को अस्मिता के लिए सबसे लम्बा संघर्ष करना पड़ा। बिहार में हिन्दी 1881 ई. में कचहरियों की भाषा स्वीकृत हुई और यू.पी. में 1900 ई. में। उन्नीसवीं शताब्दी के अन्तिम पाँच दशक भाषा तो भाषा, नागरी लिपि के स्वत्व की रक्षा के संघर्ष में खप गए। इन बाधाओं के बावजूद उन्नीसवीं शताब्दी में जैसा जानदार हिन्दी गद्य लिखा गया, वह आज भी स्पर्धा का विषय है।

भाषा के क्षेत्र में भारतीय नवजागरण ने स्वत्व के लिए जो संघर्ष किया उसका सबसे शानदार पहलू है प्रत्येक जातीय भाषा के विकास के साथ आपसी आदान-प्रदान के लिए एक अखिल भारतीय भाषा का विकास। बंगला नवजागरण के उन्नायकों ने, चाहे वे ब्राह्म

हो या ग़ैर-ब्राह्म सनातनी, बंगला के साथ ही हिन्दी को भी बढ़ावा दिया; यहाँ तक कि संस्कृत के पंडित और गुजराती दयानन्द सरस्वती को संस्कृत छोड़ हिन्दी में बोलने और लिखने की नेक सलाह कलकत्ते में केशवचन्द्र सेन से ही मिली।

हिन्दी प्रदेश के नवजागरण की अपनी विशिष्टता का निरूपण नवजागरण के इस अखिल भारतीय परिप्रेक्ष्य में ही समीचीन है। यदि हिन्दी नवजागरण के अग्रदूत भारतेन्दु बंगाल नवजागरण से प्रेरणा प्राप्त कर रहे थे तो उसके समर्थ सार्थवाह महावीरप्रसाद द्विवेदी की निष्पलक दृष्टि मराठी नवजागरण के अन्तर्गत चलनेवाले 'संशोधन' पर थी। प्रसंगवश यह भी उल्लेखनीय है कि हिन्दी प्रदेश में नवजागरण का कार्य मुख्यतः स्वयं लेखकों और साहित्यकारों को ही सम्पन्न करना पड़ा क्योंकि यहाँ बंगाल और महाराष्ट्र की तरह प्रखर समाज-सुधारक और विचारक अगुआई करने के लिए नहीं मिले। हिन्दी प्रदेश को मिले भी तो दयानन्द सरस्वती जिनकी भूमिका का अनुमान इसी से लगाया जा सकता है कि उन्नीसवीं शताब्दी के बड़े हिन्दी लेखकों में से एक भी उनसे प्रभावित न हो सका। स्वयं भारतेन्दु दयानन्द की अपेक्षा बंगाल के केशवचन्द्र सेन को श्रेयस्कर समझते थे। 1885 ई. में लिखित 'स्वर्ग में विचार सभा का अधिवेशन' शीर्षक लेख में भारतेन्दु दयानन्द के बारे में यह निर्णय देते हैं कि उन्होंने "जाल, को छुरी से न काटकर जाल ही से काटना चाहा," जबकि केशव ने इनके विरुद्ध जाल काटकर परिष्कृत पथ प्रकट किया।" केशवचन्द्र सेन के महत्तर होने का कारण यह है कि भारतेन्दु के मन के अनुकूल केशव ने "अपनी भक्ति की उच्छलित लहरों में लोगों का चित्त आर्द्र कर दिया।"

बंगाल नवजागरण से हिन्दी नवजागरण को अलगाते समय यह न भूलना चाहिए कि भारतेन्दु का सीधा सम्पर्क ईश्वरचन्द्र विद्यासागर, केशवचन्द्र सेन, बंकिमचन्द्र, राजेन्द्रलाल मित्र और सुरेन्द्रनाथ बैनर्जी से था। भारतेन्दु ने बँगला नवजागरण की मनपसन्द रचनाओं से छाया ग्रहण तो की ही, अपने नाटकों में जहाँ उन्हें क्रान्तिकारी विचारों को व्यक्त करना होता था, प्रायः बंगाली चरित्रों की अवतारणा करते थे और उन्हीं को प्रवक्ता भी बनाते थे।

इन तथ्यों को देखते हुए हिन्दी नवजागरण की विशिष्टता बतलाने के लिए सन् सत्तावन की राजक्रान्ति को उसका बीज मानना कठिन है। भारतेन्दु तथा उनके मंडल के लेखक सन् सत्तावन की राजक्रान्ति की अपेक्षा बंगाल के उस नवजागरण से प्रेरणा प्राप्त कर रहे थे जो उससे पहले ही शुरू हो चुका था। कारण यह कि भारतेन्दु और उनके मंडल के लेखकों की दृष्टि में अंग्रेजी राज की चुनौती राजनीतिक से अधिक सांस्कृतिक थी और इस सांस्कृतिक संघर्ष में बंगाल नवजागरण से अस्त्र-शस्त्र मिलने की सम्भावना अधिक थी।

सन् सत्तावन की राजक्रान्ति को हिन्दी नवजागरण का गोमुख मानने में एक कठिनाई यह भी है कि राजक्रान्ति के नितान्त असाम्प्रदायिक पक्ष का सन्देश हिन्दी नवजागरण तक पूरा-पूरा नहीं पहुँच सका। हिन्दी प्रदेश के नवजागरण के सम्मुख यह

बहुत गम्भीर प्रश्न है कि यहाँ का नवजागरण हिन्दू और मुस्लिम दो धाराओं में क्यों विभक्त हो गया ? जिस प्रदेश में हिन्दू-मुस्लिम दोनों धर्मों के लोग एक साथ मिलकर सन् सत्तावन में अंग्रेजी राज के खिलाफ लड़े वहाँ दस वर्ष बाद ही जो नवजागरण शुरू हुआ वह हिन्दू और मुस्लिम दो अलग-अलग खानों में कैसे बँट गया ? यह प्रश्न इसलिए भी गम्भीर है कि बंगाल और महाराष्ट्र का नवजागरण इस प्रकार विभक्त नहीं हुआ। हैरानी की बात यह है कि हिन्दी प्रदेश का नवजागरण धर्म, इतिहास, भाषा सभी स्तरों पर दो टुकड़े हो गया। स्वत्व रक्षा के प्रयास धर्म तथा सम्प्रदाय की जमीन से किए गए।

यदि हिन्दी नवजागरण को सन् सत्तावन की राजक्रान्ति का उत्तराधिकारी कहने का अर्थ यह है कि वह अंग्रेजी राज का विरोध करने में सबसे आगे थे तो इसके लिए भी पर्याप्त प्रमाण नहीं मिलते। इस दृष्टि से वस्तुतः बंगला और महाराष्ट्र की तरह हिन्दी प्रदेश के भी उन्नीसवीं शताब्दी के लेखकों में दो वर्ग दिखाई पड़ते हैं। एक वर्ग उन लेखकों का है जो अंग्रेजी राज का घोर विरोधी है तो दूसरा वर्ग इस मामले में कुछ नरम दिखाई पड़ता है। विचित्र बात यह है कि अंग्रेजी राज का घोर विरोध करनेवाला वर्ग धर्म-संस्कृति आदि नैतिक-सामाजिक मान्यताओं में या तो मूलगामी है या फिर सुधारवादी। प्रथम भारतीय होने का दावा करता है तो दूसरा पश्चिमोन्मुख है। यह ढाँचा लगभग समूचे भारतीय नवजागरण का है। यदि हिन्दी नवजागरण में पश्चिमोन्मुख लोग कम दिखते हैं और इस कारण अंग्रेजपरस्तों की संख्या कम है तो इसका एक कारण वह अंग्रेजी शिक्षा हो सकती है जो इस प्रदेश में देर से पहुँची और उसका प्रसार भी बहुत सीमित रहा। किन्तु एक बात तय है कि हिन्दी नवजागरण के अंग्रेज-विरोध का स्रोत सन् सत्तावन की राजक्रान्ति में स्पष्ट नहीं है।

इसी प्रकार हिन्दी नवजागरण में प्रखर बुद्धिवाद की प्रधानता भी सन्दिग्ध ही दिखाई पड़ती है। इस नवजागरण के अग्रदूत स्वयं भारतेन्दु में वैष्णव भावुकता कहीं अधिक है। निश्चय ही उनमें बौद्धिकता भी है जो व्यंग्य-रचनाओं में पूरी प्रखरता के साथ व्यक्त होती है किन्तु पद्य के साथ ही उनके अधिकांश गद्य में कृष्ण-भक्ति की भावुकता अधिक मुखर है और कहना न होगा कि यह स्रोत बंगाल से अधिक स्वयं हिन्दी के अपने कृष्ण-भक्ति काव्य में है। भारतेन्दु की यह भावुकता यदि उनकी दुर्बलता है तो उससे अधिक उनके मानवतावाद का उत्स है और साथ ही उस मस्ती और स्वाभिमान का भी सुदृढ़ आधार है जो उन्हें अंग्रेजों के कोप की उपेक्षा करने का साहस प्रदान करता है। भारतेन्दु की इस वैष्णव भावुकता ने उन्हें दयानन्द के आर्यसमाजी खंडन-मंडनवाले बुद्धिवाद से दूर रखा था। भावुकता की यह प्रधानता भारतेन्दु-मंडल के प्रतापनारायण मिश्र, प्रेमघन, जगमोहन सिंह आदि अन्य सदस्यों में भी दिखाई पड़ती है।

निश्चय ही एक विशेष प्रकार की बौद्धिकता महावीरप्रसाद द्विवेदी और उनके मंडल के मैथिलीशरण गुप्त सदृश कवियों में अधिक है, जिसका दुखद परिणाम 'इतिवृत्तात्मकता' है। लेकिन द्विवेदी मंडल समूचा हिन्दी नवजागरण नहीं है और न उसकी मुख्य धारा है। श्रीधर पाठक से रामनरेश त्रिपाठी तक जो तथाकथित स्वच्छन्दतावादी कवियों की धारा

है तथा सरदार पूर्णसिंह, चन्द्रधर शर्मा गुलेरी, बालमुकुन्द गुप्त-जैसे विदग्ध गद्य लेखकों की जो लम्बी परम्परा है वह कोरी बौद्धिकता की कोटि में नहीं आती।

इसी प्रकार जिस रहस्यवाद को हिन्दी नवजागरण पर बंगाल के प्रभाव के रूप में निरूपित किया जाता है वह भी एक तरह से समूचे भारतीय नवजागरण का अभिन्न अंग है। यह रहस्यवाद उस नववेदान्त की देन है जिसका एक रूप रवीन्द्रनाथ में विकसित हुआ तो दूसरा रामकृष्ण परमहंस और विवेकानन्द में। हिन्दी के प्रमुख छायावादी कवियों में कितनों ने रवीन्द्रनाथ से रहस्यवाद ग्रहण किया, इस विषय में सन्देह भले हो पर इसमें सन्देह की गुंजाइश कम ही है कि निराला के रहस्यवाद का आधार विवेकानन्द का नववेदान्त था और प्रसाद के रहस्यवाद का आधार शैवागम। यह सच है कि यह नववेदान्त हिन्दी में उसी तरह बंगाल से आया जैसे हिन्दी नवजागरण में और भी बहुत-सी बातें बंगाल से आईं। किन्तु इस नववेदान्त के सहारे निराला और प्रसाद ने जिस प्रकार सामन्त-विरोधी और साम्राज्य-विरोधी संघर्ष का साहित्य रचा वह रहस्यवाद-विरोधी बौद्धिकता द्वारा रचे हुए साहित्य से घटकर है, ऐसा कहने का साहस कम ही लोग करेंगे।

वास्तविकता यह है कि भावबोध और विचारबोध की दृष्टि से समूचा भारतीय नवजागरण एक संश्लिष्ट प्रक्रिया है जिसमें बौद्धिकता के साथ भावुकता है, ऐहिकता के साथ आमुष्मिकता भी है और यथार्थवाद के साथ ही रहस्यवाद के भी तत्त्व घुले-मिले हैं। यूरोप के 'एनलाइटेनमेंट' अथवा 'ज्ञानोदय' दौर के विचारकों से प्रेरणा लेने के बावजूद भारत का उन्नीसवीं शताब्दी का नवजागरण नितान्त बुद्धिवादी न हो सका, क्योंकि स्वयं यूरोपीय 'ज्ञानोदय' भी इतना इकहरा न था। अन्तर्विरोध इस नवजागरण की प्रक्रिया में भी थे और कहने की आवश्यकता नहीं कि यह अनिवार्यतः नवजागरण की दुर्बलता नहीं बल्कि एक तरह से उसकी समृद्धि का सूचक है।

आज उन्नीसवीं शताब्दी के भारतीय नवजागरण के इस संश्लिष्ट रूप पर बल देने की आवश्यकता विशेष रूप से इसलिए आ पड़ी है कि इसे इकहरे साँचे में ढालकर तरह-तरह से हस्तगत करने की कोशिश की जा रही है। नव-उपनिवेशवादी प्राच्यविद्याविद् इसे एकदम 'अंग्रेजी राज का सबसे मूल्यवान उपहार' बता रहे हैं तो आधुनिकतावादियों की दृष्टि में यह मुख्यतः आधुनिकीकरण की प्रक्रिया का श्रीगणेश है, जिसमें विज्ञान, औद्योगीकरण, बुद्धिवाद, प्रगति, धर्मनिरपेक्षता आदि मूल्य प्रधान हैं। दूसरी ओर भिन्न पक्ष के विचारक इन्हीं बातों के लिए इस नवजागरण को तिरस्कृत करने की कोशिश कर रहे हैं। अतिवामपन्थी दृष्टि में यह नवजागरण एक परजीवी और वर्ग-सहयोगी मध्य वर्ग का कारनामा होने के कारण ऐतिहासिक 'धोखा' है तो उत्तर-आधुनिकतावादी विचारकों के लेखे 'छद्मचेतना' है—ऐसी 'छद्मचेतना' जो यूरोप की ऐतिहासिक चेतना के प्रभाव में देश को एक अमानुषिक केन्द्रीकृत राजसत्ता की ओर ठेल रही है। तात्पर्य यह है कि आज की समस्त समस्याओं के लिए यदि कोई जिम्मेदार है तो उन्नीसवीं शताब्दी का नवजागरण। यदि आज के बुद्धिजीवियों में औपनिवेशिक मानसिकता है तो

नवजागरण के फलस्वरूप; अध्यात्मवाद, रहस्यवाद, अन्धविश्वास आदि में वृद्धि हो रही है तो वह भी उसी के कारण। हिन्दू-मुस्लिम-सिख साम्प्रदायिकता के विष-बीज भी वहीं के हैं और भाषायी झगड़ों और क्षेत्रीय अलगावाद की जड़ें भी ढूँढ़कर उन्नीसवीं शताब्दी में बतायी जा रही हैं।

अन्ततः ये तमाम बातें उन्नीसवीं शताब्दी के अन्तर्गत अंग्रेजी उपनिवेशवाद और भारतीय सभ्यता के बीच चलनेवाले उस वस्तुगत संघर्ष की जटिलता और संश्लिष्टता की ओर संकेत करती हैं। इस विषम युद्ध में मुख्य प्रश्न स्वत्व रक्षा का था, जिसे बचाने की छटपटाहट में परम्परा के वे प्रेत भी जग गए जो आगे चलकर खतरनाक साबित हुए; फिर प्रगति की आकांक्षा से हड़बड़ी में पश्चिम से ऐसे भी उपकरण लिए गए जिनके दूरगामी परिणामों की समझ न थी। आज उस रंगभूमि में उतरनेवाले पूर्व सूरियों पर राय देते समय अपने गरेबाँ में मुँह डालकर देख लेना भी जरूरी है। वैसे इस नवजागरण से भी अपनी-अपनी पसन्द के मूल्य अथवा व्यक्ति चुनने के लिए हर कोई स्वतन्त्र है लेकिन शर्त यह है कि खंड को ही समग्र न कहने का आग्रह न किया जाए। न इतिहास कल्पवृक्ष है और न **नवजागरण** कामधेनु !

[1986]

इतिहास की 'शव-साधना'

और अन्त में रामविलास शर्मा भी पहुँचे *ऋग्वेद* पर। अपने 'अन्तिम अरण्य' में। प्रगति के पथ पर चलते-चलते। शताब्दी का अन्त होते-होते। अन्तिम दशक की प्रायः सभी पुस्तकें *ऋग्वेद* से ही शुरू होती हैं। पहले पुस्तकों के शीर्षक में मार्क्सवाद होता था या मार्क्स। कभी आगे, कभी पीछे। अब उस जगह *ऋग्वेद* है या वैदिक। *पश्चिम एशिया और ऋग्वेद* (1994) में तो *ऋग्वेद* साफ ही है। लेकिन जहाँ ऐसा नहीं है, प्रस्थान-बिन्दु *ऋग्वेद* ही है; जैसे *इतिहास-दर्शन* (1995) में। पहला अध्याय है 'ऋग्वैदिक आर्य और उनका परिवेश' और अन्तिम अध्याय 'इतिहास दर्शन और राहुल सांकृत्यायन'। मुख्य प्रयोजन है राहुलजी के इतिहास दर्शन से निपटना। इसी प्रकार *भारतीय नवजागरण और यूरोप* (1996) का आरम्भ 'भारतीय नवजागरण और ऋग्वेद' से होता है। इस क्रम में *भारतीय साहित्य की भूमिका* (1996) को तो 'ऋग्वेद के कवि और काव्य-शिल्प' से शुरू होना ही था। फिर *भारतीय संस्कृति और हिन्दी प्रदेश* (1999) के केन्द्र में भले ही हिन्दी प्रदेश हो, भारतीय संस्कृति का गोमुख *ऋग्वेद* है।

अन्ततः इस वैदिक योजना में सुमेरु का स्थान मिलना था 'वैदिक कवियों का सौन्दर्यबोध और तुलसीदास' को, और उचित ही। 'लोकहुँ वेद विदित सब काहू।' लेकिन हुआ वह जो नहीं होना था। 'विधि न सकेउ सहि मोर दुलारा।' तुलसीदास पर कुछ नया और मूल्यवान पाने से हिन्दी समाज वंचित रह गया। वैसे, 'वैदिक सौन्दर्यबोध' वाला भाग लगभग पूरा हो चुका था !

वेदों से शुरू करने का शायद यही खतरा है। लोक अक्सर छूट जाता है। वहाँ तक पहुँचने की नौबत नहीं आती। एक बार कुछ ऐसा ही हुआ उदय नारायण तिवारी के साथ। लोक साहित्य पर बोलना था। शुरू हुए वेदों से। नब्बे मिनट हो गए और लोक साहित्य पर पहुँचे ही नहीं। बाद में फ़िराक साहब बोलने खड़े हुए तो अपने खास अन्दाज में बोले : "भाई उदयनारायन, लोक से चलते तो शायद वेद तक पहुँच जाते। शुरुआत वेद से करोगे तो लोक तक कभी न पहुँचोगे।" यह वाकया 1952 का है। इलाहाबाद के प्रयाग संगीत समिति के सभागार में प्रगतिशील लेखक संघ का सम्मेलन हो रहा था। जहाँ तक मुझे याद है, रामविलास शर्मा भी उसमें मौजूद थे। उस समय वे अखिल भारतीय प्रगतिशील लेखक संघ के महासचिव थे। तब तक उनके सिर पर *ऋग्वेद* के सवार होने के लक्षण न दिखाई पड़ते थे।

तुलसीदास से लगाव तब भी था। खासतौर से निराला के 'तुलसीदास' के कारण। उन्हें यह भी पता था कि तुलसीदास अक्सर लोक-वेद का हवाला देते हैं। फिर इस ओर उनका ध्यान क्यों नहीं गया कि वे लोक-वेद के जोड़े में वेद का नाम पहले नहीं लेते, बल्कि लोक को पहले याद करते हैं ? हिन्दी में लोकजागरण के रूप में भक्तिकाव्य को प्रतिष्ठित करने में रामविलासजी की भूमिका अहम है और उनका लोक-प्रेम भी असन्दिग्ध है, फिर भी वे अपने तुलसीदास को पीछे रख *ऋग्वेद* की ओर क्यों भागे ? बात अजीब लगती है, लेकिन जरा नजदीक से देखें तो उतनी अजीब भी नहीं।

दरअसल 'नवजागरण' का वह स्वर्णमृग है जो रामविलासजी को वैदिक अरण्य में खींच ले गया। और लोक की सीता का अपहरण हो गया। विधि की विडम्बना ! अनहोनी हो गई। दुष्यन्त तो वे थे नहीं, जो कोई अन्य आकर्षण होता ! यहाँ तो बस हरण ही हरण है और निश्चय ही वह हिरण भी ! अब इसे मृगया की माया कहिए या शिकार का शौक ! जहाँ न ले जाए !

हिन्दी प्रदेश में एक 'शक्तिशाली नवजागरण' की चिन्ता रामविलासजी को पहले से ही रही है। 6 दिसम्बर 1992 को रामलला के लाड़ले कारसेवकों के हाथों तथाकथित बाबरी मस्जिद के विध्वंस के बाद स्वभावतः यह चिन्ता और प्रबल हो गई। *भारतीय नवजागरण और यूरोप* नामक ग्रन्थ में उन्होंने स्पष्ट शब्दों में लिखा है : "इस समय (1993 के उतरार्द्ध में) देश का बहुत बड़ा भाग पीछे हट रहा है, विशेष रूप से हिन्दी प्रदेश में एक शक्तिशाली नवजागरण की बहुत बड़ी आवश्यकता है।" (पृ. 327)

नवजागरण का खयाल आया नहीं कि ऐतिहासिक कल्पना ने पंख फैलाए और आँखों के सामने भारतीय इतिहास के क्षितिज पर नवजागरण का सतरंगा इन्द्रधनुष खिल उठा। यूरोप के पास सिर्फ एक 'रिनांसांस' है तो भारत में नवजागरणों की एक लम्बी शृंखला है। यही नहीं बल्कि यूरोप के नवजागरण में भारतीय नवजागरण का ही हाथ है जिसे स्वयं यूरोपीय विद्वान भी स्वीकार करते हैं।

इस प्रसंग में रामविलासजी ने उसी ग्रन्थ में भारतीय नवजागरणों की संक्षिप्त सारणी भी दी है। पहले नवजागरण का सम्बन्ध *ऋग्वेद* से है, दूसरे नवजागरण का उपनिषदों से। तीसरा नवजागरण भक्ति-आन्दोलन है जो एक तरह से लोकजागरण भी था। चौथा नवजागरण 19वीं सदी का है जिसे भारत का हर प्रदेश अलग-अलग नामों से पुकारता है।

जहाँ तक हिन्दी प्रदेश का प्रश्न है उसके अन्तर्गत 19वीं सदी के नवजागरण के भी अनेक चरण हैं। हिन्दी नवजागरण के विकास की पूरी समय-सारणी *महावीरप्रसाद द्विवेदी और हिन्दी नवजागरण* (1977) में सुलभ है : "गदर, सन् 57 का स्वाधीनता-संग्राम, हिन्दी प्रदेश के नवजागरण की पहली मंजिल है। दूसरी मंजिल भारतेन्दु हरिश्चन्द्र का युग है। गदर के केवल 10 साल बाद 1868 में उन्होंने 'कवि-वचन-सुधा' नाम की पत्रिका निकाली।" (पृ. 12)। "हिन्दी नवजागरण का तीसरा चरण महावीरप्रसाद द्विवेदी और उनके सहयोगियों का ही कार्यकाल है जो 1900 से 1920 की अवधि तक फैला

हुआ है।" (पृ. 15)। "हिन्दी नवजागरण के सन्दर्भ में निराला का लेखन महावीरप्रसाद द्विवेदी के ही कार्य की अगली कड़ी है।" (पृ. 18)। इसे चौथा चरण बताया नहीं गया है, लेकिन संकेत स्पष्ट है।

इस प्रकार भारत में चार नवजागरण हुए और हिन्दी में आधुनिक नवजागरण के चार चरण ! जिस देश और प्रदेश के पास इतने नवजागरणों की पूँजी हो उससे कोई भी ईर्ष्या कर सकता है–खासतौर से यूरोप और अमेरिका ! ऐसी छिपी हुई सम्पदा का बोध कराने का श्रेय रामविलासजी को है और इसके लिए हम सबको उनके प्रति कृतज्ञ होना ही चाहिए।

आश्चर्य सिर्फ इस बात पर है कि भारतीय नवजागरणों की इस लम्बी परम्परा में बुद्ध का कहीं जिक्र नहीं है। साफ है कि *ऋग्वेद* से शुरू होनेवाले वैदिक नवजागरण की धारा से बुद्ध बाहर हैं और उनके साथ ही पूरी श्रमण परम्परा भी बहिष्कृत है। इसी तरह आधुनिक हिन्दी नवजागरण का चौथा चरण भी निराला के साथ स्थिर हो जाता है। इस क्रम में अखिल भारतीय प्रगतिशील आन्दोलन का जिक्र न पाकर थोड़ा आश्चर्य भी होता है–खासतौर से रामविलास शर्मा की मार्क्सवादी और प्रगतिशील छवि को स्मरण करते हुए !

स्पष्ट है कि रामविलासजी की नवजागरण की अवधारणा "विशिष्ट" है–एक खास काट की, एक निश्चित साँचे की। यह ऐसा नवजागरण है जिसमें बुद्ध की बुद्धिवादी अथवा विवेकवादी चिन्तन-पद्धति के लिए कोई जगह नहीं है। इस धारणा की पुष्टि इस तथ्य से भी होती है कि उन्होंने प्रगतिशील लेखक संघ के घोषणापत्र से बुद्धिवाद (रैशनलिज़्म) की बुनियादी शर्त को हटा देने का प्रस्ताव किया था। इस तथ्य का जिक्र उन्होंने स्वयं किया है *मार्क्सवाद और प्रगतिशील साहित्य* (1984, पृ. 379) में।

यह और बात है कि *महावीरप्रसाद द्विवेदी और हिन्दी नवजागरण* (1977) में उन्होंने द्विवेदीजी की 'सरस्वती' को हिन्दी का 'ज्ञानकांड' कहा और 'भारतीय विवेक-परम्परा और विज्ञान' शीर्षक अध्याय के द्वारा नवजागरण की मुख्य चेतना को रेखांकित किया। सम्भव है यह 'ज्ञान' और 'विवेक' बौद्ध दर्शन और मार्क्सवाद के बुद्धिवाद से अलग किसी और कोटि का हो ! कहीं ऐसा तो नहीं कि भारतेन्दु की 'वैदिकी हिंसा' की तरह यह भी कोई ऐसा वैदिक 'ज्ञान' है जहाँ अवैदिक ज्ञान के लिए कोई गुंजाइश नहीं है ?

इस निषेध-वृत्ति के बावजूद रामविलासजी के नवजागरण की विशेषता यह है कि उसमें काफी विविधता है। हर नवजागरण का चरित्र अलग है। नाम एक, रूप भिन्न ! 'एकं सद् विप्रा बहुधा वदन्ति' की अभिनव व्याख्या। अद्भुत अनेकान्तवाद ! जिस 'एक' से नवजागरण 'अनेक' हुआ है वह है *ऋग्वेद*। भारतीय नवजागरण का मूल स्रोत ! चाहें तो मूलाधार भी कह लें। कहना न होगा कि नवजागरण की इस परिकल्पना में एक प्रकार की बुनियादपरस्ती है, जिसका प्रचलित नाम 'फंडामेंटलिज़्म' है। रामविलासजी की इस परिकल्पना के प्रेरणा-स्रोत हैं स्वामी दयानन्द सरस्वती !

दयानन्द की ओर रामविलासजी का ध्यान पहली बार गया 1991 में। उस समय

उन्होंने एक लेख लिखा : 'नवजागरण की परम्पराएँ और क्रान्तिकारी आन्दोलन : संन्यासियों का योगदान–1'। यह लेख *स्वाधीनता आन्दोलन, बदलते परिप्रेक्ष्य* (1992) शीर्षक पुस्तक में शामिल है। इस पुस्तक में कुछ पहले के प्रकाशित लेख हैं, लेकिन यह लेख नया है। विशेषतः इसी पुस्तक के लिए लिखा हुआ। इस लेख का निष्कर्ष है : "स्वामी दयानन्द जैसे लोग *देशज प्रतिभा* के धनी थे। उनके आविर्भाव से सिद्ध हुआ कि नवजागरण की क्षमता इस देश में विद्यमान थी और यह क्षमता अंग्रेजी राज के समर्थन द्वारा नहीं, उसके विरोध द्वारा व्यक्त हुई थी। यथार्थ दृष्टि, उसके साथ उत्कट देशप्रेम–नवजागरण के इसी मार्ग पर चलने से भारतीय समाज का भावी विकास सुनिश्चित हो सकता है।" (पृ. 88)

अब तक रामविलासजी को पता चल गया था कि स्वामीजी 1857 के गदर में भी अपने ढंग से सक्रिय थे और उनकी देशभक्ति के लिए यह सूचना काफी थी। रामविलासजी की दृष्टि में दयानन्द देशप्रेम से ओतप्रोत होने के कारण ही ब्रह्म समाज से दूर रहे और उन्होंने *सत्यार्थ प्रकाश* के ग्यारहवें समुल्लास में मतभेद का कारण भी बता दिया : "इन लोगों में देशभक्ति बहुत न्यून है...अंग्रेजों की प्रशंसा भरपेट करते हैं...ऐसा कहते हैं कि बिना अंग्रेजों के सृष्टि में आज पर्यन्त कोई भी विद्वान नहीं हुआ।" शायद इसीलिए रामविलासजी भी राजा राममोहन राय के प्रति ठंडे रहे। दयानन्द के देशप्रेम से रामविलासजी इतने अभिभूत थे कि उन्होंने श्रद्धानन्द के इस बयान को भी अनदेखा कर दिया कि, "स्वामी दयानन्द ब्रिटिश सरकार के समर्थक थे।...वे भारत में अंग्रेजों का राज स्थायी रूप से बनाए रखना चाहते थे ताकि उनके सुधार-कार्य और प्रचार में कोई बाधा उत्पन्न न हो।" श्रद्धानन्द ने यह बात अपनी अंग्रेजी पुस्तक *आर्य समाज एंड इट्स डिट्रैक्टर्स* में लिखी है जो 1911 में प्रकाशित हुई थी।

बहरहाल, मुख्य मुद्दा है भारतीय नवजागरण में दयानन्द की भूमिका और इस मामले में रामविलासजी पूरी तरह दयानन्द के साथ हैं कि नवजागरण की क्षमता इस देश में विद्यमान थी और उसमें अंग्रेजों की कोई भूमिका नहीं थी। दयानन्द के लिए इस क्षमता का सबसे बड़ा आधार *ऋग्वेद* है और यहाँ भी रामविलासजी दयानन्द के साथ हैं। दयानन्द मानते थे कि *ऋग्वेद* में सब कुछ है, यहाँ तक कि तार विद्या, नौविमान विद्या जैसी आधुनिक टेक्नोलॉजी तो है ही, न्यूटन का आकर्षण अनुकर्षण जैसा भौतिकी का सिद्धान्त भी। 'ऋग्वेद भाष्य' में उन्होंने 'अश्विन' का अर्थ किया है भाप-चालित जहाज–जो पानी, जमीन और आसमान, सबमें समान रूप से चलता है। स्वामीजी के अनुसार 'अश्विन' कोई देवता नहीं है। निश्चय ही रामविलासजी स्वामीजी के साथ इतनी दूर तक नहीं गए हैं, लेकिन उन्होंने *ऋग्वेद* के देवों को रूपक मानकर काफी चमत्कारी व्याख्याएँ की हैं जिनसे यही सिद्ध होता है कि *ऋग्वेद* में बहुत से आधुनिक विचार पहले से विद्यमान हैं, यदि सब कुछ नहीं तो। ऐसी ही बातों के लिए रामविलासजी की दृष्टि में दयानन्द "देशज प्रतिभा के धनी" हैं और प्रतिभा "देशज" हो तो रामविलासजी क्यों न उसके मुरीद हों ? वे भी तो "भदेस" की वकालत करने में गर्व का अनुभव करते

हैं और अक्सर किसान-चेतना का दावा भी करते रहते हैं।

ऋग्वेद का सबसे बड़ा आकर्षण है *आर्य*। दयानन्द की दृष्टि में ये 'आर्य' इतने महत्त्वपूर्ण हैं कि उन्होंने हिन्दू की जगह आर्य, हिन्दुस्तान की जगह आर्यावर्त, हिन्दू समाज की जगह आर्यसमाज और हिन्दी भाषा की जगह आर्यभाषा कहने का चलन चलाया। इन संज्ञाओं के कुछ अवशेष अब भी मिलते हैं। यहाँ भी रामविलासजी स्वामीजी के साथ इस हद तक तो नहीं गए, लेकिन आर्यों के बाद और बहुत सी बातों में भी दयानन्द के ही साथ हैं; जैसे आर्य कहीं बाहर से भारत नहीं आए, बल्कि वे भारत के मूल निवासी हैं। वे यह भी मानते हैं कि वैदिक आर्यों की सभ्यता ही भारत की सबसे पुरानी सभ्यता है और इससे पहले यहाँ और कोई सभ्यता नहीं थी। इस मामले में दयानन्द और रामविलासजी की स्थिति में फर्क यह है कि दयानन्द के जीते-जी हड़प्पा की खुदाई नहीं हुई थी इसलिए उनका वैदिक सभ्यता को सबसे पुरानी कहने का अर्थ समझ में आता है। लेकिन रामविलासजी तो हड़प्पा सभ्यता के बारे में इतने अनुसन्धानों के बाद भी वहीं अड़े हैं जहाँ सौ साल पहले दयानन्द खड़े थे।

एक फर्क यह भी है कि दयानन्द सारे विश्व को आर्य बनाने का सपना देखते थे, जबकि रामविलासजी के अनुसार वैदिक आर्यों ने ही भारत से बाहर निकलकर ईरान और यूनान होते सम्पूर्ण यूरोप में सभ्यता का प्रसार किया—यहाँ तक कि यह प्रक्रिया उन्नीसवीं सदी के रोमांटिक पुनर्जागरण तक अबाध गति से चलती रही है। *पश्चिमी एशिया और ऋग्वेद* तथा *भारतीय नवजागरण और यूरोप* जैसे ग्रन्थों की मुख्य स्थापना यही है। तात्पर्य यह कि भारतीय नवजागरण में यूरोप का कोई योग नहीं है; बल्कि यूरोप के नवजागरण में भारत की ही महत्त्वपूर्ण भूमिका है। कहना न होगा कि यह एक प्रकार से यूरोपीय विद्वानों के कुख्यात 'ओरिएंटलिज़्म' के जवाब में दूसरा 'अन्धराष्ट्रवादी प्राच्यवाद' है ! भारतीय प्राच्यवाद की यह प्रतिक्रिया उतनी ही विकृत है जितनी पाश्चात्य प्राच्यवाद की आक्रामक क्रिया दूषित थी। रामविलासजी का यह आक्रामक प्राच्यवाद दयानन्द के आर्यवाद से ज्यादा खतरनाक है क्योंकि यह आज संघ परिवार के फासिस्ट इरादों को एक हथियार प्रदान कर रहा है—बन्दर के हाथ उस्तरा देने से भी खतरनाक।

दरअसल बीसवीं सदी में रामविलासजी ने *ऋग्वेद* के साथ लगभग वैसा ही सलूक किया जैसा उन्नीसवीं सदी में दयानन्द ने किया। उद्‌देश्य भी एक ही था। भारतीय नवजागरण। नवजागरण के लिए दयानन्द ने *ऋग्वेद* का एक नया भाष्य शुरू किया तो रामविलासजी ने भी नब्बे के दशक में लिखी सभी किताबों में टुकड़े-टुकड़े ऐसा ही कार्य किया—निश्चय ही आर्यसमाजी सातवलेकर के हिन्दी ऋग्वेद की मदद से, क्योंकि दयानन्द सिर्फ 72 वैदिक मन्त्रों का ही भाष्य कर पाए थे।

इस प्रसंग में रामविलासजी दयानन्द की "देशज" प्रतिभा की दाद देते समय यह भूल जाते हैं कि *ऋग्वेद* में दयानन्द की दिलचस्पी का श्रेय एक तरह से पाश्चात्य प्राच्यविदों को ही है। यह सही है कि दयानन्द को अंग्रेजी शिक्षा नहीं मिली थी। लेकिन रामविलासजी तो अंग्रेजी के ही अध्यापक थे। आर्य यूरोप से भारत भले ही न आए हों,

आधुनिक युग में *ऋग्वेद* तो यूरोप होकर ही आया—यह मोटी-सी बात रामविलासजी न जानते रहे होंगे, यह कहना भी पाप है।

दयानन्द ने अपनी *ऋग्वेद भाष्य भूमिका* 1878 में लिखी जबकि 1838 में फ्रीड्रिख रोज़ेन ने *ऋग्वेद* का लगभग आठवाँ भाग कलकत्ता से प्रकाशित कर दिया था। इसके बाद 1840 के आसपास पेरिस में 'कालेज दि फ्रांस' में संस्कृत के प्रोफेसर यूजीन बुर्नूफ ने *ऋग्वेद* पर काम शुरू किया और उन्हीं के शिष्य रूडोल्फ रोठ ने जर्मनी में वेद विद्या की नींव डाली। इसी परम्परा में आगे चलकर जर्मन माक्स म्यूलर ने इंग्लैंड में *ऋग्वेद* का प्रथम संस्करण 1849 में प्रकाशित किया और यह कार्य 1875 में सम्पन्न हुआ। औरों की नहीं, माक्स म्यूलर के वेद-सम्बन्धी प्रयास की सूचना उस समय ही भारतीय पंडितों को निश्चय ही थी। इसलिए दयानन्द इस सूचना से एकदम अनजान रहे होंगे, यह मानना कठिन है। यह तो तथ्य है कि दयानन्द कलकत्ता गए थे और वहाँ वे ब्रह्म समाज के सम्पर्क में आए। ब्राह्मो विद्वानों की रुचि राजा राममोहन राय के जमाने से ही वेदों की अपेक्षा उपनिषदों में थी। फिर दयानन्द को वेदोन्मुख होने की प्रेरणा भारत के अन्दर और किस स्रोत से मिली ? जब तक इस प्रश्न का कोई ठोस उत्तर नहीं मिलता तब तक यही स्वीकार करना पड़ेगा कि यूरोपीय विद्वानों ने ही उन्नीसवीं सदी में भारतीयों को वेदों के पुनरुद्धार के लिए प्रेरित किया। निश्चय ही दयानन्द ऐसे भारतीय विद्वानों में अग्रणी और लोक-प्रसिद्ध हैं। लेकिन यह न भूलना चाहिए कि उन्नीसवीं सदी में भारत के पंडितों के बीच यदि दयानन्द महर्षि कहलाते थे तो माक्स म्यूलर भी मोक्ष मूलर भट्टाचार्य के रूप में विख्यात थे और कुछ लोग तो उन्हें ऋषि भी मानने लगे थे। दयानन्द से पहले ही माक्स म्यूलर ने ही *ऋग्वेद* को ध्यान में रखते हुए कहा : "वह हमारी (यूरोप की) बचपन की उन स्मृतियों को पुनर्जीवित करता है जो हमेशा-हमेशा के लिए लुप्त हो गईं।" इसी क्रम में उन्होंने यह भी कहा कि "हम सभी पूर्व से आए हैं और वह सब भी पूर्व से ही आया है जिसे हम मूल्यवान समझते हैं। इसीलिए पूर्व की ओर जाने का अर्थ है अपने पूर्ववर्ती 'प्राचीन घर' की ओर वापसी"।

इस तरह माक्स म्यूलर को *ऋग्वेद* पढ़कर अपना 'घर' याद आया तो फिर दयानन्द को भी अपना 'घर' क्यों न याद आए ? इसलिए तो और भी कि वह 'घर' दूसरों के कब्जे में था !

लेकिन रामविलासजी दयानन्द के *ऋग्वेद* पर ऐसे समय आए जब घर तो अपना हो गया लेकिन अब उसके अन्दर रहनेवाले ही घर की तोड़-फोड़ में लगे हैं और कुछ अपने ही लोगों को बाहर निकालने या घाट उतारने पर तुले हुए हैं। यह वही दशक है जिसमें अयोध्या की बाबरी मस्जिद का विध्वंस हुआ। इस विध्वंस में ऐसे लोग भी शामिल थे जो आर्यों के बारे में प्रायः दयानन्द के ही विचारों को दुहराते हैं और कुछ तो आर्य समाज से ही संघ परिवार में आए भी हैं। इस विध्वंसक गिरोह में ऐसे लोगों की संख्या काफी है जो महावीर प्रसाद द्विवेदी की 'सरस्वती' को नहीं जानते लेकिन सभी स्कूलों में सरस्वती देवी की वन्दना को अनिवार्य बनाने पर तुले हुए हैं। इधर

रामविलासजी हैं कि 'सरस्वती' पत्रिकावाले नवजागरण को भूलकर अब आर्यों की लुप्त सरस्वती नदी के नाम पर पुनर्जागरण करनेवालों के समर्थन में सामग्री जुटा रहे हैं। सरस्वती की इतनी चिन्ता तो स्वयं दयानन्द सरस्वती को भी न थी।

दयानन्द रामविलासजी के अन्दर कहीं इस कदर बैठे हैं कि भगतसिंह और रामप्रसाद बिस्मिल जैसे क्रान्तिकारियों के प्रसंग में भी याद आए बिना नहीं रहते। *स्वाधीनता आन्दोलन : बदलते परिप्रेक्ष्य* (1992) में क्रान्तिकारियों के योगदान की चर्चा करते हुए वे फिर दयानन्द को याद करते हैं और बाद में वे उन्हें कबीर के बराबर खड़ा कर देते हैं। लिखते हैं : "स्वामी दयानन्द ने सभी धर्मों की रूढ़ियों पर प्रहार किया था, उनका यह कार्य कबीर की परम्परा के अनुरूप था। कबीर पन्थ की आलोचना के बावजूद उनके और कबीर के तर्कों और उनकी तर्क-शैली में भी बहुत बड़ी समानता है। यह तर्क-शैली मनुष्य को स्वतन्त्र चिन्तन की ओर ले जानेवाली थी। रामप्रसाद बिस्मिल, लाला लाजपत राय और सरदार भगतसिंह इस स्वतन्त्र चिन्तन की श्रेष्ठ देन हैं।" (पृ. 122)

आज कोई चाहे तो रामविलास शर्मा का नाम भी इस सूची में जोड़ सकता है, क्योंकि कबीर और दयानन्द की तर्क-शैली में समानता हो-न हो, दयानन्द और रामविलासजी की तर्क-शैली में काफी समानता है। समानता इस बात में भी है कि सारे विचार-स्वातन्त्र्य के बावजूद वेदों में आस्था दोनों की ही अडिग है।

वैसे, विचार-स्वातन्त्र्य के कारण ही किसी समय राहुलजी भी दयानन्द की ओर आकृष्ट हुए थे—यहाँ तक कि लगभग दस वर्षों तक उन्होंने आर्य समाज के प्रचारक का भी काम किया। लेकिन "आर्य सामाजिक संकीर्णता" देखकर अन्ततः वे 'आर्य समाज' से बाहर आ गए। यही विचार-स्वातन्त्र्य उन्हें बुद्ध की ओर ले चला।

बुद्ध के विचार-स्वातन्त्र्य के कायल आज रामविलासजी भी हैं। *भारतीय संस्कृति और हिन्दी प्रदेश* (1999) के पहले भाग में उन्होंने यह स्वीकार किया है : "बुद्ध की सबसे शानदार घोषणा यह है कि किसी ने कहा इसलिए मान लिया, किसी पुस्तक में लिखा है, इसलिए मान लिया, श्रद्धावश मान लिया, ऐसा न करना चाहिए। अपने विवेक से काम लेना चाहिए और विवेक से बढ़कर अनुभव से देखना चाहिए कि यह बात सही है या गलत। उन्होंने कालामो से कहा—" यह कहकर अपनी प्रिय उद्धरण-शैली के अनुसार बुद्ध के मूल वचन का अविकल हिन्दी भाषान्तर प्रस्तुत कर दिया है : "हे कालामो ! आओ। तुम किसी बात को केवल इसलिए मत स्वीकार करो कि यह बात अनुश्रुत है, केवल इसलिए मत स्वीकार करो कि यह बात परम्परागत है, केवल इसलिए मत स्वीकार करो कि यह बात इसी प्रकार कही गई है, केवल इसलिए मत स्वीकार करो कि यह हमारे धर्मग्रन्थ (पिटक) के अनुकूल है, केवल इसलिए मत स्वीकार करो कि यह तर्कसम्मत है, केवल इसलिए मत स्वीकार करो कि यह न्याय (शास्त्र)-सम्मत है, केवल इसलिए मत स्वीकार करो कि आकार-प्रकार सुन्दर है, केवल इसलिए मत स्वीकार करो कि यह हमारे मन के अनुकूल है, केवल इसलिए मत स्वीकार करो कि कहनेवाले का

व्यक्तित्व आकर्षक है, केवल इसलिए मत स्वीकार करो कि कहनेवाला श्रमण हमारा पूज्य है। हे कालामो, जब तुम आत्मानुभव से अपने आप यह जानो कि यह बातें अकुशल हैं, ये बातें सदोष हैं, ये बातें विज्ञ पुरुषों द्वारा निन्दित हैं, इन बातों के अनुसार चलने से अहित होता है, दुःख होता है, तो हे कालामो, तुम उन बातों को छोड़ दो।" (पृ. 588)

अंगुत्तर निकाय (भाग 1, पृ. 192) से बुद्ध का यह कथन उद्धृत करने के ठीक बाद रामविलासजी जोड़ते हैं : "इससे मिलती-जुलती घोषणा तैत्तिरीय उपनिषद में है। आचार्य ने शिष्य से कहा–*यानि अनवद्यानि कर्माणि तानि सेवितव्यानि नो इतराणि। यानि अस्माकं सुचरितानि तानि त्वया उपास्यानि नो इतराणि।* हमारे जो अनिन्दित कर्म हैं, उन्हीं का सेवन करना, दूसरों का नहीं। जो हमारे सुचरित हैं उन्हीं को उपास्य समझना, दूसरों को नहीं।" (1.11.2)

अब सवाल यह है कि क्या उपनिषद की बातें बुद्ध के बयान से "मिलती-जुलती" हैं ? कोई भी सामान्य पाठक स्पष्ट अन्तर देख सकता है। बुद्ध ने कहा था कि "केवल इसीलिए मत स्वीकार करो कि यह बात इसी प्रकार कही गई है।" फिर भी रामविलासजी बुद्ध के वचन के साथ उससे "मिलती-जुलती" (?) बात क्यों प्रस्तुत करते हैं ? और वह भी स्थूलाक्षरों में, जबकि बुद्ध की "शानदार घोषणा" पतले अक्षरों में है। बुद्ध 'श्रुति' का निषेध कर रहे हैं, और परम्परा का भी, फिर भी रामविलासजी हैं कि पूर्व परम्परा और वह भी वैदिक परम्परा के उपनिषद का हवाला देने से बाज नहीं आ रहे तो क्यों ? क्या यह उनका वैदिक पूर्वग्रह नहीं है ? यह कैसा विचार-स्वातन्त्र्य है–जिसमें हर बात के लिए वैदिक मुहर जरूरी है ? जिसके लिए हर बात वेद में पहले ही से मौजूद है, उसके लिए तो बुद्ध के विचार-स्वातन्त्र्य का भी वेदों में नहीं तो वेदान्त यानी उपनिषदों में होना अनिवार्य है।

सम्भवतः यही वजह है कि रामविलासजी दयानन्द से चिपके हुए हैं। विडम्बना यह है कि जिस आर्य समाज को राहुलजी 1920 के आसपास छोड़ चुके थे, उसी आर्य समाज की ओर रामविलासजी 70 साल बाद लौट रहे हैं–वह भी ऐसे समय जब आर्य समाज से जुड़े बहुत से लोग राष्ट्रीय स्वयंसेवक संघ, विश्व हिन्दू परिषद, बजरंग दल, भारतीय जनता पार्टी आदि में से किसी-न-किसी संगठन के साथ हो चले हैं। 1920 के आसपास तो बात कुछ और थी। उस समय तो लाला लाजपत राय जैसे आर्यसमाजी भी स्वाधीनता संग्राम के अग्रणी नेताओं में थे। यही नहीं, बल्कि प्रेमचन्द जैसे लोक-हृदय साहित्यकार भी आर्यसमाज से सहानुभूति रखते थे। इसलिए बीसवीं सदी के आरम्भ में राहुलजी का आर्य समाज की ओर उन्मुख होना समझ में आता है। राहुलजी उन्हीं ब्राह्मणवादी रूढ़ियों से मुक्त होने के लिए दयानन्द के मार्ग पर आए थे जिनसे हिन्दू समाज को मुक्त करने के लिए दयानन्द ने पूरे उत्तर भारत में अभियान चलाया था।

वैसे, रामविलासजी को भी आर्य समाज के पथभ्रष्ट होने की आशंका थी। पूर्वोक्त प्रसंग में ही उन्होंने यह एक वाक्य ऐसा लिखा भी है : "आर्य समाज के आन्दोलन को भी साम्प्रदायिक रूप देकर उसके क्रान्तिकारी तेज को नष्ट किया जा सकता है।"

(पृ. 121)। लेकिन 1992 में जब उन्होंने यह आशंका व्यक्त की थी, वह वास्तविकता में बदल चुकी थी और आर्य समाज का एक हिस्सा साम्प्रदायिक हो चुका था। फर्क इतना ही है कि रामविलासजी का दयानन्द-मोह उसे साफ-साफ स्वीकार करने के लिए तैयार नहीं था।

नवजागरण के साथ ही रामविलासजी की मुख्य चिन्ता है परम्परा की रक्षा। अपने एक लेख में उन्होंने स्वयं कहा है कि "मेरे लेखों में परम्परा की रक्षा और उसके विकास पर काफी जोर है।" इस लेख का शीर्षक है 'प्रगतिशील साहित्यिक आन्दोलन, मार्क्सवाद और मेरी किताबें'। यह लेख खासतौर से *मार्क्सवाद और प्रगतिशील साहित्य* (1984) नामक पुस्तक के लिए लिखा गया है। इससे पहले *परम्परा का मूल्यांकन* (1981) के आरम्भ में ही उन्होंने परम्परा के महत्त्व पर प्रकाश डालते हुए लिखा है : "जो महत्त्व ऐतिहासिक भौतिकवाद के लिए इतिहास का है, वही आलोचना के लिए साहित्य की परम्परा का है।...ऐतिहासिक भौतिकवाद कुछ अमूर्त सिद्धान्तों का संग्रह नहीं है, वह मानव-समाज के इतिहास का मूर्त ज्ञान है। वैसे ही प्रगतिशील आलोचना किन्हीं अमूर्त सिद्धान्तों का संकलन नहीं है, वह साहित्य की परम्परा का मूर्त ज्ञान है। और यह ज्ञान उतना ही विकासमान है जितना साहित्य की परम्परा।" (पृ. 9)

इस सन्दर्भ में उल्लेखनीय है कि 1948 में उनके निबन्धों का जो संकलन प्रकाशित हुआ था उसका शीर्षक था : *प्रगति और परम्परा*। प्रगति पहले, परम्परा पीछे। यह उस समय तक प्रकाशित निबन्धों का दूसरा ही संकलन था। इसके बाद परम्परा फिर *परम्परा का मूल्यांकन* (1981) में ही दिखाई पड़ी—एकदम अकेली। 'प्रगति' कहीं पीछे छूट गई।

1948 के बाद हिन्दी में वह दौर शुरू हुआ जिसमें 'परम्परा और आधुनिकता' पर बहस की शुरुआत हुई। इस बहस में रामविलासजी ने कभी भाग लिया हो, याद नहीं आता। आधुनिकतावाद के साथ ही आधुनिकता से भी उन्हें सम्भवतः परहेज था। किन्तु इस क्रम में उन्होंने 'परम्परा' की भी कोई व्याख्या प्रस्तुत करने की कोशिश शायद ही कहीं की हो। अधिक-से-अधिक वे कभी भारतेन्दु की परम्परा की बात करते थे तो कभी प्रेमचन्द की परम्परा की या फिर रामचन्द्र शुक्ल की परम्परा की। इस बात की ओर उनका ध्यान नहीं गया कि 'परम्परा' के ये प्रयोग सम्प्रदाय-निर्माण का अर्थ व्यंजित करते हैं। मध्यकालीन सन्तमत में कबीर पन्थ, दादू पन्थ, निरंजन पन्थ का प्रचलन तो रहा है, किन्तु साहित्य में किसी कवि या लेखक के नाम पर परम्परा कायम करने की कोशिश नहीं हुई। इस नई परम्परा का श्रेय निश्चय ही रामविलासजी को है। कहानी के क्षेत्र में अवश्य एक समय कुछ लोगों ने 'प्रसाद स्कूल' और 'प्रेमचन्द स्कूल' चलाने की कोशिश की, किन्तु इसे स्वयं प्रेमचन्द ने ही खारिज कर दिया।

नृत्य, संगीत आदि क्लासिकी कलाओं तथा कुछ प्राचीन शास्त्रों में प्रायः गुरु-शिष्य परम्परा की चर्चा होती है और उन क्षेत्रों में इसका मान भी है। यहाँ इसी तरह का एक शब्द और चलता है—'घराना'। इस 'घराना' शब्द का प्रयोग जब राजघरानों के लिए किया जाता है तो वहाँ वंशावली और कुर्सीनामा को लेकर बहस होती है।

सम्भवतः इन्हीं सब बातों को ध्यान में रखकर *अडोर्नो* ने 'परम्परा' को एक "सामन्ती" अवधारणा कहा था। धार्मिक सम्प्रदायों और रजवाड़ों के आपसी झगड़े परम्परा के सामन्ती उद्भव की ओर स्पष्ट संकेत करते हैं। इसीलिए यहाँ परम्परा की अटूट निरन्तरता का बड़ा महत्त्व है। इस सन्दर्भ में वैदिक धर्म को सनातन धर्म कहने के आग्रह का भी अर्थ खुल जाता है। सम्भवतः इसीलिए सनातनता के साथ ही किसी परम्परा की प्राचीनता भी अपने आप में एक मूल्य हो जाती है। परम्परा का प्रश्न उठते ही पहला सवाल यही किया जाता है कि आपकी परम्परा कितनी पुरानी है ? यह अकारण नहीं है कि मध्यकाल के सभी राजघरानों में अपने आप को वैदिक काल के सूर्यवंश या चन्द्रवंश में से किसी एक से जुड़ने की होड़ लगी हुई थी।

इस प्रक्रिया में कुछ मिथक भी गढ़े जाते हैं और परम्परा एक तरह से 'मिथक' बन जाती है। यदि यह सच है तो स्पष्टतः परम्परा इतिहास नहीं है। अधिक-से-अधिक परम्परा को 'संकलित इतिहास' या 'पुनर्निर्मित इतिहास' कहा जा सकता है। रामविलासजी भी इतिहास और परम्परा का प्रयोग अलग-अलग ही करते हैं किन्तु उन दोनों को साथ-साथ देखकर कभी-कभी एक होने का भ्रम भी होता है। प्राचीन काल में अपने यहाँ संस्कृत के पंडित भी इतिहास-पुराण का नाम साथ-साथ ही लेते थे। रामविलासजी की खूबी यह है कि अक्सर वे इतिहास भी पुराण की तरह लिखते हैं। इसलिए सामान्य पाठक के लिए यह निर्णय करना कठिन हो जाता है कि पुराण कहाँ खत्म होता है और इतिहास कहाँ शुरू होता है। शायद इसीलिए कुछ इतिहासकारों की दृष्टि में रामविलासजी इतिहास के नाम पर पुराण ही रचते हैं।

ऋग्वेद के आर्यों का जैसा दिव्य चित्र रामविलासजी ने प्रस्तुत किया है उससे तनिक भी आभास नहीं होता कि वे आपस में कभी लड़ते भी थे। पूरा समाज योगियों का ऐसा अखाड़ा मालूम होता है जो हर समय कविता करने, गीत गाने और आग जलाकर नाचने में मग्न रहता था। अश्वों के लिए प्रसिद्ध आर्यों की दुनिया में दिग्विजय के अश्व भले ही हिनहिनाते दिखें, युवा कवि हरीशचन्द्र पांडे के वे 'लद्दू घोड़े' कहीं न मिलेंगे– *"जबकि किसी भी स्वर्ण युग की कल्पना/बिना जख्मी पीठों के संभव नहीं।"*

सच तो यही है कि "सभ्यता का ऐसा कोई भी दस्तावेज नहीं है जो साथ-ही-साथ बर्बरता का भी दस्तावेज न हो।" वाल्टर बेन्यामिन की यह उक्ति रामविलासजी के ध्यान में शायद ही कभी आई हो ! जबकि राहुलजी के "ऋग्वैदिक आर्य" इस कटु सत्य का स्मरण बराबर कराते हैं। कहीं रामविलासजी के मन में भी कोई 'राहुल-ग्रन्थि' तो नहीं थी ? इस ग्रन्थि का जिक्र सिर्फ इसलिए कि उनके लेखे पन्त भी 'निराला-ग्रन्थि' से पीड़ित थे ! वरना कहाँ *ऋग्वेद* और कहाँ रामविलास ! निराला क्या कम थे ?

लेकिन सवाल परम्परा की "रक्षा" का है ? रक्षा क्यों और किससे ? पतंजलि ने भी 'व्याकरण महाभाष्य' के आरम्भ में 'रक्षा' का प्रश्न उठाते हुए कहा था कि 'रक्षार्थं वेदानामध्येयं व्याकरणम्'। वेदों की रक्षा के लिए व्याकरण पढ़ना चाहिए। रक्षा का प्रश्न तभी उठता है जब कोई संकट हो ! बुद्ध के धर्मचक्र प्रवर्तन और देवानां प्रिय अशोक

के सम्राट होने के बाद वेदों को संकट में तो होना ही था। इधर हिन्दी में रामविलासजी के भी कुछ अपने वेद थे और उनके लिए यही परम्परा थी। इसकी तनिक-सी भी आलोचना उनकी दृष्टि में परम्परा पर हमला था। कहना न होगा कि यह 'रक्षा' शब्द ही आलोचना कर्म को धर्मयुद्ध में बदल देता है। टी.एस. इलियट ने भी सम्भवतः इसीलिए अपने आलोचनात्मक निबन्धों के प्रथम संग्रह का नाम *पवित्र वन* रखा था। आखिर 'परम्परा और वैयक्तिक प्रतिभा' निबन्ध परम्परा की रक्षा के लिए ही तो लिखा गया था !

'परम्परा की रक्षा' में ही यह भाव निहित है कि परम्परा पवित्र है और जो पवित्र है उसकी सिर्फ पूजा की जा सकती है; आलोचना की कोशिश की गई तो उसकी पवित्रता नष्ट हो जाएगी।

रामविलासजी परम्परा की रक्षा के साथ ही 'विकास' की भी बात करते हैं और यहाँ भी विकास का तात्पर्य 'निर्वाह' ही है, उसमें अपनी ओर से कुछ नया जोड़ने की कोई गुंजाइश यहाँ नहीं है। इस प्रसंग में विकास बहुत कुछ वैसा ही कार्य है जैसे किसी सूत्र पर 'वृत्ति' और भाष्य ! परम्परा की रक्षा तभी हो सकती है जब उसके मूल को अविकल सुरक्षित रखा जाए। अधिक-से-अधिक यहाँ पल्लवन की अनुमति है, और उसी का नाम विकास है। इस सीमा का उल्लंघन परम्परा का प्रतिवाद है। उसे परम्परा का विकल्प या वैकल्पिक परम्परा भी कह सकते हैं। कहना न होगा कि परम्परा के प्रति यह सनातनी दृष्टि है और रामविलासजी अन्ततः विकास, प्रगति आदि शब्दों का प्रयोग करने के बावजूद 'पवित्र वन' के उस ईसाई धर्मराज की तरह हैं जो अपने वन की रक्षा के लिए हाथ में नंगी तलवार लिये चौकन्ना घूमता रहता है और इस चिन्ता में उससे पलकें एक पल के लिए भी नहीं झपकतीं।

परम्परा का ऐसा सजग प्रहरी परम्परा को प्रमाण मानने के लिए अभिशप्त है। परम्परा को चुनौती देने की बात तो वह कभी सोच भी नहीं सकता। इसीलिए गौतम बुद्ध ने कालामो से कहा था कि "केवल इसलिए मत स्वीकार करो कि यह बात परम्परागत है !" राहुलजी का रास्ता यहीं से अलग हो जाता है।

'ऐतिहासिक स्मृति' से अधिक परम्परा का कोई अर्थ नहीं है और विस्मृति भी इस स्मृति का ही एक अभिन्न अंग है। किसी व्यक्ति या जाति में भूलने का माद्दा न हो तो यादों के दबाव से माथा फट जाए ! इसीलिए जैसा कि वाल्टर बेन्यामिन का कहना था, परम्परा की निरन्तरता को कभी-कभी पलीता लगाकर बीच से उड़ा देना जरूरी हो जाता है। शायद इसीलिए यादें सिलसिलेवार नहीं आतीं—यहाँ तक कि उनमें अन्तराल भी आते हैं। गौतम बुद्ध का 'प्रतीत्य समुत्पाद' सम्भवतः इसी ओर संकेत करता है। इस दृष्टि से परम्परा वस्तुतः विच्छिन्न प्रवाह है : फिर यह परम्परा चाहे इतिहास की हो चाहे संस्कृति अथवा साहित्य की !

प्रवाह को विच्छिन्न किए बिना सिर्फ पुरावृत्ति ही होती है—पुरावृत्त में भी और उसे रचनेवाली चित्तवृत्ति में भी। स्वयं रामविलासजी का परवर्ती इतिहास-लेखन इसका सबसे

सटीक उदाहरण है। विडम्बना यह है कि ऐसा करते ऊब भी नहीं महसूस होती, अब औरों को हो तो हो, खुद को धीरे-धीरे रस आने लगता है। गोया पूरा इतिवृत्त राम का नाम हो—बस जपते जाइए।

केसवदास आठो याम, राम राम राम राम
जपत रहत न डरत पुनरुक्ति को !

और रामविलासजी निश्चय ही केशवदास तो नहीं ही कहलाना चाहेंगे।

परम्परा-मोह के साथ एक मुश्किल और है, और वह है उसके उद्गम यानी 'ओरिजिन' का पता लगाने की झक। यूरोपवालों ने भारोपीय भाषाओं के मूल स्रोत का पता लगाने के लिए आदि भारोपीय भाषा (अर्थात् प्रोटो-इंडो-यूरोपीयन) की रूपरेखा बनाने में पूरी उन्नीसवीं सदी और फिर उसके बाद के भी कई दशक बर्बाद कर दिए। इधर उसका खंडन करके वैदिक आर्यभाषा को ही आदि भारोपीय भाषा साबित करने के लिए रामविलासजी ने *भारत के प्राचीन भाषा परिवार और हिन्दी* नामक तीन जिल्दों के डेढ़ हजार पृष्ठ और अपने जीवन के अमूल्य डेढ़ दशक सर्फ कर दिए। यही नहीं बल्कि वैदिक भाषा बोलनेवाले आर्यों को भारत का मूल निवासी साबित करने के लिए भाषायी दलीलों के अलावा पुरातत्त्व के उस प्रदेश में प्रवेश कर गए जो उनके लिए नितान्त अनजाना रहा है। उस बीहड़ सफर में अन्ततः वे सरस्वती नदी के कछार में ऐसे फँसे कि निकलने का रास्ता न सूझे।

इस प्रसंग में अनायास ही कुँवर नारायण की वर्षों पहले की लिखी कविता 'आदमी अध्यवसायी था' याद आ रही है। लिखी तो गई थी वह किसी अन्य प्रसंग के लिए, लेकिन रामविलासजी के "अध्यवसाय" को देखते हुए पूरी तरह चस्पाँ बैठती है :

उसको छूती आँखों का अधैर्य कि वह पारस क्यों नहीं
जो छूते ही चीजों को सोना कर दे ? क्यों खोजना पड़ता है
मिथकों में, वक्रोक्तियों में, श्लेषों में, रूपकों में
झूठ के उलटी तरफ क्यों इतना रास्ता चलना पड़ता है
एक साधारण सचाई तक पहुँच पाने के लिए ?

यह विडम्बना नहीं तो और क्या है कि रामविलासजी ने *ऋग्वेद* की नदी सरस्वती के लुप्त होने के लिए जितनी कल्पना दौड़ाई उसका शतांश भी यह सोचने में नहीं लगाया कि सभ्यताएँ—बड़ी सभ्यताएँ क्यों लुप्त हो जाती हैं; जैसे सुमेर, माया या फिर अपने ही देश की हड़प्पा। इतना ही नहीं, बल्कि जो लुप्त नहीं हुईं वे इतिहास के प्रवाह में प्रवाह-पतित क्यों हो गईं—पिछड़ क्यों गईं; जैसे प्राचीन ग्रीक सभ्यता, प्राचीन रोमन सभ्यता और अपनी प्राचीन वैदिक सभ्यता !

यह सच है कि हमारी वैदिक सभ्यता लुप्त नहीं हुई, लेकिन पिछड़ तो गई ही। यह तो स्वीकार करना ही पड़ेगा। गनीमत है, रामविलासजी भी इस कड़वे सच को स्वीकार करते हैं। लेकिन आधा। आज तो पिछड़े हैं, लेकिन पहले दुनिया में सबसे आगे थे। पिछड़ने का सारा दोष अंग्रेजी राज पर। इस एक दोष को साबित करने के लिए

रामविलासजी ने जितने पन्ने ज़ाया किए हैं, उसके आधे भी खुद अपनी याने अपने सामाजिक ढाँचे की कमजोरियों को रेखांकित करने में लगाते तो पिछड़ेपन को दूर करने में थोड़ी मदद मिलती। इसके साथ ही अतीत के इतिहास का चित्र भी अपेक्षाकृत अधिक यथार्थ होता और अपनी पुरानी परम्परा का मिथ्या गर्व भी थोड़ा कम होता।

दरअसल परम्परा के आदि स्रोत की खोज में निकलना भी एक जोखिम का काम है। पीछे जाने में खतरा यह है कि आगे जाने की बात ही भूल जाती है या फिर पीछे चलते-चलते मुसाफिर इतना थक जाता है कि आगे बढ़ने की ताकत ही नहीं बचती। यह आकस्मिक नहीं है कि 'प्रगति और परम्परा' के लेखक को फिर प्रगति की ओर बढ़ने की सुध ही न रही। प्रसंगवश फ़िराक़ साहब एक बार फिर याद आ रहे हैं और इस बार उनकी रुबाई–

दामन उनका माज़ी से अटका सौ बार,
खाया हठधर्मियों का झटका सौ बार।
माज़ी के दोश पर गए थे चढ़ने,
माज़ी ने उठा-उठा के पटका सौ बार।

इसके बाद भी कुछ माज़ीपरस्त पहलवान धूल झाड़कर दुबारा खड़े होने का हौसला रखते ही हैं, लेकिन उनसे क्या कलाम ? शायद वे भूत को ही भविष्य समझते हैं। ऐसे लोग पुनरुत्थानवादी कहलाते हैं और जाहिर है कि रामविलासजी जैसा मार्क्सवादी पुनरुत्थानवादी नहीं हो सकता, लेकिन दूसरों को पुनरुत्थानवादी कहने का हक तो उसे है ही। इसी अधिकार से रामविलासजी ने हजारीप्रसाद द्विवेदी को मरणोपरान्त पुनरुत्थानवादी घोषित किया। *लोकजागरण और हिन्दी साहित्य* (1985) नामक पुस्तक की भूमिका में उन्होंने लिखा है कि हजारीप्रसाद द्विवेदी का साहित्य-चिन्तन "हिन्दू पुनरुत्थानवाद से गम्भीर रूप से सम्बद्ध है।" (पृ. 90)

क्या विडम्बना है–वेदों की ओर लौटने का आह्वान करनेवाले दयानन्द तो हुए नवजागरण के अग्रदूत और कबीर के पक्ष से संघर्ष करनेवाले हजारीप्रसाद द्विवेदी 'हिन्दू पुनरुत्थानवाद' से सम्बद्ध ही नहीं, गम्भीर रूप से सम्बद्ध ! रामविलासजी की कृपा से द्विवेदीजी यहाँ भी राहुलजी की अच्छी सोहबत में हैं।

हकीकत क्या है, यह जानने के लिए द्विवेदीजी के एक बहुत पुराने निबन्ध 'शव-साधना' (1944) का जिक्र अप्रासंगिक न होगा। निबन्ध में द्विवेदीजी कहते हैं : "मैं जब-जब अपने देश के प्राचीन आचार-विचार और क्रिया-कलाप के अध्येताओं को देखता हूँ, तब-तब मुझे उस तान्त्रिक शव-साधना की बात याद आ जाती है। शव-साधक शव को ही अपना लक्ष्य नहीं मानता, परन्तु फिर भी शव का कितना आदर उसके चित्त में होता है। मरे जमाने की पीठ पर बैठकर जो पंडित आज ज्ञान की साधना कर रहे हैं वे भी प्राचीन और मरे हुए काल को उतना ही महत्त्वपूर्ण मानते हैं।...परन्तु हमारे प्राचीन ज्ञान का लक्ष्य क्या सभी साधकों को मालूम है ? प्राचीन मर चुका है, वह जी नहीं सकता, फिर भी उसकी अच्छी जानकारी हुए बिना सिद्धि नहीं हो सकती।...हम

ऐसे साधकों को जानते हैं जिन्होंने अपने गम्भीर अध्यवसाय से प्राचीन युग का मुख अपनी ओर फेर लिया है।"

रामविलासजी द्विवेदीजी की इस 'शव-साधना' से अपरिचित नहीं हैं। सच तो यह है कि 1955-56 में द्विवेदीजी ने इस 'शव-साधना' के रूपक पर आधारित एक भाषण दिया था जिसकी अध्यक्षता रामविलास शर्मा ने ही की थी। सम्मेलन प्रगतिशील लेखक संघ का था। काशी में। द्विवेदीजी ने उद्घाटन भाषण दिया था। संयोजक के नाते पूरा दृश्य आज भी मेरी आँखों के सामने है। उद्घाटन-भाषण खत्म होते ही अध्यक्ष की कुर्सी से रामविलासजी ने अपने खास अन्दाज में टिप्पणी की "और कहीं शव का मुख उलटने के बदले साधक का ही मुख उलट जाए तो ?" द्विवेदीजी चुप। सभा में छत-फाड़ ठहाका।

अब रामविलासजी चुप हैं और इतिहास अट्टहास कर रहा है :

क्या वही सवाल रामविलासजी ने खुद अपने-आपसे कभी पूछा ?

क्यों पूछते ! उनकी दिलचस्पी तो शव-परीक्षा में थी, शव-साधना में नहीं। और शव-परीक्षा के नुस्खे भी उन्होंने स्वामी दयानन्द से सीखे। खासतौर से शास्त्रार्थ के लिए। स्वामीजी ने गढ़ मुक्तेश्वर में गंगा से बहता शव निकाला; छुरी से चीरा; हृदय और मस्तिष्क की संरचना की परीक्षा की; शरीर-विज्ञान पर लिखी किताबों से भिन्न निष्कर्ष पाया; किताबें फाड़ डालीं और उन्हें भी शव के साथ बहा दिया। रामविलासजी ने इस शव-परीक्षा की दाद दी और ऐलान किया : यह है यथार्थवाद ! यथार्थवाद ही नहीं दार्शनिक यथार्थवाद ! गनीमत है भौतिकवाद नहीं कहा ! वैसे भी भौतिकवाद का नाम अब कम ही लेते हैं।

प्रसंगवश उनके जीवन-दर्शन की पारिभाषिक शब्दावली में अब काफी उलट-फेर हो चुका है। अब वे 'डायलेक्टिक्स' को 'द्वन्द्ववाद' नहीं, बल्कि 'अनेकान्तवाद' कहते हैं और तर्क गढ़कर इसके औचित्य को समझाते भी हैं। अब उन्हें सर्वात्मवाद इतना भा गया है कि किसी-न-किसी बहाने 'सर्वं खलु इदं ब्रह्म' को मन्त्र की तरह जपते रहते हैं। यह सर्वात्मवाद वही है जिसे यूरोपवाले 'पैंथिइज़्म' कहते हैं और जो शेली जैसे कवियों का प्रिय दर्शन था। मार्क्स को शेली में समाजवादी होने की सम्भावना दिखी थी। रामविलासजी के लिए ये सूत्र पर्याप्त थे। उन्होंने सर्वात्मवाद में द्वन्द्वात्मक भौतिकवाद यानी मार्क्सवाद देख लिया !

ऐसे चमत्कार योग में ही सम्भव हैं और आकस्मिक नहीं कि रामविलासजी को ढलती उम्र में सहसा योग की शक्ति में विश्वास होने लगा। कोई इसे एकदम आकस्मिक परिवर्तन न समझ ले, इसलिए रामविलासजी ने 1995 में अपने तीन अनुवादों का पुनर्मुद्रण करवाया। ये सभी किताबें विवेकानन्द की हैं : 1. *भक्ति और वेदान्त* 2. *राजयोग;* 3. *कर्मयोग*। ये सारे अनुवाद रामविलासजी ने 1933 में किए थे। गरज कि योग में उनकी दिलचस्पी पहले भी थी। वैसे योग में आस्था प्रगट हुई है ढलती उम्र और ढलती सदी के वर्षों में। *ऋग्वेद* के प्रसंग में उन्होंने योग की चर्चा इतने विस्तार से की

है कि *ऋग्वेद* योगशास्त्र का ग्रन्थ प्रतीत होता है। वेद के ऋषि योगी हैं और देवता इन्द्र भी योगी है। जो योग को काव्य का शत्रु समझते हैं उनका मुँह अब यह जानकर बन्द हो जाएगा कि वैदिक ऋषियों की वाणी से काव्य योग के कारण ही फूटा था। इसके बाद यदि रामविलासजी की इतिहास-दृष्टि को भी हम योग से प्रस्फुटित मान लें तो किसी को ऐतराज न होना चाहिए।

वैसे, द्विवेदीजी के 'शव-साधना' वाले रूपक पर जब उन्होंने कटाक्ष किया था तो वह कटाक्ष 'तान्त्रिक साधना' पर ही था। यह और बात है कि निराला की साहित्य-साधना में भी 'साधना' विद्यमान है और स्वयं रामविलासजी भी अन्तिम दिनों में जो 'ऋषि' कहे जाने लगे थे, वह भी अपनी 'साधना' के ही कारण। कहना न होगा कि 'साधना' योग और तन्त्र का अपना पारिभाषिक शब्द है। गरज कि इस पूरे प्रकरण में रामविलासजी की स्थिति विडम्बनापूर्ण है। दुखद यह है कि उन्हें न अपनी विडम्बना का बोध है, न इतिहास की विडम्बनाओं का।

इसके बरक्स हजारीप्रसाद द्विवेदी में विडम्बना का बोध भरपूर है। रामविलासजी के सवाल का जवाब उन्होंने दिया, लेकिन लगभग दस साल बाद और वह भी मनोहर श्याम जोशी को 1967 में। *आलोचना* ने पंडितजी की षष्टिपूर्ति पर पत्रिका के विशेषांक की योजना बनाई थी और उस योजना के तहत जोशीजी को पंडितजी से बातचीत करने के लिए चंडीगढ़ भेजा था। जोशीजी की दृश्य-श्रव्य गुणों से समलंकृत अनूठी शैली में वह वार्ता *आलोचना* (जुलाई-सितम्बर, 1967) में प्रकाशित है।

मनोहर श्याम जोशी ने पहले तो यह सवाल दागा : "आपको इतिहास से इतना प्रेम क्यों है ? क्या यह भी एक तरह का पलायन नहीं ?" जवाब देखिए : "इतिहास मनुष्य की तीसरी आँख है। एक गुजराती छात्र था, शान्तिनिकेतन में, जरा सिर-फिरा सा। एक दिन पूछ बैठा कि अगर ईश्वर को बुद्धि है तो उसने मनुष्य को दोनों आँखें सामने क्यों दीं ? एक पीछे क्यों नहीं दे दी ? इसका एक जवाब फौरन यह सूझा कि ईश्वर नहीं चाहता था कि मनुष्य पीछे की ओर देखे। लेकिन बाद में सोचा कि ईश्वर ने मनुष्य को पीछे की ओर देख सकनेवाला नेत्र दिया है और वह है उसका इतिहास-बोध !" इस पर जोशीजी ने टिप्पणी जड़ी : "चलिए, पलायन न सही, शव-साधना तो यह जरूर है !"

"निश्चय ही है" के साथ द्विवेदीजी ने अपना निश्चय दुहराया और लगभग उन्हीं बातों की व्याख्या की जो 'शव-साधना' शीर्षक लेख में हैं। लेकिन इसमें सबसे मार्मिक है अन्त की वह आत्मस्वीकृति : "मैं अपनी गणना इतिहास-शव के उन अधूरे साधकों में करता हूँ जिन्हें प्रलोभनों ने पथभ्रष्ट कर दिया है।"

इस आत्म-स्वीकृति के बावजूद हजारीप्रसाद द्विवेदी समर्थ साधक थे क्योंकि वह मन्त्र उन्हें सिद्ध था जिससे शव में प्राणों का संचार होता है और शव शिव हो जाता है। कितने लोगों के पास वह मन्त्र है, मैं नहीं जानता।

मुझे मन्त्र की तलाश भी नहीं है : इसलिए कि मेरे लिए इतिहास शव नहीं है, कृष्णा

सोबती के शब्दों में वह एक "जिन्दा रूख" है, इसीलिए वह जिन्दगीनामा है। ऐसा इसलिए कि मेरे अन्दर आज भी राहुल सांकृत्यायन और हजारीप्रसाद द्विवेदी जिन्दा हैं और इनके साथ ही इनके कटु आलोचक रामविलास शर्मा भी।

और ऐसा कहते समय अडोर्नो का वह वाक्य बराबर ध्यान में रहता है–One must have tradition in oneself to hate it properly. परम्परा अपने अन्दर हो तभी उससे अच्छी तरह नफरत की जा सकती है।

अब न राहुलजी हैं, न द्विवेदीजी और न रामविलासजी ही। यह एक भरी-पूरी परम्परा है। परम्परा भी और पूर्व परम्परा का उत्तर-चरण भी। मृत्यु के बावजूद यह परम्परा मेरी दृष्टि में शव नहीं है। यही कारण है कि प्रेत की तरह हमारे ऊपर मँडराती भी नहीं, जो मैं ज़ाक देरिदा के 'मार्क्स की प्रेतात्मा' की तरह डॉ. रामविलास शर्मा का विखंडन करूँ !

'इतिहास की शव-साधना' मेरे लिए एक तरह से आत्म-समीक्षा भी है क्योंकि राहुलजी और द्विवेदीजी की ही तरह रामविलासजी भी मेरे अन्दर जीवन्त और जाग्रत हैं। यह आत्म-समीक्षा आत्मसंघर्ष भी है जिसे कुछ लेखकों ने अपने "अन्दर का दानव" कहा था। जाने क्यों मुझे इसी क्षण मुक्तिबोध का 'ब्रह्मराक्षस' याद आ रहा है और उसके सामने मैं इस वैदिक ऋचा के साथ सिर झुकाता हूँ–

नमः ऋषिभ्यः पूर्वजेभ्यः।

(ऋक्. 10/10/15)

[2001]

डॉ. नामवर सिंह

जीवन-वृत्त : वास्तविक जन्म-तिथि 28 जुलाई, 1927। जन्म-स्थान बनारस जिले का जीअनपुर नामक गाँव। साधारण निम्न-मध्यवर्गीय किसान-परिवार। पिता शिक्षक। प्राथमिक शिक्षा बगल के गाँव आवाजापुर में। कमालपुर से मिडिल। बनारस के हीवेट क्षत्रिय स्कूल से मैट्रिक और उदयप्रताप कालेज से इंटरमीडिएट। 1941 में कविता से लेखक जीवन की शुरुआत। पहली कविता इसी साल 'क्षत्रियमित्र' पत्रिका (बनारस) में प्रकाशित। 1949 में काशी हिन्दू विश्वविद्यालय से बी.ए. और 1951 में वहीं से हिन्दी में एम.ए.। 1953 में उसी विश्वविद्यालय में व्याख्याता के रूप में अस्थायी पद पर नियुक्ति। 1956 में पी-एच.डी. ('पृथ्वीराज रासो की भाषा')। 1959 में चकिया चन्दौली के लोकसभा चुनाव में भारतीय कम्युनिस्ट पार्टी के उम्मीदवार। चुनाव में असफलता के साथ विश्वविद्यालय से छुट्टी। 1959-60 में सागर विश्वविद्यालय (म.प्र.) के हिन्दी विभाग में असिस्टेंट प्रोफेसर। 1960 से 1965 तक बनारस में रहकर स्वतन्त्र लेखन। 1965 में 'जनयुग' साप्ताहिक के सम्पादक के रूप में दिल्ली में। इस दौरान दो वर्षों तक राजकमल प्रकाशन (दिल्ली) के साहित्यिक सलाहकार। 1967 से 'आलोचना' त्रैमासिक का सम्पादन। 1970 में जोधपुर विश्वविद्यालय (राजस्थान) के हिन्दी विभाग के अध्यक्ष-पद पर प्रोफेसर के रूप में नियुक्त। 1971 में 'कविता के नए प्रतिमान' पर साहित्य अकादेमी का पुरस्कार। 1974 में थोड़े समय के लिए क.मा.मुं. हिन्दी विद्यापीठ, आगरा, के निदेशक। उसी वर्ष जवाहरलाल नेहरू विश्वविद्यालय (दिल्ली) के भारतीय भाषा केन्द्र में हिन्दी के प्रोफेसर के रूप में योगदान। 1987 में वहीं से सेवा-मुक्त। अगले पाँच वर्षों के लिए वहीं पुनर्नियुक्ति। 1993 से 1996 तक राजा राममोहन राय लाइब्रेरी फाउंडेशन के अध्यक्ष। फिलहाल 'राष्ट्रीय सहारा' (दैनिक, दिल्ली) के प्रधान सम्पादकीय सलाहकार। देश-विदेश की अनेक यात्राएँ।

कृतियाँ :

1. बकलम खुद (1951)
2. हिन्दी के विकास में अपभ्रंश का योग (1952)
3. आधुनिक साहित्य की प्रवृत्तियाँ (1954)
4. छायावाद (1955)
5. पृथ्वीराज रासो की भाषा (1956)

6. इतिहास और आलोचना (1957)
7. कहानी : नई कहानी (1966)
8. कविता के नए प्रतिमान (1968)
9. दूसरी परम्परा की खोज (1982)
10. वाद विवाद संवाद (1989)
11. कहना न होगा (साक्षात्कारों का संग्रह) (1965)

सम्पादित पुस्तकें

1. आधुनिक रूसी कविताएँ (1978)
2. रामचन्द्र शुक्ल : चिन्तामणि-3 (1983)
3. नागार्जुन : प्रतिनिधि कविताएँ (1984)
4. मलयज : रामचन्द्र शुक्ल (1987)
5. रामचन्द्र शुक्ल संचयन (1988)
6. शमशेर बहादुर सिंह : प्रतिनिधि कविताएँ (1990)
7. कार्ल मार्क्स : कला और साहित्य चिन्तन (1991)
8. हजारीप्रसाद द्विवेदी : संकलित निबन्ध (1993)

सम्पादित पत्रिकाएँ

1. साप्ताहिक 'जनयुग'
2. त्रैमासिक 'आलोचना'

वर्तमान पता : 32-ए, शिवालिक अपार्टमेंट, अलकनन्दा, कालकाजी, नई दिल्ली-110019

●●●